도연명 연구

陶淵明研究

도연명 연구

陶淵明研究

원행패袁行霈
지음

박종혁·김종선·정환종
장창호·박영순·박봉순
조휘만·이규일·진준화
옮김

學古房

한국어판 번역본에 붙이는 저자의 서문(원문)

三十年前，朴锺赫教授与其他六位学者共同翻译了拙作《中国诗歌艺术研究》。那本书试图寻找中国诗歌的艺术特点和艺术规律，突破点在诗歌的言、意、象、境及其互相之间的关系上，并对屈原、李白、杜甫、苏轼等人的诗歌创作做了个案分析，旁涉哲学、宗教、音乐、绘画等领域，翻译的难度想当大，如果没有渊博的知识很难完成。诗歌艺术的奥妙，往往在可言与不可言之间，对于外国人来说，准确地传达书中的内容更不是一件容易的事情。得知这本书的韩译本出版，我十分高兴。

三十年后，朴教授告诉我，他和朋友们又翻译了我的《陶渊明研究》。这本书我前后花了将近二十年才完成出版，其中《陶渊明的哲学思考》、《陶渊明与魏晋风流》、《陶渊明与晋宋之际的政治风云》、《陶渊明享年考辨等论文都花费了我很多心血。随后又出版了《陶渊明集笺注》和《陶渊明影像》。翻译《陶渊明研究》有另一种难度，因为它不仅是文学研究，需要对文本进行细读，还涉及大量历史、哲学、版本学的问题，又有很多比较枯燥的考证。朴教授和他的朋友们的细心和毅力令人佩服。

我和韩国学术界有缘，此前除了《中国诗歌艺术研究》，还有两本书也曾翻译成韩文出版，即金海明教授所译《中国文学概论》、金秀燕女史所译《陶渊明影像》. 现在，《陶渊明研究》即将付梓，欣慰之余，我谨趁此机会对韩国的学者表示由衷的敬意。

2016年7月14日于北京

袁行霈

한국어판 번역본에 붙이는 저자의 서문(번역문)

30년 전 박종혁 교수와 여섯 학자들이 공동으로 졸저 ≪중국시가예술연구中國詩歌藝術硏究≫를 번역하였다.

그 책은 중국시가의 예술적 특징과 법칙을 찾기 위한 시도였는데, 시가의 언言, 의意, 상象, 경景과 그 상호간의 관계에 대해서는 어느 정도 천착이 되었다고 본다.

아울러 굴원屈原, 이백李白, 두보杜甫, 소식蘇軾 등 시인들의 시가 창작에 대한 분석도 함께 시도했는데, 철학·종교·음악·회화 등의 영역까지 별개로 관련되어 있기 때문에 번역하기가 꽤 어려운 수준이었다. 만약 해박한 지식이 없다면 완성하기가 매우 어려웠을 것이다.

시가예술의 오묘함이란 말할 수 있음과 말할 수 없음의 사이에서 왕왕 존재하는 것이므로 외국인의 입장에서 말하려고 한다면 글의 내용을 전달하는 것이 분명히 쉽지 않은 일이다.

이 책의 한국어 번역본 출간을 알 수 있게 된 것은 나에게 있어서 정말 기쁜 일이었다.

30년 후 박교수가 그의 동학들과 함께 나의 저서 ≪도연명연구陶淵明硏究≫의 번역이 완성되었음을 나에게 알려왔다.

이 책은 내가 전후로 거의 20년에 걸친 시간을 들인 뒤에서야 비로소 출판이 된 것이다. 그중에서도 특히 ≪도연명의 철학사고陶淵明的哲學思考≫, ≪도연명과 위진풍류陶淵明與魏風流≫, ≪도연명과 진송 시대의 정치풍운陶淵明與晉宋之際的政治風雲≫, ≪도연명향년고변陶淵明享年考辨≫ 등의 논문 내용은 모두 내가 꽤 많은 심혈을 기울인 내용이다.

그리고 그 뒤를 이어 ≪도연명집전주陶淵明集箋注≫와 ≪도연명영상陶淵明影像≫이 출판되었다.

≪도연명연구 陶淵明研究≫를 번역하는 것은 또 다른 어려운 단계다. 왜냐하면 이것은 문학연구일 뿐만 아니라, 본문에 대한 세밀한 독서가 필요하고, 거기에다 많은 분량의 역사, 철학, 판본학을 섭렵해야 가능하기 때문이다. 게다가 상당히 무미건조한 고증이 아주 많이 실려 있다. 박 교수와 그의 동학들의 세심함과 끈기는 사람들을 탄복하게 한다.

나는 한국 학술계와 인연이 있는 것 같다. 이전의 ≪중국시가예술연구≫를 제외하고도 두 권의 나의 책이 한국어로 번역 출판되었다. 즉 김해명 교수가 번역한 ≪중국문학개론中國文學槪論≫, 김수연 여사가 번역한 ≪도연명영상陶淵明影像≫이 있다.

이제 ≪도연명연구陶淵明研究≫가 곧 상재된다고 하니 기쁨과 안도의 여유를 갖게 된다. 이에 나는 삼가 이 기회를 빌려 한국의 학자들에게 충심으로 경의를 표한다.

2016년 7월 14일
북경에서 원행패

차례

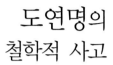

도연명의
철학적 사고

도연명의 사상에 대해서는 전인들이 이미 논술한 바 있는데, 그 논의가 대부분 유가 혹은 도가의 영향에 관한 범주에 국한되었다.

그 예를 보면 주희朱熹는 이렇게 언급하고 있다. "도연명이 말한 것은 장자와 노자인데 그 언사는 예스럽고 어렵다. 소옹邵雍의 언사는 매우 쉽지만 이치는 엄밀하다."[1]

진덕수眞德秀는 또 다른 의견을 가지고 있다. "나는 근래 시를 평하는 사람의 이야기를 이렇게 들었다. '연명의 언사는 매우 고아한데 그 뜻이 장자와 노자에서 나왔다. 강절康節의 언사는 쉬운데 그 요지가 육경六經에 근거를 두고 있다.' 내가 보기에 도연명의 학문은 바로 경술經術에서 나왔는데 그것을 시로 표현하였기에 가릴 수가 없다. 〈영목榮木〉 시에서 보인 근심은 ≪논어論語≫의 세월의 흐름에 대한 탄식이고, 〈영빈사詠貧士〉 시에서 보인 영탄도 ≪논어論語≫의 안빈낙도의 즐거움이다."[2]

낭영郞瑛은 진덕수의 견해에 이의를 제기했다. "진덕수는 ……도연명의 학문이 경술에서 나왔다고 했다. 나는 연명의 학문이 경술에서 나온 것이 아니라 성리性理에서 나왔다고 본다. ……도연명의 흉금은 자연스러워서 조금의 찌꺼기도 없다, 그래서 글을 토해내면 바로 이理가 되어 도체道體에 저절로 들어맞으니 시인을 훨씬 뛰어넘어 자연스러움이 있음을 알 수 있다!"[3]

---

1 주희, ≪주자어류朱子語類≫, 권136, 3243쪽, 중화서국, 1986.
2 진덕수, ≪진문충공문집眞文忠公文集≫, 권36, ≪사부총간四部叢刊≫본.

사실 이 문제는 원래 논쟁할 것이 없다. 도연명의 사상에는 도가 요소도 있고 유가 요소도 있으며 또 그 자신이 생활 속에서 깨달은 이치도 있다. 이 세 가지가 서로 배치되지 않으니 그 중 한 가지를 가지고 다른 것을 아니라고 할 수는 없다. 본 논문에서는 이 문제를 다시 논하지 않겠다. 그리고 이 문제에 대해 나는 이미 두 편의 논문에서 의견을 밝혔기에[4] 본 논문에서는 다시 언급하지 않겠다.

본문에서 강조하려고 하는 바는, 도연명은 시인일 뿐 아니라 철인哲人이어서 깊은 철학적 사고를 지니고 있고 이것이 그를 일반 시인들보다 탁월하게 했다는 점이다. 아마도 시인으로서의 명성이 너무 커서 철인으로서의 빛이 가려졌고, 이러한 측면은 지금까지도 마땅히 중시되어야 했는데 그러지 못했다. 우리는 그가 시인이고 시의 형식으로 철학적 사고를 표현했다고 해서 철학사에서 그의 위상을 홀시해서는 안 된다. 또한 당연히 동진시대에 성행했던 현언시玄言詩를 전부 철학 자료로 봐서도 안 된다. 왜냐하면 그 가운데 대부분이 독립된 철학적 사고가 없기 때문이다. 도연명의 시는 철리적인 시나 서정적인 시를 막론하고 늘 우주와 인생을 관찰했고 그에 대한 지혜를 토로하고 있다. 때문에 그의 많은 시는 철인이 시의 형식으로 쓴 철학저서로 볼 수 있다. 그는 노자와 장자, 그리고 공자를 잘 알고 있지만, 이들의 사상을 단순히 답습하지 않았다. 그는 위진 시기 사상계의 주류에 위배되지도 않았고, 그 흐름에 휩쓸리지도 않았다. 그는 스스로 생활의 실천을 통해 살아 숨 쉬는 독특한 사고와 관점, 그리고 방식과 결론을 지니고 있다. 이 점이 도연명을 도연명답게 하는 것이다.

진정으로 도연명을 독립적인 사고를 갖춘 철인으로 간주하고 그의 사상

---

3 《칠수류고七修類稿》, 권16, 238쪽, 중화서국, 1959.
4 〈도연명의 자연사상 숭상과 도시의 자연미陶淵明崇尚自然的思想與陶詩的自然美〉는 1982년 섬서인민출판사에서 출판한 《고전문학론총古典文學論叢》 2집에 있고, 졸저 《중국시가예술연구中國詩歌藝術研究》에 수록되어 있다. 〈도연명과 위진풍류陶淵明與魏晉風流〉는 대만성공대학주편으로 대만문사철출판사에서 1991년 출판한 《위진남북조문학과 사상 학술연토회 논문집魏晉南北朝文學與思想學術研討會論文集》에 수록되어 있다.

을 밝힌 사람은 용조조容肇祖이다. 그는 ≪위진의 자연주의魏晉的自然主義≫ 제7장에서 도연명을 집중적으로 논했지만 상세하지는 않았다.[5] 그 후 진인 각陳寅恪은 ≪도연명의 사상과 청담의 관계陶淵明之思想與淸談之關係≫의 결론에서 다음과 같이 말했다.

연명의 사상은 위진시대 청담이 변천된 결과 및 집안 대대로 믿어 온 도교 자연설自然說을 이어받아 창신하고 변화시킨 신자연설新自然說이다. 자연설을 주장하는 사람은 명교名敎의 설을 배척하며 자연과 명교는 같지 않다고 여긴다. 그러나 명교의 뜻을 배척하는 것이 단지 당시 정치세력과 협력하지 않는 것에 국한되지 않는데, 이는 완적阮籍이나 유령劉伶 등이 미친척하며 방종하는 것과도 다르다. 대개 신자연설을 주장하는 사람은 구자연설舊自然說을 주장하는 사람들처럼 적극적으로 명교에 꼭 저촉될 필요는 없다. 또 신자연설은 구자연설처럼 신체의 생명을 양생하거나 혹은 신선술을 따로 배워 정精과 신神이 전이하는 중에 융합하여 대자연과 일체가 되기를 추구하는 것과도 다르다. 이렇기 때문에 이미 구자연설처럼 몸과 물질의 구속도 없으므로, 스스로 주공周公이나 공자孔子와 같이 세속에 참여하는 명교의 설에 저촉될 것도 없다. 이 때문에 연명은 실제로 밖으로는 유가이면서 안으로는 도가이며, 불교를 버리고 천사도天師道를 종주로 삼았다. 그 깊은 경지를 최대로 미루어 나가면 아마도 천년이 지난 뒤에 도교가 선종학설禪宗學說을 취해서 그 교의를 개선한 것과 아주 비슷한 점이 있을 것이다. 그렇다면 옛 교의를 혁신하는 데 입각해서 "혼자 알고 제일 먼저 발표해서" 논의했으니, 이는 실로 우리나라 중고 시대의 대사상가라고 할 수 있다. 어찌 단지 문학과 인품에서만 고금의 제일이라고 세상에 알려진 것에 그칠 뿐이겠는가![6]

진인각이 도연명을 "대사상가"라 이야기한 것은 실로 탁견이자 고견이다. 그렇지만 그의 이 논문은 도연명과 위진 청담의 관계에 중점을 두어 설명하였고 도연명의 철학 사고를 전면적으로 토론한 것은 아니어서 여전히 많은 부분에서 폭넓고 심도 깊게 토론할 여지가 있다. 예를 들어 도연명

---

5 상해상무인서관, 1935.
6 연경대학 연경하버드학사 인쇄燕京大學燕京哈佛學社刊印, 1945.

은 우주와 인생의 어떤 문제를 사고했는가? 이런 문제에 대해 어떤 고민이 있었는가? 어떤 해석과 초월이 있었는가? 즉 도연명의 철학 사고는 어떤 철학범주를 포함하고 있는가? 또 도연명의 철학 사고는 어떤 특징이 있으며 그의 시가 창작과는 어떤 관계가 있는가? 본문에서는 바로 이러한 문제에 대해 심도 있는 토론을 하고자 한다.

1

도연명이 생각했던 첫 번째 문제는 사람이 어떻게 자연自然을 유지하는가? 또 사람이 어떻게 해야만 이질화되지 않는가? 하는 점이다.

자연은 무엇인가? 필자는 "자연"이 ≪논어論語≫와 ≪맹자孟子≫에는 보이지 않는, 노장철학 특유의 범주라는 점에 주목했다. ≪노자老子≫는 다음과 같이 말했다.

> 사람은 땅을 본받고, 땅은 하늘을 본받고, 하늘은 도를 본받고, 도는 자연을 본받는다.人法地, 地法天, 天法道, 道法自然.(25장),
> 도道의 높음, 덕의 귀함은 명령하지 않아도 늘 저절로 그러한 것이다.道之尊, 德之貴, 夫莫之命而常自然.(51장),
> 만물의 저절로 그러한 것을 돕지만 억지로 하지는 않는다.以輔萬物之自然, 而不敢爲.(64장)

여기서 말한 "자연"은 근대의 인류사회와 상대적으로 말하는 "자연계"와는 다르다. 이는 일종의 상태이다. 그 뜻은 인위적이 아닌, 본래 그러한, 천성적으로 그러한 것이다. 세상 만물은 모두 그 본래의 모습으로 존재하며, 그 자신의 고유한 규율에 따라 변화하여 어떤 외부의 조건과 힘을 필요로 하지 않는다. 노자는 여기기를, 도와 덕은 어떤 힘이 그렇게 한 것이 아니고, 또 의식적으로 무엇을 만들거나, 무엇을 하는 것이 아니고, 자연적으로 그러한 상태라고 한다. 아무 것도 만들지 않고 아무 것도 하지 않으면서도, 모든 것을 만들고 모든 것을 한다. 사람이 도와 덕을 숭상한다면, 마땅히 그것과 같은 자연적인 상태를 유지하여, 본래의 모습대로여야 한다. 이것을 포박함진抱朴舍眞이라 한다. 장자는 노자의 학설을 계승하여 모든 인위는 스스로를 어지럽힘에 불과하며 결국은 스스로 그 해를 입는 것이라 여긴다. 사물의 자연스러움을 따르며, 자연에 맡겨야 천하는 비로소 태평해지고 사람의 생활이 평안해진다고 여긴다. 곽상郭象은 ≪장자주莊子注≫에서 이 점에 대해 진일보한 견해를 보인다.[7] ≪장자莊子·지북유知北遊≫의 "천지보다 먼저 생겨난 것이 물인가?有先天地生者, 物邪?"라는 원문에 다음과 같은 주注가 있다.

누가 물보다 앞설 수 있는 자인가? 나는 음양이 물에 앞선다고 여긴다. 그런데 음양도 바로 물일 뿐이다. 또 누가 음양에 앞선 자인가? 나는 자연이 앞섰다고 여긴다. 그런데 자연은 바로 물이 스스로 그러함일 뿐이다. 나는 지극한 도가 이보다 앞선다고 여긴다. 그런데 이 순수한 도는 순수한 무이다. 이미 무인데 또 어찌 앞선다는 것인가? 그렇다면 물보다 앞선 자는 누구인가? 여전히 물이 있다면, 무일 뿐이다. 물은 본래 그러한 것이고 누가 시켜 그러한 것이 아님은 명확하다.

노장은 천지 만물에 앞서 생긴 도가 있다고 여겼다. 비록 이 도는 말할 수도, 이름 붙일 수도 없지만, 결국 그런 것이 있다고 여긴다. 곽상은 이러한 도조차도 존재하지 않는다고 한다. 만물이 존재하는 이유는 만물이 본래 그러한 것이고, 결코 도로부터 생성된 것도 아니고, 또 도가 그렇게 한 것도 아니고, 그것들이 자연적으로 그런 것이라 여긴다. ≪장자莊子·제물론齊物論≫ "대체로 그 불어내는 것이 만 가지로 같지 않지만 그것을 제멋대로 불어내게 하는 것이다.夫吹萬不同而使其自己也."에 대한 곽상의 주는 다음과 같다.

그러면 생명을 낳는 자는 누구인가? 홀로 스스로 태어났을 뿐이다. 스스로

---

7 곽상주郭象注, 육덕명음의陸德明音義 ≪남화진경南華眞經≫, ≪사부총간四部叢刊≫ 본.

태어날 뿐이고 내가 낳은 것이 아니다. 내가 만물을 낳지 못한다면 만물도 나를 낳지 못할 것이니, 나는 스스로 그러한 것이다. 스스로 그러한 것을 천연이라 한다. 천연일 뿐, 작위적인 것은 아니다.

나는 홀로 자생한 것이고 자기가 스스로 그러한 것이니, 무엇에 의해 결정되지도, 어떤 무엇에도 의지하지 않으니, 완전히 독립 존재라고 그는 여긴다. 그는 이것을 "독화獨化(스스로 변함)"라 부른다. ≪장자 · 천운莊子 · 天運≫ "천연에는 육극 오상이 있다.天有六極五常"에 대한 곽상 주는 다음과 같다.

대개 사물이 가까이 있는 것은 혹 그 이유를 알기도 한다. 그러나 그 근원을 끝까지 생각해보면 이유 없이 스스로 그러한 것이다. 스스로 그러한 것이니 그 이유를 물을 곳이 없고 순응해야만 한다.

즉 사람은 단지 자연적인 상황에 따라 변화할 뿐 의지하는 것도 없고 시키는 것도 없으며 자연히 그러한 것이니 순응해야 할 뿐이다. 그러면 자유자재의 경지에 도달하게 된다는 것이다.

≪장자≫의 판본은 많다. 곽상이 편집한 유형은 당 이후 정본이 되었고 현재까지 보존되었지만 다른 판본들은 모두 실전되었다.[8] 곽상주본은 원래 위진 시대에 가장 유행하던 판본이니 도연명도 이 책을 보지 않았을 리 없었을 것이다. 그는 확실히 곽상의 주를 통해 ≪장자≫를 이해했을 것이다. 때문에 그가 생각한 자연은 명확히 곽상의 영향을 받았다.

도연명은 시문에서 "자연"을 4번 사용했다.

고귀한 사람이든 비천한 사람이든 현명한 사람이든 우둔한 사람이든, 다들 악착같이 매달려서 살려고 바둥거리는데, 이것은 심히 미혹된 짓이다. 그래서 몸과 그림자의 괴로운 말들을 철저하게 늘어놓고, 정신이 자연의 이치를 가려내 그 미혹을 풀 것이다.貴賤賢愚, 莫不營營以惜生, 斯甚惑焉. 故極陳形影

---

8 풍우란馮友蘭, ≪중국철학사신편中國哲學史新編≫ 참고, 인민출판사, 1984.

之苦言, 神辨自然以釋之.
〈형영신서形影神序〉

오랫동안 새장 속에 갇혀 있다가久在樊籠裏,
다시 자연으로 돌아올 수 있었다復得返自然.
〈귀원전거歸園田居〉제1수

얼마 되지 않아, 못내 돌아가고 싶은 마음이 일었다. 왜인가? 본성이 자연이
니 교정하여서 얻어지는 것이 아니다. 배고픔과 추위가 비록 절박하지만 나
를 거스리니 병이 겹친다.及少日, 眷然有歸歟之情. 何則? 質性自然, 非矯勵所得.
饑凍雖切, 違己交病.
〈귀거래혜사서歸去來兮辭序〉

또 물었다. 기생의 소리를 들으니, 현악은 관악만 못하고, 관악은 육성만 못
합니다. 답하길 "점차 자연에 가까워 그렇습니다."又問聽妓, 絲不如竹, 竹不如
肉. 答曰: "漸近自然."
〈진고정서대장군장사맹부군전晉故征西大將軍長史孟府君傳〉

첫째, 도연명이 말하는 "자연"은 근대에 말하는 객관적 물질성의 "자연
계"는 아니다. 노자, 장자, 곽상으로부터 나온 철학의 한 범주이고, 막힘이
없는 상태이다. 그는 세속의 이질화를 거치지 않은 본래의 천진한 성정으
로 돌아가서 생활하고 싶었다. 산, 나무, 새처럼 그렇게 자연스럽게 살아가
고 싶었다. 도연명은 시에서 자신의 "본성이 자연이니, 교정하여 얻은 것이
아니다.質性自然, 非矯勵所得."라 했다. "교矯"자는 ≪장자·천하≫의 "먹줄로
스스로를 바로잡는다.以繩墨自矯"에서 왔다. 곽상의 주에 "교矯"자는 힘쓰는
것이다.矯, 勵也."라 했고, 성소成疏에는 "인의로 먹줄을 삼아, 자신의 의지와
행동을 면려함이다.用仁義爲繩墨, 以勉勵其志行也."라 했다. 도연명의 뜻은 자
기 본성의 타고남이 이와 같아 먹줄을 받지 않고 자기의 본성에 따라 생활
하여 자기의 본래 상태를 지킬 수밖에 없다는 것이다.
　둘째, 도연명이 말하는 '자연'은 자유의 의미를 포함한다. 그가 말한 "오

랫동안 새장 속에 갇혀 있다가, 다시 자연으로 돌아올 수 있었다.久在樊籠裏, 復得返自然."는 마땅히 다음과 같이 해석해야 한다. 새장 속에서 자연도 얻을 수 없었고 자유도 얻을 수 없었는데, 전원으로 돌아와 살면서야 다시 자연을 얻고 자유를 얻었다. 어떤 사람은 '자연으로 돌아왔다.復得返自然'를 대자연(자연계)으로 돌아왔음을 의미한다는 뜻이라고 했는데, 본뜻에 벗어난 듯하다. 도연명의 시문 중에는 근대적 의미의 자연계는 없다. 단지 구체적인 산수山水, 비조飛鳥, 수목樹木, 운우雲雨가 있을 뿐이다. 때문에 '자연으로 돌아왔다返自然'를 직접적으로 대자연으로 돌아왔다고 볼 수는 없다. 도연명이 보기에 산림 전원에 돌아와 몸소 경작하며 생활하고 세속에 바라는 것이 없어야만 진정으로 '자연'을 얻는 것이고, 이로써 자유를 얻는 것이었다. 그래서 도연명이 말한 '자연으로 돌아감.返自然'은 산림 전원으로 돌아가는 것을 전제로 한 것이다.

셋째, 도연명은 '자연'을 아름다운 것으로 여겼다. 이는 그의 외조부 맹가孟嘉의 "점점 자연에 가깝다.漸近自然"란 말을 그가 찬양하며 전달하는 데서 알 수 있다. 왜 "현악은 관악만 못하고, 관악은 육성만 못하다."고 했는가? 왜냐하면 점점 자연에 가깝기 때문이다. 고대의 미학이론에서 공자는 미와 선을 하나라고 강조한다. 《논어論語·팔일八佾》에 "공자는 소韶를 지극한 미이고, 또 지극한 선이라고 했다. 무武에 대해서는 지극한 미이지만, 지극한 선은 아니다"라고 했다. 숨어 있는 뜻은 선을 첫 번째 위치에 놓았다는 것이다. 노자는 진을 강조하고 미를 배척한다. 《노자老子》 제81장에는 "진실한 말은 아름답지 않고 아름다운 말은 진실하지 않다."고 했다. 장자는 질박을 미로 여긴다. 《장자·천도》에서는 '질박은 천하에 아름다움을 다툴 것이 없다.'고 했다. 노자와 장자는 비록 자연을 숭상했지만 결코 자연을 아름답다고 주장하지는 않았다. 도연명은 맹가의 말을 전하면서 '자연'이라는 단어를 끄집어냈고, 분명하게 '자연'이 미의 극치라는 뜻을 밝혔으니, 이는 중국미학사에서 특별한 의의가 있다. 도연명이 '자연'을 미라 여겼으니 그 인생의 이상과 문학이론도 당연히 그렇다. 그가 바란 것은 자연의 인생이고, 자연의 문학이니, 바로 미의 인생, 미의 문학이다.

마지막으로, 더 중요한 것은 도연명은 '자연'으로 인생의 고뇌를 해소했고, '자연'을 인생의 각종 폐해를 치료하는 양약으로 삼았다는 점이다. 〈형영신形影神〉에서 그는 '신神'으로 하여금 '자연'을 명확하게 함으로써 '형形'과 '영影'의 괴로움을 풀도록 하였다. '형形'은 인생의 짧음을 괴로워했고, '영影'은 명성을 이루기 어려움을 고민했다. '신'은 그들의 고뇌가 모두 '자연'의 뜻을 명확히 모르는 데에 기인하고 이 때문에 '생을 아끼는惜生'것으로 표현된다고 여겼다. 만약 자연의 뜻을 명확히 알면 이런 고통은 없을 것이다. 형신 문제는 원래 철학의 중요한 문제의 하나이다. 형신에 대한 토론의 유래는 오래되었다. ≪관자管子 · 내업內業≫에서 말한 '신神'과 '정精'은 이미 형신의 토론을 이끌어냈다. ≪순자荀子 · 천론天論≫에는 '형체가 갖춰져야 정신이 생긴다.'는 명제를 제기하여 정신이 형체에 의지하는 관계임을 인정했으나 자세한 논술은 아직 없었다. 환담桓譚의 ≪신론新論 · 형신形神≫은 초와 불로 형形과 신神을 비유한 유명한 논점이다. 왕충王充의 ≪논형論衡≫은 환담의 기초 위에, 정신은 형체를 떠나서는 존재할 수 없다는 것을 더욱 상세하게 논증했다. 남조南朝에 오면 범신范縝은 〈신멸론神滅論〉을 지어 형질신용形質神用의 명제를 제기하였다. 정신은 단지 형체의 작용일 뿐이라고 여겼다. 이로써 형신 문제가 기본적으로 해결되었다. 도연명은 범신 이전에 살았으니, 이 때 형신 문제는 여전히 아직 해결되지 못한, 사람을 곤혹스럽게 하는 큰 문제의 하나였다. 혜원慧遠은 〈형진신불멸론形盡神不滅論〉을 지었는데 신은 암중 전이하는 작용이 있어 한 형체에서 다른 형체로 전이할 수 있고 불멸을 유지할 수 있다고 여겼다. 도연명의 〈형영신形影神〉은 한편으로는 혜원을 겨냥해서 형이 없어지면 신도 없어진다고 여겼다. 또 혜원만을 겨냥한 것이 아니다. 도연명은 형신의 전통적 명제 이외에 '영影'을 더해서, 형과 신, 두 명제를 확장하여 형, 영, 신의 세 명제로 만들었다. 또 이 세 가지는 각각 상징하는 것이 있다. 형은 인간의 장수에 대한 욕망을 상징하고, 영은 인간의 명망 수립의 욕망을 상징하며, 신은 인간의 이성을 상징한다. 이렇게 하여 형신관계가 순수한 철학적 명제를 돌파하여 훨씬 더 삶의 실제에 다가갈 수 있게 했다. 형영신은 또 다른 의의가 있으니 형은 도교의 사상을 대표하고, 영은 유가의 사상을 대표한다. 그리고 도연명은 자신의 이성적 바탕에서 도교와 유가 모두에게 훈계하고 있다. 이 세 가지 대치되는 철학 명제는 도연명이 처음 제기한 것으로, 그의 독자적 사고이다. '영影'의 근원은 당연히 ≪장자莊子≫ 중 〈제물齊物〉과 〈우언寓言〉에 나오는 '영景'까지 거슬러 올라간다. 망량罔兩과 '영'의 문답형식이 아마 도연명에게 영감을 주었을 것이다. 다만 ≪장자≫의 '영'은 도연명이 말한 '영'의 상징성을 갖추지 못했지만, 이 때문에 그들이 관계가 없다고 말할 수는 없다. 더 깊이 말하면 도연명이 말한 형, 영, 신 세 가지는 각각 도연명 자신의 세 방면의 모순을 대표한다. 세 가지의 대화는 도연명 삶 속의 충돌과 조화를 반영하고 있다. 〈형영신形影神〉은 바로 이 점에서 자기 사상에 대한 도연명의 적극적 반성이라고 할 수 있고, 반성의 결과로 바로 '자연'에 돌아가 마침내 고민을 해소한다. 적어도 논리상으로는 이러하다. 생활 속에서 완전히 고민을 해소했는지는 또 다른 논의가 필요하다.

도연명의 시문 중 '자연'을 사용한 곳은 네 곳이지만, 자연의 뜻을 표현한 곳은 네 곳만이 아니다. 예를 들면 다음과 같다. "온갖 이치는 절로 성하고 드러난다.萬理自森著 (〈형영신形影神·신석神釋〉)", "곧고 굳음은 본래 바탕이 있다.貞剛自有質 (〈무신세육월중우화戊申歲六月中遇火〉)", "네 계절은 돌아 절로 한 해가 이루어진다.四時自成歲 (〈도화원시桃花源詩〉)" 이런 시구들은 모두 사물은 자신의 본성에 자연스런 규율이 있고, 외력에 의지하고 않음을 강조한다. 더욱이 주목해야할 것은 도연명의 '천天'이다. 이는 '천공天空', '천자天子', '천기天氣'를 가리키는 것 이외에 또 '자연'과 상통하는 함의를 가지고 있다. 아래의 구절을 보자.

하늘의 도道는 깊고 또 멀며天道幽且遠,
귀신은 아득하고 캄캄하기만 하다鬼神茫昧然.

......
자기 탓이니 하늘을 원망하랴만在己何怨天,
근심에 몰려 눈앞이 처참하다離憂悽目前.
〈원시초조시방주부등치중怨詩楚調示龐主簿鄧治中〉

고대 성왕의 가르침을 받들려 하니承前王之淸誨,
천도는 친소의 구분이 없다고 하였네曰天道之無親.
〈감사불우부感士不遇賦〉

우선 한잔 들이키니 온갖 생각 멀리가고試酌百情遠,
두 잔을 들고나니 느닷없이 하늘이 잊혀진다重觴忽忘天.
하늘이야 어찌 이곳을 떠나 갔으랴마는天豈去此哉,
천진한 대로 맡겨버려서 앞설 게 없는 것이라任眞無所先.
〈연우독음連雨獨飮〉

천운이 만약에 그렇다면天運苟如此,
잠시 잔속의 물건을 마셔나 보자且進杯中物.
〈책자責子〉

잠시 변화를 타고 다함에 돌아가聊乘化以歸盡,
천명을 즐기니 다시 어찌 의심하리오樂夫天命復奚疑.
〈귀거래혜사歸去來兮辭〉

어린 나이부터 효성스럽고孝發幼齡,
나면서부터 우애로웠다友自天愛.
〈제종제경원문祭從弟敬遠文〉

근면하여 일을 미루지 않았고勤靡餘勞,
마음속은 항상 한가로웠다心有常閑.
하늘이 준 분수를 즐기며樂天委分,
생을 마쳤네以至百年.
〈자제문自祭文〉

위에 나오는 '천도天道', '천운天運', '천명天命', '천애天愛', '낙천樂天' 및 단독으로 쓰인 '천天'자는 모두 '자연'과 상통하는 뜻이다. 우리는 먼저 그 출처를 찾아보고, 다시 그 함의를 밝혀보자.

'천도'는 일찍이 《논어論語ㆍ공야장公冶長》에 보인다. "자공이 말했다. '선생님의 문장은 들어 볼 수 있으나, 선생님께서 성性과 천도에 대해 말씀한 것은 들어보지 못했다.'" '천도'에 대해 들어 보지 못했으니 《논어》에는 상세히 말하지 않았고, '천도'도 여기 한 차례만 나온다. '천도'는 또한 《장자》의 편명이다. 그 중요한 뜻을 밝히는 첫 구에 "천도는 운행하여 쉼이 없어 만물이 생겨난다."라 하였다. 자연의 규율은 부단히 운행하지만 잠시의 머무름도 없어 만물이 생성 한다는 것이다. 도연명은 이 뜻으로 '천도'를 사용하며 더 발전시켰다. 그가 보기에 천도는 사람의 지배를 받지 않는 것이고, 자연이 그러한 것이며 친소의 구분이 없으며 심지어 사람이 이해할 수 없으며 원망을 할 수도 없고 다만 순종해야 하는 것이다. 천도를 따르는 것이 바로 자연을 따르는 것이다.

'천운'도 《장자》의 편명이다. 그 중요한 뜻을 밝히는 첫 구는 다음과 같다. "하늘은 운행하는가? 땅은 머물 곳을 정했는가? 해와 달은 번갈아 비추는가? 누가 이를 주재하는가? 누가 이를 유지하는가? 누가 일없는 곳에 있으며 운행하고 있는가? 아니면 기관이 움직여 어쩔 수 없이 하고 있는가? 아니면 그 저절로 운행하여 정지할 수 없는가?" 도연명도 이 뜻으로 천운을 말하고 있다. 천지의 운행은 자신의 규율이 있으며 자연의 힘으로 표현되어 사람은 그 앞에 무력하다.

'천명'은 유가의 경전에 많이 보인다. 《논어論語ㆍ위정爲政》에는 "오십이 되어 천명을 알게 되었다."고 했고, 또 〈계씨季氏〉편에는 "군자에게는 세 가지 두려움이 있으니 천명을 두려워하며, 대인을 두려워하며, 성인의 말씀을 두려워한다. 소인은 천명을 모르니 두려워하지 않는다."고 하였다. 《중용中庸》에는 "하늘이 명한 것을 성이라 한다."고 했다. 유가는 하늘은 사람에게 명령을 할 수 있고 인간의 운명을 결정할 수 있다고 여긴다. 도연명이 말한 "천명을 즐긴다.樂夫天命"의 '천명'은 비록 유가의 학설에서 나왔지만 위 문장의 "변화를 타고 다함에 돌아간다.乘化以歸盡"와 연계해보면, 그의 사상은 도리어 ≪장자≫와 일치한다. ≪장자莊子·덕충부德充符≫에는 "사생, 득실, 궁달, 빈부, 어짐과 못남, 불명예와 명예, 주림과 목마름, 추위와 더위. 이는 사물의 변화이고, 운명의 흐름이다."라고 했다. ≪장자莊子·추수秋水≫에서는 "인위로 자연을 훼손하지 말고, 거짓으로 성명을 훼손하지마라."고 했다. 여기서 말한 '천天'과 '명命'은 모두 종교에서 말하는 의지를 가진 주재자나 하느님의 명령이 아니고 인력으로 어찌할 수 없는 '자연'과 그 힘이다.

다른 용례도 대략 비슷하니 일일이 다시 설명하지 않겠다. 다만 "우선 한 잔 들어보니 온갖 생각 멀리가고, 두 잔을 들고나니 느닷없이 하늘이 잊혀진다.試酌百情遠, 重觴忽忘天."는 구절은 여전히 약간의 설명이 필요하다. '백정百情'은 인사人事에 속하고, '백정원百情遠'은 인사人事를 이미 잊은 것이지만, 아직 천天을 잊은 것은 아니다. '중상重觴'하면 '천'조차도 잊는다. 여기의 "천"은 인사를 초월한 불가항력의 자연의 역량이니, '천도', '천운', '천명'의 집합체로 볼 수 있다. 그러나 "천"은 우연히 잊을 수는 있지만, 절대로 자신을 제어하는 역량을 잃지 않는다. 잠시도 떨어져 있지 않았으니 '자연에 맡김任眞'을 전제로 할 수밖에 없다. "진眞은 하늘에서 받은 것이니, 원래 그러하여 바꿀 수 없는 것이다.(≪장자莊子·어부漁父≫)" '자연에 맡겨任眞' 자기 천생의 본성을 지키니, 바로 불가항력인 '자연'에 순종하는 것이다.

이와 같이 '천'은 도연명의 '자연'에 대한 또 다른 표현임을 알 수 있다. 그래서 도연명은 '인人'을 초월하고 사람의 생활과 운명을 좌우하며 반드시 순종해야 하는 자연의 역량을 더욱 확실하게 표명한다. '자연'에 순응하는 방법은 스스로 자연 상태를 유지하여 자유로운 인생의 경지에 도달하는 것이다. 이 점에서 도연명은 노자, 장자, 곽상과 같다. 그러면서도 연명에게는 노자, 장자, 곽상과 다른 점이 있다. 그는 사람을 자연의 산물로 여겼을 뿐만 아니라 만물의 영장이라 여겼다. 인간은 본래 아주 커다란 일을 할 수 있지만 사회적 원인으로 인간의 재능이 제한을 받아 그 일을 할 수 없다. 그래서 일부 식견이 있는 선비들도 물러나 스스로 지킬 수밖에 없었던 것이다. 〈감사불우부感士不遇賦〉에서는 다음과 같이 말했다.

묻노니 대지 만물의 기를 받는데咨大塊之受氣,
어찌 인간만이 홀로 만물의 영장이 되었는가何斯人之獨靈!
신명과 지혜를 받아 빛을 간직하고稟神智以藏照,
삼재三才(천도天道, 지도地道, 인도人道)와 오상五常(인仁, 의義, 예禮, 지智, 신
信) 갖춰 명성을 후세에 남기네秉三五而垂名.
……
촘촘한 그물이 만들어지면 고기들은 놀라고密網裁而魚駭,
넓은 그물이 만들어지면 새는 놀란다네宏羅制而鳥驚.
이 통달한 사람의 뛰어난 깨달음으로彼達人之善覺,
벼슬을 버리고 도망쳐 귀농했네乃逃祿而歸耕.

이를 보면 도연명은 여전히 사회에 참여하고 싶어 한다. 그의 사상은 다음과 같이 설명할 수 있다. 그는 자연을 따르고 인위를 배척한다. 자연을 따르는 것은 단지 어쩔 수 없음을 알고 억지로 하지 않는 총명한 행동일 뿐만 아니라, 또한 고민을 푸는 좋은 약이며, 자신이 이질화되지 않는 방법이기도 하다. 자연에 순응하는 점에서 그는 노자에 가깝고, 무위無爲를 배척하는 점에서 그는 또 공자에 가깝다.

이외에도 다음과 같이 알 수 있다. 도연명이 자연의 의미를 천명하는 것은 겨냥하는 바가 있다. 바로 당시 사회의 허위와 기만의 풍기에 대한 감개이다. 그는 "진솔한 풍기가 없어진 후, 커다란 작위가 이에 일어나고.自眞風告逝, 大僞斯興.(〈감사불우부感士不遇賦〉)", "복희, 신농은 나와 멀리 떨어져, 온 세상에 다시는 진솔함이 없다.義農去我久, 擧世少復眞.(〈음주飮酒 20〉)"라고 했다. 어떻게 저속한 사회 기풍에 대항할까? '자연'을 지킬 수밖에 없다. 사회 기풍이 무너지면 그 퇴폐한 대로 두고 나는 영향을 받지 않고 여전히 본래의 자아를 지킨다.

다시 말하면, 도연명의 자연 숭상은 노장사상의 영향과 매우 큰 관계가

있고, 또 그의 생활 경험과 불가분의 관계에 있다. 바로 출사出仕와 궁경窮 耕의 두 방면의 경험 속에서 얻은 인생의 이상이다. 그는 관리생활의 구속 과 견제를 잘 알고 있었고, 이것이 자기 본성을 위배하는 생활임을 알고 있었다. "일찍이 벼슬길을 좇았으나, 모두 굶주림 때문이었다. 이에 슬퍼하 며 강개하니, 평소의 뜻과 달라 매우 부끄러워서.嘗從人事, 皆口腹自役, 於是 悵然慷慨, 深愧平生之志.(〈귀거래혜사서歸去來兮辭序〉)" "적당히 벼슬하는 일 비록 배울 만하지만, 자기를 어김이 어찌 미혹됨이 아니겠는가.紆轡誠可學, 違己詎非迷.(〈음주飲酒 9〉)"라고 하였다. 그리고 전원으로 돌아가 몸소 농사 짓고 은거하니 '갇힌 새羈鳥'가 옛 숲에 돌아오고, '연못의 물고기池魚'가 옛 못에 돌아 온 것과 같이 자연의 뜻을 이루었다.

　　그는 농사지으며 은거하는 생활이 자연의 상태를 유지하는 데 제일 유리 하고 진정한 생활의 맛을 얻는다고 여겼다. 도연명이 가난을 편안히 여기 고 미천함을 지키며 기꺼이 궁벽한 마을에 생활함은 바로 이런 자연적 의미 를 실천한 것이다.

　　도연명 사상의 두 번째 문제는 '순화順化'다. 여기의 '화化'는 세세히 구분 하면 세 방면을 포함한다. 첫 번째는 세상 사물의 변화의 과정이다. 사시의 운행, 마을의 흥성과 쇠퇴, 왕조의 교체 같은 것이다. 두 번째는 불가항력적 인 만물 스스로 변화하는 규율이다. 세 번째는 인간이 어려서 성장하고 늙어 죽는 변화의 과정이다. 도연명은 늘 앞의 두 가지로부터 세 번째를 연상했고, 아울러 앞의 두 가지에 의거하여 세 번째 때문에 생기는 비애를 해소했다. 먼저 도연명 시문 중 '화化'가 사용된 구절을 보자.

돌아가는 배 멀어짐을 바라보지만目送回舟遠,
그 심정은 세상 온갖 변화 따라 사라져버리리라情隨萬化遺.
〈어왕무군좌송객於王撫軍座送客〉

온갖 변화는 연이어 일어나니萬化相尋繹,
인생이 어찌 지치지 않겠는가人生豈不勞.

〈기유세구월구일己酉歲九月九日〉

잠시 변화 따라 움직이다가聊且憑化遷,
결국 반고班固가 말한 막집으로 돌아가리라終返班生廬.
〈시작진군참군경곡아始作鎭軍參軍經曲阿〉

도연명이 보기엔 객관세계는 끊임없는 변화 중에 있다. 이 변화는 모든
곳에 있어, 그는 이를 '만화萬化'라고 했다. 인간은 세계 만물 중의 하나이니
당연히 만화를 따라 변화한다. 세계는 끊임없이 변화하고 교체되니, 인간
도 끊임없이 변화하고 교체된다. 때문에 인생의 힘듦과 괴로움은 필연적이
다. 인간은 만화에 순응해야 할 뿐, 만화가 자신을 끌고 가게 해서는 안
된다. 인간의 감정은 만화를 따라 변화할 수 있고, 인간 생활의 선택도 만화
를 따라 변화할 수 있다. 기회가 아직 오지 않았을 때 억지로 구할 필요가
없고, 기회가 왔을 때도 피할 필요도 없다.
　두 번째 단계의 의미를 표현한 것을 보자.

홀쩍 변화 따라 가버리면翳然乘化去,
하늘이 다 끝나도 더는 안 나타나리終天不復形.
〈비종제중덕悲從弟仲德〉

그런대로 변화를 타고 다함에 돌아가리니聊乘化以歸盡,
천명을 즐기며 다시 어찌 의심하리오樂夫天命復奚疑.
〈귀거래혜사歸去來兮辭〉

나 신선되어 올라가는 도술 없으니我無騰化術,
반드시 그렇게 되리란 것 정녕 의심하지 않는다必爾不復疑.
〈형영신形影神 · 형증영形贈影〉

몸은 변화 따라 가지만形迹憑化往,
마음은 언제나 홀로 여유롭다靈府長獨閑.
〈무신세육월중우화戊申歲六月中遇火〉

앞의 두 곳엔 모두 '승화乘化'를 썼는데 모두 인간의 사망과 관계가 있다. 앞의 구는 사촌 동생의 죽음을 애도하는 것이고 뒤의 구는 '귀진歸盡' 즉 죽음을 말했다. '승화'는 변화에 맡긴다는 뜻이니 바로 넷째 구의 '빙화憑化'이다. '승화', '빙화'는 '등화騰化'와 상대적인 말이니, "나 신선술 없으니, 반드시 그렇게 되리란 것 정녕 의심하지 않는다.我無騰化術, 必爾不復疑."고 했다. 신선술이 없으니 반드시 죽는다. '변화化'는 일종의 규율이고 불가항력의 역량을 갖고 있음을 알 수 있다. 다만 '타고乘', '의거할憑' 뿐 '뛰어오를騰' 수는 없으니 순종할 뿐 초월할 수는 없다.

세 번째 단계의 의미를 표현한 구를 보자.

큰 변화 속 물결치는 대로縱浪大化中,
기뻐하지도 않고 또 두려워하지도 않고不喜亦不懼.
다해야 할 것이면 다해야만 하지應盡便須盡,
다시는 유별나게 근심 많지 않도록無復獨多慮.
〈형영신形影神·신석神釋〉

허깨비 인생 백년 동안에流幻百年中,
추위와 더위 매일같이 밀고 간다寒暑日相推.
언제나 두려운 건 목숨 다하고常恐大化盡,
노쇠할 때까지 기력이 지탱하지 못함이다氣力不及衰.
〈환구거還舊居〉

한 세대 안에 도회지가 없어진다는一世異朝市,
이 말이 참으로 거짓이 아니로군此語眞不虛.
인생이란 허깨비 같아서人生似幻化,
끝내는 공허한 무로 돌아가야 하는 것이라終當歸空無.
〈귀원전거歸園田居 4〉

세상에 태어났으니 누구인들 죽지 않겠는가旣來孰不去,
인생이란 본디 끝이 있는 법人理固有終.
평소대로 살며 목숨 다함 기다린다면居常待其盡,

팔베개하고 산들 어찌 마음의 평안을 해치리오曲肱豈傷沖.
사는데 평탄함과 험난함이 있기는 하나遷化或夷險,
뜻 내키는 대로 하면 인생엔 기복이 없다네 肆志無窊隆.
〈오월단작화대주부五月旦作和戴主簿〉

태어나면 반드시 없어진다고運生會歸盡,
옛날부터 그렇게 말하여 왔다終古謂之然.
⋯⋯
몸은 오래전에 이미 늙어 버렸으나形骸久已化,
마음은 그대로 남아 있으니 또 무슨 말 더 할 게 있겠는가心在復何言.
어떤 이는 천금 가는 몸 기르지만客養千金軀,
죽으면 그 보배 없어진다臨化消其寶.
〈음주飲酒 11〉

사물과 같이하여 이미 근심 없어졌으니同物旣無慮,
변화해 죽어도 후회하지 않는다化去不復悔.
〈독산해경讀山海經 10〉

운명을 알고 있으니識運知命,
그리워할 것도 없다네疇能罔眷.
내 지금 죽어도余今斯化,
원망은 없으리可以無恨.
〈자제문自祭文〉

궁해지고 통해지고는 염려할 것 아니고窮通靡攸慮,
야윈대로 변화 따라 가리라憔悴由化遷.
〈세모화장상시歲暮和張常侍〉

위의 용례들은 '화化', '대화大化', '환화幻化', '천화遷化', '화천化遷'이라 하
기도 하지만 뜻은 모두 똑같이 인간의 출생부터 사망까지의 변화과정을
말한다. 도연명은 이 '화'의 과정을 역행할 수 없으므로 아무리 양생을 하더
라도 막을 수 없으니 근심을 버리고 그 자연스런 흐름에 맡기는 것이 낫다
고 여긴다. '화'에는 '끝盡'이 있으니 '화'의 끝은 '아무것도 없음 空無'이다.

죽은 후에는 모두 것이 다 텅 비고 없어, 아무것도 존재하지 않는다. 그는 피안의 세계를 믿지도 기대하지도 않았다.

도연명은 '변화하여 없어짐化去'이 바로 '사물과 같아짐同物'이라 여겼다. "묻노니 대지 만물의 기를 받는데, 어찌 인간만이 홀로 만물의 영이 되었는가!杳大塊之受氣, 何斯人之獨靈!(〈감사불우부感士不遇賦〉)" 및 "죽어버리면 무엇을 말하겠는가, 몸을 맡겨서 산언덕과 같아지는 걸.死去何所道, 託體同山阿.(〈의만가사擬挽歌辭〉)"의 구절과 연계해서 보면, 그가 보기에 인간은 본래 '물物'('대괴大塊', '산아山阿')이 '기氣'를 받아 생겨나며, 죽음은 '물物'의 상태로 돌아감이니, 이것이 바로 '물과 같아짐同物'('동산아同山阿')이다.

'순화'는 도연명이 삶과 죽음을 대하는 태도다. 문구로 보면 그는 죽음에 대해 매우 달관했다. 어떤 사람은 그가 죽음에 대한 걱정을 초월했다고 여겼다. 예를 들면 나대경羅大經은 〈신석神釋〉을 논하며 "이는 생사와 화복에 마음이 동요되지 않고, 태연히 순화에 맡기니, 정신을 수양하는 도이다. 도연명은 도를 아는 선비이다."[9]라 했다. 그러나 도연명이 이미 이렇게 달관했다면 왜 또 반복해서 죽음이라는 문제를 말하고 있는가? 합리적인 해석은 도연명이 삶과 죽음의 문제에 원래 관심이 컸고, 관심을 쏟을수록 죽음에 대한 공포와 사후에 대한 곤혹이 존재했다는 것이다.

그는 〈자제문自祭文〉 말미에 "사람이 사는데도 정말 어려운데, 죽은 후에는 어떨지?人生實難, 死如之何?"라고 하였다. 그의 생사문제에 대한 종합적인 태도를 대표할만하다. 사는 것도 너무 힘든데, 죽은 후는 어떨까? 죽음은 삶과 비교하면 어떨까? 죽음은 인생의 여러 난제를 해결할 수 있을까? "사람 사는 건 정말 어렵다.人生實難"는 왕찬王粲의 〈증채자독贈蔡子篤〉의 "아득한 세상길, 난리로 험하기도 하지. 세상사는 건 정말 힘드니, 소원은 주어지지 않는구나.悠悠世路, 亂離多阻.……人生實難, 願其弗與."[10]가 출전이다. 이것은 단지 인생에 대한 감개일 뿐이다.

---

9 《학림옥로鶴林玉露》 갑편권지甲編卷之5, 92쪽, 1983, 중화서국.
10 녹흠립逯欽立, 《선진한위진남북조시先秦漢魏晉南北朝詩》 357쪽, 1983, 중화서국.

도연명은 더 나아간다. 그는 묻는다. 죽음은 인생의 난제를 해결할 수 있는가? 죽은 후에는 사후의 난제가 또 기다리고 있지는 않는지? 그는 인생에 대해 이미 실망했고, 죽음에 대해서도 곤혹을 느낀다. 죽음의 어두운 그림자를 쫓아내고, 이성적 사고로 자신을 설득하고, 자신을 위로하려 애쓴다. 그리고 '순화'를 찾아낸다. 세상의 만사 만물은 모두 '화' 속에 있으니, 사람도 예외는 아니다. 이는 거부할 수 없는 것이다. 이미 '등화'할 수 없으니 '순화'할 수밖에 없다. 죽음이 다가옴에 대해 근심할 필요도 없으며 알지 못하는 사후에 대해 곤혹해할 필요도 없다. 죽음은 비록 알 수 없지만, 삶은 자신이 장악할 수 있는 것이다. 자연스런 태도로 삶을 대하고, 태연한 태도로 죽음을 대한다. 이것이 바로 도연명의 생사관이다.

'화'가 하나의 철학 범주로 된 유래는 오래되었다. 유가, 도가 두 학파 모두 '화'를 언급하고 있으며 '변화變'는 보편적으로 존재한다고 여긴다.

《논어論語 · 자한子罕》 편에 있다. "공자가 물가에서 말했다. '가는 것이 이와 같구나, 밤낮을 가리지 않는구나.'" 《노자》에서 말했다. "큰 도는 가고, 가면 멀어지고, 멀어지면 다시 돌아온다." 《순자荀子 · 천론天論》에서는 "네 계절이 갈마들며, 음양이 변화한다."고 하여, 처음 '대화大化'를 썼다. 《장자莊子 · 대종사大宗師》에서는 "모든 것이 변화하여 끝이 있는 적이 없다."고 하여, '만화萬化'란 단어를 썼다. 세상의 만물은 모두 '화' 속에 있으니, 사람도 예외는 아니다.

《열자列子 · 천단天端》에서는 "사람에게는 태어나 죽을 때까지 '대화'가 넷이 있다. 아이, 청장년, 노인, 죽음이다."고 했다. 그럼 '대화'는 목적이 있는가, 아니면 다른 주재자가 있는가? 노자이래로 자연론을 주장한 많은 학설은 일체의 변화를 모두 자연적이라 여겼다.[11] 도연명의 '순화'사상도 이러한 종합적인 사조에 부합한다.

인간 생명의 짧음에 대한 탄식과 사망의 공포는 한말漢末이래 시문에

---

11 이상은 장대년張岱年, 《중국철학대강中國哲學大綱》을 참고, 중국사회과학출판사, 1983.

늘 출현하는 주제이다.

조조曹操는 "술 마시고 노래하세, 인생은 얼마나 되나. 아침 이슬 같으니, 지난날은 고난이 많았었지.對酒當歌, 人生幾何. 譬如朝露, 去日苦多.(《단가행短歌行》)". "장수와 요절은 하늘에만 달려있지 않다. 화평한 마음을 기르면, 장수할 수 있네.盈縮之期, 不但在天. 養怡之福, 可得永年.(《보출하문행步出夏門行》)"라고 했다.

조식曹植은 "살아있는 사람도 잠시면 가버리니, 몸이 절로 쇠해 죽는구나. 사람은 한 세대 살다가는 것, 죽음은 아침 이슬이 마르는 것 같구나.存者忽復過, 亡沒身自衰. 人生處一世, 去若朝露晞.(《증백마왕표贈白馬王彪》)"라고 했다. 또 "센 바람이 대낮에 몰아치니, 빛나는 해도 서쪽으로 달려간다. 한창때는 다시 오지 않으리니, 내 인생도 잠시면 끝나리라. 살아서는 으리으리한 집에 살지만, 죽어서는 산으로 돌아간다. 이전 사람들 누군들 죽지 않았는가, 천명을 알았으니 어찌 근심하리오.驚風飄白日, 光景馳西流. 盛時不可再, 百年忽我遒, 生存華屋處, 零落歸山丘. 先民誰不死, 知命復何憂.(《공후인箜篌引》)"라고 했다.

공융孔融은 "세월은 머물지 않고, 절기는 흐르는 듯 가버리네. 오십년의 세월이, 잠깐 만에 지났네歲月不居, 時節如流. 五十之年, 忽焉已至.(《논성효장서論盛孝章書》)"라고 했다. 완적阮籍은 "하루는 또 저녁이 되고, 저녁은 금방 아침이 된다. 안색은 늘 변화하여, 정신은 절로 사위어간다. 다만 갑자기 혼이 바람 따라 날아갈까 두렵다一日復一夕, 一夕復一朝. 顏色改平常, 精神自損消.……但恐須臾間, 魂氣隨風飄.(《영회咏懷 33》)"라고 했다. 이 모두 전형적인 시구들이다. 도연명이 사생문제를 생각하고 시로 읊은 것은 이런 사조에 부합한다. 도연명이 전인과 다른 것은 '순화'의 사상으로 전인들의 생사에 대한 곤혹을 해소하여 그의 시에 달관의 기풍을 지니게 한 것이다. 그가 정말로 깨달았는지는 다시 논의해야 하지만, 그는 적어도 스스로 죽음이 다가오는 것에 근심하지 않기를 희망하였고, 시에서도 자신을 설득하려 노력했다. 그의 많은 시가 바로 이런 철학적 사고의 진실한 기록이다.

도연명 사상의 세 번째 문제는 '양진養眞'이다. '진眞'은 철학사상의 중요 범주의 하나인데 '자연'과 가깝지만, 완전히 '자연'과 같지는 않다. 이것은 인생의 가치를 판단하는 의미를 가지고 있다. 추상 이념의 범주이며, 도덕의 범주이기도 하다. '양진'은 도연명 생활 전체를 관통하는 인생철학이다. 먼저 그의 시문 중에서 '진'과 '양진'의 용례를 보자.

참된 생각 처음부터 가슴에 들어 있으니眞想初在襟,
몸이 얽매였다 누가 말하랴誰謂形迹拘.
잠시 변화 따르다가聊且憑化遷,
종당엔 반고班固가 말한 막집으로 돌아가리라終返班生廬.
〈시작진군참군경곡아始作鎭軍參軍經曲阿〉

저녁나절 산 기운 아름다운데山氣日夕佳,
나는 새들은 함께 돌아가는구나飛鳥相與還.
이 가운데에 참뜻이 들어 있으나此中有眞意,
따져서 말하려다 이미 말을 잊어 버렸다欲辨已忘言.
〈음주飮酒 5〉

멀고 먼 그 옛날悠悠上古,
처음 사람이 생겨나서는厥初生民.
우쭐하니 스스로 만족하였고傲然自足,
순박함 안고 참됨 품었었더니抱樸含眞.
지혜와 기교 싹트자智巧旣萌,
써야 할 것 얻을 곳 없어졌다資待靡因.
〈권농勸農〉

우선 한잔 들어보니 온갖 생각 멀리가고試酌百情遠,
두 잔을 들고나니 홀연히 하늘이 잊혀 진다重觴忽忘天.
하늘이야 어찌 떠나 갔으랴마는天豈去此哉,
천진한대로 맡기면 앞서는 게 없으리任眞無所先.
〈연우독음連雨獨飮〉

감투 내어던지고 살던 곳에 돌아가서投冠旋舊墟,
좋은 벼슬에 얽매이지 않으리라不爲好爵縈.
허술한 초가집 밑에서 참된 본성 기르고養眞衡茅下,
혼자서 선하게 살고 싶다庶以善自名.
〈신축세칠월부가환강릉야행도구辛丑歲七月赴假還江陵夜行塗口〉

　　도연명이 말한 '진상眞想', '진의眞意'는 '진'에 대한 생각이고, '진'에 대한
뜻이다. 이는 그의 인생의 이상을 포함한 추상적 이념을 모두 포괄한다.
그는 〈시작진군참군경곡아始作鎭軍參軍經曲阿〉에서 "구름 바라보면 높이 나
는 새에 부끄럽고, 물가에 서면 못 속 고기에 창피하다.望雲慚高鳥, 臨水愧池
魚."고 했다. 새장과 빽빽한 그물로 향해 가는 것을 잘 알면서도 어쩔 수
없이 가야만하니, 그는 마음속으로 갈등하고 부끄러워했다. 그러나 그는
자신만의 해탈의 방법이 있었다. 그것은 바로 마음과 행동을 분리하여, 마
음의 자유로 행동의 부자유를 메우는 것이다. "참된 생각 처음부터 가슴에
들어 있으니, 몸이 얽매인다고 누가 말하랴.眞想初在襟, 誰謂形迹拘."라고 했
다. '진상'을 잘 품고만 있으면 정신상의 독립과 자유를 유지할 수 있다.
비록 관리생활을 하더라도 여전히 구속을 받지 않는다. 만약 "마음이 몸의
부림을 받는다.以心爲形役"면 마음은 노예고 몸은 주인이니, 자유를 잃게
된다. "진의眞意"는 '진상'과 비슷하다. 각각 문장의 아래 위를 연결해서 보
자. '진상'은 자기의 주관으로 일찍부터 품고 있으면서 굳게 지키며 놓지
않았던 사상이다. '진의眞意'는 객관적인 경물 속에서부터 갑자기 깨달은
우주와 인생을 관통하는 '이치里'의 한 종류다.
　　'함진含眞', '임진任眞', '양진養眞' 이 세 가지는 '진'을 숭상하는 태도이다.
'함진'은 '진'을 품고서 변하지 않음을 뜻한다. "우쭐하니 스스로 만족하였고,
순박함 안고 참됨 품었다.傲然自足, 抱樸含眞"라고 했는데 이는 먼 옛날 사
람들을 말한다. 도연명은 옛날 사람들이 인류의 순박함과 순진함을 지니고
있고, 세속의 오염을 받지 않았으니, 가장 이상적인 사람이라 여겼다. ≪노

자≫에서는 "순진함을 보이고 소박함을 품다.見素抱朴"라고 했는데 하상공주河上公注에는 "순진함을 보이려면, 응당 순박함을 품고 참됨을 지켜야 한다.見素者, 當抱素守眞."고 했다. 이와 뜻이 비슷하다. 도연명이 상고의 사람들에 자기의 이상을 기탁한 것은 분명하다.

'진에 맡기다任眞'는 '진'을 제일 중요한 뜻으로 삼는 것이다. 다른 것은 모두 '진'에 따라야하고, 다른 것 때문에 '진'을 바꿀 수 없다. '진'은 변할 수 없는 것이다. 도연명은 '한 잔試酌'한 후 이미 온갖 생각이 멀어졌으니 인간세상의 득실과 영욕의 구분 모두 희미해졌다. 여러 잔 마신 후에는 '천天'마저 잊었다. 이 '천'은 자연의 조화를 가리킨다. ≪장자莊子·천지天地≫에 "사물을 잊고, 자연도 잊으니, 그 이름은 나도 잊는다忘己이다'라고 했다. 그러면 '천'을 정말로 잊었는가? '천'은 정말로 나를 떠나갔는가? 결코 아니다. '천'과 나는 혼연일체가 된 것 뿐이다. 그러니 '천'은 바로 나이고 내가 바로 '천'이다. 이런 경지가 바로 '임진'의 경지이고, 이보다 더 앞서는 것은 없다. '임진'을 할 수 있으면 바로 '천과 합일할 수 있다. '진'은 '품어含'야 하고 '맡겨任'야 할 뿐만 아니라 또 '길러養'야 한다. '양진'을 통해서만 완전함을 이룰 수 있다. '양養'은 후천적인 노력이다. '양진'은 반드시 일정한 환경조건이 있어야한다. "허술한 초가집 밑에서 참된 본성을 기른다.養眞衡茅下"는 이 필수적인 환경조건을 말한 것이니, 바로 속세를 멀리 떠나 빈곤함에 편안해야 한다. 조식曹植의 〈변문辯問〉에서 "군자는 은거하여 참됨을 기른다.君子隱居以養眞也."고 하였으니, 서로가 증거가 된다. '양진'은 도연명의 노력하여 덕을 닦는 인생태도를 개괄하고 있다.

여기서 도연명이 말한 '진'의 함의를 정리할 필요가 있다. 필자는 다음과 같은 것을 발견했다. '진'은 철학범주로 ≪논어≫와 ≪맹자≫에 나오지 않을 뿐만 아니라, 일반 단어로도 이 두 유가경전에 나오지 않는다.

'진'은 노장철학 특유의 개념이다. ≪노자≫에 다음의 구절이 보인다. "큰 덕의 양태는 도를 따라 변화한다. 도의 모습은 없는 것 같다. ……그 속에 정수가 있으니, 그 정수는 진실이다. (21장)", "도를 닦은 사람의 덕은 진실하다. (54장)" 노자는 '진'을 도의 정수로 보고 있고, 또 도를 수신의 극치로 보고 있다.

≪장자≫ 중의 '진'은 매우 특출한 범주이다. 그는 '진'에 대해 정의를 내렸다. "삼가 몸을 닦아 그 진을 애써 지키며, 사물과 사람의 본연으로 돌아가니 얽매임이 없다. ……진은 정성의 지극함이다. ……진은 하늘에서 받아 스스로 그러한 것으로 바뀔 수 없는 것이다. 이 때문에 성인은 하늘을 본받아 진을 귀하게 여겨 세속에 구속받지 않는다. 우매한 사람은 이와 반대이다. 하늘을 본받을 수 없어 사람에게 동정 받고 진이 귀한 줄 몰라서 변변치 못하게 세속의 영향을 받아 변하니 이 때문에 모자란 것이다.(〈어부漁父〉)"

그 의미를 보면 '진'은 일종의 지극히 순박하고 지극히 진실한 정신경지이다. 이 경지는 하늘로부터 받은 것이고, 본성 속의 것이며, 자연히 그러한 것이다. 장자가 보기에 모든 사람은 그 자신의 '진眞'이 있고, 성인과 속인의 구별은 단지 자신의 '진眞'을 지킬 수 있느냐에 달려있다. 성인은 이 정신경지를 신중하게 지켜 외물의 영향을 받지 않을 뿐이다.

'진'을 지켜낼 수 있는 사람이 바로 '진인眞人'이다. 그는 다음과 같이 말한다. "옛날의 진인은 생을 기뻐할 줄 모르고 죽음을 싫어할 줄도 모른다. 그 태어남에 기뻐하지 않고 그 돌아감에 거역하지 않고 훌쩍 갔다가 훌쩍 올 뿐이다. 그 시초를 잊지 않고 그 끝도 욕심 부리지 않는다. 일이 닥치면 기꺼이 받아들이고 생사를 잊고 자연에 돌아간다. 이 때문에 심지心智로 도를 훼손하지 않고 인위로 천연을 보조하지 않는다 말하는 것이고, 진인眞人이라 하는 것이다.(〈대종사大宗師〉)" 장자가 말하는 '진인'은 세속의 희노애락이 없는 그 타고난 천성을 유지한 사람이다. 사람은 어린아이 때에만 이럴 수 있고, 미개화한 원시사회만이 이럴 수 있다. 사회에 진출한 성인이 '진'에 이르려면 아이의 상태로 돌아갈 수밖에 없다. 도연명이 말하는 '진'은 노장철학을 이어받았음을 명확하게 알 수 있다.

도연명은 '진'을 말하는 동시에 '위僞'도 말했다. "대저 신의를 실천하고 효충을 생각함은 인간의 선량한 행위이다. 순박함을 새기고 침묵을 견지함은 군자의 순후한 마음이다. 순박한 풍기가 소실된 후 인위와 속임의 풍속이 크게 일어나니, 민간에는 염치와 양보의 지조를 홀시하고, 조정에는 요행히 승진하려는 마음이 번졌다. 夫履信思順, 生人之善行. 抱朴守靜, 君子之篤素. 自眞風告逝, 大僞斯興. 閭閻懈廉退之節. 市朝趨易進之心.(〈感士不遇賦〉)" 이 '위僞'의 일반적인 해석은 허위虛僞이고, 철학적 해석은 인위人僞의 뜻이다. 예로 ≪노자≫는 "큰 도가 쇠퇴하자, 인의가 나왔고, 지혜가 나오자, 인위가 나왔다.(18장)"라 했다. 여기의 '위'는 자연과 상대되는 인위이다.[12] 도연명의 '위'는 두 방면의 함의를 지닌다. 위 예문을 보면 인위의 뜻이고, 아래의 예문을 보면 허위의 뜻이다.

도연명은 또 '순淳'을 이야기했다.

"복희와 신농이 떠나간 지 오래되어서, 온 세상에 순진함을 되찾는 이가 적어져 버렸구나. 허둥지둥 서두른 노나라의 늙은이가, 미봉하여 세상을 순박하게 만들었다. 羲農去我久, 擧世少復眞. 汲汲魯中叟, 彌縫使其淳.(〈음주飮酒 20〉)",

"현원과 요임금 치세를 생각하며 깊이 탄식하고, 가난과 미천함을 감내하며 영화를 버렸네. 깨끗한 원류는 길이 흘러 나뉘니, 선악은 구분하여 같이 하지 않네.望軒唐而咏嘆, 甘貧賤以辭榮. 淳源汨以長分, 美惡作以異塗.(〈감사불우부感士不遇賦〉)",

"기이한 발자취 오백 년 동안이나 감춰져 있다가, 하루아침에 신령한 세상이 활짝 열렸네. 순후하고 각박함 근원이 다르니, 곧이어 또 다시 깊이 가려졌구나奇踪隱五百, 一朝敞神界. 淳薄旣異源, 旋復還幽蔽.(〈도화원시桃花源詩〉)",

"삼황오제의 도는 아득히 멀고, 순박한 풍기는 날로 쇠하였네. 제자백가의 학설은 일치하지 않아, 서로 배척하고 헐뜯었네三五道邈, 淳風日盡. 九流參差, 互相推隕.(〈선상화찬扇上畵贊〉)".

'순淳'은 두텁다厚, 맑다淸, 순박하다朴는 뜻이 있어 '진'과 뜻이 비슷하다.

---

12 풍우란, ≪중국철학사신편中國哲學史新編≫, 인민출판사, 1984.

도연명이 보기에 먼 옛날 복희, 신농, 헌원, 당요의 시대, 즉 삼황오제의 시대에는 사회가 순박했다. 그 후 점점 순박함을 잃어버리고, 제자백가의 구분이 있었다. 제자백가가 서로 배척하고 헐뜯어, 사회가 날로 경박하게 변했다. 도화원 같은 세계만이 겨우 상고시대의 순박한 풍기를 유지하며 세상과 단절된 신화의 세계가 되었다. 이렇게 도연명은 '양진'의 철학사상을 사회역사의 범위로 끌어들여 당시 사회에 대한 비판의 색채를 갖게 했다.

2

도연명의 철학적 사고는 선명한 특징을 가지고 있다. 그의 철학적 사고가 선철先哲들의 사상을 흡수했지만 주요한 사상은 본인의 생활 실천에서 온 것이고, 본인의 생활 체험을 승화한 것이다. 이 때문에 사변적 색채가 비교적 적다. 만약 그의 철학적 사고를 나무에 비유한다면, 나무는 그것이 의지하여 생장하는 토양과 함께 우리의 눈앞에 나타날 것이다. 그 토양이 바로 일상생활 중의 사물인 산수전원의 풍경 등이다. 도연명의 철학 사고는 매우 강력한 실천성이 있다. 때문에 그의 인생은 일종의 철인哲人의 미를 체현하고 있다.

도연명의 철학적 사고는 시의 형식으로 표현되었으니 논리적 논증은 없고, 지혜의 불꽃일 뿐이다. 이는 남종南宗 선禪의 특징과 유사하다. 그는 당연히 선을 접해 본 적이 없었다. 그런데 사람들은 왜 그의 시에서 선의禪意를 느끼는가? 그건 바로 그가 늘 생활 속에서 계시를 얻고 이치를 깨달았기 때문이다. "여기에 참 뜻이 있어, 분별려다가 말조차 잊었다.此中有眞意, 欲辨已忘言."와 같이 살짝 건드리기만 할 뿐, 해석을 더하지는 않았다.

이런 사고방식과 표현방식은 모두 선과 비슷하다. 도연명 시는 현언시玄言詩와 다르다. 현언시는 몸소 체험한 철리를 쓰지 않고 노자의 뜻만 베꼈고 시의詩意도 없다. 도연명의 시는 살아 숨 쉬는 철학성이 풍부한 시이다. 도연명의 철학적 사고는 앞에서 세 가지 특징으로 논증했다. 그가 위진

사조의 주류에서 벗어나지는 않았지만 자신만의 독창성이 있고, 철학에 있어서 우뚝한 품격이 있다. 도연명 시가 현언시의 영향에서 완전히 벗어나지 못했지만 이미 현언시는 아니어서, 시의 역사에서도 독립적인 품격을 가지고 있다.

진인각陳寅恪은, 도연명이 신자연설新自然說을 지니고 있어서 구자연설舊自然說을 지지하는 사람들과는 같지 않다고 했는데, 이는 매우 탁월한 견해이다. 보충 설명을 해본다면, 구자연설을 가진 자는 엄격히 말하자면 자연스럽지가 않다는 점이다. 미친 척하며 방종하는 것은 인간의 자연 본성에 대한 왜곡이다. 자연이 명교名敎에 대항하는 무기가 되면 그것은 이미 자연이 아니다. 구자연설자들은 결코 그들의 학설에서 생의 즐거움을 얻지 못했다. 이 점에서 보면 도연명만이 진정한 자연이다. 진인각이 말한 구자연설은 거짓자연설이라 바꿔 불러도 된다. 도연명의 신자연설만이 진정한 자연설이다. 그러면 도연명은 완전히 자연에 도달했을까? 아마도 아닐 것이다. 그는 여전히 고통스러웠고 갈등이 있었다. 그의 학설은 진정한 자연설이라 할 수 있지만, 실제의 도연명은 완전한 자연에 도달하지 못했다. 만약 그렇다면 시에서 그 자연을 표명할 필요가 없었을 것이다.

도연명의 철학적 사고는 아래와 같이 개괄할 수 있다. 후천적으로 세속에 물든 '가짜 자신僞我'을 제거하여 '진정한 나眞我'로 돌아가는 것을 추구한다. 이 진아眞我는 자연인 것이고, 순화하는 것이다. 여기에서 관건은 '돌아감返歸'에 있으니, 그가 말한 '양진'이 목표이다. 이는 바로 진으로 돌아가는 것이다. 도연명은 사회의 부패를 보았지만 이를 개혁할 역량이 없어서 자신만의 진실을 지키고 자신만의 도덕적 완전을 추구할 수밖에 없었다. 그는 사회의 위기를 보았지만 구제할 방법이 없어서 인간 본성으로의 복귀를 통해 구제를 추구할 수밖에 없었다. 이는 부분적으로(특별히 그가 창작한 시의 경지 속에서) 도달할 수 있는 것이었다. 그러나 사회를 치료하는 좋은 약으로서는 효과가 없었다.

철학과 시는 낮은 차원에서는 대개 서로 배척한다. 철학적 추상적 사유는 시의 형상을 파괴할 수 있다. 그러나 차원이 높아질수록 서로 보충하고 융합할 수 있다. 심각한 철학적 사고와 탁월한 시가의 천재성이 만약 한 사람에게 집약되었다면, 두 가지 모두 보통의 경지를 뛰어넘게 된다. 이백李白, 왕유王維, 한유韓愈, 소식蘇軾, 주희朱熹, 공자진龔自珍 등이 모두 그 근거이다. 도연명은 두 가지의 융합의 완정성에서 다른 사람을 뛰어넘는 경지에 있었다.

그렇다면, 심도 있는 철학적 사고는 시인 도연명에서 무엇을 주었는가? 우선 보통 사람과는 다른 혜안을 주었다. 보통 사람들이 보기에 남산은 형체가 있는 남산이고, 귀조歸鳥는 형체가 있는 귀조이며, 청송靑松은 형체가 있는 청송이고, 가을 국화는 형체가 있는 가을 국화이다. 그러나 도연명이 보기에 이것들은 구상이자 이념적인 것이었다. 그는 그 속에서 다른 사람들이 못 보는 이치와 인생의 참된 법칙인 진제眞諦를 볼 수 있었다. 이에 남산은 남산일 뿐만 아니고, 귀조는 귀조일 뿐만 아니며, 청송은 청송일 뿐만 아니고, 가을 국화는 또 가을 국화일 뿐만 아니었다. 다시 말하면 도연명은 이것들에게 상징성을 부여하였다. 이는 적합한 것은 아닌 것 같지만, 의도적인 기교는 결코 아니었다. 혜안의 지혜로운 발견이다. 그는 철인의 지혜로 우주와 인생을 깨달아 일반 사람들이 보지 못한 이치를 도처에서 보게 된 것이다.

도연명의 시는 경景에서 시작하여, 일事로 발휘되고, 정情으로 얽고, 이理로 총괄한다. 이理로 총괄한다는 것은 바로 개인의 경과 일, 그리고 일반적인 정에서 보편적 의의가 있는 이理로 승화할 수 있는 것을 말한다. 이 이理는 정情, 경景, 사事 밖에 떠도는 이理가 아니며, 또 현언시처럼 시의 끝에 꼬리처럼 달려있는 것도 아니다. 정, 경, 사 속에 융화되어 수시로 곳곳에서 나타난다. 도연명의 증답시贈答詩는 모두 일상의 일과 마음을 표현하는데 이러한 일상의 일과 마음속에 늘 이理가 보인다. 〈화곽주부和郭主簿 1〉를 보자.

무성한 마루 앞 숲藹藹堂前林,
한여름에 시원한 그늘 담고 있구나中夏貯淸陰.
남풍은 철 맞춰 불어오고凱風因時來,
회오리바람 옷깃 열어 젖힌다廻飇開我襟.
교류 멈추고 한가한 일하고 노니息交遊閒業,
누워 책보고 일어나서 거문고 만진다臥起弄書琴.
정원의 채소 아주 맛있고園蔬有餘滋,
지난해 곡식 지금도 쌓여 있다舊穀猶儲今.
자기 생활 영위함 본래 한도 있으니營己良有極,
분에 넘침은 바라는 바 아니다過足非所欽.
차조 찧어서 맛난 술 담그고春秫作美酒,
술 익으면 내가 혼자 마신다酒熟吾自斟.
어린 아들놈 내 곁에서 장난치고弱子戱我側,
말 흉내 내지만 아직 제소리 못 낸다學語未成音.
이 일은 진정 즐겁기 그지없어此事眞復樂,
잠시 이로 화사한 벼슬 잊어버린다聊用忘華簪.
멀리멀리 흰구름 바라보면서遙遙望白雲,
옛일 생각함이 어찌 그리 심각한가懷古一何深.

　이 시는 한거閒居 생활을 쓴 것이다. 생활의 사소한 일 중 인생에 대한
이해를 드러내고 있다. 즉 물질적 향유의 추구를 초월하여 정신적 만족에
도달함이다. 물질적 향유의 방면에서 도연명의 '정원의 채소', '묵은 곡식',
'맛난 술'은 아무 것도 아닐 것이다. 그러나 그에게는 마루 앞의 '푸른 그늘',
사람의 마음을 잘 알아주는 '시원한 바람', 자신에게 기대어 말 흉내 내는
'어린 아들'이 있었다. 다른 사람들은 늘 향유하여 특별하게 여기지 않는
이런 일들이 도연명에게는 최고의 향유이다. 그것이 가져다주는 즐거움은
높은 관직과 많은 봉록을 초월한다. 만약 인생에 대한 독특한 이해가 없으
면 어찌 이런 경지에 도달할 수 있겠는가!
　다시 〈음주飮酒 5〉를 보자.

사람 사는 곳에 초가집을 엮었으나結廬在人境,
수레와 말의 시끄러움이 없다而無車馬喧.
묻노니 그대는 어찌 이럴 수 있는가問君何能爾,
마음이 멀어지니 땅은 절로 외지게 되네心遠地自偏.
동쪽 울타리 밑에서 국화 따다가採菊東籬下,
멀리 남산을 보네悠然見南山.
저녁나절 산 기운 좋고山氣日夕佳,
나는 새들 함께 돌아간다飛鳥相與還.
이 가운데에 참뜻이 있으나此中有眞意,
따져서 말하려다 이미 말을 잊어 버렸다欲辯已忘言.

사람 사는 곳에 있으면 당연히 수레와 말의 시끄러움이 있을 터인데 왜 없을까? '마음이 멀어져心遠' 정신의 평정이 속세의 시끄러움을 여과해서이다. 수레와 말의 시끄러움이 없다는 것은 권세 있고 높은 사람들과 교제하지 않는다는 뜻도 된다. 이것도 정신적 초월이 필요하다. "마음이 멀어지니 땅은 절로 외지게 되네心遠地自偏"는 매우 철학적 운치가 있는 시구이다. '마음心'과 '땅地'은 주관적 정신과 객관적 환경의 관계, 즉 '땅'의 시끄러움과 '마음'에서 결정되는 멀고 가까움을 말하고 있다.

진정한 은사隱士와 고인高人은 원래 인간세상에서 멀리 떨어진 동굴이나 바위에 살 필요가 없다. 명리에 집착하지 않으면 속세의 교란을 피할 수 있다. "동쪽 울타리 밑에서 국화 따다가, 멀리 남산을 보네採菊東籬下, 悠然見南山." 이 두 구는 의意와 경景의 일치이니, 훌륭히 합쳐서 인공적인 흔적이 없다. '유연悠然' 두 자는 바로 심정의 유원함을 말하고, 남산의 유원함도 말한다. 우연히 머리를 드는 사이에 마음과 산의 유연한 합치, 자신과 산이 융합되어 마치 한 몸과 같음을 말한다. 이 저녁의 산기운, 날아 돌아가는 새가 결코 밖에 있는 것이 아니라 자신의 마음속에 있는 것 같이 아름다운 풍경을 이루고, 세속을 초월한 경계를 만든다. 바로 이 풍경과 이 경계 속에 인생의 진체眞諦가 숨겨져 있어, 시인은 이를 깨닫고 말하려 하나 말할 수 없고 말할 필요도 없다. 이런 마음과 경치의 순간적 감응, 이런 무한한 희열은 말로 담아낼 수 없는 것이다.

　다시 한 마디를 더 물어본다. 왜 "저녁나절 산 기운 좋은데, 나는 새들 같이 돌아간다.山氣日夕佳, 飛鳥相與還."를 보고 바로 "진의眞意"를 깨닫는가? 관건은 '환還'에 있다. '환'은 바로 '돌아감返歸'이니, 근원으로 돌아감이다. 일출에서 석양까지, 이것도 하나의 '돌아감'이다. 석양의 풍치가 일출과 같은 것, 이것도 하나의 '돌아감'이다. 나는 새가 새벽에 나왔다 저녁에 돌아감은 '돌아감' 중의 '돌아감'이다. 도연명은 이런 '돌아감' 속에서 철학적 운치가 있는 이치를 깨닫고 이를 '진의'라 불렀다. 그가 보기에 인생의 진체도 '돌아감'에 있으니, 아직 세속에 오염되지 않은 원래의 나로 돌아가는 것이다.

　이 시는 정情, 경景, 이理의 융합에 있어서, 이취理趣의 특출함에 있어서, 중국 고전시가의 극치에 다다랐다. 청대 왕사정王士禎은 ≪고학천금보古學千金譜≫에서 다음과 같이 말했다. "예로부터 고인高人은 단지 마음에 막힘이 없어 텅 비고 한정이 없을 뿐이다. 그래서 생각이 높고 원대하여 일체의 명예와 사물이 장애가 되지 않는데, 어찌 속세의 사물이 망령되게 막을 수 있겠는가! 어느 때이고 조용한 장소를 만나면 조용하고, 시끄러운 장소에 있어도 조용하다. 장소에 다름이 있다 해도 마음에 다름이 없는 것은 멀리하기 때문이다. 마음에 막히거나 걸림이 없으니 사람 사는 곳에 있으면서도 자신이 지키려는 고요함을 걱정하지 않고, 수레와 말을 마주쳐도 그 시끄러움을 느끼지 않는다. 울타리에 국화가 있으면 꺾고, 꺾고 나면 그만이다. 내 마음에는 국화가 없다. 문득 유연히 남산을 보고, 석양의 산기운의 아름다움을 보며, 새의 본성을 좋아해서 그들과 같이 나갔다 돌아온다, 산과 꽃, 사람과 새들을 우연히 상대함도 한 조각 변화의 기미로서 천진天眞이 저절로 갖추어져 있다. 이미 명예와 사물이 마음에 없어서 언어로 설명할 수 없으니 그 누가 구분해 말하겠는가."[13] 이는 매우 설득력이 있는 말이다.

---

13 왕어양비본王漁洋秘本, 주섭증 역朱燮增 譯 ≪고학천금보古學千金譜≫ 18권, 청淸 건륭乾隆 55년 치노재간본治怒齋刊本.

깊은 철학적 사고는 도연명에게 초탈하고 여유 있는 심경을 주었다. 많은 시인들은 시를 지을 때 피가 끓어오르거나, 가슴 속에 의기가 가득하거나, 격앙 강개하여 억제하지 못하고 목을 길게 뽑아 큰소리로 노래 불러 감정을 발산하려 한다. 이것이 소위 격분에서 시인이 나온다는 것이다. 도연명은 결코 이렇지 않다. 그는 초탈하고 여유 있는 심경에서 시를 썼다. 그의 많은 대표작이 모두 이런 심경에서 쓴 것이다.

예를 들면, 〈시운時運〉, 〈귀조歸鳥〉, 〈형영신形影神〉, 〈귀원전거歸園田居〉, 〈화곽주부和郭主簿〉, 〈무신세육월중우화戊申歲六月中遇火〉, 〈음주飲酒〉, 〈술주述酒〉, 〈의고擬古〉, 〈잡시雜詩〉, 〈영빈사咏貧士〉, 〈의만가사擬輓歌辭〉 등이다. 그의 피도 끓어오른 적이 있지만, 그는 여전히 초탈한 태도와 무관심한 어투로 시를 읊는다. 마치 끓는 물이 조금 식은 뒤에 차를 우리는 듯하다. 불덩이가 차갑고 아름다운 언어 속에 있어, 유연한 품격과 투철한 힘이 절로 느껴진다. 또 〈잡시雜詩 1〉을 보자.

> 인생이란 뿌리가 없어人生無根蒂,
> 흩날리는 길 위의 먼지와 같다飄如陌上塵.
> 바람 따라 흩어져 뒹구니分散逐風轉,
> 이는 이미 일정한 몸이 아니다此已非常身.
> 발길 디디는 곳 형제가 되니落地爲兄弟,
> 어찌 꼭 친형제라야 하리오何必骨肉親.
> 기쁜 일이 생기면 즐겨야 하니得歡當作樂,
> 한 말의 술로 이웃들을 모은다斗酒聚比隣.
> 한창 나이는 다시 오지 않고盛年不重來,
> 하루에 새벽 다시 있기 어렵다一日難再晨.
> 제 때에 맞춰 힘써야 할 것이니及時當勉勵,
> 세월은 사람을 기다리지 않는다歲月不待人.

도연명은, 사람은 식물과 달리 뿌리가 없고 길 위의 먼지와 같아 바람 따라 흩어져 떠돈다고 여긴다. 그러니 지금의 몸은 이미 조금 전의 몸이 아니다.

세상에는 영원히 변치 않는 생명은 없다. 인생은 떠돌며 머물지 못하는 먼지 같으니, 발길 디딘 곳에서 바로 형제가 된다. 왜 꼭 혈육관계여야만 친하겠는 가! 가까운 이웃은 마치 같이 떨어진 먼지 같고, 이런 기회는 별로 많지 않으니, 형제처럼 같이 기뻐하며 즐거워 할 수 있다. 이 말은 도연명의 인간에 대한 이해, 삶에 대한 이해, 사람과 사람 사이 관계에 대한 이해를 분명하게 밝히고 있다. 정말 곱씹어 볼 만하다.

《노자》에서 "깊고 단단한 뿌리는 오래 살고 오래 존재하는 길이다. (〈59장〉)"라 하였다. 《장자》에서도 "만물은 태어남이 있지만 그 뿌리는 보이지 않는다. (〈칙양則陽〉)"라고 하였다. 도연명은 이러한 뜻을 정제한 이후에 시의 언어로 표현하니 그 의미가 더욱 뛰어나다. '낙지落地'에 대해 정복보丁福保는 "사람이 처음 태어남이다.人始生也."라고 해석했는데 많은 도연명 연구자들이 이를 따랐다. 그러나 상하의 문장을 연결해 보면 먼지가 내려앉은 곳을 가리키는 것이 맞다. 그가 보기에 사람은 매우 하찮은 것이고, 생명은 매우 짧은 것이며, 인생은 떠돌며 정착하지 못하는 것이니, 서로 만날 기회는 당연히 아주 적다. 그래서 그는 이어서 말한다. "한창 나이는 다시 오지 않고, 하루에 새벽 다시 있기 어렵다. 제 때에 맞춰 힘써야 할 것이니, 세월은 사람을 기다리지 않는다.盛年不重來, 一日難再晨. 及時當勉勵, 歲月不待人." 같은 환락 속에서도 다시 세월이 쉽게 지나가는 것으로써 자신을 격려하고 다른 사람을 격려한다. 이 몇 구의 말은 매우 진솔하다. 일부러 심오함을 추구하지 않았지만, 사람의 마음을 뒤흔드는 힘이 매우 크다. 세월은 끊임없이 흘러가버려 다시 돌아오지 않는다. 세월은 단지 흘러만 갈 뿐, 아무도 기다려주지 않는다.

도연명의 "해와 달은 사람을 버려두고 가니, 뜻을 품고서도 뛰어보지 못했다. 日月擲人去, 有志不獲騁. (〈잡시雜詩 2〉)"도 같은 뜻이다. 세월은 사람을 기다려 주지 않는다. 그것을 잡을 수 있는지는 온전히 사람에게 달려있다. 이것은 사람의 노력에 달려있는 것이다. 도연명의 글에서 세월은 마치 사람과 함께 걸어가는 동반자, 그것도 사람과 총망하게 일정한 속도로 앞만 보고 달려가는 동반자처럼 이미 형상화 되었다.

〈잡시雜詩 5〉에서는 이렇게 말했다. "골짜기의 배는 잠시도 머물지 않고, 나를 끌어당겨 머물 수 없게 한다. 앞길이 얼마나 되려나, 정박할 곳을 알지 못한다. 옛 사람은 잠깐의 시간도 아꼈으니, 그 일을 생각하니 두려워진다.壑舟無須臾, 引我不得住. 前途當幾許, 未知止泊處. 古人惜寸陰, 念此使人懼." 이 여섯 구의 시와 위에서 인용한 시의 뜻은 비슷하다. 또 비유로 철리哲理를 표현하였고, 똑같이 차갑고 뛰어난 아름다움이 있다.

심각한 철학적 사고는 도리어 그로 하여금 시를 담담하게 보도록 하였다. "흥을 일으키고, 관찰할 수 있고, 모이게 할 수 있고, 원망할 수 있다興觀群怨"느니, "가깝게는 어버이를 섬기고, 멀게는 임금을 섬긴다.邇之事父, 遠之事君"느니, "나라를 다스리는 큰 일이고, 썩지 않는 큰 일이다.經國之大業, 不朽之盛事"라는 등을 그는 전혀 생각하지 않았다.

재주를 뽐내고 명예를 구하는 마음이 없었고, 시로 유명해지거나 공명을 이루려는 마음은 더욱 없었다. 득실은 이미 마음에서 잊었고, 생사도 이미 달관했는데 또 무슨 시의 쓰임이나 시의 뛰어남에 마음을 썼겠는가? 그는 시를 지어 "스스로 즐겼으며自娛(〈음주서飮酒序〉)", 지은 다음에는 그만일 뿐 힘들게 구상하지 않았으며, 또 애써 다듬고 수식하지 않았다. 두보杜甫처럼 "시어가 사람을 놀라게 하지 못하면 결코 그만두지 않는다."거나, 왕안석王安石처럼 "봄바람이 또 강 남쪽 기슭을 지나네.春風又過江南岸."의 '과過'자 하나를 다시 고친다거나, 왕지환王之渙, 고적高適 등이 주막의 벽에 표시를 하며 겨루는 등의 일은 도연명에게는 상상할 수도 없다.

그의 온 생활은 이미 시화詩化가 되었고, 그의 사상도 이미 승화되었다. 때문에 어떻게 쓰느냐가 결코 중요하지 않다. 쓰고 싶으면 쓰고, 썼으면 그만이다. 그는 꾸밈을 의도하지 않았지만 그것이 꾸밈이 되니, 자연적으로 그렇게 되었고 의도 없이 이루어졌다. 그래서 뛰어난 작품이 아닌 것이 없다.

전인들은 이구동성으로 도연명에게는 따라 잡을 수 없는 점이 있다고 한다. 자연, 평담, 진솔로 시의 극치를 이루었다고 칭찬한다. 또 어떤 이는 힘써 그를 본받으려 하나 진정으로 그의 뛰어난 점을 체득하는 것은 쉽지 않다고 했다. 모방해서 본받기는 더욱 힘들다.

왕유王維의 〈여위거칠서與魏居七書〉[14]를 보면 그는 도연명과 생각이 아주 다르다. 도연명의 경지가 없으면 어찌 이 진체眞諦를 베울 수 있겠는가? 맹호연孟浩然, 위응물韋應物, 유종원柳宗元 이 세 사람의 시는 도연명 시의 평담平淡만 있을 뿐 도연명 시의 심오함에는 도달하지 못했다. 소식蘇軾은 당연히 위대한 시인이다. 그는 애써 도연명을 본받고, 도연명에 운을 따 시를 지었지만 단지 도연명 시의 외형만을 갖췄을 뿐이다. 소식의 뛰어남은 결코 이런 것에 있지 않다.

도연명 시를 어찌 모방할 수 있는가? 도연명 시를 어찌 문면文面에서 본받을 수 있는가? 도연명 시를 애써 본받으려는 태도가 바로 그들이 부자연스러움을 증명하니, 근본적으로 도연명 시에 위배된 것이다. 우주와 인생에 대한 도연명의 투철한 깨달음이 없고, 시를 짓지 않아도 시가 되는 그 초탈한 태도가 없으면서 단지 풍격, 자구에서만 배우려고 한다면 배우기 어렵다. 도연명 시는 본래 소위 장심匠心이 없고, 기교는 더욱 없다. 온통 천부적인 기지뿐이고, 책에 가득한 지혜뿐이다.

위에서 논한 내용을 종합하면, 도연명은 다른 시인과는 다르다. 그는 우주와 인생의 커다란 문제에 대해서 사고하여, 심오한 철학이 있는 결론에 도달했다. 그는 다른 철학자와도 다르다. 시적 사유방법으로 철학적 명제를 해결하고 표현했다. 철학 사유, 과학 사유와 시(예술)적 사유는 관련이 있으면서도 서로 다른 사유 방식이다. 시적 사유는 연상과 상상이 풍부하며, 형상적이고 감성적이며 늘 비약적이고 단편적이어서 원래 철학적 사고

---

14 〈여위거사서與魏居士書〉에서 말했다. "도잠이 허리 굽혀 독우를 만나려 하지 않고, 인수를 풀고 관직을 버리고 떠났다. 뒤에 가난해져 〈걸식〉시에서 '문 두드리고는 말하지 못한다'고 하였다. 이는 여러 번 걸식하여 횟수가 많다는 것이다. 일찍이 독우를 한번만 만났으면 공전 여러 마지기를 편안히 먹을 수 있었을 텐데 한 번의 수치를 참지 못하고 죽을 때까지 수치스러워야 하다니! 이는 사람들이 나를 공격하는 것이니 큰 것을 잊고 작음 것을 지킨다는 것이니, 그 뒤에 올 폐해를 (생각치) 않은 것이다." 정가당장靜嘉堂藏 남송각본南宋刻本 ≪왕우승문집王右丞文集≫ 8권에 보인다.

에 적합하지 않다.

그러나 도연명은 절묘하게 이 두 가지를 융합하였다. 그의 사고는 당시 그가 부패한 상층사회에 물들지 않고, 여산의 기슭에서 몸소 농사지으며 깨끗하게 일생을 살도록 지탱해 주었다. 오늘날 물욕이 사람의 정신을 지배하여 사람이 노예가 되는 시대에, 도연명을 지탱했던 이 지혜와 역량은 현대인에게 조그마한 도움이 되어 일어설 수 있게 해줄 지도 모른다. 현대 독일의 저명한 철학가 하이데거(Heidegger, Martin)도 곤혹스러워 했던 이 문제를 도연명은 이미 천오백년 전에 생각을 한 것이다. 하이데거는 도연명을 몰랐지만, 그가 찾아낸 결론은 도연명과 비슷한 점이 있다.[15] 이는 도연명의 생각이 장차 중국의 국경을 넘어 현대 인류생활에 커다란 영향을 미칠 수 있음을 증명한다.

---

15 장세영張世英, 〈하이데거의 형이상학-아울러 도연명의 시를 분석하다海得格爾的形而上學-兼析陶淵明的詩〉를 참고함. 《문사철文史哲》 1991년 제2기.

도연명과
위진시대의 풍류

1

    이 제목을 탐구할 때 먼저 만나는 문제는 무엇이 '위진시대의 풍류'인가 라는 점이다. 이 문제에 대해 답하려고 하면 반드시 '풍류'라는 말을 명확히 알아야 한다.

    자세히 고찰해보면 '풍류'라는 이 어휘의 함의에는 일정한 변천의 과정이 있었다. 이 어휘는 바로 ≪한서漢書≫에 나오는데, 〈서전敍傳〉 70권하에서 "위로 하늘을 본받고 아래로 습지를 모방하여 봄날에 우레가 천지에 진동 한다. 모두 선왕이 관찰한 자연현상으로 이를 근거로 예악제도를 제정하였 다. 훗날 예악제도가 무너져 정나라와 위나라 지역에 음풍이 횡행하였다. 주나라 왕실의 풍기가 문란해지고 백성이 이에 물들어 세상에 혼탁한 풍조 가 유행하였다."[1]라고 하였고, 안사고顏師古의 주에서 "위로 왕실의 풍기가 이미 유행하여 아래로 백성들이 본받은 것을 말한다."라고 풀이하였다. 이 렇게 볼 때 '풍류'는 원래 '주어+술어' 구조의 어휘조합으로, 풍조의 유행 또는 교화의 전파를 가리킨다.

    ≪한서≫의 〈형법지刑法志〉에 또한 이런 말이 있다. "효문제가 즉위하 자……풍류가 돈후해지고 법망이 느슨해졌다."[2] 여기의 '풍류'는 하나의 명 사로, 위에서부터 아래까지 형성된 일종의 시대조류를 가리킨다. 하지만

---

1 중화서국中華書局 점교본點校本, 4241쪽.
2 위의 책, 1097쪽.

아직 전적으로 시대조류를 가리키는 말은 아니었고 단지 두루뭉술한 지칭에 불과하였다.

뒤에 와서 '풍류'는 전문용어가 되어 빼어난 재주에 품은 뜻이 원대한 선비의 기질적 외관을 전적으로 가리키게 되었다. 예를 들어 ≪삼국지三國志≫의 〈촉서蜀書·유염전劉琰傳〉에서 "선주께서 예주에서 있을 때 그를 발탁하여 일을 맡기셨다. 그가 유씨 성을 가진 종실의 일원인데다 풍류를 지니고 담화와 의론에 능하여 선주께서 그를 가까이하여 후대하였다."[3]라고 하였다.

또 ≪문선文選≫제47권 원굉袁宏의 〈삼국명신서찬三國名臣序贊〉에서 "당당한 제갈공명, 도량이 원대하구나. 외양은 같은 사람이건만 홀로 선각자의 자질 타고났다네. 풍류남아를 표방하여 그 옛날 관중과 악의로 자처한다네."[4]라고 하였다.

≪세설신어世說新語≫에서는 '풍류'라는 말이 모두 여섯 차례 사용되었다. 예를 들어 〈상예賞譽〉에서 "범녕范寧이 왕침王忱에게 말하였다. '경의 풍류가 출중하니 과연 후진 중에 우수한 인재로다.'"[5]라고 하였고, 〈상서傷逝〉에서 "함화(326~334년) 연간에 승상 왕돈교가 말하였다. '세마 위개衛玠를 이장하는 것이 당연하다. 이 사람은 전국 각지에서 우러러보는 풍류명사이니 닭, 돼지, 생선 세 가지 제수를 마련하여 옛 친구의 우정을 돈독히 해야 한다.'"[6]라고 하였다.

≪진서晉書≫의 〈악광전樂廣傳〉에서 "악광과 왕연 모두 세속 밖의 일에 마음을 두어 당시에 명성이 드높아서 천하에 풍류를 말하는 자마다 모두 왕연과 악광을 으뜸으로 일컬었다."[7]라고 하였다. 이들 '풍류'의 함의는 모

---

3 위의 책, 1001쪽.
4 宋宋의 순희淳熙(1174~1189년)본. 이 글에서 또한 "공명은 '아득히 관악기 연주를 상상하였으며 풍류에 매우 밝았다."라고 하였다.
5 여가석余嘉錫, ≪세설신어전소世說新語箋疏≫, 494쪽, 1985, 중화서국.
6 위의 책, 629쪽.
7 중화서국 점교본, 1244쪽.

두 전문용어이었다.

우리는 이미 '풍류'가 일종의 내재적 기질의 외양으로 파급력을 갖추었다는 사실을 알았으며, 이에 따라 '위진시대의 풍류'에 대하여 더욱 진일보한 설명을 할 수 있다. 이른바 '위진시대의 풍류'는 위진이라는 특정한 시기에 형성된 인물품평의 범주에 속하며, 위진시대의 현학과 함께 등장하여 현학이 제창하는 현원玄遠정신과 상호 표리를 이루는, 정신적으로 현원한 경지에 도달한 사족士族의 기질적 외양이다.

간단히 말하자면, 위진시기 사족이 추구한 일종의 매력과 영향력을 겸비한 인격미이다.[8] 또한 '현玄'의 심령적인 세계가 겉으로 표출된 것이라고도 할 수 있다. 위진 이래로 유학의 독보적 지위가 동요되었고 하늘과 인간이 상호 감응한다는 신학목적론神學目的論도 붕괴되었다. 사족들은 우주의 본질을 탐구하는 동시에 또한 '사람'이라는 이 주체도 중시하면서 인생의 의의와 가치를 탐구하였다. 왜 사는가? 어떻게 살아야 최선인가? 반복된 명제 속에서 새로운 기풍이 수립되었고 여러 대를 거치며 사람들의 생활에 영향을 끼쳤다. 이러한 새 기풍이 바로 풍류이다.

위진시대의 풍류는 한대 유가의 인격표준에 대한 부정이다. 풍류를 숭상하는 위진시대의 사족이 볼 때 한대 유가가 제창한 명교名敎는 인생의 아집이자 장애였다. 그러나 위진시대의 풍류는 바로 아집과 장애를 제거하고 인생의 새로운 창문을 활짝 열고 자아의 본래 모습을 되돌리면서 시작되었다.

위에서 설명하였듯이 위진 풍류와 위진 현학은 밀접한 관계가 있지만, 위진 풍류는 결코 위진 현학과 동일하지 않다. 현학은 일종의 철학사상과 시대조류를 가리키고, 풍류는 이러한 사상과 사조의 영향 아래 형성된 사대부 정신세계의 외양을 가리키며, 대부분 언행, 취미, 습속에 표현되어 일상생활 속에 체현되는 삶의 준칙이다. 일부 현학가의 경우 사상은 매우 심오하지만 일상생활 중에 표출한 '풍류'가 반드시 유별난 것은 아니었다. 예를

---

8 풍우란馮友蘭이 1994년에 발표한 〈풍류를 논하다論風流〉라는 글에서 말했다. "풍류는 일종의 이른바 풍격미이다." ≪삼송당학술논문집≫, 609쪽, 1984, 북경대학출판사.

들어 구양건歐陽建과 순찬苟粲이 그러하였다. 일부 사족은 현학에 대한 언급은 별로 많지 않았지만 일상생활 중에 표출한 '풍류'가 유별났는데, 예를 들어 사안謝安이 그러하였다. 본문은 전적으로 사상사를 다루지 않거니와 또한 완전히 사상 방면에 국한되지 않으며, 오로지 위진시대의 현학과 연계하여 위진시대의 풍류를 논할 뿐이다.

위진의 풍류와 위진의 풍도風度는 어떤 관계가 있는가? 언어의 의미로 살펴보건대, 풍도는 언행과 풍채의 총합을 가리킨다. 위진의 풍류는 위진 풍도를 포함하여 그 함의가 더 광범위하며 이러한 풍도의 매력과 영향을 강조하기 때문에 나는 위진의 풍격이라는 개념을 선택하였다. 위진의 풍도에 대해선 노신魯迅이 1927년에 발표한 〈위진의 풍도 및 문장과 약 및 술의 관계魏晉風度及文章與藥及酒之關係〉[9]라는 글에서 위진시대의 문학과 사상을 논하면서 여러 가지 논증이 많으므로 독자께서 참고하기 바란다.

2

위진 시대의 풍류가 비록 위진 현학의 흥기에 따라 생겨났지만 그 발전 궤적은 위진 현학의 발전과 동일하지 않으며 오히려 자신만의 발전과정과 규율이 있었다. 원굉은 ≪명사전名士傳≫(이미 실전되었다)에서 위진시기의 명사를 정시正始명사, 죽림竹林명사, 중조中朝명사로 나누었다.[10] 이 또한 위진 풍류의 분류로도 볼 수 있지만 완전하다고는 볼 수 없다. 죽림과 정시는 시대가 서로 연결되고 인물이 겹쳐 하나로 합칠 수 있다. 그가 말한 '중조'는 서진西晉의 중기를 가리키며, 위진 풍류는 결코 여기에 그치지 않

---

9 ≪이이집而已集≫ 참조.
10 ≪세설신어・문학文學≫에 "원굉이 ≪명사전≫을 지었다."라고 하였고, 주에는 "원굉은 하후현夏候玄, 하안何晏, 왕필王弼을 정시正始시기의 명사로 여겼고, 완적阮籍, 혜강嵇康, 산도山濤, 향수向秀, 유령劉伶, 완함阮咸, 왕융王戎을 죽림의 명사로 여겼고, 배해裴楷, 악광樂廣, 왕연王衍, 유애庾敳, 왕승王承, 완첨阮瞻, 위개衛玠, 사곤謝鯤을 중기의 명사로 여겼다."라고 하였다. 여가석, ≪세설신어전소≫, 27쪽.

고 이후 특히 동진東晉시대에도 여전히 더욱 발전한다. 원굉의 분류를 참고하여 나는 우선 위진 풍류의 발전을 다음과 같이 죽림 풍류, 중조 풍류, 동도東渡 풍류, 위말魏末 풍류 네 단계로 분류한다.

첫 번째 단계는 죽림 풍류이다. 이 단계는 하안과 왕필이 선도하였고 혜강과 완적이 대표가 된다.

하안과 완적은 죽림에 속하지 않는다. 그들은 위진 현학의 선도로서 한 학자가 제시한 개념과 명제를 분석하여 다른 학자와의 차이를 분별하는 '변명석리辨名析理'의 방법을 운용함으로써 우주와 인생을 탐구하였다. 말하자면 유무有無, 본말本末, 체용體用, 모자母子, 일다一多, 상변常變, 동정動靜, 언의言意 등 여러 가지 철학적 명제에 대하여 자신들의 주장을 제기하였다.[11] 그리고 이 모든 문제는 곧 인생이란 문제로 귀결되며, 이를 왕필은 바로 이렇게 표현하였다. "어떻게 해야 인격을 완성하는가? 무위라는 방법을 응용한다."[12] 한 사람이 자아와 외부 사물과의 구별을 잊어버리고 혼돈의 상태에 진입하여 무아의 경지에 도달한다면 이것이 바로 '인격의 완성'이다. 하안과 왕필은 자연을 근본으로 삼아 명교名敎가 자연에서 비롯되었다고 여겼다. 다만 하안과 왕필은 정치의 소용돌이 속에 매우 깊이 말려들어가 우환의식이 꽤나 많아서 실제 행동으로는 결코 자연으로 귀의하지도 않았고 또한 자연이 주는 즐거움을 향유하지도 못하였다.

혜강과 완적을 대표로 하는 죽림칠현의 언행은 첫 번째 단계인 위진 풍류의 표지가 되었다. 그들의 특징은 '방탕'으로 유가의 '명교'로부터 해방되어 나왔으며 일종의 자기 본성에 부합하는 생활을 영위하였다. 혜강의 말을 빌리자면 또한 "명교를 초월하여 자연에 맡기는 것"[13]이었다. 반면에 완

---

11 '변명석리' 이 네 자는 하안과 왕필보다 약간 후배인 곽상郭象이 제기한 것으로, 《장자莊子 · 제물론齊物論》주에 보인다. 그러나 이 방법은 하안과 왕필이 이미 사용하였다. 풍우란, 《중국철학사신편中國哲學書新編》 참조.
12 《노자老子》38장의 주, 루우열樓宇烈, 《왕필집교석王弼集校釋》, 93쪽, 1980, 중화서국.
13 〈석사론釋私論〉, 대명양戴明揚, 《혜강집교주嵇康集校注》, 234쪽, 1962, 인민문학출판사.

적은 풍류 이상과 부합하는 '대인선생'의 본보기를 창조하였다. 그는 "세상을 초월하여 사람들과의 연을 끊었으며, 세속에서 벗어나 자유롭게 행동하였다. 천지개벽 이전을 내려다보면서 자연의 시작을 유람하였으며, 광대무변한 우주 밖을 두루 다닐 것을 생각하여 기개가 호탕하면서 구김살이 없었다. 사시사철 바람처럼 떠돌면서 사면팔방을 마음껏 돌아다녔다."[14] 이는 혜강의 말에 형상적인 주해를 단 것이나 마찬가지다.

그러나 당시는 명교의 굴레가 여전히 막강하였으므로 위진 풍류의 첫 번째 단계는 의도적인 반항으로 표현할 수밖에 없었다. 그 표현방식은 '미치광이 행세佯狂'였다. '광기佯'는 명교에 대한 경멸이고, '가장狂'은 약간 지나친 광기를 말하는 것이기 때문에 분명히 부자연스러웠다. 혜강은 〈여산거원절교서與山巨源絶交書〉에서 자신이 벼슬에 나아가지 않는 이유를 "반드시 견디지 못할 것이 일곱 가지가 있고, 심히 불가한 것이 두 가지가 있다"고 설명하였다. 그는 이렇게 말하였다. "또한 늘 탕임금과 무왕을 비난하고 주공과 공자를 경시하였으며, 벼슬에 나간다 해도 비판을 멈추지 않아 이 사실이 끝내 드러나기 마련이고 정통 예교가 허용하지 않을 것이다. 이것이 심히 불가한 첫 번째 이유이다. 천성이 강직하고 불의를 싫어하며, 성격이 경솔하고 방자하며 직선적이고 모가 나서 매사에 성질을 부린다. 이것이 심히 불가한 두 번째 이유이다."[15] 참으로 광기어린 발언이 아닐 수 없다.

혜강은 쇠를 불리는 것을 좋아하여 어느 날 큰 나무 아래에서 향수와 함께 쇠를 불리고 있었는데, 귀공자 종회鍾會가 일부러 거기로 방문하였다. "혜강은 그에게 인사를 하지 않은 채 쉬지 않고 쇠를 불렸다. 시간이 아주 오래 지나 종회가 떠나려하자 혜강이 말하였다. '무슨 소문을 듣고 왔으며, 무엇을 보고 갑니까?' 종회가 말하였다. '소문을 듣고 왔다가 본 것을 보고 갑니다.' 종회가 이 일로 그를 미워하게 되었다." 혜강의 이러한 태도는 끝내 그에게 살신殺身의 화를 가져왔다.[16]

---

14 〈대인선생전大人先生傳〉, 진백군陳伯君, 《완적집교주阮籍集校注》, 185쪽, 1987, 중화서국.
15 대명양, 《혜강집교주》, 122쪽.

완적의 표현은 비교적 원만하였다. 그는 한편으로 "예의가 어찌 나와 같은 사람을 위해 만들어진 것이겠는가!"라고 말하였고, 또한 예의에 벗어난 거동이 허다하였다. 예를 들어보자. 그의 형수가 귀가하니 완적이 보자마자 그녀와 작별인사를 주고받았다. 어머니 상을 당했는데도 여전히 술과 고기를 먹었다. 자색이 뛰어난 이웃집 아낙이 있었는데 부뚜막에서 술을 팔았다. 완적은 늘 아낙을 따라 다니며 술을 마셨고 취하면 그녀 곁에 잠들었다.

다른 한편으로 또한 입으로 인물을 포폄하지 않았으며, 곤란한 일을 만나면 며칠간 술에 취해버리는 방법으로 지연하였다.[17] 다시 완적의 〈영회詠懷〉시를 보면 그의 고독과 분노의 정서가 각 시구마다 넘쳐흘러서 그가 원래 지극히 진지하고 지극히 의지가 강한 사람인 것을 알 수 있다. 완적의 복잡한 심리를 가장 잘 설명하는 것은 그가 아들에게 자신의 자유분방함을 본받지 말도록 하는 대목이다. "완혼阮渾이 장성하면서 풍채와 태도가 아버지를 닮아갔고 또한 자유분방한 행동을 본받고자 하였다. 완적이 말하였다. '조카 완함阮咸이 이미 우리 무리에 들어왔으니 너까지 다시 그럴 필요는 없다.'"[18]

그래서 노신이 말하였다. "그들의 본심은 말하자면 아마도 예교를 믿고 귀중하게 받아들여 오히려 조조나 사마의 무리보다 훨씬 더 집착하지 않았을까 여겨진다."[19] 이는 곧 그들의 광기에 '가장'의 성분이 있다는 사실을 말해준다.

혜강과 완적 이외에 죽림칠현 중의 또 다른 저명인물 유령劉伶의 광기는 방안에서 옷을 벗고 나체를 드러내고 하늘과 땅을 집으로 삼고 방을 속옷으로 삼는 지경에까지 이르렀다.[20] 그는 "거침없이 자유분방하여 우주를 좁다

16 〈완적전阮籍傳〉, 《진서》 49권, 중화서국 점교본, 1373쪽.
17 《진서·완적전》에서 말하였다. "문제가 처음에 무제를 위하여 완적에게 구혼을 하려고 하자 완적이 60일 동안 취해있어 말을 꺼내지 못해 그만두었다." 중화서국 점교본, 1360쪽.
18 《세설신어·임탄任誕》, 여가석 전소본, 735쪽.
19 〈위진의 풍도 및 문장과 약 및 술의 관계〉.

고 여겼으며, 늘 녹거를 타고 술 한 병을 들고 하인더러 삽을 짊어지고 따라오게 시키고선 '죽으면 곧장 땅을 파서 묻어라'고 하였다. 토목처럼 몸을 꾸미지 않은 채 한 세상을 풍미하였다."[21] 참으로 방탕과 허황됨의 극치라고 하겠다.

그러나 그의 〈주덕송酒德頌〉을 읽으면 결국 방탕과 허황됨 이후에 숨겨진 세상사에 대한 우려와 분노가 느껴진다. 이른바 "추위와 더위가 피부에 닿는 감촉과 이익과 욕심의 감정을 느끼지 못하였다. 굽어보니 어지럽게 얽힌 만물이 마치 장강과 한수에 뜬 부평초 같았다."[22]는 이 몇 구절의 말은 그가 술을 마시지 않았을 때는 그래도 추위와 더위의 고통과 이욕의 감정이 있었음을 드러낸다. 그의 음주는 아마도 술로써 자기의 지나치게 예민한 신경을 마취하려는 의도였을 것이다.

그들은 자아를 실현하고 자기의 본래 모습을 회복하려고 하였지만 완전히 이뤄내기 어려웠다. 이에 따라 어쩔 수 없이 일부러 미친 척함으로써 세속과의 다른 점을 부각시키어 자신과 세속을 구분 지을 뿐이었다.

두 번째 단계는 중조 풍류이다.

이 단계에 있어서 현학의 대표는 곽상이었으나, 풍류명사로 첫 손가락에 꼽히는 원굉은 배해와 왕연을 언급하였다.[23] 곽상의 현학은 주로 명교와 자연의 조화에 있었으며, 이는 서진시대 중기의 사족士族 문화와 관련이 있다. 서진의 중기는 일군의 사족이 자연에 일임할 것을 서로 표방하면서 음일하고 방탕한 생활을 일삼자 이에 일부 인사가 나서서 비평을 가하였다. 악광은 "명교 중에도 즐거운 경지가 있는데 이렇게 해야 할 필요가 있는가!"[24]

---

20 ≪세설신어・임탄≫, 여가석 전소본, 731쪽.
21 ≪세설신어・문학≫주, ≪명사전≫ 인용, 여가석 전소본, 250쪽.
22 위의 책, 〈주덕송〉 인용, 여가석 전소본, 250쪽.
23 주 10번 참조.
24 ≪진서≫ 43권의 〈곽상전〉에서 말했다. "이 당시 왕징王澄, 호무보지胡毋輔之 등이 모두 또한 자유방임을 일삼고 혹자는 나체로 있기까지 하였다. 악광樂光이 듣고서 웃으면서 말했다. '명교 중에도 즐거운 경지가 있는데 이렇게 해야 할 필요가 있는가!'" 중화서국

라고 말하였고, 배외裴頠 또한 '숭유론崇有論'을 주창하여 명교를 높이 받들고 자연을 배척하였다.

곽상은 바로 이러한 환경 아래에서 일련의 이론을 제창하여 명교와 자연을 조화시켰다. 그는 명교는 자연에서 생겨났으며 명교가 곧 자연이라고 여겼다. 장자는 소의 코를 뚫고 말의 머리에 고삐를 매는 것은 소와 말의 본성에 어긋나는 짓이라고 여겼으나 곽상은 이렇게 해야만 비로소 소와 말의 본성에 부합한다고 여겼다.[25] 그가 말하길, "성인聖人이 비록 묘당 위에 앉아 있어도 그의 마음은 산림 속에 있는 것과 다르지 않다"라고 하였고, 또한 "성인은 항상 자연에 노닐면서 세속의 인의도덕을 넓히고 무심의 경지로 세사에 순응한다"[26]라고 하였다. 이런 말 모두 명교와 자연의 조화를 위한 것이다.

인생관에 대하여 곽상은 만물이 스스로 생겨났다면 그것의 자연스런 발전에 순응하여 아무 것도 하지 않아야 한다고 여겼다. 만물에 대한 태도가 무위無爲이고, 자기에 대한 태도는 당연히 '자신에게 일임하기任我'이다. 만물이 자생하고 사람마다 자신에게 일임하라고 허락하면 바로 만물의 동등함을 인정하는 것이다. 이것이 바로 '제물齊物'이다. '제물'할 수 있다면 사물과 자아의 차별이 없어져서 절대적 자유에 도달할 수 있게 된다. 이러한 절대적 자유의 경지를 '현명玄冥'의 경지라고 한다.

≪열자列子≫라는 책은 서진시대 중기 명사 사족들의 인생태도를 극도로 생동감 넘치게 묘사하였으며, 그 중에 〈양주楊朱〉편이 특히 대표적이다. 〈양주〉편은 육체의 만족과 감각기관의 쾌락을 주창하면서 이목구비, 신체,

---

점교본, 1245쪽.

25 ≪장자·추수秋水≫ 곽상의 주에서 말했다. "사람이 살면서 소와 말을 타지 않을 수 있는가? 소와 말을 타면서 소의 코를 뚫고 말의 머리에 고삐를 매지 않을 수 있는가? 소와 말이 코를 뚫고 고삐 매기를 거절하지 못한 것은 천명이기 때문이다. 진실로 천명이라면 비록 인위에 기탁했더라도 근본적으로는 천명에 있는 것이다." ≪사부총간四部叢刊≫에서 인용한 명나라 세덕당世德堂간본 ≪남화진경南華眞經≫

26 각각 ≪장자·소요유逍遙遊≫, 〈대종사大宗師〉 곽상의 주 참조, ≪사부총간≫ 본.

마음의 각종 욕망에 대하여 반드시 "마음껏 즐길 따름이고 막거나 제한을 두지 말라."[27]라고 하였다. 이 역시 비록 자연에 순응하는 것이지만 육체상의 욕망에 편중되었고 정신상의 경지에는 중점을 두지 않았다.

석숭石崇은 손님을 모아놓고 미녀더러 술시중을 들게 하였고, 석숭 곁에는 10여 명의 시녀가 도열했던 것, 그리고 석숭과 왕개王愷가 호방함을 다투고 경쟁적으로 부를 과시하였던 행위들이 바로 이런 사상을 표현한다. 이는 풍류의 말류에 불과하며, 엄격하게 말하면 진정한 풍류라고 할 수 없다.

배해와 왕연은 석숭의 무리와는 달랐다. 배해는 '청통淸通'으로 저명하였고, "풍채와 정신세계가 고매하고 용모와 의표가 영준하고 상쾌하였으며, 여러 서적을 두루 섭렵하였으되 특히 철리에 정통하여 당시 사람들은 그를 '옥인玉人'이라고 불렀다."[28] 왕연은 "심오한 청담에 밝았고 오로지 ≪노자≫와 ≪장자≫를 담론했다. 항상 백옥 손잡이가 달린 진미塵尾(역주: 위진시대의 청담가들이 늘 휴대하며 더위를 쫓고 신분을 과시하던 일종의 도구)를 들고 다녔는데 손과 색깔이 같았다. ……여러 차례 높은 직책에 올라 후진들이 너도나도 흠모하여 본받고자 했다. ……거만하고 방자한 태도가 마침내 유행이 되었다."[29] 배해와 왕연 모두 조정의 고관으로 한편으로 높은 벼슬에 머물면서 한편으로 청담과 허망한 일에 몰두하였으니 명교와 자연을 하나로 통합시켰다고 말할 수 있다.

세 번째 단계는 풍류의 동도東渡이다. 사안謝安과 왕희지王羲之가 대표라고 할만하다.

이 시기의 정치적 환경은 이미 혜강과 완적 그 당시와 달랐다. 북방의 강대한 적을 마주하여 동쪽으로 천도한 정권은 국면을 유지시킬 지혜로운 인사가 필요하였고, 사회여론 또한 그들에게 세상 밖으로 나오도록 손짓하였다. 풍류는 더 이상 세속을 버리거나 일부러 미친 척하고 자유방임하는

---

27 ≪열자집석列子集釋≫, 양백준楊伯峻, 222쪽, 1979, 중화서국.
28 〈배해전〉, ≪진서≫ 35권, 중화서국 점교본, 1047~1048쪽.
29 〈왕연전〉, ≪진서≫ 43권, 중화서국 점교본, 1236쪽.

것으로 표현되지 않고 오히려 정치 방면에서 자유자재로 응대하는 재능, 정치생활에 있어서 진퇴의 활달함 및 몸은 조정에 있지만 마음은 강호를 그리워하는 초연한 태도로 표현되었다. 다시 말하자면 언제든지 물러나갈 준비가 된 태도로 정치에 참여하고 언제든지 벼슬에 나설 태도로 물러날 수 있었다. 그들은 결코 일부러 활달한 척하지 않았지만 세속을 초월하는 경지에 도달할 수 있었다.

사안은 젊은 시절에 동산東山에 은거하여 산골짜기에 마음을 두었으며, 매번 경치를 감상하러 나갈 때 반드시 기녀를 대동하였다. 조정에서 누차 불렀으나 나아가지 않자 여러 사람들이 그때마다 말하였다. "사안이 나오려 하지 않으니 장차 백성을 어떻게 할고!"[30] 환온桓溫이 세상을 떠난 뒤에 사안이 상서복야尙書僕射가 되어 이부吏部를 이끌었고 후장군後將軍이 더해졌다. "일찍이 왕희지와 함께 야성冶城에 올라간 적이 있는데, 그윽이 생각에 잠긴 모습이 속세를 물러날 뜻이 보였다. 왕희지가 말하였다. '하우씨夏禹氏가 부지런히 순舜임금을 돕느라 손과 발에 굳은살이 돋았으며, 문왕文王은 나랏일로 바빠서 밥 먹을 시간조차 없어 날마다 조금도 쉴 틈이 없었습니다. 지금 온 나라가 전란 가운데 놓여 저마다 힘을 보태야 마땅하거늘 공리공담에 빠져 정무를 폐하고 쓸데없는 문장을 숭상하여 국사를 저해하니 아마도 지금 당장 해야 할 일이 아닌 듯합니다.' 사안이 말했다. '진秦나라는 상앙商鞅을 임용하여 2대 만에 망하였는데 어찌 청담이 초래한 환란이겠습니까?"[31] 재상이 되어 정치의 최고위층에 진입하였으나 한편으로는 청담을 포기하지 않고 세상을 떠나 은거할 뜻이 있었다. 강호에서 멀리 떨어져 살아 사람들에게 그가 비범한 정치적 재능을 지녔다는 느낌을 주며, 또한 사람들에게 그가 결코 벼슬에 연연하지 않는다는 느낌도 준다. 이것이 바로 사안이 일반 사대부보다 훨씬 더 고명한 점이자 또한 그의 풍류가 빛나는 점이다.

---

30 〈사안전〉, 《진서》 79권, 중화서국 점교본, 2073쪽.
31 위의 책, 2074쪽.

왕희지의 거취를 살펴보면 사안과 비슷한 점이 꽤 있다. "왕희지는 이미 젊어서부터 명성이 자자하여 조정의 공경대부 모두 그의 재능을 아껴 누차 그를 시중侍中과 이부상서吏部尙書에 임명하였으나 모두 출사하지 않았다. 다시 호군護軍과 장군에 제수하였으나 역시 사양하고 응하지 않았다. 양주자사揚州刺史 은호殷浩가 평소에 그를 각별히 여겨 그더러 조정의 명을 받들라고 권하면서 이에 왕희지에게 서신을 보내어 말하였다. '사람들 모두 그대의 진퇴를 보고 나라의 정치가 장차 융성할지 아니면 쇠퇴할지 살펴볼 수 있다고 여기는데 나 역시 그렇다고 여깁니다.……어떻게 한 조정의 존망보다 그대의 한가로운 생활취향을 따라야한다 말입니까? 가만히 대중의 마음을 잘 헤아려 보십시오. 경께서 나서지 않으면서 다시 선정이 있기를 바랄 수 있겠습니까?'"[32]

사안과 왕희지 모두 넓은 도량으로 유명하였다. 사안이 바다를 건널 때 바람이 일고 파도가 거세였으나 여전히 여유로운 모습이었다. 사안이 다른 사람과 바둑을 두다가 사현謝玄이 적군을 격파하였다는 소식을 들었으나 끝내 거동이 평소와 다르지 않았다. 치감郗鑒이 승상 왕도王導의 집에 사위를 물색하러 왔을 때 왕승상 집안의 자제 모두 용모를 다듬었으나 왕희지는 침대 위에 배를 드러내고 누워서 음식을 먹었다.[33] 이 모두 유명한 고사이다. 그들의 넓은 도량은 어디에서 나왔는가? 타고난 심리적 바탕 이외에 진퇴와 출처 두 방면에 대한 준비가 모두 충분히 되어 있어 모든 것을 달관하였으니 이는 매우 중요한 원인의 하나이다. 도량이 넓어야 비로소 세속을 초탈할 수 있고, 또한 활달할 수 있다. 그들의 풍류는 바로 진퇴와 출처에 있어서의 활달함으로 표현되었다.

네 번째 단계는 진말晉末 풍류이다. 대표인물로는 고개지顧愷之와 도연명을 꼽을 수 있다.

그들은 비록 모두 정치에 참여하였지만 정치가가 아니었으며, 그들의 풍

---

32 〈왕희지전〉, ≪진서≫ 80권, 중화서국 점교본, 2094, 2101쪽.
33 ≪세설신어·아량雅量≫, 여가석 전소본, 369, 374, 362쪽.

류는 또 다른 특징이 있다. 이는 바로 망정忘情으로, 속세와 탈속의 경계를 잊었으며 또한 세속의 감정도 잊어 버렸다. 고개지는 '삼절'(재절才絕, 화절畫絕, 치절癡絕)이라는 호칭이 있었으며, 환온桓溫은 "우직함과 영리함을 각각 반씩 지녔는데 이를 합쳐 놓으면 매우 적당하였다."[34] '우직함'과 '영리함'의 융합이야말로 바로 그의 풍류이다. 우직하면서도 영리하다면 현실에 눈 멀지 않게 되며, 영리하면서도 미련하다면 간사하지 않게 된다.

그가 〈쟁부箏賦〉를 짓고서 사람들에게 설명하기를, 그의 부와 혜강의〈금부琴賦〉를 서로 비교해보면 "〈쟁부〉를 좋아하지 않는 사람은 뒤에 나온 작품이니 버려야한다고 여기고, 감상력이 심후한 사람은 수준이 높고 참신하다고 소중히 여긴다."[35]라고 하였다.

"고개지는 특히 단청에 뛰어나서 당대를 풍미하였다. 일찍이 그림을 넣어놓은 궤짝 하나를 환현桓玄에게 맡겼는데 모두 걸작으로 매우 아끼던 것이라 궤짝을 봉하고 앞에다 제자題字를 해두었다. 환현은 이에 궤짝 뒤쪽을 뜯어서 그림을 가져가고 궤짝을 원래대로 잘 수리하였다. 훗날 고개지가 궤짝의 제자는 그대로였으나 그림은 사라진 것을 보고서 이렇게 말하였다. '절묘한 그림이라 신령과 통하여 변화하여 떠나갔다. 마치 인간이 하늘로 올라가 신선이 되듯이 말이다.'"[36]

"의희義熙(405~419년) 초에 산기상시散騎常侍가 되었을 때 관서가 사첨謝瞻과 이웃하고 있었다. 밤마다 달빛 아래에서 길게 시를 읊었는데 사첨이 매번 담 너머에서 대구對句를 읊으며 칭찬하자 고개지가 더욱 힘을 내고 피곤한 줄 몰랐다. 사첨이 잠을 자려고 다른 사람을 시켜 대신하게 하였으나 고개지는 이상한 기미를 알아채지 못하고 마침내 날이 밝고서야 멈추었다."[37] 여기에서 고개지의 부절제한 정서의 일면을 엿볼 수 있다.

---

34 〈고개지전〉, ≪진서≫ 92권, 중화서국 점교본, 2406쪽.
35 ≪세설신어·문학≫, 여가석 전소본, 275쪽.
36 ≪속진양추續晉陽秋≫, ≪세설신어·교예巧藝≫주 인용, 여가석 전소본, 719쪽.
37 〈고개지전〉, ≪진서≫ 92권, 중화서국 점교본, 2405쪽.

"고개지가 배해裴楷의 초상화를 그려주면서 뺨 위에 수염 세 가닥을 첨가하였다. 혹자가 그 까닭을 묻자 고개지가 말했다. '배해는 매우 영준하고 식견과 재주를 갖추었으니 바로 이것이 그의 식견과 재주이라오.' 그림을 보는 사람이 자세히 살펴보니 확실히 세 가닥의 수염이 더해져야 더욱 묘미가 있고 없을 때 보다 훨씬 더 뛰어나다고 느꼈다."[38] 고개지의 총명함은 여기에서 그 일면을 엿볼 수 있다.

도연명의 풍류는 고개지와 동일한 부분도 있고 다른 부분도 있다. 고개지의 '우직'은 도연명에게서는 '졸박拙朴'으로 표현되었다. 고개지의 '우직'은 여전히 다소 '위장'의 성분이 있어 '우직'이 지나치면 ≪홍루몽紅樓夢≫에 나오는 유모모劉姥姥처럼 세파에 닳고 닳았다는 느낌을 준다. 그가 과연 환현의 집에 맡겨둔 그림이 신령이 통하여 신선처럼 날아갔다고 정말 믿었겠는가? 그렇지만은 않다. 아마도 환현에게 밉보일까 염려하여 애초부터 그림을 환현의 집에 두고 그가 가져가도록 준비하였을 것이다. 고개지의 "절묘한 그림이라 신령과 통하였다"라는 말은 농담과 우스개에 불과할 뿐이었다. 그러므로 그의 '우직함' 속에 '교활함'이 들어있다는 사실을 환온은 이미 간파하였다. 도연명의 '졸박'은 '강직'의 성분이 많다. 그가 자신을 "성격이 강직하고 재주가 졸박하다"라고 말하듯이 확실히 이와 같다. 고개지는 '우직'해서 사람들이 저마다 그를 좋아하고, 도연명은 '졸박'해서 가는 곳마다 남에게 밉보였다.

이 두 사람의 전혀 다른 환경이 그들의 전혀 다른 풍류를 반영하였다. 만약 환온이 고개지에게 한 평가를 모방하여 도연명에게 적용한다면 우리는 이렇게 말할 수 있다. "졸박과 강직이 각각 반을 차지해서 더욱 매사에 부딪혔다."[39]

---

38 ≪세설신어·교예≫, 여가석 전소본, 720쪽.
39 〈여자어등소與子儼等疏〉에서 말하였다. "성격이 강직하고 재주가 졸박하여 매사에 부딪히는 경우가 많았다." 녹흠립逯欽立, ≪도연명집陶淵明集≫교주, 187쪽, 1979, 중화서국. 이 글에서 인용한 도연명의 시문은 모두 이 책에 근거하며 더 이상 일일이 주를 달지

또한 도연명 일생의 대략적인 경력을 살펴보자. "처음에 주의 좨주가 되었다가 관리라는 직무를 견디지 못하고 며칠 만에 스스로 전원으로 돌아갔다."[40] 그는 자기의 입으로 이번에 전원으로 귀의한 원인이 "내심으로 심히 부끄러웠다志意多所恥"[41]라고 설명했다. 이후에 환현, 유유劉裕, 유경선劉敬宣에게 출사하였고, 마지막으로 팽택彭澤현령을 80일 남짓 지냈다가 향리의 소인배에게 허리를 굽히지 않으려고 분연히 사직하고 전원으로 귀의하여 수졸守拙하였다. 단도제檀道濟가 그에게 유송劉宋왕조에 출사하길 권하면서 아울러 좋은 양식과 고기를 보내왔지만 그는 손사래를 치며 거절하였다.[42] 이로 인하여 가난과 병마가 번갈아 찾아왔고 결국 쓰러져 죽었다. 도연명이야말로 진정한 우직이었다. 혹자는 그의 우직함은 진실한 것이어서 고개지와 비교컨대 한 차원 더 높다고 말한다.

이상 간단히 위진 풍류의 변천을 고찰하였고, 위진 풍류의 변천이라는 각도에서 보면 도연명이 비록 위진 풍류의 마지막 단계에 처해있지만 그는 명성이 자자한 다른 풍류명사들과 비교해도 결코 손색이 없으며, 심지어 그는 풍류의 가장 자연스런 경지에 도달하여 가장 풍류다운 풍류였다고 말할 수 있다.

3

어떤 의미에서 ≪세설신어≫는 위진 풍류의 고사를 모아놓은 책이라고 말할 수 있다. 여기에는 각양각색의 풍류를 기록하였으며, 이를 귀결하면 주로 '영오穎悟', '광달曠達', '진솔率眞' 세 가지로 나눠진다. 〈언어言語〉, 〈문학文學〉, 〈식감識鑑〉, 〈상예賞譽〉, 〈품조品藻〉, 〈첩오捷悟〉, 〈숙혜夙

않는다.

40 〈도잠전陶潜傳〉, ≪송서宋書≫ 권93, 중화서국 점교본, 228쪽.

41 〈음주飲酒 19〉. "이때가 삼십이 다된 나이라 내심으로 심히 부끄러웠다.是時向三十, 志意多所恥."

42 〈도연명전陶淵明傳〉, 소통蕭統. 증집본曾集本 ≪도연명집陶淵明集≫에 보인다.

慧〉, 〈술해術解〉, 〈교예巧藝〉, 〈배조排調〉, 〈가휼假譎〉 중의 많은 고사는 모두 '영오'류에 속한다. 〈아량雅量〉, 〈호상豪爽〉, 〈임탄任誕〉, 〈간오簡傲〉 중의 많은 고사는 모두 '광달'류에 속한다. 그리고 36부문 중의 매우 많은 고사나 하권에 실린 비판의 의미가 다분한 고사, 예를 들어 〈분견忿狷〉, 〈혹익惑溺〉 등은 모두 '진솔'의 표현이라고 말할 수 있다.

≪세설신어≫의 분류는 엄격한 제한이 없다. 예를 들어 〈덕행德行〉의 제 1조에서 진중거陳仲擧가 예장豫章태수가 되어 우선 서유자徐儒子를 방문한 고사는 사실상 〈덕행〉에 넣어도 좋고 〈정사政事〉 혹은 〈언어〉에 넣어도 좋다. 또한 〈언어〉의 제 2조에서 서유자가 타인의 질문에 답하는 부분은 사실상 〈언어〉에 넣어도 좋고 〈첩오〉에 넣어도 좋다.

우리가 원래의 분류에 국한되지 않고 가일층 개괄한다면 대체로 '영오', '광달', '진솔' 이 세 가지이다. 본문의 두 번째 부분에서 나는 위진 풍류에 대하여 시대에 따라 살펴보았는데, 도연명이 도달한 풍류의 경지를 설명하려는 의도에서였다. 지금 다시 횡으로 고찰하여 여전히 도연명이 도달한 경지를 설명하려고 한다. 왜냐하면 도연명 한 사람이 '영오', '광달', '진솔' 이 세 가지를 겸비한데다 또한 매우 조화롭게 하나로 융합하였기 때문이다.

앞에서 도연명의 '졸'을 거론하였는데, 사실은 그의 질박한 부분이 바로 그의 교묘한 부분 곧 그가 '영오'한 부분이다. 만약 세상사에 대한 극도의 깨달음이 없다면 어떻게 '수졸'을 내세우며 끝가지 견지할 수 있겠는가? 진, 송 사이의 그러한 정치적 환경 속에서 가장 총명한 방법은 바로 그가 선택한 '수졸'과 자연으로 귀의하는 것이었다. 도연명의 '광달'은 옛 선배들이 많이 언급해서 더 이상 부언하지 않는다. 내가 강조하고 싶은 것은 그의 '광달'이 '영오'의 표현이자 또한 참된 성정의 노출이라는 점이다. '영오'는 그의 내재적 미이고, '광달'은 그의 외재적 미이며, '진솔'은 그의 인격적 준칙이었다. 그리고 이 세 가지는 '자연' 위에 하나가 된다. 자연을 숭상함은 그의 최고 인생철학이었다.[43]

다시 각도를 바꾸자면, 사람들이 추구하는 어떠한 인격미도 모두 어느 정도 없애거나 보탤 것이 있게 마련이다. 위진 풍류 역시 이와 같지만, 그것의 주요 공부는 '없앰祛'에 있으며 이는 유가의 '덕행 제고, 업적 이루기進德修業'와 많이 다르다. 유가는 일련의 수양을 통하여 개인의 도덕수준을 증진한다. 그러면 위진 풍류가 없애려는 것은 무엇인가? 바로 '미혹惑'과 '가림蔽'이다. 명리 추구가 '미혹'에 속하고 장생불로 추구가 '가림'에 속한다. 명리의 마음은 사람의 마음속 지혜를 미혹시킬 수 있고, 불로장생의 욕망은 사람의 눈을 가릴 수 있어 모두 사람으로 하여금 삶의 즐거움을 잃어버리게 한다. '미혹'과 '가림' 모두 '집착執'이며, 미혹을 없애고 가림을 없애는 것이 바로 '집착 타파破執'이다. 집착을 타파할 수 있다면 풍류라고 할 수 있다.

이러한 관점에서 도연명의 〈형영신形影神〉시를 살펴보면 이 시에 내포된 함의가 매우 풍부하지만 그 주지는 바로 '집착 타파'라는 말로 개괄할 수 있다. '정신神'으로 '형체形'와 '그림자影'의 '집착'을 타파한다.

'형체'는 불로장생에 대한 갈구에 집착하고 불로장생을 이루지 못하므로 이에 따라 매우 괴로워한다. "천지는 영원하여 사라지지 않으며, 산천도 바뀌지 않는다네. 초목은 자연의 규율에 따르니 가을 서리가 시들게 하였다가 봄 이슬이 꽃을 피우게 한다네. 인간을 만물의 영장이라고 하건만 천지와 산천처럼 다시 살아나진 않는다네. 방금 이 세상 사람이었지만 홀연히 죽으면 다시 돌아올 기약이 없다네.天地長不沒, 山川無改時. 草木得常理, 霜露榮悴之. 謂人最靈智, 獨復不如茲. 適見在世中, 奄去靡歸期." "형체" 스스로 이 문제를 해결하지 못하므로 단지 술을 마시며 시름을 잊을 뿐이다. "원컨대 그대께선 내 말을 들으시어, 술자리가 생기면 구태여 사양하지 마소서.願君取吾言, 得酒莫苟辭." 이는 당연히 문제해결에 도움이 되지 않는다.

43 도연명 시문 중 '자연'의 함의에 관해서는 필자의 〈도연명의 자연 함의陶淵明的自然之義〉에서 상세히 밝혔다. 대만臺灣 《국문천지國文天地》 잡지, 제5권 제8기.

'그림자'의 고뇌는 생명이 짧고 명성이 오래가지 않는다는 점이다. "몸이 죽으면 명예도 사라지니, 이를 생각하면 온갖 감정이 복받친다네.身沒名亦盡, 念之五情熱." '그림자'가 이 문제를 해결하는 방법은 위대한 업적을 세워 덕행을 영구히 전하는 것이다. "훌륭한 행적을 남기면 영구히 기억되리니 어찌하여 힘껏 노력하지 않으리.立善有遺愛, 胡爲不自竭."

그러나 '정신'이 볼 때에 음주도 좋고 위대한 업적을 남기는 것도 좋지만 모두 고뇌를 해소하는 진정한 방법이 아니다. 인간은 결국 죽게 마련이고 이는 막을 수 없다. 술에 취하면 시름은 잊게 하지만 오히려 수명을 단축한다. 선행이 좋기는 하지만 선과 악조차 구분이 안가는 사회에서 누가 당신의 선행을 선양할 것인가? '정신'의 주장은 이러하다.

　　　너무 염려하면 내 삶만 다치리니甚念傷吾生,
　　　운명에 맡김이 마땅하리正宜委運去.
　　　자연에 맡기어 자유자적하지만縱浪大化中,
　　　기뻐하지도 두려워하지도 마세不喜亦不懼.

'운명에 맡김'은 전적으로 자연의 변화에 일임하는 것으로, 단명을 괴로워하지 않고 불로장생을 추구하지도 않으며, 명예의 소멸을 괴로워하지 않고 덕행과 업적을 남기려고 추구하지도 않으며, 단지 모든 것을 자연에 맡겨 풍류의 극치에 도달한다. 당연히 도연명이 세속적인 성취를 이루려는 생각이 전혀 없었던 것은 결코 아니었다. 다만 절망적인 봉건사회에서 자신의 고결함을 유지하면서 세속적인 성취를 바라는 것은 사실상 불가능하였다. 도연명이 자연을 숭상함을 풍류로 여긴 것은 다소 소극적이었지만 더러운 세태에 부화뇌동하지 않으려 했다는 이 점은 높이 평가해야 한다. 비록 세속적인 성취도 없었지만 또한 하려는 욕심도 없었다. 욕심도 없었다는 것이 말이 쉽지 얼마나 어려운 일인가!

'영오', '광달', '진솔' 이 세 가지를 융합해서 도연명의 〈의만가사擬挽歌辭 3〉은 풍류의 극치라고 말할 수 있다.

인생은 한번은 죽기 마련이고有生必有死,
요절한다고 단명은 아니라네早終非命促.
어제 저녁까지 함께 지내다가昨暮同爲人,
오늘 아침에 황천길로 간다네今旦在鬼錄.
혼백은 흩어져 어디로 갔는가魂氣散何之?
메마른 시신만 빈 관에 누워있네枯形寄空木.
어여쁜 자식은 아비 찾아 울부짖고嬌兒索父啼,
좋은 친구는 나를 어루만지며 우네良友撫我哭.
인생의 득실 더 이상 알 리 없고得失不復知,
시비를 어찌 느끼리是非安能覺?
천추만대가 지난 뒤에千秋萬歲後
영욕을 누가 알리誰知榮與辱?
다만 살아있을 때但恨在世時
술을 실컷 마시지 못한 것이 한스럽네飮酒不得足.

생전에 가난하여 술을 마시지 못했는데在昔無酒飮,
오늘은 제사상 위에 술잔이 넘치네今但湛空觴.
봄날이라 술이 잘 익어 보글거리건만春醪生浮蟻,
언제 다시 맛볼 수 있으려나何時更能嘗!
눈앞에 진수성찬이 가득하고看案盈我前,
친한 벗이 내 옆에서 통곡하네親舊哭我旁.
말을 하려 해도 소리가 나오지 않고欲語口無音,
눈으로 보려 해도 보이지 않네欲視眼無光.
어제는 안방에서 잠들었는데昔在高堂寢,
오늘은 황량한 들판에 누울 거라네今宿荒草鄕.
황량한 들판에서 잠잘 사람 아무도 없으려니荒草無人眠
아무리 둘러봐도 아득하기만 하네極視正茫茫.
하루아침에 장례행렬이 대문을 나서니一朝出門去,
돌아갈 기약이 참으로 아득하네歸來良未央.

황량한 들판이 얼마나 아득한지荒草何茫茫
바람에 떠는 백양나무조차 쓸쓸하네白楊亦蕭蕭.
벌써 첫 서리가 내린 9월인데嚴霜九月中,
나를 멀리 교외에다 묻는구나送我出遠郊.

들판 사방에 아무도 살지 않고四面無人居,
높이 솟은 무덤만 처량하네高墳正焦嶢.
말도 놀라 고개를 들어 울부짖고馬爲仰天鳴,
바람소리도 절로 소슬하구나風爲自蕭條.
무덤이 일단 봉해지면幽室一已閉,
영원토록 다시 햇빛을 보지 못하리千年不復朝.
영원토록 다시 햇빛을 못 봐도千年不復朝,
성현인들 어쩔 수 없다네賢達無奈何.
방금 날 장례 지내준 사람들向來相送人,
이미 각자 자기 집으로 돌아가겠지各自還其家.
친척 몇몇은 슬퍼도 하겠지만親戚或餘悲,
다른 사람은 평상으로 돌아가 노래도 부르리라他人亦已歌.
이미 죽었는데 무슨 할 말이 있으랴死去何所道?
나는 이미 몸을 산자락에 맡겼노라托體同山阿.

이 세 수의 시는 모두 가상의 말로, 시인이 자아를 초월하여 냉정한 눈으로 사후의 자신과 주위에 발생할 일체를 바라보면서 자신이라는 주체를 도리어 객관화하였다. 이러한 구상은 지극히 절묘하다.

첫째, 방금 죽어서 막 인간세상을 떠나는 황홀한 느낌을 묘사하였다. 귀여운 자식과 좋은 벗 모두 매우 비통해하지만 죽은 '나'는 오히려 인간세상을 떠나는 슬픔과 기쁨이 없는데다 또한 인간세상의 영욕도 없으며, 세간의 일체가 모두 아무런 의미가 없었다. "다만 살아있을 때 술을 실컷 마시지 못한 것이 한스럽네." 이러한 태도는 '광달'의 극치라고 말할 수 있다.

둘째, 제사를 지낸 후의 발인을 묘사하였다.

셋째, 발인과 매장을 묘사하였으며, 특히 매장 후에 홀로 황량한 교외에서 자는 느낌을 부각하였다. 그는 자기 사후의 모든 것에 대하여 매우 잘 알고 있었다. "친척 몇몇은 슬퍼도 하겠지만, 다른 사람은 평상으로 돌아가 노래도 부르리라." 누가 자기를 위해 오래토록 울어줄 수 있겠는가? 이러한 말은 다른 사람이라면 아마도 말하고 싶지 않겠지만, 그는 너무나 잘 알고 있었고 또한 남김없이 표현해버려 '진솔'의 극치라고 말할 수 있다.

≪세설신어≫가 왜 도연명의 언행을 수록하지 않았는지 모르겠다. 아마 그의 시대가 너무 가까워서였겠지만 도연명 바로 뒤에 죽은 사령운謝靈運은 오히려 수록되었다. 아마 그의 지위가 그다지 높지 않은데다 전원에 살아서 다른 사람에게 잘 알려지지 않았기 때문일 것이다. 사실상 그가 오두미 때문에 허리를 굽히지 않은 고사, 줄이 없는 거문고를 어루만진 고사, 머리 위의 갈건을 벗어 술을 걸렀던 고사, 강주자사江州刺史 단도제檀道濟가 음식을 보내왔으나 사절하고 되돌려 보낸 고사를 비롯하여 〈자제문自祭文〉과 〈의만가사擬挽歌辭〉를 지은 것 등 절묘한 자료를 애석하게도 유의경劉義慶은 주목하지 않았다.

4

도연명이 세속적인 것에서 벗어나 아무 것도 추구하지 않았다고 말하는 것은 결코 전체적인 면모가 아니다. 그도 무언가를 추구하였으며, 의도하였든 아니면 의도하지 않았든 자신의 수양에 정진하였다. 풍우란이 그의 〈풍류를 논하다論風流〉라는 글에서 진정한 풍류를 구성하는 4대 조건 곧 '현심玄心', '통견洞見', '묘상妙賞', '심정深情'을 제기하였다. 이 네 가지는 모두 도연명이 수양한 목표로 봐도 좋다. 다음은 도연명의 언행과 시문을 예로 들어 하나씩 논술하고자 한다.

'현심'을 논하자면 도연명은 결코 ≪세설신어≫에 나오는 명사들에 비해 손색이 없다. 그는 진실로 개인의 화복, 성패, 생사를 도외시하였으며, 자아를 초월하여 무아의 경지에 도달하였다. 〈음주 14〉를 보자.

내가 있는 줄 모르면서不覺知有我,
사물이 귀함을 어찌 알리安知物爲貴!

이는 비록 술을 마시고 한 말로서 술에 취한 뒤의 느낌을 표현했지만 그의 평상시 일관된 인생태도라고도 말할 수 있다. 도연명이 평상시에 사고하는 것은 결코 형이하학적 일상생활상의 문제가 아니라 우주와 인생에 관한 근본문제이었다. 이른바 '현심'은 심오한 마음이 아니겠는가? 멀리 내다보며 생각이 넓어서, 말하자면 세속의 고뇌를 떨쳐버려서 초탈하고 여유로웠다. 구체적으로 말하자면, 그가 사고한 것은 삶과 죽음의 문제의 문제이었고, 형체와 정신의 문제이었고, '출出'과 '처處'의 문제이었다. 그의 〈오월단작화대주부五月旦作和戴主簿〉, 〈연우독음連雨獨飮〉, 〈의만가사擬挽歌辭〉, 〈형영신形影神〉, 〈귀원전거歸園田居〉 등은 모두 이러한 큰 문제에 대해 지었으며, 모두 그의 '현심'을 표현하였다.

도연명은 통찰력을 지녔으므로 수많은 명언명구를 남겼다. 간명하지만 대단히 함축적이다. 〈음주 5〉를 보자.

사람 사는 동네에 초가를 엮었더니結廬在人境
수레 소리 전혀 들리지 않네而無車馬喧.
묻노니 어떻게 그럴 수 있소問君何能爾?
마음이 멀어지니 땅도 절로 비켜났다오心遠地自偏.
동쪽 울밑에서 국화를 따려다採菊東籬下
물끄러미 남산을 바라본다悠然見南山.
산색은 밤낮으로 빼어난데山氣日夕佳
날아다니던 새들이 하나 둘 돌아오네飛鳥相與還.
이 가운데 참뜻이 있을진대此中有眞意
설명하려다 이미 말을 잊었네欲辯已忘言.

이 시를 통하여 그의 통찰력과 간략함을 엿볼 수 있다. "心遠地自偏"이 다섯 자는 격언과 같은 사리와 정취가 있다. 중요한 것은 외부의 환경이 아니라 내심의 상태이다. 후자는 전자를 변화시킬 수 있다. 도연명은 산색, 둥지로 돌아오는 새, 그것들로 구성된 풍경을 우연히 바라보면서 인생의 참의미를 깨달았다. 그는 자기와 이 풍경이 하나로 융화되어 '날아다니는 새'가 되어 산속으로 돌아오면서 자연으로 귀의하는 상태를 느꼈다. 이와 같은 자연의 상태야말로 바로 '참된 것眞'이다. 그는 그 안의 '참뜻眞意'을 설명하려다가 다시 설명할 수도 없거니와 설명할 필요도 없다는 것을 깨달았다.

이 밖에도 그의 시 속 명언명구는 많다. 예를 들면 다음과 같다. "인생은 환영과 같아, 결국은 허무하다네.人生似幻化, 終當歸空無.(〈귀원전거 4〉)", "의식주는 자기가 노력해서 마련해야지, 힘써 밭 갈면 나를 속이지 않는다네.衣食當須紀, 力耕不吾欺.(〈이거移居 2〉)", "한 해 수확 어떠할지 아직 모르지만, 일하는 것이 충분히 즐겁다네.雖未量歲功, 卽事多所欣.(〈계묘세시춘회고전사癸卯歲始春懷古田舍 2〉)", "인생살이 변치 않는 법도란, 의식주가 참으로 으뜸일세.人生歸有道,　衣食固其端.(〈경술세구월중어서전획조도庚戌歲九月中於西田獲早稻〉)", "이 세상에 태어나면 모두 형제인데, 무엇하러 친형제부모 따지는가?落地爲兄弟, 何必骨肉親?(〈잡시雜詩 1〉)".

"한 해 수확 어떠할지 아직 모르지만, 일하는 것이 충분히 즐겁다네"를 보자. 이 두 구절은 즐거움이 행위의 과정 중에 있지, 공리의 획득에 있지 않다는 사실을 우리에게 일러준다. 이 또한 이른바 밭 갈기에만 힘쓰고 수확이 얼마일지는 따지지 않는다는 태도이다. 독서를 예로 들면, 이 행위 자체로도 매우 즐거우므로 책 속에 '황금집'과 '옥같이 고운 미인'을 기대할 필요가 없다. 만약 독서가 자기에게 무엇인가 가져다 줄 것이라고 생각하고 공리적인 목적을 품었다면 독서 자체로부터 즐거움을 얻지 못할 것이다. 그렇다면 독서를 한들 무슨 의미가 있겠는가? 또한 무슨 풍류를 말할 수 있겠는가? "일하는 것이 충분히 즐겁다네.卽事多所欣." 이 다섯 자는 우리의 좌우명이 될 수 있다.

이른바 '절묘한 깨달음妙覺'은 바로 아름다움에 대한 느낌과 깨달음이다. 도연명은 일상생활 중에서 아름다운 사물과 아름다운 감정을 발현하는 것에 능하다. 온화하고 담백한 아름다움을 온화하고 담백한 언어와 짝을 지어 표현하였으니 음미할수록 의미심장하다. "동쪽 울밑에서 국화를 따려다 물끄러미 남산을 바라본다.採菊東籬下, 悠然見南山"와 같은 명구에 담긴 미감은 참으로 말이 필요 없다. 또한 "내가 갓 익힌 새 술을 걸러, 닭 한 마리

잡아서 이웃을 부른다네. 해가 지고 방안이 어두워지면 싸리나무로 촛불 대신 밝히네.漉我新熟酒, 只雞招近局. 日入室中暗, 荊薪代明燭.(〈귀원전거 5〉)" 와 같은 시는 시골에서 극히 일상적인 생활정경에 불과하지만 도연명의 묘사를 거치자 오히려 농후한 미감이 있다. 새로 담은 술을 잘 걸러서 단지 닭 한 마리만 안주로 삼아 이웃과 함께 긴 밤을 지새운다. 방 안에 화려한 등불도 없었고 밝은 촛불도 없다. 타고 있는 것은 한 묶음 싸리나무 가지뿐, 결코 풍부하지 않는 잔치자리를 밝게 비추면서 또한 친구들의 마음도 밝게 비췄다.

도연명은 또한 산수와 전원 속에서 아름다움을 잘 발견하였다. 예를 들면, "넓은 들녘에 멀리서 바람 불어와 어여쁜 새싹 날마다 새롭게 돋아나네.平疇交遠風, 良苗亦懷新.(〈계묘세시춘회고전사 2〉)", "운무가 걷히자 산색이 씻은 듯 푸르고, 맑은 하늘에 엷은 구름이 떠가네. 남쪽에서 바람 불러와 새 날개처럼 새싹을 스쳐가네.山滌如靄, 宇曖微霄. 有風自南, 翼彼新苗. (〈시운時運〉)" 이 모두 도연명 자신만의 독특한 발견이 있다.

또 눈에 대한 감각 역시 그에게는 독특한 친근감과 재미가 있다. "귀를 기울이나 아무런 소리 없는데, 눈을 들어보니 온통 흰 색일세.傾耳無希聲, 在目皓已潔.(〈계묘세십이월중작여종제경원癸卯歲十二月中作與從弟敬遠〉)" 눈이 소리도 없이 내려 귀를 기울여 자세히 들어도 아무런 소리가 들리지 않았다. 눈은 묵묵히 대지에 떨어지면서 사람들이 알아채기를 원하지 않는 듯하였다. 그러나 우연히 고개를 들어 바라보자 놀랍게도 눈이 대지 위를 그렇게도 밝고 그렇게도 새하얗게 온통 은색으로 단장한 것을 발견한다. 이러한 시구는 후대 시인 중에는 아마도 두보의 "봄바람 따라와 한밤에 몰래 내려, 소리 없이 만물을 적시네.隨風潛入夜, 潤物細無聲.(〈춘야희우春夜喜雨〉)"만이 이와 견줄 수 있을 것이다.

산수의 아름다움에 대한 체험은 원래 위진 풍류와 함께 심화되었고, 사가私家의 정원 역시 이 시기에 시작되었다.[44] 도연명은 호사스런 사족들과는 달라 그로서는 광대한 정원을 꾸릴 수 없었지만, 산수의 아름다움만은 진정으로 이해할 수 있었다. 이것이 바로 '묘상'의 중요한 부분이다. '묘상'은 예술에 대한 절묘한 감상능력으로 표현된다. 왕씨와 사씨 가문이 그렇게 많은 풍류명사와 예술가를 배출한 것이 바로 좋은 증명이다. 도연명은 예술에 대해서도 절묘한 감상능력이 있었다. ≪송서·도잠전≫에서 말했다. "도연명은 음률을 알지 못하였으나 소금 한 대를 소장하였는데 줄이 없었고, 매번 술기운이 얼큰하면 문득 어루만지며 자신의 흥취를 표현하였다."[45] 이 일은 도연명의 '묘상'을 잘 반영하고 있다. ≪노자≫가 "위대한 음은 소리가 없다大音希聲"라고 하였듯이 소리가 없는 고요함 속에서 비로소 무궁무진한 소리를 들을 수 있다. 소리가 있으면 오히려 소리를 하나의 소리로 고정시켜 사람의 상상을 제한하고, 소리가 거의 없어야 무한한 가능성이 있으며 마침내 역시 무한한 자유를 얻는다. 도연명은 말을 잊을 수 있어 무언 속에서 무궁무진한 참뜻을 깨달았으며, 줄이 없는 거문고를 연주할 수 있어 고요함 속에서 끊임없이 소리를 들었다.

'심정深情'에 대하여 풍우란은 이렇게 말했다. "진정으로 풍류를 아는 자는 감정은 있으나 자아가 없다. 그의 정과 만물의 정은 일종의 공명이 있다." 도연명의 정과 만물의 정에는 일종의 공명이 있다면서 그가 말하였다. "한여름 초목이 우거지고, 집 주위에 나무가 무성하네. 새들은 깃들 둥지가 있어 즐겁고, 나도 내 초가를 좋아한다네.孟夏草木長, 繞屋樹扶疏. 群鳥欣有托, 吾亦愛吾廬.(〈독산해경讀山海經 1〉)", "넓은 들녘에 멀리서 바람 불어와 어여쁜 새싹 날마다 새롭게 돋아나네.(〈계묘세시춘회고전사 2〉)", "사뿐히 날아 새로 찾아온 제비, 쌍쌍이 내 집으로 들어왔네. 옛 둥지 그대로 있어, 서로 짝지어 옛집으로 돌아왔네. 작년에 이별한 이후로, 집 마당이 날이 갈수록 황량해졌지. 내 마음은 돌처럼 바뀌지 않지만, 당신 마음은 어떠한지요?翩翩新來燕, 雙雙入我廬. 先巢故尙在, 相將還舊居. 自從分別來, 門庭日荒蕪. 我心固匪石, 君情定何如?(〈의고擬古〉)" 자연의 사물들과 이처

44 오세창吳世昌의 〈위진 풍류와 사가의 정원魏晉風流與私家園林〉 참조.
45 중화서국 점교본, 2288쪽.

럼 친밀한 관계를 맺었으니, 깊은 정감이 없으면 어떻게 도달할 수 있었 겠는가? 도연명은 친구에 대해서도 깊은 정이 있었다. 〈답방참군答龐參 軍〉을 살펴보자.

보내준 시를 재삼 읽어도 손에서 놓을 수 없었습니다. 우리가 이웃이 된 이래 로 겨울이 두 번 지났소. 진지하게 이야기를 나누다보니 금방 친한 벗이 되었 습니다. 속담에 "자주 만나면 친구가 된다"라고 하는데, 하물며 우정이 이보 다 돈독한 경우는 어떻겠습니까? 사람의 일이란 늘 내 뜻대로 되지 않아 이제 작별을 고할 때입니다. 양주가 기로에서 탄식하였듯이 어찌 평범한 슬픔이겠 습니까? 제가 다년간 병을 앓아 더 이상 시문을 짓지 못했습니다. 본래 체질 이 약한데다 연로하여 병을 달고 삽니다. 《주례周禮》에서 말한 "예법은 오 가는 것이 중요하다"라는 뜻에 따르고 또한 이별 후에 그리워하는 마음을 위로할 겸해서 이 시를 씁니다. 三復來貺, 欲罷不能. 自爾鄰曲, 冬春再交. 款然良 對, 忽成舊遊. 俗諺云: "數面成親舊". 況情過此者乎? 人事好乖, 便當語離. 楊公所歎, 豈惟常悲? 吾抱疾多年, 不復爲文. 本旣不豐, 復老病繼之. 輒依周禮往復之義, 且爲別後 相思之資.

오랜 친구라야 서로 지기가 되는가相知何必舊?
길에서 한번 보고도 친해진다는 옛말도 있다네傾蓋定前言.
그대는 나의 포부를 좋아하여有客賞我趣,
늘 우리 집 정원에 들렀다네每每顧林園.
대화는 의기투합하여 진부하지 않았고談諧無俗調,
대부분 성인 경전을 토론하였지所說聖人篇.
어쩌다 술이 몇 말 생기면或有數斗酒,
느긋이 대작하니 기분이 절로 좋았다네閑飮自歡然.
나는 본래 은거한 인사라서我實幽居士,
이리저리 벼슬을 구하는 일은 나와 거리가 멀다네無復東西緣.
물정이 새로워져도 친구는 그대로라고物新人惟舊,
글 쓰는 이들이 많이 언급했다네弱毫多所宣.
정이야 만리 밖까지 통하나情通萬里外
몸이 수많은 강과 산에 막혀있으니形跡滯江山.
그대는 귀한 몸을 잘 돌보시게君其愛體素.
앞으로 어느 해에 다시 만나려나來會在何年?

이 짧은 서문과 길지 않은 오언시로부터 도연명이 그의 친구에 대하여 얼마나 깊은 감정을 지녔는지 살펴볼 수 있다. 방참군과 도연명의 의기투합, 이것이 그들 우정의 기초가 되었다. 여기에는 조금도 공리적인 성분이 없이 순수하게 온통 진정한 감정이었다. 이러한 우정은 사실상 매우 드물다! 도연명의 〈비종제중덕悲從弟仲德〉 역시 그의 '심정'을 표현하였다. 그는 자신의 죽음에 대해 매우 달관하였지만 사촌동생의 죽음에 대해선 오히려 길고도 깊은 비애를 품고 있었다. 중덕이 결코 금방 세상을 떠난 것은 아니었다. 시에서 "앞뜰에는 한 해 묵은 잡초가 우거졌네.宿草旅前庭"라고 하여 그가 세상을 떠난 지가 최소한 이미 1년이 되었음을 알 수 있다. ≪예기·단궁상檀弓上≫에서 말했다. "친구의 묘에 한 해 묵은 잡초가 있으면 곡을 하지 않는다."[46] 그러나 도연명은 여전히 슬픔을 이기지 못하고 눈물을 흘렸다. 시의 후반부에 비록 '승화'라는 위로성의 말을 사용하였지만 말미에 다시 한 번 "너무나 애통하여 가슴에 슬픔만 가득 찼네.惻惻悲盈襟"라고 하였다. 참으로 외골수 감정이다. 도연명은 슬픔이 없는 것이 결코 아니다. 그의 슬픔은 인생과 만물에 대한 깊고 절절한 슬픔이었으며, 자아를 초월한 슬픔이었다. 따라서 슬픔이 없다고도 말할 수 있으며, 나아가 애락을 초월한 즐거움이라고도 말할 수 있다. 소통의 〈도연명집서陶淵明集序〉에서 "그의 정취는 정사에 있지 않았으며, 정사를 정취 중에 의탁하였다."라고 말한 것이 바로 이런 의미이다.

풍우란의 풍류에 관한 논술에 의거하여 도연명을 평가하면 그는 확실히 진실한 풍류였고 위대한 풍류였다. 풍선생은 그의 〈음주 5〉 "사람 사는 동네에 초가를 엮었더니"를 "최고의 '현심'을 표시하며, 또한 최대의 풍류를 표현한다"라고 말했다. 또 "동진의 명사 중에 도연명의 경지가 가장 높다"라고 말하였는데 풍선생을 도연명의 지음知音이라고 말할 수 있다.

---

46 정현鄭玄의 주에서 "숙초는 해를 넘긴 풀을 말한다"라고 하였고, 공영달孔穎達의 소에서 "풀이 한 해가 지난 것이 묵은 풀이다"라고 하였다.

5

풍우란이 말한 '현심', '통견', '묘상', '심정' 이 네 가지는 한 마디로 총괄할수 있는데 바로 '허령虛靈'이다. '허령'의 목표는 자연으로 돌아가서 자연의본성을 유지하는 것이다. '현심' 등 네 방면의 추구는 일종의 예술화한 인생의 추구로 귀결시킬 수 있다. 그러므'로 '풍류' 또한 일종의 예술화된 인생,또는 자기의 언행과 시문과 예술로 자기의 인생을 예술화한다고 말할 수있다. 이러한 예술은 너무나 자연스러우며, 인간 본성의 자연스런 표출이다.

본문의 첫머리에서 말했듯이, 위진 풍류는 위진의 사인들이 추구한 일종의 인격미로, 결국 이러한 인격미의 실질은 인생의 예술화에 있었다. 위진은 예술자각의 시대로 모든 것이 예술을 추구하였고 인생도 예외가 아니었다. 이는 결코 모든 사람이 예술가가 되라는 말이 아니다. 살아있는 예술을추구하였다는 말이다. 어떻게 해야 예술이라고 하는가? 당연히 다른 견해가 있겠지만 인생의 완전한 아름다움을 추구한다는 점에서는 일치한다.

≪세설신어·덕행德行≫에서 "완유阮裕가 섬현剡縣에 있을 때 매우 좋은수레를 한 대 가지고 있었는데, 누구든지 빌리러오면 언제든지 모두 빌려주었다. 어떤 사람이 어머니를 운구하려고 빌리고 싶었지만 말을 꺼내지 못하였다. 완유가 후에 듣고서 탄식하였다. '내가 수레를 가지고 있으면서다른 사람에게 감히 빌리러 오지도 못하게 했으니 수레를 가지고 있은들무엇 하겠는가?' 마침내 태워버렸다."라고 기재하였고, 유효표劉孝標는 주를 달며 ≪완광록별전阮光祿別傳≫을 인용하여 "(완유는) 대범하고 정치적견식이 갖추어 수차례 시중侍中을 역임하였다. 병이 들어 회계會稽의 섬산剡山에 집을 지었다. 조정에서 금자광록대부金紫光祿大夫로 불렀으나 출사하지 않았다. 나이 61세에 졸하였다."[47]라고 하였다.

≪세설신어·서일棲逸≫에서 말했다. "완유가 동산에 은거할 때 조용히

47 여가석 전소본, 33쪽.

살면서 아무 것도 하지 않았으나 마음속은 언제나 자족하였다. 혹자가 이 일을 가지고 우군右軍장군 왕희지의 의견을 물어보자 왕희지가 말하였다. '이 분은 근자에 영욕으로 인해 마음이 움직이지 않으시니 비록 고대의 은 사라 할지라도 어떻게 이 분을 넘어서겠는가?'"[48] 그가 비록 벼슬을 하던 사람이었지만 결코 명예와 지위를 탐하지 않고 '마음의 자족' 곧 자아만족 을 추구하였음을 알 수 있다.

또한 ≪세설신어·아량≫에서 "배해가 체포되었을 때 표정이 바뀌지 않 고 행동거지가 태연자약하였다. 종이와 붓을 달라고 해서 편지를 썼다. 편 지를 다 쓰고 보내자 그를 구하려는 인사가 여기저기 많아서 금방 풀려났 다. 나중에 관직이 삼공三公에 버금가는 반열에 올랐다."[49]라고 하였다. 배 해가 위기에 처해서도 두려워하지 않은 것은 일종의 풍류행위이다. 그는 또한 자기 인생교향곡의 마지막 장을 멋지게 엮고 있었다.

≪세설신어·임탄≫에서 말했다. "왕휘지王徽之가 산음현山陰縣에 거할 때 밤에 대설이 내렸다. 잠에서 깨자 방문을 열고 술을 받아오라고 명하였 다. 사방을 둘러보니 온통 새하얀 세상이라 이에 일어나 이리저리 배회하 다가 좌사左思의 〈초은招隱〉을 읊조렸다. 문득 대규戴逵가 생각났고, 때마 침 대규가 섬현剡縣에 살고 있어서 즉시 야밤에 작은 배를 타고 그에게로 갔다. 밤을 새워 이윽고 도착하여 대규의 집 대문에 이르러 들어가지 않고 되돌아갔다. 사람들이 그 이유를 묻자 왕휘지가 말했다. '내가 원래 흥이 나서 갔다가 흥이 떨어져 돌아왔거늘 반드시 대규를 만나볼 필요가 무엇 있겠소?'"[50] 자기의 행위를 전적으로 일시적인 흥에 의지하는 이러한 풍류 는 자유를 인생의 완전한 경지로 여긴다. 완유, 배해, 왕휘지 세 사람은 비록 표현이 각기 다르지만 삶의 완전성을 추구한다는 공통점이 있다.

세속적인 관점으로 보면 도연명의 일생은 매우 '메말랐다枯槁'라고 할 수

---

48 위의 책, 654쪽.
49 위의 책, 351쪽.
50 위의 책, 760쪽.

있으나, 다른 관점에서 보면 그의 일생은 오히려 매우 예술적이었다. 다시 《송서·도잠전》의 기록을 살펴보기로 한다.

다시 진군과 건위참군이 되어 친지들에게 말했다. "문관이 되어 은거 이후 살림밑천을 장만했으면 하는데 가능할까?" 인사권자가 소문을 듣고 그를 팽 택령에 임용하였다. 현에서 공전에 전부 고량을 심으라고 명하자 아내가 고 량을 심자고 하였다. 이에 2경 50무에 고량을 심고 50무에 메벼를 심었다. 군에서 독우를 현으로 내려 보냈다. 현의 관리가 일러주길, 반드시 의관을 정제하고 그를 맞아야한다고 하자 도연명이 탄식하여 말했다. "나는 쌀 다섯 말의 봉록을 받기 위해 향리의 소인배에게 허리를 굽힐 수 없다!" 그날로 인수를 반납하고 사직하였다.[51]

벼슬을 구할 때 앞으로 은거할 때 생활비를 마련하기 위함이라고 분명히 말해 놓고서 전지를 받자 여기에다 고량을 심어 술을 담갔다. 독우가 오자 허리를 굽히지 않으려고 그날로 관직을 떠났다. 도연명은 그야말로 자기의 언어로 하나의 예술적 형상을 만들어 내었다. 다시 《송서》의 다른 단락 을 살펴보자.

강주자사 왕홍이 교분을 맺고 싶었으나 불러올 수 없었다. 도연명이 여산에 간 적이 있는데, 왕홍이 도연명의 옛 친구 방통지에게 술자리를 준비하고 도중에서 맞이하도록 명하였다. 도연명이 다리가 아파 제자 하나와 두 아들 에게 가마를 지게 했다. 도착한 후 방통지와 함께 기분 좋게 대작하였다. 얼마 지나자 왕홍이 도착하였고 도연명도 내치지 않고 술자리에 끼어 주었 다.……한번은 9월 9일에 술이 떨어지자 집 주위 국화밭에 오래 동안 앉아 있다가 때마침 왕홍이 술을 보내와서 그 자리에서 마시고 취해서야 돌아갔 다. 도연명은 음률을 알지 못하였으나 소금 한 대를 소장하고 있었다. 줄이 없었고, 매번 술기운이 얼큰하면 문득 어루만지며 자신의 흥취를 표현하였 다. 귀천을 막론하고 손님이 찾아오면 금방 술자리를 차렸다. 도연명이 먼저 취하면 망설이지 않고 손님에게 말했다. "내가 취해서 졸리니 가셔도 좋습니 다!" 그의 진솔함이 이와 같았다. 군의 태수가 도연명을 방문하였는데 마침

---

51 중화서국 점교본, 2287쪽.

집에 담가놓은 술이 익을 때라서 도연명이 머리에 쓴 갈건을 벗어 술을 거르고 다 거른 후에 다시 머리에 썼다.[52]

이 단락은 집중적으로 도연명의 음주를 소개하고 있는데, 그와 술의 관계는 매우 예술적 흥취가 있다. 그가 권력자를 만나려 하지 않자 권력자는 술을 가지고 그에게 접근하는 길을 열었다. 그가 줄이 없는 거문고를 연주한 것도 술을 마신 후에 장난삼아 어루만지면서 자기의 흥취를 표현하는 방법이었다. 그가 술에 취한 다음에 손님에게 한 말들은 더욱 그의 진정을 잘 나타낸다. 술은 이미 그의 인생에 있어 예술화의 매개체가 되어 있었다.

우리는 또한 그의 시문을 가지고 증명할 수 있다. 세상에 널리 알려진 〈귀원전거〉는 더 말할 나위가 없고, 4언시 〈시운〉을 예로 들어보자. 이 시는 모두 4장으로 제1장은 나들이를 묘사하였고, 제2장은 구경한 경치를 묘사하였고, 제3장은 자기의 생각을 묘사하였고, 제4장은 귀가를 묘사하였다. 서문에서 "흔쾌한 마음과 감개한 마음이 교차하였다"라 하였는데, 제1, 2장은 흔쾌함에 치중하였고 제3, 4장은 감개함에 치중하였다. 시의 제1장과 제4장을 살펴보기로 한다.

계절은 끊임없이 흘러邁邁時運
봄날 햇볕이 좋구나穆穆良朝.
봄옷을 걸치고襲我春服
동쪽 교외로 나갔다네薄言東郊.
산간에 자욱한 구름 씻은 듯 걷히고山滌餘靄
하늘에는 옅은 구름이 걸려 있네宇曖微霄.
남쪽에서 바람 불어오니有風自南
새싹이 두 팔 벌려 맞이하네翼彼新苗.

아침이나 저녁이나斯晨斯夕
편히 쉬는 내 집일세言息其廬..
화분과 약초가 줄지어 서 있고花藥分列

---

52 위의 책, 2288쪽.

수목과 죽림이 무성하다네林竹翳如.
소금이 한 대 침상 위에 놓여있고淸琴橫床
탁주는 반 항아리나 남았다濁酒半壺.
황제와 요임금의 성세에는 미치지 못하니黃唐莫逮
나 홀로 개탄한다네慨獨在余.

시에서는 이렇게 말한다. 사계절이 끊임없이 돌고 돌다가 또 다시 조석으로 화사한 봄날이다. 나는 봄옷을 입고 동쪽 교외로 간다. 산 위의 구름과 안개가 점점 걷히자 산이 마치 씻긴 듯이 선명하다. 그러나 하늘 저 멀리에 옅은 구름이 떠다닌다. 한바탕 바람이 남쪽에서 불어와 새싹 모두 날개를 펼친 듯하다. 만약 이 광경을 한 폭의 절묘한 춘조도春朝圖라고 한다면 이 그림 속에는 산도 있고 바람도 있고 새싹도 있을 뿐만 아니라 또한 봄옷으로 갈아입은 시인도 있다.

그 자신이 이미 대자연의 하이라이트로, 더욱 정확히 말하자면 그는 이미 대자연과 융화하여 일체가 되었다. 제4장은 전원의 오두막생활을 묘사하였으며, 그 속의 시인 형상 또한 완전한 인생의 이상을 체현하였다. 오두막 밖은 가지런한 화분과 약초, 무성한 나무와 죽림이 있었고, 오두막 안은 단지 장식이 없는 거문고(바로 줄이 없다는 그 거문고)와 탁주뿐이었다. 이 시는 도연명의 예술화된 인생을 표현하였다. 〈오류선생전五柳先生傳〉을 보자.

선생은 어디에 사는 사람인지도 모르고 성이나 자도 미상이다. 집 주위에 버드나무 다섯 그루가 있어 이를 그의 별호로 삼았다. 성품이 조용하고 말수가 적었으며 영리를 추구하지 않았다. 독서를 좋아하나 깊이 이해하려 들지 않았다. 매번 책 속의 도리를 깨우치면 기뻐서 밥 먹기조차 잊었다. 천성이 술을 좋아하였으나 집이 가난하여 항상 마실 순 없었다. 친구들이 그의 사정이 이와 같음을 알아 때때로 술자리를 마련하여 그를 불렀다. 가서 마시면 매번 술독을 비웠고, 기필코 취하고야 말았다. 일단 취하면 선뜻 물러나고 술자리를 떠나거나 머무는데 미련을 두지 않았다. 방안 사면이 텅 비어 휑하였고 바람과 해를 가리지 못하였다. 짧은 베잠방이는 꿰매어 입었고, 밥그릇과 표주박 간장종지가 자주 비어도 태연하였다. 늘 시문을 지어 스스로 즐기면서 자기의 의지를 잘 드러냈다. 득실을 따지는 마음을 잊은 채 이렇게 일생을 마쳤다. 先生不知何許人也, 亦不詳姓字. 宅邊有五柳樹, 因以爲號焉. 閑靜少言, 不慕榮利. 好讀書, 不求甚解; 每有會意, 便欣然忘食. 性嗜酒, 家貧不能常得. 親舊知其如此, 或置酒而招之. 造飮必盡, 期在必醉, 旣醉而退, 曾不吝情去留. 環堵蕭然, 不蔽風日. 短褐穿結, 簞瓢屢空, 晏如也. 常著文章自娛, 頗示己志. 忘懷得失, 以此自終.

찬에서 말하였다. 검루가 이런 말을 남겼다. "빈천에 슬퍼하지 않으며 부귀에 급급하지 않노라." 아마 선생과 같은 분을 두고 한 말이 아니겠는가! 얼큰하게 취해서 술을 지어 자신의 뜻을 즐겁게 하니, 무회씨의 백성인가, 아니면 갈천씨의 백성인가? 贊曰: 黔婁有言: "不戚戚於貧賤, 不汲汲於富貴." 極其言茲若人之儔乎! 酣觴賦詩, 以樂其志, 無懷氏之民歟? 葛天氏之民歟?

이 짧은 문장은 그의 인생정취를 끄집어내었으며, 여기에서 그가 어떻게 자기의 인생을 하나의 예술품으로 창조했는지 엿볼 수 있다. 그의 독서와 시문 창작에 대해 이야기해보자. 독서를 좋아하나 깊은 이해를 추구하지 않는 태도는 한대 유가와는 다르다. 한대 유가는 장구지학章句之學에 힘써 매번 성인의 자구를 해석하여 그 정신을 남겼다. 도연명의 독서는 '도리를 깨우치는 것'을 중시하였고, 시문을 지을 때는 '스스로 즐기는 것'에 중점을 두어 공리적 목적이 전혀 없었다. 이러한 독서와 시문 창작의 생활이 바로 예술화된 생활이다. 다시 그의 음주태도를 살펴보면, 자기 집이 가난하여 술을 늘 마실 수 없으므로 친구의 초대를 받을 때마다 반드시 취할 때까지 마셨고, 취하면 바로 자리에서 일어나서 술자리를 떠나든지 아니면 더 머물든지 자기의 흥취에 맡겼다. 이러한 음주와 이러한 응대는 세속적인 관습에 벗어났으며 역시 예술화된 것이다.

도연명의 예술화된 인생은 반드시 인간세상을 멀리해야 할 필요는 없다. 〈음주〉제5수에서 말한 "마음이 멀이지니 땅이 절로 비껴났다오" 이 구가 그의 인생철학을 가장 대표한다. 이른바 탈속은 결코 몸이 어디에 있는가에 있지 않고 마음이 무엇에 편한가에 달려있다. 단지 자기의 마음이 속된 세상과 멀어지기만 한다면 비록 몸이 인파 속에 있어도 인간세상의 용속함에 물들지 않는다. 도연명은 결국 암자나 동굴에 기거하는 그런 종류의 은둔자가 아니어서 결코 완전히 세상을 등진 적이 없었다. 그는 친구와 이웃과 고향 친척이 있었으며, 또한 몇 차례 벼슬길에도 나아갔다. 하지만 그의 인격은 여전히 고결하였다.

도연명의 풍류는 '간략하고 함축적簡約', '심오하되 담백玄淡', '물상의 표면에 얽매이지 않음不滯於物'이라는 말로 개괄할 수 있다. 간략하고 함축적이야 구질하지 않으며, 심오하되 담백해야 초월하며, 물상의 표면에 얽매이지 않아야 최대한의 자유를 누릴 수 있다. 서로 비교하건대, 그 시대 사람들이 추구한 생활은 너무 물질에 치중하여, 예술은 마치 외부에서 온 자극과 같은 것이지 내면적인 존재가 아니었다. 이는 풍류하고는 거리가 멀었다. 도연명의 풍류는 그의 내면에 존재하였고, 그의 예술화된 생활은 내면적 소질이 부지불식간에 외부로 표현된 것으로 이것이야말로 진정한 풍류이었다.

간략하고 함축적이며, 심오하되 담백하고, 물상의 표면에 얽매이지 않는다는 이 말은 도연명의 풍류 곧 인생의 예술을 개괄할 수 있을 뿐더러 또한 도연명의 시가예술을 개괄할 수 있다. 그의 인생예술과 시가예술은 통일된다. 이른바 '간약簡約'은 시가언어의 정수가 어느 정도인지를 가리키며, 그의 시가언어로 하여금 극도로 높은 계시성啓示性을 획득하여 적은 언어가 많은 언어를 이기도록 만든다. 이른바 '심오와 담백'은 그의 시가의 그윽하고도 담백한 기상을 가리키며, 사람들에게 강렬한 자극은 주지 않으나 오히려 사람들로 하여금 잊지 못할 인상을 남긴다. 이른바 '물상의 표면 초월'은 물상의 묘사에 머물지 않고 사람마다 볼 수 있는 사물을 통하여 일반인이 깨닫기 어려운 도리를 써냄으로써 세인을 초월하는 정서를 표현하는 것을 가리킨다. 종합컨대, 인격과 시를 막론하고 도연명은 모두 진정한 풍류와 위대한 풍류에 손색이 없다. 그가 풍류의 극치에 도달하였다고 말해도 과분한 칭찬이 아닐 것이다.

1990년에 대만 성공대학成功大學에서 개최한 위진남북조문학과 사상 학술토론회에 제출한 논문임

도연명의
자연 숭상 사상과
도연명 시의 자연미

1. 자연에 대한 숭상은 도연명 사상의 핵심

도연명은 시인일 뿐 아니라 사상가이기도 하므로 그의 시는 짙은 철학적 의미를 지니기도 한다. 심덕잠沈德潛은 시를 "이취理趣가 있는 것이 소중하다貴有理趣."라고 했는데 도연명의 시는 바로 이취가 가장 풍부하다. 그의 시는 추상적 철리哲理가 아닌 생활로부터 출발하여 생활 속에서 느끼는 것을 철리로 승화시켰으며, 또한 이러한 철리를 생활의 윤기, 향기와 함께 시의 형상과 언어로 표현하였다. 그러므로 그의 시는 철인哲人의 지혜 뿐 아니라 시인의 정서도 담고 있으므로 심오하고 질박하여 읽을수록 맛이 우러난다.

도연명 사상의 핵심은 자연을 숭상하는 것이다. 〈귀거래혜사歸去來兮辭〉에서 이렇게 말하였다. "기질과 성품이 자연스럽다.質性自然." 〈형영신서形影神序〉에서 이렇게 말하고 있다. "정신으로 자연을 분별하고 밝혀냈다.神辨自然以釋之." 이곳에 나타난 자연은 도연명의 생활과 창작을 이끄는 최고의 준칙이다.

도연명은 말했다. "아! 천지의 기氣를 받았으니, 어찌 이다지도 사람만이 홀로 영묘한가.咨大塊之受氣, 何斯人之獨靈." 또 말했다. "끝없는 대지, 아득히 높은 하늘, 이것이 만물을 내어서, 나는 사람이 될 수 있었네.茫茫大塊, 悠悠高, 是生萬物, 余得爲人." 사람은 천지의 영기를 받아 태어났으니, 당연히 세속의 구속을 피해야 한다. 산림에 은거하며 몸소 밭을 가는 것은 인간의 본성에 가장 부합되는 것이다. 〈귀원전거歸園田居〉 첫째 수를 보자.

> 어려서부터 세속과 맞지 않고小無適俗韻,
> 성품이 본래 산을 좋아했네性本愛丘山.
> 잘못하여 세속에 빠져誤落塵網中,
> 30년을 보냈네一去三十年.
> 떠도는 새 옛 숲 그리워하고羈鳥戀舊林,
> 연못 물고기는 놀던 물 생각하네池魚思故淵.
> 남쪽 들가 황무지 일구며開荒南野際,
> 어리석은 이 몸 지키고자 자연으로 돌아왔네守出歸園田.
> ......
> 오랜동안 새장 속에 갇히었다가久在樊籠裏,
> 다시 자연으로 돌아올 수 있었네復得返自然.

자연으로 되돌아온 것은 도연명의 인생철학을 집중적으로 구현한 것이다. 그의 눈에 비친 세속적인 명예와 봉록은 그물이나 새장과 같이 사람의 천성을 속박하는 것이다. 자발적인 모습으로 되돌아와 자연과 하나가 되어야만 자유를 얻을 수 있다. 도연명은 자주 둥지로 돌아오는 새를 읊고 있다. "훨훨 날며 돌아오는 새들, 숲에서 배회하네.翼翼歸鳥, 相林徘徊. 어찌 하늘 길에 연연하리오. 흔연히 옛 둥지에 이르는 것을. 豈思天路, 欣及舊樓"[1] "구름은 무심히 산봉우리에서 피어오르고, 새는 날다 지쳐서 돌아올 줄 아네. 雲無心以出岫, 鳥倦飛而知還"[2]

시인은 숲속을 그리다 둥지로, 돌아오는 새를 빌어 그의 희망을 나타내고 있다. 그는 또 돌아오는 새를 통해 인생의 참뜻을 깨닫기도 한다. 〈음주飮酒 5〉이다.

---

1 도사주, 〈귀조歸鳥〉, 《정절선생집》 5권.
2 〈귀거래혜사歸去來兮辭〉, 상동 5권.

인가에 초막 엮였는데,結盧在人境,
거마 시끄러움 없더라.而無車馬喧.
그대 어찌 그럴 수 있는가 하길래,問君何能爾,
마음 멀리하면 땅은 저절로 떨어지게 된다 했네.心遠地自偏.
동쪽 울타리 아래 국화 꺾어,採菊東籬下,
유연히 남산 바라보네.悠然見南山.
산기운 석양에 아름다운데,山氣日夕佳,
나는 새 더불어 돌아오네.飛鳥相與還.
이 가운데 참뜻 있나니,此中有眞意,
그 뜻 밝히려다 말 이미 잊었네.欲辨己忘言.

시의 마지막 두 구절에서 위진시대 현학玄學 중의 말과 뜻의 변별에 대해
언급하고 있다. 이것은 당시 사대부들이 보편적으로 관심을 가졌던 문제
중의 하나이다. 도연명은 시 작품으로 현학을 풀이하려던 것이 아니다. 생
활 속에서 체득한 진리는 굳이 밝힐 필요도 없고 말하기도 어색하다고 느꼈
으므로 함축된 수법을 사용한 것이다. 왕필은 말했다. "말이라는 것은 형상
을 밝히려는 것인데, 형상을 얻으면 말을 잊는다. 형상이란 것은 뜻을 간직
하려는 것인데, 뜻을 얻으면 형상을 잊는다."[3]

이 시 속에서 "산 기운 석양에 아름다운데, 나는 새 더불어 돌아오네.山氣
日夕佳, 飛鳥相與還."는 형상이라고 할 수 있다. 형상은 뜻을 간직한 것이므
로 "이 가운데 참뜻이 있나니,此中有眞意."라 한 것이다. 그런데 참뜻은 무엇
일까? 설명하지 않았다. 이미 참뜻을 얻었으니 곧 형상과 말을 잊을 수
있으므로 그것을 말할 필요가 없는 것이다. 그러나 또한 시의 형상 속에서
도연명의 참뜻을 체득할 수 있다. 나는 새는 새벽에 나가 저녁에 돌아오지
만 항상 숲을 그리워한다. 우주만물 또한 자연을 따르지 않는 것이 없다.
사람도 마땅히 자연의 이치에 순응해야 하니 태어남은 천지에서 기를 받는
것이며 죽음은 산에 몸을 의탁하는 것이다. 이것은 바로 작가가 남산의

---

3 루우열樓宇烈, 〈주역약별周易略別-명상明象〉, 《왕필집교석王弼集校釋》, 중화서국, 1980
년, 제1판, 609쪽.

돌아오는 새들을 본 순간 홀연히 깨달은 도리이다.

한대 양왕손楊王孫은 말했다. "나는 알몸인 채로 장사지내져 나의 참 모습으로 돌아가려네.吾欲裸葬, 以反吾眞."[4] 이것은 상례에 위배된다고 여기어 그의 아들까지도 감히 명을 따르지 못했다. 그러나 도연명은 도리어 이렇게 말한다. "알몸으로 장사지내는 것을 왜 나쁘다 하는가. 사람들은 마땅히 의표意表를 이해해야 한다."[5]

자연으로 돌아간다는 의미에서 볼 때 알몸으로 장사지내는 것이 무슨 크게 비난할 일이겠는가? "죽어 가는 곳이 어디메뇨, 육신을 내맡겨 산과 하나가 된다네.死去何所道, 托體同山阿."[6]

죽음은 육신이 자연으로 완전히 다시 돌아가는 것이니, 전혀 두려워할 것이 없다. 자연으로 돌아간다는 사상은 세속사회와 명교名敎, 예법禮法에 대한 혐오와 경멸을 포함하고 있다. 그 방법은 소극적 도피이나, 그 속에는 도리어 암담한 현실에 반항하고 통치자와 세속에 야합하지 않는 적극적인 의미가 있는 것이다. 도연명의 자연으로 돌아가려는 사상과 전원시는 중국 고전시가에서 낭만주의라는 새로운 길을 개척했다.

자연으로 돌아가는 것은 전반적인 사상 경향이다. 도덕수양의 측면에서 도연명은 "소박함을 품고 진체를 머금는다.抱朴含眞."는 관념을 제기하고 신봉의 원칙으로 삼았다. '소박함'은 원래 노자老子의 관념으로, 이렇게 말하였다. "소박한 것을 알고 간직하면, 사사로움이 적어지고 욕심이 줄어든다. 見素抱朴, 少私寡欲.", "다시 소박함으로 돌아간다復歸於朴.", "소박함이 비록 작으나, 천하에 이를 복종시킬 게 없다.朴雖小, 天下莫能臣也."

노자가 일컫는 소박함은 어떤 때는 도道, 즉 우주만물의 총근원이며 절대 정신과 같은 것을 가리킨다. 어떤 때는 또 예법禮法과 기교에 물들지 않은 순박하고 소박한 인성人性을 말한다. 도연명이 일컫는 "소박함을 품고 진체

---

4 ≪한서漢書·양왕손전楊王孫傳≫, 중화서국, 점교본, 290쪽.
5 도사주, 〈음주飮酒 11〉, ≪정절선생집≫ 3권.
6 〈의만가시擬挽歌詩 3〉, 상동 4권.

82 · 도연명 연구陶淵明研究

를 머금는다.抱朴含眞.(〈권농〉)", "소박함을 품고 순결함을 지킨다.抱朴守靜.(〈감사불우부〉)"는 모두 후자의 의미에서 소박함을 응용한 개념이다. '참됨'에 관해서는 〈연우독음 連雨獨飮〉에서 이렇게 말한다.

> 술 몇 잔질에 온갖 생각 사라지고,試酌百情遠,
> 또 잔드니 문득 하늘도 잊었네.重觴忽忘天.
> 하늘이 어찌 예서 멀리오,天豈去此哉,
> 참됨에 내맡기니 더 좋은 것 없어라.任眞無所先.

온갖 생각이 사라짐은 세정世情을 잊은 것이지, 아직 하늘까지 잊은 것은 아니다. 그러나 더 나아가서는 하늘까지도 잊어버린다. 이때 하늘은 멀리 떨어지지 않고 '참됨'으로 나타나게 되니, 바로 '천진天眞'이 그것이다. '참됨'에 내맡기는 것任眞은 이때 가장 중요한 원칙이 된다. 무엇이 '참됨'인가? ≪장자莊子≫에서 이렇게 서술하고 있다. "예라는 것은 세속에서 행하는 것이다. 참됨이라는 것은 하늘에서 받은 것이니 본디 그러하여 바꿀 수 없다. 그러므로 성인은 하늘을 본받고 참됨을 귀히 여기어 속세에 얽매이지 않는다."[7] 또 말했다. "인위적인 것으로써 자연을 멸하지 말며, 고의로 천명을 없애지 말며, 이득으로써 명분을 해치지 말 것이니, 이것들을 삼가 간직하고 잃지 않아야 참됨으로 돌아간다고 할 수 있다."[8]

'참됨'은 세속 예법과 서로 대립되는 것이니 인류의 자연적 본성을 가리키는 것이다. "소박함을 품고 참됨을 머금는다.抱朴含眞."의 뜻은 바로 이러한 본성을 지키고 유지하여 예교禮敎의 속박이나 명리名利의 얽매임을 받지 않도록 하는 것이다. "감투 벗어 던지고 옛 마을로 돌아갔으니, 좋은 벼슬에 얽매이지 않네. 초가집 아래서 참됨 기르니, 선함으로 스스로 이름 붙이고자 하네.投冠旋舊墟, 不爲好爵縈. 養眞衡茅下, 庶以善自名.",[9] "참된 생각이 진작 마음

---

7 ≪장자莊子·어부漁父≫
8 ≪장자莊子·추수秋水≫
9 도사주, 〈신축세칠월부가환강능야행도수辛丑歲七月赴假還江陵夜行涂口〉, ≪정절선생집≫ 3권.

에 있었으니, 누가 육신에 얽매였다 하는 가.眞想初在襟, 誰謂形迹抱."¹⁰ 이 시구들은 모두 이 뜻을 드러낸 것이다. 도연명의 견지에서는 참됨을 잘 기르고 참된 생각을 유지하는 사람만이 더러운 사회 밖에 홀로 설 수 있다는 것이다.

"소박함을 품고 진체를 머금는다.抱朴含眞."는 또한 도연명의 사회에 대한 이상을 구현하고 있다. 그는 상고上古시대 백성이 가장 진실하고 소박하며 순박하다고 여겼다. "아득한 상고시절, 백성들이 있었네. 꿋꿋하며 자족하니, 소박함 품고 참됨 머금었네.悠悠上古, 厥初生民. 傲然自足, 抱朴含眞."¹¹ 명교名敎가 일어난 후 사람들은 점점 본래의 성품을 잃어갔다. "복희·신농의 세상은 내게서 아득한데 온 세상에 참됨을 회복한 이 드물구나.羲農去我久, 舉世少復眞.",¹² "진풍이 사라진 후, 큰 인위人爲가 일어나니, 온 동네에는 청렴하고 사양하는 절조 해이해지고, 온세상에는 쉽게 이루려는 마음 쏠렸네. 自眞風告逝, 大僞斯興, 閭閻懈廉退之節, 市朝驅易進之心."¹³

그의 이상은 예교로부터 비롯되는 교묘한 겉치레와 허위, 명리에 대한 욕망에서 벗어나 상고시대 인류의 자연스런 본성을 회복하는 것이다. 만약 모두가 다 이렇게 할 수 있다면 사회의 혼탁함과 추악함도 더불어 사라질 것이다. 그리고 "꿋꿋하며 자족傲然自足."하는 순박한 사회를 세울 수 있을 것이다. 〈무신세육월중우화戊申歲六月中遇火〉에서 그는 이렇게 읊고 있다. "태평성세 우러러 그리워하네, 남은 양식 밭에 두었지. 배 두드리며 근심할 석 없었고, 아침이면 일어나고 해지면 돌아와 잠을 청했네.仰想東丘時, 餘粮宿中田. 鼓腹無所思, 朝起暮歸眠."

그는 〈도화원시병기桃花源詩幷記〉에서 이러한 "소박함을 품고 참됨을 머금는,抱朴含眞." 이상적인 사회의 모습을 생동감 있고 구체적으로 그려놓았다. "제사도 여전히 옛 법 따르고, 옷도 새 복식 없었네. 풀 우거져 날씨

---

10 〈시작진군참군경곡아작始作鎭軍參軍經曲阿作〉, 상동, 3권.
11 도사주, 〈권농〉, 《정절선생집》 1권.
12 〈음주 20〉, 상동, 3권.
13 〈감사불우부〉, 상동, 5권.

따뜻함 알고, 나무 시드니 바람 매서운 줄을 아노라.俎豆猶古法, 衣裳無新製. 草榮識節和, 木衰知風厲." 이 시 속에는 인위적 기교가 없다. "서로 도와 농사에 애쓰고, 해지면 쉴 곳 찾아가네.相命肆農耕, 日入從所憩." 사람들은 모두 노동에 힘쓰고 있다. "봄 누에 쳐서 비단실 거두고, 가을 추수에 세금 없네.春蠶收長絲, 秋熟靡王稅." 통치자도 없고 바치는 세금도 없다. 이러한 자급자족과 저절로 주어진 무릉도원은 바로 도연명의 이상사회에 대한 구현이다.

도연명은 사회의 부패, 어두움과 허위에 대해 예민하게 감지하였고, 이러한 사회를 혐오하며 이상적인 생활을 추구하였다. 이것만으로도 그의 탁월함이 드러난다. 사회에 대한 그의 불만은 주로 사회도덕의 타락에 대한 것이었다. 그는 사회의 어둠의 근원을 애써 찾아내려 하였고 밝고 깨끗한 사회를 추구하였지만 결국은 인성과 도덕의 범주 안으로 빠져들고 말았다. "인위적 기교가 싹트고智巧萌" "커다란 인위가 일어나니大僞興" 이것이 곧 사회부패의 근원이다. 그는 '자연'의 뜻으로 인류도덕을 정화淨化하기만 하면 사회정화의 목적을 이룰 수 있다고 여긴 것이다. 그는 미래를 하나도 볼 수 없는 사람처럼, 전설 속에서 이상을 찾았으니 그가 찾아낸 이상은 다다를 수 없는 '신의 세계'에 지나지 않았다. 무릉도원 속에 유폐되어 그의 이상을 영원히 실현할 기회를 가질 수 없었다.

도연명의 자연을 숭상하는 사상은 또한 자연변화의 추이에 순응하는 표현이기도 하다. '변화變化'는 규율이며, 우주의 모든 것은 끊임없이 변화하고, 사람도 쉬지 않고 변해간다고 그는 여겼다. 그의 태도는 곧 '대자연의 변화와 함께 흘러간다縱浪大化'는 것이었으니 평온한 마음으로 자연의 법칙에 순응했던 것이다.

〈형영신形影神〉의 서序에 이렇게 말하고 있다. "세상 사람들은 귀하고 천하고 어질고 어리석음을 막론하고 생명을 아끼고 추구하지 않는 사람이 없는데 이것은 매우 미혹된 짓이다. 그러므로 (나는) 육체와 그림자의 괴로움을 모두 말하고 정신으로 자연을 변별하여 그것을 밝혔다.貴賤賢愚, 莫不營營以惜生, 斯甚惑焉. 故極陳形影之苦, 今神辨自然以釋之." 사람들이 삶에 연연하여 고통이 생기니, 이것은 '변화'의 도리를 잘 알지 못하기 때문이라는 것이다. '정신神'은 자연의 이치로 '육신形'과 '그림자影'를 설득하는데, 그 말은 '변화'라는 한 단어에 불과하다. '육신'과 '그림자'의 대화를 보기로 하자. 〈형증영形贈影〉에 이렇게 읊고 있다.

> 하늘과 땅은 영원하며天地長不沒,
> 산과 강물도 바뀔 때가 없네山川無改時.
> 초목도 상리常理를 얻어草木得常理,
> 이슬에 활짝 피고 서리에 시드네霜露榮悴之.
> 사람을 영장이라 하나謂人最靈智,
> 홀로 이들만 못하구나獨復不如茲.
> 문득 세상에 머물다適見在世中,
> 훌쩍 가버리면 돌아올 기약 없네奄去靡歸期.
> 어찌 아무도 없음을 모르는가奚覺無一人,
> 생각해줄 친지조차 없는 것을親識豈相思.
> 단지 평소의 유물만 남았으니但餘平生物,
> 보는 곳마다 마음 아파 눈물만 흐르네擧目情悽洏.
> 나도 신선될 재주 없으니我無騰化術,
> 반드시 그리될 것은 뻔한 일必爾不復疑.
> 원컨대 그대(그림자)는 내 말 받아들여願君取吾言,
> 술 들어 사양말게나得酒莫苟辭.

'육신'은 하늘, 땅, 산, 강의 변화하지 않음을 부러워하고 인생의 무상을 통감하며 술 마시며 짧은 인생을 즐길 것을 주장하는데, 이것은 위진시대에 널리 퍼졌던 퇴폐주의와 향락주의 인생관을 대표하는 것이다. '육신'의 고뇌에 대하여, '그림자'는 선善을 행하고 명예를 구함으로써 정신의 영원함을 기대할 것을 주장한다. 〈영답형影答形〉에서 이렇게 읊고 있다.

> 생명을 보존함은 말할 수도 없고存生不可言,
> 생활을 유지하는 것은 늘 힘겹고 서툴기만 하네衛生每苦拙.
> 참으로 곤륜과 화산에서 노닐고 싶었지만誠願遊崑華,

아득히 먼 이 길도 막혔네邈然玆道絶.
그대와 만난 후與子相遇來,
슬픔과 기쁨을 달리 한 적 없네未嘗異悲悅.
그늘에 쉴 때는 잠시 헤어져도憩蔭若暫乖,
햇볕에 나오면 언제나 헤어지지 않았지止日終不別.
이러한 동행은 항상 하기 어려우니此同旣難常,
어두워지면 때와 더불어 사라지리黯爾俱時滅.
몸이 죽으면 이름도 다하리니身沒名亦盡,
이것을 생각하면 온 마음이 타는 듯하구나念之五情熱.
선한 일하면 후세에도 음덕을 남기리니立善有遺愛,
어찌 온 힘 기울여 행하지 않겠나?胡可不自竭.
술이 근심을 삭힐 수 있다 하나酒云能消憂,
이보다 못하지 않겠는가方此詎不劣.

'그림자'의 말은 명교의 요구를 대표한다. 명교는 명名의 가르침을 세움을 뜻한다. 명이란 곧 명분과 존비尊卑를 가리키며, 또한 명예나 명망을 가리키기도 한다. ≪삼국지三國志・위서魏書≫ 제22권 〈노육전盧毓傳〉에 이렇게 나와 있다. "일반 선비는 교敎를 경외하고 선을 사모하고 나서야 명예가 있게 된다." 선을 행하고 명예를 추구하는 것이 명교가 선비에게 규정해준 길이었음을 알 수 있다. 진인각은 이렇게 말한다. "(그림자는) 명교자名敎者의 말을 빌어 주장한 것으로 장생불사는 불가능한 것이니 오로지 명예를 세우자는 것일 뿐이다. 선을 행하면 썩지 않을 것이니 정신적인 영원한 삶을 기약할 수 있는 것이다. 이것은 바로 주공과 공자가 밝힌 뜻이니, 도가道家의 자연의 취지와는 사뭇 다르다.(影)"[14] 이것은 매우 타당한 말이다.

'그림자'와 '육신'의 고언苦言에 대해 '정신'은 시인을 대신하여 분석적으로 해석을 한다. 먼저 '그림자'에 대해 말한다.

---

14 ≪도연명의 사상과 청담과의 관계陶淵明之思想與淸談之關係≫, 연경대학하버드학사간인燕京大學哈佛燕京學社刊印, 1945판.

삼황 같은 대성인三皇大聖人,
지금 어디에 있는가今復在何處.
팽조는 영생을 사모하여彭祖愛永年,
머물러 했으나 그럴 수 없었네欲留不得住.
늙으나 젊으나 죽기는 마찬가지老少同一死,
현명함과 어리석음 가리지 않네賢愚無復數.
매일 취해 있으면 혹 잊기야 하겠지만日醉或能忘,
명을 재촉하는 것 아니겠는가?將非促齡具.

‘정신’은 자연변화의 이치로 “그림자”가 갈구하는 장생불로의 미혹을 타파하고 있는데, 이것은 긍정적인 가치를 지닌다 하겠다. 진한秦漢 이래로 신선설神仙說이 널리 유행되었다. 진晉 이후에 갈홍葛洪을 대표로 하는 도가는 음식물을 복용하여 신선이 되기를 구하고, 섭생을 잘하여 수명을 연장시킬 것 등을 퍼뜨렸다. 이는 귀족과 지주의 타락하고 향락적인 생활을 영원히 유지하고자 하는 욕구와 맞아 떨어졌고, 그들의 신임과 제창을 얻어 커다란 영향력을 발휘하였다. 위진의 현학자들은 대부분 신선에 미혹되고 불로장생을 갈구하였다. 들리는 바에 따르면 하안何晏은 한식산寒食散을 복용하여 “신기한 효험을 얻은獲神效” 첫 번째 사람이며,[15] 혜강嵇康도 음식물을 복용하여 생명을 유지할 것을 믿었고, 완적阮籍도 “홀로 목숨을 연장시킬 술법을 가지고 있으니 내 마음에 위로가 되도다.獨有延年術, 可以慰吾心.”[16]라고 말했다. 도연명은 변화추이의 사상을 굳게 믿으며 만물은 모두 변화한다고 여겼다. “정情은 온갖 변화 따라 옮겨가네, 온갖 변화 서로 달라짐 구하네.情隨萬化移,[17] 萬化相尋異.”[18]라 하며 음식물을 복용하여 생명을 연장시키는 술법을 부정하였다. ‘그림자’의 선을 행하여 명예를 구하는 주장에 대해

---

15 ≪세설신어世說新語·언어편言語篇≫ 주에서 인용한 태승상泰丞相〈한식산론寒食散論〉을 볼 것.
16 〈영회咏懷 10〉.
17 도사주,〈우왕무군좌송객于王撫軍座送客〉,≪정절선생집≫ 2권.
18 〈기유세구월구일己酉歲九月九日〉, 상동 2권.

〈신석神釋〉에 이렇게 말하고 있다.

선을 행하는 것은 항상 기쁜 것이나,立善常所欣,
뉘라서 그대를 칭찬해 주겠는가?誰當爲汝譽.

선악의 기준조차 일정치 않은데 선을 행한들 무슨 소용이 있겠는가? 〈음주飮酒〉에서는 이렇게 읊었다. "선을 쌓으면 보답이 있다 했거늘, 백이와 숙제는 수양산에서 굶주렸노라. 선악은 진실로 응보되지 않거늘, 무슨 일로 말만 내세웠는가?積善云有報, 夷叔在西山. 善惡苟不應, 何事立空言?", "행동은 천만가지이니, 뉘라서 옳고 그름을 알겠는가. 시비도 진실로 서로 닮아있고, 뇌동에도 기리고 헐뜯음이 있네.行止千萬端, 誰知非與是. 是非苟相形, 雷同共譽毁." 선악이 가려지지 않고 시비가 구별되지 않는 사회에서 선을 행하고 명예를 구한다는 것은 헛된 말에 불과하다는 것이다. 〈신석〉 마지막 부분에 이렇게 말하였다.

지나친 생각 내 몸 해칠 뿐甚念傷吾生,
마땅히 대자연의 운세에 내맡겨야지正宜委運去.
자연의 변화의 물결에 내맡기면縱浪大化中,
기쁠 것도 두려울 것도 없지不喜亦不懼.
응당 다할 삶이면 다하게 하여應盡便須盡,
홀로 걱정 속에 있지 말게나無復獨多慮.

변화가 보편적인 법칙이라면, 물결 따라 그 속에 있으면서 사물이 발전해 나가는 객관적인 법칙에 순응하여 새삼 생사나 명예에 연연하지 말자는 것이다. "변화에 맡기어, 마침내 반고班固의 초막으로 돌아가도다.聊且憑化遷, 終返班生盧.",[19] "몸을 화化에 내어 맡기니, 영혼이 늘 홀로 한가롭구나,形迹憑化遷, 靈府長獨閑.",[20] "변화 따라 생명이 다하게 하리니, 천명을 즐기나니

---

19 도사주, 〈시작진군참군경곡아작〉, ≪정절선생집≫ 2권.

또 무엇을 주저하리오.聊乘化以歸盡, 樂夫天命復奚疑."[21] 대자연의 변화와 함께 흘러간다는 것이 바로 도연명의 일관된 사상이다.

지금까지의 분석으로 도연명이 어떻게 자연을 숭상하는 사상을 인생과 사회에 운용했는지 알 수 있다. 그는 자연을 기준으로 사아 현실을 가늠하여 현실적인 추악함과 허위를 발견하고 자연의 인성人性으로 돌아갈 것과 원시사회의 자연스러움과 순박함으로 회귀할 것을 주장하였다. 즉 자연을 기치로 삼아 허위적인 명교, 암흑의 정치 및 명리를 쫓는 세속사회에 대항하였던 것이다. 이러한 태도는 소중하게 다루어져야 한다.

그러나 도연명도 명교의 속박에서 완전히 벗어나지 않았으므로 선을 행하여 명예를 구하는 것은 그에게 아직 유혹의 힘을 가지고 있었다. 자연을 숭상하는 것과 명교에 따른다는 두 가지 사상은 늘 그의 마음에서 충돌하여 그를 불편하게 하였다. 그는 술이 "명을 재촉하는 것促齡具"임을 분명히 알고 〈지주止酒〉시까지 썼지만 이겨내지 못하고 늘 만취하려고 하였으니, 술을 빌어 마음 속에 얽힌 고민을 잊고자 한 것이다. 자연과 명교의 충돌은 은일隱逸과 출사出仕의 모순으로 집중되어 표현된다. 그는 29세부터 좨주가 되고" 마흔 둘에 팽택령을 사임하기까지 13년을 줄곧 괴로워했다. 〈영목榮木〉시에서는 무궁화가 아침에 피었다 저녁에 지는 것으로부터 자신의 "어려서 도를 들었으나, 백발이 되어 이룬 것이 없구나.總角聞道, 白首無成."[22] 하는 처지를 생각하며 감정에 복받쳐 마지막 구절에 이렇게 읊었다.

옛 스승 남긴 가르침先師遺訓,
내 어찌 잊겠는가余豈之墜.
사십에 이름 내지 못하면四十無聞,
보잘 것 없다 했네斯不足畏.
좋은 수레 기름치고脂我名車,

20 〈무신세육월중일화戊申歲六月中遘火〉, 상동, 3권.
21 〈귀거래혜사〉, 상동, 5권.
22 〈영목榮木〉의 서에 나오는 글귀.

명마 채찍질하면策我名驥.
천리가 비록 멀다 해도千里雖遙,
누군들 이르지 못하리孰敢不至.

그는 공자의 가르침을 잊은 것도 아니며 명예를 잊은 것도 아니다. 다른
시에서 이렇게 읊고 있다. "살아서 세상에 이름 높고, 죽어서 끝없이 전하
네.生有高世名, 旣沒傳無窮.",[23] "한번 가면 돌아오지 못하나, 또한 후세에 이
름 남으리.心知去不歸, 且有後世名.",[24] "세월이 날 버리고 가니, 뜻 있으나 이
루지 못하네.日月擲人去, 有志不獲騁."[25] 그러나 그는 공명功名을 추구하기 위
해 자연의 원칙을 거스를 수 없었다. "진실된 마음 미루어 현달 얻고, 꾸미
지 않고 명예를 구하네.推誠心而獲, 不矯然而祈譽.", "출퇴를 분수대로 하니,
언제고 떳떳하여 이 마음에 들어맞네.靡潛躍之非分, 常傲然以稱情."[26] 그는 나
아가 벼슬자리에 있든 물러나 있든, 숨어있든 나타나든, 언제나 자연의 뜻
에 순응해야 한다고 여겼다. 명예가 드러남도 자연히 이루어져야지 속이고
꾸미는 수단을 써서는 안 된다는 것이다.

부귀에 대해서도 이렇게 말하고 있다. "빈부가 항상 충돌하나, 도가 이기
니 근심된 표정 없네.貧富常交戰, 道勝無位戚顔."[27] 마음속에 다툼이 일어나고
있음을 알 수 있다. 그러나 그는 여전히 부귀는 구차히 얻을 수 없는 것이라
여겼다. "어찌 가벼운 털옷 입기를 잊었겠는가, 구차히 얻음은 바랄 것 아
니라네.豈忘襲輕裘, 苟得非所欽."[28] 또한 자신을 거스를 수도 없었다. "비록
배고픔과 추위가 절박하나, 나 자신을 어기고 벼슬살이하기는 괴로웠다.雖
飢凍雖切, 違己交病."[29] "차라리 가난함으로 내 뜻 살리고, 굽히어 나를 속박

---

23 도사주, 〈의고擬古 2〉, ≪정절선생집≫ 4권.
24 〈영형가咏荊軻〉, 상동 4권.
25 〈잡시雜詩〉, 상동 4권.
26 〈감사불우부〉, 상동 5권.
27 〈영빈상咏貧上 7〉, 상동 4권.
28 〈영빈사 3〉, 상동 4권.
29 〈귀거래혜사〉, 상동 5권.

치 않으리. 관직을 영화롭다 않으니, 어찌 솜옷이 부끄러우리오.寧固窮以濟
意, 不委曲而累己. 旣軒冕之非榮, 豈縕袍之可恥."[30] 부귀보다 더 높은 원칙이 바
로 자연이다. 그는 "빈천을 근신하지 않고, 부귀에 급급하지 않는다.不戚戚
於貧踐, 不波波於富貴."[31]는 말을 실행에 옮겼으니, 자연의 도로써 부귀에 대
한 갈구를 이겨내 끝까지 세속사회에 휩쓸리지 않았던 것이다. 도연명의
사상, 생활과 시는 궁극에는 모두 자연의 경지에 이르렀으니, 중국 고대의
시인과 사상가 중에서 그는 명실공히 뛰어난 인물인 것이다.

2. 도연명과 위진 현학

탕용동湯用彤 선생은 현학이 위진시대의 하나의 '신학문新學問'이며, 한대
'상수지학象數之學'을 경시하고 음양오행 등 구학설의 전통을 던져버렸고
학술사상의 중대한 변화를 가져왔다고 지적하였다.[32] 도연명의 사상은 바
로 현학의 이러한 새로운 사조의 영향 아래서 형성되었다. 특히 현학 중에
서 진보적 성향을 가지고 명교에 대항하는 일파, 즉 혜강, 완적 같은 사람이
도연명에게 가장 큰 영향을 미쳤다.

자연숭상의 사상은 노자에서 비롯된다. ≪노자≫ 제25장에 이렇게 쓰
고 있다. "사람은 땅을 본받고 땅은 하늘을 본받으며 하늘은 도를 본받고
도는 자연을 본받는다.人法地, 地法天, 天法道, 道法自然." ≪장자莊子·응제왕
應帝王≫에서도 이렇게 기술하였다. "그대가 담박함에 마음을 노닐게 하고
고요함에서 기를 합하며 만물자연에 따르되 사사로움을 갖지 않으면 천하
는 다스려질 것입니다.汝遊心於淡, 合氣於漠, 順物自然而無容私焉, 而天下治
矣." 노장老莊 모두 자연을 지고至高의 경계로 삼은 것이다.

---

30 도사주, 〈감사불우부〉, ≪정절선생집≫ 5권.
31 〈오류선생전五柳先生傳〉, 상동 6권.
32 〈위진현학논고·위진사상의발전魏晉玄學論稿·魏晉思想的發展〉 ≪탕용동학술논문집湯用
彤學術論文集≫, 중화서국, 1984년 5월, 초판, 295쪽 참조.

위진 현학은 노장사상을 계승하였는데 자연을 특히 표방하였다. 그러나 현학가의 명교를 대하는 태도 및 명교와 자연의 관계에 대한 이해는 큰 차이가 있다. 왕필王弼은 자연을 체體로 삼고 명교를 용用으로 삼아 명교는 자연에서 나온 것이라 주장하였다. 그는 봉건적 정치제도, 윤리도덕은 자연의 산물이며 통치자는 자연에 순응하여 인위가 없는 정사政事를 행하고 말이 필요 없는 가르침을 실행하여야 한다고 여겼다. "자연으로 이미 충분한데 작위를 가하면 부서진다. 지혜가 스스로 갖추어졌는데 작위를 가하면 부자연스럽게 된다."[33]

혜강, 완적은 자연으로 명교에 대항하였다. 혜강은 "명교를 뛰어넘어 자연에 맡긴다."[34]고 주장하며 명교 이전의 "태고의 세상"을 세우는 것이 비로소 합리적인 사회라 여겼다. 완적은 이렇게 말했다. "임금이 없으나 만물이 자리를 찾고, 신하가 없으나 만사가 다스려진다.", "군자의 예법은 진실로 천하를 해치고 위태롭게 하며 멸망시키는 술법일 뿐이다."[35] 그들은 예법을 멸시하고 세속을 증오하여 미치광이 노릇하며 멋대로 생활하였다. 포경언鮑敬言은 무군론無君論을 제기하였는데, 상고시대에는 인성이 순박하여 통치자와 피통치자의 한계가 없었고 존귀와 빈천의 차이도 없이 사람들은 '배불리 먹고 즐거워하며', '배 두드리고 한가로이 노닐며' 자연스럽고 흡족한 생활을 했다고 여겼다. 뒤에 '지혜가 쓰여 꾸밈이 생기고智用功生', '순박함에 위배됨이 더욱 많아지며', '존비의 서열이 있게 되어', '군신이 서게 되니' 이리하여 사람들이 곤궁과 고통에 빠지게 되었다는 것이다. 향수向秀, 곽상郭象은 왕필, 하안의 사상을 계승하여 유교와 도교를 하나로 묶어 명교는 곧 자연일 뿐 아니라 자연의 가장 높은 구현이라고 여겼다. "성인은 비

---

33 왕필王弼, 〈노자도덕경주老子道德經注〉, 루우열≪왕필집교역≫, 중화서국, 1980년 초판, 6쪽.
34 대명양戴明揚, 〈석사론釋私論〉, ≪혜강집교주嵇康集校注≫, 인민문학출판사人民文學出版社 1962년 초판, 234쪽.
35 〈대인선생전大人先生傳〉, ≪전삼국문全三國文≫, 46권.

록 묘당廟堂 위에 있지만 그 마음은 숲속에 있는 것과 다를 것이 없다."[36] "군신, 상하, 수족, 내외는 곧 천리이며 자연이니 어찌 사람이 만든 것이겠는가!"[37]

도연명의 자연을 숭상하는 사상은 노자의 철학을 직접 계승한 것이다. 현학의 여러 유파 중에서 그는 혜강, 완적에게 기울어 자연으로써 명교에 대항하였다. 도연명의 〈잡시〉, 〈음주〉, 〈의고〉와 완적의 〈영회〉에 실린 사상이나 감정은 일맥상통한다. 이것에 관해서는 왕요王瑤선생이 이렇게 말한 바 있다. "도연명에 이르러서야 우리는 비로소 멀리 뒤에서 계승, 반항해 주는 사람을 완적에게서 찾아줄 수 있었다. 동시에 완적에게서 도연명의 그림자를 보게 된다."[38]

그러나 도연명이 자연을 숭상하고 명교에 반항하는 것에는 혜강, 완적과 또 다른 점이 있다. 혜강, 완적이 처해있던 시대는 바로 위진의 교체기였는데 사마씨司馬氏는 명교를 표방하여 효孝로써 천하를 다스리니 명교는 사마씨가 반대파를 배제하고 황위를 찬탈하는 수단이 되었다. 혜강과 완적은 사마씨의 찬탈을 반대하여 곧 고의로 그가 표방하는 명교를 무너뜨렸다. 하지만 "그들의 본심은 아마 예교禮敎를 믿고 보물처럼 여기는 것에 오히려 조조曹操나 사마의司馬懿보다 더 집착했을 것이다."[39] 그래서 완함阮咸이 장성하여 역시 그 일을 하고자 했을 때 완적은 말했다. "중용仲容이 이미 참여하고 있으니, 너는 다시하지 말아라."[40] 이렇게 아들이 자신의 방법을 배우지 못하게 하였다. 그러나 자연은 도연명에게 있어서는 죽을 때까지 신봉한 인생철학이었다. 그는 혜강이나 완적처럼 그렇게 미친 듯이 행동하고 아무렇게나 굴지 않았으니 그의 사상, 생활, 한 마디의 읊조림, 그리고 한탄

---

36 〈포박자외편抱朴子外篇 · 힐포편詰鮑篇〉, 《힐자집성詰子集成》 본, 189쪽.
37 곽상郭象, 《장자莊子 · 소요유 逍遙游》 주.
38 〈문인여주文人與酒〉, 《중고문학사론中古文學史論》, 북경대학출판사 1986년 판, 171쪽.
39 노신魯迅, 〈위진풍도 및 문장, 약 그리고 술의 관계魏晉風度及文章與藥及酒的關係〉, 《이이집而已集》, 인민출판사, 1980년판, 97쪽.
40 《세설신어世說新語 · 임탄任誕》

까지도 모두가 진솔함에서 나왔으며 자연에 바탕을 두지 않은 것이 없었다. 도연명은 비록 왕조가 바뀌는 시대에 처해 있었지만 사마씨처럼 명교를 무기로 삼아 반대파를 함부로 학살하는 일은 재연되지 않았으므로 명교에 반항하는 데도 혜강이나 완적의 방식을 택할 필요는 없었다. 그는 편안히 그의 자연 숭상의 주장을 실천할 수 있었고 그의 모든 생활과 시가 자연의 경지에 다가서게 하였던 것이다.

위진 현학가의 "득의망언 得意亡言"[41]의 사유방법은 도연명에게도 영향을 미쳤다. 탕용동 선생은 이렇게 말했다. "한대 경학은 문구에 의거하였으므로 성실하게 이치를 설명하였지만 구속에서 벗어나지 못하였다. 위진 이후 학풍은 심오한 것을 숭상하여 비록 성인의 도에서 괴리되기는 하였지만 이로 인하여 뜻을 얻는데 주력하여 사상, 언론이 비교적 자유로워졌다. 한대에 익힌 것은 장구章句라 하며 위진 때에 숭상한 것은 '통通'이라 한다. 장구는 대부분 글을 따라 말을 만들고 '통'은 그 뜻에 회통하되 말로써 의미를 해치지 않는다."[42]

도연명은 바로 이렇게 새로운 시각과 태도로 글을 읽었다. 그는 비록 자신이 "어려서 사람들과 어울리지 않고, 육경六經을 즐겨 배우고 익혔네. 少年罕人事, 游好在六經."라고 말했지만 결코 장구章句에 얽매는 사람이 아니었다. 그는 〈오류선생전〉에서 분명히 밝히고 있다. "글 읽기를 좋아했으나, 깊이 따지려 들지 않았다. 마음에 들어맞는 글을 대할 때마다 즐거워하며 끼니를 잊었다. 好讀書, 不求甚解. 每有會意, 便欣然忘食."[43]

'깊이 따지려 들지 않는다.'는 것은 번거롭고 자질구레한 훈고訓詁를 하지 않는다는 것이며 '마음에 들어맞는다는 것'은 자신의 뜻으로 글 속의 의도를 훤히 안다는 것이다. 이것은 '커다란 도를 그르치는破碎大道' 장구에

---

41 뜻을 얻고 나면 말을 잊는다.
42 〈위진현학논고魏晉玄學論稿·언의지변言意之辨〉, 《탕용동학술논문집》, 중화서국, 1983년 초판, 241쪽.
43 도사주, 〈음주〉, 제16수, 《정절선생집》, 3권.

얽매이는 보잘것없는 유학자章句小儒'와는 크게 다른 것이며, 위진 이래 새로운 학풍에 부합되는 것이다. 〈세설신어世說新語·경저편經詆篇〉 주에 〈지둔전支遁傳〉을 이렇게 인용하고 있다. "둔은 매번 회통을 표방하고 비유에 주의하지 않았다. 장구를 해석할 때 혹은 빠뜨리는 것이 있었는데 글자에 집착하는 사람들은 대부분 이로써 의문을 삼았다. 사안석謝安石이 듣고는 옳게 여기어 이렇게 말했다. '이는 구방고九方皐가 말을 고르는 것이니 병든 것은 추려내고 뛰어난 것을 취하는 것이다." 도연명이 경전을 읽는 것도 구방고가 말을 보는 것이나 지둔이 해설하는 것처럼 글자에 구속되려하지 않고 자연을 숭상하는 관점으로부터 출발했다. 글 속에 담긴 의미와 융합하여 자신의 사상을 풍부하게 한 것이다.

　도연명의 작품 속에 어떤 부분은 ≪논어≫를 인용하며 공자孔子를 칭송하였지만 이미 유가의 본뜻에서 멀어진 것이다. 유학은 개조를 거쳐 '자연화自然化'된 것이다. 〈답방참군答龐參軍〉에 이렇게 쓰고 있다. "농담에도 속기가 없고, 말한 것은 성인의 문장이네.談諧無俗調, 所說聖人篇." 글자 그대로 본다면 도연명은 유가 성현의 경전을 좋아하는 유학의 신도처럼 보인다. 사실은 그렇지 않으니 모든 시를 통해 나타나는 것은 '한적한 거사幽居士'의 자연을 애호하는 사상이다. 시의 마지막 부분에 이렇게 표현하였다. "그대 소박함을 좋아하게나. 만날 날 어느 해일런가!君其愛體素, 來會在何年!" 체소體素는 도가의 관념으로 소박하고 자연스런 본성을 유지함을 의미한다. ≪장자莊子·각의편刻意篇≫에 이렇게 말하였다. "소素라는 것은 섞인 것이 없음을 말한다. ……순수함과 소박함을 체오할 수 있으면 진인眞人이라 이른다." 혜강은 ≪여완덕여 與阮德如≫에서 이렇게 읊었다. "그대 소박한 덕을 사랑하나니"

　도연명은 도가의 관념으로 유가의 경전을 이해했다고 볼 수 있다. 공자까지도 도연명에 의해 도가화 되었다. 〈음주 20〉에 이렇게 썼다.

복희, 신농의 세상은 내게서 아득한데羲農去我久,
온 세상에 참됨을 회복한 이 드물어擧世少復眞.
급급한 노나라 노인네汲汲魯中叟,
그 순후함을 미봉하려 했네彌縫使其淳.

공자는 그의 붓끝에서 이미 원래의 모습을 잃었다. 이는 바로 주자청朱子淸 선생이 말한 것과 같다. "'진眞'과 '순淳'은 모두 ≪논어≫에 나오지 않는다.", "'진'과 '순'은 모두 도가의 관념인데도 도연명은 '참됨으로 돌아가고復眞', '순후로 돌아가도록還淳'하는 사명을 공자에게 부여하였으니 이것이 바로 공자 학설의 도가화이며 그 당시의 추세였던 것이다. 그러므로 도연명 시 작품 속의 주요한 사상은 역시 도가인 것이다."[44]

물론 유가사상 속에도 자연을 숭상한다는 취지와 결코 위배되지 않는 요소가 있었으므로 도연명은 쉽게 자신의 시작품 속으로 흡수하여 융화시킬 수 있었다. ≪논어論語·선진先進≫에 이런 서술이 있다. 자로, 증석, 염유, 공서화가 모시고 앉았다가 증석이 의중을 말했다. "늦봄에 봄옷이 만들어지면 어른 대여섯 사람과 아이 예닐곱 명과 기수에서 목욕하고 무우에서 바람 쐬고 읊조리며 돌아오겠습니다."하니 공자가 크게 찬탄하며 말하였다. "나는 점에게 동의한다." 이 부분에 나타난 사상은 여러 방면에 걸친 것이지만 도연명은 자연을 사랑한다는 점만을 취하여 〈시운時運〉 속에 융화시켜 자연 숭상의 정취를 표현하였다. 유가는 "궁하면 홀로 몸을 바로하고 출세하면 주위 사람을 교화시킨다."고 주장하면서 단사표음簞食瓢飮과 안빈낙도安貧樂道를 제창했는데 이것은 원래 자연에 순응한다는 뜻을 포함하고 있다. 이것이 도연명에 의해 흡수되어 〈영빈사〉등 유가의 맛을 지니게 된 것이다. 그러나 도연명은 글의 의미에만 몰두하여 도에 통하지 못하고 장구에 얽매이는 유학자와 확연히 달랐다. 주속지周續之, 조기祖企, 사경이謝景夷 세 사람은

---

44 〈도시의 깊이陶詩的深度〉, ≪주자청고전문학논문집朱子淸古典文學論文集≫, 상해고적출판사上海古籍出版社, 1981년 초판, 569쪽.

"성북에서 예를 강론하고 교감하였다. 관서官署에 살았는데 마구간과 가까웠다.其在城北講禮, 加以讎校. 所在公廨, 近於馬隊."[45] 도연명은 시를 지어 슬며시 이들을 풍유했는데 마지막 부분에 이렇게 읊었다. "원컨대 그대들은 내 말 듣고, 나 따라 영수의 물가로 오게나.願言誨諸者, 從我潁水濱." 이렇게 그들과 다른 길을 걷고 있음을 분명히 표현하고 있다.

지금까지 도연명이 위진 현학에서 받은 영향을 서술하였다. 반드시 짚고 넘어가야 할 것은 도연명은 현학에서 얘기하는 본체론 등의 추상적인 철학문제에 대해 별로 흥미가 없었다는 것이다. 그가 자연을 숭상하는 사상은 자신의 생활경험 속에서 총결한 하나의 인생철학이고 사회이상이며 미학관념이다. 이러한 사상의 형성과 그의 사회적 지위, 생활환경은 깊은 관계가 있다. 그러므로 도연명의 시와 동진시대에 유행했던 현언시玄言詩는 전혀 다르다. 현언시는 생활과 동떨어진 순전히 노장철학老莊哲學과 불교 교리의 설교였다. "시는 반드시 노자의 뜻에 귀결되고, 부賦는 장자의 뜻을 풀었다." 도연명의 시는 오히려 실생활에서 온 것으로, 현학의 주소注疏와 해설이 아닌 사회와 인생에 대한 인식을 표현하였다.

이 밖에 도연명의 자연을 숭상하는 것에는 또 다른 참신한 뜻과 뛰어난 견해가 있으니 그것은 바로 몸소 밭을 갈 것을 제창하고 자신이 직접 실천한 것이다. 그는 스스로의 힘에 의지하여 살아가는 노동생활이야말로 자연의 원칙에 가장 부합되는 것이라고 여겼다. 이것이 그의 사상 중 가장 뛰어난 부분이다. ≪장자≫에서도 일찍이 몸소 밭을 가는 노동을 긍정했었으니 〈마제편馬蹄篇〉에서 이렇게 말하고 있다. "백성에게 변하지 않는 본성이 있으니 베를 짜서 입고 밭을 갈아 먹는 것이다. 이는 백성들이 한결같은 덕이다." 〈천지편天地篇〉에서는 백성자고伯成子高가 "제후 노릇을 사양하고 밭을 갈았다."는 것을 찬양하고 있다. 〈도척편盜跖篇〉에서는 공자가 "밭갈지도 않고 먹으며 옷을 짜지도 않고 입는다."고 통렬히 비난한다. 그렇지만

---

45 소통蕭統, ≪도연명전陶淵明傳≫.

≪장자≫에서 몸소 밭을 가는 것의 의미에 대해 충분한 평가를 내린 것은 아니다. 도연명은 몸소 밭을 가는 것에 오랜 시간 종사했을 뿐 아니라 노동의 의미에 대해 새로운 견해를 제기했다. 〈경술세구월중어서전확조도庚戌歲九月中於西田穫早稻〉에서 이렇게 읊었다.

인생은 도에 귀착하지만人生歸有道,
의식은 언제나 그 시작이라衣食固其端.
누가 이를 꾸리지 않고孰是都不營,
스스로 평안하기를 구하는가而以求自安.

인생의 궁극은 도를 향해 돌아가는 것이다. 그러나 어떠한 도로 귀착하든지 우선은 먹고 입어야 한다. 그러므로 의식衣食을 꾸리는 것은 도에 귀착하는 출발점이며 밭 갈며 노동하는 것은 자연의 뜻을 실천하는 시작이다. 세인世人들은 몸소 밭가는 것이 어리석다 여겼고, 출사出仕와 비교할 때에는 더욱 어리석은 것이 되지만 그는 차라리 이러한 어리석음을 굳게 지키고 교묘함을 취하려 하지 않았다.

그는 시 속에서 자신의 노동생활을 거듭 노래하고 있다. "남쪽 들녘 일구며, 이 몸 지키고자 자연으로 돌아왔네.開荒南野際, 守義拙園田.", "대신 해주는 밭갈이 본디 바라던 것 아니니, 내 일거리는 밭과 뽕나무 있네.代耕本非望, 所業在田桑.", "의식은 마땅히 벼리가 되니, 힘써 밭 갈면 나를 속임 없으리.衣食當順紀, 力耕不吾欺.", "새벽에 일어나 잡초 솎아내고, 달빛 받으며 삽 지고 돌아오네.農與理荒穢, 帶月荷鋤歸." 노동 속에서 그는 인생의 즐거움을 발견한 것이다.

도연명이 몸소 밭가는 것을 제창한 것은 또한 유가, 명교를 멸시하는 의미를 포함한다. 공자는 노동을 경시하였는데 번지樊遲가 농사일을 물었다가 그에게 소인이라 책망을 받았다. 맹자孟子도 노동을 경시하여 이렇게 말하였다. "마음을 수고롭게 하는 자는 사람을 다스리고 힘으로 수고롭게 하는 자는 사람에게 다스려진다.勞心者治人, 勞力者治於人." 이것은 그에 의

해 "천하의 통의天下之通義"로 되어버렸다. 도연명은 이들에게 동의하지 않고 〈계묘세시춘회고전사癸卯歲始春懷古田舍〉에 이렇게 읊었다.

옛 스승 남기신 가르침 있어先師有遺訓,
도를 근심하되 가난함 걱정치 말라했지憂道不憂貧.
아득히 높은 경지 쫓기 어려우나瞻望邈難逮,
이제 마음 돌려 꾸준히 일할 것에 뜻 두리라轉欲志長勤.

공자가 남긴 가르침은 지극히 고상하여 따르고 싶지만 안타깝게도 실행하기 어려우니 힘써 밭이나 일구겠다는 뜻인 것이다. 이것은 자신이 '소인' 번지의 길을 가겠다고 분명히 선포한 것이 아닌가? 옛날 은사隱士인 장저長沮, 걸익桀溺, 하조장인荷蓧丈人, 진중자陳仲子 같은 사람들은 명교 밖에 있던 인물이다. "아득한 장저, 걸익의 마음, 천년 후에 나와 서로 묶이었네.遙遙沮溺心, 千載乃相關.",[46] "아득한 하조옹께 감사하나니, 그대 따라 은퇴했노라.遙謝荷蓧翁, 聊得從君栖."[47] "저 높은 관직 우습게 보고, 밭에 물대기 달가워 하노라.蔑彼結駟, 甘此灌園."[48] 이렇게 읊은 그의 마음은 스스로의 힘으로 살아가는 은사 편에 있었던 것이다.

3. 도연명 시의 자연미

도연명 시의 아름다움은 참됨에 있으니 이것이 곧 자연이다. 이것은 그의 사상, 생활, 사람됨과 완전히 일치한 것이다. 그가 시를 지을 때에는 명예를 구하는 마음 없이 생활 속에서 느끼는 바가 있으면 붓을 들었는데 억지도 없고 또 일부러 꾸미지도 않았으니 모두를 있는 그대로 표현하여 진술하고 자연스럽다.

---

46 도사주, 〈경술세구월중어서전확조도庚戌歲九月中於西田穫早稻〉, 《정절선생집》 3권.
47 〈병진세팔월중하손전사획丙辰歲八月中下潠田舍獲〉, 상동 3권.
48 〈선상화찬扇上畫贊〉, 상동 6권.

〈오류선생전〉에 이렇게 썼다. "늘 글을 지어 스스로 즐기려 하였다. 오직 자신의 뜻을 나타내되 득실을 마음에 두지 않았다.常著文章自娛, 頗示己意, 忘懷得失." 〈음주〉시 서문에도 이렇게 썼다. "술 취한 후 문득 몇 구절 지어 스스로 즐겼다.旣醉之後, 輒題數句自娛."

이 두 구절은 그의 창작태도를 보여주고 있다. 그는 다른 사람을 즐겁게 해주기 위해서가 아니라 스스로 즐기기 위해 시를 썼으니 사람들을 의식하여 쓰지 않은 것이다. 그의 시는 모두 자신의 뜻을 드러내기 위한 것이었으므로 시론時論에 구애받지 않았고 득실에 대한 고려도 없었다. 이에 관해 송대의 황철黃徹이 이렇게 말했다. "도연명에 미칠 수 없는 것은 무릇 비난과 찬사, 기교와 어리석음 사이에 마음을 두지 않았다는 것이다."[49] 도연명이 아낀 것은 자연이며, 추구한 것도 자연이었으니 자연은 바로 그의 가장 높은 미학美學의 이상인 것이다.

종영鍾嶸은 ≪시품詩品≫ 속에서 도연명의 시를 두고 말했다. "시사時事를 얘기하면 지적하여 생각할 바가 있고 흉중胸中을 논하면 넓고도 참되었다." 황정견黃庭堅은 도연명 시를 이렇게 평하였다. "번거롭게 재고 깎지 않았으니 저절로 어루러진다."[50] 주희朱熹는 이렇게 말했다. "도연명의 시가 높은 경지를 지닌 까닭은 바로 조탁 없이도 마음속이 저절로 드러나는데 있는 것이다."[51] 이러한 것들은 바로 도연명 시풍격의 특징을 말한 것이다.

도연명의 시와 생활은 완전히 하나가 되었는데, 이는 바로 송대 시덕조施德操의 말과 같다. "도연명은 눈에 띄는 대로 지적하면 시가 되었다. 꽃을 보면 꽃을 말하고 대나무를 마주하면 대나무를 얘기하는데 또한 조금의 꾸밈도 없다."[52]

그는 시를 쓰겠다는 의도가 없는 것처럼 단지 생활 속에서 어떤 이치를

---

49 〈벽계시화碧溪詩話〉, ≪지부족제업서知不足齊業書≫ 본, 5권.
50 〈제의가시후題意可詩後〉, ≪예장황선생문집豫章黃先生文集≫, 26권, ≪사부총간四部叢刊≫ 영인본간본影印本刊本.
51 오첨태吳瞻泰, ≪도시휘주陶詩彙注≫에서 주자문집朱子文集 인용부분.
52 청淸 요근원수초姚覲元手抄, ≪북창자과록北窗炙輠錄≫, 하권.

깨달아 느낌이 우러나도 마음 깊은 곳에 간직하고만 있다가 외부적인 촉발을 받기만 하면 풍경 한 폭, 옛글 한 구절, 시 사 한 토막 같은 것들을 시의 형식을 취해 썼는데 그것은 샘물처럼 넘쳐흘렀다. 〈의고擬古〉 시를 감상해 보자.

봄날 때맞춘 비 내리니仲春遘時雨,
동쪽에서 천둥 울리기 시작하네始雷發東隅.
개구리들 숨어 있다 놀라고衆蟄各潛駭,
초목은 이리저리 뻗어나네草木從橫舒.
훨훨 새로 날아온 제비翩翩新來燕,
쌍쌍이 내 초가로 날아드네雙雙入我廬.
옛 둥지 그대로 있다며先巢故尙在,
사이좋게 옛집으로 돌아오네相將還舊居.
헤어진 이후自從分別來,
앞뜰 나날이 황폐해졌네門庭日荒蕪.
내 마음 진실로 굴러다니는 돌이 아닐진대我心固匪石,
그대 마음은 어떻게 정하셨는지?君情定何如.

앞의 네 구절에서는 봄이 오는 것을 묘사하고 있다. 때맞춰 내리는 비, 시작되는 천둥, 개구리들의 놀람, 초목의 뻗어남 등 시인은 마치 봄의 발소리를 듣고 있는 듯하다. 제비는 옛 둥지로 훨훨 날아 돌아와 조금도 앞뜰의 황폐함을 꺼리지 않는다.

시인은 마침내 이 오랜 친구에게 자신의 은거결심을 밝히고야 마는데, 나아가 오랜 친구들의 마음을 떠보기도 한다. 이 모두가 얼마나 천진하고 자연스러운가! 〈시운時運〉에서 또 이렇게 읊고 있다.

사시 운행 이어지는邁邁時運,
따스하고 좋은 아침穆穆良朝.
봄옷 차려입고襲我春服,
동쪽 교외로薄言東郊.

남은 안개 씻어낸 산山滌餘靄,
아지랑이 뽀얀 하늘宇曖微霄.
남풍 불어와有風自南,
새싹 돋우네翼彼新苗.

이른 아침, 푸른 산이 밤안개로부터 모습을 드러냄이 마치 씻어낸 듯하다. 안개 기운이 점점 흩어져 하늘에 엷은 구름이 된다. 남풍이 불어오니 벼의 싹이 하늘거리다 날개를 편다. 이 시는 그야말로 어린이 같은 천진함과 기쁨을 지니고 지었으니 오랫동안 사람들의 사랑을 받는 것은 당연한 것이다.

도연명의 시는 자연의 본래의 모습을 그리는데 뛰어났고, 그것에 담긴 아름다움은 소박한 그것이다. 그래서 우리는 도연명의 시 속에서 기괴한 이미지라든가 과장된 수법이나 화려한 수식을 찾아보기 힘들다. "남산 아래 콩 심었네種豆南山下", "오늘 날씨 화창하도다今日天氣佳", "가을국화 자태가 뛰어나구나秋菊有佳色", "저무는 하늘에 구름 한 점 없네日暮天無雲."

이와 같은 것은 모두 말로 하듯 명확하며 마치 그림속의 스케치와도 같이 유달리 마음과 눈을 즐겁게 해주는 정취를 지닌다. 그러나 만일 소박함과 평담平淡함 정도에 그쳤다면 강렬한 예술적 효과를 나타낼 수 없었을 것이니 도연명 시의 장점은 소박함 속에 화려함이 보이고 평담한 가운데 진기함이 있다는 것이다. 바로 옛 사람들의 말고 같다. "겉은 무미건조한 듯하나 내용은 윤택하니 마치 담담한 듯하나 실은 미려하다.外枯而中膏, 似澹而實美."[53] "글은 곧으나 뜻은 은근하다.詞直意婉."[54] "글은 담담하나 뜻은 진하다.詞淡意濃."[55] "모두 도연명시가 평담하다 하는데 내가 보기에는 호방하다. 단지 호방함을 느끼지 못할 뿐 이다."[56] 도연명의 시는 소박함과 화려

---

53 ≪동파제발東坡題跋 · 평한류시評韓柳詩≫.
54 장훈평蔣熏評, 〈답방참군答龐參軍〉, ≪도연명시집陶淵明詩集≫ 1권.
55 장겸의張謙宜, 〈견재시담絹齋詩談〉, ≪가학당유서이종家學堂遺書二鍾≫, 청 건륭간본乾隆刊本.
56 ≪주자어류朱子語類≫ 14권.

함, 평담함과 진기함 등의 대립되는 심미의 범주를 완벽하게 통일하여 자연화의 경지에 도달하였으니 도연명 시의 독특한 예술적 성취가 바로 여기에 있는 것이다.

　도연명의 시에서 묘사한 것은 언제나 가장 일상적인 사물이었으니 시골집, 닭과 개, 콩과 싹, 뽕과 마麻 등의 이러한 것들은 다른 사람이 볼 때 평범한 것이지만 도연명의 붓끝을 거치기만 하면 신선한 느낌을 주게 되는 것이다. 예를 들어보자. "무성한 집 앞 나무들, 한여름 시원한 그늘 드리우네.藹藹堂前林, 中夏貯淸雲." "부드러운 남풍 때때로 불어와, 휘돌아 오는 바람 내 옷깃 젖히네.凱風因時來, 回飆開我襟."[57] 여름날 한거閑居하는 평안한 마음을 쓰고 있는데 '저貯' 자를 얼마나 재미있게 썼는지 마치 시원함이 모두 수풀 속에 저장되어 있어서 언제라도 꺼내어 올 수 있는 것 같다. 남풍도 사람 마음을 자상하게 헤아려서 옷자락을 걷어주고는 시원한 바람을 보내준다. 또 이러한 것도 있다. "평평한 밭에 멀리서 바람 불어오니, 좋은 모도 싱그러움 머금네.平疇交遠風, 良苗亦懷新."[58] "뭇 새들 깃들 곳 있어 기뻐하고, 나 또한 내 초가 아끼네.衆鳥欣有託, 吾亦愛吾廬"[59] 이 두 구절에 쓰인 '역亦' 자는 물아일체物我一體의 경지를 나타내지만 지극히 평범하면서도 대단히 흥미를 끄는 것이기도 하다. "귀 기울여도 아무소리 없고, 온통 희고 깨끗한 것 뿐.傾耳無希聲, 在日晧已潔."[60] 겨우 10글자로 눈의 가볍고 부드러움과 대설大雪을 만난 뜻밖의 기쁨을 그려내었다. 〈귀원전거歸園田居 5〉에 이렇게 쓰고 있다.

　산골짜기는 물 맑고도 얕아山澗淸且淺,
　발 씻기 안성맞춤이네可以濯我足.
　갓 익은 술 거르고漉我新熟酒,

---

57 도사주, 〈화곽주박和郭主薄〉, 《정절선생집》 2권.
58 도사주, 〈발묘세시춘회고전사發卯歲始春懷古田舍〉, 제2수, 《정절선생집》 3권.
59 〈독산해경讀山海經〉 제1수, 상동 4권.
60 〈발표세십이월중작여종제경원發卯歲十二月中作與從弟敬遠〉, 상동 3권.

닭 한 마리 내어 이웃 부르노라雙鷄招近局.
해지고 방 어두워지니日入室中暗,
환한 촛불 대신 싸리불 밝히네荊薪代明燭.

지극히 평범한 산골짜기, 물, 닭 한 마리, 불 밝히는데 쓰는 싸리불 한
묶음에 불과하지만 도연명의 붓끝에서는 삶의 흥취가 넘친다. 농촌생활의
간소함, 이웃의 친절함, 그리고 순박한 시골 풍습 모두가 붓 끝에 묻어나
아름다움을 만끽하게 한다. 이상의 시에서 도연명의 시는 확실히 평담하나,
평담 속에 운치를 지니고 있으며 이것은 지극한 순박함과 너그러움이 평담
함으로 바뀐 미美의 가장 높은 경지임을 알 수 있다.

도연명의 시어는 갈고 닦고 조탁하는 과정을 거치지 않은 것이 아니라
단지 흔적이 드러나지 않아서 상당히 자연스러울 뿐이다. 이는 바로 원호
문元好問이 말한 바와 같다. "한마디 자연스러움이 만고에 새로우며, 화려
함 다 떨어내니 참됨과 순박함이 드러나네."[61] 〈잡시雜詩 12〉 같은 시에서
는 누차 시간의 흘러감을 읊었다. 〈잡시 1〉에서는 "때 맞춰 열심히 일하라,
세월은 사람을 기다리지 않나니及時當勉勵, 歲月不待人." 〈잡시 2〉에서는 "세
월이 사람 버리고 가니, 뜻이 있어도 펼 수 없구나.日月擲人去, 有志不獲騁." 〈잡
시 3〉에서는 "해와 달은 다시 돌건만, 나 죽으면 다시 살 수 없네.日月還復周,
我去不再陽." 〈잡시 4〉에서는 "학주壑舟(역주: ≪장자≫에 나오는 고사故事. 도
적을 두려워하여 배를 골짜기에 숨겼으나 밤중에 힘센 사람이 들고 도망하
였다는 내용)는 잠시도 쉬지 않고, 머물지 못하게 하네.壑舟無須臾, 引我不得
住." 〈잡시 5〉에서는 "세월 갈수록 빨라지니, 이 삶 어찌 다시 있으리오.去去
轉欲速, 此生豈再得." 〈잡시 6〉에서는 "세월은 늦추려하지 않고, 사시는 서로
재촉하네.日月不肯遲, 四時相催迫." 〈잡시 7〉에서는 "흰 표식 머리에 섞이니,
앞날 점점 좁아져가네.素標揷人頭, 前途漸就窄."

같은 뜻을 각기 다른 구절로 표현했으나 모두가 아주 깔끔하게 다듬은

61 청淸 시국기施國祁, 〈논시절구論詩絶句〉, ≪원유산시전주元遺山詩箋注≫ 11권.

것이다. 사람을 버리고 가는 세월, 사람을 기다려주지 않는 세월, 늙음을 재촉하는 사시 등 모두에게 생명을 부여한 것이다. '척擲', '대待', '최催' 등의 글자들은 얼마나 호소력 있게 썼는가! "세월 갈수록 빨라지니去去轉欲速."는 노년으로 다가설수록 시간이 빨리 흐른다는 것이다. "앞날이 점점 좁아져 가네前途漸就窄."는 늙어갈수록 인생의 길이 좁아진다는 것이니 모두가 체험이 절실하고 스케일이 크며 말은 간단하나 뜻은 포괄적인 시구들이다. '학주壑舟'의 두 구절은 《장자·대종사大宗師》의 전고를 인용했는데 역시 매우 자연스럽다. 만일 언어를 제어하는 고도의 기교가 없었다면 어떻게 이렇게 능숙하고 자연스러운 경지의 시를 쓸 수 있었겠는가!

도연명의 시는 철리가 듬뿍 담겨있다. 그러나 설교가 아니다. 그의 시는 설리적 취향 뿐 아니라 정서적인 운치도 있다. "인생은 도에 귀착하지만, 의식은 언제나 그 시작이라.人生歸有道, 衣食固其端."[62] "이곳에 태어난 모두가 형제려니, 어찌 골육만 친히 할까.落地爲兄弟, 何必骨肉親."[63] "기후 변해서 때 바뀐 줄 알고, 잠 못 들어서 밤 긴 줄 아노라.氣變悟時易, 不眠夕永."[64] "그대 어찌 그럴 수 있는가 하여, 마음 멀면 땅은 스스로 외지게 된다 했네.問君何 能爾, 心遠地自偏."[65] 이러한 소박하고 자연스런 시구는 모두가 마치 격언 같아 서 말은 쉽지만 뜻은 깊어 우리를 깊은 생각에 잠기도록 한다. 청대淸代 반덕여潘德與는 《양일재시화養一齋詩話》에서 이렇게 도연명을 얘기했다. "어떤 경색이나 사물을 들어내더라도 모두 신비한 이치를 다한다.." 이는 정곡을 찌른 평론이라 하겠다.

중국 고대의 시인 가운데에서 도연명은 마땅히 가장 높은 위치를 차지해야 한다. 그의 사상과 사람됨은 확실히 우리가 탄복하지 않을 수 없는 점을 지니고 있다. 그의 자연스러움과 소박함과 진솔함에서 풍기는 예술적 매력은

---

62 도사주, 〈경술세구월중어서전확조도〉, 《정절선생집》 3권.
63 〈잡시〉, 제1수, 상동 4권.
64 〈잡시〉, 제2수, 상동 4권.
65 〈잡시〉, 제5수, 상동 4권.

"모든 글자의 짝을 맞추어 아름다움을 값 매기는" 당시에 유행하던 작품들은 절대로 모방할 수 없는 것이다. 신기질辛棄疾은 〈자고천鷓鴣天〉에서 이렇게 노래했다. "천년 뒤 시 백편 전하니, 한 자도 깨끗하지 않은 것 없어라. 왕씨 사씨가 있다 해도, 시상 길거리의 티끌만 못하리." 원호문元好問도 〈계헌헌화 당승지설시繼憲軒和黨承旨雪詩〉에서 이렇게 쓰고 있다. "이 어른이 어찌 시를 지었다 하는가, 마음속의 천리를 그대로 쓴 것 뿐이라. 자연으로 조탁에 맞섰으니, 참과 거짓이 멀리 떨어져 있네." 신기질과 원호문은 모두 도연명의 지기知己라 할 만하다.

도연명과 진송晉末 시기의
정치적 풍운

도연명의 벼슬살이와 은퇴에 관하여 사람들은 습관적으로 일반적인 사회 사조의 시각으로 해석한다. 이것은 그와 위진 시대에 은둔을 바라는 풍조와의 관계 또는 그와 유가, 도가 두 사상의 관계를 설명하는 것이기에 당연히 필요하다. 그러나 단지 이런 시각에서만 고찰하고, 도연명과 당시 각종 정치세력 사이의 관계나 당시의 몇몇 중대한 정치적 사건에 대한 태도, 정치에 참여하는 기간에 가지고 있었던 사실적 심리상태를 소홀히 한다면 도연명에 대한 깊은 이해는 여전히 어려울 것이다. 본문에서는 새로운 시각을 찾으려 시도하는 의미에서, 도연명을 진송 교체시기 때의 정치적 풍운 속에 둔 상태로 위에서 언급했던 것들을 탐색하며, 나아가 도연명에 대하여 약간의 새로운 인식을 얻기를 희망한다.

　이 문제에 대해서는 도연명의 벼슬 이력으로부터 이야기를 시작해야 한다. 도연명은 모두 다섯 차례의 출사를 하였다. 제1차는 주의 좨주가 되는 것으로 시작하였다.[1] 제2차는 환현의 군부에 들어갔고, 제3차는 진군참군이 되었으며, 제4차는 건위참군이 되었다. 제5차는 팽택의 현령에 임명되었다.[2] 가장 처음으로 맡았던 주의 좨주 자리는 아주 짧은 시간으로, 관직

---

1 심약沈約, 《송서宋書·도잠전陶潛傳》 "부모님이 늙고 집이 가난하여 처음에는 주의 좨주를 맡았지만 나중에는 관리직을 감당할 수 없어 몇 일만에 사표를 내고 귀향하였다. 주에서 주부로 불렀으나 나아가지 않았다."
2 심약, 《송서. 도잠전》"군에서 독우를 현에 파견하였다. 관리가 의복과 관을 정제하고

을 감당하지 못하였기에 사직을 하고 떠났다. 그의 정치적 태도를 설명하는 것과는 관계가 별로 없으니 본문에서는 자세히 고찰하지 않으려 한다. 제5차의 팽택령으로는 겨우 80여일을 근무하였으며 〈귀거래혜사〉를 짓고서 영원히 전원으로 돌아갔다. 팽택령을 구하였던 이 일은 본래가 벼슬길을 벗어나려는 준비로서, 이 80여일은 이미 그가 정치투쟁의 소용돌이에서 벗어난 것이어서 역시 본문에서 자세히 논하지 않아도 되는 것이다. 본문에서는 도연명의 제2, 3, 4차의 출사에 연구의 중점을 둘 것이다. 이 몇 차례의 출사가 모두 군막軍幕에서 직분을 맡아서 모종의 정치세력에 투신한 것으로 도연명의 정치적 태도를 연구하는데 각별히 중요하다.

1

도연명과 환현의 관계에 대하여 앞 사람들은 대체로 기피하고 꺼려하였으니 토론하는 사람들은 환현이 역신逆臣이었기 때문에, 도연명이 그와 함께 엮이는 것을 원하지 않았던 것이다. 이것은 쉽게 이해할 수 있다. 그렇다 할지라도, 도연명의 시 중에서 세 수는 그가 일찍이 환현의 군막에 투신한 적이 있다는 것을 충분히 증명하고 있다. 이 세 수는 〈경자세오월중종도환조풍우규림庚子歲五月中從都還阻風於規林〉 두 수와 〈신축세칠월부가환강릉야행도구辛丑歲七月赴假還江陵夜行塗口〉이다. 후자는 문제를 더욱 잘 설명할 수 있을 것이다. 우리들은 먼저 이 한 수를 연구해 보자.

삼십 년을 한가로이 지냈더니閑居三十載,
세상일에 어둡구나逐與塵事冥.
시서를 평소에 진심으로 좋아하니詩書敦宿好,
전원에서 세속과는 인연이 없어라林園無世情.

알현하라고 하였다. 도연명은 '나는 적은 봉급을 위하여 허리를 구부리면서까지 향리의 소인에게 향하고 싶지 않다.' 하고 즉일로 인장을 벗어던지고 사직을 하였다."

어떻게 이곳을 버리고如何舍此去,
멀리 멀리 형주에 가나?遙遙至西荊.
상앗대는 갓 뜬 가을 달을 두드리고叩枻新秋月,
물가에 이르러 벗들과 이별을 하네臨流別友生.
서늘한 바람 일며 밤은 가까워지고涼風起將夕,
야경은 맑고 투명하다夜景湛虛明.
밝은 달빛에 하늘은 끝없이 넓고昭昭天宇闊,
물빛도 맑고 고요하다晶晶川上平.
임무를 맡아 뒤척이다가懷役不遑寐,
오히려 한 밤 중에 홀로 원정길에 올랐네中宵尙孤征.
벼슬바라기는 내 할 일이 아닌데商歌非吾事,
밭갈이 하던 때가 아련하다依依在耦耕.
관복을 내던지고 옛 집에 돌아가자投冠旋旧墟,
고관 녹봉에 억매이지 않으리不爲好爵縈.
누추한 집에서 참 성정을 닦으면,養眞衡茅下,
혹여 선하다고 이름이나 남을까庶以善自名.

시제 가운데의 '신축辛丑'은 진의 안제安帝 융안融安 5년으로 401년이다. '부가환강릉赴假還江陵'을 도주陶澍는 "휴가를 가며 강릉으로부터 돌아와 赴假還自江陵"[3]로 해석하여, 글자를 덧붙여 훈訓으로 삼았으니 성립하기 어렵다. 시의 어기를 자세히 살펴보면 당연히 집을 떠나 강릉으로 돌아가 직분에 임했다는 것이지, 직을 맡고 있던 강릉에서 집으로 돌아갔다는 것이 아니다. 시에서는 "임무를 맡아 뒤척이다가, 오히려 한 밤 중에 원정길에 올랐네懷役不遑寐, 中宵尙孤征"라고 말하고 있다. '회역'은 공적인 일을 생각하고 있다는 뜻이다. 도연명은 자기가 공사를 생각하느라 잠을 잘 겨를이 없어서 야밤에 홀로 성급히 길을 나선다고 설명하고 있지 어디 집으로 돌아간다는 말투인가?

고직古直은 '부가赴假'를 '급가急假'로 해석하였으며, '가假'와 '부가赴假'는 다르다고 설명하고 있다. '가'는 '보통의 휴가常假'이다. ≪진서晉書≫의 "서막이

---

3 도주陶澍, ≪정절선생년보고이靖節先生年譜考異≫.

관리와 더불어 휴가를 갔다가 돌아오다徐邈並吏假還"가 그 예이다. '휴가를 가다.赴假'는 '급히 휴가를 가다.急假'이다. ≪세설世說≫의 "육기가 휴가를 갔다가 낙양에 돌아오다陸機赴假還洛"가 그 예이다.[4] 고직은 도주의 논조에다 설명을 덧붙여 설명하고 있다. 도연명이 급한 일 때문에 휴가를 얻어 강릉에서 집으로 돌아갔다고 설명하고 있다. 그는 여전히 '환강릉還江陵'을 '강릉으로부터 돌아오다'로 해석하고 있다.

주자청은 고직의 해석에 동의하지 않고 있다. 이 문장은 ≪자신편自新篇≫에 보이는데, 그는 말하기를, "'육기가 휴가를 갔다가 낙양에 돌아오는데 여장이 매우 가득했다.' 이것은 차라리 '급히 휴가를 마치다.急假'와 유사하다. 아니면 육기가 오나라 사람인데 만약 '가환假還'이라고 한다면 어찌 낙양을 향하였겠는가? '부가'인 것을 알 수 있다. 마땅히 지금의 '휴가를 마치다.銷假'의 뜻이다. 도연명이 휴가를 마치고 관직에 갔다는 것이다. 이에 '투관投冠'이나 '양진'한다는 말이 있는 것이다."[5]

주자청은 도연명이 집에서 휴가를 마치고 그가 임직했던 강릉으로 돌아가 보고한 것으로 생각하였으며, 가는 도중에 이 시를 지었다고 생각했다. 내가 생각하기에 주자청의 고직에 대한 비평은 올바른 것이다. '부가'는 확실히 '급가'로 해석할 수가 없다. 단지 그가 '부가'를 '소가銷假'로 해석한 것은 여하튼 근거가 부족하다. '부'는 '소'의 뜻이 없다.≪설문說文≫에 '부赴는 추趨'라하였다. ≪좌전左傳≫ 소공昭公 25년에, "고로 사람이 스스로 구부리고 펴서 예에 나아갈 수 있는 사람을 성인이라 불렀다.故人之能自曲直以赴禮者, 謂之成人." 공영달孔穎達은 소疏에서 "부는 달려가다"라고 하였는데 뜻은 서로 비슷하다. '부'의 뜻은 '달려가다.趨.'이다. 앞으로 가다, 투입하다하여 '부관赴官', '부직赴職', '부명赴命', '부전赴戰' 등과 같이 파생되어 그 뜻은 바로 '소銷'와 상반된다. 그리하여 시 제목이 〈신축세칠월부가환강릉야행도구〉인데,

---

4 고직古直, ≪도정절년보陶靖節年譜≫.

5 주자청朱自淸, 〈도연명연보중지문제陶淵明年譜中之問題〉, ≪주자청고전문학논문집朱自淸古典文學論文集≫, 478쪽, 상해고적출판사, 1981.

당연히 신축년인 그 해의 7월에 휴가로 인하여 강릉으로부터 고향인 심양에 갔다가, 휴가가 끝나자 심양으로부터 강릉으로 돌아오다가 야간에 도구에 도착하여 이 시를 지었다는 뜻이다. '부가'가 하나의 일이고, '환강릉'이 다른 하나의 일인 것이다. 시의 제목은 다음과 같이 표점을 달았다. 〈신축세칠월부가, 환강릉야행도구〉. '부가'의 시간과 '환강릉'의 시간이 모두 7월이었다. 시에서, '고예신추월叩枻新秋月', '양풍기장석凉風起將夕'이라 하였는데, 이것은 초가을의 경치와 시제가 나타내는 시간이 딱 맞는다 '부가'를 '앞으로 나아가 휴가를 떠나고'로 해석하면, ≪세설≫의 '육기부가환락'의 해석에도 매우 순조롭다. 시의 뜻은 "육기가 휴가를 얻어 고향에 갔다가 휴가가 끝나자 낙양으로 돌아왔다"는 것이다.

이상의 고증을 통하여, 도연명이 신축년 7월에 일찍이 휴가를 얻어 강릉으로부터 집에 갔다가 휴가가 끝난 후 급하게 강릉으로 돌아갔다고 여겨진다. 그렇게 되면 도연명이 신축년 7월 전후로 강릉에서 근무를 한 것이 의심의 여지가 없다. ≪자치통감≫에 의하면, 환현桓玄은 융안隆安 3년(399년) 12월에 형주자사 은중감殷仲堪을 찔러 죽이고 융안 4년(400년) 3월에 "표를 올려 형주, 강주 두 주를 다스리기를 구하였다. 조서를 내려 환현을 도독으로 삼아서 형荊, 사司, 옹雍, 진秦, 양梁, 익益, 영寧 7주의 제군사, 형주자사로 임명하였다. …환현은 상소를 올려 강고히 강주를 다스리기를 구하자, 환현을 8주 및 양주, 예주 8군의 제군사의 도독으로 삼았으며, 다시 강주자사를 관할하도록 하였다." 도연명이 융안 5년(401년) 7월에 휴가를 갔다가 강릉(형주의 치소)에 돌아갔다면 그는 환현의 군막에서 업무를 담당했던 것이 틀림없다.

다시 〈경자세오월중종도환조풍어규림庚子歲五月中從都還阻風於規林〉 두 수를 보자. 경자년은 진의 안제 융안 4년(400)이다. '종도환從都還'이라는 것은 분명히 수도 건강으로부터 돌아온 것이다. 어디에로 돌아갔는가? 시의 내용으로 보자면 심양에 있는 그의 집으로 돌아갔다고 볼 수 있다. 수도에서는 무엇을 하였는가?

제2수에서, "예부터 행역을 탄하더니 나는 이제야 처음으로 알겠네.自古歎行役, 我今始知之."〈시경詩經・위풍魏風・척호陟岵〉에서, "우리 아들 행역 나가, 아침 저녁으로 쉬지 못하는구나予子行役, 夙夜無已"≪예기禮記・곡례상曲禮上≫에서, "대부는 나이 칠십이 되면 퇴직을 한다. 만약 퇴직을 못하면 반드시 궤와 지팡이를 하사하고 행역에는 부인이 돌봐주도록 한다." 공영달은 소에서, "행역이란 본국을 순행하는 일을 말하는 것이다."라 하였다. ≪주례周禮・지관地官・주장州長≫에서는, "만일 나라에서 백성들을 전쟁이나 수렵 순수 노역에 동원한다면 백성들을 이끌고 사도가 있는 곳에 이르게 한다." 공영달은 소에서, "行은 순수巡狩를 말하고 役은 노역함을 일컫는다."고 하였다. 행역은 고정된 함의가 있어서 공적으로 출행하는 것만을 가리킨다. 시에서 또 말하기를 "조용히 생각하니 원림이 좋은 것을, 세상은 진실로 버릴만 하네靜念園林好, 人間良可辭"하였으니, 역시 공적으로 출장을 나간 것을 알 수 있다. 위에서 고증을 하였으니, 환현은 융안 4년 3월에 형주자사로 부임했고 도연명은 이 해의 5월에 수도로부터 출장을 갔다가 돌아왔다. 시간을 계산하면 틀림없이 환현의 막부로 돌아온 것이다. 돌아오는 중에 심양의 부모를 찾아뵙고 강릉에 이르러 상부에 상황을 보고한 것이다. 다음 해 7월에 또 휴가를 내서 심양에 갔다가 오래지 않아 강릉으로 다시 돌아왔다.

이상 3수의 시로 보면, 도연명이 일찍이 환현의 막부에서 근무를 하였고, 또 환현을 위하여 수도에 출장을 다녀온 사실이 의심할 여지없이 확실하다는 것을 증명할 수 있다. 그와 환현은 결코 일반적인 관계가 아니니 돌려서 말할 필요는 없는 것이다.

설명이 필요한 것은 도연명이 왜 환현의 막부에 들어가서 그를 위하여 복무를 하였을까 이다. 이것은 환현과 도연명의 두 측면에서 고찰을 해보아야만 한다.

환현을 보자면, 그는 동진 최고의 사족인 초국 환씨譙國桓氏 출신으로 환온桓溫의 아들이다. 환온은 진晉 목제穆帝 영화永和 원년에 도독의 신분으로 형, 사, 옹, 익, 양, 영 6주의 제군사와 형주 자사가 되었으며 장강 상류의 군정 대권을 한 몸에 지니게 되었다. 그는 일찍이 세 차례의 북벌을 진행하였으며, 황제 사마혁司馬奕을 폐위하여 해서공海西公을 만들고 회계왕 사마욱司馬昱을 황제로 세웠다. 이 사람이 간문제簡文帝이다.

환온은 대권을 근 30년간 장악하였고 사족 지주 계층과 광범한 관계를 맺었다. 적지 않은 사족의 인물을 천거하고 발탁하였으니, 왕, 사 2족의 젊은이들로 왕순王詢, 사안謝安, 사현謝玄, 및 왕탄지王坦之 등이 있다. ≪자치통감≫ 101권의 진 애제 흥녕興寧 원년(363년)의 기록에 의하면, "환온은 무군사마인 왕탄지王坦之를 장사로 삼았다. 탄지는 왕술王述의 아들이다. 또 정서연征西掾 치초郗超로 참군을 삼고 왕순王殉은 주부로 삼아 모든 일을 두 사람과 의논을 하였다. 부중에서는 그들에 대해 말하기를, '수염 많은 참군과 키작은 주부는 공을 기쁘게도 하고 공을 성내게도 한다'고 하였다.

환온은 기개가 높고 세속에 초탈하여 남을 거의 추천하지 않았다. 치초와 말하기를 항상 자신은 측량하기 힘드니 온 몸으로 모시라고 하였다. 치초 역시 왕순과 관계를 깊이 맺었으니 왕도의 손자이다. 사현과 더불어 환온의 서리여서 환온은 모두를 매우 중용하였다. 당시의 저명한 문사인 원굉袁宏 복도伏滔 나함羅含 및 화가 고개지顧愷之 등이 모두 그의 막부에 있었다. 바로 아버지인 환온과의 관계 때문에 환현은 한 때 사족들의 광범위한 지지나 잠깐 동안의 중립을 유지할 수 있었다. 예를 들자면, 왕유王愉, 왕수王綏, 왕밀王謐, 왕가王暇, 사담謝澹, 양부羊孚, 은중문殷仲文, 경열지庚悅之 등의 태도는 이러한 점을 증명하고 있다. 바로 여가석余嘉錫 같은 이는 ≪세설신어·현원편賢媛篇≫제 32조에서 "진의 사대부들은 환온의 은혜를 느껴 많은 무리들이 환씨를 좇았다."[6]라고 하였다.

환현 본인의 기질과 재학 역시 문사들로 하여금 그에게 접근하게 하였고,

---

6 축총빈祝總斌, 〈시논동진후기고급사족지몰락급환현대진지성질試論東晉後期高級士族之沒落及桓玄代晉之性質〉, ≪북경대학학보北京大學學報≫, 1985, 제3기.

아울러 그에게 쓰임받기를 원하였다. 그는 영웅호걸로 이름을 날렸을 뿐 아니라 문장에 능한 것으로도 이름이 있었다. 《진서晉書·환현전桓玄傳》에서는 그에 대해, "용모가 진기하게 특출했으며 풍채가 준수하고 밝으며, 널리 예술에 두루 통하고 문장을 잘 지었다."고 기록하였다. 저서로 《주역계사주周易系辭注》 2권, 집集 43권, 요집(要集) 20권이 있으며, 지금까지 전하는 것으로는, 〈봉부鳳賦〉, 〈학부鶴賦〉와 불가에서 왕을 공경하지 않는 것에 대하여 혜원慧遠, 환겸桓謙, 왕밀王謐 등과 주고받은 여러 편의 편지 및 시 2수가 있다.

더욱 중요한 것은 환현이 당시의 정국 가운데에 처해있던 지위 및 그의 정치적 영향력이다. 진의 효무제孝武帝 영강寧康 원년(373년)에 환온이 병으로 죽자 그의 아우인 환충桓沖이 많은 무리들을 이끌었다. 환온이 어린 아들인 환현을 후계자로 삼겠다는 유언을 남겼음을 말하고서는 남군공을 계승하였다. 그 해에 환현은 5세였다. 환충이 비록 환온을 대신하여 대권을 장악하였다 할지라도 그는 진의 왕실에 충성하여 사안謝安이 평소에 많은 사람들의 명망을 얻었다고 여겨 마침내 양주를 내주고 스스로 궁중 밖으로 나가려고 하였다. 영강 3년(375년)에 사안을 영주자사로 임명하고 아울러 시중의 지위를 더하여 주었다. 사안은 매우 빠른 시간에 군정의 대권을 장악하여 진의 왕조는 상대적으로 안정된 국면을 조성할 수 있게 되었다. 이러한 국면은 대략 10년을 유지하였다.

효무제 태원太元 10년에 사안이 병으로 죽자 권력은 효무제의 아우인 사마도자司馬道子의 손에 들어갔다. 효무제는 주색에 빠져 밤낮으로 도자와 함께 술과 노래를 일삼았다. "좌우의 신하들이 총애를 다투어 권력을 농단하고 서로 끌어주며 청탁을 하였다. 공사에 뇌물을 주고받았다. 벼슬과 상을 남용하였으며 형벌과 재판이 어지러웠다."[7] 사마도자는 아첨하는 신하인 왕국보를 중용하였다. 그의 세력이 궁 내외에 떨치고 멀고 가까운데서

---

7 《자치통감》 107권, 중화서국점교본中華書局點校本, 3390쪽.

모여들었다. 효무제는 그를 견제하기 위해 방진의 세력을 만들고자 태원太
元 15년(390년)에는 중서령 왕공을 도독으로 청靑, 곤袞, 유幽, 병幷, 기冀
오주 제군사와 청연 2주자사로 삼아 수도의 입구를 진압하고 경기 일대를
장악하였다. 태원 17년(392년) 또 황문시랑 은중감으로 도독 형荊, 익益,
영寧 3주 제군사와 형주자사를 삼고 강릉을 진압하고 장강의 상류를 장악
하였다. 이렇게 하여 비록 일시적으로는 세력의 균형을 맞추기는 하였지만
그러나 매우 엄중한 위기가 잠복되었다.

태원 21년(396년) 효무제가 죽고 그의 아들 사마덕종司馬德宗이 지위를
계승하였으며 이 사람이 안제安帝이다. 안제는 백치여서 사마도자는 마침
내 태부로 섭정을 하였고 왕국보王國寶, 왕서王緖를 심복으로 삼아 의지하
였다. 왕국보는 ≪진서≫ 75권에 전기가 있다. 그는 왕술의 손자이고 왕탄
지의 아들이다. 사족 출신이었지만 사대부의 행실은 거의 없었다. 장인인
사안은 그의 행실을 싫어하여 매번 억눌러 등용하지 않았다. 그의 사촌
여동생이 사마도자의 비가 되자 도자에게 접근하여 사안과 이간질을 시키
며 중서령, 중령군으로 승진하였다. 안제가 즉위하자 왕국보는 또 그의 육
촌 동생인 왕서를 낭야내사로 끌어들였고 왕서 역시 아첨과 사악함으로
알려졌다. 왕국보는 마침내 참여하여 조정의 권력을 관리하였고 위세가 내
외에 떨쳤다. 상서좌복야尙書左仆射 겸 영선領選으로 승진하였으며 후장군
과 단양윤의 벼슬을 더하였다.

조정이 이와 같았으니 번진은 어떠했겠는가?

왕공王恭에 관해서는 ≪진서≫ 84권에 그의 전기가 있는데, 이 사람은
"어려서 아름다운 이름이 있었고 맑은 절개가 다른 사람을 뛰어 넘었다.
자신의 재능과 문벌이 높고 화려함에 자부를 느끼며 항상 재상으로 나라를
보국하는 열망을 가지고 있었다." 그는 역시 효무제 왕황후의 오빠로서 황
제의 중용을 받았으며 보국중신이 되었다. 안제 즉위 후에 사마도자가 정
권을 잡고 왕국보, 왕서와 함께 왕공을 주살하려고 모의하였다. 왕공은 안
제安帝 융안隆安 원년(398년)에 은중감, 환현과 연합하여 황제에게 표를 올

리고 서울에서 왕국보를 토벌하고자 하였다. 사마도자는 매우 두려워하여 왕국보와 왕서를 참수하고 허물에 대하여 사죄하였다. 왕공은 이에 경구$_{京口}$로 돌아왔다. 사마도자는 마침내 초왕 사마상지 및 그 아우인 휴지를 심복으로 삼고 밤낮으로 모의하여 왕공 등을 완전히 소멸시키고자 하였다. 안제 융안 2년에 왕공과 은중감은 재차 기병하였다. 왕공은 평소 재능과 문벌로 다른 사람을 거만하게 대하였으며 부하들과 멀리 지냈다. 또한 군사를 잘 부리지 못하였고 유뢰지$_{劉牢之}$를 앞잡이로 삼았으면서도 단지 부곡장으로만 대우하였다. 유뢰지는 매우 수치스러워하며 원한을 가졌다. 유뢰지의 아들인 유경선$_{劉敬宣}$은 부친이 왕에게 반란을 하도록 권하였다. 왕공은 비록 소문을 듣긴 하였지만 믿지 않고 도리어 그를 형으로 모시며, 잘 훈련된 군대와 무기를 주어서 전위대로 삼았다. 유뢰지는 끝내 모반을 하였고 왕공은 일이 실패하여 해를 입었다.

은중감$_{殷仲堪}$에 관해서는 ≪진서≫ 84권에 그의 전기가 있다. 그는 저명한 청담가로 매번 말하기를, 3일 동안 도덕경을 읽지 않으면 혀가 마비된다고 하였다. 형주에서는 어떤 일에나 작은 은혜나마 베풀기를 좋아하였다. 왕공이 1차 기병하자 은중감은 겉으로는 도와주겠다고 답은 하면서 실제로는 관망하는 태도를 취하였다. 왕국보가 주살을 당한 이후에야 비로소 표를 올리고 군대를 움직였다. 왕공이 2차로 기병하였을 때, 은중감은 양전기$_{楊佺期}$로 하여금 선봉을 맡도록 하였으며, 환현은 그 다음을 맡도록 하고 자기는 병사 2만을 인솔하고 그 뒤를 이어 내려갔다. 왕공의 군대가 패하자 사마도자는 은중감과 양전기, 환현 사이의 갈등을 이용하여 분열을 조장하였다. 은중감은 의심이 많고 결정력이 부족하였으며 식견과 재략도 부족하였다. 안제 융안 3년(399년)에 환현에게 패하자 자살하였다.

이렇게 보면 당시 가장 중요한 두 개의 번진인 북부와 형주의 두 우두머리인 왕공과 은중감은 모두 출중한 재능이나 원대한 지략이 있어 의지할만한 인물은 아니었다. 당초 효무제가 그들에게 임무를 맡기려고 했을 때 왕아증$_{王雅曾}$은 간언하기를, "왕공은 풍채가 오만하고 고귀하며 뜻과 기개가 방정하고 엄숙합니다. 중감은 작은 일에도 조심스러우며 문사로 이름을 날렸습니다. 그러나 모두 성격들이 준열하고 모질며 자신만이 옳다고 합니다. 재능과 모략이 뛰어나지 않아, 요직을 맡기면 천하가 무사할 때는 직분을 다할 수 있지만, 만약에 천하에 어떤 일이 발생하면 반드시 화근이 될 것입니다."[8] 결국에 그의 말은 적중하였다.

당시의 혼란한 정국에서 조정의 사마도자와 왕국보, 왕서, 이 일파는 이미 부패하고 무능하였으며 번진藩鎭 중의 왕공과 은중감 일파는 큰일을 이루기에 부족하였다. 진왕조의 위기를 구하려고 하면, 반드시 원훈의 문벌 출신이며 영웅호걸로 문장에 능한 젊은이인 환현에게 희망을 걸어야 하였다. 환현은 태화太和 4년(369년)에 태어났으며 왕공이 처음 기병하였을 때, 그는 겨우 29세였다. 그는 적극적으로 은중감에게 왕공과 함께 연합하여 왕국보를 토벌하기를 권하였고, 그의 견해는 틀리지 않았다. 왕공이 2차로 기병하였을 때, 은중감은 환현을 전위부대로 보냈다. 유뢰지가 반란을 일으킨 후에는 조칙을 내려 환현을 강주자사로 삼았으며, 중감 등도 모두 직위가 바뀌거나 이동을 당하여 각기 서쪽으로 돌아가서 심양에 주둔을 하였고, 함께 서로 맹약을 하여 환현을 맹주로 삼기로 하였다. 사마도자는 그들의 압력에 눌려 형주를 은중감에게 돌려주며 화해를 구하였다. 융안 3년(399년)에 환현은 전투를 통하여 은중감과 양전기를 합병하였다. 융안 4년(400년)에 환현은 도독으로 형주, 사주 등 7주의 군사와 형주자사가 되었다. 이 해에 그의 나이는 32세였다.

이때의 정국을 간결하게 윤곽을 그려보면 아래와 같다. 조정은 사마도자와 사마원현을 우두머리로 한 부패한 궁중의 세력들이 백치인 황제를 협박하여 끼고서 중앙정권을 장악하였다. 실제로는 이미 허약함을 이겨내기 힘들었던 그들은 진조가 멸망당하는 추세를 바꿀 수는 없었다.

경구를 기지로 삼은 군벌은 출신이 낮은 사족인 유뢰지의 장악 아래에

---

8 ≪자치통감≫ 107권, 중화서국점교본中華書局點校本, 3394쪽.

있으면서, 표면적으로는 사마도자를 옹호하고 있는 척 하였지만 실제로는 마음속으로 다른 뜻을 품고 있어서 언제나 다시 반란을 일으킬 수 있었다. 이들은 한 무리의 강대하며 불온한 세력이었다.

형주를 기지로 삼은 환현의 일파는 사마도자와 두 차례 대항한 후에 이미 전국의 삼분의 이의 지반을 점거하였다. 그들은 진 왕조를 옹호하고 사마도자에게 대항한다는 기치를 들고 수시로 강동江東을 따라 남하하여 수도인 건강建康으로 진군할 수 있었다. 진 왕조의 위기를 구하려고 하는 사람들은 매우 자연스럽게 환현에게 희망을 걸었으며, 최소한 그는 참을 수 없을 정도로 부패한 사마도자는 제거할 수 있을 것이었다. 그는 사마도 자에 대항하는 맹주로 추대되었으니, 이것을 잘 설명해주고 있는 것이다.

도연명이 환현의 막부로 들어간 것을, 그 자신으로부터 살펴보면 역시 몇 가지 원인은 있었다. 그의 외조부인 맹가孟嘉는 도연명이 전적으로 존경하던 인물이었으니, 그가 맹가를 위해 쓴 〈진고정서대장군장사맹부군전晉故征西大將軍長史孟府君傳〉을 보면 바로 알 수 있다. 맹가가 힘써 일하고 인정을 받았던 환온桓溫은 바로 환현의 부친이다. 《진서》에 있는 그의 전기는 바로 환온의 전기 뒤에 붙어있다. 이런 오랜 관계가 있었기 때문에 도연명이 환현의 막부로 들어간 것은 이해하지 못할 것은 아니다. 더욱 중요한 것은 도연명의 생각 중에는 본래 입신출세의 일면이 있었다, 그는 진 왕조의 존망과 시국이 뒤숭숭함에 대하여 관심이 전혀 없었던 것은 아니었다. 그가 있던 강주는 장강의 중류에 위치하여 전략적 지위가 형주와 경구의 바로 다음이었으며 매번 시국이 불안정할 때는 이곳까지 파급되어 왔다. 그가 듣거나 묻고 싶지 않아도 어쩔 수 없었을 것이다. 만약 하고자 하는 무엇인가가 있다면 이때가 바로 좋은 기회였다.

도연명은 언제부터 환현의 막부에 들어갔는가? 환현이 은중감에 의탁하고 있을 때에는 아마도 불가능했을 것이다. 융안 4년(400) 5월에 도연명은 이미 환현을 위하여 경도로 파견을 나갔다가 돌아오는 도중이었기 때문에, 단지 융안 2년이나 3년에 막부로 들어갈 수 있었을 것이다. 융안2년(398년)

9월에 조칙으로 환현을 강주자사江州刺史에 임명하였고, 10월에 환현은 강주에서 맹주로 추대되었다. 도연명은 아마도 이 기간에 환현의 관리가 되었을 것이다. 이때가 바로 환현이 추대되어 맹주가 되었던 때이다. 도연명이 환현의 막부에 들어가 어떤 직위와 임무를 맡았는지는 자료의 부족으로 고증하기가 어렵다. 단지 그는 환현을 위해 경도로 출장을 갔으며 일이 끝난 후에 융안 4년 경자 5월에 경도로부터 돌아오는 도중에 겸사겸사해서 집으로 돌아가 부모를 뵈었다. 그런 후에 다시 강릉으로 갔으니 〈경자세오월중종도환조풍어규림庚子歲五月中從都還阻風於規林〉 두 수가 증명하고 있다.

이 때 경도에 무슨 임무를 가지고 갔는가? 녹흠립逯欽立의 의견에 의하면, 환현은 손은孫恩을 토벌할 것을 상소하였으며,[9] 이는 사료 중에서 환현과 조정의 교류에 대하여 찾을 수 있는 유일한 실마리이다. 그러나 하나의 가설로서 참고할 수는 있지만 논설로 확정하기는 어렵다. 도연명이 이미 환현에 의해서 경도로 파견을 나갔다면, 그는 반드시 환현에게 중시되었음이 틀림없다. 융안 5년 신축(401년) 7월에 일찍이 휴가차 집으로 돌아가 있었다. 가령 이 해에 강릉으로 다시 돌아갔다 할지라도 어머니가 겨울에 병으로 돌아가셨으니[10] 이치상으로 당연히 상을 치르고자 돌아갔을 것이고 장례식으로 집에 있었을 것이다. 도연명은 바로 이때에 환현을 떠나 전후 삼년의 벼슬살이를 끝마쳤다.

여기에서 도연명이 환현을 떠난 이후의 정국에 대해서 간단하게 설명하겠다. 그가 집에 돌아온 두 해 째인 안제 원흥元興 원년(402년) 정월에, 안제는 환현의 죄상에 대하여 조서를 내리고, 또 상서령 원현을 표기대장군, 정토대도독, 도독18주제군사로 삼았으며, 또 진북장군 유뢰지로는 전봉도

---

9 〈도연명사적시문계년陶淵明事跡詩文系年〉, 《도연명집陶淵明集》 부록 2에 보인다. 268
쪽, 중화서국, 1978.
10 도연명 〈제정씨매문祭程氏妹文〉, "옛날 강릉에 있을 때 거듭 천벌을 겪었다" 이공환李公煥
주注에, "진의 안제 융안 오년 가을 7월에 휴가를 갔다가 강릉으로 돌아왔다. 이 해 겨울
에 어머니인 맹씨가 돌아가셨다고 되어 있다."

독을 삼고, 전장군 초왕인 사마상지를 후부로 삼아 환현에 대한 토벌을 시작하였다. 3월에 유뢰지는 무기를 돌려 환현에게 항복하였다. 환현은 수도를 공격해 들어가 원현 등을 죽이고 군정의 대권을 자신에게 집중시켰다. 그리고 유뢰지를 회계내사會稽內史로 삼고 그의 병권을 빼앗았다. 유뢰지는 그의 아들인 유경선 등과 상의하여 환현에게 모반을 하였지만 이루지 못하고 목매달아 죽었다. 원흥 2년(403년) 12월에 환현은 진을 찬탈하고 초楚라 불렀다. 이때에 도연명은 바로 고향에서 효도하며 한가롭게 지내고 있었다. 그는 이 일련의 사태에 대하여 어떤 느낌이나 어떤 태도를 취했는가? 이것은 회피할 수 없는 문제이다.

2

도연명에게는 〈시작진군참군경곡아始作鎭軍參軍經曲阿〉라는 시가 있는데, 위에서 제기하였던 문제에 대하여 회답을 줄 수 있을 것이고, 나아가서는 그가 진송 시대의 정치풍파 중에서 가졌던 태도에 대하여 설명할 수도 있을 것이다. 그러나 토론하는 사람들마다 의견이 분분한 이 시에 대하여 우리들은 먼저 고증과 풀이를 한번해 줄 필요가 있다.

> 약관의 나이에 세상일 관심 없고弱齡寄事外,
> 품은 뜻은 거문고와 책에 있다네委懷在琴書
> 삼베옷 입어도 이리 즐겁고被褐欣自得,
> 가난하고 궁해도 늘 평안하네屢空常晏如
> 기회가 오면 잡아야지時來苟冥會,
> 자신을 낮춰서라도 벼슬길에 나아가자宛轡憩通衢
> 책을 던지고 행장을 준비하네投策命晨裝,
> 잠시 전원과는 소원해지겠지暫與園田疏
> 아득히 홀로 가는 배眇眇孤舟逝,
> 돌아가고 싶은 생각 끊이지 않네綿綿歸思紆
> 가는 길 어찌 멀지 않으랴我行豈不遙,

오르락내리락 천여리 길登降千里餘,
타향 길 생소하니 눈은 피곤하고目倦川途異,
마음은 자연 속의 고향 집을 생각하네心念山澤居
구름을 바라보면 높이 나는 새들에게望雲慚高鳥,
물가에 가서는 한가로운 물고기에 부끄럽다臨水愧遊魚
참 생각은 처음부터 마음에 품었건만眞想初在襟,
누가 생각이나 했나, 몸에 구속될 줄을誰謂形跡拘
짐짓 자연의 변화나 따라가다가聊且憑化遷,
끝내는 돌아가 여막에서 살아야지終返班生廬.

진군참군鎭軍參軍이라고 하는 것은 바로 진군장군의 참군이다. 그렇다면 이곳의 진군장군은 누구를 가리키는가? 도주는 ≪정절선생년고이靖節先生年考異≫에서 "오직 동진에서 진군장군이 된 것은, 치음郗愔 이후 유유劉裕에 이르러서 다시 이 호칭이 보인다."라 하였다. 양계초梁啓超는 ≪도연명연보陶淵明年譜≫에서 이 의견을 따랐으며, 요즘 학자들은 아직 이의를 제기하지 않았다. 그렇다 하더라도 이 견해가 반드시 확실한 것은 아니다. 간략하게나마 문헌자료를 검토해보면 동진에서 진군장군이었던 사람으로 최소한 아래와 같은 몇 명이 있다. 무릉의 위왕威王인 희晞는 ≪진서≫ 64권 본전에 있고, 범왕은 ≪진서≫ 8권의 〈목제본기穆帝本紀〉에 있다. 치음은 ≪진서≫ 9권의 〈효무제본기孝武帝本紀〉와 ≪진서≫ 67권의 〈치음전郗愔傳〉에 나타난다. 왕온王蘊은 ≪진서≫ 9권의 〈효무제본기孝武帝本紀〉와 93권인 〈왕온전王蘊傳〉에 보인다. 또한 왕회王薈는 ≪진서≫ 65권인 〈왕회전王薈傳〉에 보인다.

유유가 진군장군에 임명된 것은 ≪진서≫ 10권의 〈안제본기安帝本紀〉에 보인다. 원흥 3년(404년) 3월 임술에, "환현의 사도였던 왕밀王謐이 유유를 행진군장군, 서주자사와 도독으로 양주 서주 곤주 예주 청주 기주 유주 병주 8주 제군사로 추대하고 가절假節[11]의 권한도 주었다."[12]

---

11 역자 주 : 한말과 위진남북조 시대에 지방군정의 관원에게 부절을 주는 것을 가절

이상에서 기술한 것과 같이, 치음 이후에 진군장군의 직분을 맡은 사람은 유유 1인만이 아니지만, 다만 도연명의 나이로만 셈해 보면 그는 유유의 참군이었을 가능성이 있다. ≪문선文選≫ 이선주李善注에서는, 이 시의 아래에 장영서臧榮緖의 ≪진서≫를 인용하여, "송의 무제가 진군장군을 운영하였다."고 하였는데 정확히 들어맞는다.

유유가 뒤에 진을 찬탈하여 송조를 세웠기 때문에, 논자들은 도연명이 두 왕조를 섬기는 것을 부끄럽게 여길 것이라는 선입견을 가지고서 이 진군장군은 틀림없이 다른 사람이라고 억지소리를 하는 것이다. 예를 들어, 도주는 ≪정절선생년고이≫에서 유뢰지라고 생각하였으니, "≪진서晉書 · 백관지百官志≫를 살펴보면 좌우전후군 장군이 있는데 좌우전후 4군은 진위군이다. 왕공, 유뢰지가 모두 전장군으로 바로 진위군인데 글을 줄여서 진군이라고 하였으니 어찌 불가하겠는가?"라고 하여 마침내 도연명이 융안 3년 기해己亥(399년)에 35세로 유뢰지의 군대에 참가하였다고 확정하였다. 고직古直도 ≪도강절연보≫에서 이 견해를 따랐다.

그러나 도주의 이러한 견해는 매우 많은 빈틈을 가지고 있으니, 진위군을 진군이라고 줄여 부른다는 것은 더욱이 억지소리이다. 진군장군을 진군이라고 약칭한다면 진위군을 다시 진군이라고 줄일 수가 없다. 그렇지 않으면 어찌 혼란을 일으키지 않을 수 있겠는가? 주자청 역시 〈도연명연보중 지문제〉에서 도주의 잘못을 강력히 반박하였으니, 도주가 ≪송서 · 무제기≫에 근거하여 기해년(399년)에 유뢰지가 전장군이 되어 손은을 토벌했다고 말하였다는 것이다.

그러나 ≪진서 · 안제기≫의 기록에 의하면, 이 해에 유뢰지는 보국장군이었고 다음 해에야 비로소 전장군으로 진북장군이 되었다. 오사감吳士鑒,

---

이라 불렀다. 전시에 중급이하의 관리를 죽일 수 있는 권한을 주는 것이다.

12 ≪송서 · 무제기≫, "이에 고조에게 추천하여 그로 하여금 절부를 지니게 하였고, 도독 양 서 곤 예 청 유 8주의 제군사와 영군장군, 서주자사로 삼았다. 기록에 잘못이 있다. 중화서국점교본교감기中華書局點校本校勘記 제11조에 상세히 보인다.

유승간劉承幹의 ≪진서교주晉書校注≫ 10에서 정국균丁國鈞의 ≪진서교문晉書校文≫ 1을 인용하여 말하기를, "유뢰지의 전기로 고찰해 보면, 진장군이란 호칭으로 불린 것은 손은을 격파한 후이니 이 책에서 쓴 관호가 그 사실을 증명하고 있다. 송서가 잘못되었다."고 하였다. 이렇게 보면, 융안 3년에 유뢰지는 아직 전장군에 임명되지 않았으니 당연히 진군이라고 약칭할 수 없는 것이다. 주자청은 또 ≪진서晉書 · 직관지職官志≫ 5교五校 조문 아래에서, "뒤에 좌군, 우군, 전군, 후군을 줄여서 진위군이라 하였다. 이 뜻은 바로 생략하고 병칭하여 1군으로 만든 것이다. ≪도고陶考≫는 '후생後省' 2자를 제거하였으니, 그 뜻이 아주 다르게 되었다. 주자청은 이 시제 중의 '진군'은 유유일 것이라고 생각하고 있다.

도연명이 일찍이 유유에게 벼슬살이를 했던 것은 틀림이 없다. 주자청의 견해는 믿을만한 것이다. 양계초의 ≪도연명연보≫에 이르러서는, 유뢰지의 군호가 진북장군이라고 하였는데 아마도 진군은 진북의 와전일 것이다. 이 시는 2년 무술戊戌(398년)과 관련이 있다고 하였다. 양계초의 의견은 추측에서 나왔으니 더욱이 성립하기 어렵고 반박할 필요도 없다.

위에서 열거한 것으로 동진에서 진군장군이라고 부르던 사람은 6인이 있는데, 그 신분이나 지위가 모두 보통은 아니었다. 사마희司馬晞는 원제의 아들이고 무릉의 위왕으로 봉해졌다. 범왕范汪은 일찍이 응양장군鷹揚將軍에 임명되었으며 후에는 무흥현후武興縣侯로 작위가 올랐다. 또 서, 곤, 청, 익 4주의 도독과 양주의 진릉제군사, 안북장군에 제수되었고 서, 곤 2주의 자사이며 가절의 신분으로 제수되었다. 치암 역시 일찍이 도독으로서, 곤, 청, 유, 양주의 진릉제군사가 되었으며, 서, 곤 2주의 자사, 가절의 지위를 받았다. 그들 모두는 번진의 중신의 위치에 있었다. 왕온王蘊은 효무孝武 정황후定皇后의 아버지였다. 이 때문에 경구제군사, 좌장군, 서주자사, 가절을 제수하였다. 왕회는 왕도王導의 아들로 일찍이 상서를 역임하였고 영중호군領中護軍을 맡았다가 정려장군征虜將軍과 오국내사吳國內史가 되었다. 유유의 출신은 이상의 다섯 명처럼 고귀하지는 못하였지만 그러나 그는 군사를 일으켜 환현을 토벌하고 경사에 진입해 국가의 군정대권을 장악한 후에야 겨우 진군장군의 칭호를 얻었다.

이로 보자면 동진의 진군장군이란 호칭은 결코 가볍게 사람들에게 수여되지는 않았다. 유뢰지는 비록 용맹한 장수이기는 하였지만 출신성분이 비교적 낮고 강대한 배경이 없었기에 왕공은 겨우 부곡의 장으로만 그를 대접하였다. 그와 같은 사람은 진군장군의 호칭을 얻을 수 없었다.

시제 중의 '시작始作' 두 자를 양계초는 ≪도연명연보≫에서 "바로 벼슬살이를 시작하는 것을 일컬을 따름이다."라 하였다. 이것은 이 시의 창작 연대와 연관이 있고, 역시 도연명이 일찍이 환현에게 벼슬살이를 하였는지의 여부와도 관계가 있기 때문에 간략하게나마 분석을 하지 않을 수 없다. '시작' 두 자는 아래의 '진군참군'이라는 글자에 연속되어 있으니 분명히 진군참군을 맡으려 하였다는 뜻이라고 할지라도 벼슬살이를 시작했다고 해석할 수는 없다. 시의 내용으로 보자면, 바로 집을 떠나서 진군참군의 직분에 나아갔다는 것으로 가는 도중에 지은 것이다. 양계초의 견해는 성립이 안 된다.

시제 중의 곡아曲阿 역시 설명이 필요하다. 곡아는 옛 현명으로 그 관소가 지금의 강소성 단양에 있으며 경구京口(강소성 진강)의 남쪽에 있다. 경구로부터 매우 가까운 곳이다. 경구는 원래 남곤주 군부가 있던 곳으로 후에 남곤주 군부는 광릉(지금의 강소성 양주)으로 옮겼다. 광릉은 수도인 건강의 북에 위치하였기에 '북부北府'라고 불렀다. 그리고 건강의 동쪽인 경구는 '동부東府'라고 불렀다. 이곳은 원래 상서 사마도자의 관부가 있었기에 상서부가 되었다. 유유는 안제 원흥 3년(404년) 3월에 건강을 공격해 들어간 후 몇 일 있다가 경구의 동부에 돌아와서 진鎭을 만들었다.[13] 도연명은 고향인 심양으로부터 경구에 이르렀는데 어떻게 가는 길이 경구의 남쪽이었고 장강의 연안인 곡아에 있지 아니하였는가?

내가 생각하기에는, 도연명이 이때 심양으로부터 경구로 가는 길이 꼭

---

13 ≪자치통감資治通鑑≫ 13권, 안제 원흥 3년 3월 기미 유유가 건강에 들어갔다. 8일 후인 정묘에 유유가 돌아와 동부에 진을 만들었다.

장강이 아니면 안되는 것은 아니었다. 예를 들자면 경자庚子년에 그가 건강으로부터 심양에 돌아올 때, 〈경자세오월중종도환조풍우규림〉이라는 시가 있는데 '규림'이라는 곳의 위치를 고증해서 정할 수는 없지만, 시에서 "배를 멈추고 호수에 머물러 있네戢枻守窮湖"는 장강에 있지는 않은 것 같다. 을사乙巳년에 강주江州로부터 건강建康에 가며 전계錢溪를 지나갔다. 〈을사세삼월위건위참군사도경전계乙巳歲三月爲建威參軍使都經錢溪〉라는 시가 있는데 전계는 지금의 안휘성 선성시 남릉현이고 장강에 가까이 있지 않다. 이때의 행차도 장강을 건너지는 않은 것 같다. 도연명이 진군참군에 임명되어 심양으로부터 경구에 이르는데 먼저 동쪽으로 육로를 통해 가다가 다시 동북쪽으로 수로를 지나게 되는데 이러면 바로 곡아를 지나게 된다.[14]

안제 원흥 3년(404) 2월에 유유는 군대를 이끌고 환현을 토벌하였다. 3월에 건강建康에 들어가 진군장군으로 불리었다. 도연명이 진군장군의 참군에 취임한 것은 반드시 이 이후 였을 것이다. 그리고 의희義熙 원년 을사(405년) 3월에 도연명은 이미 자리가 건위참군으로 바뀌어 임명되었으니, 〈을사세삼월위건위참군사도경전계乙巳歲三月爲建威參軍使都經錢溪〉라는 시가 있다. 도연명이 유유의 참군으로 일한 것은 많아야 1년 정도의 시간이다.

유유는 평민으로 일어나, 초기에는 관군장군인 손무종孫無終의 사마가 되었다가 안제 융안 3년에 전장군인 유뢰지에게 소집되어 참군으로 손은을 토벌하였다. 손은을 토벌하는 몇 년 동안에 여러 차례 전공을 세워서 건무장군과 하비下邳태수로 승진하였다.

안제 원흥 원년(402년)에 환현이 경사京師에 들어가 2년 12월에 황제라고 칭하였다. 유유는 표면적으로는 환현에 복종하는 것 같았지만 몰래 힘을 모아서 반대를 하려고 준비하고 있었다. 원흥 3년(404년) 2월에 유유는 무리를 이끌고 환현을 토벌하였고 3월에 건강에 들어갔다. 3월 임술壬戌에 진군장군의 직무를 담당하였으며 양주, 서주 등 8주제군사 도독으로, "몸소

---

14 ≪중국역사지도집中國歷史地圖集≫ 제4책 참고. 〈중화지도학사中華地圖學社〉, 1975.

다른 사람에게 모범을 보였으며 먼저 내외에 법령을 세우자 백관들이 숙연히 직분에 충실하여 2, 3일 사이에 풍속이 바로 고쳐졌다."[15] 5일 후인 정묘丁卯에 즉시 다시 돌아와 동부東府에 진을 세웠다.

이때에 환현은 안제를 납치하여 심양에 이르렀다가 물자와 병력을 보충한 후에 계속 서쪽으로 도망가다 4월에는 강릉에 이르렀다. 유유의 군대는 심양 부근의 상락주桑落洲에서 환현의 군대를 대파하였으며, 유유는 도독 강주제군사의 직책을 더하였다. 유유는 유경선을 강주자사로 삼았다. 도연명이 유유의 군대에 참여한 것은 아마 이때일 것이다.

원흥 3년(404년) 5개월 전은 정국이 가장 불안정한 시기였고 도연명의 고향인 심양 또한 불안정한 중심지 중의 하나였다. 일찍이 환현의 군막에 들어갔다가 한가하게 집에 있던 도연명은 왜 갑자기 환현의 적인 유유의 참군을 지냈는가? 우리들은 유유와 도연명 두 방면으로 이 수수께끼를 풀어볼 수 있을 것이다.

유유를 통하여 보면, 그가 이때에 군대를 일으킨 것은 환현이 왕위를 찬탈하는 것을 반대하고 진왕조를 회복하려는 깃발을 드는 것이어서 도의적으로는 유리한 입장에 있었다. 더욱이 쌍방의 힘의 대비라든지 지휘의 잘잘못과 같은 요인 때문에 2, 3개월 안에 결정적인 승리를 얻었으며 짧은 시간에 국가에 새로운 희망을 가져온 것 같았다. 유유는 이때에 아직 찬탈의 야심을 드러내지는 않았다. 그는 아직 왕위를 찬탈할만한 조건을 갖추지 못했었다. 그를 따라 기병하고자 하였던 사람들은 북부北府의 27장령과 100여 명의 군졸뿐이었다. 군사를 일으키기 전에 환현은 북부의 우두머리인 유뢰지를 사지에 몰아넣었고, 고소高素 등 6개의 북부 옛 장수들을 죽이거나 포로로 잡았다. 그리하여 북부장령들로 하여금 모두 스스로 위태롭다고 여기게 하였다. 그럼에도 불구하고 유유는 기병전에 여전히 주저하였으며 환현이 진왕조를 찬탈한 후를 기다려서야 겨우 기병을 하였다. 그의 기병은

---

15 ≪송서 · 효무제본기≫, 중화서국점교본, 3쪽.

운명을 건 한 판의 성질이었으며, 승리에는 확실히 약간의 요행이 따랐다.

유유가 처음 군대를 일으키며 권력을 장악하던 초기에는 통치기반이 매우 약했고 적대세력 또한 적지 않아서 만약 여러 해 동안의 경영이나 환온의 북벌과 같은 몇 차례의 눈에 띄는 전공이 없었다면 그는 쉽게 왕위를 찬탈하려고 하지 못했을 것이다. 사실상 16년 후인 진 원희元熙 2년(420년)에야 그는 겨우 왕위를 찬탈하였으니, 바로 이점을 증명하고 있는 것이다. 이러한 상황에서 도연명은 그가 16년 이후에 왕위를 찬탈할 것이라 예측하여 진왕실에 충성을 하려고 그의 막부에 들어가는 것을 거절할 수는 없었을 것이다.

다른 한편으로는 바로 자신의 처지가 안정되지 못하였기 때문에 유유는 특별히 문무의 인재들을 주의해서 끌어들이려 하였다. 강주의 명사였던 도연명이 그의 총애를 얻어서 참군으로 소집된 것도 그리 이상하지는 않은 것이다. 도연명이 일찍이 환현에게 벼슬살이를 했던 이력도 유유의 그에 대한 징집에 영향을 미치지 않았을 뿐만 아니라, 만약에 도연명이 소집에 응한다면 더욱 유유의 큰 도량과 어진 이를 목마르게 구하는 태도를 드러낼 수 있었다. 하물며 도연명은 이때에 이미 환현을 벗어나서 상을 당한 상태로 집에 있었음에랴! 다시 말해서, 도연명이 유유의 군막에 들어간다는 것은 일찍이 진 왕조의 대사마였던 도간陶侃의 문벌이 유유에게 대하는 입장을 대표하는 것이었다. 도연명이 실제적으로 유유를 얼마나 지지하였느냐를 논하지 않더라도, 그가 유유의 군막에 들어간 이러한 행위는 본래 유유가 진 왕조의 옛 신하들을 쟁취하려하고 자기의 이미지를 높이는 것에는 의미가 있는 것이다. 그렇기 때문에 유유의 입장에서 말하자면, 그는 당연히 즐거이 도연명을 소집해서 참군을 삼으려 한 것이다.

도연명의 입장에서 보자면, 그가 유유의 참군 임무를 맡는 심정은 매우 복잡하였다. 위에서 말한 것과 같이 그가 환현의 막부에 들어간 것은 환현이 진 왕조의 기강을 바로잡을 것이라는 환상을 가진 것이지 그가 왕위를 찬탈하는 것을 도우려고 했던 것은 아니다. 비록 그가 상을 당해서 비교적 일찍이 환현을 떠났기에, 환현이 동쪽으로 경사에 진입하여 왕위를 찬탈하는 중대한 사건에 참여하지는 못하였지만, 만일에 그가 여전히 환현의 막중에 있었으면 어떤 태도를 취했을지 우리는 단정할 수가 없다(다행히도 모친상을 당하여 이러한 난처한 지경에 빠지지는 않았지만). 그러나 그는 확실히 유유의 소집에 응해서 집을 떠나 진군참군에 부임했을 것이다. 이러한 사실은 그가 옛 주인인 환현이 싫증나서 버린 것과 일시적으로 진왕조를 구한 유유에 대한 지지를 충분히 설명할 수 있다. 만약에 그가 환현을 지지하였다면 환현이 동쪽으로 내려가거나 서쪽으로 돌아가며 두 차례 강주를 지나칠 때 그는 다시 환현의 군막에 돌아갈 수 있었다. 그러나 그는 이렇게 하지 않았다. 그렇다 할지라도 도연명이 유유를 향하여 내달린 이 한 걸음은 결코 쉬운 것은 아니었다. 의심과 염려가 많았었다고 말할 수 있다.

그는 결국에는 환씨의 옛 사람이었고 유유가 결국에 어떤 자세를 취할 것인지 고려하지 않을 수 없었다. 이것이 그 중의 첫 번째이다. 정국은 불안정하고 진영이 분명하여 누가 이기고 질 것인지 예측하기 어려워서 조금이라도 신중하지 않으면 화를 당할 수 있었던 것이 두 번째였다. 그는 성격이 강직하여 다른 사람들과 충돌이 많았다. 그리고 유유는 또한 무인이니, 그와 잘 맞을 것인지 말하기 어려웠다. 이것이 세 번째이다.

그러나 무엇인가 해보려 한다면 실제로 최고의 기회였으며 도연명은 포기하려고 하지 않았다. 그런 까닭으로 동쪽으로 내려가는 길을 택하였으며 목적지에 가까운 경구의 곡아라는 곳에서 〈시작진군참군경곡아〉를 짓고, 시에서 이러한 모순된 심정을 표현하였다. 시의 바로 앞부분에서, 자기는 어려서부터 세상 밖의 일에 몸을 맡기어 음악과 책 속에 마음을 빼앗겨 안빈낙도하였다고 말하였다.

그러면 무엇 때문에 진군참군을 맡으려고 하였는가? 그는 "만약 기회가 주어진다면, 수레를 돌려서 벼슬길에 나아가야지時來苟冥會, 宛轡憩通衢"라고 하였다. 《문선》 이선주李善注의 노자량盧子諒(담湛) 〈답위자제答魏子悌〉

시에, "기회가 온다면 잡아야지遇蒙時來會"가 있다. 완婉은 굽힘이다. 은거하러가던 수레를 돌려서 벼슬길에서 쉬는 것이다. '통구通衢'는 벼슬길을 뜻하는 것이다. 살펴보자면, ≪문선≫ 25권에 노자량의 ≪답위자제≫에는 '기회가 오면 잡아야지 더욱이 조정의 덕있는 인사와 함께 해야지遇蒙時來會, 聊齊朝彦跡'가 있다. 이선은 그의 주注에서 '부귀영화와 은총은 잠시 와있는 것'이라고 하였다. ≪한서漢書≫에서 괴통蒯通은 '시절이여 시절이여, 다시 오지 않는구나'라고 하였으니 '시時'란 '시기, 운수'를 가리키는 것이다. '명회冥會'는 '은근히 만나다'와 같은 의미이다. 곽박郭璞의 ≪산해경도찬山海經圖贊 · 자석磁石≫에 "자석이 쇠를 빨아들이고 대모가 티끌을 취한다. 기가 은근히 감응하고 운수 역시 남몰래 들어맞으니 뭃이 서로 들어맞는 것은 의외인 상황에서 나온 것이다."라 하였다. '시래구명회時來苟冥會'는 '시기와 운수가 자기와 들어맞아서 조용히 온 관계로 드러나게 구하지 아니해도 얻을 수 있다'는 뜻이다. '완비宛轡'는 '굴비屈轡'이다. 도연명은 〈음주 9〉에서, '벼슬길 관리야 참으로 배울 수 있지만 자기의 뜻 거스르니 마음이 미로에 빠지리라. 이 술을 마시며 함께 즐기리, 수레를 돌려 돌아가지는 않으리라紆轡誠可學, 違己詎非迷, 且共歡此飮, 吾駕不可回 노래하였다. '완비宛轡'는 역시 '우비紆轡'의 뜻으로 모두 '수레를 돌린다'는 뜻이다.

도연명은 본래 관리가 아니었으며 세상을 피해 은둔하고자 하였다. 그런데 이제 홀연히 관리가 되어 뜻밖에도 벼슬길에서 쉬엄쉬엄 유람하게 되었으니 이것은 바로 고삐를 늦추고 수레를 돌려 본래의 마음을 바꾸는 것이다. 도연명은 어려서부터 벼슬길에 들어갈 생각이 없다고 말하였다. 그러나 기회가 와서 자신과 은근히 맞으면 수레를 돌려 벼슬길을 돌아다녀도 괜찮다고 여겼다. 이에 그는 평상시 지니던 지팡이를 놓고 일찍 행장을 꾸려 잠시 전원을 떠나 진군참군에 나아갔다. 가는 길에 쭉 심리적으로 매우 갈등이 있었으며, 자기가 탄 배가 멀리 갈수록 돌아오고 싶은 생각이 더욱 마음을 에워싸 끊기가 어려웠다. 나는 새와 노니는 물고기를 보면서는 깊이 부끄러움을 느꼈으니, 물고기와 새들은 각기 제자리에 있는데 자신만이 한사코 본성을 위배하고 있었다. 그러나 자연의 본성은 여전히 처음처럼 가슴속에 그렇게 남아있었기에 비록 벼슬길에 들어섰지만 자신의 몸과 행적은 여전히 속박을 받을 정도는 아니었다. 적절한 시운이 이왕에 자기와 은근히 맞아떨어졌으면 잠시 시운의 변화를 따라 나아가겠지만 장래에 결국은 전원으로 돌아갈 것이었다.

실제의 상황은 도연명이 예상했던 것보다 훨씬 못하였다. 그는 유유에 대해 실망하여 1년이 못되어 진군참군의 직위를 사직하고 유유를 떠났다. 직접적인 원인이 있었는지는 고찰할 수 없지만, 단지 이 1년 안에 유유가 한 가지 일을 해 낸 것을 우리는 알 수 있다. 즉 철저하게 환현 및 그 잔당의 세력을 소멸시켰다. 이러한 과정 중에 유유의 지위는 날로 높아만 가고 권세 역시 날마다 강대해졌다. 유유의 직계가 아닌 사람으로 유유 신변에 있는 어려움을 상상할 수가 있었다. 종전에 유유가 상사로 모시던 유뢰지의 아들 (전쟁터에서 유유 대신에 포위를 뚫었던) 유경선조차도 스스로 매우 위태롭다고 느꼈다. 하물며 환현의 옛 부하인 도연명은 어떻겠는가?

다시 말하면 이 때 유유의 주의력은 주로 군사적인 일에 있었으며 문치를 고려할만한 겨를이 없었다. 도연명은 자신이 참군이긴 하였지만 군사적인 방면에서 특별한 재능이라든지 공을 세운 적이 없어서 틀림없이 냉대를 받는 느낌이 있었을 것이다. 본래 아주 원해서 온 것도 아니고 성격 또한 지나치게 강직했던 도연명은 먼저 건위장군인 유경선의 참군이 되었다가 다시 팽택령이 되었고, 최후에는 기회를 잡아 관직을 버리고 은거하게 되었으니 이 모든 것은 대략 1년 안에 이루어진 것이다.

또 보충 설명해야 할 다른 문제는 바로 도연명과 유유 사이에 어떤 인물이 교량 역할을 하였을까 하는 점이다. 도연명이 〈귀거래혜사서〉에서 언급하였던 바로 그 숙부가 바로 천거를 했던 인물이다. 〈귀거래혜사서〉에서, "천하에 일이 있으면 제후는 사랑과 은혜로 덕을 베푼다. 당숙은 내가 가난하고 힘들 때 작은 읍의 수령으로 써주셨다."고 했다. 이곳에서 말한 제후는 유유를 가리키고 '가숙'은 혹시 '도기陶夔'를 가리키는 것인가?[16] 이 사람은 우리들이 고증으로 알 수 있는 도연명의 유일한 당숙이다. 비록 긍정할 수 없을지라도 역시 가벼이 부정할 수도 없다. 그러나 이곳의 상하 문장은 그리 일관성이 있는 것 같지는 않다. 당숙이 그를 소읍인 팽택의 현령이 되게 하였는가? 당연히 아니다. 마땅히 당숙이 제후에게 그를 추천하여 먼저 진군참군이 되었고, 뒤에 다시 소읍인 팽택의 현령으로 전출되었다. 도연명은 고의로 의미를 모호하게 표현하여 참군을 지냈던 유쾌하지 못했던 사정을 언급하지 않았으니 이는 문맥을 교묘하게 한 부분이다. 당숙 이외에도 몇 사람을 주의할 필요가 있다. 그들은 처음에 유유에게 도연명을 추천하였던 인물들이 아니다. 그러나 도연명이 은퇴한 후에는 모두 도연명과 연계되어 있다. 어떤 사람은 그가 다시 유유를 위해 벼슬살이를 하며 힘을 다하도록 권하기도 하였다. 그들은 모두 도연명과 유씨의 송 왕조 사이에 교량 역할을 하였으니 도연명이 만일 유송을 위하여 힘을 다하기를 원하였다면 길은 잘 뚫려 있었다. 이 사람들은 다음과 같다.

1) 왕홍王弘

《송서》 42권 〈왕홍전王弘傳〉에 의하면, 왕홍은 왕도王導의 증손자이고 왕순王珣의 아들이다. "고조가 진군鎭軍이었을 때 그를 불러 자의참군諮議參軍으로 임명하였다." 그가 일찍이 도연명의 동료였던 것을 알 수 있다. 그는 유유의 휘하에서 공을 세워 제후에 봉해졌으며 의희義熙 14년(418년)에 무군장군, 강주자사에 임명되어 항상 술로 도연명을 대접하였다.[17] 송의 영초永初 2년(421년)에 도연명은 〈어왕무군좌송객於王撫軍座送客〉이라는 시를 지었다. 시제에 나타난 왕무군이 바로 왕홍이다.

---

16 도연명, 〈진고정서대장군장사맹부군전晉故征西大將軍長史孟府君傳〉 "연명의 종부 태상 기는 일찍이 유탐에 대해 물었다. 태상은 태상경으로 관명이다."

17 《송서 · 도잠전》, 《진서 · 도잠전》에 보인다.

2) 은진안殷晉安

도연명이 지은 시 중에 〈여은진안별與殷晉安別〉이 있다. 서에서 이르기를, "은진안은 먼저 강주의 진안군 남부의 장사연長史橡으로 임명되었기에 심양에서 거주하였다. 뒤에 태위참군이 되어 집을 동쪽으로 이주하기에 이 시를 지어서 바친다."고 하였다.

3) 안연지顏延之

《송서·도잠전陶潛傳》에 "연지는 유유의 후군공조後軍功曹가 되었다. 심양에 있을 때 도잠과 우정을 나누었다. 뒤에 시안태수로 임명되어 도연명의 거처를 지나가면서 날마다 도연명을 찾았다. 갈 때마다 흠뻑 취하도록 마셨다. 떠날 때에 2만전을 도연명에게 주었다. 도잠은 모두 술집에 주었고 조금 남은 것으로 술을 샀다." 도연명이 죽은 후에 안연지는 〈도징사뢰陶徵士誄〉를 지었다.

4) 단도제檀道濟

소통蕭統의 〈도연명전〉에 "강주자사 단도제가 연명에게 가서 문안을 드렸다. 질병으로 누운 지가 조금 되었습니다. 도제는 '현자가 세상을 살면서 천하에 도가 없으면 은둔하고 도가 있으면 세상에 나오는 것이다. 이제 자네는 문명의 세상에 태어나서 어찌 스스로 이처럼 고민하고 있는가?'하자 대답하기를 '내가 어찌 현자가 되기를 바라겠습니까? 뜻이 거기에 이르지 못합니다.' 도제가 좋은 음식으로 도연명을 대접하고 부하 장병을 끌고 떠나갔다." 《송서·문제기文帝紀》의 원가元嘉 3년 5월조에 의하면, 단도제가 강주자사에 임명되고 그 다음 해 가을에 도연명이 병으로 죽었음으로 단도제가 도연명에게 가서 문안을 드린 것이 이 1년 안의 시간이었을 것이다. 단도제는 일찍이 유유를 따라 환현을 토벌하였는데 아마도 도연명의 옛 친구일 것이다.

재미있는 것은 도연명이 이상의 네 명에 대하여 자못 다른 태도를 지녔다는 것이다. 도연명이 진정한 친구로 인용한 사람은 안연지와 은진안이다. 친구에 가까운 사람은 왕홍이고, 반감을 가지고 배척한 사람은 단도제이다. 이러한 사실 가운데에 주의할만한 가치가 있는 원인이 있는가? 내가 보기에는 주의할만한 가치가 있는 것으로 두 가지가 있다.

첫번째, 안연지, 은진안, 왕홍 3인은 모두 친구로서 대하였으며 그를 매우 존중하였다. 안연진, 은진안은 말할 필요도 없고, 왕홍은 강주자사로 있었지만 조금도 잰 채하지 아니하고 도리어 더욱 겸손하고 공손하였다. 단도제는 그렇지 않았으니, 그의 말속에는 도연명이 신왕조를 위하여 힘쓰지 않는다는 원망이 섞여 있었다. 그의 대접은 분명히 연민을 느끼는 점과 좋은 관계를 맺으려는 뜻이 있었다. 도연명의 성격으로는 이상의 세 사람에게 다른 태도를 취하는 것이 당연한 것이었다.

두 번째, 안연지, 은진안, 왕홍 세 사람은 비록 유유의 송조를 위하여 일하였지만 모두 유유가 가까이 믿을만한 인물들은 아니었다. 안연지는 변방으로 쫓겨나와 시안군의 태수가 되었는데 이것은 유유의 생명의 은인인 대신 서선지徐羨之가 배척한 결과였다. 은경인殷景仁은 이에 대해 일찍이 성을 내며, "세상은 걸출하고 기이한 사람을 싫어하고 점잖은 사람만을 비호한다"고 불평하였다.[18] 왕홍은 유유가 송을 건립한 후에 상서복야에 임명되었고 유유가 조서를 내려 공신을 봉할 때에 서열이 두 번째이긴 하였지만 유유는 결코 그를 믿지 않았다. 유유는 죽을 때까지 역시 고명대신을 삼지 않았다. 단도제는 유유가 친하게 여기고 믿는 신하였으며 유유의 고명대신으로 유유에게 완전히 충성을 바쳤다. 도연명은 의연히 유유를 떠났으니 유유가 믿는 신하에게 좋은 감정을 가질 수는 없었다. 도연명은 그들에 대하여 두 가지의 다른 태도를 취하여 그가 유송이라는 신왕조에 대한 입장을 표현한 것이다.

---

18 ≪송서 · 안연지전顔延之傳≫.

3

≪송서・도잠전≫에 '다시 진군, 건위참군이 되었다.'라고 기록되어 있다. 보건데 진군참군에 임명됨과 건위참군에 임명된 것은 서로 연속되는 두 가지 일인 것 같다. 도연명은 〈을사세삼월위건위참군사도경전계乙巳歲三月爲建威參軍使都經錢溪〉라는 시에서,

오랫동안 이 땅을 밟지 않았으니我不踐斯境,
세월이 많이도 지났구나歲月好已積
아침 저녁으로 산천을 보니晨夕看山川,
일마다 그대로이다事事悉如昔
안개비는 무성한 숲을 적시고微雨洗高林,
맑은 질풍에 새는 구름으로 날아오르네淸飆矯雲翮
저 경물은 이리도 아름답고眷彼品物存,
순박한 풍속도 여전하구나義風都未隔
나는 무엇을 위하여伊餘何爲者,
이 일에 이리 힘쓰나勉勵從茲役
이 몸이 구속된들一形似有制,
품었던 뜻 바꿀 수 있나素襟可不易
전원은 날마다 꿈처럼 오는데園田日夢想,
어찌 오랫동안 떨어질 수 있나安得久離析
끝내는 돌아가는 배를 타겠지終懷在歸舟,
참하다! 서리 맞은 잣나무여諒哉宜霜柏.

을사乙巳, 진 의희 원년(405년). 건위참군은 건위장군의 참군이다. 건위장군은 누구를 가리키는가? 혹은 유회숙劉懷肅이라고도 하고, 혹은 류경선劉敬宣이라고도 하였으니, 전인들에게 다른 학설이 있었다.[19] 유회숙이 건

---

19 송 오인걸吳仁傑 ≪도정절선생년보陶靖節先生年譜≫ 원흥 3년에서 말하기를, "이 해에 회숙이 건위장군으로 강주사사가 되었다. 선생은 실제로 건위장군의 참모가 되었다. 청 오첨태吳瞻泰의 ≪도시휘주陶詩彙注≫에, "≪송서・회숙전懷肅傳≫을 고증해 보면, 그 해

위장군에 임명된 것이 ≪진서·환현전桓玄傳≫에 보인다. "환현의 옛 장수인 유통劉統, 풍치馮稚 등의 무리 4백명이 심양성을 습격하여 격파하였다. 유의劉毅는 건위장군인 유회석을 보내서 평정하였다." ≪자치통감≫에는 안제 원흥 3년(404년) 5월에 이 일이 기록되어 있다. 그러나 ≪송서·유회숙전≫에는, "그가 단지 보국장군을 역임하였고 건위장군에 이르지 않았다"고 기록되어 있다. ≪진서교주晋書校注≫에는 "회숙전이 잘못 기록하고 있다고 의심하였으며, 혹은 보국이 건위의 와전"이라고도 하였다. 유회숙이 건위장군을 역임하였다는 설은 본래 매우 믿을만하지 않다는 것을 보여주고 있는 것이다. 유경선이 건위장군에 임명된 것은 ≪송서≫ 47권 〈유경선전劉敬宣傳〉에 보이는데, "환흠이 저氐 땅의 수령인 양추楊秋를 이끌고 역양歷陽을 침략하자, 경선은 건위장군인 제갈장민과 함께 그들을 대파하였다. 환흠은 단기필마로 회수를 건너 연고練固에서 양추를 베고 돌아왔다. 건위장군, 강주자사로 벼슬이 올랐다." 또 ≪진서≫ 84권 〈유경선전〉에, "제갈장민과 함께 환음을 작피勺陂에서 격파하고 건위장군, 강주자사로 승진하고 심양에 주둔하였다."고 기록되어 있다. ≪자치통감≫안제 원흥 3년(404년) 4월에 이 일이 기록되어 있다.

이러한 여러 자료를 종합해보면, 원흥 3년 4월에 유경선이 제갈장민을 좇아서 환흠을 격파한 후, 제갈장민을 계승하여 건위장군에도 동시에 임명되었다는 것을 알 수 있다. 그러나 만일 이 해의 5월에 유회숙이 바로 건위장군에 임명되었다면 설마 동시에 두 명의 건위장군이 있었다는 것인가? 혹은 유경선이 건위장군에 단지 1개월만 근무하였다는 것인가? 모두 불가능한 일이다. 이때의 건위장군은 단지 유경선 뿐이다. 유경선은 건위장군, 강주자사에 임명되었을 때 고사한 적이 있었다. 그러나 허락을 받지 못했다. 그는 강주에 도착한 이후 상당한 전공이 있었다. 이 해의 10월에 환현

에 보국장군이 되었으나 건위장군이 되었다는 설은 없다. …실제로 안제 원흥 3년 갑진甲辰에 공은 경선의 건위참군이 되었다 하나 알 수가 없다. 연보에서는 고증할 수가 없다." 이 후에는 두 설이 병존했지만 어느 것이 옳다고 할 수는 없었다.

의 형 자량子亮이 자칭 강주자사라 하면서 병사를 일으켜 예장豫章을 공격하였는데 유경선이 그를 격파하였다. 건위군이 주둔한 곳은 바로 강주江州 일대였으며, 유경선은 이미 강주자사로 임명됨과 동시에 필연적으로 건위장군에도 임명되었다. 유회숙이 건위장군에 임명되었다는 것은 ≪송서≫ 본전에도 보이지 않으니 ≪진서·환현전≫이 잘못 기록하였다고 인정할 만하다. ≪자치통감≫은 분명히 ≪진서≫를 근거로 하였기에 진서와 같이 착오가 있게 된 것이다.

이상의 고증은 도연명의 시 중에서 언급한 건위장군이 유경선이라는 것을 인정하고 있다. 유경선은 유뢰지의 아들로서 일찍이 아버지를 도와 반군을 일으켜 왕공에게 대항하였으며, 도리어 그 아버지가 환현에게 대항하는 것을 반대하였다. 환현이 뜻을 얻은 후에는, 유뢰지를 정동장군, 회계태수로 삼고 그의 북부병권을 빼앗았다. 유경선은 마침내 그의 아버지와 공모하여 환현을 습격하였으나 성공하지 못하고, 유뢰지는 목매달아 죽었다. 유경선은 낙양으로 도망가서 장안을 왕래하며 요흥姚興에게 구원을 요청하였다. 또 선비鮮卑의 모용덕慕容德에게 도망갔다. 안제 원흥 3년(404년)에 모용덕을 토멸하려는 모의가 누설되어 회淮, 사泗수의 사이로 도망을 갔다. 유유가 손수 편지를 써서 보국장군, 진릉태수로 불러들였다.

유경선이 유유의 신임을 받을 수 있었던 첫 번째 원인은 그가 유유의 옛 주인인 유뢰지의 아들이었기 때문이고, 두 번째 원인은 유유가 유뢰지를 좇아 손은을 토벌할 때 1차 전투에서 유경선이 유유를 구원했기 때문이다. 그러나 유경선은 자신이 유유의 적통은 아니라는 것을 알고 있었다. 그 자신은 북부北府의 원래 수령인 유뢰지의 아들로서 당대에 북부병권을 장악하고 있던 유유의 의심과 질투를 매우 두려워하였다. 그런 까닭으로 유유가 그를 건위장군, 강주자사로 임명하였을 때 고사를 했던 것이다. 유경선이 강주에 이른 후에 유유의 심복인 유의劉毅가 결국에 참소를 하여 유경선으로 더욱 불안하도록 하였다. 안제가 반정한 후에 마침내 표를 올려 사직을 원했고 끝내는 윤허를 얻었다.

도연명이 유경선의 참군이 되어 경도에 출사하였을 때가 바로 안제가 반정했던 3월이었는데 그는 무슨 사명을 가지고 출사하였었는가? 도주陶澍의 〈정절선생위진군, 건위참군변靖節先生爲鎭軍, 建威參軍辨〉은 ≪진서·유경선전≫에 근거하여 말하기를, 을사乙巳 3월에 안제가 강릉으로부터 반정할 때에, 도연명이 경도에 출사한 것은 당연히 복위를 축하하는 것일 것이며, 아울러 유경선을 위하여 표를 올려 사직을 구하는 것일 수도 있다. 이것이 사실을 찾아볼 수 있는, 유경선이 이 당시에 경도와 연계된 것을 고찰해 볼 수 있는 유일한 자료이다. 비록 이 견해가 지나치게 우연이기는 하지만 꼭 성립할 수 없는 것은 아니다.

도연명이 일찍이 유유의 참군을 지냈으며 또한 권력욕이 없는 사람이었기에, 유경선이 그를 파견해 유유를 뵙게 하고 그 사이에서 유유의 의심을 해소하도록 한 것은 매우 적절한 것이다. 이때에 표를 올려 사직을 구하여 윤허를 얻었기에, 유경선이 건위장군, 강주자사의 직무를 벗어버리게 되었다. 도연명도 당연히 유경선을 떠나게 되었고 건위참군의 직무도 그만두게 됨으로 달리 팽택령을 구해서 맡게 된 것이다. 그리고 이것은 바로 도연명이 희망한 것이다.

시제 중의 '전계錢溪'는 강주에서 수도인 건강에 가는 도중인 지금의 안휘성 지역 내에 있다. 시의 전반부의 네 구를 통해서 보면, 도연명은 일찍이 이곳에 온 적이 있었으며 아마도 경자년에 강릉으로부터 수도에 왔던 길과 같은 노선일 수도 있다. 그는 몇 년이 지났지만 산천은 옛과 같고 모든 사물들이 왕년과 변함없다고 느꼈다. 자세히 주위의 일체를 보니, 모두가 이슬비와 맑은 바람의 화육을 실컷 누리며 생기발랄하게 자신의 자리에 있었다. 자신만이 도리어 공사로 얽매어 자유를 잃었으니 도대체 무엇을 위한 것인가? 자신의 육체야 벼슬살이로 제약을 받고 있다 하지만 평소의 포부를 바꿀 수는 없는 것이었다. 날마다 자신의 전원을 어떻게 오랫동안 떠나있을 수 있겠는가 하고 생각하였다. 자신의 소회는 끝내 돌아가는 배에 있고 자신의 절개와 지조도 진실로 송백의 견고한 지조에 필적할만하였다. 이 시의 시상과 감정은 〈시작진군참군경곡아〉와 매우 흡사하나 "기회가 오면 붙잡고 수레를 돌려 벼슬길에 가려하네時來苟冥會, 宛轡憩通衢"와 같은 무엇인가 해보려는 뜻은 이미 없었다. 그는 아마도 아주 빨리 전원에 돌아가고자 이미 결심한 것 같다.

도연명이 건위참군을 맡았던 시간은 그리 길지 않아서 3월에 수도에 갔다가 8월에는 팽택령을 맡았다. 그가 팽택령으로 있었던 것은 단지 80여일로 곧 스스로 자리를 박차고 사직을 하여 영원히 벼슬길을 마쳤다. 때는 을사乙巳년 진 안제 의희 원년(405년) 11월이었고 진왕조의 멸망까지는 아직 15년이라는 세월이 남아 있었다.

4

도연명이 진의 안제 융안 2년(398년)에 처음 환현의 막부에 들어갔으며 진의 안제 의희 원년(405년) 겨울에 팽택령을 사직하였다. 이때가 바로 진왕조의 끝자락으로 정국이 가장 불안정하던 8년이다. 도연명은 빠르지도 늦지도 않고 공교롭게 이때에 벼슬길에 나아가, 앞뒤로 환현, 유유, 유경선 세 사람의 군막에 들어가서 정치의 소용돌이 속에 몸을 던졌으니 매우 깊이 생각할 가치가 있는 것이 아니겠는가?

진과 송의 정치적 풍운 속에서 형주병荊州兵과 북부병은 판세를 결정할만한 중요한 위치에 있었다. 형주는 장강의 중류에 있어서 역대로 군대가 모이는 장소였으며 경제적으로도 풍요로운 지역이었다. 형주의 진장鎭長은 지리, 군사, 경제 세 방면의 우세함을 빌려 가끔씩 강 하류에 있는 수도 건강을 핍박하며 위세를 떨치고 아울러 찬위의 틈을 노리기도 하였다. ≪통전通典 · 주군전州郡典≫에 "초지역의 풍속은… 야만족들이 섞여 있고 강인하고 사나운 병사들을 이끌었다. 남조가 정립鼎立하자 모두가 중요한 진이 되었다. 그러나 군사가 강하고 재화가 풍부하며 지세가 험난하여 왕조마다 군사를 일으켜 대대로 발호하지 않은 적이 없었다."고 하였다. 동진 일대의 왕돈

王敦, 환온桓溫, 은중감殷仲堪, 환현桓玄은 모두 형주를 근거지로 하여 강한 군대를 가지고 왕위를 위협하거나 찬탈하려던 대군벌들이었다. 형주의 군벌들과 세력이 팽팽하였던 다른 세력은 북부병이었다. 이들은 원래가 사안謝安이 만들었던 새로운 군벌로, 그는 장강 하류의 군사적 역량을 강화하여 북으로 진병秦兵에 대항하고 서쪽으로 형주병을 방비하여 수도를 보위하기 위하여 남서주南徐州와 남곤주南袞州에서 북으로 왔던 백성들을 모집하여 이 신군을 편성한 것이다.

효무제孝武帝 태원太元 2년(377년)에, 사안의 조카인 사현을 곤주자사로 삼아 이 일을 맡겼다. 사현은 용감한 병사들을 모으고 유뢰지 등 몇 명을 얻어 뢰지를 참군으로 삼았다. 늘 정예부대를 인솔하여 전위대를 삼아서 전투마다 승리를 하였기에 당시 '북부병'으로 불리었다. 남곤주의 군부는 원래 경구京口(지금의 진강시鎭江市)에 있었으나 사현이 광릉廣陵(지금의 양주시揚州市)으로 옮겼다. 효무제 태원 8년(383년)에 북부병은 비수淝水의 전투에 승리하자 실력과 명성을 크게 떨치게 되었고 동진의 정국을 좌지우지할 큰 힘을 가진 한 부대가 되었다.

도연명이 출사하여 관리가 되면서 다른 곳이 아니라, 공교롭게도 형주의 군부인 환현의 막부에 들어갔으며 또, 북부의 우두머리인 유유의 막부에도 들어갔다. 계속해서 또, 북부의 옛 장수인 유뢰지의 아들인 유경선의 막부에도 들어갔다. 이러한 일들이 설마 우연이었을까? 도연명이 동진의 정국에서 가장 어지러운 때를 선택했을 뿐만 아니라 또, 동진의 정국에 가장 영향력이 있는 두 개의 군부를 선택한 것이다. 이것은 그가 아직 정치에 관심을 가지고 있었으며, 아울러 정치적으로 무엇인가 해보고자 한 것이 있었다고 생각된다. 그가 비록 늙으신 부모님과 가난한 집안 때문에 생활을 위하여 어쩔 수 없이 벼슬길에 나아갔다고 계속해서 말하고는 있지만, 그러나 이러한 이유는 원인의 한 면일 뿐이지 중요한 원인은 아니다. 이 8년은 그가 가장 가난할 때는 아니었고, 반드시 벼슬살이에 나아가야 할 정도도 아니었다. 벼슬길에 나아가 정치투쟁의 소용돌이에 뛰어들어야 하는 것은 아니었으며 형주와 북부가 어떤 지역인지 그가 모를 리가 없었다. 형주의 환현과 북부의 유유는 정치가 불안정할 때의 주인공들이었다. 그는 환현의 막부에서 최소한 2년을 있었으며 일찍이 그를 위하여 경도에 심부름을 간 적도 있었다. 집에 머문 지 채 3년이 못되어 동쪽으로 경구에 가서 진군장군이었던 유유의 참군이 되었다. 유경선의 참군이었을 때에는 또 그를 위하여 수도에 가서 표를 올리기도 하였다.

이러한 것은 모두 일반적인 임무가 아니다. 참군이라는 직위는 한말漢末에 처음으로 설치되었다. 조조는 승상으로서 군정을 총괄하였고 그 부하들은 가끔 참승상군사의 명의를 사용하였다. 이 후에 바로 남북조에 이르러서는 여러 왕 및 장군으로 막부를 설치한 자들은 모두 참군을 두어 중요한 막료로 삼았다. 진송의 인물 중에 왕도 같은 이는 일찍이 동해왕월군사東海王越軍事에 참여하였다. 도간陶侃은 일찍이 강하태수江夏太守를 지냈으며 응양장군의 지위를 더하였다. 뒤에 또 도호都護의 지위를 더하기도 하였다. 도간은 어머니가 돌아가시자 사직하였다. 상을 마치고 동해왕월군사에 참여하다가 화질華軼이 표를 올려 양무장군揚撫將軍이 되었다. 한 번 장군을 역임하였던 사람이 다시 참군을 맡을 수도 있었다. 참군을 하다가 또 장군으로 승진하기도 하였으니 참군의 중요성을 알 수 있겠다. 평북대장군 유곤劉琨의 처는 온교溫嶠의 당숙모이기에 유곤은 온교에게 예를 다하였으며 그를 모셔 참군으로 삼았다. 유곤은 대장으로 승진하였고 온교는 종사중랑從事中郎, 상당태수上黨太守가 되었으며 건위장군과 도호전봉장군의 자리를 더하였다. 유뢰지는 젊은 시절에 사현謝玄의 참군으로 있었으며 정예군을 끌고 전위대가 되었다. 유뢰지가 진북장군에 임명되어 손은을 토벌하자 유유는 그의 참군이 되었다. 사현이 경구에 주둔할 때에 은중감 역시 그를 청하여 참군을 삼은 적이 있었다. 이로 보건데, 참군의 직위가 비록 높지는 않지만 중요한 직무에 참여할 수 있고 승진할 기회도 많은 직무라는 것을 알 수 있다. 도연명은 참군으로 복무하며 본래 여러 기회가 있었지만 그는 시종일관 승진할 수 없었다. 이것은 몇 가지 원인이 있었다.

첫 번째, 벼슬생활은 자연의 본성을 숭배하는 그와 맞지 않았다. 그는 벼슬길에서 볼 수 있는 여러 종류의 거짓이나 사기를 치는 행위를 차마 보지 못하였고, 본성을 위배하면서까지 더럽게 뒤섞여 높은 벼슬이나 많은 봉급을 받기를 원하지 않았다. 전원생활을 지내는 것에 익숙하였던 그는, 역시 관료 사회의 구속이나 일을 위하여 동분서주하며 지내는 것이 습관이 되지 않았다. 소위 "평생의 뜻한 바에 심히 부끄럽다深愧平生之志"(《귀거래혜사서》) 및 "군은 절개 잘 보전해, 세상을 떨치고 전원으로 돌아가야지遂盡介然分, 拂衣歸田裏"(《음주 19》)는 이러한 생각을 표현하고 있다.

두 번째, 정치의 소용돌이 속에서 여러 세력의 투쟁은 상당히 위험한 국면을 조성하였다. 특별히 왕조가 바뀔 때는 약간의 실수로 사형을 당하는 재앙을 맞이할 수도 있었다. 위 왕조 말기의 혜강嵇康과 완적阮籍의 우려에 대하여 도연명은 매우 공감을 하였으니. "주살을 어디에 쓰랴, 사냥꾼들아 놓아두고 고생하지 말게나矰繳奚施, 已卷安勞"(《귀조歸鳥》)와 같은 심정을 은근히 가지고 있었다.

세 번째, 환현과 유유 이 두 사람은 확실히 모두 진력을 할 가치가 없는 사람들이었다. 특히 그들의 군부에 들어가서 비교적 많은 접촉을 하고 난 후에, 도연명이 그들의 사람됨에 대하여 깨닫지 못할 리가 없었다. 일단 깨달음이 있고나서는 당연히 그들의 활동에 깊이 휩쓸리기를 원하지 않았을 것이다. 진 왕조의 말, 정국이 혼란하기 시작하였을 때에 도연명은 재능을 발휘할 기회라고 생각하여 무엇인가 해볼 생각이 있었다. 이리하여 환현과 유유의 군부에 투신하였다. 그러나 진정으로 그 가운데 투신하였다 하였을 그 때, 위에 열거한 원인으로 도리어 급히 물러선 것이다. 도연명은 이처럼 모순 속에서 그의 벼슬살이를 보낸 것이다.

5

도연명이 벼슬을 버리고 은둔한 지 15년 뒤에 유유는 끝내 진 왕조를 찬탈하고 송조를 세웠다. 그의 수법은 사마씨가 위 왕조를 찬탈할 때와 완전히 동일하였으며, 더욱 심한 것은 완전히 뿌리를 뽑아버리려고 그에게 이미 공손하게 양위를 하였던 진공제晉恭帝를 독살한 것이다. 도연명은 진조에 대하여 도대체 어떤 태도를 가지고 있었는가?

과거의 학자들은 이에 대해 두 종류의 다른 의견이 있었다. 한 의견은 '충분설忠憤說'이라고 할 수 있다. 심약이 처음 만들었으니, 그는 ≪송서·도잠전≫에서 "도연명은 약관에는 벼슬이 낮아서 거취의 흔적이 분명하지 않다. 증조부가 진왕조의 재상인데 다른 왕조에 몸을 굽히는 것을 스스로 부끄러이 여겼다. 고조의 왕업이 점차 융성해지자 다시는 벼슬을 하지 않으려 하였다. 지은 문장에는 모두 그 때의 년 월을 적었다. 의희 이전에는 진왕조의 연호를 쓰고 영초 이래로는 갑자만 기록하였을 뿐이다." 소통≪도연명전≫, ≪남사南史·도잠전陶潛傳≫은 이 기록을 그대로 따랐다. ≪문선≫ 오신주五臣注에서 유량劉良은 '문장'을 '시'로 고치면서, "도잠의 시는 진왕조에 지은 것은 모두 연호를 붙이고 송조에 들어와 지은 것은 단지 갑자만을 적었다. 두 성씨를 섬기는 것을 부끄러이 여겨 다르게 기록한 것이다." 주희는 두 성씨를 섬기는 것을 부끄러워한다고 힘써 주장하면서, ≪초사후어楚辭後語≫ 및 ≪향향림문집서向薌林文集序≫에서 여러 차례 언급하였다. 오인걸吳仁傑은 ≪도정절선생연보陶靖節先生年譜≫에서, "요약하자면, 문집 중의 시문에서 진왕조의 연호를 썼느냐의 여부는 본디 일률적이지는 않다. 송조 영초 이래로 연호를 완전히 한 글자도 쓰지 않은 것은 사가들이 그렇게 기록한 것이다."라 하였다.

다른 의견은 충분설을 부정하는 것이다. 송대의 사열思悅은 "진조말기, 송에 선양하기 20년 전인데 두 성을 섬기는 것을 부끄럽다하여 시를 지으며 갑자만을 사용하여 스스로 다름을 취하였다는 것을 받아들일 수 있겠는가?"[20]라 하였다. 청대의 방동수方東樹는 ≪도시부고陶詩附考≫에서 "도연명

---

20 ≪서도집후書陶集後≫, 도주陶澍 ≪정절선생집靖節先生集≫ 권두의 ≪제본서록諸本序錄≫에 보인다.

이 벼슬하지 않은 것은 그의 본성이 고상해서이지 원래 선양하였기 때문은 아니다."[21]라고 하였다. 양계초梁啓超는 〈도연명지문예급기풍격陶淵明之文藝及其風格〉에서 "단지 당시 관계의 혼탁함을 보아 넘길 수 없었으며 몇몇 고위직들과 한 패가 되는 것도 대수롭지 않게 여겼고, 도리어 유유의 왕업이 융성하는지 어떤지에 대해서도 관심이 없었다."고 하였다. 만약에 싸우는 점이 무슨 사마씨니 유씨니 하는 것에 있다고 한다면 그를 지나치게 하찮게 본 것이다.[22] 노신은 〈위진풍도급문장여약급주지관계魏晉風度及文章與藥及酒之關系〉에서 "다시 진말에 이르러 동란도 볼만큼 보고 찬위도 볼만큼 보아서 문장이 곧 평화롭게 되었다. 평화로운 문장의 대표적인 인물은 도연명이다."[23]라고 하였다.

내가 생각하기에 도연명이 진 왕실에 충성했다는 이야기는 성립하기 어렵다. 진이 반드시 망한다는 것은 논쟁할 여지가 없는 것이고, 멸망할 증상도 하루 이틀된 것이 아니니 도연명이 모를 리가 없었을 것이다. 앞서는 왕돈王敦이나 환온桓溫의 손에도 거의 망할 뻔한 적도 있었다. 그의 증조부인 도간도 남몰래 엿보는 뜻이 있었다.[24] 그리고 환현의 찬위를 겪으며 진 왕조는 한 차례 망하였으니, 유유가 진을 찬탈하는 것이 이미 사람들을 놀라게 할 희한한 일은 아니었다. 도연명이 유유를 떠난 것이 그가 구원할 수 없는 진 왕조에 여전히 충성을 하는 것을 증명하지는 않는다.

실제로 도연명 당시의 황제가 충성을 바칠만한 가치가 있기는 하였는가? 진의 애제哀帝는 재위 3년을 채우지 못하고 20세에 죽었다. 연이어서 해서공海西公은 애제의 아우로 재위가 7년이었다. 환온은 그가 음위증이 있으며

---

21 《소매첨언昭昧詹言》, 13권, 〈도시부고陶詩附考〉, 361쪽, 인민문학출판사人民文學出版社, 1961.
22 《도연명》, 5쪽, 상무인서관商務印書館, 1934.
23 《이이집而已集》, 《노신전집魯迅全集》, 394쪽, 인민문학출판사, 1956.
24 《진서》 66권, 〈도간전陶侃傳〉, " 8주의 도독을 맡아 상류를 점거하고 강군을 장악하고 있으면서 남몰래 바라는 뜻이 있었다. 매번 날개가 부러지는 조짐을 생각하며 자신을 억제하였다." 1779쪽, 〈중화서국점교본中華書局點校本〉

세 아들이 누구의 자식인지 알 수가 없다 하여 그를 폐위시켰다. 간문제는 재위 1년을 채우지 못하고 죽었다. 그의 셋째 아들인 효무제는 10세에 등극하여 재위 기간이 25년이었으니 비교적 오래된 편이다. 그가 즉위하던 초기에 사안謝安을 재상으로 삼아서 정국이 상대적으로 안정이 되었다. 사안이 죽은 후에 효무제의 아우인 회계왕會稽王 도자道子가 권력을 장악하자 효무제는 오직 술과 노래만을 일삼았다. 벼슬은 뇌물로 임명되고 정치와 형벌은 제멋대로였다. 또한 불교를 숭앙하였으며 쓰임새가 사치스러웠고 감내할 수 없는 명을 내렸다. 바로 허영許營이 상소한 것과 같았으니, "요즘 대부국리나 직위무관 및 복예비아로 어미의 성을 취한 자는 본래 향읍이나 품계가 없는데 모두 군수 현령이 되고서도 직분을 가지고 내직에 있으며, 중이나 유모에 이르기까지 다투어 나아가 무리를 이루고 또한 뇌물을 받습니다."[25] 하였다.

진 왕조는 이때부터 대란이 시작되었다. 효무제가 죽은 후에 그 아들인 안제가 즉위하였다. ≪진서·안제본기≫에 "안제는 영민하지 못하여 어려서부터 장년에 이르도록 말을 하지 못하였고 계절조차도 분별하지 못하였다. 행동거지는 모두 자기의 뜻에서 나온 것이 아니었다." 안제는 15세에 등극하여 재위 22년이었으나 22년간 꼭두각시 노릇을 하였다. 그가 즉위한 2년차에 내전이 시작되었다. 이때부터 왕공王恭, 왕국보王國寶, 왕서王緒, 사마도자司馬道子, 사마원현司馬元顯, 환현桓玄, 유뢰지劉牢之, 유유劉裕 같은 야심가들은 해를 이어 혼전을 벌였다. 안제는 환현에게 납치되어 강릉으로 끌려갔다가 우여곡절 끝에 왕위에 다시 돌아오고 최후에는 유유에게 목매달아 죽임을 당하였다.

안제가 죽은 이후에 유유는 그의 아우인 공제가 즉위하도록 도왔다. 즉위 2년에 부량傅亮은 유유의 밀지를 받들어 공제가 선위하도록 은근히 간하였다. 아울러 사전에 선위를 허락하는 조서를 만들어 공제로 하여금 베끼

---

25 ≪자치통감≫, 3391쪽, 〈중화서국점교본〉.

도록 하였다. 그는 흔쾌히 좌우의 사람들에게 "진씨는 오래 전에 이미 없어졌는데 이제 다시 무슨 한이 있겠는가." 하며 붉은 종이에 조서를 썼다. 유유는 공제를 영릉왕零陵王으로 낮추고 말릉秣陵으로 옮겼다가 송왕조 영초 2년에 그를 시해하였다.

도연명이 진 왕실에 충성을 바쳤다면 도대체 어느 황제에게 충성을 하였다는 말인가? 또 어느 황제가 온전히 충성을 바칠만한 값어치가 있었는가? 아우와 조카에게 맡겨 정치를 어지럽힌 효무제인가? 아니면 백치인 안제인가? 혹은 단지 황제 자리를 1년 동안 맡으며 전혀 반항도 못하고 흔쾌히 자리를 물려주었던 공제인가? 공제조차도 진 왕조는 일찍부터 유명무실하다고 말하지 않았던가?

혹자는 말하기를, 도연명은 그의 증조 도간이 진 왕조의 재상이었기 때문에 반드시 진조에 충성을 하여야 한다고 하지만 이것도 역시 성립할 수가 없다. 도연명의 증조가 비록 진의 보국재상이긴 하였지만 그의 야심을 사람들이 모두 알았고, 도연명 자신도 모르지 않았는데 어떻게 이 때문에 반드시 진에 충성을 바치겠는가? 만일 그가 증조부의 공으로 음봉蔭封(역자주 : 과거를 거치지 않고 조상의 공덕으로 관직에 임명됨)을 받았다면 혹 이러할 가능성이 있지만 그러나 상황이 결코 이와 같지는 않았다. 그러한 난세에 홀로 그 자신을 잘 지켜내는 것도 쉽지는 않은 것이었다. 게다가 설마 백치 같은 안제와 그의 바보 동생(공제)을 보호할 능력이나 의무가 있다고 하겠는가? 하물며 진의 천하는 어떻게 얻어왔던가? 위의 천하는 또 어떻게 이루어졌던가? 모두 찬탈했던 것이 아니던가!

도연명이 그렇게 어리석게 충성을 할 사람은 아니었으니, 노신의 의견이 일리가 있는 것이다. 그렇다 할지라도 도연명이 국가적인 혼란에 대하여 전혀 무관심할 수는 없었다. 유유의 왕위 찬탈에 대하여서도 개의치 않을 수 없었다. 그는 탄식을 하였으며, 그 탄식은 깊고 침울하였다. 그러나 그의 탄식이 진 왕조에 대한 어리석은 충정에서 나온 것은 아니었고 국사에 대한 근심과 염려에서 나온 것이었다. 도연명은 이미 당시의 정치에 대하여 마음을 비웠다. 사람의 자연으로의 진성眞性이나 순박하고 조용하며 평안한 전원생활 이외에 그는 어떤 위안물도 찾지 못하였다. 그가 시 속에서 묘사한 '따사롭게 떠도는 외로운 구름'은 바로 자신을 쓴 것이다.

도연명의 진 왕조에 대한 태도를 연구하면서 〈술주述酒〉는 지나칠 수 없는 시이다. 이 글에서는 지면이 부족하여 이 작품을 상세하게 논할 수는 없기에 잠시 접고 이후 다른 글에서 상세히 토론하고자 한다. 그러나 〈술주〉는 유유가 공제를 죽인 이후에 느낀 점이 있어 쓴 것이라는 점은 긍정할 수 있으며, 남송의 탕한湯漢의 주석은 기본적으로 정확하다. 우리들은 이 시를 통하여 아래의 몇 가지를 알아낼 수가 있었다.

첫 번째, 도연명은 유유가 황제를 시해한 것에 대해 불만이 있었지만, 그러나 태도는 결코 매우 격분한 것은 아니었다. 시로부터 방관자적인 의미로 어쩔 수 없는 심정을 가지고 있었다는 것을 느낄 수 있었다.

두 번째, 도연명의 탄식은 주로 정치적 혼란과 공포에 있었으며, 유유한 사람에게 집중된 것은 아니었다.

세 번째, 유유가 황제를 시해한 이 정치적 사건으로부터 도연명이 내린 결론은, 이 더럽고 어지러운 정국을 더 멀리 떠나서 온 몸에 이를 재앙을 피하고 자신을 보전하며 깨끗이 하고자 하였지 진 왕실을 회복하고자 하는 의도는 조금도 없었다.

〈술주〉는 당연히 술의 발명과 제조에 대하여 서술한 것도 아니고, 역시 일반적으로 술을 빌려 회포를 푸는 시도 아니다. 진송의 교체로 말미암아 야기된 더욱 깊이 술에 도피하려는 느낌이나 분개이다.

종합하자면, 도연명은 본성이 평안하고 고요한 사람이었지만 결국에는 봉건시대의 많은 사대부와 마찬가지로 업적을 세워서 널리 백성들을 구하고자 하는 큰 뜻을 품고 있었다. 진말에 정치가 가장 불안정하던 시기에 그는 스스로 원하여 정치투쟁의 소용돌이에 휘말렸으나 몇 번의 시도 끝에 할 수 있는 것이 없다는 것을 알고서는 의연히 은둔하게 되었다. 그는 정치투쟁 중에서 당연히 풍운의 인물이 아니긴 하였지만 도리어 고독을 감내하지도 못하였다. 겨우 가난이나 부모의 늙음으로 그의 벼슬살이를 해석하는 것은 분명히 부족하다. 겨우 타고난 성품이 조용하고 깨끗하다는 것으로만 그의 은둔을 해석하는 것도 완전하지는 못하다. 그는 정치의 소용돌이에서 부침을 겪었으니 그의 진퇴와 출사, 은둔은 모두 정치적 원인이 있었다. 그를 진송 때의 정치풍운 가운데에 놓고 보아야만 진실되고 입체적이며 생생하게 살아 있는 도연명의 형상을 볼 수가 있다. 아울러 이러한 전형성을 통하여 중국 봉건시대의 일단의 지식인들이 공통으로 가지고 있었던 환상이나 방황과 고민을 볼 수가 있는 것이다.

도연명 시
주제의 창의성

동진에서 송으로 교체되는 시기에 시가 예술은 중대한 전환점을 맞이했는데, 도연명과 사령운謝靈運의 시가는 이 시기에 속한다. 도연명은 소박하고 고풍스러운 위진 시가의 풍격을 계승하여 위진 시가의 집대성자라 할수 있으며, 사령운은 의경과 격조를 추구하여 새로운 길을 열어 남조 시가의 개척자라 할 수 있다. 도연명 시의 언어 예술은 위진 시기에 속하지만, 시가 주제는 뛰어난 창의성을 갖고 있다. 이 두 가지를 합쳐야만 완전한 도연명의 시인 것이다. 도연명의 시가 위진 시기의 소박하고 고풍스러운 시풍을 대표한다는 것은 〈도연명 사령운 시가 예술의 비교陶謝詩歌藝術的比較〉에서 이미 논하였기에 본문에서는 시의 주제에 대한 창의성을 다섯 가지 방면에서 논술하여 덧붙이겠다.[1]

1. 배회-회귀 주제

배회란 오고 가며 멈춰 서지 못한다는 뜻이다. 심리적 측면에서 말하자면 망설이며 초조해하는 심리장애이다. 그런데 이것이 시 속에서 표현되면 걸작으로 나타나는 경우가 종종 있다.

굴원이 바로 배회하는 대표적인 시인인데 그의 〈이소〉, 〈구가〉는 배회

---

1 원행패袁行霈 저,《중국시가예술연구中國詩歌藝術研究》, 북경대학출판사, 1987년, 195~202쪽.

심리가 예술적으로 구현된 작품들이다. 굴원의 배회는 고국을 떠나는 것과 귀향, 추구와 실망 사이에 있다. 따라서 굴원의 시가에 대한 주제는 배회로 개괄할 수 있다. ≪회남자淮南子·설림훈說林訓≫에서 "양자가 사통발달의 길에서 울었는데, 그 길은 북쪽으로도 남쪽으로도 통하였기 때문이다.[2]"라고 하였다. 이 또한 배회로 인한 고민을 표현하고 있다.

한위漢魏이래로 문인의 시 속에서 배회는 여전히 보편적인 주제였으며 완적阮籍의 〈영회시詠懷詩〉가 대표적이다. 완적은 "항상 마음대로 홀로 마차를 타고서 길이 없는 곳까지 갔다가 통곡한 후에야 비로소 돌아왔다."고 하였다.[3] 그 배회의 고통이 깊지 않다고 할 수가 없다. 〈영회시〉에서 "배회할 때 무엇을 보았는가? 내 마음속 상심이 있을 뿐이네."라고 하였다. 이 두 구의 시에서 표현한 적막과 공허, 모든 것이 의미 없어 배회하며 정착하지 못하는 심리상태는 위진 시가 속에서 매우 전형적인 것이다. 완적보다 백여 년 후의 도연명은 완적의 자취를 계승하면서 전통적인 배회의 주제에 새로운 의의를 부여했다.

완적과 도연명은 왕조 교체시기에 살았던 사람들로 그들의 배회는 당시의 정치적 상황과 매우 밀접한 관계가 있다. 완적은 조위曹魏를 거역한 사마씨司馬氏에 의지한 사람으로, 날로 쇠락해 가는 조위 정권을 동정하면서도 그 부패와 무능에 분노하였지만 자신은 아무것도 할 수 없었다. "조상을 도와 정치에 참여하여 참군 벼슬을 하였지만 완적은 병을 핑계로 사직하고 전원에서 숨죽이고 있었다", "문제 초에 무제가 완적을 부마로 삼고자 하였으나 완적이 60일 동안 취해 있자 말을 할 수가 없어 취소하였다."[4] 그는 양쪽 모두에게 의지하지도 않았고 죄를 짓지도 않았으며 두 대립하는 세력 사이에서 생존을 도모하였다. 그러나 완적의 내심은 매우 고통스러웠으며, 배회하며 의지할 곳이 없다는 느낌이 때때로 시 속에서 노출되었다.

---

2 류문전劉文典 저, ≪회남홍렬집해淮南鴻烈集解≫, 중화서국, 1989년, 583쪽.
3 ≪진서晉書≫ 제49권 ≪완적전阮籍傳≫, 중화서국 배인본, 1974년, 1361쪽.
4 위와 같은 책, 1360쪽.

백여 년 후 역사는 다시 재현되어, 도연명에게 진송 교체기를 만나게 만들었다. 그는 정치가 가장 혼란스러웠던 8년(398~405)을 전후로 형주荊 州 군부 환현桓玄과 북부北府 유유劉裕의 막부에 투입되었다. 도연명은 정치 투쟁의 회오리 속에 처하게 되었으나 의지하고 충성할 만한 권력자를 만날 수 없었다. 이 8년은 도연명에게 배회의 폭이 가장 큰 시기였다.

그러나 실제로 그의 배회는 더 일찍 시작되었다. "집안 가난하고 부모님 이 늙어 생계를 도모하기 어려워, 주의 좨주가 되었으나 관의 잡스러움을 견디지 못하고 얼마 지나지 않아 관직을 버리고 전원으로 돌아왔다."5 이와 같은 한 차례의 출사와 퇴임은 그의 1차 배회이다. 청년기부터 팽택 현령의 벼슬을 버리기까지 도연명은 오랜 동안 배회하였으며 끝내 원래 출발점인 전원으로 돌아왔던 것이다.

도연명은 완적과 마찬가지로 적대적인 정치 세력 사이에서 배회하였지 만 따를 곳이 없었기 때문에 내면적으로 완적과 마찬가지로 비바람을 겪었 다. 도연명과 완적의 차이를 말하자면, 완적은 술에 취해 세상을 속이며 새로운 정권에 대응하였지만 벼슬길에서 물러나지는 않았으며, 도연명은 관복을 벗고 귀향하여 몸소 농사를 짓고 은거하며 일생을 마쳤다는 점이다. 출사, 배회, 회귀는 도연명의 작품 속에서 이미 일종의 형식이 되었다.

도연명이 팽택 현령을 사임한 일은 그의 일생을 전후로 나누는 경계선이 된다. 현령의 직책을 사임하기 이전 도연명은 끊임없이 관료와 은사라는 이 두 사회적 배역 속에서 선택을 해야 했다. 은거할 때는 출사하고 싶어 했으며, 출사하였을 때는 돌아와 은거하고자 하는 심리적 모순을 갖고 있었 다. 이후 그는 은거하려는 결심을 굳히고 줄곧 농사를 지으며 은거 생활을 하였지만, 마음은 여전히 평정을 지니지 못하였다. "세월은 사람을 버려두 고 가니, 뜻이 있어도 펼치지 못한다오. 이를 생각하니 마음은 구슬퍼, 새벽 이 되도록 진정하지 못한다오.日月擲人去, 有志不獲騁, 念此懷悲凄, 終曉不能靜."

---

5 《송서宋書》 제93권 〈도잠전陶潛傳〉 1974년 중화서국 배인본, 2287쪽.

(〈잡시雜詩 2〉) 그는 시 속에서 다시 한 번 은거의 즐거움과 결심을 표현하였는데, "함께 즐거이 술을 마시나, 나의 수레는 돌릴 수 없다오.且共歡此飮, 吾駕不可回."(〈음주飮酒 9〉) "몸 붙일 곳 이미 얻었으니, 천년 되도록 서로 떨어지지 않으리.托身已得所, 千載不相違."(〈음주〉 제4)라고 하였다. 이는 물론 그의 진실한 생각이지만 자신의 결심을 확고히 하는 방법이라고 볼 수도 있다.

도연명의 배회-회귀 주제는 단순한 배회와 다른 점이 있다. 그것은 회귀와 서로 연결되어 있다는 것이다. 배회-회귀는 도연명이 굴원, 완적을 계승해 새로 만들어낸 시가 주제이기도 하지만, 도연명의 전원시와 함께 생겨난 새로운 시가의 영역이다.

도연명의 글 속에 단순히 배회를 표현한 구절은 많지 않다. 이것이 완적과 다른 점이다. 도연명의 배회는 늘 회귀와 함께 하는데, 그의 행적과 내심의 배회는 시문 속에서 회귀의 결심을 표시하는 것으로 표현된다. 그 시문 속의 '귀歸'자는 출현 빈도가 매우 높으며 모두 55곳이다.[6]

도연명의 시문에 근거하여 그의 회귀의 지향점을 아래와 같이 몇 가지 단계로 분류하였다.

첫 번째 단계는 전원으로의 회귀이다. 인간 세상의 번잡함이나 세속적 관계에서 멀어져 농촌으로 돌아가 스스로 농사를 지으며 자급 생활을 하는 것이다. "남쪽 들판을 개간하리니, 수수함을 지켜 전원에 돌아가자.開荒南野際, 守拙歸園田."(〈귀원전거歸園田居 1〉) "마침내 지조 있게 분수를 다하려 끝내 고향에 돌아와 죽기로 하였소.遂盡介然分, 終死歸田裏."(〈음주〉 제19) "돌아왔도다! 전원이 장차 거칠어지니 어찌 돌아가지 않으리.歸去來兮, 田園將蕪胡不歸!"(〈귀거래혜사歸去來兮辭〉)

두 번째 단계는 자연으로의 회귀이다. 사람이 자연으로 회귀하려는 본성

---

6 호리에 다다미치堀江忠道 저, ≪도연명시문종합색인陶淵明詩文綜合索引≫(1976년 일본 경도 회문당 서점출판)의 통계에 근거함.

은 자연스러운 것이며, 아무런 구속 없이 진실한 생활을 하려는 것이다. 이러한 바람은 위진 문인들 사이에는 보편적으로 존재하던 것으로 ≪세설신어世說新語≫를 대조해 보아도 분명히 알 수 있다. 또 도연명의 시가 속에도 자주 표현되고 있는데, "이른 시일 안에 그만두고 돌아가고 싶은 뜻이 생기고 말았다. 왜 그러했던가? 성질이 진솔함을 좋아하니 억지로 될 바가 아니었던 것이다.及少日, 眷然有歸歟之情, 何則? 質性自然, 非矯勵所得."(〈귀거래혜사〉) "오래도록 새장 안에 갇혔다가 다시 자연으로 돌아왔노라.久在樊籠裡, 復得返自然."(〈귀원전거 1〉)라고 하였다.

세 번째 단계는 인간 세상을 떠나 공허로의 회귀이다. 도연명은 사람은 대지 만물의 기大塊之氣를 받고 태어난다고 생각했다.(〈감사불우부感士不遇賦〉) 죽는 것은 "몸을 맡겨 산 언덕과 함께 할 뿐托體同山阿"(〈의만가사擬挽歌辭〉) 다시 대자연으로 돌아가는 것이니, 가장 철저하게 자연으로 회귀한 상태이다. "인생은 환영과 같으니 끝내 공허로 돌아가리.人生似幻化, 終當歸空無."(〈귀원전거 4〉), "애오라지 조화를 따라 죽어 돌아가리니 천명을 즐겨야 함을 다시 무얼 의심하리.聊乘化以歸盡, 樂夫天命復奚疑."(〈귀거래혜사〉)

도연명의 회귀의 첫 단계는 생활의 의미에 있고, 두 번째와 세 번째 단계는 철학적 의미에 있다. 배회-회귀는 이처럼 함의가 풍부한 회귀였다. 이는 도연명 이전에는 문학작품의 주제가 아니었다. 도연명 시의 주제가 독창적일 뿐 아니라 매우 깊이 있음을 보여준다.

도연명의 배회-회귀의 주제는 〈귀거래혜사〉에 집중적으로 나타나고 있다. 〈귀거래혜사〉는 그가 평택 현령을 사임할 때 지은 것이다. 당시 도연명은 돌아가고자 했으나 돌아가지 못했다. 그러나 마음은 이미 전원으로 날아가 귀로와 돌아간 이후를 상상하고, 다음해 봄 농사짓는 정경을 하나하나 눈에 선하게 상상하고 있다. 도연명이 새로운 생활을 상상하고 새로운 시작을 계획하고 있었다는 것을 볼 수 있다. 그는 배회의 마침을 선언하고, 회귀의 결심을 선고하였던 것이다. 그 후 배회-회귀의 주제는 단지 회귀만이 남고, 다시는 배회가 없었다. 설사 그가 회귀를 표현했다고 할지라도 첫 번째 의미의 회귀는 이미 완성되었다. 단지 제2, 제3의 의미의 회귀를 반복해서 체득하는 것일 뿐이다.

2. 음주 주제

술酒은 일찍이 ≪시경≫에서 자주 묘사되었다. 유양충劉揚忠 선생의 통계에 의하면, 술은 ≪시경≫의 48여 수의 시에 묘사되어 있으며 대부분 아雅, 송頌 속에 있다고 하였다. 옛 사람들의 제사는 술과 떨어질 수가 없는 것이었으니 제사시에서 늘 술을 언급한 것은 자연스러운 것이다. ≪초사楚辭≫에서 술을 묘사한 곳은 ≪시경≫에 비해 아주 적다. 그러나 〈초혼招魂〉은 형초荊楚 지역 귀족층의 호화 연회 및 음주 후 취한 상태에 대해 뛰어나게 묘사하고 있다.[7]

한위 시기 문인들의 음주는 술로 근심을 푸는 목적이었으며, 그들은 술에 취해서 억울함과 분노를 발산하고 화를 멀리하여 자신의 몸을 보존하겠다는 뜻을 가지고 있었다. 그래서 영회시에는 자주 술이 표현된다. 그밖에 친구와의 교류도 술로 윤택하게 하고자 연회에서 술을 마시는 시가 많으며, 증답시에도 술이 자주 등장한다. 시와 술의 인연은 이로부터 더욱 깊어지는데, 완적은 이를 대표하는 전형적인 인물 중의 하나이다.

그러나 시 속에서 집중적으로 음주를 묘사하여 문학적 주제로 만들어 낸 것은 역시 도연명으로부터 시작되었다고 할 수 있다. 술은 이미 도연명의 생활과 문학의 표지가 되었다. 그의 생활 중에는 술과 관계된 예가 많다.

예를 들면 친구가 술상을 차려 놓고 부르면 반드시 취할 때까지 마시고 취한 후에야 술자리를 마쳤는데, 가거나 머무르는 것에 개의치 않았다고 한다. 도연명은 팽택 현령이 되었을 때 아전에게 명령하여 공전에 수수를 심게 하며 "나는 늘 술에 취할 수 있으면 족하겠다"고 하였다. 왕홍王弘이

---

7 유양충劉揚忠 저, ≪시여주詩與酒≫ 제2장 제2절, 대북문진출판사, 1994년, 32~40쪽.

길에서 술을 마시고자 하였는데, 9월 9일인데도 술이 없자, 집 근처 국화 떨기 가운데에 오래도록 앉아 있다가 왕홍이 보낸 술이 도착하자 바로 마시기 시작했다. 안연지가 떠날 즈음에 2만 냥의 돈을 연명에게 주었는데 연명은 모두 다 술집으로 보내 놓고 수시로 가서 술을 마셨다. 매번 술기운이 오르면 문득 거문고를 어루만지며 뜻을 기탁하였다. 귀하건 천하건 찾아오는 이에게는 술이 있으면 바로 술상을 차려 내었고, 도연명이 먼저 취하게 되면 손님에게 말하길 "내가 취해서 잠이 들려 하면 그대는 돌아가 주십시오"라고 하였다. (군의 장교가 방문한 적이 있었는데 마침 술이 익어) 머리 위의 갈건을 가지고 술을 거르고는 거른 후에는 다시 착용하였다.[8]

이처럼 인구에 회자되는 이야기를 보더라도 완적의 음주 태도와는 다르게 생생하게 그려지고 있다. 완적에게 있어서의 음주가 고통을 담고 있는 것이라면 도연명에겐 일종의 희열이라고 말할 수 있다. 도연명의 음주는 '깊은 맛深味'을 마셔내는 것으로, 그가 우주, 인생과 역사에 대한 생각에서 얻어낸 결론이다.

도연명의 철학적 추구는 사물과 나, 모두를 잊는 경지로서 자연으로 회귀하고 소박한 마음으로 돌아가자는 것이다. 때로는 술의 흥분과 마취를 이중의 자극으로 얻었던 것이다. 예전 사람들은 "(도연명의 시에는) 매 시마다 술이 언급된다"(소통蕭統 《도연명집서陶淵明集序》 인용)고 하였다. 비록 반드시 그렇지는 않지만, 도연명의 작품 속에 "술酒"자를 묘사한 빈도는 확실히 매우 높아 40여 곳에 이르며,[9] 거의 전체 시문 편수의 1/3에 해당한다. 실제로는 "주酒"자가 나타나지 않지만 음주에 대하여 이야기한 시는 계산에 넣지 않은 것이다.

도연명의 정치시가 대부분 〈음주〉시, 〈술주述酒〉시와 관련이 있다는 것은 주의할 만하다. 〈음주 20〉은 도연명이 의희義熙 13년(417년) 진송 왕조

8 《송서·도잠전陶潛傳》, 소통 《도연명전陶淵明傳》, 《진서·도잠전陶潛傳》, 《남사·도잠전陶潛傳》.
9 주 6과 같음.

의 교체시기에 쓴 것이다.[10] 서序에 의하면, "우연히 좋은 술을 얻게 되면 하루 저녁도 마시지 않은 적이 없다. 그림자 돌아보며 홀로 잔을 비우고 홀연히 다시 취하곤 하였다. 취한 후에는 문득 시 몇 편을 지어 스스로 즐겼다."라 했다. 〈음주〉 연작시는 술 취한 후에 쓴 것이다. 마지막 수에서도 "한이 많아 잘못을 저지르니 그대는 응당 취한 이를 용서하시게.但恨多謬誤, 君當恕醉人."라고 하였다.

시속에 몇몇 금기의 어구가 있는 것 같지만 사실 상당히 은유적으로 시국과 사회 상황을 탄식하는 것에 불과하다.

예를 들어 "영고성쇠는 정해지지 않아서 서로 바뀌어 함께 있다네. 오이밭 속의 소평이 어찌 동릉후였던 때와 같으리?衰榮無定在, 彼此更共之. 邵生瓜田中, 寧似東陵時?(〈음주〉 제1)",

"선을 쌓으면 보답 있다 하건만, 백이와 숙제 서산에서 아사했네. 선악이 사실과 부응하지 않으니 무슨 일로 공연히 이런 말 생겨났나?積善云有報, 夷叔在西山. 善惡苟不應, 何事空立言?(〈음주〉 제2)",

"도덕을 상실한 지 천 년이 되어 가니 사람마다 자신의 감정만을 애석해하네.道喪向千載, 人人惜其情.(〈음주〉 제3)",

"진실로 겉모양으로 시비를 판단하고 부화뇌동하며 함께 칭찬하고 헐뜯네. ……세속의 어리석은 자들은 핍박을 하네. 기리계를 따라야 하리.是非苟相形, 雷同共譽毁. ……咄咄俗中愚, 且當從黃綺.",

"그만 두자! 무엇 말할 것 있으랴. 세속에 속은 지 이미 오랜 것을.去去當奚道. 世俗久相欺.(〈음주〉 제12)",

"깨달으면 응당 돌아갈 생각해야지, 새 다 얻었으니 좋은 활도 버려야지.覺悟當念還, 鳥盡廢良弓.(〈음주 17〉)",

"복희 신농 내게 아득히 멀고 온 세상이 박함은 드물구나. ……한 대가 망한 뒤로도 육경과 친한 이 하나 없구나.羲農去我久, 擧世少復眞. ……如何絶世

---

10 원행패 저, ≪도연명향년고변陶淵明享年考辨≫, ≪문학유산文學遺産≫, 1996년 제1기.

下, 六籍無一親.(〈음주 20〉)"

제 18수에서 도연명은 양웅과 류하혜의 일을 융합하기도 하고 자신과 비교하기도 하면서 왕조 교체시기 자신의 복잡한 심정을 표현하였다.

"양자운의 성품은 술을 좋아했건만 집이 가난해 구할 방도 없었다네. 때로 호사가에게 도움을 받았으니 술 싣고 와 의혹을 풀어 달라 했다오. 잔 들어 다 마시고 나면 묻는 말에 충실히 답해 주었네. 때로 말 안하려 한 것 있으니 어찌 다른 나라 치는 일 아니었던가. 어진 사람 그 마음을 씀에 어찌 드러냄과 침묵에 잘못 있으리.子雲性嗜酒, 家貧無由得. 時賴好事人, 載醪祛所惑. 觴來爲之盡, 是諮無不塞. 有時不肯言, 豈不在伐國. 仁者用其心, 何嘗失顯."

앞 6구는 양웅을 부각시켰고, 뒷 4구는 류하혜에게 기탁하여 뜻을 깊게 하였다. 노공이 류하혜에게 제나라 치는 일을 묻자, 류하혜가 돌아와 근심을 하며 "나는 다른 나라를 토벌할 때 인자에게 묻지 않는다고 들었는데, 어찌 나에게 그것을 묻는가?吾聞伐國不問仁人, 此言何爲至於我哉!"라고 하였다 류하혜는 제나라를 치는 것에 찬성하지 않았을 뿐만 아니라, 노공이 그에게 제나라를 치는 일을 물어본 것 때문에 자신이 인자로 여겨지지 않을까 우려하였던 것이다. 도연명은 유유가 진을 찬탈하려고 준비하는 일에 대해 찬성하지 않고, 싸늘한 눈으로 보고 있었을 뿐이었다. 그가 진왕실에 충성하며 격분한 태도였다는 것은 아마도 성립하기 어려울 것이다.

〈술주〉는 한자창韓子蒼, 탕한湯漢 이후로 완곡한 의미의 정치 서정시로 이해되고 있는데, 이것은 틀림없는 것이다. 송宋 문제文帝가 진나라를 찬탈한 일을 묘사한 것인데, 왜 〈술주〉라고 제목을 붙였는가? 이것은 진晉 공제恭帝가 약주에 의해 독살 당한 것과 관련이 있다. 술이라는 것은 의외로 정치 투쟁의 도구가 되기도 한다. 이것은 두강杜康이 당초에 생각지도 못했던 것이다. 도연명은 술을 생명처럼 중시했던 사람인데, 식제가 황제를 죽여 찬탈을 할 때 살인 무기로 사용되었으니 도연명도 깜짝 놀랐던 것이다. 〈술주〉는 이렇게 술이라는 명제를 빌어서 정치적 우의를 담고 있는 작품이다. 그러나 도연명은 여전히 차가운 눈으로 방관하며 진 왕실에 대해 안타까워할 뿐이다.

3. 안빈낙도하여 절개를 지키는 주제

"고궁固窮"은 출전이 ≪논어≫로, 유가의 사상을 담고 있다. 〈위령공衛靈公〉편에서, "공자께서 말씀하시길 군자는 곤궁에 처하여도 안빈낙도安貧樂道하며 절개를 잃지 않지만 소인은 곤궁에 이르게 되면 도리에 어긋나는 짓을 한다"고 하였다. "고궁"의 뜻은 곤궁하게 되어도 변하지 않고 곤궁함 때문에 도덕적 원칙을 버리지 않는다는 것이다. 여기서 '궁窮'은 방도가 없음을 가리키는 것으로 가난함은 아니다. 옛 한문 속의 궁窮과 빈貧은 구별이 된다. 당연히 한 개인이 곤궁하게 되면 종종 가난해지게 되기도 하므로, 궁과 빈은 또 서로 통하는 점이 있기도 하다.

≪논어≫에서는 '안빈安貧'을 언급하기도 하는데, 〈옹야雍也〉편에서 "공자께서 말씀하시기를 현명하도다, 회여! 한 그릇 밥을 먹고 한 쪽박 물을 마시며 누추한 거리에 산다면, 남들은 그 괴로움을 감당치 못할 터인데, 회는 그의 즐거움이 변하지 않는다"고 하였다. '고궁'도 '안빈'도 좋지만, 이것은 모두 한 사람이 어떠한 상황에 처하더라도 도덕적 원칙을 포기하지 않는다는 것이다.

도연명의 사상은 유, 도의 두 가지 사상을 융합하기는 하였지만, 그는 도가사상에 편중되어 있었고 유가사상을 도가화한 경향이 있다. 이러한 현상은 위진 시기 사상의 커다란 추세였다. 그러나 '고궁'과 '안빈'에 있어서 도연명은 순수한 유가사상의 입장을 취하였다.

도연명의 시문 속에는 '고궁'을 묘사한 것이 6곳이 있다. "제 멋대로 비리를 저지름이 어찌 뜻했던 것이랴. 곤궁을 고수하는 것은 본래 원하던 것이네.斯濫豈攸志, 固窮夙所歸."(〈유회이작有會而作〉) "빈궁을 지키기 어렵다 뉘 말하느냐? 아득하여라! 선현을 그리워하네.誰云固窮難, 邈哉此前修."(〈영빈사詠貧士〉) "차라리 빈궁을 지키며 만족할지언정, 억지로 굽혀 자기에게 누가 되어서는 아니 되리.寧固窮以濟意, 不委曲而累己."(〈감사불우부感士不遇賦〉) "높은 지조야 좇아 오를 수 없지만, 빈궁을 지킨 절개를 깊이 터득해 보려네.高操 非所攀, 深得固窮節."(〈계묘세십이월중작여종제경원癸卯歲十二月中作與從弟敬 遠〉) "빈궁을 지키는 절개에 힘입지 못한다면, 백세 후에 의당 뉘인들 알려 지랴.不賴固窮節, 百世誰當傳."(〈음주 2〉) "끝까지 빈궁을 지키느라, 주림과 추위를 물리도록 겪고 있네.竟抱固窮節, 飢寒飽所更."(〈음주 16〉)

도연명의 〈영빈사〉 7수는 안빈낙도한 고대의 많은 선비들을 읊고 있다. 제2수에서는 "어떻게 나의 심사 위로할까? 옛 시대를 의지하리니 이런 현인 많았다오.何以慰吾懷, 賴古多此賢."라고 하였다, 이와 같은 고궁안빈의 인생태도 및 옛날의 고궁안빈의 선비들은 이미 도연명의 정신적 지주가 되었으며, 도연명이 재산과 녹봉의 유혹을 거절하고, 빈곤 속에서도 자신의 도덕적 원칙을 굳게 지켜 심리적 평정, 정신적 고결함으로 바꾼 것을 지지하는 것이다.

'고궁'과 '안빈'은 도연명의 사람됨의 원칙으로 그 속에는 하나의 '도'라는 것이 떠받치고 있었다. 소위 '도'라는 것은 유가가 제창한 개인적 품덕과 절조를 말한다. 예를 들어 "'도'가 아니면 무엇을 따르며, 선 아니면 무엇을 부지런히 할까?匪道曷依, 匪善奚敦?"(〈영목榮木〉) "좋은 작위 나는 영화롭게 여기지 않고, 후한 대접도 나 받지 않으려오. ……아침에 인의와 함께 산다면, 저녁에 죽는들 다시 무엇을 구하리오.好爵吾不榮, 厚饋吾不酬. ……朝與仁義生, 夕死復何求."(〈영빈사〉 제4)

도연명은 특히 안회顔回, 검루黔婁, 원안袁安, 영계기榮啓期 등 안빈낙도를 추구하는 선비를 특별히 추앙하였다. 그들처럼 품덕과 절조를 순결하게 지키기를 노력하였고 결코 높은 작위나 많은 급여를 추구하여 자신을 더럽히려 하지 않았다. 그는 일반적으로 출사를 경시하지 않았지만, 함께 지내며 더럽혀지려 하지도 않았다. 사실 도연명의 마음속에도 다툼이 있었고, 그것을 숨기려고도 하지 않았다. 그는 "어찌 가벼운 모피옷 걸칠 줄 모를까만, 구차히 얻음이야 바라지 않는다오.豈忘襲輕裘, 苟得非所欽."(〈영빈사 3〉)

"빈부가 늘 서로 다투어도, 도의가 이겨 내내 슬픈 모습 없다오.貧富常交戰, 道勝無戚顔."(〈영빈사 5〉)라고 하였다. 도연명은 부귀를 잊지 않았지만 곤궁함을 안락하게 여기는 것도 그에게 있어서 쉽지 않은 것이었으며, 결코 "구차하게 취하기"를 원치 않았고, '도'를 희생하면서까지 바꾸어 가지기를 원치 않았다.

'고궁'과 '안빈'의 사상은 결코 신선한 것이 아니지만, '고궁'과 '안빈'의 주제는 신선한 것으로 도연명 이전의 어떠한 시인도 이처럼 집중적으로 묘사한 적이 없다. 이것도 역시 도연명 시의 독창성이라 할 수 있다. 중국 고전 시가는 자신의 부귀 과시를 매우 속된 것으로 여겼고, 자신의 빈곤을 말하는 것은 고결하다고 여기는 현상이 있다. 옛 사람들은 "곤궁함을 겪은 후에 좋은 시를 쓸 수 있다.詩窮而後工"라고 하였다. 바꾸어 말하자면 시를 잘 짓는 사람은 궁함을 말하는 것을 꺼리지 않는다는 것이다. 궁함을 말하는 것을 꺼리지 않는 것이 거의 시를 쓰는 전통이 되었다고 할 수 있으며, 이러한 전통은 도연명으로부터 시작된 것이다.

4. 농경 주제

《시경》에는 농사시가 있는데, 그것은 농부들이 노동을 하면서 시를 노래하는 것이다. 사대부가 몸소 농경에 참여하고 시를 이용하여 농경 속의 체험을 묘사해 내는 것은 도연명이 첫 번째이다. 전원시는 그의 창작으로, 전원시 속에 농경을 주제로 삼은 것은 더욱이 도연명이 처음으로 시작한 것이다. 전원시와 산수시는 자주 병칭되지만, 이 둘의 차이는 제재가 다른 것이다. 전원시는 당연히 농촌의 풍경을 묘사하지만 그 주체는 농촌의 생활, 농부와 농경이다. 산수시는 시인이 주체가 되어 산수에 대해 객체적인 심미를 묘사한 것으로 자주 여행과 함께 연계되어 있다. 도연명의 시는 엄격하게 말해서 〈유사천遊斜川〉한 수만이 산수시이며, 그 밖의 시는 전원을 묘사했다.

전원시는 도연명이 중국문학에 추가시킨 새로운 유형이다. 전원시 중 도연명 자신이 직접 농사를 지으며 고생을 달게 여기는 것을 묘사한 작품은 매우 가치가 있는 것이다. 이 방면의 시로 아래의 몇 가지를 예로 들 수가 있다. 〈귀원전거 2〉, 〈귀원전거 3〉, 〈계묘세시춘회고전사癸卯歲始春懷古田舍 2〉, 〈경술세구월중어서전확조도庚戌歲九月中於西田穫早稻〉, 〈병진세팔월중어하손전사확丙辰歲八月中於下潠田舍穫〉 등이다. 〈권농勸農〉은 비록 자신의 직접적인 농경을 묘사한 것은 아니지만, 여전히 농경을 둘러싸고 묘사한 것이므로 그 속에 포함시킬 수 있다. 이와 같은 시는 모두 7수이다. 또한 이 시들은 농경만을 언급한 것이므로, 농경을 전문적으로 묘사하지 않은 것은 포함시키지 않았다.

〈귀원전거 3〉은 그 대표작이다.

남산 아래 콩 심으니種豆南山下,
풀 무성하고 콩 싹은 드무네.草盛豆苗稀.
새벽에 일어나 김을 매고晨興理荒穢,
달빛 띤 채 괭이 매고 돌아오네帶月荷鋤歸.
길은 좁고 초목은 자라道狹草木長,
저녁 이슬 내 옷을 적신다오夕露霑我衣.
옷 젖는 것쯤 아쉽지 않으나衣霑不足惜,
다만 농사나 잘 되었으면但使願無違.

이것은 벼슬길에서 물러나 전원으로 돌아와 농경에 종사하는 사람의 절절한 느낌을 가장 쉽고 풍부하며 깊은 뜻을 가진 언어로 묘사해 낸 것이다. 달빛 띤 채 괭이를 매고, 저녁이슬에 옷을 적시는 사실적인 배경과 심정을 생동감 있고 생생하게 묘사한 것이다. 농경 생활을 묘사하는 이면에는 은연중에 농사짓는 일과 관리가 되는 일, 이 두 가지의 생활을 대비하고, 이상적인 인생의 추구를 함유하고 있다. 〈경술세구월중어서전확조도〉에서는 이념을 묘사하고 있다.

인생에는 귀착 될 도리가 있어人生歸有道
먹고 입는 것 실로 그 첫째로다衣食固其端.
누군들 이를 도모하지 않고孰是都不營
스스로 편안함을 구하랴而以求自安.
봄부터 농사일을 꾸려오니開春理常業
한 해의 수확을 바라게 되었네歲功聊可觀.
새벽에 나와 조금 힘을 쓰고晨出肆微勤
해질 무렵 벼를 지고 돌아오네日入負未還.
산속이라 서리 이슬이 많으며山中饒霜露
바람 기운도 일찍 차갑구나風氣亦先寒.
농사꾼의 집 어찌 고생스럽지 않으리田家豈不苦?
이런 어려움 벗어날 길 없다네弗獲辭此難.
사지는 실로 피곤하여도四體誠乃疲
뜻밖의 근심은 거의 없다오庶無異患幹.
세수하고 처마 밑에서 쉬며盥濯息簷下
한 말 술로 마음과 얼굴을 푸네鬪酒散襟顔.
아득한 장저와 걸닉의 마음遙遙沮溺心
천년 뒤의 나와 상관이 있었구려千載乃相關.
다만 오래도록 이 같기를 바라나니但願長如此
몸소 밭 갊은 탄식할 것 없다오躬耕非所歎.

도연명에게 있어 의식衣食은 인생의 도의 시작으로, 노동을 하지 않으면
그 무엇도 이야기할 수가 없다고 여겼다. 그는 시속에서 노동의 고생스러
움, 하루 노동 후 귀가하여 휴식을 취할 때 얻게 되는 기쁨과 위안을 모두
선명하게 묘사하였다. "농사꾼의 집 어찌 고생스럽지 않으리? 이런 어려움
벗어날 길 없다네"라고 농민의 보편적인 느낌을 묘사했다. "사지는 실로
피곤하여도 뜻밖의 근심은 거의 없다오"라며 벼슬길에서 물러나 은거하며
몸소 농사짓는 선비의 특수한 느낌을 묘사했다. 도연명은 결코 농사에 종
사하지 않으면 안 된다는 것은 아니었다. 그는 관리가 되어 녹봉을 누릴
수도 있었다. 그러나 그는 더러운 무리와 어울려 나쁜 짓 하기를 원치 않았
으며, 또한 "뜻밖의 근심異患"을 두려워하여 스스로 직접 농사짓는 힘든 길

을 선택하였던 것이다.

도연명 이후의 전원시는 당대 맹호연孟浩然, 위응물韋應物, 송대宋代의 범성대范成大 등의 작품처럼 비록 전원 풍광과 전원생활을 묘사하기는 하였지만, 직접 농사짓는 체험의 묘사와 인생의 도에 대한 깊고 철저한 이해가 부족하였다. 도연명의 이러한 시는 확실히 기타 시인들이 닿을 수 없는 경지였던 것이다.

5. 생사의 주제

삶과 죽음을 주제로 한 시는 한 악부樂府와 《고시십구수古詩十九首》 등의 작품 속에 이미 출현하였다. "사람이 한 세상 사는 것이, 덧없기가 먼 길 가는 나그네 같네.人生天地間, 忽如遠行客." "인생은 한세상 더부살이니, 덧없이 흩날리는 티끌일레라.人生寄一世, 奄忽若飄塵." "인생은 금석이 아니거늘, 어찌 영원할 것으로 생각할 것인가?人生非金石, 豈能長壽考?" "인생은 잠시 머무는 것과 같아서, 수명은 금석처럼 견고하지 못하다네.人生忽如寄, 壽無金石固." "성문 밖을 나서 지그시 바라보니. 단지 구릉과 무덤 뿐이네.出郭門直視, 但見丘與墳." "낮은 짧고 괴로운 밤은 길거늘, 어찌 촛불 잡고 놀지 않으리오! 晝短苦夜長, 何不秉燭遊!(《고시십구수》)" 인생의 매우 짧음을 슬퍼하는 소리는 시가 속에서 이미 상당히 강렬한 부르짖음이었다.

위나라와 서진에 이르기까지 이와 같은 상황은 계속 되었는데, 조조曹操의 〈단가행短歌行〉, 완우阮瑀의 〈칠애시七哀詩〉, 조식曹植의 〈해로행薤露行〉 및 완적의 〈영회〉 82수 중의 몇 편의 시, 육기陸機의 〈단가행短歌行〉, 〈만가시挽歌詩〉 등은 모두 생의 짧음과 죽음을 개탄한 것으로, 유한한 인생을 어떻게 보내야 하는지를 생각하고 있다. 생사 주제의 보편성은 한말 이래 잦은 전란, 사람들의 대량 사망, 급격한 인구 감소라는 현실과 매우 큰 관계가 있다. 단기헌段紀憲선생의 통계에 의하면, 동한東漢의 인구가 가장 많을 때는 5천만에 이르렀는데, 황건적의 난 이후 연속된 군벌의 혼전은 인구를 급속도록 감소시켜, 동한 멸망한 때에는 1천만(혹은 6백여만 명)으로 감소하였다. 그 후 인구 수는 1천만에서 2천만 전후를 오르락내리락하여, 동진 멸망 시에는 2천만 전후가 되었다.[11] 이것이 시가 속의 생사 주제를 대량으로 출현하게 한 사회적 배경이 되는 것이다.

　도연명의 시가 속의 생사 주제는 고인들을 계승한 요소도 있지만, 이전과 다른 부분도 있다. 그는 더 이상 인생의 짧음을 슬퍼하는 데 국한되지 않고, "큰 조화의 물결을 쫓겠다.縱浪大化中"[12]는 지혜로 인생의 짧음이 가져오는 슬픔을 없애고 사망의 도래를 맞이하려 하였다. 그는 사람은 본래 "대지 만물의 기"를 받고 태어났으며,[13] 사망이라는 것은 본원으로 돌아가는 것이라고 보았다. "삶이 있어 반드시 죽음이 있는 것, 일찍 마친다고 명이 짧다 못하리.有生必有死, 早終非命促." "죽은 뒤에야 무엇을 말하리? 몸을 맡겨 산과 함께할 뿐.死去何所道, 托體同山阿." 〈의만가사〉 3수의 시작 두 구와 마지막 두 구는 그의 생사관을 가장 잘 표현한 것이다. 삶과 죽음, 장수와 요절을 막론하고 죽음은 대지 만물로 돌아가는 것이니 자연스러운 것이다. 사람은 자연에 순응해야 하고, 자연에 순응하는 것이 각종 고뇌를 해결하는 것이라고 여겼다. 〈형영신서形影神序〉에서 "귀하거나 천하거나 어질거나 어리석거나 억척스레 생명에 집착하지 않는 자가 없으니 이러한 것에 심하게 미혹되게 된다. 그런 까닭에 '몸'과 '그림자'의 고뇌를 극진히 진술하고 '신변자연神辨自然'을 말하며 풀어 본다.貴賤賢愚, 莫不營營以惜生, 斯甚惑焉. 故極陳形影之苦, 言神辨自然以釋之."라고 하였다. "정신을 말한다神釋"는 주지는 바로 자연의 운행과 변화에 맡기며 순응한다는 것이다.

　도연명의 시로부터 보건데, 그는 더 이상 생명의 짧음을 탄식만 하는

11　갈검웅葛劍雄, 《중국인구발전사中國人口發展史》, 복건인민출판사, 1991년, 117~138쪽.

12　〈형영신形影神·신석神釋〉, "큰 조화의 물결을 쫓겠다. 기뻐하지도 두려워하지도 않으리라. 내 목숨 사라지면 사라질지니 거듭 홀로 염려하지 말라縱浪大化中, 不喜亦不懼. 應盡便須盡, 無復獨多慮."

13　도연명 〈감사불우부感士不遇賦〉, "모두 대지 만물의 기를 받고 태어났는데, 어찌 사람만이 영장이 되었나咨大塊之受氣, 何斯人之獨靈."

보잘 것 없는 한 영혼이 아니라, "대자연의 조화大化"와 합일되어 신분과 생사를 초월한 눈을 가지고 있었던 것이다. 따라서 도연명의 시가의 정서는 이전 동류의 작품보다 뛰어 났으며, 새로운 모습을 가지고 있다고 하겠다.

물론 이런 내용만으로 인생에 대한 도연명의 태도가 소극적이라고 말할 수는 없다. 그는 대범했으며 소극적이지 않았다. 그는 역시 유한한 인생 속에 무엇인가 하고 싶은 것이 있었으며, 〈영목〉 및 〈잡시〉 속의 몇 편은 이런 뜻을 넌지시 드러내고 있다. 다만 때를 잘못 만나서 하고 싶은 것을 할 수가 없었기에, 모든 뜻있는 선비와 마찬가지로 너무나 많은 유감을 남겨 놓았던 것이다. 만일 자연에 변화에 따라 맡기고 순화하여 살겠다는 한 면만을 보고 도연명의 일생에 대한 감회를 무시한다면 이것은 도연명을 진정으로 이해했다고 말할 수 없다.

도연명
〈한정부〉와 사부의 '애정', '한정' 주제

1

　소통은 〈도연명집서陶淵明集序〉에서 "나는 도연명의 글을 좋아하여 손에서 떠난 적이 없었다. 또한 그의 품덕을 앙모하며 같은 시대가 아님을 한스러워하였다. 그래서 그의 작품을 수집하고 교정하여 대략 편목을 분류하였다. 백옥의 작은 흠이라면 유독 〈한정부閑情賦〉 한 편이 그러했다. 양웅揚雄이 '백 가지를 권하면서 한 가지를 풍간한다.勸百而諷一.'라고 말했는데, 〈한정부〉에는 끝내 풍간의 의미가 없으니, 어찌 붓끝을 놀려 써야했단 말인가? 안타깝도다! 쓰지 않는 게 더 나았을 것을!"이라고 말했다. 도연명의 문학은 소통에 의해 드러났고 그의 〈한정부〉 역시 소통으로 인해 끊임없는 논쟁거리가 되었다.

　소통의 이러한 주장에 대해 가장 먼저 이의를 제기한 사람은 소식이다. 태도는 매우 강경했다. 소식은 "도연명의 〈한정부〉는 이른바 〈국풍國風〉의 '미색을 좋아하지만 지나침이 없다.好色而不淫.'는 것을 의미하며, 설사 〈주남周南〉에는 미치지 못하더라도 굴원屈原, 송옥宋玉과 무엇이 다르단 말인가? 그러나 소통은 도연명을 비판하였으니 이는 어린아이가 억지로 일을 이해한 것과 같은 것이다."[1]라고 말했다. 소식의 견해를 자세히 살펴보면, 그는 〈한정부〉에 꼭 어떤 풍간의 숨은 뜻이 들어있는 것은 아니라고 보았다. 〈한

---

1 〈제문선題文選〉, 《동파제발東坡題跋》 2권.

정부〉는 애정을 표현한 작품이지만 '미색을 좋아하나 지나침이 없다'는 의미는 대아大雅의 정신을 해치지 않았다는 것이다. 명대 원굉도袁宏道는 이런 소통을 '진부한 문인'[2]이라고 비난하였고, 청대 서몽란舒夢蘭은 '융통성 없는 사람'[3]이라고 조롱하였다. 이 둘의 의견은 소식의 입장과 같다.

이후 소식을 반대한 사람이 있다. 원대 이치李治는 "소식은 소통이 도연명의 〈한정부〉를 받아들이지 않은 것을 일러 어린아이가 억지로 일을 해석하는 것이라고 하였다. 〈한정부〉에는 비록 도연명이 기탁한 바가 있지만, 소통이 받아들이지 않은 것 역시 도연명의 고상함에 손상이 가진 않는다. 소식은 소통을 일러 억지로 일을 해석하는 사람이라고 했지만 나는 소식이 억지로 일을 만들고 있다고 생각한다."[4]라고 말했다.

명대 곽자장郭子章은 "소통이 비판을 한 이유는 도연명을 성현의 입장에서 바라보았지만, 소식은 단지 굴원과 송옥 수준으로 도연명을 평가하고 있다. 굴원은 그래도 그럴만하지만 송옥은 도연명이 배우고자하는 상대가 못된다. 소식은 평생 ≪문선文選≫을 좋아하지 않았으므로 소통을 탐탁찮게 여긴 것이다."[5]라고 말했다. 이러한 언급은 은연중에 애정을 성현의 밖으로 배제할 뿐 아니라 풍간의 작품과 애정을 표현한 작품에 대해 우열을 나누고 있으니, 사실상 소통의 의견에 찬성하고 있는 것이다.

명대 장자렬張自烈은 다른 각도에서 소통과 소식의 견해에 대해 이의를 제기하였다. 〈한정부〉는 근본적으로 애정에 대해 쓴 것이 아니라 별도로 기탁한 뜻이 있다고 보았다. 장자렬은 "〈한정부〉는 심원한 뜻에 기탁하고 있다. 도연명의 전후 시문詩文과 함께 생각해보면 자연히 그 뜻을 알게 된다. 예컨대, 소식이 말한 것은 아직 소통의 틀에서 벗어나지 못한 것과 같다. 혹자는 〈한정부〉는 옛 군주를 그리워한 작품이라 한다. 또 어떤 이는 주속지

---

2 ≪유기游記 · 난정기蘭亭記≫
3 ≪고남여화古南餘話≫ 5권.
4 ≪경제고금주敬齋古今注≫ 7권.
5 ≪예장시화豫章詩話≫ 1권.

周續之 등의 무리들이 비록 여산廬山에 머물었지만 늘 주목州牧을 따라 어울렸고, 도연명은 동조자를 생각했지만 얻을 수 없게 되자 이에 기탁하여 마음을 전한 것이라고 한다. 소식이 굴원, 송옥과 무엇이 다르냐고 말한 것은 또한 어찌 어린아이가 억지로 일을 이해하고 있는 게 아니라고 할 수 있겠는가?'라고 말했다. 또 "도연명이 〈서〉에서 '실로 풍간에 도움이 있다.諒有助於諷諫.', '대체로 작자의 뜻을 그르치지 않을 것이다.庶不謬作者之意.'라고 말한 이 두 마디는 상당히 자신의 뜻을 드러내고 있는 것이다. 읽는 사람이 함부로 추측하여 그 처음의 뜻을 버렸으니 참으로 애탄할 일이다."[6]라고 말했다.

장자렬은 〈한정부〉에 대해 두 가지 해석을 하였다. 하나는 옛 군주를 그리워하는 것이요, 다른 하나는 동조자를 얻지 못함이다. 장자렬 역시 확실한 결론을 내리진 않았지만 〈한정부〉는 분명 애정에 대해 쓴 것이 아니라 별도의 기탁함이 있는 작품이라고 보았다. 그 방법은 도연명의 기타 작품을 참조하고 도연명의 일관된 사상에 착안하여 〈한정부〉라는 특수한 작품을 해석하였다. 이러한 해석 방법은 수긍이 간다. 하지만 본문 자체에 대한 해석이 부족하고 외적인 면에 치중하고 있으므로, 문제를 제대로 해결할 순 없다. 설사 도연명의 사상과 기타 시문이 정말 그가 말한 것과 같다 할지라도, 이 특수한 〈한정부〉라는 작품이 반드시 그러하다고는 여전히 증명할 수 없다.

예외를 배제할 수도 없지만 그 복잡함은 더더욱 간과할 수 없다. 도연명의 사상과 작품이 그렇게 단순하지만은 않기 때문이다. 하물며 옛 군주를 그리워하고 두 군주를 섬기는 것을 부끄럽게 여겼다는 관점은 의문이 많이 가며 설득력이 부족하다. 또한 도연명의 증답시를 통해 보면 동조자가 없었던 것은 아니다. 주속지周續之는 그렇다 치지 않더라도 곽주부郭主簿, 방참군龐參軍 등이 있다. 예컨대, 〈이거移居〉에서 '아침저녁으로 사주 만나 즐겁게 어울린다.樂與數晨夕.'라고 말한 '순박한 사람素心人'이 있었다. 이처

6 장자렬 집집輯, ≪전주도연명집箋注陶淵明集≫ 5권.

럼 장자렬 본인의 견해와 그가 제시한 관점이 성립되기 어려움을 알 수 있다.

청대 구가수邱嘉穗 역시 '기탁'설을 주장하였다. 그는 "〈한정부〉의 '님의 옷의 깃이 되고자 한다.願在衣而爲領.'는 '열 단락. 十願'(1의 하반부 참조)은 바로 장형張衡 〈동성가同聲歌〉의 '왕골자리와 비단 이불' 등의 뜻을 환골탈태한 것이다. 이는 오긍吳兢이 ≪악부제해樂府題解≫에서 이른바 '당시 7군자가 군주를 모시는 마음에 비유하다.'라고 말한 것이다. ≪시경詩經≫의 '누구를 그리는가, 서방의 미인이로다.云誰之思, 西方美人.'라는 구절에 대해 주희朱熹는 '말에 가탁하여 서주의 성왕을 가리킨 것이다.'라고 하였다. 〈이소離騷〉의 '고운님이 늙어질까 걱정한다.恐美人之遲暮.'의 미인 역시 그 군주를 가리킨다.

〈한정부〉는 바로 이러한 문체體를 사용한 것이다. '백옥에 흠이 있다.'는 소통의 말은 진실로 도연명을 모르는 것이요, '〈국풍〉의 미색을 좋아하나 지나치지 않는다.'는 소식의 표현 역시 비유와 기탁의 심원함을 모르는 것이다."[7]라고 말했다. 구가수의 주장은 장자렬이 말한 전자의 관점[옛 군주를 그리워하는 것]을 보충하고 있으며, 해석한 방법 역시 외적인 면에 치중하고 있으므로 설득력이 부족하다. 또한 〈동성가〉와 〈이소〉에서 미인으로 군주를 비유한 것은 〈한정부〉에서 미인을 군주로 비유한 것과는 다른 것이다. 반드시 먼저 〈한정부〉 작품에 대한 구체적인 분석이 있은 후에야 가능 여부를 논할 수 있을 것이다.

청대 유광분劉光蕡의 기탁설이 비교적 무난하다. 그는 "몸이 난세에 처했으니 빈천은 기꺼이 받아들이겠지만, 나라의 무너짐은 차마 볼 수도 없고 또한 어찌 할 수도 없다. 그래서 한정閑情에 기탁하였다. 그가 지은 글은 배우는 자들이 도를 구하는 거라 해도 될 것이고, 충신이 군주를 그리워하는 것이라 해도 될 것이며, 자신의 신세를 슬퍼하며 성군 명제를 그리워하는

---

7 ≪동산초당도시전東山草堂陶詩箋≫ 5권.

것이라 해도 안 될게 없다."[8]라고 말했다. 이러한 해석은 〈한정부〉 속의 미인을 일종의 '상징'으로 본 것으로 여러 가지 다른 내용으로 대입할 수 있다. 이는 현대 서방 수용미학의 의미가 좀 들어있다.

한 편 작품을 감상할 때 독자는 당연히 자신이 바라보는 시각으로 감상할 수 있다. 따라서 자신의 심경에 따라 도연명이 쓴 '바람願'을 자신이 원하는 '바람'으로 볼 수 있다. 하지만 이는 〈한정부〉에 대한 객관적인 해석이라고 할 순 없다.

현대 문학사가 왕요王瑤는 "도연명이 〈오류선생전五柳先生傳〉에서 말한 '늘 글을 지어 스스로를 즐기면서 자못 자신의 뜻을 드러내었다.常著文章自娛, 頗示己志.'는 표현과 〈한정부서〉에서 말한 '분방한 말을 억제하고 담백함을 근본으로 삼았다. 처음에는 생각이 제멋대로 치닫더니 결국엔 한정(분방함을 억눌러 바로 잡음)으로 돌아왔다.'는 표현으로 볼 때, 〈한정부〉는 아마도 젊은 시기에 자신의 뜻을 드러낸 작품으로 보인다. 도연명은 진晉 태원太元 19년 갑오(394년)에 아내를 잃었다. 〈원시초조시방주부등치중怨詩楚調示龐主簿鄧治中〉시의 주를 보아도 〈한정부〉는 서정의 작품이며, 아마도 이 해에 쓴 것으로 당시 그의 나이는 39세였다."[9]라고 말했다. 왕요는 〈한정부〉를 자신의 뜻을 드러낸 작품이라 보았고, 아내를 잃은 사실에 근거하여 〈한정부〉의 창작 연대(도망시 같은 것)를 추정하였다. 하지만 앞뒤가 모순이다.

양용楊勇은 구가수의 주장에 대해 매우 타당성이 있다고 보았다. 그리고 "옛날에 사인들은 대부분 미인을 군자에 비유하였고 보잘 것 없는 풀을 소인에 비유하였다. 이를 시에 기탁할 때, 반드시 정에서 드러나고 예에서 그쳐 풍간으로 돌아갔다. 도연명의 '한정'은 점층적으로 포진하듯이 뜻을 완곡하게 하여 결국 한정으로 돌아갔으니, 이것이 풍간의 작품이 아니고 무엇이겠는가? 또 〈한정부서〉의 결구를 보면 〈감사불우부感士不遇賦〉와 흡

---

8 〈도연명한정부주陶淵明閑情賦注〉, 《연하초당유서煙霞草堂遺書》 본.
9 《도연명집》, 인민문학출판사, 1956.

사하니, 아마도 같은 시기에 지었을 것이다."[10]라고 말했다. 양용은 비록 〈한정부〉가 무엇을 기탁하고 있다고 딱 꼬집어 설명하진 않았지만, 〈감사불우부〉와 함께 언급한 것으로 보아 역시 기탁한 작품이라고 본 것이다. 녹흠립逯欽立은 "〈한정부〉는 도연명이 벼슬자리에서 물러난 이후에 쓴 것으로, 애정에 대한 상처를 가지고 정치 이상의 환멸을 표현한 것이다."[11]라고 말했다. 이 또한 기탁설을 인정한 것이다.

종합하자면, 〈한정부〉를 언정言情과 기탁 두 가지 관점으로 보고 있다. 언정설에는 또한 긍정, 부정이라는 두 가지 다른 평가가 있다. 필자는 이러한 문제를 해결할 수 있는 관건은 〈한정부〉 작품에 대한 깊은 분석을 통해 도연명 자신이 제시한 답안을 찾는 것이라고 생각한다. 그 답은 바로 〈한정부서〉와 〈한정부〉의 말미에 있다. 〈한정부서〉에서 다음과 같이 말했다.

> 예전에 장형이 〈정정부〉를 지었고 채옹이 〈정정부〉를 지었다. 분방한 말들을 억제하고 담백함을 근본으로 삼았다. 처음에는 생각이 제멋대로 치닫더니 결국엔 한정(분방함을 억눌러 바로 잡음)으로 돌아왔다. 자유분방하게 흐르는 사심을 누르고 실로 풍간에 도움이 되고자 한 것이다. 그동안 글 짓는 문사들이 대대로 계속 지어 선유들의 작품에 의거하여 그 사의를 넓혀나갔다. 나는 농가에 거처하여 여가가 많아 다시 붓을 적셔 이 글을 짓는다. 비록 글의 묘미는 부족하나 대체로 선배 작가들의 뜻을 그르치지는 않을 것이다.
> 初張衡作〈定情賦〉, 蔡邕作〈靜情賦〉, 檢逸辭而宗澹泊, 始則蕩以思慮, 而終歸閑正. 將以抑流宕之邪心, 諒有助於諷諫. 綴文之士, 奕代繼作, 並因觸類, 廣其辭義. 余園閭多暇, 復染翰爲之. 雖文妙不足, 庶不謬作者之意乎!

〈한정부서〉에서 도연명은 다음 몇 가지를 제시하였다. 첫째, 〈한정부〉는 모방작이며, 모방의 대상은 〈정정부定情賦〉와 〈정정부靜情賦〉이다. 둘째, 이 두 편의 감정은 '분방'에서 '담박함'에 이르렀고 '제멋대로 치달음'에서 '바른 데'로 돌아왔으며, 제멋대로 치닫는 것을 억제하고 풍간에 도움이

---

10 《도연명집교전陶淵明集校箋》, 오흥서국吳興書局, 1971.
11 《도연명집》, 중화서국, 1979.

되었다는 뜻이다. 셋째, 대대로 계속 지었다는 것은 그 뜻을 넓혔다는 뜻이며, 원작의 기본 취지에서 벗어나지 않으면서도 더 발휘함이 있다는 말이다. 자신의 〈한정부〉도 이와 같다는 것이다. 뿐만 아니라 〈한정부〉는 장형과 채옹의 원의에 어긋남이 없다는 것을 분명히 밝히고 있다. 넷째, 〈한정부〉는 "농가에 거처하여 여가가 많아서" 지은 것이다. 결국, 서문에서 최소한 도연명이 〈한정부〉를 지은 주관적인 동기를 설명하고 있으며, 이 점은 우리가 연구해야할 중요한 근거이다.

먼저 분명히 해야 할 문제가 있다. 첫째, 〈한정부〉의 '한閑' 자의 함의이다. ≪설문해자說文解字≫에서 "한은 난欄이다. 문 가운데에 나무가 있는 것으로 구성되었다."라고 말했다. 주에 "나무로 문을 막다."라고 말했다. 이는 '막다防, 한정하다限, 닫다閉, 바르다正'의 뜻으로 확대되었다. ≪광운廣韻≫에서 "한은 난이다欄. 막다防, 막다御이다."라고 말했다. ≪광아廣雅·석고釋古≫에서 "한은 바름正이다."라고 말했다. '정正'은 바로 확대되어 쓰인 뜻이다. ≪춘추번로春秋繁露·순천지도順天之道≫에서 "그러므로 군자는 욕심을 막고 악을 그쳐서閑欲止惡 마음을 안정되게 한다. 마음을 안정되게 하여 정신을 고요하게 하며, 정신을 고요하게 하여 기를 기른다."라고 말했다. 이로써 '한' 자는 '막다'는 의미로 쓰였음을 알 수 있다.

〈한정부서〉에서 "처음에는 생각이 제멋대로 치닫더니 결국 한정(분방함을 누르고 바로 잡음)으로 돌아왔다."라고 말한 '한정'은 바로 '정을 바로하다.'는 뜻이니, 정이 이미 분방하게 흐르지만 결국엔 바른 데로 돌아왔다는 뜻이다. 또 〈한정부서〉에서 "장차 자유분방하게 흐르는 사심을 누르고抑 실로 풍간에 도움이 되고자 한다."라고 말한 '억抑' 자는 '그치다止'는 뜻이니 '한' 자의 뜻과 유사하다. 또한 〈한정부〉의 말미에서 "만 가지 생각 날려버려 성실함을 보존하고, 아득한 정회 먼 팔황에 잠재운다.坦萬慮以存誠, 憩遙情於八遐."라고 말한 '게憩' 자는 '그치다, 멈추다止'의 뜻으로 역시 '한' 자와 그 뜻이 유사하다. 이러한 작품 속의 증거를 통해 볼 때, '한정'의 뜻은 '분방하게 흐르는 정을 억제하고 그쳐서 바른 데로 돌아간다.'는 뜻이다. 이러한 해석은 도연명이 서문에서 말한 장형張衡 〈정정부定情賦〉와 채옹蔡邕 〈정정부靜情賦〉의 '정定', '정靜' 자의 뜻과 부합한다.

이 밖에도 왕찬王粲 〈한사부閑邪賦〉의 '사邪' 자를 보면, '사' 자에는 이미 이러한 '한정'의 '정情' 자의 의미가 들어있다. 공자가 ≪논어論語·위정爲政≫ 편에서 "≪시≫ 삼백 수를 한마디로 요약하자면, 생각에 사악함이 없음思無邪을 이른다."라고 말한 '사' 자의 의미는 '바르지 않다不正'는 뜻이니, '한사閑邪'는 사악함을 바른 데로 돌아오게 한다는 뜻임을 분명히 알 수 있다.

둘째, 〈한정부〉의 계승관계를 고찰해야 한다. 이러한 시리즈의 부 가운데 가장 먼저 나온 작품은 장형의 〈정정부〉이다. 그 일문佚文이 ≪예문유취藝文類聚≫ 18권에 보인다. "저 아름다운 여인의 맑고 고움이여, 빛나게 화려한 빼어난 용모로다. 당대 최고의 아름다움을 뽐내니, 누구도 비견할 수 없구나. 탄식하며 말한다. '찌는 더위 가니 풀벌레 울고, 된서리 내리니 초목이 시든다. 가을이 되니 벌써 정벌을 나갈 때이고, 미인을 생각하며 병영을 걱정한다.'"라고 말했다.

또 ≪문선·낙신부주文選·洛神賦注≫에서 "얼굴의 고운 화장이 되고 싶건만, 먼지를 털어내어도 빛이 나지 않음을 슬퍼한다."라고 말했다.

채옹의 〈정정부〉의 일문 역시 ≪예문유취藝文類聚≫ 18권에 보인다. "저 아리따운 고운 여인, 빛나는 얼굴은 꽃을 머금은 듯하네. 온 천지에 비길 자 없고 천년에 드물게 태어났네. 내 마음 아름다움에 반했지만 그 사랑 홀로 하며 함께하지 못하네. 정은 형체 없이 주인이 없고, 마음은 둘 곳 없어 편치 않네. 낮에는 정을 달려 사랑을 펼치고, 밤엔 꿈에 의지하여 영혼을 만나네."라고 말했다.

또 ≪북당서초北堂書鈔≫ 110권에 "입의 피리 소리가 되고 싶건만, 홀로 울리는 소리 차마 들을 수 없음을 슬퍼한다."라고 말했다. 이러한 일문을 통해 〈한정부〉는 확실히 도연명 자신이 말했듯이 장형이나 채옹을 '이은 작품'가운데 하나임을 알 수 있다.

이러한 시리즈 작품은 도연명의 〈한정부서〉에서 언급했던 이 두 작품만

이 아니다. 대표적으로 왕찬 〈한사부〉, 진림陳琳 〈지욕부止欲賦〉, 완우阮瑀 〈지욕부止欲賦〉, 응창應瑒 〈정정부正情賦〉, 조식曹植 〈정사부靜思賦〉, 장화 張華 〈영회부永懷賦〉 등이 있다.

이렇게 분방하게 흐르는 감정이 결국 바름으로 돌아오는 부의 체제는 한위漢魏 이후 문인들의 관용적인 방식이다. 거기에는 어떤 정치적인 기탁 함이 들어있다고 말하기 어렵다. 그렇지 않다면, '한사'의 '사' 자를 어떻게 설명할 것인가? 충군忠君의 '분방하게 흐르는 정'이란 뜻인가? '지욕止欲'의 '욕' 자를 또 어떻게 설명할 것인가? 충군의 욕정이 마땅히 '그친다.'는 뜻인 가? '정정正情'의 '정' 자를 또 어떻게 설명할 것인가? 충군의 정이 '바르게 돌아온다.'는 뜻인가?

결국 도연명 이전의 부에 정치적인 기탁함이 있었다고 말할 수 없는 것 과 같이, 도연명의 〈한정부〉에도 정치적 기탁함이 있다고 말할 만한 증거 자료가 부족하다. 게다가 도연명 본인도 이러한 언급을 하지 않았고 동류 의 작품에서도 이러한 선례는 없다. 그러므로 단지 도연명의 기타 일부 작품만을 가지고 추측하는 것은 설득력이 부족하다. 따라서 작품에서 출발 하여 도연명이 직접 언급한 설명에 근거하고, 시리즈 작품의 내용과 대조하 는 것이 타당할 것이다.

즉 〈한정부〉는 도연명의 애정에 대한 한차례의 상상 혹은 모험이다. 마 음이 날아오르자 결국 거두어 들였던 것으로 보인다. 도연명이 아무리 청 고하다 할지라도 그 또한 인간이며 결국 인간의 정욕이란 게 있는 것이다. 청고함은 정치적으로 더러운 부류와 어울리지 않는 것이지, 결코 사랑의 능력이나 그에 대한 관심조차 없는 것은 아니다. 전현들의 〈정정부定情賦〉 와 〈정정부靜情賦〉를 읽은 후 흥이 생겨나자 모방하여 한 편을 지으면서, 평상시의 사랑에 대한 욕망을 표현한 것이라고 보면 쉽게 이해가 간다.

이상에서 논한 〈한정부〉의 제목, 계승관계, 부 속에서의 자백 등을 놓고 볼 때, 도연명이 〈한정부〉를 썼던 주관적인 동기는 확실히 분방하게 흐르 는 사랑의 감정을 억제한 것이라고 할 수 있다. 그러나 부의 체제의 특징은

'백 가지를 권고하고 한 가지를 풍간하는 것'이며, 서술해 나가지 않으면 부라고 할 수 없으며 재주 또한 드러낼 수 없다. 그러나 서술함이 지나치면 주제를 잃기 쉬우며 결국 객관적인 효과와 주관적인 동기가 어긋나게 된다. 이런 점은 부의 통상적인 특징이다. 도연명은 바로 이런 점에서 소통 등의 사람들에게 화젯거리를 남겨준 것이다. 〈한정부〉의 문제는 대체로 중간의 한 단락에서 잘 드러난다.

> 님의 옷깃이 되어願在衣而爲領,
> 꽃다운 얼굴의 남은 향기 담고 싶건만承華首之餘芳;
> 비단 옷깃 저녁 되어 벗어버림이 슬프고悲羅襟之宵離,
> 가을 밤 다하지 못함이 원망스럽다.怨秋夜之未央.
> 치마의 허리띠 되어願在裳而爲帶,
> 아름다운 가는 허리 묶고 싶건만束窈窕之纖身;
> 추위와 더위의 변덕스런 날씨에嗟溫涼之異氣,
> 수시로 옷을 벗고 새 옷을 갈아입는 게 슬프다.或脫故而服新.
> 머리카락의 기름이 되어願在發而爲澤,
> 어깨에 드리운 검은 머리 빛내고 싶건만刷玄鬢於頹肩;
> 어여쁜 님 자주 머리 감으시니悲佳人之屢沐,
> 말간 물 따라 씻겨 내려감이 슬프다.從白水以枯煎.
> 눈썹 위의 먹이 되어願在眉而爲黛,
> 눈매를 따라 살포시 움직이고 싶건만隨瞻視以閑揚;
> 연지와 분이 더욱 아름다워悲脂粉之尙鮮,
> 때론 아름다운 화장에 지워질까 슬프다.或取毀於華妝.
> 왕골로 자리가 되어願在莞而爲席,
> 삼추의 선선한 계절에 여린 몸 쉬게 하고 싶건만安弱體於三秋;
> 아름다운 이불로 바뀌어悲文茵之代御,
> 해가 지나야 찾게 될 것이 슬프다.方經年而見求.
> 명주가 되어 신을 지어願在絲而爲履,
> 고운 발에 붙어 돌아다니고 싶건만附素足以周旋;
> 행동거지에 절도가 있으니悲行止之有節,
> 쓸쓸히 침상 머리에 버려둘 것이 슬프다.空委棄於床前.
> 낮에는 그림자 되어願在晝而爲影,

언제나 몸을 따라 여기저기 다니고 싶건만常依形而西東;
높은 나무 그늘이 많아悲高樹之多蔭,
때때로 함께 할 수 없음이 슬프다.慨有時而不同.
밤에는 등불이 되어願在夜而爲燭,
두 기둥에서 옥 같은 얼굴 비추고 싶건만照玉容於兩楹;
태양이 빛을 펼치니悲扶桑之舒光,
문득 불은 스러지고 빛을 묻어버림이 슬프다.奄滅景而藏明.
대나무로 만든 부채가 되어願在竹而爲扇,
부드러운 손에 서늘한 바람 머금게 하고 싶건만含凄飇於柔握;
흰서리 새벽에 내려悲白露之晨零,
소매부리에 멀리 떨어질 게 슬프다.顧襟袖以緬邈.
나무 중의 오동나무가 되어願在木而爲桐,
무릎 위에서 울리는 거문고가 되고 싶건만作膝上之鳴琴;
즐거움 극에 달하면 슬픔이 올 테니悲樂極以哀來,
끝내 나를 밀어내고 연주를 그칠 것이 슬프다.終推我而輟音.

이상 '열 가지의 바람十願'은 모두 40구로서 전체 분량의 3분의 1을 차지
하며 조금은 긴 서술방식을 취하고 있다. 하지만 이러한 서술방식이 없다
면 전형적인 부라고 할 수 있을까? 부는 본래 서술을 주요 특징으로 하며,
게다가 육조六朝 시기 변부駢賦가 유행하여 변려 형식을 씀에 따라 편폭이
더욱 확장되었다. 이는 도연명이 부체의 특징을 따른 창작수법이다. 만약
이러한 감정의 흐름이 없었다면 이른바 "분방하게 흐르는 것을 억제한다抑
流宕"는 말은 논의할 수 없을 것이다. 그러므로 이 단락에 대한 여러 가지
비평은 불공평할 뿐 아니라 도리어 〈한정부〉의 성공을 설명하고 있다.
  '열 가지의 바람'에는 연원이 있다. 장형 〈동성부同聲歌〉에서 "왕골자리
가 되어 밑에서 잠자리를 깔아주고자 하며, 비단이불이 되어 위에서 바람과
서리 막아주고 싶다.思爲莞蒻席, 在下蔽匡床. 願爲羅衾幬, 在上衛風霜."라고 말했다.
장형 〈정정부定情賦〉에서는 "얼굴의 고운 화장이 되고 싶건만, 먼지를 털어
내어도 빛이 나지 않음을 슬퍼한다."라고 말했다. 채옹 〈정정부〉에서도 "입
의 피리 소리가 되고 싶건만, 홀로 울리는 소리 차마 들을 수 없음을 슬퍼한

다."라고 말했다. 또 왕찬 〈한사부〉에서는 "옥팔찌 손목에 끼워주길 바란다.願在環以約腕."라고 말했고, 응창 〈정정부正情賦〉에서는 "님 앞의 명경이 되고 싶건만, 세월의 변화 속에서 옛 것이 될 것임을 슬퍼한다.思在前爲明鏡, 哀旣往於替□."라고 말했다.

이상을 모두 비교해보면, 도연명의 〈한정부〉는 비록 모방 작품이긴 하지만 전인들의 작품을 뛰어넘은 점이 있다. 즉, 위의 '열 가지의 바람十願' 속에 깊은 감정이 잘 나타나 있다. 화려함 속에 진정성이 드러나고 심지어 조금은 천진하고 어리석은 느낌마저 든다. 여성을 희롱하는 느낌은 조금도 없다. 만약 진실함이 없이 뜨겁기만 한 사랑이라면 어찌 붓끝에서 이와 같은 감정을 전하는 글귀들이 나올 수 있겠는가? 이를 통해 도연명의 메마르지 않은 감성의 일면을 엿볼 수 있다. 소통은 바로 〈한정부〉의 이러한 가치를 부정하고 있는 것이다.

2

애정과 한정은 연이어 출현한 두 가지 사부의 주제이다. 《초사楚辭》 속의 〈구가九歌〉는 신에게 제사를 지내는 가사이다. 신과 신의 사랑, 사람과 신의 사랑이 커다란 비중을 차지한다. 〈구가〉는 이러한 작품의 시초라 할 수 있다. 《초사》 속의 〈이소離騷〉에도 여자를 구하는 묘사가 한 단락 있다. 만약 고립적으로 보지 않고 전체를 연결하여 본다면, 그 주제는 결코 애정이 아니라는 것을 알 수 있다. 이후로 송옥宋玉이 애정을 주제로 한 부를 지었다. 〈고당부高唐賦〉, 〈신녀부神女賦〉, 〈등도자호색부登徒子好色賦〉이다. 앞의 두 작품은 서로 연결된 자매편이다.

〈고당부〉는 초楚 양왕襄王과 송옥이 운몽雲夢의 대臺에서 노닐 때, 송옥이 양왕에게 초楚 회왕懷王과 신녀神女가 만났던 이야기를 들려주면서 고당의 험준함과 오를 때 보았던 것들을 집중적으로 묘사하였다.

〈신녀부〉는 양왕이 송옥에게 이야기를 들은 후 밤에 꿈속에서 신녀와 만난 일을 쓴 것(일설에는 송옥이 꿈에서 신녀와 만난 것이라고 함. 심괄沈括, ≪보필담補筆談≫ 1권, 요관姚寬, ≪서계총어西溪叢語≫ 참조)이다. 신녀의 아름다운 용모와 자태 그리고 "휘장을 걷어 올려 모시기를 청함搴幬請御"과 "즐거움이 서로 이어지지 않음歡請未接"의 줄거리를 집중적으로 묘사하고 있다. 이 두 편을 합치면 완정한 한편의 러브스토리가 된다. 양왕이 신녀를 사랑하게 된 원인부터 시작하여 양왕이 꿈속에서 신녀와 만났지만 이루어지지 못한 것으로 결말을 맺는다.

〈등도자호색부〉는 초왕이 등도자, 송옥, 진장화대부秦章華大夫 세 명과 주고받은 대화를 쓴 것이다. 누가 더 여색을 좋아하는 지에 대한 주제가 중심을 이룬다. 이를테면, 등도자의 처는 아주 못생겼는데도 등도자는 매우 좋아하며, 송옥의 이웃 여자는 엄청난 미인이지만 송옥은 사랑을 허락하지 않았으며, 진장화대부는 "정, 위, 진, 유 사이를 한가히 오가며.從容鄭衛溱洧之間." 미인을 보면 시로써 유혹하였지만 "시를 주고 예를 지키면서 끝내 법도를 넘지 않았다.揚詩守禮, 終不過差."

이 세편의 부는 분명 어떠한 정치적인 기탁이 들어있다고 볼 수 없으며 오직 남녀의 애정을 내용으로 하고 있다. 그러므로 ≪소명문선昭明文選≫에서 '정情' 류에 수록하였다. 〈구가〉는 민간에서 제사지낼 때 쓰는 가곡의 기초 위에 가공하여 완성한 것이다. 신을 기쁘게 해드리고 자신을 즐겁게 하는 것을 목적으로 하였으며, 애정은 그 사이에 삽입한 것에 불과하다. 확실하게 애정을 주제로 한 부를 말하자면, 마땅히 송옥의 이 세 편으로부터 시작되었다고 할 수 있다. 이 세 편은 비교적 긴 편폭으로 여자의 아리따움과 아름다운 여자 앞에서 황홀함을 느끼고 사랑에 빠지는 남자에 대해 묘사하고 있다. 하지만 끝내 서로 이루어지지 못하는 것(남자 쪽 혹은 여자 쪽에서 예를 지킴으로 인해)으로 결말을 맺고 있다. 이는 거의 하나의 틀이 되어 후인들이 계속해서 모방하며 배웠다.

현존하는 자료에 따르면, 먼저 송옥을 모방한 사람은 사마상여司馬相如이다. 사마상여의 〈미인부美人賦〉는 〈등도자호색부〉를 모방한 작품이다.

사마상여가 양왕梁王과 노닐자 추양鄒陽이 사마상여를 호색한이라고 참소하였다. 그러자 사마상여는 "아침에는 진수와 유수에서 출발하고, 저녁에는 상관上官에서 묵는다.朝發溱洧, 暮宿上官." 그리고 온갖 방법으로 나를 유혹하는 미인을 만나면 "안으로 맥박을 안정시키고, 마음속으로 생각을 바로잡았다.脈定於內, 心正於懷."라고 말하면서 자신은 결코 호색한이 아니라고 증명하였다.[12] 부 속에서는 외모에서부터 자태에 이르기까지 미녀에 대한 묘사가 남김없이 잘 표현되어 있다.

이후 애정을 주제로 한 작품은 더 있다. 양수楊修 〈신녀부神女賦〉는 〈고당부〉를 환골탈태한 것이다. "나는 의를 잡고서 굳게 지켜오다가, 꿈속에서 만나 영혼과 교감하였다." 꿈속에서 신녀神女를 만나자 "감정이 용솟음치고 생각은 달려 나가건만 상대는 엄숙하고 공손하다. 조금 말을 건네며 마음을 보이자 그녀는 즐거워하며 나는 따른다."[13]라고 말했다. 인간과 신이 사랑을 나누는 방식은 〈고당부〉에서 시작되었지만 이전의 작품에 비해 이야기의 변화를 좀 더 입혔다. 즉 남자가 신녀에 대한 사랑을 추구하는 과정이 더 들어있다.

채옹 〈협화혼부協和婚賦〉는 남녀화혼의 의례 및 신혼 밤의 즐거움을 표현하였다.[14] 채옹 〈청의부靑衣賦〉는 하녀와의 사랑을 그린 것이다.[15] 이 두 편은 기존의 인간과 신의 사랑이라는 틀에서 벗어나 남녀의 사랑의 즐거움(비록 가정의 틀을 벗어나지는 않았지만)을 쓴 것으로 일종의 진전이라 할 수 있다. 그러나 이러한 표현 방식은 계승되지 않았다. 진림 〈신녀부神女賦〉는 다시 인간과 신이 만나는 방식으로 돌아왔다.[16] 응창 〈신녀부〉는 단지 4구만이 남아있다.[17] 서간徐幹 〈가몽부嘉夢賦〉는 이미 존재하지 않는다.

---

12 ≪예문류취藝文類聚≫ 18권.
13 ≪예문류취≫ 79권.
14 ≪초학기初學記≫ 14권.
15 ≪예문류취≫ 35권.
16 ≪예문류취≫ 79권.
17 ≪태평어람太平御覽≫ 389권.

단지 〈서〉 속에 "예전에 영자嬴子가 漢水한수 가에서 신녀와 함께 노닐다가, 그날 밤 신녀를 꿈에서 만났다."[18]라는 두 구만이 보인다. 이 또한 여전히 인간과 신이 사랑을 나누는 방식을 유지하고 있다.

조식曹植〈낙신부洛神賦〉는 이러한 부 가운데 백미이다. 서문에 "송옥이 초왕과 신녀에 대해 일러준 이야기를 듣고 감응을 받아 마침내 이 부를 지었다."라고 분명하게 말하고 있는 점으로 보아 〈고당부〉의 시리즈임을 알 수 있다. 〈낙신부〉의 특이한 점은 기존의 틀과 다른 변화가 있지는 않으나 섬세하고 생동적인 묘사가 뛰어나다. 특히 인간과 신의 심리활동에 대해 깊이 있는 묘사를 하고 있다. 먼저 낙수에서 낙신洛神을 만난 것을 쓰고 다시 낙신의 용모, 의상, 자태, 동작 등을 묘사하는 등 여러 면에서 그녀의 아름다움을 형용하고 있다. 그 후 다시 낙신에 대한 사랑, 그녀와의 만남, 그리고 혹여 속임을 당하는 건 아닌지에 대해 의심하는 심정 등을 표현하였다. 이어서 낙신이 애정을 받아들인 것에 대한 감동과 서로 사랑을 주고받는 것, 그리고 여러 가지 감정상태 등을 잘 묘사하였다. 마지막으로 인간과 신의 길이 다르기에 더 이상 교제하지 못하고 낙신은 사랑을 안은 채 떠나가고, 저자 역시 먼 곳을 바라보며 그리워하는 것으로 결말을 짓는다.

그러나 〈낙신부〉에 대해 견후甄后에 대한 감정을 표현한 것이라고 보는 견해와 또 위魏문제文帝에게 마음을 기탁하여 지은 것이라고 보는 견해가 있다. 하지만 모두 설득력이 없다.[19] 《소명문선》에서 이들을 '정情' 류에 넣은 것을 보면 애정을 그린 작품이라고 보는 것이 매우 합리적이라고 본다. 진晉 장민張敏〈신녀부〉의 전 편은 《예문유취》 79권에 보인다. 서문을 보면, 장민은 어떤 한 신녀와 인간의 연애담에 감동을 받아 쓴 것임을 알 수 있다. 이 이야기는 《수신기搜神記》에도 보인다. 신녀의 이름은 지경智瓊이고 남자의 이름은 현초弦超이며, 지경이 현초에게 준 시도 들어있

---

18 《초학기》 7권.
19 우무尤袤 각刻, 《문선文選》 이선李善 주 인용 참조. 하작何焯, 《의문독서기義門讀書記》 참조.

다.[20] 내용은 신녀가 내려와 주동적으로 사랑을 구하는 것과 그들의 사랑의 즐거움을 표현하였다. 이 작품에는 소설 같은 느낌이 들어있으며, 이는 전통적인 애정을 묘사한 부에게 새로운 면을 열어주었다.

송옥의 세 편의 부를 이은 또 하나의 지류는 '한정'류이다. 앞의 '애정'류 부는 대부분 서로 받아들이는 것으로 결말이 나지 못했지만, 어쨌거나 서로 사랑을 나누었고 또 그 애정은 스스로 억제할 수 있는 것이 아니었다. 그러나 '한정'은 다르다. 사랑이 생겨나서 심지어 억제할 수 없는 지경까지 이르렀지만 그래도 억제하였다. 이는 종종 남자 측의 외사랑으로 드러난다. 즉, 〈낙신부〉에서 반 정도 쓴 것과 같이, 자신의 사랑에 대한 낙신의 회답을 얻을 수 있는지에 대해 회의하는 것을 쓴 점이 바로 자신의 사랑을 애써 억제해나가는 것이며, 문장도 여기에서 멈추었다. 〈낙신부〉의 중간쯤에 "온화한 얼굴로 뜻을 고요히 하며, 예의를 차려 스스로를 지킨다."라는 두 마디를 하지 않았던가? 이는 이러한 '한정'류 부의 주제를 잘 개괄하고 있다.

'한정'류의 부는 장형의 〈정정부定情賦〉가 문을 열었다. 전체 문장은 이미 보이지 않는다. 단지 일문만이 남아있으며 길지 않다. 다음은 그 일문이다.

저 아름다운 여인의 맑고 고움이여夫何妖女之淑麗,
화려하게 빼어난 용모로다光華艶而秀容.
당대 최고의 아름다움을 뽐내니斷當時而呈美,
누구도 비견할 길 없구나冠朋匹而無雙.
탄식하며 말한다嘆曰:
찌는 더위 가니 풀벌레 울고大火流兮草蟲鳴,
된서리 내리니 초목이 시든다繁雙降兮草木零.
가을이 되니 벌써 정벌을 나갈 때이고秋爲期兮時已征,
미인을 생각하며 병영을 걱정한다思美人兮愁屏營.
≪예문유취藝文類聚≫ 18권.

곱게 화장한 고운 얼굴을 생각하건만思在面爲鉛華兮,

---

20 ≪예문류취≫ 79권.

먼지를 털어내어도 빛이 나지 않음이 한스럽다患離塵而無光.
≪문선文選·낙신부洛神賦≫ 주.

위의 일부 예문을 통해 볼 때, 〈정정부定情賦〉는 애정을 묘사한 작품임을 알 수 있다. 하지만 주제는 '정定' 자에 있으므로, 자신의 생각을 통해 이미 요동치는 감정을 차분하게 누르고 있다.

〈정정부〉를 이은 작품은 채옹의 〈정정부靜情賦〉이다. 역시 일문만이 남아있으며 〈정정부〉와 흡사하다.[21] 채옹의 〈협화혼부〉와 〈청의부〉에 대해서는 이미 앞에서 서술하였듯이, 그는 대담하게 애정을 묘사한 작가라고 할 수 있다. 하지만 〈정정부靜情賦〉의 주제는 '정靜' 자에 있다. 그 후 왕찬의 〈한사부閑邪賦〉가 있다. 도연명의 〈한정부〉의 '한閑' 자는 〈한사부〉에서 나온 것이다. 〈한사부〉의 일문은 미녀에 대한 남자의 사랑뿐만 아니라 사랑에 대한 미녀 자신의 갈망에 대해 쓰고 있다. 그러나 끝내 애정을 억제하며 바른 데로 돌아갔다.[22] 왕찬의 〈신녀부〉는 제목만 보면 애정부 같지만 현재 유전하는 일문 "마음이 서로 교전하다 정숙함이 이겨, 이에 마음을 돌려 스스로를 끊는다.心交戰而貞勝, 乃回意而自絶."[23]라고 말한 것을 보면, '한정'을 주제로 한 작품임을 알 수 있다. 응창의 〈정정부正情賦〉는 현존하는 일문을 보면, 아리따운 여자에 대한 사랑을 쓴 것으로 남자가 여자의 명경明鏡이 되고 싶다는 두 구절의 일문이 있다. 이는 위로는 〈정정부定情賦〉를 계승하고 아래로는 〈한정부〉를 열어주었다. 위에서 이미 인용하였다.[24]

진림, 완우에게도 〈지욕부止欲賦〉가 있다.[25] 아름다운 여자에 대한 사랑을 서술하였다. 꿈속에서 만나기를 바라지만 끝내 이루어지지 못한다. 조식의 〈정사부靜思賦〉는 ≪예문유취≫ 18권의 '미부인美婦人'류에 들어있으며 '한

---

21 ≪예문류취≫ 18권.
22 ≪예문류취≫ 18권.
23 ≪예문류취≫ 79권.
24 ≪북당서초北堂書鈔≫ 136권.
25 ≪예문류취≫ 18권.

정'류에 속한다. 완적阮籍의 〈청사부淸思賦〉는 상기한 부들이 통상적으로 쓰는 '정情' 자를 쓰지 않고 '사' 자를 썼다. 하지만 일문을 보면 실제로 애정에 대해 쓴 것이다.[26] 문장 중간에 자다가 문득 깨달아 스스로 놀란 후 생각이 요동치고 마음이 움직이자 "어찌 깨달아 놀란 후에야 진실함을 알리오, 참으로 운몽이 이와 같도다."라고 말했다. 그러나 결국 애정에 대한 갈망은 안정되었고, 말미에서 "만물도 나의 마음을 복잡하게 할 수 없는데, 어찌 한 여자를 생각하겠는가."라고 말했다.

이후 진晉 장화張華의 〈영회부永懷賦〉가 있다. 사랑이 시작되었을 때부터 끝날 때까지의 변화를 서술하고 있다. 하지만 부득불 "길이 영원함속에서 즐거움을 거둔다.長收歡於永已."[27]라고 말하면서 감정을 수습한다. 또 부현傳玄의 〈교정부矯情賦〉가 있다. 서문 속에 4구의 일문만이 남아있다. 상세히 알 순 없지만 '교정' 역시 '정을 바룬다正情'는 의미이다. 이밖에 ≪문선·강문통〈망형산시〉江文通〈望荊山詩〉≫ 이선李善 주注에서 매숙枚叔의 〈정정부正情賦〉를 인용하였는데, 원숙袁淑이 지은 작품이며 이러한 류에 속한다.[28] 이상으로 볼 때, 도연명의 〈한정부〉는 분명 상술한 〈정정부定情賦〉의 시리즈 가운데 한 편으로서 가장 완정하게 보존된 부라 할 수 있다.

주목할 점은 애정부에서 한정부로의 변화 과정이다. 이를테면, 송옥에서부터 시작된 애정부는 끊이지 않고 발전하면서 조식의 손에 이르러 상당히 성숙한 경지에 올랐다. 그 후 이러한 방식이 계속 발전함에 따라 부는 애정을 서술하고 묘사할 수 있는 체제가 되었다. 그러나 동한의 장형에서부터 또 다른 의미가 첨가되었다. '예교禮敎'라는 큰 방어책으로 애정에게 한정이라는 틀을 덧씌운 것이다. 이는 외부적인 한계의 틀을 덧씌운 것으로, 작자가 예전처럼 부의 서술방식의 특징을 발휘함으로써 애정을 묘사하는 데는 커다란 방해요소가 되지 않았다. 하지만 어쨌거나 유가에서 말하는 '정에서

---

26 진백군陳伯君, ≪완적집교주阮籍集校注≫, 중화서국, 1987.
27 ≪예문류취≫ 18권.
28 유문전劉文典, ≪삼여찰기三餘札記≫ 1권, 황산서사黃山書社, 1991 참조.

나와 예의에서 그친다.發乎情, 止乎禮義.’는 원칙에 부합하는 것이다. 이처럼 한정류의 부가 동한 때부터 시작한 것은 우연이 아니다. 한대는 유가를 추숭하고 예교를 강화하였으므로 당연히 송옥과 같은 그런 애정부의 창작에 이로울 리가 없다. 또한 장형 이후 애정과 한정 두 주제의 부가 교차로 나타났으며, 전자는 조식의 〈낙신부〉가 후자는 도연명의 〈한정부〉가 각각 정점을 찍은 작품이다. 이로써 〈한정부〉가 차지하는 문학사에서의 중요한 위치를 확인할 수 있다.

홍미로운 점은 애정부에 대한 소통의 관용적인 태도와 〈한정부〉에 대한 혹독한 평가이다. 소통은 사실상 서로 다른 표준에서 평론한 것이다. 그는 《문선》의 부류에 특별히 ‘情’ 류를 두어 송옥의 세 부 작품과 조식의 〈낙신부〉를 모두 수록하였으며 결코 폄하하는 내용이 없었다. 그러나 《도연명집》을 엮어 서문을 쓸 때 애석한 태도를 보이면서 〈한정부〉는 “백옥의 조그만 흠”과 같다고 했다. 만약 〈한정부〉에 ‘흠’이 있다면 송옥과 조식의 부는 또 어떻게 평론해야 하는가? 소통이 왜 이렇게 말했는지 알 수는 없지만 조금 긍정이 가는 점은, 그는 도연명을 추숭하였고 도연명에 대한 기대가 상당히 높았던 것으로 보인다. 때문에 다른 사람에겐 아무런 문제가 없는 작품이 도연명에게는 하자로 작용한 것이다. 이런 점에서 볼 때, 소통의 심정이 어느 정도 이해가 되며 단순히 비난할 수만은 없다. 그러나 《문선》은 후대에 커다란 영향을 끼쳤고 《문선》의 편자 소통이 편찬한 《도연명집》의 영향도 상당히 컸다. 때문에 그 애석해하는 말이 가져온 부작용에 대해 소통 본인조차도 생각진 못했을 것이다.

설사 애정부가 본래 직설적으로 애정을 표현하는 방식으로 쓸 수 없다할지라도 여전히 한정의 방식으로 계속 이어나갈 수는 있다. “백옥의 작은 흠. 白璧微瑕”이라는 이 네 글자는 후대의 부 창작자들에게 꺼리는 말이 되었고, 본래 순조롭게 발전할 수 있었던 ‘정情’ 류의 부가 이로써 좌절을 만나게 된 것이다. 게다가 〈한정부〉의 탁월함은 후인들의 모방작을 많이 가져옴으로써 후대에 중요한 작품을 낳지 못했다. 이러한 부의 체제가 본래 애정을 서술하는 데 편리한 형식이 되길 바랐지만 더 이상 이런 방향 위에서 커다란 발전은 없었다. 결국 충분히 발전할 수 있었던 부를 매개로 한 애정의 주제는 더 이상 발전하지 못했으니, 이 점이 중국문학의 손실인 것이다.

전종서錢鍾書 선생은 ≪관추편管錐編≫에서 〈한정부〉에 대해 정치한 논평을 하였는데, 필자는 일찍이 참고한 적이 있다. 즉, 후대에 "모방을 했거나 혹은 따라한" '열 가지 바람' 류의 작품이 적지 않으며, 이들은 모두 시사詩詞의 언어였다고 했다. 이는 필자가 말한 이른바 애정부가 소통으로 인해 안 좋은 영향을 받았다는 의견과 어긋나지 않는다. 애정부를 놓고 볼 때, 〈한정부〉는 전대에도 없었지만 후대에도 없는 걸작이라 할 수 있다.

종영 ≪시품≫의
도연명 시 응거 연원설에 대한
분석

1

종영鍾嶸의 ≪시품詩品≫ 중권 "송징사도잠시宋徵士陶潛詩"는 다음과 같이 말한다.

그 근원은 응거로부터 나왔다. 또 좌사의 풍력에도 부합한다. 문체가 간결하고 분명하며 거의 군더더기가 없다. 의미는 진실하며 참되고 고풍스러우며 글이 흥취가 있고 은근하고 뜻에 맞는다. 항상 그의 문장을 보면 그의 인품이 느껴진다. 세상 사람들은 그가 질박하고 곧다고 한탄했다. "즐거이 봄 술을 마시려고", "날은 저물고 하늘엔 구름 한 점 없는데"와 같은 구절은 화려하고 맑으니 어찌 농가의 말이라 할 수 있겠는가. 고금을 합하여 은일시인의 으뜸이다.其源出於應璩, 又協左思風力. 文體省淨, 殆無長語. 篤意眞古, 辭興婉愜. 每觀其文, 想其人德. 世歎其質直. 至如 "歡然酌春酒", "日暮天無雲", 風華淸靡, 豈直爲田家語邪? 古今隱逸詩人之宗也.[1]

이 말은 네 가지 내용을 담고 있다. 첫째, 도연명 시의 연원에 대한 논점. 둘째, 도연명 시의 언어와 주제, 표현방식, 그리고 문풍과 인격의 통일. 셋째, 세상 사람들의 공론에 대한 의문을 제기하며 도연명의 시가 직설적인 농가의 말이 아니라 화려하고 맑은 면이 있음. 넷째, 도연명은 고금 은일시

---

1 여덕갑呂德甲, ≪종영시품교석鍾嶸詩品校釋≫, 북경대학출판사, 1986년. 아래에서 인용하는 ≪시품≫은 모두 동일하다.

인의 최고봉임. 분명히 말하건대 이런 말은 상당히 높은 평가이다.

중품에 들어간 다른 시인들에 대해 종영은 대부분 폄하하는 말을 했다. 예를 들면 위문제魏文帝의 시에 대해서 "새로 지은 백 여 편은 대부분 모두 대화하듯 꾸미지 않고 직접적이었다."라고 평했다. 혜강의 시에 대해서는 "지나치게 준엄하고 날카로우며 곧은 말로 재주를 드러내어 전아한 정취를 손상시켰다."라고 평했다. 장화張華의 시에 대해서는 "비록 전대에 명성이 높고 통달한 선비였으나 애석하게도 남녀의 정감이 많고 풍운의 패기가 적었다."라고 평했다. 포조의 시에 대해서는 "기묘한 묘사를 중시하였고 험한 표현을 감추지 않아 청아한 격조를 상당히 손상했다."라고 평했다.

상품에 속하는 시인이라 하더라도 종영은 그들의 부족한 점을 자주 지적했다. 예를 들면 유정劉楨은 "조탁과 윤기가 애석하게도 적었다."고 했고, 육기陸機는 "곧장 이르는 기묘함에 지장이 있다."고 했으며, 사령운은 "고로 교묘한 묘사를 숭상했으나 방탕함이 지나쳐 번잡스러움을 중첩시켰다."고 했다.

그러나 중품에 속하는 도연명에 대해서는 한마디의 폄어도 하지 않았다. 중품에 속하는 시인이 이런 평가를 받은 것은 사실 매우 특수한 것이다.

그러나 문제는 바로 여기에 있다. 종영은 이처럼 도연명을 추종하면서 왜 그를 상품에 넣지 않고 중품에 넣었을까? 내 생각에는 평어의 첫 번째 구절에 원인이 있는 것 같다. 바로 "그의 연원은 응거로부터 나왔다"는 것이다. 《시품》이 내린 시인의 품제를 자세히 보면 상품에 있는 사람은 그 연원도 상품에 있거나 아니면 직접 "국풍", "소아", 《초사》에 연원이 있고, 중품에서 연원이 나온 사람은 중품이나 하품이 되었다. 예외가 없다. 응거는 중품에 머물기 때문에 응거에 연원을 둔 도연명은 중품에 있을 수밖에 없는 것이다. 종영은 그에게 매우 높은 평가를 했지만 그의 품급을 바꾸지는 않았다.

그런데 도연명의 시가 응거에서 나왔다는 학설은 믿을 만한 것인가?

종영의 이 학설에 대해 가장 먼저 이의를 제기한 사람은 송대의 섭몽득葉夢得이다. 그 《석림시화石林詩話》에서 도연명의 시와 응거의 시가 다른 점을 비교하면서 종영을 비난했다.

위진 시대의 시는 대체로 연회시나 종군시 같은 한 가지 문체에만 전념했다. 고로 후대에 이전의 시를 배우는 사람들은 다만 그 뛰어난 점을 따라서 취했을 뿐이다. 사령운의 〈의업중칠자〉와 강엄의 〈잡의〉가 이런 작품들이다. 양대 종영이 지은 ≪시품≫도 누가 어느 사람에게서 나왔다고 말했는데 역시 이런 방식을 따른 것이다. 그러나 도연명이 응거에서 나왔다고 논했는데 이말은 근거를 알 수 없다. 오직 ≪문선≫에 〈백일시〉가 실려 있는데 "하류에는 머물지 말지니 군자는 그 처음을 삼가야한다"는 말은 도연명의 시와 다르다. 오신五臣 주에서는 ≪문장록≫을 인용하여 이렇게 말한다. "조상이 한 일이 법도를 크게 어겼다. 응거는 이 시를 지어 그를 풍자했다. 백분의 일이라도 도움이 되고자 하는 뜻이다." 도연명은 세상의 일에서 벗어나 자연에서 초연하는 것에 뜻을 두었다. 구구하게 높은 지위에 있는 이에 신경을 쓰며 어찌 그 마음을 번거롭게 했겠는가. 또한 이 노인이 어찌 이렇게 시인으로 자처하는데 뜻을 두며 한 사람을 쫓아 모방했겠는가. 이는 당시 문사들 중에 세상에서 앞서나가려고 다투는 자들이나 할 일이다. 어찌 이 노인이 비천한 행동을 했다고 하겠는가. 아마도 종영의 식견이 부족한 것이리라.[2]

명대 사진謝榛의 ≪사명시화四溟詩話≫에서도 도연명의 시가 응거에서 나왔다는 학설의 문제점을 지적했다.

종영의 ≪시품≫은 전문적으로 원류를 논했다. 예를 들자면 도연명은 응거에서 나오고 응거는 위문제에서 나오고 위문제는 이릉에서 나왔다고 했다. 어찌 그들의 맥락이 다른가?[3]

왕세정王世貞은 ≪예원치언藝苑卮言≫에서 이렇게 말했다.

내가 종영의 ≪시품≫을 살펴보니 시정과 문체를 절충하고 내용과 시대를 보아 판단했으니 적당하다고 할 만하며 글도 멋지게 풀어냈다. 누구에게서 원류가 나왔는지는 철저하지 못한 것 같다.[4]

---

2 ≪역대시화歷代詩話≫ 본, 중화서국, 1981년, 433쪽.
3 2권, 인민문학출판사, 1961년, 413쪽.
4 3권, 정복보丁福保 엮음, ≪역대시화속편歷代詩話續編≫ 본, 중화서국, 1983년, 1001쪽.

호응린胡應麟은 ≪시수詩藪≫에서 이렇게 말했다.

종영이 도연명을 품평하여 천고 은일 시인의 으뜸이라고 한 것은 옳다. 하지만 응거에서 연원이 나왔다고 한 것은 그르다.[5]

모진毛晉은 ≪시품발詩品跋≫에서 이렇게 말했다.

그러나 육조 작가들은 각자 한 문체에 오로지 전념하며 이후에는 다투듯 이전 사람들의 글을 모의했다. 그래서 누가 누구에게서 나왔다고 말하는 것이다. 도연명의 시는 스스로 마음 속의 묘처를 썼기에 세세하게 다른 이와 비교할 수 없는데 그가 응거에서 나왔다고 말한 것은 어떤 근거인지 알 수 없다. 도연명의 〈술주〉 등의 작품이 나라와 시대를 아파한 것을 어찌 〈백일〉시가 높은 지위에 있는 이를 풍자한 뜻과 같다고 할 수 있는가.[6]

왕사정王士禎의 ≪어양시화漁洋詩話≫는 이렇게 말했다.

도연명이 응거에서 나왔고 곽박이 반악에서 나왔으며 포조가 장협, 장화에서 나왔다고 한 것은 식견이 부족하다.[7]

심덕잠沈德潛은 도연명 시의 독창성을 강조하며 종영의 학설에 동의하지 않았다. 그의 ≪고시원古詩源≫에서는 도연명을 이렇게 평했다.

진나라 사람들의 시가 광달한 것은 ≪노자≫와 ≪장자≫를 받아들였기 때문이고 글이 무성하고 화려한 것은 반고와 양웅을 받아들였기 때문이다. 도연명은 오로지 ≪논어≫를 활용했다. 한대 이후로 송대 이전까지 공문제자로 추대할 만한 이는 도연명이다. 도연명은 명신의 후예로 왕조가 바뀌는 시대를 맞아 말하고 싶어도 말하기 어려웠기에 무시로 기탁한 것이 〈영형가〉

---

5 외편 2권, 상해고적출판사, 1979년, 152쪽.
6 ≪진체비서津逮秘書≫본 ≪시품≫에 보인다.
7 하권, ≪청시화淸詩話≫본, 중화서국, 1963년, 204쪽.

한 편에 그치지 않는다. 육조에서 가장 뛰어난 인물이며 그 시는 천고에 독보적이 아닌가. 종영은 그 원류가 응거에서 나왔다고 말했는데 이 무슨 의견이라 하겠는가.[8]

기윤紀昀은 ≪사고전서총목제요四庫全書總目提要≫에서 이렇게 말했다.

오직 누가 누구에게서 연원이 나왔다고 논했는데 만약 하나하나 배우고 계승한 관계를 직접 따진다면 견강부회를 면하기 어려울 뿐이다.[9]

이조원李調元의 ≪우촌시화雨村詩話≫에서는 위에서 말한 심덕잠의 말을 인용한 후 이어서 이렇게 말했다.

종영의 ≪시품≫에서 "그는 응거에서 연원이 나왔다"고 말했는데 참으로 어린아이 같은 말이다.[10]

유희재劉熙載는 정면으로 종영을 비난한 것은 아니지만 도연명 시의 또 다른 연원을 제기했는데 ≪예개藝槪≫에서 이렇게 말했다.

조자건, 왕찬의 시는 〈이소〉에서 나오고 완적은 ≪장자≫에서 나왔으며 도연명은 대체로 ≪논어≫에서 나왔다.[11]

명대 허학이許學夷는 도연명의 시가 응거의 시와 비슷한 면은 있지만 도연명이 응거를 모방했다고는 할 수 없다고 했다. 그의 ≪시원변체詩源辨體≫에서 이렇게 말했다.

---

8 각각 9권, 10권에 보인다. 중화서국, 1963년, 204쪽과 182쪽.
9 195권, 중화서국, 1965년 영인본, 1780쪽.
10 곽소우郭紹虞 편선, ≪청시화속편淸詩話續編≫ 본, 상해고적출판사, 1983년, 1523쪽.
11 2권 "시개詩槪", 상해고적출판사, 1978년, 54쪽.

종영은 도연명의 시가 응거에서 연원이 나왔다고 말했고 또 좌사의 풍력에도 부합한다고 했다. 섭몽득이 일찍이 이 말을 분석했었다. 내 생각에는 좌사의 시가 웅혼하고 질박하여 도연명과 서로 비슷하다. 또 좌사는 '어魚'와 '우虞' 두 운을 잘 사용했고 도연명도 잘 사용했으며 그 성률의 분위기도 비슷하다. 응거의 〈백일시〉도 이 운을 잘 사용했다. 그 중에 이런 구절이 있다. "예전에 벼슬을 버리고 어떤 이가 내 오두막을 찾아 왔네. 농촌이라 아무 것도 없어 마를 생선을 구워 술을 마셨네." 또 〈삼수시〉는 간략하고 소박하여 문채가 없고 중간에 문답이 있어 또 도연명의 구어체와 서로 비슷하다. 아마도 종영이 표면적인 면에서 이런 생각을 얻은 것 같다. 도연명의 시는 마음속의 묘처를 쓰려했을 뿐이라는 것을 알아야 한다. 어찌 이전 사람을 모방했겠는가? 황정견은 "도연명의 시는 직접 기탁을 했을 뿐이다."라고 말했는데 이는 도연명의 진면목을 체득한 것이다. 원류의 소재를 논하면 대부분 오류를 범한다. ……오직 〈고시〉와 조식이 국풍에서 연원이 나왔다고 한 것과 육기, 사령운이 조식에서 연원이 나왔다고 한 것이 틀리지 않았을 뿐이다.[12]

종영의 의견에 따르는 사람도 있는데 예를 들면 청대 왕부지王夫之는 ≪고시평선古詩評選≫에서 이렇게 말했다.

종영은 도연명의 시를 "응거에서 나왔다", "고금 은일 시인의 으뜸이다"라고 했는데 논자들은 그렇지 않다고 한다. 시의 육의六義를 깊이 체득하지 못했으니 어찌 이 말의 옳음을 알지 못하는가. ……종영의 도연명 품평은 도연명의 참 모습을 얻었다.

그는 도연명의 〈의고·초초백척루擬古·迢迢百尺樓〉를 이렇게 평했다.

이 시는 참으로 〈백일〉시의 걸작이니 종영의 평가는 천추에 남을 논평이다.[13]

그러나 왕부지는 응거와 도연명의 시를 전면적으로 비교한 것이 아니다.

---

12 각각 6권, 35권에 보인다. 민국임술상해중인본民國壬戌上海重印本.
13 모두 ≪고시평선古詩評選≫ 4권에 보인다. ≪선산유서船山遺書≫본.

그가 강조한 것은 "은일 시인의 으뜸"이라는 부분이다. 그의 ≪강재시화薑齋詩話≫를 보면 이런 말이 있다.

바깥 세상에는 수많은 나쁜 시들이 있다. 아낙을 닮은 것이 있고 중을 닮은 것이 있으며 시골 사숙의 훈장을 닮은 것이 있으며 떠도는 식객을 닮은 것이 있다. ……중을 닮은 것은 동진에서 기원했다. 종영은 도연명이 은일 시인의 으뜸이라고 했는데 도량이 넓지 않고 기세가 강하지 않아 이런 말을 했음을 알 수 있다.[14]

장학성章學誠의 ≪문사통의文史通義≫에서는 이렇게 말했다.

대저 ≪문심조룡≫은 많은 말들을 엮어 놓았고 ≪시품≫은 육예六藝를 따라 흐름과 구별의 연원을 거슬러 올라갔다.(원주: 만약 누구의 시가 누구에게서 연원이 나왔다는 류가 가장 근본적인 학문이라면 그 방법은 유향 부자에게서 나왔다.[15]

최근 학자 중에 종영의 설에 찬성하면서 이 문제에 대해 심도 있게 평론한 사람은 고직古直이 가장 먼저일 것이다. 그는 ≪시품전詩品箋≫에서 이렇게 말했다.

내 생각에는 이 학설이 가장 후세에 논쟁이 된다. 그러나 응거는 문학으로 세상에 알려졌다. 얼음이 물에서 나왔지만 물보다 차다. 도연명의 시가 어째서 응거에서 나오지 못하는가. 응거의 시를 살펴보면 시국을 철저하게 풍자하고 품격을 지켜 도를 연마함에 뛰어났다. 도연명의 시도 풍자가 많기 때문에 소명태자의 서문도 "시국을 말하였으니 가리키는 일을 알 수 있다."고 했다. 응거에서 연원이 나왔다는 말은 아마도 이를 가리키는 것이리라.[16]

14 2권, 인민문학출판사, 1961년, 163쪽.
15 섭영葉英, ≪문사통의교주文史通義校注≫ 내편內篇 5 〈시화詩話〉, 중화서국, 1985년, 559쪽.
16 ≪우루총서隅樓叢書≫본. 고직古直의 ≪도정절시전여록陶靖節詩箋餘錄≫(≪우루총서≫본)에서도 다음과 같이 말했다. "응거의 〈백일시〉는 ≪문선≫에 수록된 외에도 다른 책

에서 여러 수가 보인다. 그 하나는 다음과 같다. '방이 넓으면 어둠도 짙어지고 누대가 높으면 햇살이 모인다. 말세의 사람들아 어찌하랴, 모든 사치는 궁궐에 있다네. 어여쁜 꾸밈은 끝도 없고 바닥과 벽이 온통 비단의 붉은 빛으로 덮였다. 끝없는 조공에 나라가 기울고 우아한 취미에 백성들은 괴롭네.室廣致凝陰, 臺高來積陽. 奈何季世人, 侈靡在宮牆. 飾巧無窮極, 土木被朱光. 徵求傾四海, 雅意猶未康.' 감정과 언어가 강개하고 전아한 풍격은 도연명의 〈의고〉 여러 편과 가깝다. 종영의 ≪시품≫에서 말하는 '가리키는 내용이 은근하다', '시경 저자들의 신랄한 풍자의 깊은 뜻을 얻었다'는 말이 이것이다. ≪문선≫주에서 장방현張方賢의 〈초국선현전楚國先賢傳〉을 인용하여 이렇게 말했다. '여남 사람 응거가 〈백일편시〉를 지었는데 당시의 일을 정확하게 풍자하여 그 일에 있던 사람들에게 두루 보여주니 모두들 놀라 괴이하게 생각하며 혹 응당 불태워 버려질 것이라고도 생각했다. 유독 하안何晏만이 괴이하게 생각하지 않았다.' 이충李充의 〈한림론翰林論〉에서는 이렇게 말했다. '응거의 오언시 백 수십 편은 풍유와 권계로 치도를 하니 대개 시경 저자들의 깊은 뜻을 얻었다.' 손성孫盛의 〈진양추晉陽秋〉에서는 이렇게 말했다. '응거가 오언시 130편을 지어 당시의 일을 말했는데 세상에 큰 도움이 되어 세상에 널리 전해졌다.' 또 ≪위지魏志≫ 배송지裵松之의 주는 ≪문장서록文章敍錄≫을 인용하여 이렇게 말했다. '응거는 자가 휴련이며 박학하고 글쓰기에 능했는데 서書와 기記를 잘 썼다. 문제, 명제 때에 산기상시를 역임했다. 제왕이 즉위하자 시중, 대장군장사가 되었다. 조상이 정권을 잡고 법도를 누차 어기자 응거가 시를 지어 이를 풍자했다. 그 말이 영합하는 바도 있으나 대부분 당시의 요점을 말했기에 세상 사람들이 이를 널리 전했다.' ≪문심조룡·명시文心雕龍·明詩≫에서는 이렇게 말했다. '응거의 〈백일〉은 홀로 의연히 서 있어 말은 에두르지만 뜻은 곧다. 위나라 때 강직함의 유풍이다.' 이상의 인용으로 보건대 응거의 시가 시사를 절실하게 풍자하고 풍유와 권계로 치도를 함에 뛰어나다는 것을 족히 증명할 수 있다. 도연명의 시도 시사를 풍자함이 많기 때문에 소명태자가 서에서 '시사를 말했으니 가리키는 바를 떠올릴 수 있다.' 특히 그가 지은 〈음주〉, 〈술주〉, 〈의고〉, 〈영형가〉, 〈독산해경〉 등은 대부분 당시의 일을 시대를 아파하고 한탄한 작품이다. 유협이 말한 '홀로 의연히 서 있어 말은 에두르지만 뜻은 곧다.'는 말이 이것이다. 종영이 '그는 응거에서 연원이 나왔다'고 말한 것이 아마도 이를 가리키는 것이리라. 정리하자면, 도연명의 시는 ≪시경≫의 풍아風雅에서 나와 한위漢魏의 시인들에게서 얻은 바가 많다. 송렴宋濂은 이렇게 말했다. '도연명은 비록 우선 좌사左思와 장협張協에서 나왔지만 스스로 체득한 바를 생각해보면 건안을 넘어 그 이전까지 닿는다.' 포세신包世臣은 이렇게 말했다. '도연명은 침울함이 유례없이 뛰어나 위로는 완적을 따르고 아래로는 포조를 열었다. 맹호연과 위응물은 그를 잇지 않았다.' 정안丁晏은 이렇게 말했다. '시인의 최고로 도연명의 진지함은 조식에게서 처음 나왔다.' 유사배劉師培는 이렇게 말했다. '좌사, 유곤, 곽박의 작품은 웅장하고 장엄한 미가 있어 완적에게서 나왔다. 동진의 시에서 맑고 날카로운 작품들은 대개 혜강에게서 나왔다. 도연명에서부터 완적과 혜강의 장점이 합쳐졌다.' 여러 사람들의 견해들은 모두 종영의 평과 상호 보완된다. 종영의 학설이 완전히 옳지는 녹흠립逯欽立 선생은 ≪종영시품총고鍾嶸詩品叢考≫라는 글에서 이렇게 말했다. 종영이 시의 원류를 논한 것은 그 흐름을 구별한 것이고 전승관계를 밝힌 것이다. 흐름을 구별한 방법은 "문체를 보고 나머지 논점을 관찰"하는 것이니 문체를 위주로 한다. "도연명 시가 응거에서 나왔다고 본 이유를 보면 ≪시품≫의 두 사람에 대한 평어로 봤을 때 대체로 세 가지 이유에 기초한다. 이 세 가지 이유는 두 사람의 공통적 특징이다." 그가 거론한 세 가지는 화려함, 참되고 고풍스러움, 질박하고 곧음이다.[17]

왕귀령王貴苓 여사는 ≪도연명과 그의 시 연구陶淵明及其詩的研究≫라는 책의 〈도연명 시의 응거 연원설 탐구陶詩源出應璩說探討〉에서 "≪시품≫이 평한 품급이 때로는 공평성에 문제가 있기도 하지만 각 시파의 원류에 대한 식견은 상당히 탁월하다", "종영이 분류한 작가의 원류에는 당연히 그 자신

않지만 그렇다고 전부 틀리다고 할 수는 없다. 섭몽득葉夢得은 그를 근거가 없다고 비난했지만 이에 대해 깊이 고찰하지는 않았다." 이상의 서술도 하나의 학설이다. 그의 ≪도정절시전여록≫은 또 이렇게 말한다. "≪태평어람≫ 5 86권에서는 ≪시품≫을 인용하여 이렇게 적었다. '〈고시〉, 이릉, 반첩여, 조식, 유정, 왕찬, 완적, 육기, 반악, 장협, 좌사, 사령운, 도연명 12인의 시가 모두 상품上品이다' 이는 옛사람들이 잘못 옮겨 적은 ≪시경≫본이 지금 전하는 것이다. 이를 보고 종영이 틀렸다고 한다면 종영은 비난을 받을 수 없다." 나는 이렇게 생각한다. 상해 함분루영인송본涵芬樓影印宋本 ≪태평어람≫에는 도연명이라는 말이 없다. 청나라 때 포숭성각본鮑崇城刻本의 "사령운" 아래 두 줄 주에 도연명이라는 글자는 아마 잘못 적었을 것이다. 이 부분은 한국의 차주환車柱環 교수도 주목했다. 그의 ≪종영시품교증鍾嶸詩品校證≫은 이렇게 말한다. "12인이라는 사람 중에 〈고시〉의 무명씨가 포함되어 있는지도 모르겠다. 도연명을 추종하는 관념 때문에 잘못 도연명을 포함하여 셌을 것이다. 영송본 ≪태평어람≫의 정확한 근거를 얻을 수 있다면 도연명이 원래 중품中品에 있다는 문제를 확정할 수 있을 것이다." 내가 또 현존하는 가장 빠른 원나라 연우延祐 경신년의 원사서원圓沙書院 간 ≪산당선생군서고색山堂先生群書考索≫본 종영의 ≪시품≫을 고찰해보니 도연명은 역시 중품에 있었다. 그런즉, 고직이 ≪태평어람≫에 근거하여 도연명이 원래 상품에 있었다고 말한 것은 신뢰할 수 없다. 하지만 송본 ≪태평어람≫은 위에서 인용한 말을 적은 뒤에 또 조식, 유정, 장협, 완적, 도연명 등에 대한 ≪시품≫의 평어를 인용했다. 이것은 아마도 포숭성각본의 ≪태평어람≫이 도연명이라는 글자를 잘못 집어넣었기 때문일 것이다.

17 원래 ≪현대학보現代學報≫ 1권 9, 10기 합간合刊에 기재되었고 녹흠립의 ≪한위육조논집漢魏六朝論集≫에 수록되었다. 482쪽, 섬서인민출판사, 1984년.

의 근거가 있는데 그 근거는 시인들 사이에 유사성이 있는지 여부이다."라고 했다. 그녀는 응거 시의 특징을 "평담하고 사실적平實", "유머러스하며 교육적 의미"라고 했는데 "도연명의 시와 비교하자면 두 사람 사이에 유사한 면이 발견된다", "화려함을 추구하는 위진 시단에서 두 사람의 공통적 특수한 특징은 눈에 띈다. 이렇게 ≪시품≫이 도연명의 시를 평한 말들은 모두 받아들일 만하다."라고 했다.[18]

왕숙민王叔岷 선생은 〈도연명에 대한 종영의 평을 논함論鍾嶸評陶淵明詩〉이라는 글의 일 부분 "도연명 시의 연원 문제陶詩之淵源問題"에서 종영이 말하는 연원은 체재의 유사성을 말하는 것이지 모방의 의미가 아니라고 강조했다. 그는 "종영은 응거의 시를 '고어古語'와 '화미華靡'의 두 종류로 나누었다. 이는 도연명에 대한 평어와 밀접한 관계가 있다", "도연명 시의 '질직質直'은 응거 시의 '고어'와 비슷하며 도연명 시의 '풍화청려風華清麗'는 응거 시의 '화미'와 비슷하다. 종영이 도연명의 연원이 응거에서 나왔다고 말한 이유는 이것이다"라고 했다. 도연명의 시는 체재만 응거와 비슷한 것이 아니라 "시어, 제목도 때로는 응거 시의 영향을 받았다"라고 했다.[19]

왕운희王運熙 선생이 쓴 〈종영 ≪시품≫의 도연명 시 응거 연원설을 해석하다鍾嶸≪詩品≫陶詩源出應璩解〉라는 논문은 종영의 학설에 대해 전면적으로 해석했다. 그의 방법은 우선 "연원이 나오다源出"라는 개념의 함의를 한정하고 도연명 시와 응거 시를 비교한 후 공통점을 찾아 그 연원관계를 논증하는 것이었다. 그는 "전대 후대 시인의 연원 계승 관계는 주로 시의 체재와 풍격에 따른 것이지 내용과 제재에 따른 것이 아니다"라고 강조했다. 종합하자면 응거와 도연명 두 사람의 시풍은 모두 "고박질직古朴質直"하며 구체적인 특징으로 두 가지 공통점이 있다고 했다. "하나는 언어적 통속성과 구어화인데 때로는 해학적 정취가 있다", "두 번째는 통속적 언어로 의론을 펼치는 것을 좋아했다." 그래서 종영의 ≪시품≫이 도연명 시의 연

---

18 대만대학 ≪문사총간文史叢刊≫본, 1966년 간행.
19 왕숙민王叔岷 편찬 ≪도연명시전증고陶淵明詩箋證稿≫ 부록1, 대만예문인서관.

원을 응거로 평한 것은 신뢰할 만한 학설이라는 것이다.[20]

진연걸陳延杰 선생의 ≪시품주詩品注≫에서는 절충안을 취했다. 그는 "종영은 도연명의 시가 응거에서 나왔다고 했고 심덕잠과 유희재는 ≪논어≫에서 나왔다고 했는데 사실은 같은 말이다. 응거 또한 ≪논어≫를 학습했다. 예를 들면 ≪백일시≫에서 '하류에는 머물지 말지니', '이는 인자와 지자가 머무는 곳이다'라는 두 구절로 증명할 수 있다"고 했다. 또 "송렴宋濂은 '도연명은 하늘이 내린 높은 재능이 있다. 좌사와 장협에게서 나왔으나 그의 이룬 바를 살펴보면 건안 시인들의 성취를 뛰어넘는다. 높은 정취와 심원한 운치는 마치 솥에 가득한 죽에 소금을 더하지 않았어도 지극한 맛이 저절로 생겨남과 같다'고 했다.

호응린胡應麟의 ≪시수詩藪≫에서는 '도연명은 완적의 평담함을 배웠고 그의 정취는 으뜸이다'라고 했다.

이로써 보건대 도연명은 응거로부터 시를 배웠지만 완적, 장협, 좌사를 통해 완성되었다." 이 두 단락을 보면 진연걸 선생이 완전히 종영의 말을 부정한 것은 아니지만 이에 대한 보충의 말은 그가 ≪시품≫의 학설을 완전히 찬성하는 것은 아님을 보여준다.[21]

위에서 서술한 바와 같이 청대 이전의 학자들은 대부분 종영의 학설을 부정했고 민국 이후의 학자들은 종영의 학설을 긍정하는 경향으로 흘렀다. 이는 아주 흥미로운 현상이다. 아마도 민국 이후 ≪시품≫의 가치가 광범위하고 충분한 인식을 얻은 것과 관계가 있을 것이다. 그간 학자들의 연구가 이 문제의 해결을 위해 훌륭한 기초를 다졌기 때문에 앞으로 심도 있게 연구한다면 비교적 원만한 결론을 얻을 수 있을 것이다. 이 문제에 대한 연구의 의의는 도연명 시의 연원을 정리함에 그치지 않고 도연명 시의 풍격, 도연명 시의 독창성, 응거 시에 대한 평가, ≪시품≫에 대한 인식과 평가에도 닿을 것이다. 또 어떻게 시가의 원류를 설명할 것인가라는 중요

---

20 ≪문학평론文學評論≫, 1980년 제5기.
21 중권, 인민문학출판사, 1962년, 42쪽.

한 문제도 그 속에서 끄집어 낼 수 있을 것이다. 이와 관련하여, 이 문제를 연구할 때는 더 개방된 시각을 유지하며 넓은 배경에서 고찰해야 한다. 도연명 시의 연원이 응거라는 문제 자체에만 얽매여서는 안 된다. 이렇게 한다면 이 고전적인 문학 현상에 대해 새로운 판단을 내릴 수 있을 것이다. 계속해서 이런 태도에 바탕을 두고 분석해 보겠다.

2

응거는 자가 휴련休璉이며 건안 시대 시인 응창應瑒의 동생으로 대표작은 〈백일시百一詩〉이다. 이선李善 주 ≪문선≫에 인용된 제가의 학설에 따르면 〈백일시〉는 백 한 편이라고 하기도 하며, 혹자는 백 수십 편이라고, 혹자는 백 삼십 편이라고, 또 혹자는 백언百言을 한 편으로 했다는 설도 있다. 이선은 이런 해석들이 모두 정확하지 않다고 하는데 그럼 도대체 몇 편인가? 이선은 더 설명하지 않았으니 우리들은 더욱 상세히 알 수가 없다.[22] 우리가 볼 수 있는 응거의 시는 다음과 같다. ≪문선文選≫에 한 편이 수록되어 있고 풍유눌馮惟訥의 ≪시기詩紀≫가 모은 일시逸詩가 세 편 있다. 정복보丁福保 선생이 엮은 ≪전한삼국진남북조시全漢三國晉南北朝詩≫에 응거의 시 7수가 수록되어 있다. 왕귀령王貴苓 여사의 ≪도연명급기시적연구陶淵明及其詩的研究≫ 부록 "응거시집일應璩詩輯佚"에 단구斷句 16구가 있다. 왕숙민王叔岷 선생은 〈논종영평도연명시論鍾嶸評陶淵明詩〉에서 ≪서경·미자書經·微子≫의 공소孔疏에 응거의 시 "積念發狂痴"는 구절을 인용했다고 했는데 왕귀령 여사는 수록하지 않았다. (원행패의 견해: ≪옥대신영玉臺新詠≫ 1권에 수록된 매승枚乘의 〈잡시雜詩〉 9수 중 제 6수 "蘭若生春陽"의 마지막 구절 역시 "積念發狂痴"이다.) 녹흠립逯欽立 선생의 책 ≪선진한위진남북조시先秦漢魏晉南北朝詩≫는 당시 광범위한 수집으로 각 서적들이 인용한 응거의 시 〈신

---

22 ≪문선≫ 21권, 〈백일시百一詩〉 주, ≪사부총간四部叢刊≫ 영인송간본.

시新詩), 〈잡시〉와 수집된 구절들을 모두 〈백일시〉라는 제목 아래에 모았
는데 모두 36개이다.("적념발광치積念發狂痴"는 녹흠립의 책에 수록되지 않
았다.) 이상 여러 학자들의 연구성과는 응거 시의 연구에 비교적 풍부한
자료를 제공한다. 이제 우리는 응거의 시에 대한 진지한 연구와 도연명 시
에 대한 상세한 비교를 할 수 있을 것이다.

우선 도연명과 응거가 시를 쓴 목적은 상당한 차이가 있다. 응거가 시를
쓴 것은 시사를 풍자하기 위함이다.

≪삼국지三國志·위서魏書≫ 21권 〈왕찬전王粲傳〉의 배송지裴松之 주는
≪문장서록文章敍錄≫을 인용하여 이렇게 말했다. 응거는 "문제, 명제 때에
산기상시를 역임했다. 제왕이 즉위하자 시중, 대장군장사가 되었다. 조상
이 정권을 잡고 법도를 누차 어기자 응거가 시를 지어 이를 풍자했다. 그
말이 영합하는 바도 있으나 대부분 당시의 요점을 말했기에 세상 사람들이
이를 널리 전했다."[23]

≪문선≫의 〈백일시〉 이선 주는 장방현張方賢의 ≪초국선현전楚國先賢傳≫
의 다음 구절을 인용했다. "여남 사람 응거가 〈백일편시〉를 지었는데 당시
의 일을 정확하게 풍자하여 그 일에 있던 사람들에게 두루 보여주니 모두들
놀라 괴이하게 생각하며 혹 응당 불태워 버려질 것이라고도 생각했다. 유
독 하안何晏만이 괴이하게 생각하지 않았다." 또 〈백일시서百一詩序〉의 다
음 구절도 인용했다. "당시 사람이 조상曹爽에게 말하길 '공께서는 지금 주
공周公의 높고 높은 칭호를 들으시는데 수백 번 생각에도 작은 일 하나를
놓칠 수 있음을 모르시겠습니까?'" 이 세 가지 내용을 보면 응거는 대장군
조상의 장사를 지냈고, 그의 〈백일시〉는 당시 시국을 풍자하기 위해 쓴
것임을 알 수 있다.

≪삼국지三國志·위서魏書≫ 9권의 〈조상전曹爽傳〉과 배주裴注의 기재에
따르면 명제가 즉위하자 조상은 사마의를 배척하며 대권을 장악하고 하안

---

23 중화서국 점교본, 604쪽.

何晏, 등양鄧颺, 정밀丁謐을 상서로 삼아 위세를 부리며 권력을 누렸다. 그를 비방하는 글에 상서대에 개 세 마리가 있어 사람을 문다는 말이 있었다고 한다. 조상의 아우 조희曹羲는 "저서가 세 편 있는데 교만과 사치가 가득 차 넘쳐흐르면 화를 부른다는 내용을 적었다. 글의 요지가 심히 적절했으나 조상을 직접 겨냥할 수는 없어서 아우들을 훈계하는 형식으로 조상에게 보여주었다. 조상은 이 글이 자신에게 한 말임을 알고 심히 불쾌해했다."[24] 응거는 조상의 장사를 지냈기 때문에 그의 〈백일시〉와 조희가 쓴 저서 세 편은 틀림없이 동일한 배경에서, 동일한 목적으로 썼을 것이다. 아쉽게도 조희의 글은 전해지지 않아 〈백일시〉와 비교할 방법이 없다.

도연명의 시는 응거의 〈백일시〉와 달리 개인의 서정 작품에 속하며 직접적인 정치 풍자의 목적이 없다. 도연명이 관직을 지낸 시간은 길지 않다. 관직에 있을 때 쓴 시로는 〈신축세칠월부가환강릉야행도구辛丑歲七月赴假還江陵夜行塗口〉, 〈시작진군참군경곡아始作鎭軍參軍經曲阿〉, 〈을사세삼월위건위참군사도경전계乙巳歲三月爲建威參軍使都經錢溪〉가 있다. 모두 정치에 대해 염증과 두려움을 토로하고 있으며 권력자에게 풍유를 올리는 성격은 없다. 그의 〈술주述酒〉는 정치적인 일에 느낀 바를 썼지만 개인적인 감개를 말했을 뿐 응거가 〈백일시〉를 쓴 목적과는 완전히 다르다.

도연명의 다른 서정 작품과 전원 소재의 작품을 보면 〈백일시〉와의 거리가 더 멀다. 〈음주〉시의 서문은 다음과 같다. "나는 한거하며 즐거운 일이 적었는데 또 근래에는 밤이 길어져 우연히 좋은 술이라도 얻으면 마시지 않는 밤이 없었다. 내 그림자를 보며 홀로 마시다 갑자기 더 취하기도 했다. 취한 후에는 문득 시 몇 구절을 적으며 혼자 즐겼는데 그러다보니 시를 적은 종이가 점점 많아졌다. 글에 따로 설명이나 순서도 없이 그저 친구에게 부탁하여 옮겨 적게 하여 즐거운 웃음거리로 삼았을 뿐이다."[25] 여기서 "혼자 즐긴다自娛"는 말은 시를 쓰는 도연명의 태도를 보여준다. "혼자 즐긴다"는 것

---

24 상동, 285쪽.
25 도주陶澍, ≪정절선생집靖節先生集≫, 하동.

과 풍유는 얼마나 먼 거리가 있는가.

그리고 소재와 내용 면에서 보자면, 도연명의 시와 응거의 시는 큰 차이가 있다. 현존하는 응거의 시로 볼 때 그는 대부분 현실 사회생활의 경험에서 소재를 취했고 어떤 것은 정치생활에서 취했기 때문에 도덕적 설교의 내용이 상당한 비중을 차지한다. 그래서 소명태자 소통이 ≪문선≫을 편집하면서 특별히 "백일"이라는 소제목으로 따로 분류하여 응거의 시 한 수만 수록했다. 소명태자는 비교적 많은 응거의 시를 볼 기회가 있었을 것이다. 그런데 ≪문선≫의 분류는 내용을 기준으로 했으며 이선이 인용한 〈백일시서〉의 '수백 번 생각에도 작은 일 하나를 놓칠 수 있다'는 관점, 그리고 시 제목에 대한 이선의 해석을 참고했다. 그래서 이 시들의 내용이 권력자에 대한 풍유에 편중했음을 알 수 있었다. 지금 그 대표적인 유시遺詩의 구절들을 하나씩 분석해보자.

"하류에는 머물지 말지니 군자는 그 처음을 삼가야 한다.下流不可處, 君子慎厥初." 구절. 이 시는 ≪문선≫에서 볼 수 있는데 모두 20구이며 백 자이다. 그 주지는 다음과 같다. 군자는 하류에 거하면 안 되며 높은 명성을 추구해야 한다. 공덕과 학문이 부족한데 높은 지위에 거하면 비난을 받기 쉽기 때문에 늘 신중함과 겸손함을 지녀야 한다. 이 시는 자신이 관직을 그만두고 한거한 후 썼다. 남에게 견책을 받아 자리를 피하고 조심히 진술하는 이런 문답의 형식을 취했다. 이선의 주는 "자신이 높은 자리를 헛되이 추구하며 마음으로 부끄러워했던 것을 말했다"고 했다. 오신의 주는 그를 보충하여 "조정에 있는 자들이 지위는 있지만 재능이 없으면서 부끄럽지 않은지 풍자했다"고 했다. 이 시가 스스로에 대한 경고와 세상을 풍자하는 것임을 알 수 있다.

"수명은 상유에 걸린 석양과 같으니 태산이 나에게 기약한 바이다.年命在桑榆, 東岳與我期." 이 시구는 ≪예문류취藝文類聚≫ 20권의 24 "풍讽"류에 보인다. 위맹韋孟의 〈풍간시諷諫詩〉 뒤에 배치되었는데 이런 배치는 사실상 이 시의 주제를 말하는 것이다. 이 시는 모두 14구 70자로 수명의 길고 짧음은 바꿀 수 없으니 술로 즐거움을 삼으며 미래를 걱정하지 말라는 내용이다. 나아가

"궁궐의 담장에 사치가 있다.侈靡在宮墻", "끝없는 요구에 나라가 기운다.徵求傾四海"와 같이 향락을 과도하게 추구하는 사치 행위를 풍자했다.[26]

"작고 하찮은 것이라 조심하지 않으랴. 제방은 개미굴에서부터 무너진다네.細微可不愼, 堤潰自蟻穴." 이 시구는 ≪예문류취≫ 23권의 "감계鑑誡"류에 보인다. 이런 배치도 이 시의 주제를 이미 말하고 있다. 모두 14구 70자이며 작은 기미가 보이면 미리 방비를 해야 한다는 이치를 말하고 있다.

"산기와 상시의 사우들이 조석으로 의견을 올리네.散騎常師友, 朝夕進規獻." 이 시구는 ≪예문류취≫ 45권의 "총재직관總載職官"류에 보인다. 모두 12구 60자이며 산기, 시중侍中, 상서尙書 삼사가 각자의 직책이 있음을 말하고 있다.

"예전에 도를 행하는 이가 있어 밭 길에서 세 노인을 만났네.古有行道人, 陌上見三叟." 이 시구는 ≪예문류취≫ 18권의 "老"류에 보이는데 6구뿐이다. ≪태평어람太平御覽≫ 383권의 "인사부人事部", "수로壽老"류에 14구 70자가 수록되어 있다.(원행패의 견해: 녹흠립의 ≪선진한위진남북조시≫에는 "가운데 노인이 앞에 나와 말하길 몸을 헤아려 먹는 것을 줄입니다.中叟前置辭, 量腹節所受" 두 구가 빠져있다.) 또 764권 "기물부器物部"의 "서鋤"류에도 보인다. ≪초계어은총화苕溪漁隱叢話≫ 41권에서 ≪반자진시화潘子眞詩話≫를 인용한 내용에 이문異文있다. 이 시는 장수의 도를 말한다. 또 다른 시 "젊어 건장할 때는 얼굴빛이 윤택하더니 늙으니 안색이 거칠다.少壯面目澤, 長老顏色粗." 이 시구는 8구뿐인데 이 시의 주지와 가깝다.

"한말 환제 때 마자후가 낭을 지냈다.漢末桓帝時, 郎有馬子侯." 이 시구는 ≪태평어람≫ 739권의 "질병부疾病部" "치痴"류에 보이는데 8구뿐이다. 이 시구는 마자후가 〈맥상상陌上桑〉을 〈봉장추鳳將雛〉라고 틀리게 말했는데도 "좌우에서 모두 거짓으로 옳다고 하여" 본인이 의기양양했다는 이야기를 적어

---

26 녹흠립 선생은 ≪예문류취藝文類聚≫에 인용된 시를 두 작품이 붙어 있는 것으로 보았다. 그는 "'실광室廣' 이하는 또 다른 한 수이다."라고 했다.

어리석고 허위에 찬 행동을 풍자했다.

"모든 군에 중정을 세우고 구주에 도사를 두었다.百郡立中正, 九州置都土." 이 시구는 ≪태평어람≫ 265권의 "직관부" "중정中正"류에 보인다. 6구뿐인데 구품중정제의 폐해를 말하고 있다.

이밖에도 다른 일구佚句가 있다. 예를 들면 "자제라고 조심하지 않겠는가. 사우를 신중히 선택하라. 사우에겐 좋은 품덕이 있어야 하니 보통의 재자라면 유혹에 들기 쉽다.子弟可不慎, 慎在選師友. 師友必良德, 中才可進誘."이 구절은 사우를 선택하는 중요성을 말한다. "들판은 얼마나 넓고 성곽은 얼마나 높은가. 장례와 혼사를 치르는 이들은 모두 상인들이네. 장례를 해도 배부르게 먹지 못하는데 어떤 이에겐 술과 고기가 넘치네.野田何紛紛, 城郭何落落. 埋葬嫁娶家, 皆是商旅客. 喪側食不飽, 酒肉紛狼籍."이 구절은 상인들과 고생하는 백성들의 빈부 격차가 심한 것을 말한다. "낙수에 그물질을 금한 것은 물고기들이 번식하지 못하기 때문이지. 공연히 알아서 먹으라고는 하지만 백성들은 먹을 것이 없다네.洛水禁罾罟, 魚鱉不爲殖. 空令自相唉, 吏民不得食."이 구절은 낙수의 물고기 포획 금지의 폐해를 말한다.

이상에서 열거한 것으로 응거 시의 주요 내용을 알 수 있는데 한 마디로 말하자면 권면과 풍유이다. 그의 시가 언급하는 내용은 상당히 광범위하다. 응거의 태도 역시 상당히 평온한데 바로 유가에서 강조하는 온유돈후한 풍격이다.

도연명 시의 소재와 내용은 응거의 시와 거리가 있다. 그의 시는 주로 다섯 가지 부분이다.

첫 째는 전원시로 본인의 전원생활과 전원의 풍광을 묘사했는데 대표작은 〈시운時運〉, 〈귀전원거歸田園居〉, 〈경술세구월중어서전확조도庚戌歲九月中於西田穫早稻〉 등이다.

두 번째는 영회시로 본인이 현실생활에서 느끼는 감개와 불만을 썼는데 대표작으로는 〈음주飮酒〉, 〈의고擬古〉, 〈잡시雜詩〉 등이 있다. 세 번째는 행역시로 그가 관직 때문에 행역하며 고생하던 일과 전원을 그리워하는 마음을 썼다. 대표작으로는 〈시작진군참군경곡아始作鎭軍參軍經曲阿〉〉, 〈을사세삼월위건위참군사도경전계乙巳歲三月爲建威參軍使都經錢溪〉이 있다.

네 번째는 증답시로 친구들과 증답한 작품인데 대표작으로는 〈답방참군答龐參軍〉, 〈증양장사贈羊長史〉 등이 있다.

다섯 번째는 영사시로 역사 속의 인물에 대해 썼는데 대표작으로는 〈영빈사詠貧士〉, 〈영형가詠荊軻〉, 〈영삼량詠三良〉 등이 있다.

이런 다섯 가지 주제는 응거의 시에 없는 내용들이다. 그렇다면 도연명은 권계와 풍유의 내용이 없을까? 단 한 편 〈권농勸農〉이 있는데 체재가 4언시라 응거의 5언시와는 다르고 내용도 농경을 직접적으로 권유하는 방식이라 폐단을 말하며 풍자하는 응거의 방식과는 다르다. 그래서 제재와 내용 방면에서 보건대 도연명의 시가 응거에서 나왔다고 하기는 어렵다.

세 번째로 체재와 풍격 면에서 보자면 도연명과 응거에 대한 ≪시품≫의 평론은 용어가 유사한 곳이 상당히 많다. 예를 들면 응거에게 "옛 말을 잘 사용하고 일을 말할 때는 직접적이지 않아 전아한 뜻이 깊고 돈독하다. ……화려하며 풍유를 담고 있다."고 평했고 도연명에게 "의미는 진실하며 참되고 고풍스럽다. ……화려하고 맑으니 어찌 농가의 말이라 할 수 있겠는가."라고 평했다. 그러나 만약 두 사람의 작품을 세세하게 대조해 본다면 겉으로 비슷할 뿐이지 실제로는 큰 차이가 있음을 곧 알게 될 것이다. 그들의 풍격과 체재가 비슷하다는 것은 주로 언어의 질박함과 화려함 이 두 방면에 착안한 것인데 지금 각각 나누어 살펴보겠다.

응거와 도연명 시의 언어를 대강 살펴보면 모두 질박한 편인데 자세히 연구해보면 사실 두 종류의 서로 다른 질박함이라는 것을 알 수 있다. 응거의 질박함은 형상성이 결핍된 건조한 질박함이다. 그런데 도연명의 질박함은 풍부한 형상성이 담겨 있어서 소동파가 "질박하지만 실제로는 화려하며 빈약하지만 실제로는 풍성하다質而實綺, 癯而實腴"라고 말한 바와 같다.[27] 이는 화려

---

27 〈여자유6수與子由六首〉의 제5수, ≪소식문집蘇軾文集·일문휘편佚文彙編·척독尺牘≫.

함이 담긴 질박함이며 내재적인 미이다. 응거의 질박함은 단순한 이야기와 설교식의 이치로 표현되기 때문에 읽어보면 압운이 있는 주奏, 장章 문체와 같아 시의 맛이 부족하다. 도연명의 질박함은 감정情, 경물景, 이야기事, 이치理의 네 가지가 자연스럽게 융합된 것이라 이야말로 진정한 시이다. 도연명도 이야기 식의 시가 있다. 예를 들면 〈귀전원거 3〉의 "콩을 남산 아래에 심었다.種豆南山下"나 〈걸식乞食〉 등이다. 그런데 이런 시들은 넘쳐흐르는 감정의 물결을 담고 있어서 독사들에게 시적인 맛과 여운을 준다. 도연명도 〈형영신形影神〉, 〈연우독음連雨獨飮〉처럼 이치를 말하는 시가 있는데, 이런 시들의 심오함과 깊은 여운은 응거의 시가 직접적으로 이치를 말하는 방식과 다르다. 응거가 표현한 질박함은 주로 부賦의 표현 수법을 사용하고 비比와 흥興을 잘 사용하지 않았다. 그런데 도연명의 질박함은 부, 비, 흥 세 가지를 병용하면서 가끔 매우 뛰어난 비흥을 표현했는데 가장 대표적인 것은 "청송靑松", "추국秋菊", "귀조歸鳥"처럼 비흥을 매개로 운영한 점이다.

이른바 "화려함華靡"은 더욱 자세히 분석해볼 필요가 있다. 허문우許文雨 선생의 ≪종영시품강소鍾嶸詩品講蔬≫는 도연명의 "풍화청미風華淸靡"라는 구절 아래에 이렇게 주를 달았다. "종영이 응거의 시를 평하여 '화미하다華靡'고 했는데 이 말을 부연하자면 '풍화청미하다風華淸靡'는 것이다."[28] 두 가지를 같은 의미로 본 것이다. 이는 매우 대표성이 있는 관점이다. 사실 두 가지는 같을 수가 없다. "화미"는 화려하다는 의미이다. "미靡"는 또 사치스럽다는 뜻이 있다. 육기의 〈문부文賦〉에 "때로는 힘없는 가락에 글을 짓다보니 말은 곱기만 하고 화려하지 않다.或寄辭於瘁音, 徒靡言而弗華."는 구절이 있다. 육신주六臣注에는 "지나치게 곱기만 하고 화려하지 않음을 말한 것이다.言徒侈靡而不華麗"라고 했다.[29] 종영이 응거의 시를 "화미하다"고 평한 것은 "화華"와 "미靡"를 겸비하고 있음을 말한 것이다.

도연명의 시를 "풍화청미하다"라고 평한 "풍화風華"는 풍채가 있으며

28 성도고적서점, 1983년 영인본, 87쪽.
29 ≪사부총간≫ 영인송간본, ≪육신주문선≫ 17권.

재주가 화려하다는 뜻으로 내재적인 미가 외부적으로 표현된 것을 가리킨다. ≪남사南史·도언지전到彦之傳≫의 부록 〈도개전到漑傳〉에 이런 기록이 있다. "거동에 풍채와 화려함이 있고 응답에 능했다.擧動風華, 善於應答." 또 ≪남사南史·사회전謝晦傳≫에도 이런 기록이 있다. "당시 사혼이 풍채와 화려함으로는 강좌에서 가장 뛰어났었는데, 사회와 같이 무제의 앞에 있을 때 무제가 그들을 보며 '두 옥같은 인물이 일시에 있도다'라고 했다."[30] "청미淸靡"라는 것은 "청려淸麗"하다는 의미인데 육기의 〈문부〉에 "때로는 문채와 내용이 비단결처럼 매끄럽게 어우러지고, 곱게 빛나며 풍성하기도 하다.或藻思綺合, 淸麗千眠."라는 구절이 있다.[31] 이것은 맑고 깨끗한 아름다움이다. "풍화청미"가 강조하는 것은 맑음의 일면으로 "화미"가 강조하는 화려하면서도 사치스러운 것과는 완전히 같지 않다. 이상은 ≪시품≫ 본서의 용어에 대한 내용인데 만약 응거, 도연명 두 사람의 시로 말한다면 도연명의 시가 "청미하다"면 탁월한 식견이고 응거의 시가 "화미하다"면 현존하는 시 중에는 보이지 않는다. 현존하는 시에서는 나무처럼 건조하여 문채가 없다고 할 수 있을 뿐이다. 도연명과 응거의 시는 이렇게 확연히 다르다.

이상 세 가지 방면에서 도연명과 응거의 시를 비교해 볼 때, 도연명 시가 응거에서 나왔다는 학설은 성립되기 어렵다. 가령 종영이 말하는 "연원"의 함의가 단지 체제와 풍격만 가리킨다면 이 방면에서 그들은 일치하지 않는다. 게다가 그들 시의 연원을 평론하면서 체재와 풍격만 보고 다른 방면을 보지 않는다는 것은 더욱 말이 안 된다. 애초에 종영이 문제를 제기한 시각 자체가 적당하지 않았기 때문에 그가 낸 결론 역시 성립되기가 어려운 것이다. 종영은 어떤 시인을 언급하면서 늘 첫 구에 아무개에게서 "연원이 나왔다", 혹은 아무개를 "뒤따랐다"라고 먼저 말했다. 이는 확실히 총평이라 할 수 있다. 그 뒤의 평론은 체제와 풍격 방면에만 국한되지 않는다. 그럼 이

---

30 25권, 19권, 중화서국 점교본, 678쪽, 522쪽.
31 ≪사부총간≫ 영인송간본, ≪육신주문선≫ 17권.

른바 "연원이 나왔다", "뒤따랐다"라고 한 것은 그가 명확하게 체제와 풍격만을 보고 다른 부분은 보지 않았다는 것인가? 그의 용법은 통일된 것인가? 이는 의심할 만한 문제다.

3

종영이 ≪시품≫을 쓰면서 시인의 연원 관계에 대해 가졌던 관점을 보다 철저하게 파악하기 위해서 이 문제에 대한 ≪시품≫의 논술에 대해 전면적인 고찰을 할 필요가 있다. 나는 이른바 배웠다거나 뒤따랐다고 하는 말을 포함하여 시인의 원류에 대한 논술을 정리하여 ≪시품≫의 시인원류도를 만들어 보았다. 어떤 시인들은 ≪시품≫에 원류를 설명하지 않아서 도표에 포함하지 않았다. 도표는 다음과 같다.

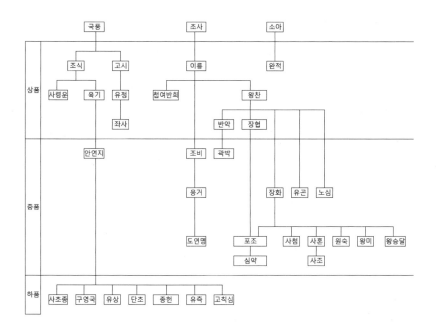

이상의 도표에서 다음과 같은 인식을 볼 수 있다.

우선, 《시품》이 시인의 연원을 논술할 때, 체재와 풍격만 착안한 것이 아니라 감정의 내용을 함께 고려했다. 예를 들면 이릉李陵을 평할 때는 "글에 처량함과 원망이 많은 부류이다"라 했고 이릉에서 나온 반희班姬를 평할 때는 "글의 의미가 맑고도 빼어난데 원망이 깊고 글은 아름다워 여인의 지극한 정취를 얻었다."고 했다. 여기서 언급한 감정의 내용은 이미 풍격에 포함되는 정도가 아니다. 그밖에 좌사左思가 유정劉楨에 연원을 두고 있다고 하면서 유정의 풍격을 말할 때는 "굳센 기운으로 기이함을 좋아했고 자주 훌륭하고 빼어난 구절이 있었다. 참된 정신이 있어 풍상을 이겨냈고 고고한 풍격은 세속을 넘었다."고 했다. 또 좌사의 풍격을 말할 때는 "글이 전아하면서도 원망이 있고 매우 정교하면서도 절실하여 풍유의 극치를 얻었다."고 했다. 두 사람의 풍격에 대한 논술이 다르다. 좌사가 유정에 연원을 두고 있다고 말한 것은 그들이 표현한 감정의 내용을 말한 것이다. 그들의 시는 모두 한사들의 불평을 표현했다.

다음으로, 《시품》이 시인의 원류를 논하며 정확하지 않았던 부분은 도연명이 응거에서 나왔다는 한 곳 뿐이 아니다. 예를 들면 심약沈約이 포조鮑照를 배웠다고 한 것도 성립될 수 없는 관점이다. 가장 유력한 근거는 심약 본인이 《송서宋書·사령운전론謝靈運傳論》을 편찬하면서 포조를 한 마디도 언급하지 않은 점이다. 만약 그의 시가 정말로 포조를 배웠다면 어떻게 이럴 수 있겠는가? 만약 《시품》에서 논한 원류를 연결한다면 문제는 더욱 커진다. 보자. 국풍國風 → 조식 → 육기 → 안연지. 초사 → 이릉 → 왕찬王粲 → 장협張協 → 포조 → 심약.　초사 → 이릉 → 조비 → 응거 → 도연명. 이런 계보는 문학사의 상식과 어긋나며 누구라도 받아들이기 어려울 것이다.

시인의 원류는 상당히 복잡한 문제이다. 어떤 시인들은 한 가지 근원에 그치지 않으며 어떤 시인들은 또 상당한 독창성이 있기도 하다. 또 한 시인이 누구에게서 나왔다는 것은 단지 어떤 한 방면만을 취한 것일 수도 있다.

그런데 만약 이런 복잡한 상황을 고려하지 않는다면 단순화의 오류를 범할 수 있다. ≪시품≫은 의심할 나위 없이 걸출한 문학평론 저작이다. 시의 여러 가지 문제에 대해 서문에서 논술한 내용은 대단히 뛰어나며 시인의 풍격에 대한 묘사와 서술도 상당히 정확하다. 이는 우리가 중국의 고대 시가를 연구함에 있어 매우 귀중한 참고가치를 제공한다. ≪시품≫이 시가 발전의 원류를 고찰했다는 자체도, 그 시도가 매우 훌륭한 일이다. 그러나 시인의 원류에 대한 논술이 다소 정확하지 못하고 엄밀하지 못했다. 이와 관련하여 시인의 품급 역시 다소 엉성해 보이는데 이 문제는 더 거론하지 않겠다.

4

마지막으로 피할 수 없는 한 가지 문제가 있다. 바로 도연명은 누구로부터 연원이 나왔는가의 문제이다. 위에서 말한 바와 같이 도연명의 시는 전원시, 영회시, 행역시, 증답시, 영사시의 다섯 가지 유형이 있다. 여기서 하나씩 분석해 보겠다.

전원시는 그의 독창적 창조물이다. 농가의 이야기를 시에 담아 자신의 전원생활을 소재로 하여 농경의 괴로움과 즐거움을 진실하게 썼다. 도연명은 중국문학사에서 최초인, 전원시인의 종주라고 할 만한 사람이다. 만약 이 시들의 연원을 반드시 탐색해야 한다면 아마도 ≪시경・국풍≫의 농사시로 거슬러 올라갈 수 있을 것이다. 도연명의 사언시 〈시운時運〉은 거의 여기에 근접해있다. 그러나 시인 개인의 음영이라는 점에서 도연명의 시는 ≪시경・국풍≫의 집체적 가창과 다르다. 도연명이라는 은사의 자유로움과 어유로움도 "가난한 자는 먹을 것을 노래하고 노동하는 자는 일을 노래한다."는 함성과 다르다. 그래서 엄격하게 말하자면 도연명의 이런 시를 〈국풍〉에서 기원했다고 말하기는 어렵다. 비록 어떤 시들이 사언시의 형식을 띄고 있고 매 수마다 앞에 짧은 서를 두어 형식상 〈국풍〉과 같긴 하다.

하지만 오언 전원시는 체재도 다르기 때문에 〈국풍〉에서 기원했다고 말하기가 더 어렵다. 그래서 나는 〈국풍〉이 도연명의 전원시에 영향을 주긴 했지만 결코 전원시의 기원이 되었다고 할 수는 없다고 본다. 전원시는 도연명이 중국문학사에 바친 한 송이 꽃이다.

도연명의 행역시는 그가 벼슬길에 있으며 행역했던 생활과 감정의 진실한 기록이다. 나그네가 고향을 생각하는 주제의 시는 〈동산東山〉, 〈하초불황何草不黃〉 등 ≪시경≫의 몇몇 작품까지 거슬러 올라갈 수 있다. 조조의 〈고한행苦寒行〉, 〈각동서문행却東西門行〉, 왕찬의 〈종군시從軍詩〉, 반악潘岳의 〈하양현작河陽縣作〉, 육기의 〈부낙도중작赴洛道中作〉 등은 모두 오언 행역시의 명작이다. 도연명의 행역시도 이 가운데에 들어갈 만하다.

도연명의 영사시는 분명히 좌사의 〈영사詠史〉에서 나왔다. 좌사와 마찬가지로 시 속에 빈사貧士의 고독, 울분, 불만을 표현했다. 종영의 ≪시품≫은 도연명이 "또 좌사의 풍력에 부합한다.又協左思風力"고 했는데 매우 적절한 견해다. 또 언급할 만한 문제는 삼랑三郞의 이야기를 쓴 오언시 〈영사〉가 왕찬, 조식에서 시작되었다는 점이다.[32] 완우阮瑀의 〈영사시〉는 한 수는 삼랑 이야기를 썼고 한 수는 형가荊軻 이야기를 썼는데,[33] 도연명도 이 두 이야기를 다 썼다. 도연명의 〈영형가詠荊軻〉 첫 구절 "연나라 태자 단이 용사를 양성했네燕丹善養士" 다섯 글자는 완우의 시를 거의 완전히 따라했다.[34] 또 장협의 시 〈영사시〉는 이소二疏의 이야기를 썼는데,[35] 도연명도 〈영이소詠二疏〉 한 수가 있다. 이로 보자면, 도연명의 영사시는 단지 좌사 한 사람에게서만 나온 것이 아니라 틀림없이 왕찬, 조식, 장협, 특히 완우와 직접적인 연원관계가 있는 것이다.

도연명의 증답시는 친구와의 우정을 썼는데 마음이 진실하고 돈독하여

---

32 ≪문선≫ 21권, 왕중선王仲宣 〈영사시咏史詩〉, 조자건曹子建 〈삼랑시三良詩〉
33 녹흠립, ≪선진한위진남북조시≫ "위시魏詩" 3권에 보인다. 중화서국, 1983년, 379쪽.
34 완우의 첫 구는 다음과 같다. "연나라 태자 단은 용사를 좋아했네燕丹善勇士"
35 ≪문선≫ 21권에 있는 장경양張景陽의 〈영사시〉에 보인다.

옛 인자들의 기풍이 담겨 있다. 이런 시들의 연원은 어느 한 사람이라고 말하기가 어렵다. 그의 사언시 〈수정시상酬丁柴桑〉, 〈답방참군答龐參軍〉은 왕찬의 사언시 〈증채자독贈蔡子篤〉, 〈증사손문시贈士孫文始〉, 〈증문숙량贈文叔良〉과 연관이 있는 것으로 보인다. 그의 오언 증답시 역시 그 연원이 한말漢末 문인들로 거슬러 올라간다.

영회시詠懷詩가 도연명의 작품에서 차지하는 비중은 대단히 크다. 도연명 시의 연원을 논한다면 반드시 이 작품들을 주목해야 한다. 우선 〈의고擬古 9〉를 보자. 제목이 "의고"이므로 당연히 고시古詩를 모방한 것인데 검토할 만한 부분이 있다. 제목을 보았을 때 우선 연상되는 것은 ≪문선≫에 수록된 〈고시십구수古詩十九首〉, ≪옥대신영玉臺新咏≫에 수록된 〈고시〉 8수(〈고시십구수〉에서도 중복되어 있다), ≪문선≫과 ≪고문원古文苑≫에 저자가 소무蘇武, 이릉으로 명기된 작품들, 녹흠립이 모은 〈이릉녹별시李陵錄別詩〉의 21수, 그리고 "보출성동문步出城東門"처럼 각 서적에 흩어져 있는 〈고시〉라는 제목의 작품들 등이다.

〈의고〉라는 제목은 육기에서부터 시작되었는데 ≪문선≫에는 그의 〈의고시〉 12수가 수록되어 있다. 그중 11수는 〈고시십구수〉를 모의했고 1수는 "난약생춘양蘭若生春陽"(≪옥대신영≫ 1권에 수록된 매승枚乘의 〈잡시 6〉)을 모의했는데 모두 의고 대상을 명확히 표기했다. 이런 상황을 참고하여 볼 때 도연명의 〈의고〉가 비록 모의 대상을 밝히지는 않았지만 〈고시십구수〉나 위에서 열거한 고시 작품들을 모의했을 가능성은 매우 크며 이는 작품을 세밀하게 대조해보면 밝힐 수 있다.

예를 들어 도연명의 〈의고 1〉 "무성하고 무성한 창 아래 난초, 수북이 늘어진 집 앞의 버들榮榮窗下蘭, 密密堂前柳"은 〈고시십구수〉의 "푸르고 푸른 물가의 풀, 울창한 정원의 버들靑靑河畔草, 鬱鬱園中柳"을 명백히 모의했다. 처음 두 구만 유사한 것이 아니라 압운도 같고 시의 제재와 주제도 같다. 다른 점은 〈고시〉에서 떠돌이 여인의 신분이 도연명의 〈의고〉에서는 모호해진 부분이다. 도연명 〈의고 4〉 "까마득한 백 척 누각에 오르니

바라보는 사방의 경치 선명하네.迢迢百尺樓, 分明望四荒." 구절은 황량한 무덤
에서 감개를 표현하며 인생의 짧음과 청춘의 덧없음을 말한다. 이런 내용
은 〈고시십구수〉에서도 보인다. 예를 들면 "수레를 되돌려 달리며 아득한
먼 길에 오르네. 사방을 둘러보면 망망하기 그지없고 봄바람에 온갖 풀이
흔들린다.迴車駕言邁, 悠悠涉長道. 四顧何茫茫, 東風搖百草." 또는 "수레를 몰아 상
동문을 나가 아득히 북망산 무덤을 바라본다. 백양나무는 바람에 우수수
울고 소나무, 측백나무가 길가에 서있네驅車上東門, 遙望郭北墓. 白楊何蕭蕭, 松柏
夾廣路." 또는 "떠나간 이는 날로 소원해지는데 새로 온 이는 날로 가까워지
네. 성곽을 나서 바라 보니 다만 언덕과 무덤만 보이네.去者日以疏, 來者日以
親. 出郭門直視, 但見丘與墳." 같은 구절들이다. 이런 시들은 도연명의 시들과 확
실히 연원관계가 있다. 도연명의 〈의고 7〉에 있는 "날은 저물고 하늘엔 구름
한 점 없는데 춘풍에 따뜻한 기운 실려오네.日暮天無雲, 春風扇微和." 구절은 청
춘이 머물지 않음을 말했는데 〈고시십구수〉 중의 "오늘의 풍성한 연회, 기쁨
과 즐거움 이루 말하기 어렵다.今日良宴會, 歡樂難具陳."의 구절과 유사하다.

　이상의 내용은 모의의 흔적이 명백한 사례이다. 명백하지 않거나 창작 목
적, 제재와 내용, 체제와 풍격 등 방면에서 유사한 사례는 더욱 많다.

　〈고시〉의 어떤 작품들은 무명씨의 작품으로 되어 있지만 학계에서는 대
부분 문인의 손에서 나온 것으로 보고 있다. 개인적 서정의 욕구에서 창작
되었고 정치적 풍자 등의 목적은 없다. 그들의 감성 역시 사회와 정치 생활
에서 비롯된 것으로 통치자를 향해 권계나 풍유를 하기 위한 것이 아니다.
이 점에서 도연명의 시와 〈고시〉는 일치한다. 제재와 내용 면에서 〈고시〉
는 인생의 의의를 탐구한다. 생사와 궁달窮達에 대한 사고, 그리고 여기서
오는 우환의식 등은 시 창작의 새로운 방향을 제공하는데 도연명의 시에서
도 이런 주제는 반복적으로 등장한다. 또 체제와 풍격 면에서도 〈고시〉와
도연명은 감정이 자연스럽게 넘쳐흘러 꾸밈이 없고 막힘이 없다. 어떤 구
성이나 배치도 필요 없이 샘물처럼 끊임없이 솟아난다. 다음의 구절은 너
무나 유사하다.

인생은 세상에 잠깐 머물러 광풍 속의 먼지처럼 **빠르게** 지난다. 人生寄一世,
奄忽若飆塵.(〈고시십구수〉)
인생은 뿌리도 꼭지도 없이 들길의 먼지처럼 휘날린다. 人生無根蔕, 飄如陌上
塵.(도연명 〈잡시〉)

인생살이 백 년을 못 가지만 늘 천년의 고민을 지니고 사네. 낮은 짧고 아쉬
워라 밤이 기나니. 어찌 촛불 들고 밤새 놀지 않으리오. 행락도 응당 때를
놓치지 말아야 하니, 어찌 다시 후일을 기다리리. 生年不滿百, 常懷千歲憂. 晝短
苦夜長, 何不秉燭遊. 爲樂當及時, 何能待來茲.(〈고시십구수〉)
기쁨을 얻으면 즐거움을 누려야지. 한 말의 술로 이웃과 모이네. 젊은 시절
다시 오지 않으리니 하루에 두 번의 새벽은 없다네. 때를 놓치지 말고 힘쓸지
니 세월은 사람을 기다리지 않는다. 得歡當作樂, 斗酒聚比鄰. 盛年不重來, 一日難
再晨, 及時當勉勵, 歲月不待人.(도연명 〈잡시〉)

수레를 몰아 상동문을 나가 아득히 북망산 무덤을 바라본다. 백양나무는 바
람에 우수수 울고 소나무, 측백나무가 길가에 서있네. ……인생은 잠시 머무
는 듯 짧아/어찌 쇠와 돌처럼 영원할 수 있으리. 천년만년 계속된 죽음의
이치는 성현이라도 뛰어 넘을 수 없구나. 驅車上東門, 遙望郭北墓. 白楊何蕭蕭,
松柏夾廣路. ……人生忽如寄, 壽無金石固. 萬歲更相送, 聖賢莫能度.(〈고시십구수〉)
황량한 풀은 얼마나 휑한가. 백양나무는 바람에 우수수 운다. 무서리 내린
구월, 먼 교외로 나를 보내는구나. ……묘실은 한번 닫혀버리면 천년이 가도
다시는 아침햇살 없으리니. 천년이 가도 아침햇살 없는 것은 현명하고 달관
한 사람이라도 어찌하지 못하리. 荒草何茫茫, 白楊亦蕭蕭. 嚴霜九月中, 送我出遠
郊. ……幽室一已閉, 千年不復朝. 千年不復朝, 賢達無奈何.(도연명 〈의만가사擬挽
歌辭〉)

휘도는 바람 땅을 흔들며 일어나니 가을 풀 무성하더니 어느덧 황록빛이네.
계절은 바뀌고 세모는 이렇게 빨리 오는구나. 〈신풍晨風〉을 읽으며 근심을
품고 〈실솔蟋蟀〉을 읽으며 졸인 마음을 아쉬워한다. 근심을 씻고 마음껏 즐
기라. 어찌 스스로 구속하는가. 迴風動地起, 秋草萋已綠. 四時更變化, 歲暮一何速.
晨風懷苦心, 蟋蟀傷局促. 蕩滌放情志, 何爲自結束.(〈고시십구수〉)
만물은 시들어 가을이 깊어가고 바람과 이슬 쓸쓸히 흩날린다. 저 덤불은
다시 무성해지지 않으리. 정원의 나무도 절로 시드는구나. ……모든 것은 새
로운 모습으로 바뀌나니 인생은 어찌 힘쓰지 않으리. 예로부터 모든 것은

사라지는 법, 이를 생각하며 마음을 졸이네. 어찌 이 마음을 달랠까. 탁주로 홀로 즐기리.靡靡秋已夕, 凄凄風露交. 蔓草不復榮, 園木空自凋. ……萬化相尋異, 人生豈不勞. 從古皆有沒, 念之中心焦. 何以稱我情, 濁酒且自陶.(도연명〈기유세구월구일己酉歲九月九日〉)

온 천하가 모두 형제이니 뉘라서 행인이랴.四海皆兄弟, 誰爲行路人.(이릉 〈녹별시〉)
길에 떨어져 형제가 되었으니 어찌 골육의 정을 따지랴.落地爲兄弟, 何必骨肉親.(도연명 〈잡시〉)

시월 한기가 일고 북풍은 얼마나 매서운가. 수심 깊어 밤 긴 것을 알았고 고개들어 바라보니 별들이 늘어섰네.孟冬寒氣至, 北風何慘栗. 愁多知夜長, 仰觀衆星列.(〈고시십구수〉)
바람이 방으로 들어오니 한 밤 침상은 서늘해지네. 차가워진 공기에 계절이 바뀐 것을 깨닫고 잠 못 이루며 밤 긴 것을 알았네.風來入房戶, 中夜枕席冷. 氣變悟時易, 不眠知夕永.(도연명 〈잡시〉)

도연명의 시와 〈고시〉의 관계에 대해 옛 사람들도 언급을 했는데 원나라 때 진역증陳繹曾은 ≪시보詩譜≫에서 이렇게 말했다.

도연명은 심지에 충의가 있으며 심사는 늘 한가함에 두고 있다. 감정도 참되고 모습도 참되며 행동도 참되고 뜻도 참되다. 〈고시십구수〉의 모습에 거의 가깝지만 기세가 다소 느슨할 뿐이다. 시의 수준과 정밀함은 매우 자연스럽고 꾸며낸 흔적이 없어 또 〈고시십구수〉에서 나온 모습을 갖고 있다.[36]

비록 도연명 시의 연원문제를 직접적으로 거론하지는 않았지만 이 의견도 매우 주목할 만하다.
도연명 시의 연원을 따질 때 또 주의하지 않을 수 있는 인물이 있다. 바로 완적阮籍이다. 명나라 때 반총潘璁은 완적과 도연명의 합간본 ≪도정

---

36 정복보丁福保 엮음, ≪역대시화속편歷代詩話續編≫ 본, 중화서국, 1983년, 630쪽.

절집陶靖節集》 8권(숭정崇禎 정축丁丑년 초간)을 냈는데 이는 이전 사람들
도 이미 도연명과 완적의 관계를 주목했다는 것을 설명한다. 도연명의 〈음
주〉, 〈잡시〉, 〈의고〉 등의 작품과 완적의 〈영회〉를 보면 감정, 언어와 풍
격 등 여러 방면에서 많은 유사점이 있다. 인생의 의미에 대한 사고, 정치
투쟁에 대한 두려움, 공명을 쫓지 않고 일신의 보전을 추구한 사상, 고독한
심경, 그리고 표현하고 싶어도 표현할 수 없었던 상황 등을 두 사람의 시에
서 느낄 수 있다. 그들은 모두 왕조 교체기에 살았다. 정치 투쟁의 상황도
살벌했고 문사들이 참혹하게 살육된 것도 마찬가지였다. 그들은 모두 무엇
인가를 하고 싶어 했지만 무엇도 할 수 없었다. 정치적 환경에 대한 공통적
체험, 자신의 능력에 대한 공통적 실망은 자연스럽게 두 사람을 하나로 연
결시켜 우리에게 동질감을 느끼게 한다.

결론적으로 말하자면, 도연명 시의 연원은 종영이 말한 것처럼 그렇게
단순하지 않다. 그는 자신의 독창적인 시체詩體가 있었고 여러 시인들의
장점을 널리 받아들이고 융합하여 형성한 시체도 있었다. 그의 시의 연원
이 응거에서 나왔다고 하기 보다는 한漢, 위魏, 진晉의 대가들에게서 나왔다
고 말하는 것이 나을 것이다. 응거로 한정시키기에는 아주 부족하다. 만약
이 많은 원류 중에서 반드시 두세 명을 든다고 하면 〈고시〉에서 나와 완적
의 여운을 이어 좌사의 풍력에 부합한다고 말하는 것이 좋겠다. 가령 종영
의 ≪시품≫의 체례에 근거하여 그의 품급을 정한다면 그의 연원을 중품中
品의 응거로 보고 그를 중품으로 판정하는 것은 옳지 않다. 하지만 도연명
의 위치가 어떤 품급인지는 결코 중요하지 않다. 가장 중요한 것은 도연명
시의 연원을 분명히 밝혀내어 도연명에 대한 이해를 심화시키며, 동시에
≪시품≫에 대해 합당한 인식을 갖는 것이다. 내가 이 글을 쓴 목적도 여기
에 있다.

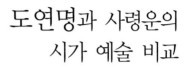

도연명과 사령운의
시가 예술 비교

도연명과 사령운의 시가예술에 대해서는 횡적인 비교와 종적인 비교가 모두 가능하다. 횡적인 비교는 그들을 동일한 선상에 두고 정태적靜態的으로 예술성의 차이를 비교하는 것이다. 종적인 비교는 문학사의 측면에서 발전의 개념을 가지고 도연명에서 사령운에 이르기까지 시가예술 변화 및 그 의미를 고찰하는 것이다. 본문에서는 후자의 방법을 주로 쓰고자 한다.

　나이로 본다면 사령운은 도연명보다 겨우 스무 살 아래다. 그런데 시가 예술적인 면에서 보면 그들은 오히려 각각 두 개의 다른 시대에 속해 있다. 도연명은 한 시대를 마감했고 사령운은 한 시대를 새로 연 것이다. 그러나 도연명과 사령운은 늘 나란히 불리었으므로 이러한 구분은 별로 주목을 받지 못했다.

　문학사에서는 대개 위진남조魏晉南朝를 한 시기로 묶어 연구한다. 사실 위진과 남조는 두 개의 서로 다른 시기에 속하며, 두 개의 서로 다른 단계에 있다고 할 수 있겠다. 위진魏晉의 시가는 한시漢詩를 계승하여 전반적으로 시풍이 옛스럽고 소박하다. 남조南朝 시가는 위진의 예스럽고 소박함에서 변하여 화려한 수식을 추구하기 시작하였다. 시가예술의 이러한 전환은 바로 도연명과 사령운의 차이에서 비롯된 것이다.

　도연명은 위진시기의 예스럽고 소박한 시가를 집대성한 시인이며 위진의 시가는 그에 이르러 절정에 다다른다. 사령운은 다른 길을 찾아내어 남조南朝의 새로운 기풍을 열었다. 이것에 관해 명대明代 육시옹陸時雍은 이렇게 말했다. "시는 유송劉宋에 이르러 고풍古風이 사라지고 격률格律이 시작되었다. 격식이 바뀌자 화려한 수식이 갖춰지기 시작하였다. 사강락謝康樂은 사람이 한 것이라 생각할 수 없는 정교한 기교를 암중에 운용하였으니 그것은 재경梓慶(역주 : 뛰어난 목공)의 줄이 아닌가."[1] 왕사한汪師韓은 이렇게 서술하였다. "하중묵이 말했다. '고시古詩의 작법은 사령운에서 사라졌다.'何仲默謂古詩之法亡于謝.' 참으로 뛰어난 견해이니 오직 시가 도연명에게서 소진됨을 앞서서 말하지 않은 것뿐이다." 만일 시인의 계보系譜를 연구해 본다면 확실하게 도연명은 완적阮籍, 좌사左思등 노장파의 행열에 속할 것이며 사령운은 심약沈約, 사조謝朓 등 신진세력의 대열에 끼게 될 것이다. 시풍이 바뀌고 변해가는 흔적이 명확하고 뚜렷이 나타나는 까닭이다.

진송晉宋 시대에 사령운은 시가예술 발전의 주요 추세를 대표한다. 그래서 생존할 때 이미 지극히 높은 명망을 얻게 되고 사후에도 널리 추앙을 받게 된다. 심약이 ≪송서宋書≫를 편찬 할 때 그의 전기傳記를 따로 끼워 넣었을 뿐 아니라 그 전기 뒤에 긴 논술을 썼다. 선진시대에서 송대 문학에 이르는 문학발전의 역사를 논술하였으니 사령운이 남조 문단에서 얼마나 중요한 자리를 차지하였는지를 알 수 있다. 만약 시 작품의 예술적 완성도를 놓고 본다면 사령운은 분명히 도연명에게 크게 미치지 못한다. 그러나 그는 반드시 누군가 내디뎌야할 한걸음을 내디뎠으니 그의 예술상의 모색과 창신은 소홀히 넘길 수 없는 의미를 지니고 있다. 만일 사령운이 개척한 새로운 시풍이 없었다면 당시唐詩의 고도의 예술적 완성도 이루지 못했을 것이다. 또 사령운 등의 시인이 예술적 기교의 연구와 실천에 몰두하지 않았다면 당시唐詩의 다채로움과 다양함도 없었을 것이다. 평론가들은 모두 성당盛唐시기의 뛰어난 시인 왕유王維가 도연명의 영향을 받았다고 여기고 있지만 이것은 왕유가 사령운에게 받은 영향도 적지 않다는 것을 전혀 모르는 것이다. 왕유는 도연명과 사령운의 이러한 두 가지 시가 전통을

---

1 ≪시경총론詩鏡總論≫, ≪역대시화속편歷代詩話續編≫, 406쪽, 중화서국, 1983년 초판, "거鑢"가 "려鑢"자로 오기되었음.

계승하고 발전시켜 비로소 성당 산수시를 대표할 만한 작품을 창조해낸 것이다. 넓게 본다면 모든 성당 시가 역시 이 두 전통의 정수를 흡수하였기에 비로소 시가예술의 절정에 도달했던 것이다.

도연명에서 사령운에 이르기까지 시가예술의 변천은 주로 두 방면으로 나탄난다.

우선 사의寫意에서 모상摹象으로 바뀐 것이다.

사령운 이전에 중국시는 주로 사의에 치중하였고 모상은 단지 종속적인 자리에 머물러 있었다. 산수山水를 가지고 보자. 《시경詩經》 305편에는 한 편도 산수를 주요한 묘사대상으로 삼은 것이 없다. 산수는 단지 생활의 배경이나 비흥比興의 매개일 뿐이었다. 이러한 경향은 〈초사楚辭〉에서도 별로 큰 변화가 없다. 한말건안시기漢末建安時期에 이르러서야 조조曹操가 〈관창해觀滄海〉를 지으니 중국 시가사상 비로소 최초의 완벽한 산수시가 나오게 된다. 그 후로 시가의 산수 묘사는 비록 점점 많아지긴 했으나 여전히 사의寫意를 주로 하였다.

도연명은 바로 사의의 명수이다. 그의 생활이 시화詩化되었고 감정도 시화되었으므로 시를 짓는 것은 자연적인 발로에 불과 하였다. 이것에 대해 주희朱熹와 소동파蘇東坡는 이렇게 말했다. "안배를 거치지 않아도, 마음에서 자연스레 흘러나온다.不待按排, 胸中自然流出.", "마치 바람이 수면을 스치듯 저절로 문리를 이룬다.如風吹水, 自成文理." 비록 도연명을 전원시인田園詩人이라 일컫지만 작품 속에 경치를 묘사한 구절은 그리 많지 않다. 도연명의 문집에서 산수시라 일컬을 만한 것은 겨우 〈유사천游斜川〉 한 수 뿐이다. 교억喬億은 이렇게 말했다. "도연명은 늘 여산을 왕래 했지만 문집에 여산의 시가 없다. 고인은 마음속에 아무런 느낌이 없을 때에는 비록 뛰어난 경치를 마주해도 이처럼 짓지 않았다."[2] 도연명의 시는 마음을 쓴 것이며 경물景物과 융합하여 하나가 된 경지를 쓴 것이다. 그는 산수를 모사摹寫하는 데

---

2 《검계설시劍谿設時》 상권, 《청시화속편淸詩話續編》, 1078쪽, 상해고적출판사, 1983, 제1판.

전혀 뜻이 없었고 사似와 불사不似, 형사形似와 신사神似에도 마음을 두지 않았다.

이러한 상황은 사령운에 이르러 드디어 변화를 일으키게 된다. 사령운 시 속에서 산수의 모습은 이미 주도적인 자리를 차지하게 되어 경물에 대한 섬세한 묘사는 중요한 예술적인 추구가 되고 있다. 도연명 시 속에서 서로 어우러지던 감정과 경물이 사령운 시에서 분리되었다. 사령운은 윤곽을 그려내 생생하게 묘사하는데 힘썼으니 산수의 사시사철, 아침과 저녁, 흐림과 개임의 변화를 하나하나 재현하여 교이형사巧以形似의 경지에 이르고자 하였다. 그는 도연명 시의 혼연일체된 경지에 만족하지 않고 분해하려 하였으니, 경물을 하나하나의 화면으로 분해하여 독자에게 보였다. 다음 열거한 시구들을 보면 얼마나 공들여서 사물의 형상을 묘사하려 했는지 알 수 있다.

바위 험준하고 고개 첩첩인데岩峭嶺稠疊,
모래톱 맴돌며 이어지네洲縈渚連緜.
흰 구름 외진 바위 감싸고白雲抱幽石,
푸른 대나무 맑은 물결 위에 아롱지네綠篠媚淸漣.
〈과시녕서過始寧墅〉

병풍처럼 들린 첩첩 산봉우리連障疊巘崿,
푸른 산색 아득히 짙어만가네靑翠杳深沈.
새벽서리에 단풍 붉게 물들고曉霜楓葉丹,
노을은 산기운에 기우는구나 夕曛嵐氣陰.
〈만출서사당晩出西射堂〉

단비에 저녁하늘 씻은 듯한데時雨夕澄霽,
구름 걷히니 해 서쪽가로 기우네雲歸日西馳.
빽빽한 숲은 여전히 싱그러운데密林含餘靑,
먼 봉우리엔 지는 해 걸리었네遠峯隱半規.
〈유남정游南亭〉
거센 물살 흐르다 막힌 그곳에亂流趨正色,
외로운 섬 강물 속에 빼어나도다孤嶼媚中川.

구름과 해 서로 환히 비추니雲日相輝映,
하늘과 강은 더불어 맑고 푸르네空水共澄鮮.
〈등강중고서登江中孤嶼〉

계곡 벗어날 때 날 이르더니出谷日尙早,
배에 오르자 해 이미 기울었네入舟陽已微.
숲속 골짜기에 어스름 다가돌고林壑斂暝色,
노을은 황혼 속에 젖어드누나雲霞收夕霏.
〈석벽정사환호중작石壁精舍還湖中作〉

이상의 시구를 통해 사령운은 글자를 다듬는 것을 소중히 여겼고 대구를
즐겨 썼으며 색채의 대비와 구도의 조화에 주의했음을 알 수 있다. "흰 구름
외진 바위 감싸고白雲抱幽石"의 '포抱'자, "푸른 대나무 맑은 물결 위에 아롱
지네綠篠媚淸漣"의 '미媚'자, "먼 봉우리엔 지는 해 걸리었네遠峯隱半規"의 '은
隱'자, "숲속 골짜기에 어스름 다가들고林壑斂暝色"의 '렴斂'자 등의 동사는
모두 갈고 닦아 쓰인 것이지 입에서 나오는 대로 표현한 것이 아니다. '주영
洲縈'과 '암초岩峭', '석훈夕曛'과 '효상曉霜', '공수空水'와 '운일雲日', '운하雲霞'
와 '임학林壑'의 대비 또한 글자마다 사령운의 장인정신이 표출되고 있다.
《남사南史 · 안연지전顏延之傳》에 이렇게 실려 있다. "연지는 포조鮑照에
게 자신과 사령운의 우열을 물은 적이 있다. 포조는 이렇게 말했다. '사령운
의 오언五言은 갓 피어나는 연꽃 같이 자연스럽고 아름답습니다. 당신의 시
는 비단을 깔고 수를 놓은 것 같고 또한 눈앞이 온통 그림을 그린 듯합니
다.'"
이 평어評語의 영향으로 세인들은 늘 '自然'이라는 글로 사령운의 시를
평론했는데 자세히 생각해보면 타당치 않다. 이곳에서 말한 '자연'은 단지
안연지와 대비해서 말한 것일 뿐이지, 사령운 시의 풍격을 개괄한 것은 결
코 아닌 것이다. 참으로 '자연'이란 말에 들어맞는 것은 도연명이지 사령운
이 아니다. 방동수方東樹는 이렇게 말했다. "도연명은 번거롭게 다듬거나
깎아내지 않았지만 사령운은 모조리 깎고 다듬었으니 전자는 자연스러운

것이고, 후자는 인위적인 것이다."[3] 참으로 옳은 견해라 하겠다.

계시적인 언어에서 사실적인 언어로의 전환은 도연명에서 사령운에 이르는 또 하나의 변화이다.

도연명은 말로는 모든 뜻을 다 표현할 수 없다는 것을 깊이 느낀 듯하다. 언어 자체가 이런 한계를 가지고 있으므로 언외言外의 효과에 치중하고 언어의 계시성을 발휘하여 독자의 연상과 상상을 일으킴으로써, 깨달을 수만 있고 말로는 다 할 수 없는 것들을 체득하도록 한 것이다. 그래서 우리가 도연명 시를 읽을 때 반복해서 음미할수록 끝없는 여운을 느끼게 되는 것이다. 이것이 바로 소식蘇軾이 말한 "겉은 건조한 듯 하나 내용은 윤택하다. 外枯而中膏."〈동파제발東坡題跋〉 "빈약한 듯 하나 사실은 풍부하다. 瘦而實腴." 〈여소철서與蘇轍書〉인 것이다. 표면적으로 시의 자구·수식을 보면 도연명의 시는 확실히 '메마르고 빈약하다乾枯淸瘦.' 그러나 그것들이 독자에게 계시해주는 뜻과 정취는 넉넉하고도 풍부한 것이다. 주자청朱自淸 선생은 〈도연명시의 깊이陶詩的深度〉라는 글 속에서 이렇게 말했다. "도연명 시는 일반 사람들이 생각하는 것처럼 그렇게 평이하지 않다. 평이 속에 온통 '다의多義'가 담겨 있다."

그는 또 〈시다의거례詩多義擧例〉라는 문장을 발표하였는데, 이 속에서 도연명의 시를 예로 들고 있다.[4] 도연명 시의 이러한 '다의성多義性'은 바로 언어의 계시성에서 비롯되어 생긴 것이다. 주자청이 말한 '다의성'은 단지 전고典故의 출처가 일으키는 여러 가지 연상을 가리킬 뿐이다. 그렇지만 도연명 시어의 계시성은 전고사용이나 자구의 내력에만 있는 것이 아니라 다른 구성 요소를 가지고 있다. 예를 든다면 상징이나 암유 같은 것이 커다란 작용을 하는 것이다. 도연명은 늘 '푸른 솔靑松', '가을국화秋菊', '외로운 구름孤雲', '돌아오는 새歸鳥' 등을 즐겨 썼다. 이들이 시인 자신의 성격을 상징하며 이들을 통하여 시인의 굳세고 고고한 정조와 자유를 사랑하는

---

3 《소미첨언昭昧詹言》 5권, 인민문학출판사, 1961년 초판, 131쪽.
4 이상 두 문장은 《주자청고전문학논문집》에 있음. 상해고적출판사, 1987년 초판.

마음을 표현한 것이다. 특히 국화는 도연명의 애정과 찬미로 인하여 고정적인 상징의 의미를 갖게 되고 후인後人들에게는 거의 도연명의 화신이 되어버렸다. 이러한 언어의 계시가 독자에게 주는 의미는 그들 자체의 함의를 멀리 뛰어넘은 것이다.

그렇지만 지금까지 말한 것은 모두 수사적修辭的인 기교인데, 도연명 시어의 계시성이 주로 수사에서 비롯된 것은 아니다. 도연명 시어는 두 개의 통일을 이루었다. 평담과 순미醇美, 그리고 정취情趣와 이취理趣의 통일이다. 이것이 바로 도연명 시의 의미가 심오하고 계시성이 풍부한 주요 원인이다.

전인前人들은 곧잘 평담으로 도연명 시어의 풍격을 개괄하였는데 이것은 옳은 것이다. 그러나 만약 평담 뿐이었다면 사람들은 예술적 상상력을 계발啓發하지 못했을 것이다. 도연명 시어의 장점은 평담의 껍질 속에 타오르는 감정과 짙은 생활의 숨결을 함축하고 있다는 것이다. 담담함은 불순물을 걸러냈기에 더욱 깨끗하고 아름다우며 점점 맛이 우러나는 것이다.

도연명의 오언시〈답방참군答龐參軍〉은 그리 주목받는 작품은 아니지만 보기 드문 가작佳作이다. 시의 앞에 쓴 서序도 읽어 볼만하다. "세 번이나 보내왔으니, 거절하려 했지만 그럴 수 없었네. 그대가 인곡으로 간 후 겨울과 봄이 또 바뀌었네. 마음 터놓고 잘 대해주어 문득 옛 친구처럼 되어버렸지. 속담에도 '자주 마주하면 친구가 된다'고 했는데 하물며 이보다 더 정깊은 우리임에랴? 사람 사는 일 어그러짐 많아서 만나자 이별을 말하게 되었네. 양공陽公의 탄식은 어찌 늘 슬퍼해야만 하겠는가, 나는 여러 해 병을 앓고 있어 다시 글을 쓰지 못했네. 원래 튼튼하지 못한데다 또 노환이 겹쳤다네. 문득 《주례》 왕복의 뜻을 따라 이별 후 서로를 생각하는 밑천으로 삼아보려네." 언어는 평범하며 조금의 과장도 없는데 읽어보면 오히려 순후醇厚하고 수려하다. 성실한 성품과 깊은 정은 참으로 보통 사람이 미칠 수 없는 것이다. 시에는 이렇게 쓰고 있다.

알게 된 지 꼭 오래되어야 하는가相知何必舊,
잠깐 마주하여 이전의 말 다졌네傾蓋定前言.
내 뜻 알아주는 친구 있어有客賞我趣,
늘 뜰로 찾아왔지每每顧林園.
우스개 소리에 속된 끼 없고談諧無俗調,
이야기 하는 것은 성인의 글이네所說聖人篇.
어쩌다 몇 말 술 있으면或有數斗酒,
한가로이 마시고 절로 흥에 겨웠네閑飮自歡然.
나는 참으로 은둔하여 사는 사람我實幽居士,
다시는 세속의 인연 없어라無復東西緣.
물건은 새 것이요, 사람은 옛 사람이라더니物新人惟舊,
붓끝 놀려 저녁에 써낸 것이네弱毫夕所宣.
정은 만리 밖으로도 통하건만情通萬里外,
몸은 산하에 막혀있도다形跡滯江山.
그대 소박함 지님 좋아하게나君其愛體素,
만난 나 어느 해 이런가!來會在何年.

이 시 속에는 이백李白의 "광풍은 마음속에 몰아치는데, 서쪽에 함양수 걸려있네.狂風吹我心, 西掛咸陽樹." 같은 기발한 상상력도 없고, 유종원柳宗元의 "봄바람 온 강가에 끝없이 불고, 사과꽃 따려하나 뜻대로 할 수 없구나.春風無限滿湘意, 欲采蘋花不自由." 같은 참신한 구상도 없다. 또한 한유韓愈의 〈팔월십오일야증장공조八月十五日夜贈張功曹〉 같은 감정상의 자유분방함이나 구성상의 기복도 없다. 자구字句의 조탁에 힘을 기울인 사령운의 〈수종제혜련酬從第惠連≫ 같은 작품은 더욱이 없다. 도연명은 단지 평담한 말로 시를 구성하여 독자로 하여금 자신과 친한 친구 사이의 깊은 우정을 연상하게 하여 미적 향수享受를 얻게 한다. 특히 "알게 된 지 꼭 오래되어야 하는가", "물건은 새 것이요, 사람은 옛 사람", "정은 만리 밖으로도 통하건만 몸은 산하에 막혀 있네" 등의 시구는 읊을수록 맛이 나고 읽을수록 아름답게 느껴지는데 절대로 보통의 작가가 써낼 수 있는 것은 아니다.

도연명의 시는 대부분 서정적인 작품으로, 시인의 감정이 한 줄기 샘물처럼 시 속에 스며들어 경물도 결국은 감정을 품고 있게 된다. 그러한 감정들은 남풍이 스치면 날개를 벌리는 모종이나, 그가 김매고 돌아오는 길에 동무해주는 달, 모락모락 피어오르는 밥 짓는 연기, 그리고 황폐한 뜰을 개의하지 않고 다시 옛 둥지로 돌아오는 봄 제비 등에 담겨있어 정취가 물씬하지 않은 것이 없다. 도연명의 시는 정취뿐 아니라 이취도 풍부하다. 그는 언제나 서정적인 사경寫景 속에 소박한 언어로 인생의 철리를 명확히 설명하여 독자에게 계시를 준다. 그의 시는 일반적인 의미에서 그의 세계관을 반영한 것이 아니라 보다 높은 차원에서 그의 우주와 인생에 대한 인식을 표현한 것이다. 이는 인생의 오묘함과 의미를 탐구하는 진지한 사색과 실천의 결정인 것이다. 그리고 이 모든 것은 또한 격언을 쓰듯 정취도 있고 이취도 있는 언어로써 표현한 것이다.

"인생은 도에 귀착하지만, 의식은 언제나 그 시작이라.人生歸有道, 衣食固其端."(〈경술세구월중어서전획조도 庚戌歲九月中於西田穫早稻〉), "내가 있음조차 깨닫지 못하는데, 어찌 명리 귀함을 알겠는가.不覺知有我, 安知物爲貴."(〈음주飮酒〉), "아아 나 없어진 뒤의 명예여, 내게는 흩어지는 연기 같도다.吁嗟身後名, 于我若浮煙."(〈원시초조시방주부등치중怨詩楚調示龐主簿鄧治中〉) "육신은 자연의 변화 따라 가버리지만, 마음은 늘 홀로 한적하구나.形迹憑化往, 靈府長獨閑."(〈무신세유월중우화戊申歲六月中遇火〉), "숲속에 있을 때 사람들 알아보지 못하더니, 홀로 서 있으매 모두들 기이하다 하네.連林人不覺, 獨樹衆乃奇."(〈음주〉). 이러한 시구는 말은 간결하나 뜻이 풍부하여 깊은 사색에 잠기게 한다.

도연명의 계시적인 시어와는 달리 사령운의 시어는 사실적이다. 그는 언어의 표현력을 발휘하여 언어가 실제의 경물을 있는 그대로 묘사하는 효과를 높였다. 도연명은 소나무를 그려도 뜻이 반드시 소나무에 있지 않았고 국화를 그려도 반드시 뜻을 국화에 두지 않았으며 귀조歸鳥를 그려도 마찬가지였다. 말은 이곳에 있지만 뜻은 저쪽에 있는 것이다. 사령운은 바람을 그리면 바로 바람이고 달을 그리면 바로 달이었다. 산을 그릴 때는 산의 모습만을 끝까지 그려내려 하였고 물을 그리면 물의 모양을 다 그려내려 하였다.

≪문심조룡文心雕龍・명시明時≫에 이렇게 기술하였다. "모든 글자에 짝을 맞추어 아름다움을 드러내고 한 구절의 신기함을 다투어 값매겼다. 정경情景은 반드시 그 모습을 다하여 사물을 그렸고 문사는 반드시 힘을 다해 새로움을 취했다." 이 구절들은 바로 사령운 시어의 특질을 개괄한 것이다. 도연명은 늘 언어로 표현하는데 있어서 고민에 부딪쳐 이렇게 말했다. "생각 품은지 몇 대이나, 말 마쳐도 뜻 다할 수 없네.擁懷累代下, 言盡意不舒."〈증양장사贈羊長史〉 "이 가운데 참뜻 있나니, 그 뜻 밝히려다 말 이미 잊었네.此中有眞意, 欲辨已忘言."〈음주飮酒〉

도연명의 방법은 설명하지 않는 것으로 설명을 삼아 독자 스스로 상상하고 보충하도록 이끌어 주는 것이다. 사령운 역시 언어로 표현하는데 있어서의 고뇌를 느꼈었다. 산수山水의 모습이 가지각색인데다 변화무쌍하여 필묵으로 형용하기 곤란할 때가 있었던 것이다. 그래서 사령운도 이러한 말을 했다.

"우뚝 솟은 푸른 산색은 굳이 이름 붙이기 어렵구나,空翠難强名"(〈과백안정過白岸亭〉) 그러나 그는 각종 기교를 운용하여 그들을 묘사하려 했다. 언어의 사실성도 바로 그의 이러한 노력으로부터 발전한 것이다. "봄 깊어 푸른 들 돋보이고, 바위 높은데 흰구름 모여드네.春晩綠野秀, 岩高白雲屯." (〈입팽려호구入彭蠡湖口〉) 이러한 구절은 늦은 봄 산과 들의 푸르고 흰 두 색조가 두드러지는데, 푸른 들은 바탕색으로 하고 흰 구름은 그 위에 점철하여 봄날의 가득한 햇살과 생명력이 넘치는 정취를 재현하고 있다. "들판 넓어 모래 언덕 깨끗하고, 하늘 높아 가을 달 밝구나.野曠沙岸津, 天高秋月明." (〈초거군初去郡〉) 이 시구는 광曠, 진津, 고高, 명明의 네 개의 형용사로 가을의 들판, 모래언덕, 하늘과 달을 묘사하여 가을의 특징을 재현하였다. "연못에 봄풀 돋고, 정원 버드나무 물오르니 새가 즐거이 지저귀네.池塘生春草, 園柳變鳴禽."(〈등지상루登池上樓〉). "명월은 쌓인 눈 비추는데, 삭풍은 매섭고도 애닯네.明月照積雪, 朔風勁且哀."(〈세모歲暮〉).

이것들은 더욱이 인구에 회자되는 명구절이다. 이 시구들의 좋은 점은 바로 언어의 사실성을 충분히 발휘하여 사람들이 느끼기는 해도 표현해내지 못하는 형상을 다른 각도에서 대자연의 아름다움을 드러내고 재현했다는데 있다.

요컨대 도연명과 사령운의 시가예술의 차이는 그들의 개인적인 차이뿐 아니라 시대풍조의 차이이기도 하다는 것이다. 또한 도연명에서 사령운에 이르는 변화는 두 시대 시풍의 추이를 반영한 것이기도 하다. 바로 심덕잠은 ≪설시수어設詩粹語≫에서 이렇게 말했다. "시는 송에 이르러 성정性情이 점차 희미해지며 성색聲色이 크게 일어나니, 시사詩史의 전환점이다." 중국 고전시가의 발전은 연이어 성정을 중히 여기는 단계와 화려한 수식에 중점을 두는 단계를 거치게 된다. 일단 성정과 화려한 수식이 완벽하게 통일되면 시가의 절정을 이루게 되는데, 이것이 바로 성당盛唐시기의 도래인 것이다.

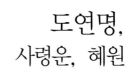

도연명,
사령운, 혜원

도연명(352~427), 사령운謝靈運(385~433), 혜원慧遠(334~416)은 진송晉
宋 교체기 사상문화계의 걸출한 대표적인 인물들이다. 이 글은 혜원을 중심
으로 도연명, 사령운 두 사람의 사상적 경향을 고찰하고, 당시 사상문화의
흐름 속에서 적합한 위상을 찾아보고자 한다.

　도연명과 사령운은 일생동안 42년의 시간을 함께 보냈지만, 두 사람이
직접 만났었다는 증거가 될 만한 자료는 없다. 그들에겐 공동의 벗인 안연
지顔延之가 있었는데, 안연지는 도연명을 도와준 적이 있고 그를 위해 추도
문誄文도 썼다. 안연지는 또 사령운과 유의진劉義眞의 막부에서 함께 일을
했다. 그러나 도연명과 사령운은 안연지가 있었음에도 교류를 맺지 않았
다. 사령운은 도연명의 고향 강주江州에 가서 여산廬山을 오르고 팽려호彭
蠡湖에도 갔지만 도연명을 방문했다는 기록은 없다. 지금 남아있는 도연
명과 사령운의 시문에도 서로에게 증답한 작품은 없다.

　도연명과 혜원 사이에는 미담이 전한다.≪연사고현전蓮社高賢傳≫(진대
무명씨 지음)에서 다음과 같이 말했다. "(도연명은) 여산에 자주 왕래했는
데 제자 한 명과 두 아들에게 가마를 들게 하여 갔다. 혜원 법사는 여러
현인들과 백련사白蓮社를 결성했는데 편지를 써 도연명을 초대했다. 도연
명은 술을 마실 수 있다면 가겠다고 했다. 허락이 되어 그곳에 갔다. 그런
데 갑자기 눈살을 찌푸리며 돌아갔다."[1]

　당대 승려 관휴貫休의 〈재유동림사작오수再遊東林寺作五首〉 제4수는 다

음과 같다. "도연명의 흔들흔들 취한 모습을 좋아하며, 육수정陸修靜을 느릿한 걸음으로 전송했네. 술을 사고 호계를 건넜으니 모두 파계라, 이 사람은 누구인가 법사도 이와 같네." 그는 스스로 다음과 같이 주註를 적었다. "혜원은 절개가 높았다. 식후에 술을 마시지 않았지만 시로 녹주를 사와 도연명과 마셨는데 다른 사람은 이런 기회를 얻을 수 없었다. 또 손님을 배웅하면 귀천에 관계없이 호계를 건너지 않았지만 육수정 도사를 배웅하며 호계를 건너 수백 보를 걸었다. 지금 절 문앞에 도사 언덕이 있는데 육도사를 배웅하다 여기에 와 멈춘 것이다."[2]

송대의 황정견黃庭堅은 〈희효선월작원공영戲效禪月作遠公詠〉에서 이렇게 적었다. "도연명을 불러 술잔을 들었고, 육수정을 배웅하며 호계를 건넜네. 마음속 여러 갈래 물길 맑기가 거울 같고, 세상만사는 진흙처럼 취했어라."[3]

또 진순유陳舜兪의 ≪여산기廬山記≫ 2권에도 다음과 같은 기록이 있다. "흐르는 물이 절 아래를 돌아 호계로 들어간다. 예전에 혜원 법사가 손님을 배웅하다 여기를 건넜는데 범이 갑자기 울부짖어 여기에서 이름이 생겨났다. 도연명은 율리에 살았고 산 남쪽의 육수정 또한 도를 깨친 사람이었다. 혜원 법사가 이들을 전송하며 서로 이야기에 마음이 맞아 호계를 건넌 것을 깨닫지 못하다가 곧 서로 크게 웃었다. 지금 세상에 전하는 〈삼소도三笑圖〉는 여기에서 생겨났다."[4]

그런데 탕용동湯用彤의 저작 ≪한위양진남북조불교사漢魏兩晉南北朝佛教史≫의 고증에 따르면 혜원이 백련사를 결성했다는 학설은 믿을 수 없다.[5] 방립천方立天의 저작 ≪혜원과 그의 불학慧遠及其佛學≫에서도 이는 후인들이 지어낸 말이라고 했다.[6] 때문에 혜원이 도연명을 백련사로 불러 가입하게

---

1 ≪한위총서漢魏叢書≫ 본.
2 ≪전당서全唐書≫836권. "육정수陸靜修"는 ≪연사고현전≫에 의하면 "육수정陸修靜"이 맞다.
3 ≪황산곡시집黃山谷詩集≫ 17권 내집.
4 2권 서산북편, ≪총서집성叢書集成≫ 본.
5 제2분 제11장, 중화서국 1955년 판.
6 중국인민대학출판사 1987년 판, 제6장.

한 것도 믿을 만하지 못하다. 하지만 백련사의 결성과 호계에서 세 사람이 웃은 이야기는 여산에서 오랫동안 전해오는 이야기이고, 이른바 "≪십팔현전十八賢傳≫은 처음부터 저자명이 없었다. 아마 예전부터 여산에서 전해온 것 같다."는 말도 있다.[7]

전설을 모두 믿을 수는 없지만 그렇다고 해서 전혀 근거가 없지는 않다. 최소한 도연명과 혜원이 왕래가 있었다는 사실은 믿을 수 있다. 혜원은 태원太元 6년(381)에 여산에 와서 의희義熙 12년(416)까지 있었으니 모두 35년이다. 그가 명사들과 폭넓게 교유한 상황으로 볼 때, 산 아래에 살던 도연명과 왕래했을 가능성은 매우 높다. 도연명과 함께 "심양삼은潯陽三隱"으로 불리던 주속지周續之, 유유민劉遺民도 여산에 와서 혜원을 스승으로 모셨으니 더욱 그러하다. 도연명은 주속지에게 한 수의 시(〈시주속지조기사경이삼랑시삼인공재성북강례교서示周續之祖企謝景夷三郞時三人共在城北講禮校書〉)를 주었고, 유유민에게는 두 수의 시(〈화유시상和劉柴桑〉, 〈수유시상酬劉柴桑〉)를 주었다. 주속지와 유유민을 통해 도연명이 혜원과 만났을 수도 있다. 〈화유시상和劉柴桑〉의 첫 네 구절은 다음과 같다. "그대 있는 강산으로 날 부른지 오래지만, 어찌하여 나 계속 주저했나. 단지 친구였던 까닭에, 따로 떨어져 살겠노라 말하지 못했네.山澤久見招, 胡事乃躊躇. 直爲親舊故, 不忍言索居."

유시상(유유민)은 무슨 일로 도연명을 불렀을까. 원대 이공환李公煥의 주는 다음과 같다. "당시 유유민은 도연명에게 여산에서 은거하며 백련사에 가입하자고 청했다. 도연명은 백련사에 참여하고 싶지 않아 다만 여산과 집을 수시로 오갔다."[8] 도연명이 그의 청에 대해 차마 친구를 떠나지 못하겠다고 말하며 산에 들어가 칩거했다. 여기서 말하는 "칩거"는 유유민처럼 생활했다는 말이다. 예를 들면 당대의 승려 법림法琳의 ≪변징론辯止論≫ 7권에는 ≪선험기宣驗記≫를 인용하여 유유민이 "여산의 서림에 살려고 집

---

7 지반志磐 ≪불조통기佛祖統紀≫ 26권.
8 ≪전주도연명집箋注陶淵明集≫ 2권, ≪사부총간四部叢刊≫ 본.

을 정했는데 병이 많아 처자식을 염두에 두지 못했다."라고 말했다. 위의 시로 볼 때, 유유민이 어쩌면 혜원에게 도연명을 소개시켜 주었던 것 같기도 하다.

사령운은 혜원과 매우 깊은 관계였다. 그는 스물 몇 살 때 여산에 올라와 혜원과 만났다. "진군의 사령운은 재능에 자부심이 많아 사람들에게 거만했고 젊은 시절부터 추종을 받았는데 혜원을 만나자마자 숙연해져 심복했다."[9] 의희 8년(412) 혜원은 불영대佛影臺를 세우고 〈만불영명萬佛影銘〉을 지으며 사령운에게도 명문을 지어달라고 요청했다. 사령운은 〈불영명서佛影銘序〉에서 이렇게 말했다. "법현도인은 천축국에서 돌아와 불상이 매우 영험하고 기이하다고 말했다. 암벽 깊은 곳에 새겨져 있어 겨우 형체가 있는 듯했고 용의가 반듯하고 커 형상이 보기 좋았다. 처음과 마지막은 알 수 없으나 늘 담백했다. 여산의 혜원법사가 그 소문을 듣고 사람들과 함께 유실에 가 공중의 바위를 살펴보니 북쪽으로는 험준한 산을 베고 남쪽으로는 흐르는 물에 비쳤다. 천축국의 유풍을 따라 푸른빛으로 채색했다. 어찌 불상의 형상만 진실했으랴. 마음으로 전해지는바 또한 지극했다. 도병도인道秉道人이 먼 길을 와 나에게 불영명을 지어 새겨 넣고자 한다는 혜원법사의 뜻을 전했다."[10]

4년 후인 의희 12년(416) 혜원이 세상을 떠났을 때, 사령운은 〈여산혜원법사뢰병서廬山慧遠法師誄幷序〉를 지었는데 그 서문에서 이렇게 말했다. "나는 십오 세에 그 문하의 말석이라도 되길 바랐건만 애석하게도 이루어지지 못하고 영원히 이 세상에 어긋나버렸다."(이 서에서는 의희 13년에 혜원이 세상을 떠났다고 적었는데 ≪고승전≫의 기록과는 다르다) 또 ≪연사고현전蓮社高賢傳≫에 다음과 같은 내용이 있다.

여산에 가서 혜원을 만나자 숙연해져 심복했다. 이에 불영대 축조에 뜻을

---

9 ≪고승전高僧傳≫ 6권 〈석혜원전釋慧遠傳〉.
10 ≪광홍명집廣弘明集≫ 15권.

두고 ≪열반경≫을 번역하고 연못을 파 백련을 심었다. 당시 혜원과 제현들은 함께 정토의 불업에 정진하고 있어 이름을 백련사라고 불렀다. 사령운도 백련사에 들어가고자 청했지만 혜원은 사령운의 마음이 복잡하다는 이유로 이를 거절하였다.

송대 왕질王質의 ≪율리보栗里譜≫에서도 "혜원은 도연명을 전송하며 호혜를 건넜지만 사령운은 백련사에 받아주지 않았다. 평소의 마음을 비춰 알 수 있다."라고 말했다. 백련사의 이야기에는 도연명, 사령운, 혜원 세 사람을 모두 거론하고 있어서 매우 흥미롭다. 하지만 백련사를 결성한 이야기는 믿기 어렵고, 도연명을 부르며 사령운을 거절한 이야기도 성립되기 힘들다. 게다가 혜원이 널리 명사들과 교유한 일이나 사령운에게 〈불영명〉을 지어달라고 청한 일로 보아 그는 사령운을 거절하지 않았을 것이다. 만약 우리가 세세한 사정은 고려하지 않고 이 이야기의 기본 내용만 놓고 본다면, 사령운이 주동적으로 혜원에게 다가갔고 도연명은 혜원과 거리를 두었다. 이는 두 사람의 사상과 성격에 부합한다고 할 수 있다.

혜원의 불교사상은 아래와 같은 몇 가지로 개괄할 수 있다.

첫 번째는 법성본체론法性本體論이다. 불교에서 말하는 열반과 우주만물의 자성을 통일된 것으로 본다. 만약 법성을 깨달아 열반의 경계에 들어가면 성불한다는 것이다.

두 번째는 형진신불멸론形盡神不滅論이다. 형상은 질곡과 같지만 정신은 은연중 전이되어 한 형체에서 다른 형체로 전이될 수 있다. 불길이 한 장작더미에서 다른 장작더미로 옮겨지는 것과 같다. 이는 그의 불교이론의 전제이다.

세 번째는 인과보응론因果報應論이다. 그는 인도불교의 업보윤회 이론을 중국에 원래부터 있던 인과보응의 미신관념과 결합시켜 사람에게는 삼업三業(신업身業, 구업口業, 의업意業)이 있으며 업에는 삼보三報(현보現報, 생보生報, 후보後報)가 있고 생에는 삼세三世(전세前世, 금세今世, 후세後世)가 있다고 말했다.

네 번째는 미타정토彌陀淨土 신앙이다. 미타정토를 생사고통을 해탈할 수 있는 극락세계로 보는 것이다.

다섯 번째는 염불삼매念佛三昧(명칭염불, 관상염불, 실상염불)로 미타정토로 왕생할 수 있는 수련방법이다.

여섯째는 사문불경왕자론沙門不敬王子論이다. 이는 환현桓玄과 논쟁을 하면서 정립되었는데 불교가 세속의 예교에 굴복하지 않는 이론적 근거를 마련했다.

도연명의 작품을 자세히 검토해보면 그와 혜원의 사상은 서로 어울리지 않는다는 것을 곧 발견할 수 있다. 도연명은 불교가 성행하던 시대에 생활했고 불교의 명승지인 여산 아래에서 살았다. 혜원이나 불교와 전혀 접촉하지 않을 수는 없었지만 그는 혜원이나 불교와 시종 거리를 유지했다. 사상적으로도 매우 독립적이고 고고한 기개를 갖고 있었다. 물론 불교는 인생에 대한 깨달음이다. 도연명은 인생의 이치를 깨달았기 때문에 불교와 암묵적으로 통하는 면이 있다. 그는 불교처럼 도교의 장생술을 반대하여 사람은 모두 죽는다고 생각했다.

그러나 그는 자신의 희망을 내세에 맡기지 않았고 현실의 고통을 해결하는 방법도 불교와 달랐다. 불교는 생로병사 등 현세의 고통을 말한다. 도연명도 인생의 괴로움을 매우 깊이 체험한 사람이다. 그는 "어려서부터 선한 일을 생각했으나 아등바등 쉰 네 해를 보냈네.結髮念善事, 僶俛六九年."라 했고 또 "여름날엔 긴 굶주림을 견디고, 겨울밤엔 덮고 잘 이불이 없네. 저녁이면 새벽닭 울기를 기다리고, 새벽이면 해 저물기를 바랐다오.夏日抱長飢, 寒夜無被眠. 造夕思雞鳴, 及晨願烏遷."(〈원시초조시방주부등치중怨詩楚調示龐主簿鄧治中〉)라고 했다. 그는 "인간의 삶 실로 힘겨우니, 죽은들 어떠하랴.人生實難, 死如之何."(〈자제문自祭文〉)라고 한탄하기도 했다.

그러나 그의 이런 태도는 불교와 다르다. 우선 그는 현실 인생 속에서 즐거움을 찾았고 내세의 행복을 바라지 않았다. 그리고 생사에 집착하지 않았기 때문에 불교의 교리가 어떤 영향도 주지 않았다. "우주의 변화에 따라 끝으로 돌아간다. 천명을 즐겁게 받아들이나니 다시 무엇을 의심하라.聊乘化以歸盡, 樂夫天命復奚疑."(〈귀거래혜사〉)의 구절은 도연명의 인생관을 충분히 개괄하고 있다.

순리에 따라 변화를 받아들이는 사상은 혜원이 말하는 "천화에 따르지 않는다.不順化"의 주장과 일치하지 않는다. 혜원은 ≪사문불경왕자론沙門不敬王子論 · 출가出家≫에서 이렇게 말했다. "출가한 이는 세속 밖의 객이며 모든 흔적은 사물에서 끊어진다. 그의 가르침은 육신의 얽매임에서 통달하는 것이며 육신에 매달려 근심을 키우지 않는 것이다. 천화를 따르기에 끊임없이 화가 이어지나니 천화를 따라 만물의 본원을 구하지 않는다." 도연명은 천화에 순응하지만 혜원은 순응하지 않는다. 인생에 대한 태도가 다르다. 도연명은 끊임없이 "입선立善", "적선積善"에 대해 의문을 제기했다. 예를 들면 "선을 쌓으면 내 마음 늘 기쁘지만, 누가 그대를 위해 칭찬하리오.立善常所欣, 誰當爲汝譽."(〈신석神釋〉), "선업을 쌓으면 보답이 있다 말하지만 백이, 숙제는 수양산에서 굶어 죽었다네. 선악은 실로 보응되지 않나니 어찌 공연한 말을 하는가.積善云有報, 夷叔在西山. 善惡苟不應, 何事空立言."(〈음주2〉) 적선이 반드시 불교의 용어라 할 수 는 없지만 불교에서 말하는 선악의 보응에 도연명은 찬성하지 않았다.

그의 〈형영신形影神〉은 혜원의 〈형진신불멸론〉을 겨냥하여 지은 작품으로 형체가 사멸하면 정신도 사멸한다고 말했다. 그의 태도는 "이를 심히 생각하면 생명을 상하게 하니, 마땅히 운명에 맡길지라. 우주의 큰 물결에 실려가면, 기쁘지도 두렵지도 않으리라. 내 목숨 사라지면 사라질지니, 거듭 홀로 깊이 염려하지 말라.甚念傷吾生, 正宜委運去. 縱浪大化中, 不喜亦不懼. 應盡便須盡, 無復獨多慮."는 것이다. 몇 마디로 가볍게 혜원과 그의 신도들의 신앙을 깨뜨렸다. 마치 구가수邱嘉穗가 "도연명은 탁월한 식견이 있다. 그는 백련사 중에 생사에 얽매이는 이들을 꿰뚫어 보았으니 가벼이 웃을 일이 아니다."라고 말한 바와 같다.[11]

사령운은 혜원에게 다가가려는 태도를 갖고 있었던 것처럼 불교에 대해서도 마찬가지였다. 혜원 외에도 그가 교유했던 명승으로는 혜엄慧嚴, 혜관慧觀, 담륭曇隆, 도생道生 등이 있다. 그는 혜엄, 혜관과 함께 ≪대반열반경大般涅槃經≫을 윤문했다. 그는 일찍이 여산으로 가 담륭법사를 알현하여 "지초와 백술을 함께 먹고 법언과 불경을 함께 읽으며 겨울과 여름을 보냈다." 법사가 세상을 떠났을 때 사령운은 〈담륭법사뢰曇隆法師誄〉를 지었다. 사령운은 사상적으로 도생과 더욱 밀접했다. 도생의 대표이론은 불성신론佛性新論인데 모든 중생은 불성이 있어 모두 성불할 수 있다고 보았다. 불성은 바로 진아眞我이니 우주변화의 진아이다. 성불은 반드시 깨달음이 있어야 하는데 이는 점오漸悟가 아니라 돈오頓悟여야 한다. 그러나 깨달음의 이전에 학문이 있어야 하기 때문에 불교의 교의를 공부해야 한다. 사령운의 〈변종론辨宗論〉은 바로 도생의 이 불성신론을 기초로 쓴 글이다. 사령운이 말하는 "종宗"은 우주만물의 본원이다. 〈변종론〉의 전문은 다음과 같다.

함께 노니는 여러 도인들은 모두 전심으로 수도하여 언외의 이치를 탐구한다. 나는 병 때문에 일이 적어 쉬는 날이 많았기에 애오라지 옛 일에 대한 생각을 펼치며 종극의 깨달음을 얻고자 바랐다. 석가의 이론에 따르면 성불의 길은 비록 요원하지만 학문을 쌓으면 이를 수 있고 세속의 얽매임이 없어지면 비추는 바가 생겨나 감응이 없어도 점차 깨달음을 얻는다고 한다. 공자의 이론에 따르면 성인의 도는 묘원하니 안연이 거의 근접하여 그 체득한 바가 완전히 두루 비추지는 못해도 큰 이치는 한 곳으로 귀결된다고 한다. 신론도사는 고요한 심경을 얻는 길은 지극히 미묘하여 계단도 없고 학문도 한계가 없는데 어느 곳에서 끝날 것인가라고 말한다. 지금 석가의 점차 깨달음을 얻는다는漸悟 이론은 빼고 성불에 이를 수 있다는能至 이론만 취했으며, 공자의 거의 성인에 근접했다는殆庶 말은 빼고 종극으로 귀결된다는一極 이론만 취했다. 종극으로 귀결된다는 것은 점차 깨달음을 얻는다는 것과 다르며 성불에 이를 수 있다는 것은 거의 성인에 근접했다는 것과 다르다. 고로 그의 이치는 비록 각각에서 얻은 바를 종합했지만 공자와 석가에서 멀리 떨어졌다. 내 생각으로는 유가와 불가의 담론은 외물을 구하는 학설이고 도가에서 말하는 것은 뜻을

---

11 ≪동산초당도시전東山草堂陶詩箋≫.

얻는 학설이다. 감히 절충하여 받아들이며 신론도사의 학설을 옳다고 여겨 하찮은 의견으로 답하나니 깨닫는 바가 생기길 바란다.[12]

사령운은 도생의 이론을 기초로 하여 글을 쓰면서 석가와 공자 이론의 장점을 융합하였다. 돈오를 중시하였으며 학식을 중시하였으며 이렇게 해야만 열반의 경지에 다다를 수 있다고 했다. 사령운의 이런 견해에 불계와 속계 양측은 모두 의문을 제기했는데 그는 이에 대해 하나하나 답했다. 〈답왕위군문변종론서答王衛軍問辨宗論書〉, 〈답법욱문答法勗問〉, 〈답승유문答僧維問〉, 〈답법강문答法綱問〉, 〈답혜림문答慧琳問〉이 이것이다. 도생은 이 글들에 크게 관심을 갖고 〈답왕위군서答王衛軍書〉를 써 사령운을 변론했다.

≪연사고현전蓮社高賢傳≫에서 혜원이 사령운을 "마음이 복잡했다"고 말한 것은 비록 신빙성은 없지만 내가 보기에 사령운의 마음은 확실히 "복잡"하다고 할 수 있다. 그는 본래 매우 출세에 열중한 사람이었지만 진송 왕조 교체기에 그의 세력은 크게 약화되었을 뿐 아니라 생존 자체에 위협을 받았다. 그러나 그는 자신에게서 화를 멀리하려 하지 않았고 재능을 믿고 교만하여 정치 투쟁의 암흑 속으로 깊이 빠져들었다. 그가 산수에 마음을 풀었던 것은 방종을 통해 분노를 배출하려는 의미가 있다. 도연명이 온 마음으로 산수와 교융하며 묵묵히 그 가운데에서 인생의 진미를 추구했던 것과는 차이가 있다. 또 혜원이 여산에서 살며 정토를 추구했던 것과도 다르다. 사령운이 산수를 노닐었던 것은 일종의 의도적인 행동으로 보인다. 어쩌면 고의로 권력자들에게 보여주려는 행동이거나 권력자들의 주의를 끌려는 것일 수도 있으며, 또 어쩌면 권력자들에 대한 시위일 수도 있다. 영가永嘉, 시녕始寧, 회계會稽, 임천臨川 모두 그러하다.[13] 이렇게 볼 때 사령운은 비록

---

12 ≪광홍명집≫ 18권.
13 ≪송서·사령운전≫에 다음과 같은 내용이 있다. "소제가 즉위하고 권력을 대신들이 장악하자 사령운은 이에 동조하지 않는 이들을 규합하여 권력층을 비방했다. 사도 서선지徐羨之등이 그를 후환이 될 것이라 여겨 영가태수로 축출시켰다. 영가군은 산수로 유명하여 사령운이 평소 좋아하던 바였다. 쫓겨나 태수가 되었기에 뜻을 얻지 못한 마음에 멋대로

불교에 열중하긴 했지만 어느 정도는 불교를 자신의 재능과 학식, "혜업慧業"[14]을 과시할 수 있는 영역으로 삼았으며, 그의 마음이 완전히 불교에 귀의한 것은 아니었다.

혜원의 시는 〈여산동림사시廬山東林寺詩〉 한 수만 남아있다. 시풍이 혼후渾厚하고 경물 묘사 속에 현심玄心을 담았지만 설리說理의 구절은 없어 진송 시기의 시 가운데 충분히 일류라 할 수 있다. 도연명과 사령운의 시에는 설리의 성분이 있다. 도연명의 설리는 대부분 경관의 묘사, 서정의 표현과 융합되어 있어 이치는 경물과 감정의 가운데에 담겨 있다. 사령운의 설리는 대부분 시의 말미에 있어 감정과 경물로부터 우러난 인생 감개라 할 수 있다. 도연명의 시가 쓴 이치는 대부분 노장 사상의 이치이며 자연으로 돌아가는 것을 인생 최고의 경지로 삼는다. 사령운의 시가 쓴 이치는 불교의 교의가 섞여 있고 현실 인생을 부정함으로써 고민을 해소한다.

예를 들면 다음과 같다. "삼가 영취산을 모방하여, 천축의 길을 우러러

방종하며 노닐어 여러 지역을 두루 다니면서 그렇게 열흘, 한 달을 훌쩍 넘겼다. 군민을 다스리고 송사를 돌보는 것은 마음에 두지도 않았고 발길 닿는 곳마다 오로지 시를 읊으며 마음을 쏟아냈다." 또 "회계로 적을 옮긴 후 별장을 지었는데 산이 가깝고 강을 낀 곳이라 조용히 거하기에 매우 아름다운 곳이었다. 은사 왕홍지王弘之, 공순지孔淳之 등과 방종하게 즐기며 이곳에서 평생을 마치려는 생각을 했었다. 매번 한 편의 시를 지어 도읍에 퍼지면 귀한 자나 천한 자나 다투어 옮겨적어 하루 밤이면 사인과 서인들 사이에 두루 알려졌으니 원근을 막론하고 모두 그를 흠모하여 명성이 경사를 흔들었다." 또 "사령운은 조부와 부친의 자산으로 가산이 풍족했다. 많은 종과 노비가 있었고 따르는 이들과 문객들이 수 백이었으며 산을 깎고 호수를 파내느라 공사가 끊이지 않았다. 산을 찾아 오르면 반드시 알려지지 않은 험준한 곳을 갔으며 겹겹의 바위 봉우리라도 가지 않은 곳이 없었다. 산에 가면 늘 나막신을 신었는데 오를 땐 앞굽이 부러졌고 내려올 땐 뒷굽이 부러졌다. 일찍이 시녕의 남산부터 나무를 베어 임해까지 길을 낸 적이 있는데 따르는 이가 수 백 명이었다. 임해태수 왕수王琇가 놀라 산적이라 했다가 나중에 사령운인 것을 알고 안심했었다." 또 "회계에서 따르는 이가 많아 온 지역을 놀라게 했다." 또 "임천태수가 되어 녹봉 이천 석을 받았는데 임천에서 노닐다가 유사에게 해를 당했다." 중화서국 점교본點校本, 1753쪽~1775쪽.

14 《남사 · 사령운전》에 다음과 같은 내용이 있다. "일찍이 맹의에게 말하기를 '득도를 한다면 응당 혜업을 해야 하니 그대가 태어난 것은 나보다 앞서지만 성불은 필시 나보다 나중일테요.'"

생각하네. 폭포는 뜰 앞에서 떨어지고, 높은 숲은 창 안에 비친다. 선실에서 공관의 이치를 깊이 생각하며, 정사에서 묘리를 탐구하네.敬擬靈鷲山, 尙想祇洹軌. 絶溜飛庭前, 高林映窗裏. 禪室棲空觀, 講宇析妙理."(〈석벽립초제정사石壁立招提精舍〉), "석가는 왕궁에서, 도에 뜻을 품고 성을 나섰지. 마흔 여덟 가지 대원을 빌며, 널리 중생을 제도하겠노라 서원했네. 정토는 얼마나 묘원한가, 가는 이는 모두 맑고 뛰어난 이들이라네. 늙어 편히 깃들고자 한다면, 천화에 올라 새벽길을 나서야 하리.法藏長王宮, 懷道出國城. 願言四十八, 弘誓度群生. 淨土一何妙, 來者皆淸英. 頹年欲安寄, 乘化好晨征."(〈정토영淨土詠〉), "구계산을 바라보며 불계의 영취산을 그리워하나니, 마음속으로 정토를 생각한다. 네 등관보살을 따라, 길이 삼계의 고를 제거하리.望嶺眷靈鷲, 延心念淨土, 若乘四等觀, 永拔三界苦"(〈과구계석실반승過瞿溪石室飯僧〉)

이런 시들은 모두 서방 정토에 대한 동경과 내세에 대한 기대를 표현하고 있다. 만약 사령운의 〈임종시臨終詩〉와 도연명의 〈의만가사擬挽歌辭〉를 비교한다면 그들의 사상적 차이를 더 잘 표현할 수 있을 것이다.

생이 있으니 반드시 죽음도 있는 법有生必有死,
일찍 죽었다고 명이 짧은 것은 아니지早終非命促.
어제 저녁엔 함께 사람이었으나昨暮同爲人,
오늘 아침엔 귀신의 명부에 올랐네今旦在鬼錄.
혼과 숨은 흩어져 어디로 가고魂氣散何之,
메마른 형체만 빈 관 속에 담겨있나枯形寄空木.
귀여운 아이는 아비를 찾으며 울고嬌兒索父啼,
친구들은 나를 매만지며 곡한다良友撫我哭.
득실도 알지 못하거늘得失不復知,
시비를 어찌 깨달을까是非安能覺.
천추 만세 후에千秋萬歲後,
영예와 치욕을 누가 알랴誰知榮與辱.
다만 한스럽기는 살아생전但恨在世時,
술을 실컷 마시지 못했네飮酒不得足.

지난날엔 술이 없어 못마셨거늘在昔無酒飲,
지금은 빈 잔 가득 술이 넘치네今但湛空觴.
봄 술은 익어 밥알이 떠올랐건만春醪生浮蟻,
언제나 다시 마실 수 있으랴何時更能嘗.
상에 가득한 안주 내 앞에 놓여지고肴案盈我前,
친구는 내 곁에서 곡을 한다親舊哭我傍.
말하려 해도 입에서 소리가 나지 않고欲語口無音,
보려고 해도 눈에 광채가 없다欲視眼無光.
지난날엔 안채에서 잠들었건만昔在高堂寢,
오늘은 황량한 풀밭에서 묵는구나今宿荒草鄕.
이른 아침 대문을 나서지만一朝出門去,
돌아올 땐 어둠 가시지 않은 한 밤이겠지歸來夜未央.

황량한 풀은 얼마나 휑한가荒草何茫茫,
백양나무는 바람에 우수수 운다白楊亦蕭蕭.
무서리 내린 구월嚴霜九月中,
먼 교외로 나를 보내는구나送我出遠郊.
사방엔 인가도 보이지 않고四面無人居,
높은 무덤들만 우뚝 솟았네高墳正嶕嶢.
말은 하늘을 보며 울고馬爲仰天鳴,
바람만 홀로 쓸쓸히 분다風爲自蕭條.
묘실은 한번 닫혀버리면幽室一已閉,
천년이 가도 다시는 아침햇살 없으리니千年不復朝.
천년이 가도 아침햇살 없는 것은千年不復朝,
현명하고 달관한 사람이라도 어찌하지 못하리賢達無奈何.
나를 보내러 왔던 사람들向來相送人,
각자 자기 집으로 돌아간다各自還其家.
친척들은 혹 슬픔 가시지 않았지만親戚或餘悲,
다른 이들은 이미 아무렇지 않게 노래 부른다他人亦已歌.
죽어 떠나면 또 무슨 말을 하랴死去何所道,
저 산에 몸을 맡겨 하나가 될 뿐인걸託體同山阿.
〈의만가사擬挽歌辭〉

공생은 남은 생을 버렸고龔勝無餘生,

이업은 죽음을 얻었네李業有終盡.
혜소는 도리를 알았으나 해를 입었고嵇公理既迫,
곽원은 생명을 잃었네霍生命亦殞.
무덤 위 서리 내린 푸른 측백나무悽悽陵霜柏,
바람에 쓰러져가는 젖은 버섯들納納沖風菌.
다시 만날 날은 그 언제이랴邂逅竟幾時,
생명의 길고 짧음은 슬퍼할 바가 아니라네修短非所愍.
군자로서 내 뜻을 한탄하나니恨我君子志,
바위 아래에서 생을 마치지 못했네不獲嚴下泯.
큰 깨달음 얻기 전에 세상을 떠나니送心正覺前,
이 괴로움 오래도록 참아왔구나斯痛久已忍.
오직 바라나니 후생에 다시 와唯願乘來生,
원수와 친구를 마음에 동등하게 대하기를怨親同心朕.
〈임종시臨終詩〉

도연명의 〈의만가사〉는 사후의 상황을 가상으로 설정하여 제삼자의 시
점에서 자신의 육체와 장례의 상황, 친척과 친구들의 심정을 지켜보고 있다.
시인의 태도는 매우 담담하고 초연하다. 그는 삶과 죽음에 연연하지 않기에
자신을 위해 만가를 적었다. 그는 삶과 죽음의 한계에 얽매이지 않았기에
삶과 죽음을 이렇게 아무렇지도 않게 대하고 있다. 유일하게 유감인 것은
살았을 때 충분히 술을 마시지 못한 것이다. 득실과 시비, 영욕의 한계는
모두 사멸했다. 그는 죽음은 필연적인 것이며 생이 있으니 죽음이 있는 것
일 뿐, 어느 누구도 벗어날 수 없는 거라고 생각했다. 죽음은 단지 육체를
산 속에 맡겨 흙으로 돌려주는 것일 뿐이니 슬퍼할 이유가 없다. 그는 〈자제
문〉에서도 세상은 여관과 같고 죽는 것은 영원한 집으로 돌아가는 것이라
말했다. 그래서 그는 평정한 마음으로 죽음을 맞이한다. 그는 정토로 돌아
갈 것을 기대하지도 않고 내세도 믿지 않는다. 다만 소박한 태도로 생사를
대할 뿐이다. 도연명의 이런 태도를 혜원 등이 말하는 인과응보, 정토신앙,
염불삼매와 비교해보면 혜원이 너무 번거롭다고 느껴지지 않는가.

사령운은 임천에서 병사를 일으켜 모반을 하고 광주로 유배되었는데, 유

사가 그를 법에 따라 치죄해야 한다고 상주하여 태조가 광주에서 그를 사형에 처하도록 명했다. 그는 형 집행 직전에 〈임종시〉를 지었다. 사령운은 권문세가 호족 출신으로 사현謝玄의 손자였다. 자신의 재능을 믿고 권력의 요직에 오르려 했지만 송 왕조 이후 중용되지 못하자 억울한 마음을 누르지 못하고 마침내 불행한 최후를 맞았다. 그래서 그의 〈임종시〉는 정치적인 울분이 충만하다. 시의 전반부는 옛 군주에 충성했던 공승, 이업, 혜소, 곽원으로 자신을 비유했고 후반부는 불교 교의로 스스로를 위로했다. 그가 생을 한탄하고 죽음을 두려워했으며 불교에서 말하는 내세에 기대했음을 볼 수 있다.

결론적으로, 도연명과 사령운과 혜원 이 세 사람의 관계에서 도연명과 사령운의 사상과 시를 비교해보면 두 시인의 거리는 확실히 매우 멀다. 그들은 위진 시기 출신과 환경, 정치적 태도, 인생 추구, 사상과 경향 등에서 상당히 다른 두 종류의 대표적인 시인이다. 사령운은 일생이 매우 파란만장했고 기복도 매우 컸으며 사회의 주목을 받았다. 도연명은 일생이 참으로 적막했고 생활도 너무나 평담했으며 사회는 그의 존재에 대해 거의 무관심했다. 사령운은 적막을 견디지 못했지만 도연명은 파란만장을 받아들이지 못했다. 사령운에게서 우리는 조식, 혜강, 육기 등 정치적으로 시련을 겪었던 시인들의 그림자를 볼 수 있다. 그리고 도연명은 은사의 한 사람으로서 비록 전대 은사의 분위기가 없는 것은 아니지만 "은일 시인의 으뜸"이 되어 탁월한 철학자의 새로운 전형이 되었다. 이는 시가 예술 방면에서 사령운은 새로움을 추구하고 도연명은 복고를 추구한 것과는 다른 문제다.[15] 사령운의 시가 물론 뛰어나긴 하지만 그 시의 명성은 대부분 그의 명성 덕분에 얻어진 것이다. 도연명의 시는 분명히 사령운보다 위에 있지만 그의 명성이 드러나지 않았기 때문에 당시에 널리 알려지기에 한계가 있었다. 이러한 사례는 문학사에서 도연명과 사령운 외에도 이루 말할 수 없이 많지 않은가.

---

15 졸고 〈도연명과 사령운의 시가예술 비교陶謝詩歌藝術的比較〉 참고.

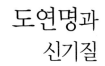

도연명과
신기질

1

　동진의 은일시인 도연명과 남송의 애국시인 신기질을 함께 놓고 논하면 일견 어울리지 않는 듯한데, 두 사람이 너무 다르다는 것이 일반적인 견해이다. 그런데 사실 두 사람 사이에는 여러 가지 공통점이 있다. 먼저 아래의 통계를 살펴보자.

　등광명鄧光銘선생의 ≪가헌사편년전주稼軒詞編年箋注≫[1]에 따르면 신기질의 사詞 작품은 모두 626수이다. 그중에서 도연명을 읊은 것, 언급한 것, 도연명의 시문을 명백히 인용한 것, 몰래 인용한 것을 합하면 모두 60수로 거의 10분의 1에 가깝다. 다시 말해서 매 10수 가운데에 1수는 도연명을 언급하였다.

　다시 신기질이 지은 사를 시기별로 살펴보면, 장강長江과 회수淮水, 양호兩湖시기의 작품은 모두 71수로 2수가 도연명을 언급하여 약 30분의 1을 차지한다. 대호帶湖시기의 작품은 모두 176수로 14수가 도연명을 언급하여 약 13분의 1을 차지한다. 칠민七閩시기의 작품은 32수로 3수가 도연명을 언급하여 약 3분의 1을 차지하고, 표천瓢泉시기의 작품은 173수로 32수가 도연명을 언급하여 약 5분의 1을 차지한다. 양절兩浙과 연산鉛山시기의 작품은 모두 21수로 1수만 도연명을 언급하여 약 20분의 1을 차지한다. 창작연대를 고증할 수 없는 작품과 증보增補한 작품은 모두 153수로 8수가

---

1 상해고적출판사, 1978년, 제1판. 위에서 인용한 신기질의 사는 모두 이에 근거하였다.

도연명을 언급하여 약 20분의 1을 차지한다. 이로 보건대 신기질이 도연명에게 흥미를 갖게 된 것은 대체로 대호와 칠민 및 표천시기이며, 바로 효종孝宗 순희淳熙 9년(1182) 43세부터 영종寧宗 가태嘉泰 2년(1202) 63세 사이이다. 이 20년 사이에 신기질은 민중閩中에서 2년간 제점형옥提點刑獄을 지낸 것을 제외하곤 18년간 줄곧 한거하였다. 그러나 칠민 시기의 사 3수 중에 1수는 민중에 부임하면서 지었고, 2수는 모두 은거하고 싶은 심정을 표현하였다. 신기질의 민중 부임은 원래 억지로 조정의 명령에 응한 것이어서 뭔가 성취할 수 있는 일이 없는지라 돌아가 은거하고 싶은 심정을 거듭해서 토로하였으며, 따라서 2년도 못되어 모함을 받아 파직되었다. 이렇게 볼 때, 신기질이 도연명에게 흥미를 보인 것은 한거하였던 시기이거나 혹은 비록 관리가 되었지만 은거 사상이 주도적인 지위를 차지했던 시기였다.

도연명의 작품과 행적 가운데 어느 부분을 신기질이 자주 인용하였는지 살펴보기로 한다. 사 1수 중의 인용이 1회에 그치지 않아서 총 횟수가 위에서 말한 60회를 초과한다.

직접 거명하여 평론을 가하거나 혹은 자신에 비유하거나 다른 사람을 비유한 경우	28회
〈귀거래혜사歸去來兮辭〉	18회
〈음주飮酒 5〉	11회
〈정운停雲〉	9회
〈오류선생전五柳先生傳〉	4회
〈지주止酒〉	4회
〈독산해경讀山海經〉	3회
〈책자責子〉	3회
〈구일한거九日閒居〉	2회
〈도화원기桃花源記〉	2회
〈귀원전거歸園田居〉	2회
〈유사천遊斜川〉	1회
〈진고정서대장군장사맹부군전晉故征西大將軍長史孟府君傳〉	1회

〈경술세구월중어서전화조도庚戌歲九月中於西田穫早稻〉	1회
〈여자엄등소與子儼等疏〉	1회
〈잡시雜詩〉	1회
줄 없는 거문고를 어루만지다撫無弦琴	1회
왕홍이 도연명을 만나다王弘見陶淵明	1회
도연명이 술을 마신 후에 내가 취해 잠들면 그대 알아서	
가시라 말하다陶淵明酒後云: 我醉欲眠, 卿可去.	1회
원법사가 연사를 결성하고 연명을 초청하다遠法師結蓮社招淵	1회
머리 위 갈건을 벗어 술을 거르세取頭上葛巾濾酒	1회
쌀 다섯 말 때문에 허리를 꺾지 않다不爲五斗米折腰	1회
총계	97회

위의 통계로 볼 때, 신기질의 사에서 도연명을 평론하거나 혹은 도연명의 행적과 시문을 차용한 빈도가 높고 범위 또한 넓어 신기질이 도연명을 특별히 좋아한 사실을 이미 충분히 반영하고 있음을 알 수 있다.

신기질 사의 이러한 표현수법은 매우 다양하다. 어떤 것은 도연명에 대한 평론이고, 어떤 것은 도연명을 빌려 자기를 가리키고, 어떤 것은 도연명을 빌려 친구를 가리키고, 어떤 것은 사 1수 전체가 도연명의 특정 작품을 은근히 포괄하고, 어떤 것은 도연명의 시문 구절을 명백히 인용하고, 어떤 것은 도연명의 전고를 몰래 운용하고, 어떤 것은 도연명의 의경意境을 차용하였다. 그중에서 가장 주목할 만한 작품으로 〈하신랑賀新郞〉("술잔을 들고 장정에서 이별의 말을 나누다把酒長亭說"), 〈성성만聲聲慢〉(도연명의 〈정운〉시를 참작하여 개사하다隱括淵明〈停雲〉詩), 〈하신랑〉(연산현 경내의 정원정자를 내가 모두 이 사조로 읊어보았다. 하루는 정운당에 앉았는데 물소리와 산색이 서로 경쟁이나 하듯이 나를 즐겁게 하였다. 정운당의 산수 역시 전례대로 읊어보자는 뜻에서 마침내 몇 자 지었으니 도연명의 〈정운〉시가 친우를 그리워하는 뜻과 거의 같다邑中園亭, 僕皆爲賦此詞. 一日, 獨坐停雲, 水聲山色競來相娛. 意溪山欲援例者, 遂作數語, 庶幾仿佛淵明思親友之意云), 〈하신랑〉("새는 날다 지치면 돌아온다네鳥倦飛還矣"), 〈초편哨遍〉("골짜기 하나를 나 혼자 차지하니一壑自專"), 〈하신랑〉(부암수의 유연각을 제목으로題傅岩叟悠然閣), 〈수조가두水調歌頭〉(부암수의 유연각을 읊다賦傅岩叟悠然閣), 〈신하엽新荷葉〉(다시 부암수의 유연각을 제목으로再題傅宕叟悠然閣), 〈수룡음水龍吟〉("노년에 도연명을 알게 되다老來曾識淵明"), 〈자고천鷓鴣天〉(도연명의 시를 읽고 손에서 놓지 못하여, 짧은 사를 장난삼아 지어 보내다讀淵明詩不能去手, 戲作小詞以送之) 등이 있다.

2

신기질이 도연명을 좋아한다는 사실은 이미 위에서 설명한 바와 같으며, 그렇다면 그들 사이에 어떤 공통점이 있는가?

신기질과 도연명의 첫 번째 공통점은 "회귀"이다. 〈귀거래혜사歸去來兮辭〉에서 도연명은 은거 사상을 충분히 표현한 배경에는 관료사회에 대한 염증과 시국에 대한 실망이 깔려있다. 도연명은 본래 뭔가 이루려고 한때 행동으로 모색도 하여 진과 송의 교체기에 정국이 가장 혼미했던 8년 동안 정치투쟁의 소용돌이에 뛰어든 적이 있었다. 그렇지만 일이 여의치 않음을 간파하자 과감하게 관직을 버리고 은거할 것을 결심하였다. 신기질의 사에서 〈귀거래혜사〉를 인용한 횟수가 가장 많은데, 그와 도연명과의 공통점이 이 점에서 가장 잘 드러난다. 신기질은 본래 강렬한 애국사상과 현실참여 의지를 지녔으며, 또한 천하를 정돈할 경륜을 겸비하였지만 남송의 실권자의 외면을 받았을 뿐만 아니라 주위의 견제로 능력을 발휘하지 못해 은거할 수밖에 없었다. 신기질은 은거하면서 옛 현인 중에서 같은 격조를 지닌 정신적 지주를 찾아야 했고, 이에 도연명을 찾아냈다. 예를 들어 〈수조가두水調歌頭〉(부암수의 유연각을 읊다)를 살펴보자.

해마다 노란 국화는歲歲有黃菊,
천년동안 동쪽 울타리에 늘 핀다네千載一東籬.

유연 이 두 자만 필요하여悠然正須二字,
언제나 한퇴지의 〈남산시〉를 보고 웃었지長笑退之詩.
예부터 남산은 있었거늘自古此山元有,
어찌 그때서야 보았는지何事當時才見,
이 뜻을 그 누가 알리此意有誰知.
그대 일어나 다시 술 따르세君起更酌酒,
내 취했어도 사양치 않으리라我醉不須辭.

고개 돌린 곳에回首處,
구름이 막 일고雲正出,
날다 지친 새 돌아오네鳥倦飛.
유연각에 다시 올라重來樓上,
그대와 시구를 읊조리자 굳게 약속했지一句端的與君期.
모든 창문에 〈歸去來兮辭〉를 써 붙이고都把軒窗寫遍,
다시 아이를 불러 외게 하리라更使兒童誦得, 歸去來兮辭.
독서만권도 때로 쓸모가 있으리니萬卷有時用,
지팡이 꽂고 잠시 밭을 갈 뿐이네植杖且耘耔.

　부암수는 〈귀거래혜사〉를 얼마나 좋아하였는지 창문에 두루 써 붙였고, 신기질 또한 〈귀거래혜사〉를 좋아함을 더욱 과장하였는데, 이는 바로 신기질의 은거 의지가 도연명과 서로 일치한다는 것을 나타낸다. 사 중의 "동쪽 울타리東籬", "물끄러미悠然", "구름이 일고雲出", "지친 새鳥倦", "지팡이 꽂고植杖", "밭을 갈 뿐이네耘耔" 역시 모두 도연명의 작품에서 나왔다. 또한 〈초편哨遍〉을 살펴보자.

골짜기 하나를 홀로 차지하니一壑自專,
오류선생은 웃네五柳笑人,
만년에야 전원에 돌아왔다고晩乃歸田里.
묻노니, 누가 알리問誰知:
길조의 조짐을幾者動之微.
아득히 먼 하늘가로望飛鴻,
날아가는 기러기 바라보네冥冥天際.

술의 묘미를 알아서論妙理,

탁주로도 넉넉히 늘 취하니濁醪正堪長醉,

이제부터 직접 술을 빚고 농사나 짓자구나從今自釀躬耕米.

아! 잘나고 못남이 같지 아니하며嗟美惡難齊,

찼다가 텅 비게 됨이 저와 같거늘盈虛如代,

천리를 사람이 알 필요가 있으랴天耶何必人知.

돌아보니 쉰아홉 해 인생이 헛되니試回頭五十九年非.

꿈속의 즐거움에서 깨어난 듯 슬퍼지네似夢裏歡娛覺來悲.

외발 짐승이 다리가 여럿 달린 노래기를 불쌍히 여겼고夔乃憐蚿,

곡도 양을 잃어버렸는데穀亦亡羊,

따져보면 뭐가 다르리오算來何異?

아! 만물은 빈궁함을 꺼려하나嘻! 物諱窮時,

살찐 여우와 화려한 표범은 가죽 때문에 화를 당한다네豊狐文豹罪因皮.

부귀는 내 바라는 바 아니니富貴非吾願,

무엇하러 허둥지둥 쫓아가리遑遑乎欲何之?

마침 세상 모든 소리 잠잠해지고正萬籟都沈,

달이 밝은 밤에月明中夜,

내 마음은 물처럼 맑게 만리에 가득 찼네心彌萬里淸如水.

꿈속에서 노닐다 깨어나卻自覺神遊,

돌아와 강산을 마주하니歸來坐對,

회하 언덕과 장강 물가가 아득하여라依稀淮岸江涘.

한때 물고기와 새 노니는 것 보고 빠져들어看一時魚鳥忘情喜,

나와 사물을 모두 잊었다네會我已忘機更忘己.

어찌 다시 사물과 나를 달리 보았겠는가又何曾物我相視.

호량에서 물고기의 즐거움을 모른다 했지만非魚濠梁遺意,

나는 그대가 아니라네.要是吾非子.

하백은 북해약에게 부끄러워 말지니但敎河伯休慚海若,

크고 작든 모두 물이라네大小均爲水耳.

세간의 희로애락이 또한 얼마나 많겠는가世間喜慍更何其.

영윤자문슈尹子文이 세 번 출사하고 세 번 사직한 것이 우습다네笑先生三仕三已.

위의 장편 사는 표면적으로 호방하고도 멋들어지나 내면 깊숙이 인생의 비애를 함축하고 있어, 마치 신기질 자기 일생의 처세철학을 모두 응집해놓은 듯하다. 이른바 "세 번 출사하고 세 번 사직한 것"이 "우습다"라고 하니 어찌 슬픈 일이 아니겠는가? 벼슬살이가 험난하다는 것을 도연명은 절실하게 체득하였고, 신기질 역시 절실하게 체득하였다. 이 사는 주로 ≪장자≫의 전고를 운용하였으며, 그중에 두 개의 도연명 전고를 삽입하였다. "오류"(〈오류선생전〉)로 자신을 비유하였고, "부귀는 내 바라는 바 아니니, 무엇하러 허둥지둥 쫓아가리?"(〈귀거래혜사〉), "어찌하여 허둥지둥 어디로 가려는가? 부귀는 내 바라는 바 아니요, 신선이 되길 바라지도 않는다네胡爲遑遑乎欲何之? 富貴非吾願, 帝鄕不可期")를 사 전편全篇의 중심축으로 삼았다. 신기질은 자신이 도연명과 같은 길을 걷는다고 여겼다.

"회귀"라는 공통점에서 산수와 전원 및 전원생활에 대한 애착과 읊조림을 이끌어냈다. 신기질은 대호와 표천을 좋아하고, 그가 엮은 초가와 초가 주변의 화조와 수목을 좋아하여 사에서 매번 읊조렸다. 이 작품들은 창칼을 든 채 철갑을 두른 말을 탄 기세가 흉포한 오랑캐를 압도하는 그런 류의 작품과 달리 청신함이 투영되어 신기질 사의 또 다른 면모를 구성한다.

두 번째 공통점은 술이다. 이전 사람들은 도연명 시는 매 편마다 술이 있다고 말하였으나 반드시 그런 것은 아니다. 다만 그가 애주가였던 것은 확실하며, 또한 술을 읊기를 좋아하여 〈음주〉, 〈술주〉, 〈지주〉 등의 시를 남겼다. 술을 취한 후의 진솔한 감정과 진솔한 말은 독자에게 진실한 도연명의 모습을 그려내어 준다. 신기질 역시 술을 좋아하여 사에서 술을 많이 묘사하였으며 술을 묘사할 때 또한 도연명의 전고를 많이 운용하였다.

예를 들어 "내가 술을 마시는데 다른 이와 무슨 상관이 있으랴, 참으로 마시지 않을 수 없어서라네, 또 누가 백의사자를 보내 술을 가져왔는가.酒亦關人何事, 政自不能不爾, 誰遣白衣來."(〈수조가두水調歌頭〉),

"애주가 도연명은, 술이 없으면 어쩔 줄 몰랐네.愛酒陶元亮, 無酒正徘徊."(〈수

조가두〉),

　"동쪽 울타리에 국화를 많이 심고, 도연명을 배우려 하였으나, 주흥과 시정은 달랐다네.東籬多種菊, 待學淵明, 酒興詩情不相似."(〈선가洞仙歌〉),

　"취해서 돌아오니, 소나무와 국화가 있는 도연명 집이로다.醉裏卻歸來, 松菊陶潛宅."(〈생사자生査子〉),

　"오늘밤도 여전히 술 취해 걷는다네. 서리 맞은 국화를 찾으려, 길가에서 도연명을 기다리네.今宵依舊醉中行. 試尋殘菊處, 中路候淵明."(〈강선臨江仙〉),

　"술병과 술잔을 들고 자작하니, 어느 때나 부귀해질려나.引壺觴自酌, 須富貴何時."(〈임강선〉),

　"나는 자려니 그대는 알아서 돌아가게, 유마힐維摩詰방장은, 선녀가 꽃을 흩뿌릴 때를 기다릴 터니.我眠君且歸休, 維摩方丈, 待天女散花時問."(〈축영대근祝英臺近〉),

　"수많은 공문을 이렇게 내던지고, 또한 술이나 마시려네.萬札千書隻恁休, 且進杯中物."(〈복산자卜算子〉),

　"인생 여든이면 열반에 드나니, 또한 술이나 마시려네.八十餘年入涅槃, 且進杯中物."(〈복산자〉),

　"천년 세월도 한 순간이니, 또한 술이나 마시려네.千古光陰一霎時, 且進杯中物."(〈복산자〉),

　"도연명이 술 끊은 것 알았어도, 백련白蓮결사 사람더러 술 받아오라 하리라.知翁止酒, 待重敎, 蓮社人沽."(〈한궁춘漢宮春〉),

　"봄에 담은 탁주단지 홀로 어루만지니, 가슴 가득 차오르는 이별의 한, 동쪽 창가에서 하릴없이 술을 마신다네.春醪湛湛獨撫, 恨彌襟, 閑飮東窗."(〈성성만聲聲慢〉),

　"한 잔 술에 선현을 떠올리니, 제법 도연명의 전원정취가 있도다.一尊遐想, 剩有淵明趣."(〈맥산계驀山溪〉),

　"술 한 잔 들고 동쪽 창가에서 시를 읊는다네. 생각건대 도연명이 〈정운〉 시를 지을 때도, 지금 이 기분이었으리.一尊搔首東窗裏. 想淵明, 停雲詩就, 此時風

味."(〈하신랑賀新郎〉),

"갈건을 창랑수에 씻었어도, 아침에 술 걸렀으니 어찌 그대로 쓸 수 있으랴.葛巾自向滄浪濯, 朝來濾酒那堪著."(〈보살만菩薩蠻〉),

"풍류가 여전하여, 술잔을 앞에 두고 국화를 따면서 시를 짓는다네.風流劌地, 向尊前·采菊題詩."(〈신하엽新荷葉〉),

"설령 술이 떨어져, 구슬피 바라볼지라도, 동쪽 울타리에서 머리만 긁적여도 이 또한 풍류일세.縱無酒, 成悵望, 只東籬搔首亦風流."(〈목란화木蘭花慢〉),

"묻노니, 북창에 편히 누워, 동쪽 울타리에서 절로 취하니, 응당 특별히, 전원으로 돌아온 뜻 있으리라.問北窗高臥, 東籬自醉, 應別有, 歸來意."(〈수룡음水龍吟〉),

"맑은 술 기울인 채, 동쪽 울타리에 서성이며, 오로지 도연명과 마음으로 만날 뿐이라네.傾白酒, 繞東籬, 只與陶令有心期."(〈자고천鷓鴣天〉),

"만년에 몸소 밭 가나 가난을 원망 않고, 닭과 한 말 술로 이웃과 어울리네.晚歲躬耕不怨貧, 只雞斗酒聚比鄰."(〈자고천鷓鴣天〉) 등이 있다.

이러한 사구詞句들은 신기질이 어떻게 술로써 도연명과 인연을 맺었는지 설명하는 유력한 예증이다. 더욱이 주의할 점은 도연명의 〈지주止酒〉와 관련이 있는 〈심원춘沁園春〉(장차 술을 끊으려고 술잔이 근처에 있지 않도록 경계하다)과 〈심원춘〉(성내의 여러 인사가 술을 싣고 입산하여 내가 술 끊기를 포기할 수밖에 없어 마침내 파계하여 한번 취한 것을 다시 운을 달다)이다. 후자는 본문에서 "취해서 졸던 도연명은, 평생토록 즐거웠지. 홀로 깨어있던 굴원은, 강물에 몸을 던진 화를 못 면했다네.記醉眠陶令, 終至全樂. 獨醒屈子, 未免沉災."라고 읊조렸다. 이처럼 침통한 말 속에는 세상에 대해 분노하는 심정을 포함하고 있어 도연명 시와 상통한다.

신기질과 도연명의 세 번째 공통점은 우정에 대한 중시이다. 도연명의 〈정운〉 시는 여러 차례에 걸쳐 신기질의 시정을 여러 차례 촉발시켜 벗을 그리워하거나 벗에게 증송하는 가작을 한 수 한 수 써내도록 하였다. 신기질의 〈성성만〉은 도연명의 〈정운〉 시를 은근히 포괄하여 완성시켰다.

먹장구름 마구 몰려드니停雲靉靆,
세상이 온통 어둑한데八表同昏,
종일토록 봄비가 보슬보슬 내리네盡日時雨濛濛.
머리를 긁적이며 친구 기다리나搔首良朋,
문 앞 평지는 강으로 변해 오기 어려우리門前平陸成江.
봄에 담은 탁주단지 홀로 어루만지니春醪湛湛獨撫,
가슴 가득 차오르는 이별의 한恨彌襟,
동쪽 창가에서 한가히 술을 마신다네閑飮東窗.
하릴없이 기다리나空延佇,
남북쪽 뱃길 모두 가로막혔으니恨舟車南北,
어디로 가야할는지欲往何從.
동원의 아리따운 나뭇가지들歎息東園佳樹,
봄바람에 앞 다퉈列初榮枝葉,
차례차례 가지마다 움을 틔웠네再競春風.
세월 가는데日月于征,
언제 한 자리에 모여 지난날을 이야기할까安得促席從容.
어디선가 훨훨 날아든 새翩翩何處飛鳥,
뜰 안 나뭇가지에 깃들어 정답게 화답하네息庭柯, 好語和同.
묻노니當年事, 問幾人,
옛 친구들 중에 몇이나 도연명과 같을까親友似翁.

　　도연명은 우인들과 왕래가 결코 많지 않았지만 우정이 돈독한 사람이었다. 〈정운〉, 〈답방참군答龐參軍〉, 〈화곽주부和郭主簿〉 등 그의 시를 읽어보면, 그가 의기투합하는 친구에게 얼마나 우정이 깊은지 알 수 있다. 신기질은 도연명에 비해 교우관계가 광범위하지만, 그의 작품을 살펴보면 그의 교제에는 원칙이 있었다. 진량陳亮, 부암수傅巖叟, 조무가趙茂嘉와 같이 의기투합하는 친구에게는 똑같이 갈수록 깊은 우정이 과시하였다. 무릇 진솔한 성정을 지닌 사람 모두 우정을 중시하는데, 이 점 또한 도연명과 신기질 두 사람이 갖는 공통점이다.
　　신기질의 명작 〈하신랑〉(진동보陳同父가 동양東陽으로부터 나에게 들러 열흘간 머물렀기에 그와 함께 아호鵝湖를 유람하였다. 또한 자계紫溪에서

주희를 만나기로 하였으나 오지 않아서 미련 없이 동쪽으로 돌아갔다. 그
와 작별한 다음날 내 마음이 몹시 섭섭하여 다시 그를 쫓아가 노자림鷺鷀林
에 도착해보니 눈이 많이 쌓이고 길이 미끄러워 전진할 수 없었다. 홀로
방촌方村에서 술을 마셨으나 상실감이 오래가니 그를 만류하지 못한 것을
한스러웠다. 한밤중에 천호 오씨집의 사망루四望樓에 투숙했는데 인근에서
들려오는 피리소리가 심히 구슬퍼서 〈유연비乳燕飛〉를 지어 내 마음을 표
현했다. 5일이 지나자 동보가 편지를 보내와 사를 지어달라고 청하였다.
서로의 마음이 이처럼 통하니 천리 밖에서 미소를 발한다)을 살펴보자.

술잔을 들고 그대와 장정에서 작별하며 말했지把酒長亭說.
안빈낙도하는 그대의 품격은 도연명을 닮았으며看淵明,
걸출한 풍류는 와룡 제갈공명과 흡사하다고風流酷似, 臥龍諸葛.
숲속의 까치 어디서 날아왔는지何處飛來林間鵲,
솔가지 위의 잔설을 밟아蹙踏松梢殘雪.
내 헤진 모자 밑 백발을 더해주네要破帽, 多添華髮.
초목이 마르고 산수는 쇠잔해 살풍경하였건만剩水殘山無態度,
드문드문 핀 매화가 경치를 돋보이게 하였지被疏梅,
창공을 나는 두세 마리 큰기러기料理成風月. 兩三雁,
또한 유달리 처량하게 보이누나也蕭瑟.

그대 약속을 중히 여겨 왔다가 또 쉽게도 떠났는데佳人重約還輕別,
추운 날씨에 깊은 강물이 꽁꽁 얼어붙어悵淸江, 天寒不渡, 水深冰合.
건너가지 못하니 한스럽도다
길도 끊기고 수레바퀴는 네모꼴이 되었으니路斷車輪生四角,
이곳은 작별하는 나그네의 간장을 녹이구나此地行人銷骨.
묻노니, 누가 날 이처럼 시름겹게 하는가問誰使, 君來愁絶
그대를 보낸 것 후회막급이니鑄就而今相思錯,
애당초 세상 쇠붙이를 다 써서라도 잡아야 했었네料當初, 費盡人間鐵.
긴긴 밤 친구를 떠올리는 피리소리로長夜笛,
내 마음 찢어지게 하지 말지니莫吹裂.

이 사의 서문 중에 신기질이 얼마나 우정에 충실한지 나타나 있으며, 사의 매 구마다 모두 폐부에서 우러나와 감정이 깊고도 또한 순수하다. 도연명의 시와 서로 비교할 때 풍격이 유사하건 유사하지 않던 간에 두 사람의 정신은 당연히 상통한다고 말할 수 있다.

이밖에 아래의 사실을 강조하고 싶다. 도연명은 신기질의 사 중에서 이미 형상화되었으며, 일종의 상징이나 부호처럼 되어 세속에서 떨어져 나와 대범하고도 풍류가 넘치며 진솔하고도 자유자재한 인생태도를 대표할 뿐만 아니라, 또한 신기질 자신의 한 부분을 대표한다.

신기질이 "도연명을 배우련다."라고 말한 것이 한 번에 그치지 않는다. 〈동선가洞仙歌·개남계초성부開南溪初成賦〉에서는 "동쪽 울타리에 국화를 많이 심고, 도연명을 배우려 하였으나, 주흥과 시정은 달랐다네"라고 하였고, 〈동선가洞仙歌·기사촌에서 시냇물을 찾다가 주씨천을 발견하고 짓다 訪泉於奇師村, 得周氏泉, 爲賦〉에서는 "도연명을 배우려고, 손수 문 앞에 버드나무 다섯 그루를 심었다.待學淵明, 更手種門前五柳"라고 하였다. 그가 의도적으로 도연명을 자신의 귀감으로 삼았음을 엿볼 수 있다.

그가 〈염노교念奴嬌·중구석상重九席上〉에서 "동쪽 울타리에서 국화를 따는, 고상한 풍모는 천년 동안, 팽택령을 지낸 도연명뿐임을 알아야하리. 須信采菊東籬, 高情千載, 只有陶彭澤"라고 하였다. 이는 도연명에 대한 얼마나 높은 평가인가!

그는 때로는 도연명과 제갈량을 서로 비교하였고, 때로는 도연명과 사안謝安을 서로 비교하였다. 제갈량과 사안 모두 먼저 은거하고 나중에 벼슬길에 나아갔고, 도연명은 은거한 이후에 벼슬길에 나아가고 벼슬길에 나아갔다가 끝내 은거하였다. 신기질은 도연명이 제갈량과 같은 풍류를 구비하였을 뿐만 아니라, 심지어 제갈량의 풍류를 뛰어넘었다고 여겼다. 그는 "(도연명) 만년의 호가 무량無亮이었건만 제갈량 같은 관운이 없이 평생 처량하여, 오로지 국화만 딸 뿐이었다네.歲晚凄其無諸葛, 惟有黃花入手" [2] "술잔을 들고 그대와 장정에서 작별하며 말했지. 안빈낙도하는 그대의 품격은 도연명을 닮았으며, 걸출한 풍류는 와룡 제갈공명과 흡사하다"[3]라고 하였다. 또한 "왕년에 논했었지, 도연명이 제갈량보다 나은 듯하다고.往日曾論, 淵明似勝 臥龍些"[4]라고 하였다. 신기질의 사 중에 도연명과 사안을 서로 비교한 사가 2수 있다. 〈수룡음水龍吟〉을 살펴보자.

늘그막에야 도연명을 알게 되었으니老來曾識淵明,
꿈에서 만난 이가 도연명인 듯夢中一見參差是.
꿈에서 깨어나니 유감이라覺來幽恨,
술잔 멈춰 마시지 않고停觴不禦,
노래하려다 그만 둔다欲歌還止!
백발이 서풍에 흩날리는 나이에白髮西風,
다섯 말 쌀 때문에 허리 굽히는 짓을折腰五斗,
차마 못했으리라不應堪此.
묻노니, 북창에 편히 누워問北窗高臥,
동쪽 울타리에서 절로 취하니東籬自醉,
응당 별도로應別有,
전원으로 돌아온 뜻 있으리라歸來意.

이 노인네 아직 죽지 않았음을 알겠으니須信此翁未死,
지금도 그 늠름한 기상 살아있는 듯하네到如今凜然生氣.
우리네 마음속 일吾儕心事,
서로 알아주는 벗은古今長在,
고금을 통해 늘 존재한다네高山流水.
훗날 고관대작을官貴他年,
면할 길이 없더라도直饒未免,
응당 별 재미가 없으리라也應無味.
사안謝安은 왜 다시 나왔는가甚東山何事,
당시 사람들도 말했지當時也道,

---

2 《하신랑賀新郞·제부암수유연각題傅岩叟悠然閣》.
3 《하신랑·파주장정설把酒長亭說》.
4 〈옥호접玉蝴蝶〉(두숙고가 술을 끊으라는 편지를 보내오다. 운을 사용하다叔高書 來戒酒, 用韻).

백성을 위해 나오라고爲蒼生起.

이 사는 도연명을 끌어와 지기로 삼으면서 지금도 생기발랄하게 살아있으며 자신도 그와 동일한 흥취를 갖고 있다고 말한다. 부귀출세는 설사 어쩔 수 없이 그렇게 되더라도 또한 별 의미가 없는 것이었다. 사안은 동산에서 마음 편히 지내는 것이 훨씬 더 좋았을 텐데 왜 출사하려 하였는가? 사의 어투를 자세히 살펴보면 사안을 완곡하게 비판하는 듯하며, 사안과 같은 풍류인사도 부귀에 대한 미련을 죄다 떨쳐버리지 못한 것을 의미한다. 만약 이 사의 의미가 아직도 명확하지 않다고 느낀다면 그의 또 다른 사〈자고천鷓鴣天〉(도연명 시를 읽고 손에서 놓지 못하여 짧은 사를 장난삼아 지어 보내다.讀淵明詩不能去手, 戲作小詞以送之)을 살펴보기 바란다.

만년에 몸소 밭 갈며 가난을 원망 않으면서晩歲躬耕不怨貧,
닭 한 마리와 한 말 술로 이웃과 어울렸네只雞斗酒聚比鄰.
진과 송 교체기의 혼란을 마음에 두지 않고都無晉宋之間事,
복희씨의 상고시대 사람이라 자칭하였다네自是羲皇以上人.

천년 세월이 흐른 후千載後,
시 백편이 전해오니百篇存,
한 글자도 맑고 순수하지 않는 것이 없도다更無一字不淸眞.
왕도王導와 사안謝安의 자제라 할지라도若敎王謝諸郞在,
채상 거리의 티끌에도 못 미치리라未抵柴桑陌上塵.

신기질은 "청진淸眞" 두 글자로 도연명의 작품을 개괄하였는데 탁월한 견해라고 하겠다. 이른바 "청진"은 작품들의 순수함과 진솔함을 강조한 것으로서, 이러한 풍류야말로 진정한 풍류라고 할 수 있다. "왕사제랑"은 왕도와 사안의 자제들을 가리키며, 신기질은 그들이 도연명이 거처하였던 채상 길거리의 티끌만도 못하다고 말하였다! 신기질이 사안이 어떻다고 명확히 말하지 않았지만, "왕사제랑"과 도연명의 차이로 보건대 신기질의 마음

속에 자리잡은 위상이 어느 정도인지 가히 짐작이 간다.

출사와 은거는 줄곧 중국의 사대부 심중을 맴도는 근본적인 문제 중 하나이다. 출사할 것인가, 아니면 은거할 것인가? 이는 수많은 선비가 당면한 모순으로, 바로 이로 말미암아 여러 가지 감정의 파란을 유발하여 한 편 한 편의 작품을 창작하게 만든다. 중국의 사림문학士林文學은 주로 이 문제를 중심으로 전개되었다고 말할 수 있으며, 이 또한 아마도 중국문학이 여타 국가의 문학과 구분되는 특징 중의 하나일 것이다. 두 사람의 경력이 비록 완전히 일치하지 않지만 이러한 점은 도연명과 신기질의 행적에서 매우 명확하게 드러난다. 도연명과 신기질의 비교는 제목 자체의 의미를 훨씬 뛰어넘는데 그 이유가 바로 여기에 있다.

3

만약 우리가 신기질의 인문적인 배경을 잠시 고찰해 본다면 신기질의 도연명에 대한 호감과 숭배는 하나의 개별 현상이 아닌 것을 발견할 수 있는데, 이는 송대 사대부들의 보편적인 풍조였다.

먼저 언급해야 할 것은 송대에 도연명집의 필사본과 인각본이 널리 유행하였다는 사실이다. 이미 알고 있는 북송시대 판본으로는 황문원가본晃文元家本, 송고본宋庫本, 사열본思悅本, 동림사본東林寺本, 진술고본陳述古本, 장상국본張相國本, 선화왕씨간본宣和王氏刊本 등이 있으며, 남송시대 판본으로는 소흥본紹興本, 강주본江州本, 증집본曾集本, 초횡장본焦竑藏本, 촉본蜀本, 급고각장십권본汲古閣藏十卷本, 한자창본韓子蒼本, 비원보주본費元甫注本, 탕한주본湯漢注本 등이 있다.[5] 현재 알려진 가장 오래된 도연명집 간행본은 북송본이며, 가장 오래된 주석본은 남송본이다. 도연명의 연보와 초상화 역시 송대부터 나오기 시작하였다.[6]

---

5 곽소우郭紹虞, 〈도집고변陶集考辨〉, 《연경학보燕京學報》, 제20기.
6 현존하는 가장 오래된 도연명연보는 남송 왕질王質의 《속리보栗里譜》이다. 송대 인물

송대에 도연명집이 계속 편집되어 간행되었다는 것은 도연명이 널리 사랑 받았다는 사실을 증명한다. 그리고 도연명집의 편집과 간행은 또한 거꾸로 도연명에 대한 사람들의 사랑을 촉진시켰다. 우리가 알고 있는 자료로부터 송대의 문인들이 도연명을 이야기하는 풍조가 성행하한 사실은 별로 어렵지 않게 찾아볼 수 있다. 위로는 송상宋庠, 왕안석王安石, 구양수歐陽修, 왕십붕王十朋, 양만리楊萬里, 문천상文天祥과 같은 재상과 대신으로부터 아래로는 임보林逋, 사열思悅과 같이 은거한 선비나 승려에 이르기까지 모두 도연명에 대해 평론하지 않은 사람이 없었다. ≪도연명연구자료휘편陶淵明彙編≫만해도 송대에 85명이 기록되어 청대와 더불어 전全시대를 통틀어 가장 많은 수를 차지한다.

다음으로, 신기질은 일찍이 강서江西에서 벼슬을 하다가 은거한 것이 전후로 10년 남짓이었다. 그가 있었던 강서 상요上饒의 대호帶湖와 연산鉛山의 표천瓢泉에는 모두 전원이 있었다. 여기에서 도연명의 고향인 강서의 구강九江까지 멀지 않았으며, 지리적인 근접성으로 인해 신기질은 언제나 도연명의 기운을 느낄 수 있었다. 또한 남송과 동진 이 두 왕조가 처한 환경이 서로 유사한 것도 신기질로 하여금 매우 자연스럽게 도연명과 동질감을 갖도록 만들었다.

이제 신기질과 관련된 몇 사람에 대한 고찰을 통하여 신기질이 도연명을 사랑하고 추종한 인문적인 배경을 보다 심도 있게 설명하고자 한다.

소식蘇軾은 도연명의 지음이자 숭배자였다. 그는 도연명의 시에 화답한 109수와 〈화귀거래혜사和歸去來兮辭〉 1편을 지었으며, 그 가운데 대부분은 남해海南에서 유배할 때 지었다. 그는 "나는 시인 중에 극심히 좋아하는 사람은 없으나 유독 도연명의 시를 좋아한다. 도연명은 시를 많이 짓지 않았으나 그의 시는 질박하면서도 실은 화려하고 파리하면서도 실은 풍만

사과謝薖의 〈도연명사진도陶淵明寫眞圖〉시와 왕십붕王十朋의 〈관도연명화상觀陶淵明畫象〉시가 있어 송대에 이미 도연명의 초상화가 존재하였음을 알 수 있다.

해서, 조식曹植, 유곤劉琨, 포조鮑照, 사령운謝靈運, 이백李白, 두보杜甫 등도 모두 그에게 미치지 못한다. 내가 그의 시에 화답한 것이 109수가 되는데 그 가운데 마음에 드는 작품은 도연명에 견주어도 그다지 부끄럽지 않다고 자칭한다"[7]라고 하였다. 그가 강주의 동림사에서 ≪도연명시집≫을 얻었을 때 매우 기뻐서, "마음이 편안하지 못할 때 마다 바로 가져다가 읽었는데 한 편을 초과하지 않았다. 그것은 다 읽어버리면 나중에 마음을 달랠 수 없기 때문이다."[8]라고 하였다.

육유陸游 역시 도연명 애호가로, ≪발연명집跋淵明集≫에서 그는 "내 나이 열서너 살 때 부친을 모시고 성 남쪽에 잠시 은거하였는데, 우연히 등나무 평상 위에 있던 도연명 시집을 발견하고 가져다 읽어보니 기분 좋게도 마음에 들었다. 해가 저물어 집안사람들이 저녁을 들라고 불렀으나 한창 시 읽기에 빠져서 한밤중에 이르도록 끝내 먹지 못했다"[9]고 하였다. 그의 〈독도시讀陶詩〉에서는 "천 년간 이 같은 이가 없었으니, 내가 누구와 함께 자연으로 돌아갈까.千載無斯人, 吾將誰與歸."[10]라고 하였고, 〈자면自勉〉에서는 "시를 배우려면 응당 도연명의 시를 배우고, 서법을 배우려면 안진경顔眞卿의 서법을 배워야 마땅하다네.學詩當學陶, 學書當學顔."[11]라고 하였다.

송의 사상가 주희는 이보다 더한 도연명의 지음知音이다. 그는 "기질만 지니고 본성을 저버리는 사람이 대부분 은자가 되는데, 도연명은 포부를 펼치려고 하였으나 그러지 못한 인물이다."라고 하였다. 그는 도연명과 장량張良을 나란히 거론하며 그들의 높은 절개를 칭송하였다. 또한 "진대와 송대 사이의 인물들을 말할 때 비록 청고淸高한 기풍을 숭상하였다고 일컫지만, 예외 없이 모두가 벼슬을 추구하여 한편으로는 청담을 말하면서 다른

---

7 〈여자유6수與子由六首〉 제5, ≪소식문집蘇軾文集 · 일무휘편佚文彙編 4권 · 척독尺牘≫, 공범례교점본, 중화서국, 1986년, 2515쪽.
8 〈동파제발東坡題跋〉, ≪진체비서津逮秘書≫ 본권 1.
9 ≪위남문집渭南文集≫ 28권, 중화서국 점교본 ≪육유집陸遊集≫ 제5책, 2252쪽.
10 ≪검남시고劍南詩稿≫ 27권, 위의 책, 제2책, 742쪽.
11 ≪검남시고劍南詩稿≫ 70권, 위의 책, 제4책, 1653쪽.

한편으로는 권세를 쫓으며 뇌물을 받았다. 도연명은 정말 그러지 않을 수 있었으니 이것이 바로 그가 진·송대 인물들보다 빼어난 뛰어난 부분이다"라고 하였다. 도연명 시의 풍격에 대해서 주희는 "도연명의 시는 평담平淡하며, 자연에서 나왔다", "도연명의 시를 평담하다고 모두 말하나, 내가 보기로는 그의 호방함에서 나왔다. 다만 호방함을 깨닫지 못할 뿐이다"[12]라고 하였다. 이 모두가 매우 치밀한 평론으로 만약 도연명의 인격과 시의 작품성을 깊이 이해하지 못했다면 말할 수 없는 것이다.

사의 창작에 있어서 신기질은 소식을 계승하여 호방한 풍격을 발전시켰다. 이는 학술계가 공인하는 결론이다. 신기질의 창작은 소식의 영향을 받았으므로 소식은 신기질의 인문적 배경을 구성하는 중요한 부분이라고 할 수 있다. 소식의 계승자로서 신기질의 도연명에 대한 관심은 소식의 도연명에 대한 애정에서 왔다고도 해석할 수 있다.

육유陸遊는 신기질보다 15세 많으며, 모두 남송 초기의 애국지사이다. 신기질과 육유가 직접 교유하였다는 방증자료로 아래와 같은 몇 개의 단서가 있다. ≪검남시고劍南詩稿≫ 61권 〈초당草堂〉에 스스로 주를 달기를, "신기질이 매번 집을 지어주려고 했으나 내가 사양하여 마침내 그만두었다"라고 하였는데, 이는 가태嘉泰 3년(1203)에 신기질이 지소흥부知紹興府 겸 절강동로안무사浙江東路安撫使에 기용되었을 때의 일이다. 같은 해 12월말, 신기질은 행재소行在所로 소환되어 소흥을 떠나게 되자 육유가 〈송신유안전찬조조送辛幼安殿撰造朝〉를 지었으며, ≪검남시고≫ 57권에 실려 있다. 신기질 사후에 육유가 다시 〈기조창보寄趙昌甫〉 시에서 신기질을 애도하였으며, ≪검남시고≫ 80권에 실려 있다.[13]

이상의 정황으로 보건대, 신기질이 육유와 왕래한 기간은 비록 길지는 않았지만 자신보다 연장자인 노시인을 매우 존경하였다. 도연명을 좋아했던 육유는, 그의 인품과 작품이 아마 신기질에게 일찍부터 영향을 끼쳤으

---

12 ≪도연명연구자료휘편≫, 중화서국, 1962년, 제1판, 74~75쪽 전재.
13 우북산于北山, ≪육유연보陸遊年譜≫, 상해고적출판사, 1985년, 제1판 참고.

며, 아울러 신기질의 인문적 배경이 되었을 것이다. 애국지사였던 육유의 도연명에 대한 이와 같은 추종과 마찬가지로 애국지사였던 신기질의 도연 명에 대한 사랑은 이상할 것도 없다.

저명한 사상가 주희는 신기질보다 열 살이 많았으나 그들 사이의 왕래는 더욱 잦았다. 예를 들자면, 신기질이 강서안무사江西安撫使로 있었을 때 주 희는 지남강군知南康軍으로 임직하면서 두 사람이 쌀을 구입하고 우피를 판매하는 일로 교제하였다. 진량陳亮은 ≪용천집龍川集≫ 21권 〈여신유 안전찬서與辛幼安殿撰書〉에서 "당초 신기질이 지은 집이 심히 웅장하고 화 려하다고 들었는데, 〈상량문上樑文〉을 전달받아보니 상상이 갔다. 주희를 만나보니 몰래 들어가 보았는데 일찍이 듣도 보도 못했던 규모라고 말해 주었다"라고 하였다.

순희淳熙 9년(1182)에 신기질은 탄핵되어 강서안무사에서 물러나서 상 요上饒로 돌아오는 길에 탕방언湯邦彦, 한원길韓元吉, 주희와 함께 상요 성 밖의 남간南澗을 유람하면서 매우 즐겁게 담소를 나눴으며, 아울러 바위에 글자를 새기었다.

순희 13년(1186)에 신기질은 〈하신랑賀新郎〉에 스스로 주를 달기를, "진 동보가 동양東陽에서 나에게 들러 열흘간 머물렀다. 함께 아호鵝湖을 유람 하면서 주희와 자계紫溪에서 만날 예정이었으나 오지 않자 미련 없이 동쪽 으로 돌아갔다."라고 하였다.

소희紹熙 3년(1192)에 신기질이 복건의 제점형옥사提點刑獄使로 부임하 면서 직전에 주희에게 서찰을 보냈고 주희가 답신하였다. 도중에 숭안崇安 을 경유하면서 주희를 방문하여 함께 무이산武夷山을 유람하였는데, (주희 가) 〈구곡도가九曲棹歌〉 10수를 지었다.

경원慶元 4년(1198)에 신기질은 연산鉛山에 거처하다가 집영전수찬集英 殿修撰으로 복직되어 무이산武夷山의 충우관沖佑觀을 관장하였으며, 주희가 당시 산중에 거처하고 있어서 꽤 자주 왕래하였다. 다음해에 주희는 "극기 복례克己復禮, 숙흥야침夙興夜寐"구절을 기념으로 신기질의 두 군데 재실齋

室에 써주었다.

경원 6년(1200)에 주희가 세상을 떠나고 위학僞學 금지가 한창일 때(역자주: 송대 영종寧宗 경원慶元연간에 외척 한탁주韓侂冑가 주희, 팽귀년彭龜年 등 정적을 제거하기 위해 1195년부터 6년간 도학道學을 위학僞學이라 배척하여 과거에서 도학가의 등용을 배척하고 나아가 이학가의 어록류 서적을 포함하여 육경과 사서를 금서로 규정하여 탄압하였는데 역사에서는 이를 "경원당금慶元黨禁"이라고 칭한다) 신기질은 홀로 글을 지어 애도하기를, "불후의 인물로, 만대에 이름을 드리울 것이니, 누가 공이 죽었다고 했던가, 늠름하게 살아있는 듯한데.所不朽者, 垂萬世名, 孰謂公死, 凜凜猶生."[14]라고 하였다.

상술한 각각의 자료는 신기질과 주희 두 사람간의 친밀한 교유관계를 설명하며, 동시대를 산 걸출한 두 인물로서 도연명을 열심히 추종한 주희 역시 신기질의 인문적 배경을 구성하는 한 부분이 된다.

종합하건대, 송대의 시대환경이란 관점 혹은 신기질과 관련된 인물이란 관점을 막론하고 신기질이 도연명을 좋아하였으며, 아울러 작품 중에서 여러 차례 도연명의 시문을 인용한 사실은 모두 설명이 필요 없다고 하겠다.

4

신기질 사의 호방함에 대해서는 여기에서 부가설명하지 않겠다. 신기질과 도연명의 관계를 고찰함으로써 우리는 새로운 인식을 얻게 되는데, 바로 신기질과 그의 사는 실제적으로 두 종류의 완전히 다른 호방함을 표현한다는 사실이다. 하나는 전사의 호방함이고 다른 하나는 은자의 호방함이다. 학술계가 기존에 논급한 것은 전사의 호방함, 말하자면 변방의 전장을 누비던 애국지사의 호방함이었고, 반면에 은사의 호방함에 대해서는 아직 주목하지 않는 듯하다. 사실 이는 매우 중요한 부분이며, 이 부분을 홀시하고선

---

14 정건鄭騫, ≪신가헌선생연보辛稼軒先生年譜≫, 協和印書局, 1983년, 참고.

신기질의 전체 면모와 신기질 사의 호방함의 전체 내용을 이해하기 곤란하다. 신기질이란 인물은 전사와 은자의 합일체이며, 신기질 사의 호방함은 전사의 호방함과 은자의 호방함이 합일된 것이다.

은자에게도 이른바 호방함이 있는가? 역시 있다. 은자 중에는 열광적이거나 고지식한 인물狂狷이 많은데, 열광적이거나 고지식한 인물이란 바로 중용에서 벗어난 사람이다. 공자는 "중용을 행하는 사람을 만나 함께할 수 없다면, 기필코 광자와 견자와 함께 하겠다"[15]고 하였다. 초나라 광인 접여接輿, 하조장인荷蓧丈人, 장저長沮, 걸닉桀溺과 같은 은자들은 모두 호방한 일면이 있었다.

신기질이 좋아한 도연명도 호방한 일면이 있었다. 주희의 설명에 의하면, 그의 평담한 겉모습 속에 호방함이 숨겨져 있다면서 "도연명의 시를 사람들은 모두 평담하다고 말하나, 내가 보기에는 도연명 스스로 호방함을 지녔지만 너무 호방해서 미처 깨닫지 못했을 따름이다. 그의 본모습을 드러낸 시가 〈영형가詠荊軻〉인데, 평담한 사람이라면 어떻게 이러한 시어를 내뱉을 수 있었겠는가!"[16]라고 하였다. 청대의 공자진龔自珍도 "도연명은 제갈공명의 호방함과 흡사하다"[17]라고 하였으며, 모두 명철한 견해이다.

다시 더욱 심도 있게 고찰해보면, 도연명과 신기질 그들의 은자로서의 호방함은 사상적인 근원이 동일한데, 바로 부귀공명의 굴레에서 벗어나 자연스런 자아로의 회귀이다. 부귀공명은 인생의 굴레로, 부귀공명에 급급하거나 전전긍긍한다면 자신에게 층층이 굴레를 씌우는 것과 다를 바 없어, 마침내 본래의 자아를 잃게 된다.

도연명이 평생 추구한 것은 오로지 "자연" 두 글자였다. 말하자면, 자신의 본성을 유지하고 마음을 대자연에 맡겨 이러한 세속의 더러움을 전부

---

15 《논어論語 · 자로편子路篇》.
16 《도연명연구자료휘편》, 중화서국, 1962년, 제1판, 74~75쪽 전재.
17 《기해잡시己亥雜詩》, 《공자진전집龔自珍全集》 제10집, 상해인민출판사, 1975년, 제1판, 521쪽. 말의 뜻은 신기질에서 비롯되었다.

털어버리고 자연으로부터 자유를 얻었다. 따라서 그가 갈건으로 술을 거를 수 있었고 현이 없는 거문고를 타는 행동이 있을 수 있었다. 그는 "내가 취해 자려고 하니 그대는 가시게나"라고 말하면서 다소 평담한듯하나 실제로는 호방한 시문을 써내었다.

신기질이 공명을 추구하는 마음은 도연명보다 강렬하였으며, 또한 확실히 혁혁한 업적을 세웠다. 남송 초기의 정국과 신기질의 처지는 그로 하여금 공명을 포기하기 어렵게 만들었다. 그러나 그는 공명이 어떻게 자연을 방해하는지 냉철하게 알고 있어, 가능한 한 자연과 가까운 범위 안에 있으려고 했다. 신기질 사의 호방함은 그의 강렬한 염원과 이러한 염원이 국부적으로 실현되었을 때의 쾌감과 밀접한 관계가 있다. 그의 〈보살만菩薩蠻〉을 살펴보자.

나는 날마다 아이들에게 말했다네稼軒日向兒童說,
대호의 새 풍경을 사겠노라고帶湖買得新風月,
머리가 희어 서둘러 돌아오니頭白早歸來,
심었던 국화는 벌써 피어있네種花花已開.
공명을 좇았던 일 모두 잘못이었으니功名渾是錯,
다시는 생각 말자更莫思量著.
작은 누각의 동쪽見說小樓東,
멋진 산이 겹겹이 쌓였다고 말하네好山千萬重.

이 사는 은거한 후의 생활과 추구했던 공명을 대립시켜 전자로써 후자를 부정한다. 비록 호언장담은 없지만 호방한 기개를 내재하고 있다. 또한 〈저고천鷓鴣天〉(화장천조창보和章泉趙昌父)를 살펴보자.

어지러운 세상을 웃음으로 대했고萬事紛紛一笑中,
도연명은 국화를 따며 가을을 맞이했지淵明把菊對秋風.
호탕한 기상 아직도 남아있어細看爽氣今猶在,
남산에 도연명이 살아있는 듯하네惟有南山一似翁.

고상한 정취에 빼어난 말들情味好, 語言工.
세 사람의 만남 예부터 이와 같다네三賢高會古來同.
누가 알리, 술 끊은 내가誰知止酒停雲老,
석양에 홀로 서서 친구 소식 기다리는 것을獨立斜陽數過鴻.

이 사에서 언급한 "호탕한 기상爽氣"은 호기에 가까우며, 신기질은 도연명과 그가 읊었던 남산, 조창보 및 자신 모두 이러한 호탕한 기상이 있다고 여겼는데, 이는 그가 도연명과 동질감을 느꼈음이 명백하다. 이러한 호탕한 기상의 사상적인 기반은 첫 구에서 말한 "어지러운 세상을 웃음으로 대했고"이다. 그는 세간의 만사를 달관하여 부귀공명이란 장애물에서 벗어남으로써 이러한 호탕한 기상을 간직할 수 있었다. 다시 그의 〈행향자行香子〉를 살펴보자.

돌아가자歸去來兮,
늦지 말고 즐기세行樂休遲.
운명은 하늘에 달렸으니命由天,
부귀를 어찌 바라리富貴何時.
인생 백년에百年光景,
일흔까지 산 자가 드무나니七十者稀.
어찌 하리, 한 바탕 근심하고奈一番愁,
병들고一番病,
늙어가는 것을 一番衰.

명리를 좇느라名利奔馳,
총애와 수모에 일희일비寵辱驚疑,
예전엔 그러했었지舊家時都有些兒.
지금은 늙어서而今老矣,
이치를 달관하였으니識破關機:
차라리 한가하고算不如閑,
취하고不如醉,
바보가 되어 사는 것만 못하네不如癡.

노년이 되어 이치를 달관하고 마침내 자유를 얻었다. 소탈한 운치 중에 세속에 분개하는 감정을 함유하고 있으며, 이것이 바로 은자 특유의 호방함이었다.

신기질은 철갑을 두른 말을 탄 전사의 호방함을 보유하였을 뿐만 아니라 또한 은자의 "한가하고, 취하고, 바보가 되어 사는" 호방함도 보유하여, 이 두 가지 측면이 합쳐져야 비로소 완전한 신기질이라고 할 수 있다. 신기질은 몇 백 년 전의 도연명을 멀리서 흠모하였으니 도연명의 지음이라고 말할 수 있다. 그리고 도연명에게 신기질과 같은 숭배자가 있어서 그의 시 〈영형가詠荊柯〉에서 읊은 전사의 호방함을 실현화할 수 있었으니 그 또한 흔쾌히 위안을 느낄 것이다.

송원 이후 도연명집 교주본 고찰

1

　도연명집은 도연명 자신이 만든 정본이 없는데다가 자료가 부족하여 결론을 내기가 어렵다. 도주陶澍는 도연명이 "진晉나라 때에는 연호年號를 표기했고, 송宋나라에 들어서는 갑자甲子를 썼다."를 논할 때 다음과 같이 말했다. "〈오류선생전〉에서 말했다. '늘 문장을 지어 스스로 즐기며 자신의 뜻을 내보였다.' 그렇다면 그의 문집은 반드시 스스로 정한 정본自定本이 있었다는 것을 알 수 있다. 심약은 선생과 십 여 년 밖에 차이가 나지 않음으로, 반드시 직접 선생의 자정본自定本을 보았을 것이다. 내가 자정본이라고 하는 의미는 그 목록은 편년 순서로 하였고, 소위 연호를 쓰거나 혹은 갑자를 쓴 작품 모두가 목록 중에 보이기 때문이다. 때문에 심약이 《송서宋書》를 만들 때 특히 도연명의 미묘한 뜻을 발휘하였다."[1] 도주의 이 말은 유력한 증거가 없고, 단지 〈오류선생전〉의 한 단락에 근거하여 미루어 추측한 것일 뿐이다.

　하시가와 도끼오橋川時雄는 그렇지 않다고 여겼다. 그는 〈도집판본원류고陶集版本源流考〉에서 다음과 같이 말한다. "〈오류선생전〉의 서술은 단지 도연명이 자기 흥취 때문에 문장 짓기를 즐겼다는 것이지, 도연명이 자정본이 있다는 증거가 되기는 부족하다. 〈음주〉 20수의 서에서도 '작품을 쓴 종이가 많아져도, 문장에 조리와 순서가 없어 우선 친구에게 부탁해 써 놓

---

1 도주 《정절선생집》 3권, (淸) 도광 20년 간본.

는다.'고 하였다. 이것도 단지 〈음주〉20수에 대해서 말한 것이지, 도연명 자신이 모든 시문을 편집한 문집이 있다고 여겨서는 안 된다. …… 도연명이 죽은 지 100년이 되지 않았을 때 도연명집은 세상에 통행되었고, 몇 종류의 판본이 있어 각기 달랐다. 이는 분명한 사실로 의심할 여지가 없는 것이다.

도연명의 성품과 행실은 활달하고 자연스러워 〈음주〉20수에서는 여전히 옛 선현들을 가탁하여 순서를 정한 것인지 어찌 자신이 모든 시문을 편제하였겠는가? 소명태자는 높은 신분으로 도연명집을 널리 구하였으나, 끝내 순서가 일관된 판본 한권을 얻지 못하였음을 유감으로 여겼다. 만약 당시에 자정본이 있었다면 어찌 소명태자가 개정했겠는가?"[2]

곽소우郭紹虞 선생은 다음과 같이 여겼다. "당시 도연명의 제자와 친구가 작품 창작의 선후에 의거해 옮겨 베껴 문집을 만들었다. 때문에 일부러 순서를 정한 건 아니지만 순서는 알 수 있으니, 이는 엄연한 자정본이다."[3] 비록 우리는 여전히 도연명집에 자정본이 있었는지 확정하기 어렵지만, 도연명의 작품이 당시 이미 전해졌고 영향이 있었다는 것은 분명하다. 송宋 포조鮑照의 작품에 〈학도팽택체學陶彭澤體〉가 있다.[4] 조금 후의 강엄江淹에게는 또 〈의도징군전거擬陶徵君田居〉가 있다.[5] 포조와 강엄이 본 것은 확실히 한 편뿐이 아니고, 이미 여러 편이 합쳐진 판본일 가능성이 크다. 오직 하나밖에 없는 단서로, 도연명집은 양대梁代 이전에 8권본과 6권본 두 종류가 있었다는 것을 알 수 있지만, 지금은 모두 실전되었다. 이 두 종류의 책은 북제北齊 양휴지陽休之가 편찬한 10권본의 〈서록〉중에 언급되어 있다.

양휴지는 말했다. "도연명집은 이전에 두 권이 세상에 전했다. 한 권은 8권으로 서序가 없고, 한 권은 6권으로 서목序目이 있으나 작품 순서가 뒤

---

2 1931년 일본 문자동맹사 간본.
3 ≪연경학보≫ 제20기.
4 전중련錢仲聯이 증보 집설 교감한 ≪포참군집주鮑參軍集注≫, 362쪽. 상해고적출판사, 1980년 출판.
5 ≪강문통집江文通集≫ 권4, ≪사부총간≫본.

바뀌었고 중복되고 누락된 것도 있다. 소통蕭統이 편찬한 8권은 서목序目과 뢰전誄傳을 합했으나, 〈오효전五孝傳〉 및 〈사팔목四八目〉이 빠져 있지만, 편록編錄에 체계가 있고 순서도 찾을 수 있다. 내가 도연명의 문장을 매우 높이 사나, 세 권이 서로 다르니 결국 망실될까 두려웠다. 이제 소통은 빠트린 병서목并序目 등을 기재하고 합해 10권 한질로 만들어 이를 좋아하는 이들에게 남긴다."

그 외에 ≪수서 · 경적지≫ 집부集部 ≪도잠집≫ 아래 주석에는 "양梁 5권, 록錄 1권"이라고 하였는데, 아마도 이 6권본 일 것이다. 양대梁代 이전에는 도연명의 작품은 단지 일부 사람들 사이에 베껴 전해질뿐, 엄정한 수집과 정리를 거치지는 않았다. 6권본과 8권본은 바로 이 단계의 것에 속한다.

양梁의 소명태자 소통은 처음으로 도연명의 작품을 진지하게 수집하고 정리한 최초의 사람이다. 그가 편찬한 ≪도연명집≫은 모두 8권이다. 양휴지는 〈서록序錄〉에서 "편찬 기록이 체계가 있고 순서도 찾을 수 있다."고 칭송하였다. 그러나 아쉽게도 이 책도 전해지지 않고 있고, 현재는 다만 〈도연명집서陶淵明集序〉와 〈도연명전〉 1편만이 보존되고 있다. 소통 이후에 북제 양휴지의 10권본, ≪수서 · 경적지≫에 기록된 9권본, ≪구당서 · 경적지≫에 기록된 5권본, 북송 송상宋庠의 10권본, 북송 승사열僧思悅의 10권본도 있었다고 하지만 모두 실전되었다. 북제 양휴지가 도연명집이 있었다는 것은 도연명의 작품이 남북조 대치의 상황에서 놀랍게도 북조에 전해졌으며, 또한 북조 사람들의 주목을 받았을 뿐만 아니라, 도연명이 남북조 문풍文風 교류에 상당한 작용이 있었다는 것을 입증한다.

하시가와 도끼오의 〈도집판본원류고〉와 곽소우 선생의 〈도집고변陶集考辨〉 및 필자의 조사에 의하면, 현존하는 송원宋元 시기의 몇 가지 중요한 도연명집에 대한의 상황은 아래와 같다.

급고각汲古閣 소장 ≪도연명집≫ 10권은 처음에는 모씨급고각毛氏汲古閣의 소장이었다가, 황씨사례거黃氏士禮居에 귀속되었다, 뒤에 양씨해원각楊氏海源閣에 소장되었다. 양소화楊紹和가 ≪영서우록楹書隅錄≫에서 북송본으로 감정하였다. 그 후 주숙도周叔弢 선생에게 귀속되었다가, 지금은 북경도서 관에 소장되어 있다. 주선생이 기증한 것이다. 김준명金俊明·손연孫延이 제 첨題簽을 했고 도광道光 28년 주준창汪駿昌이 발문跋文을 썼다. 교천씨橋川氏 와 곽씨郭氏 모두 남송본이라 감정했으나, 이들은 이 책의 원본을 본 적이 없다. 《북경도서관선본서목》에는 송각체수본宋刻遞修本으로 감정했다.

《중국판각도록中國版刻圖錄》 증정본增訂本에 기록되어 있고(도판 83), 그 해제는 다음과 같다. "도연명집 진 도참이 지음, 송각체수본, 항주 혹은 영파, 가로 20 Cm·세로(폭) 13.7 Cm, 한 쪽에 10줄 한 줄에 16자(판심版心 은), 백구白口(역주: 목각판의 한 가지, 중앙의 묶은 곳 위아래가 모두 흰색 임.)이며, 좌우쌍변左右雙邊으로 판각됨, 각수장刻手匠은 시장施章·왕신王伸 ·홍무洪茂·방성方成 등으로 모두 남송 초기 황주지역의 뛰어난 장인이며, 소흥紹興 17년 명주본明州本 서현문집徐鉉文集도 판각하였다. 보판補版의 각 수장은 명주본 백씨육첩白氏六貼·문선육신주文選六臣注를 새긴 사람과 거 의 같아, 이 때문에 이 판본은 마땅히 명주본일 것이라 여겨진다. 모씨급고 각비본서목毛氏汲古閣秘本書目에서는 북송본이라 감정했으나 정확하지 않 은 것 같다. 황씨도도실黃氏陶陶室에 예전에 도연명집 제1부를 소장하여 백 송일전부百宋一廛賦에 기록되어 있다."

지금 북경도서관이 소장한 것을 보면, 권말卷末에 증굉曾紘의 〈설說〉에 다음 같이 말했다. "친구 범원희范元義에게 의양태수義陽太守가 펴낸 도연명 집을 부친다. 옛 것을 아끼고 박식하며 단아한 성품을 지닌 그대를 보고 싶은 생각에 우선 책을 보낸다. 선화宣和 6년(1124) 7월 중원中元 증굉이 써서 간행하다." 증굉본 《도연명집》의 〈독산해경讀山海經〉아래 인용된 증굉의 〈설〉에는 이 "간刊 자가 없어, 곰곰이 생각해 보건데, "간刊"자는 당연히 연문衍文일 것이다. 증굉은 결코 도연명집을 간행하지 않고, 단지 의양태수가 새겨 간행한 도연명집에 편지 한통을 써서 범원희에게 보냈을 뿐이다.

의양태수가 간행한 도연명집은 증굉이 편지를 쓰기 전에 이미 간행되었으니 북송본이 틀림없다. 북경도서관이 소장하고 있는 증굉의 〈설〉이 붙어 있는 이 책은 권말卷末에 선화 6년 증굉의 〈설〉이 붙어있으니 간행년도는 이 해보다 이르지 않을 것이다. 그러나 증굉 〈설〉의 글자체와 도연명 시문의 글자체는 매우 달라 도연명시문은 일찍 각자刻字하고 증굉의 〈설〉은 나중에 새겨 끼워 넣었을 가능성도 있다. 선화 6년은 북송이 멸망하기 2년 반 전이니 보충하여 각자한 시기는 북송말일 수도 남송 초 일 수도 있다. 어쨌든 급고각의 이 장서는 그 正文정문은 아마도 북송본일 가능성이 있다.

소흥본紹興本 ≪도연명집≫ 10권은 소동파 글자체의 큰 글씨이다. 전겸익錢謙益은 ≪목재초학집牧齋初學集≫ 권 85, 제발題跋 3 〈발파서도연명집跋坡書陶淵明集〉에서 말했다. "복송 시기 판각한 도연명집10권은 글자체는 동파의 글자체이다. 비록 글쓴이의 표식은 보이지 않지만 서법이 힘이 있고 수려해 사마온공司馬溫公(즉 司馬光)의 묘비와 아주 흡사하니 소동파의 글씨임을 의심하지 않는다." 이 책에는 실명씨의 소흥 10년(1140)의 발跋이 있다. 그 발에서 "내가 근래에 선생의 문집을 얻었는데 군현들이 교정한 것이다. 이에 목판에 새겨 길이 전한다."라고 하였다. 결코 소동파라고 확실히 말하지 않았고, 군현이 누군지도 말하지 않았다. 따라서 단지 소흥각본임은 맞지만 문가文嘉가 말한 것처럼 소동파가 쓴 것을 새긴 책은 아니다. 호자胡仔는 ≪초계어은총화苕溪漁隱叢話≫ 후집 권3에서 말했다. "우리 집에≪정절문집≫이 있는데, 선화 임인년壬寅年에 왕중량王仲良·후지지厚之知·신양일信陽日 등이 판각한 것으로 글씨가 커서 노안에 더욱 편하다. 글자 획은 동파의 글씨를 흉내내 오묘함을 모아 놓아 더욱 아낀다." 왕중량의 선화각본은 지금 전하지 않는다. 이 소흥본은 그 복간復刊일 것이다.

증집曾集이 편찬한 ≪도연명문집≫ 2책은 권을 나누지 않았다. 지금 북경도서관에 소장되어 있다. ≪북경도서관선본서목≫은 아래와 같다. "도연명시 1권·잡문 1권, 진 도잠 펴냄, 송宋 소희紹熙 3년 증집각본으로 2책으로 한쪽 10줄, 한줄 16자에 작은 글씨가 2줄로 쓰였고, 백구白口이며 좌우 양쪽으로 판각되었다." 책 뒤의 증집 본인의 제기題記에 의거하여 송 소희

임자壬子(1192)에 간행한 것을 알 수 있다.

또한 제기에서 "나는 능력이 없음을 생각하지 않고, 시문을 모사模寫하여 1편으로 간행한다. 권의 순서와 〈오효전〉 이하 〈사팔목〉 잡저雜著는 삭제했다."고 하였다. 이 책은 증집이 다시 편찬한 책이니 이전의 각종 판본과는 다른 것임을 알 수 있다.

탕한湯漢의 《도정절선생시주陶靖節先生詩注》 4권 《보주補注》 1권은 지금 북경도서관에 소장되어 있는데, 이것도 주숙도 선생이 기증한 것이다. 정문은 매 반쪽 7줄이고 매줄 15자이며, 작은 글자로 2줄씩 글자 수는 같다. 백구 좌우 양쪽으로 판각되었다. 예전 학설에는 책 앞에 순우淳祐 초원初元 (1241)의 탕한 자서自序가 있어서, 순우 초원년 각본으로 여겼다. 진행진陳杏珍 여사가 자세히 고증한 후, 함순咸淳 원년(1265) 전후의 각본으로 감정하여 간행시간이 뒤로 24년 쯤 늦춰졌다.[6] 탕한의 주본注本은 시만 수록하고 문장은 수록하지 않았고, 탕한은 주석할 때 교감도 약간 했을 것이다.

이공환李公煥의 《전주도연명집箋注陶淵明集》 10권은 상무인서관 《사부총간》에 들어있다. 상해 함분루涵芬樓 소장의 원번송본元翻宋本을 영인한 것이라고 전해진다. 이 외의 몇 권은 곽소우 선생이 〈도집고변〉에서 언급한 적이 있다. 곽씨는 말했다. "오작吳焯은 〈발跋〉에서 말했다. '이는 송조宋朝 여러 사람의 평과 주를 모아 편집하여, 순우淳祐 중에 다시 중앙관청에서 간행한 것으로, 당시 옥당본玉堂本으로 부르던 것이다.' 이 말의 근거가 무엇인지 모르겠다. 언급한 내용이 정확하려면 전주箋注는 근본적으로 송인宋人의 집록輯錄에 근거해야 한다. (그러나) 이공환이 집록한 것은 총론 1권에 불과하다."

내가 이 책과 탕한주본을 상세히 비교한 적이 있는데, 이공환전주본은 탕한주본의 확충이 확실하다. 탕한주본 외에 여러 사람들의 평석評析을 수집하

---

6 《영인 송본 〈도정절선생시주〉 설명》에 보인다. 1988년 중화서국 영인본에 첨부되어 있다.

였다. 오작吳焯이 "순우 연간에 중앙관청에서 간행했다."고 한 것은 부정확한 것이다. 왜냐하면 탕한본은 함순 원년(1265) 전후에 판각한 것이고, 전주箋注에 이미 탕한의 주를 인용하였으니, 함순의 순우 년간(1241~1252)보다 이를 수는 없고 반드시 탕한본 보다 뒤이어야 하니, 남송 멸망으로부터 14년 전 밖에 안 된다. 내가 보기에는 이공환의 전주본은 원元나라 때에 간행된 것일 뿐만 아니라, 편집의 시기도 아마 송말宋末이나 심지어 원元나라 때 일 것이다. 때문에 이른바 "원나라 때 송나라 본을 다시 간행하다元翻宋本"라는 말은 매우 의심스럽다. 이공환의 ≪전주도연명집箋注陶淵明集≫ 10권은 여러 설을 모아 후세 집주集注의 풍토를 열었다. 예로 탕한주 이 외에 채씨蔡氏의 주가 있는데, 권2의 〈원시초조시방주부등치중怨詩楚調示龐主簿鄧治中〉에 보인다.

또한 여러 사람의 평어를 받아들여 시 뒤에 정리해 넣었으니, 후세 집평集評의 풍토를 개척하였다. 책머리에 총론總論을 집록하여 후세 도연명의 시화詩話를 집록하는 풍토를 열었다(곽소우선생의 〈도집고변〉을 참고함).

명대明代에는 대량의 도연명집의 비주평점본批注評點本이 간행되었다. 하맹춘何孟春이 주를 한 ≪도정절집陶靖節集≫ 10권, 황문환黃文煥의 ≪도시석의陶詩析義≫ 4권, 장자열張自烈의 ≪전주도연명집箋注陶淵明集≫ 6권은 이 시기의 대표작이다.

청대淸代에는 도연명집의 휘편彙編과 고증을 중시했다. 오첨태吳瞻泰의 ≪도시회주陶詩彙注≫ 4권, 온여능溫汝能의 ≪도시회평陶詩彙評≫ 4권, 도주陶澍가 주注를 한 ≪정절선생집靖節先生集≫ 10권은 모두 청대 고적 정리의 풍조風潮를 체현하였다. 그중 도주주본陶澍注本이 자료수집이 제일 완비되어 있고, 주석도 제일 상세하며 집대성한 저작이다.

민국民國 이후에는 도연명집의 정리에 새로운 양상이 나타났다. 고직古直 선생의 ≪도정절시전陶靖節詩箋≫ 4권은 "옛 사람들이 경전에 주를 하는 방법으로 도연명집에 주를 하여 힘써 임무를 다하였다."고[7] 하여, 도연명시

---

7 주자청, 〈도연명시의 심도-고직 ≪도정절시전정본≫를 평하다〉, ≪주자청고전문학론문

전주箋注의 신국면을 열었다. 고씨는 도연명집의 교감校勘에도 새로운 견해가 많았고, 또 도연명의 향년에도 새로운 설을 제기하여 이 책의 중요성을 더욱 가중하였다. 정복보丁福保 선생의 ≪도연명시전주陶淵明詩箋注≫ 4권은 글자의 뜻과 구절의 뜻에 대하여 비교적 상세하게 주석하여 초학자들에게 편리하다. 왕요王瑤선생이 편주編注한 ≪도연명집≫은 편년본編年本의 도연명집이다. 이 이전에 건륭乾隆 때 정목형程穆衡의 ≪도집정전陶集程傳≫이 있었는데, 곽소우 선생의 〈도집고변〉에 편년체로 기록되어 있고, 원고는 '정복보의 집에 소장되어 있다.'고 하는데 나는 보지 못했다. 그 외 진풍陳澧의 ≪도집편년陶集編年≫이 있는데, 내가 방문하여 본 적이 있는데, 너무 간략하고 계년繫年한 작품이 매우 적었다. 왕요 선생은 창작시기의 선후에 의거하여 도연명의 작품을 새롭게 배열 편집하였으니, 매우 훌륭한 최초의 시도였다. 왕숙민王叔岷 선생의 ≪도연명시전증고陶淵明詩箋證稿≫ 4권은 여러 사람의 학설을 모아 기록하고 자신의 의견을 안案으로 달았는데, 그 주장의 방증과 인용이 광범위하다. 교감과 전석箋釋 두 방면 모두 중대한 새로운 성과가 많아, 도연명 연구에 없어서는 안 될 참고서다. 양용楊勇 선생의 ≪도연명집교전陶淵明集校箋≫ 10권은 증집본·탕한본·이공환본·도주본 4권을 저본으로 ≪문선文選≫ 등 10권을 참고하고 교정하였을 뿐만 아니라, 광범위하게 증거를 수집하고 변별하였고 체계가 엄정하여 일가의 설을 이루었다.

녹흠립逯欽立 선생이 교주한 ≪도연명집≫ 7권은 이공환본을 저본으로 증집각본, 증전각소사대자본曾銓刻蘇寫大字本, 초횡각본焦竑刻本, 막우지각본莫友芝刻本, 황예석각동파선생화도연명시본黃藝錫刻東坡先生和陶淵明詩本 등을 교본校本으로 또 ≪송서≫, ≪남사≫, ≪진서≫, ≪문선≫, ≪예문류취藝文類聚≫, ≪세시잡영歲時雜咏≫ 등 책의 내용을 취하여 매우 자세하다. 그 주석도 새 의견이 많아, 현재 중국 대륙에서 인용이 제일 많은 도연명집이다.

집≫ 하, 제567쪽에 보인다. 상해고적출판사, 1982년 출판.

2

위진魏晉의 여러 문학가 문집 중 도연명집의 전파는 제일 두서가 있었고 이 때문에 제일 원래 모습에 가장 가깝다. 아마도 도연명집은 후대 사람들이 각종 유서類書에서 수집하지 않아서 일 것이다. 그런데도 도연명집의 이문異文은 오히려 더욱 많으니 그 이문의 상황을 연구하고 더 나아가 교감하는 것이 도연명 연구의 소홀히 할 수 없는 기초 작업이다.

도연명집의 이문은 오늘날 볼 수 있는 제일 이른 도연명집 중에서도 이미 나타난다. 필자의 그다지 정확하지 않은 통계에 의하면, 급고각 소장의 ≪도연명집≫ 10권본에 "일작一作" 혹은 "송본작宋本作"이라도 표시된 이문이 740여 곳으로, 매 편 평균 6곳이다. 그중 어떤 것은 "일작" 후에 또 "우작又作"이라 한 것은 따로 계산하지 않았다. 또 "일작" 아래 어떤 것은 한 글자의 이문이고, 어떤 것은 두 글자의 이문 혹은 한 구의 이문이니, 만약 한 글자씩 계산한다면 이문은 더욱 많아진다. "일작", "우작"(예로 〈화곽주부和郭主簿〉의 "저貯"자 아래 "일작 부復, 우작 주駐, 우작 저佇"라 되어 있다.), 송본작" 등의 교감 기록을 보면, 저본 이 외에 적어도 4종의 책을 참고하여 교감하였는데, 여기서 "송본"은 응당 송상본宋庠本을 말한다.

이 외에도 또 ≪송서≫와 ≪남사≫를 근거로 교감한 기록이 있다. 증집본과 급고각본을 비교하면 비록 권수는 다르지만, 이문 교감 기록의 수량과 내용은 같다. 소흥본의 권수는 급고각본과 같지만, 교감 기록은 겨우 215곳이어서 급고각본보다 2/3가 넘는다.

그 남아있는 부분도 급고각본의 범위를 벗어나지 않는다. 탕한의 ≪도정절선생시주≫는 시만 있고 문장은 없어 교감 기록도 급고각본의 범위를 벗어나지 않는다.

이공환의 ≪전주도연명집≫의 권수는 급고각본과 같다. 그러나 교감(한) 기록은 단지 6곳이고 모두 급고각본의 범위 내에 있다. 만약 이공환이 급고각본과 증집본을 본 적이 있다면, 자신의 의견에 근거하여 이문을 취사선택하였을 것이니, 교감 기록을 하지 않았으니 실제로는 칭찬할 만한 가치가 없다.

하시가와 도끼오는 말한다. "명明 이후 도연명을 주해注解한 것은 이 책을 제일 많은 항목에서 근거로 하였으니, 모방한 판각이 계속 나와 서로 승습하여 간행하니 도연명집의 큰 체계는 결국 어지럽게 되었다. 또한 이 책의 주문注文은 바로 이공환 자신의 주석인데도 많이 인용하여 이주李注라고 표기하였다. 이에 도연명집의 주문도 뒤섞였으니 교감의 본뜻과는 매우 어긋난 것이어서 아쉽다." 교천씨의 비평이 일리가 없는 것이 아니다.

이문이 제일 많은 것은 급고각본과 증집본이다. 이전에 이 두 판본은 개인의 집에 소장되어 볼 수 없었으니, 매우 유감스러운 일이었다. 그러나 지금은 이미 이용할 수 있는 여건이 되었다. 우수한 교본은 모든 이문을 수집한 기초 위에 엄정한 분석과 판별을 하여 좋은 것을 택해 따르고 교감 기록을 해야 한다. 이제 급고각본과 증집본을 근거로, 도연명집의 이문에 대해 대략적인 분석을 한다.

도연명집 이문의 유형은 아래의 몇 종류로 나눌 수 있다.

1. 음이 같거나·음이 비슷하거나·글자 형태가 비슷하거나 혹은 이체자인 경우
   예를 보자. 〈정운停雲〉의 "원언회인顧言懷人"에서 "인人"을 일작 "인仁"으로 했다. "원언부종顧言不從"중)에서 "불不"을 일작 "불弗"로 했다. "이초여정以招余情"에서 "정情"을 일작 "이怡"라고 하였다. 〈시운時運〉의 "산척애애山滌餘靄"에서 "애靄"를 일작 "애藹"라 하였다. 〈명자命子〉의 "직방이대直方二臺"에서 "이二"를 일작 "삼三"이라 하였다.

2. 글자가 뒤바뀌거나 빠진 것
   예를 보자. 〈병진세팔월중우하손전사확丙辰歲八月中于下潠田舍穫〉의 "비풍애정야悲風愛靜夜"에서 일작 "야정夜靜"이라고 하였다. 〈귀거래혜사歸去來兮辭〉의 "우형우내능부기시寓形宇內能復幾時"에서 일작 "능能"자가 없다고 하였다. "호위호황황혜욕하지胡爲乎遑遑兮欲何之"중에서 일작 "혜兮"자가 없다고 하였다.

3. 글자가 다르나 뜻은 비슷한 것

예를 보자. 〈병진세팔월중우하손전사확丙辰歲八月中于下潠田舍穫〉의 "빈거의가색貧居依稼穡"에서 일작 "사경가事耕稼"라고 하였다. 〈이거移居 1〉 "기문공흔상奇文共欣賞"에서 일작 "호흔상互欣賞"라고 하였다. 〈화유시상和劉柴桑〉의 "설장환서로挈杖還西廬"에서 일작 "책장策杖"라고 하였다.

4. 글자도 다르고 뜻도 차이가 있는 것

예를 보자. 〈이거移居 2〉의 "상사칙피의相思則披衣"에서 일작 "불의拂衣"라고 하였다. 〈형증영形贈影〉의 "상로영췌지霜露榮悴之"에서 일작 "초췌지憔悴之"라고 하였다. 〈음주飮酒 5〉의 "유연견남산悠然見南山"에서 일작 "시시망남산時時望南山"라고 하였다.

위에서 밝힌 4가지 이문 중 어떤 것은 뜻과 관계가 크지 않고, 어떤 것은 뜻과 관계가 크다. 이런 관계가 큰 이문은 또 3종류로 나눌 수 있다.

첫 번째는 수사와 관계된다. 예로 〈음주 5〉의 "유연견남산悠然見南山"과 "시시망남산時時望南山"간의 차이는 일찍부터 중요한 화제의 하나였다. 이러한 종류의 용례는 예를 들자면 매우 많다. 가령 〈잡시雜詩 2〉의 "일월척인거日月擲人去, 유지불획빙有志不獲騁"을 일작에 "소인거掃人去"라고 하였다. 〈화곽주부和郭主簿 1〉의 "애애당전림靄靄堂前林, 중하저청음中夏貯淸陰"을 일작에 "부청음復淸陰"으로 우작에 "주청음駐淸陰"라고 하였다. 이러한 종류의 이문은 누가 옳고 누가 그른지 판단하기 매우 어려워서, 교주자는 일반적으로 자신이 여기기에 수사가 좋은 것을 선택한다. 그러나 어느 것이 좋고 어느 것이 떨어지는지 견해가 다르니 선택한 것도 다르다. 이러한 종류의 이문은 별 수 없이 둘 다 남기고 억지로 일치함을 구할 필요는 없다.

다른 종류는 정오正誤의 관계이다. 예를 보자. 〈오류선생전五柳先生傳〉의 "검루유언黔婁有言, 불척척어빈천不戚戚於貧賤, 불급급어부귀不汲汲於富貴"에서 일작에 "검루지처黔婁之妻有言"라고 하였다. 이 두 구절은 ≪열녀전列女傳≫에 보이는데 검루의 처가 한 말이니 "검루지처黔婁之妻"로 하는 것이 맞다. 〈도화원기桃花源記〉의 "흔연규왕欣然規往"을 일작에 "欣然親往"라고 하였는데, 아래의 "미과未果"를 보면, 유자기劉子驥는 결국 가지 않았으니 "규왕規往"으로 하는 것이 맞다. 이러한 종류의 이문은 엄정히 교정해야만 한다. 판본 교감의 우열이 종종 여기서 나타난다.

세 번째 종류의 이문은 도연명의 평생 사적의 고증과 관계되니 특별히 주의해야 한다. 예를 보자. 〈유사천游斜川〉서문의 "신축정원오일辛丑正月五日"을 일작에 "신유정월오일辛酉正月五日"로, 시의 첫 구 "개세숙오십開歲倏五十"을 일작에 "개세숙오일開歲倏五日."이라고 하였다.

〈원시초조시방주부등치중怨詩楚調示龐主簿鄧治中〉의 "결발염선사結髮念善事, 민면육구년僶勉六九年"를 일작에 "50년五十年"이라고 하였다. 이 세 곳의 이문은 도연명의 향년과 관계되니 소홀해서는 안 된다. 〈증장사공조조贈長沙公族祖〉의 "장사공어여위족조長沙公於余爲族祖"를 일작에 "여여장사공위족조余與長沙公爲族祖"라고 하였다. 이것도 매우 중요한 이문이다. 또한 〈여자엄등소與子儼等疏〉의 "내 나이 오십이 넘었는데, 어려서 오년과오십吾年過五十, 소이궁고少而窮苦, 매이가폐每以家弊, 동서유주東西遊走 "에서 먼저연과오십年過五十"이라고 하고, 이어서 "소이궁고少而窮苦"라고 하였는데, 말뜻이 잘 연결되지 않아 내가 보기에는 반드시 문제가 있다. ≪송서·도잠전≫을 찾아보니 "오년과오십吾年過五十, 이궁고도독而窮苦荼毒, 가빈폐家貧弊, 동서유주東西遊走."로 되어 있었다. ≪책부원귀冊府元龜≫에는 "오년과오십吾年過五十, 이궁고도독而窮苦荼毒, 이가빈폐而家貧弊, 동서유주東西遊走"로 되어 있다.[8] ≪송서≫와 ≪책부원귀≫의 이문은 중시할 만한 가치가 있다.

도연명집의 교감은 이미 이전 사람들이 대량의 작업을 하여 많은 성과를 얻었다. 그러나 계속해서 노력할 여지가 없는 것은 아니다. 예로 세 번째 종류의 이문은 도연명 평생 사적의 고증과 결합하여 새롭게 고증할 만하다. ≪문학유산文學遺産≫ 1996년 제1기에 발표한 나의 〈도연명향년고변陶淵明

---

8 ≪책부원귀≫ 816권.

享年考辨〉에 많은 교감 문제를 언급하였으니, 여기서는 다시 논하지 않겠다.

3

도연명집의 주석은 청대 이전에는 모두 간략하였다. 탕한의 주는 〈술주
述酒〉시의 전석箋釋에 집중되어 있고, 그의 전주箋注는 지금까지도 학술계
에서 광범위하게 받아들여지고 있다. 그러나 도연명이 진晉나라 왕실에 충
성했다는 주장, 즉 충분설忠憤說은 후대의 주석가들에 의해 지나치게 확대
되어, 많은 다른 시문을 주석하는데 쓰였으니 견강부회의 폐단을 면하기
어렵다. 예를 보자. 〈의고擬古 1〉의 "초여군별시初與君別時, 불위행당구不謂
行當久"에 유리劉履는 《선시보주選詩補注》에서 "'군君'은 마땅히 진나라 임
금이다."고 하였다. 오여륜吳汝綸은 《고시초古詩鈔》에서 "난초와 버들 같
은 연약한 품성으로, 진나라 임금과 진나라 황실에 충성하는 여러 사람을
비유하였다. '제소년諸少年'은 송宋나라에 빌붙은 사람이다."라고 하였다.
〈영삼량咏三良〉·〈영형가咏荊軻〉·〈감사불우부感士不遇賦〉에 관해서도 모
곤茅坤은 "내가 홀로 진나라가 기울까 두려워 몰래 장자방의 고사대로 오대
五代에 걸쳐 한韓나라에 재상을 한 때문에 박랑사에서 철퇴로 저격한 것처
럼 하고 싶었다."[9]라고 하였다.
청대淸代에 비록 도주의 집대성한 성질의 정리본이 있었지만, 그 주석에
있어서는 여전히 매우 간단했다. 후에 전고 및 어휘 단어의 출처에 대해,
고직古直 선생이 많은 상세한 주석을 했다. 자의字義·어의語義에 있어서
정복보丁福保 선생이 많은 상세한 주석을 하였다. 아마도 이 두 방면에 대
해서 옛날 사람들은 문제가 되지 않았기에 주를 달지 않았지만, 지금 사람
들은 고적에 대해 상대적으로 생소하기에 이런 주석은 매우 필요하다. 이
이후의 주석본은 이 두 방면을 따라서 발전하였고, 자의字義와 어의語義에

---

9 도주 《정절선생집》 권말 《제본평도회집諸本評陶匯集》 인용에 보인다.

대하여 갈수록 더욱 상세해진다. 이 방면에 대해서는 더 노력할 여지가 없다고 말할 수 있다.

그러나 도연명집의 주석은 여전히 새로운 경지가 개발을 기다리고 있다. 이와 같이 말하는 것은 아래와 같은 인식에 기초한다. 도연명은 시인일 뿐만 아니라, 동시에 철인哲人이기도 했다. 그는 심오한 철학 사고가 있었다. 그의 시문 중에 사용된 어휘들은 만약 글자 그대로 본다면 매우 간단하다고 느낄 것이다. 그러나 그의 철학 사고와 연계한다면 심오한 뜻을 가지고 있음을 발견할 수 있다. 심지어 어떤 것은 모종의 철학 범주를 대표하고 있다. 예를 들면 "자연自然", "화化", "진眞" 등이다.

위의 이러한 어휘에 대하여 어떤 주석본은 소홀히 하여 주석을 하지 않았다. 어떤 책은 겨우 일반적인 어휘 주를 했다. 이렇게 하면 도연명의 사상·인격과 정취를 깊이 이해하기에는 부족하다. 만약 일반적인 자의字義, 어의語義, 전고典故의 주석, "사건에 맞는 인식을 기록하는" 전석箋釋 이 외에, 사상과 의리의 해석에 주의한다면 도연명집의 주석도 새로운 면모를 갖게 될 것이다.

도연명
향년 고찰

도연명의 향년 문제는 해결되지 않은 매우 큰 의안疑案으로 논쟁이 계속되었고 그 유래가 오래되어 지금까지도 여전히 그럴듯한 해결은 보지 못했다. 그 중에서도 63세설을 주장하는 것이 가장 보편적이다. 송대 왕질王質의 ≪율리보栗裏譜≫로부터 청대의 도주陶澍 ≪도정절연보고이陶靖節年譜考異≫, 요즘 사람인 녹흠립逯欽立의 ≪도연명사적시문계년陶淵明事跡詩文系年≫까지 이 설을 고루 주장하고 있다. 근래의 많은 학자나 중국문학사 교재도 역시 이 설을 따르고 있지만 일일이 열거하지는 않겠다. 곽은전郭銀田은 비록 이 설을 따르고 있기는 하지만 약간의 의견을 덧붙이고 있다.[1] 이 이외

---

1 왕질王質의 ≪율리보栗裏譜≫는 ≪소도록紹陶錄≫에 보인다(문연각文淵閣 영인본의 ≪사고전서≫ 책冊 446). 도주의 ≪도정절년보고이≫는 ≪정절선생집≫의 부록에 보인다(청) 도광道光 20년 간행본. 녹흠립의 ≪도연명사적시문계년≫은 그가 주석한 ≪도연명집≫ 부록에 보인다(중화서국, 1979). 곽은전郭銀田은 ≪전원시인도연명≫ 제4장 〈도연명적생평급기생활陶淵明的生平及其生活〉에서 60세설을 주장하면서, "〈무신세유월중우화戊申歲六月中遇火〉 시에 '총각 때 엄격히 수절을 하였더니 홀연 40에 가깝구나. 몸은 자연을 따라 변화해 가지만 마음은 늘 홀로 한가롭네. ……곽은전 안按, 무신년은 진 안제 4년(408)이고, '홀연 40년이 되는구나奄出四十年'라는 시구로부터 우리는 도연명이 이 해에 최소한 41세라는 것을 단정할 수 있다. 무신년에 41세라고 하면, 위로 추론하면 출생연도는 진 사마혁 태화 3년 무진(368)년이고, 아래로 추정하면 사망연도는 정묘년(427)으로 향년은 60세이다. 이것은 그 자신의 시에 쓰인 연도에 근거해서 계산한 결과(주의할 점은, 이 시의 '무신년'이나 '엄출사십년'은 판본에 있어서 이문異文이 없다)로, 도연명의 시에 나타난 나이를 단정하는데 절대 무너질 수 없는 의견이다. 그런 까닭으로, 이 무너질 수 없는 의견과 양계초가 주장한– 도연명의 수명이 60세에 불과하였다는 설을 대조해보

에도 76세설을 주장하는 이(장연張繽),[2] 51세설을 주장하는 이(오지보吳摯甫),[3] 56세설(양계초梁啓超)[4]과 52세설(고직古直, 뇌의휘賴義輝),[5] 59세설을 주장하는 이(성단聖旦, 등안생鄧安生)[6] 등이 있다. 이 문제를 연구하며 새로

는 상태에서는 양계초의 여러 설이 어떻게 분명히 잘못 되었는지를 말하는 것이다. '무신세'와 '엄출사십년'을 배합하여 추산하면 장연의 주장이 얼마나 웃기는 가를 깨닫게 된다. 가령 '엄출사십년'의 '출'자가 2년이나 혹은 3, 4년을 넘은 시기를 가리키면 도연명의 사망 연도는 역시 61, 62, 63세가 되어버리지 않는가? 그러므로 도연명의 나이는 최소 60세이고, 전통적으로 주장하는 63세라는 설도 아주 큰 가능성이 있다."(대만 ≪계관총서桂冠叢書≫ 8, 41쪽).

2 송 장연張繽 ≪오보변정吳譜辨正≫, 이공환李公煥 ≪전주도연명집箋注陶淵明集≫ 권두, 이씨가 집록한 ≪총론總論≫에 보인다.

3 오지보吳摯甫는 ≪고시초古詩鈔≫ 2권 〈음주 19〉의 주석에서, "'전원에 돌아가다歸田里'는 의희 원년이었고 '향립년向立年'은 30세 좌우이며, '복일기復一紀'는 40세이다. 그러므로 전 장에서 '행행향불혹行行向不惑'이라고 한 것이다. 연보에서 귀향을 41세 때라고 하는 것은 안연지의 〈도정사뢰〉의 '나이 63세로 원가 4년에 사망하였다'에 의거한 것이다. 역으로 추산해 가면, 의희 원년에 41세일 따름이다. 사실 63세는 베껴오면서 글자가 잘못된 것이다. 〈도정사뢰〉에서 '연재중신'이라고 분명히 말하였다. 50이 분명하고 61은 틀린 것이다. 소동파는 〈여자엄등소〉를 임종 시의 작품으로 생각하였다. 소에서 '내 나이 오십이 지났다吾年過五十'고 하여 더욱 확실한 증거로 여겼다. 원가 4년에 나이가 50이 넘었으면 수명이 51세에 그치고 의희 원년에는 29세가 된다. 그러므로 '향립'이 만약 이미 31세라면 '향'자를 쓸 수가 없다. 그러므로 안연지의 〈도정사뢰〉의 '六十三'의 세 자는 잘못된 것이고 마땅히 '五十一'이라고 해야 된다. 〈원시초조시방주부등치구怨詩楚調 示龐主簿鄧治中〉의 '54년을 노력해 왔다儼俛六九年'에서 '六九'자는 역시 잘못된 것이다. 마땅히 다른 판본에 의하면 '50년'이다. 팽택에서 귀향한 때가 의희 원년이고 이 시간을 '복일기復一紀'라 하면, 〈음주〉 시를 지은 때는 마땅히 의희 12, 3년 사이이다."라고 하였다. 무강하씨북평각본武强賀氏北平刻本, 1928년.

4 양계초의 견해는 그의 ≪도연명≫ 부록에 보인다. 상무인서관, 1923년.

5 고직의 의견은 ≪도정절연보≫에 보인다. 1935년, 중화서국, ≪층빙당오종層冰堂五種≫ 본, 뇌의휘賴義輝가 비록 52세설을 주장하였지만, 다만 우연히 고직의 설과 같았지 역시 고직의 고증에는 동의하지 않았다. 그는 달리 〈시작진군참군경곡아始作鎭軍參軍經曲阿〉 시에 근거하여 도연명의 향년을 52세로 추정하였지만 증거가 단순하다. ≪도연명생평사적급기세수신고陶淵明生平事跡及其歲數新考≫, ≪영남학보嶺南學報≫ 제6권 제1기, 1937년 출판.

6 성단聖旦의 주장은 ≪도연명고≫에 보인다. ≪문예월간文藝月刊≫ 제6권 제4기, 1934년 출판. 이 글은 길지 않고 또한 증거의 인용도 보이지 않는다. 그 결론을 기록하자면 다음과 같다. "위에서 예로 들었던 작품연구에서 가장 중요한 것은, 〈신축세칠월부가환강릉야

운 자료를 찾기를 바라는 것은 거의 불가능하지만 만일 엄격한 방법으로
새로이 살피고 진지하게 고증을 하다보면, 비교적 공적으로 인정을 받는
적절한 결론을 얻을 희망이 있을 수도 있을 것이다. 엄격한 방법이라고
하는 것은, 주로 아래의 4가지 방법을 가리킨다.

1. 이미 있는 모든 자료를 체계적으로 정리하고 전반적으로 고찰을 하
   고, 미시적인 부분으로 전체를 해치지 않는다.
2. 향년에 연관된 자료를 신빙성 정도에 따라 등급을 나누는데, 되도록
   등급이 높은 자료를 사용하며, 덜 중요한 자료로 쉽게 중요한 자료를
   부정하지 않도록 한다.
3. 도연명의 작품은 당연히 송대의 각 판본으로 표준을 삼고, 송본
   중에서 서로 다른 부분은 그 간행의 선후를 따져서 선본을 따르도
   록 하며 교정을 하여 바로 잡을 수도 있지만 결코 억지로 고쳐서
   는 안 된다.

행도구辛丑歲七月赴假還江陵夜行塗口〉와 〈무신세유월중우화戊申歲六月中遇火〉 두 시, 〈음
주〉시 제16장의 '세월이 흘러 불혹에 가까웠네行年向不惑', 제 19장의 '이 때에 30세에
가까워是時向立年' 및 '세월이 흘러 다시 12년亭亭復一紀' 세 구는 같이 중요하다. 그러므로
우리들은 단지 이 자료에 의거해야만 도연명이 도대체 어느 해까지 살았는지 고증할 수가
있다. 〈무신세유월중우화〉 시에 의하면, 도연명이 휴가를 얻어 귀향할 때에 지은 것으로
이때는 33세이고 신축辛丑 이전은 경자(400)나 기해(399)이다. 사서史書로 고증하면, 이
때에 도연명이 유뢰의 군막에 있었다면 '한거삼십재閑居三十載' 운운은 무술(398)을 가리
키는 것이 틀림없다. 도주의 ≪도정절연보고이≫도 소홀히 지나쳐 버리고 주의를 기울이
지 않았다. 이에, 후인들은 계속해서 오인하게 되었다. 무술 이전은 정유(397)이고 이때
의 나이는 29세로, 즉 〈음주〉의 '시시향입년是時向立年'이고 다시 정유부터 정미(407)까지
또 一紀를 더하면 39세가 된다. 〈음주〉의 '시년향불혹', '정정복일기'와 딱 맞아 떨어진다.
정미의 뒤가 무신(408)으로 〈무신세유월중우화〉의 '엄출사십년奄出四十年'을 증거로 보면
매우 합치되지 않는가? 만일 우리들이 이러한 연구가 성립된다고 인정하면, 무신년 40세
에 의거해서 역으로 계산해 나가면 곧 증명할 수가 있다. 도연명이 태어난 해는 진제
태화 4년, 기사(369)이고, 송 문제 원가 4년, 정묘(427)에 사망하였으니 향년 59세이다.'
살피건대, 이 의견은 성립되지 않는다. 그 전제로 〈신축세부가환강릉야행도구〉가 33세에
지어진 것이라고 하였는데 논증되지 않은 것으로 전혀 근거가 제시되지 않았다. 전제가
성립되지 않으니 추론은 모두 의미가 없게 되는 것이다. 등안생鄧安生의 의견과 성단의
의견은 같지 않다. ≪도연명연보≫, 1991년, 천진고적출판사.

4. 도연명의 작품을 정확히 이해하는 것을 기초로 하여, 그 작품에 대한 깊은 이해를 가지고 실질적인 향년을 구한다.

본문은 이상의 방법을 운용함으로써, 선입관을 버리고 처음부터 다시 탐색하고 토론하여 비교적 원만한 결론에 이르기를 기대한다.

1. 안연지顔延之의 〈도징사뢰陶徵士誄〉와 심약沈約의 ≪송서宋書·도잠전陶潛傳≫

63세설의 가장 유력한 증거는 심약의 ≪송서宋書·도잠전陶潛傳≫이다. "도잠은 원가元嘉 4년에 사망하였으니 당시 나이 63세이다."[7] 심약의 ≪송서·도잠전≫은 당연히 도연명의 일생을 연구하는데 중요한 근거가 되기는 하지만 반드시 고증을 거쳐야 하며 쉽게 믿어서는 안 된다.

도연명의 향년으로 말하자면, ≪문선文選≫에 실린 안연지顔延之의 〈도징사뢰〉에서 "연세가 약간 드신, 원가 4년 어느 날에 심양현의 모처에서 돌아가셨다."[8] 라고 하여 그의 사망연도만을 언급하고 사망 나이에 대해서는 말하지 않았다. 안연지는 도연명 생전의 절친으로서, 틀림없이 도연명이 죽은 후 오래지 않아 조문을 작성하였을 것이다. 하지만 그도 도연명의 향년에 대하여 의문을 남겨두었는데, 안연지보다 후배인 심약이 어떤 자료를 통하여 알 수 있었겠는가?

≪송서·자서≫에 의하면, 그 글은 제의 영명永明 5년(487) 봄에 칙명을 받아 찬술을 시작하였고 영명 6년(488) 2월에 완성을 하였다. 이때는 도연명이 세상을 떠난 지 이미 61년이 지났으니 그 신뢰도가 안연지의 〈도징사뢰〉보다 떨어질 것이다. 두 자료를 비교하자면 차라리 안연지의 〈도징사뢰〉를 믿을지언정 심약의 ≪송서·도잠전≫은 의심이 든다.

---

7 ≪송서≫ 93권, 2286쪽, 중화서국점교본, 1974.
8 ≪문선≫ 57권, 순희淳熙 8년 우무각본尤袤刻本, 중화서국영인, 1974.

≪송서≫를 완성한 시간은 겨우 1년으로 문제가 없다고 보증하기는 어렵다. 베끼며 간행하는 과정에서 또 약간의 착오가 더해질 수 있었다. 양계초 선생은 ≪도연명연보陶淵明年譜≫에서 먼저 도연명의 향년에 대한 기록이 잘못되었음을 지적하였다. 이처럼 대담하게 의문을 갖는 정신은 존경할만 하다.

비록 양계초가 주창한 도연명의 향년이 56세라는 설은 주관적이고 견강 부회하는 점이 많아서 다른 사람을 설득하기 어렵지만 도연명의 시문 중의 내적 증거를 운용하는 것을 중시한 점은 취할 만하다. 양계초가 주창한 56세설을 학계에서는 받아들일 수 없었기 때문에, ≪송서≫를 맹목적으로 믿지 않고 시에서 내적 증거를 찾는 이러한 태도조차도 응당 받아야 할 대접 을 받지 못했다. 이 때문에 ≪송서≫에 기록된 향년 63세설은 여전히 의심 받지 않았다.

이에 내 자신이 연구하며 예를 들어 설명했던, ≪송서≫에 기록된 인물들 의 향년이 대체로 의심스럽고 착오가 있다는 생각을 가지고 ≪송서≫에서 도연명의 향년이 63세라고 하는 것이 결코 움직일 수 없는 확정된 결론이 아님을 증명하겠다.

≪송서≫ 93권 ≪뇌차종전雷次宗傳≫을 보면, "(원가)25년(448) 종산에서 사망하였다. 당시 나이 63세이다."[9] 이로써 추산해 보자면, 그의 출생은 진 태원太元 11년(386)이다. 그러나 같은 전기의 뇌차종 〈여자질서與子侄書〉의 내용으로 추산하면 그의 생년과 향년이 ≪송서≫의 기록과 차이가 매우 크다.

〈여자질서〉에 다음과 같은 내용이 있다. "20세의 나이에 몸을 여산에 의 탁하며 불교의 스님을 섬기었다.…… 도풍을 일상으로 삼은지 20여년에, 뛰 어난 학자들도 이미 고인이 되고 좋은 친구들도 사라지니, 계속하여 천리를 어기며 곤고하게 지내었다. 예전에 진실로 원했던 것들이 하루아침에 사라

---

9 중화서국배인본, 2294쪽, 1974.

지니 마음이 황황하고 뜻도 쇠하여서 마침내 너희들과 함께 전원으로 돌아와 농사를 짓고, 산과 계곡에 은거하며 살아가니 인간사와 단절된 지 오래다. 시간이 흘러 홀연히 다시 10년이 지나니 보잘 것 없는 나의 나이가 이미 50을 넘었구나."

이것으로 뇌차종이 20세에 여산에 들어가 혜원대사를 섬기며 지낸지 20여년 후에 혜원대사가 입적하였다는 것을 알 수 있다. 혜원대사가 입적한 해는 고증이 가능한데, 사령운의 〈여산혜원법사뢰병서廬山慧遠法師誄並序〉에 혜원의 입적년은 의희義熙 13년(417)이라 하였다.[10] 양나라 혜교慧皎의 《고승전高僧傳》 6권 〈진여산석혜원晉廬山釋慧遠〉,[11] 《세설신어世說新語》유효표주劉孝標注에서 인용한 장야張野의 〈원법사명遠法師銘〉[12]에는 의희 12년(416)으로 기록되어 그 차이가 단지 1년뿐이다.

혜원대사가 죽은 해(416년 설을 취함)는 우리들이 뇌차종의 출생연도와 향년을 추정하는 중요한 근거가 된다. 혜원이 입적한 연도와 뇌차종의 《여자질서》에 기록된 그 본인의 행적을 근거로 보면, 3가지 방법으로 그의 출생연도를 추정해 볼 수 있다. 추정의 결과로는, 《송서宋書·뇌차종전雷次宗傳》에 기록된 그의 출생 연도 및 향년은 매우 의심을 살 만하다.

제1의 계산법은 만일 《송서》에 기록된 뇌차종의 출생연도가 정확하다면, 20세에 여산에 들어갔으니 당시는 진 의희 원년(405)이다. 그 뒤 20여년 후에 혜원대사가 사망하였으니 이 20여년을 만약 21년을 가리키는 것으로 치면 송대의 원가元嘉 2년(425)이 되고, 만약에 26년으로 치면 원가 7년(430)이 되니, 모두 혜원의 실제 사망연도(416)와 차이가 자못 크다. 만일 혜원의 사망연도를 뇌차종의 46세로 여기면, 그 출

---

10 《사령운집교주》, 263쪽, 고소백顧紹柏, 중주고적출판사, 1987.
11 탕용동교주본湯用彤校注本, 211쪽, 중화서국, 1992.
12 《세설신어·문학》여가석전소본餘嘉錫箋疏本, 240쪽, 중화서국, 1983.

생연도는 진의 태화太和 6년(371)이다. ≪송서·뇌차종전≫에 기록된 출생연도와도 차이가 너무 크다.

제2의 계산법은, ≪고승전高僧傳≫ 6권 〈진여산석혜원晉廬山釋慧遠〉에서, "팽성彭城의 유유민劉遺民, 예장豫章의 뇌차종雷次宗, 안문雁門의 주속지周續之, 신채新蔡의 필영지畢穎之, 남양南陽의 종병宗炳, 장채민張萊民, 장계석張季碩 등이 세상의 영화를 버리고 혜원을 따라 수행을 하였다. 혜원이 이에 정사의 무량수불상 앞에 제를 올릴 수 있는 방을 짓고 서원을 하여 우리 모두 서방정토에 가기를 기약하며 유유민에게 서원문을 작성하도록 하였으니, '해는 원흥元興 1년(402) 7월 28일로, 법사인 혜원이 바로 오묘함을 느껴 가슴에 품은 생각을 특별히 드러냈다. 뜻을 함께 하고 불법을 믿으며 믿음을 굳건히 한 명사들 123명으로 하여금 여산의 남쪽에 모이도록 하여, 반야대 정사의 아미타불상 앞에서 향과 꽃을 경건히 올리며 서원을 하였다.' "[13]

≪이아爾雅·석천釋天, 제8세양第八歲陽≫에서, "태세太歲가 인寅에 있어서 섭제격攝提格이라 한다."[14]고 했다. 혜원이 재齋를 지어서 서원을 빌던 때가 진의 안제安帝 원흥 1년(402)이다. 뇌차종의 〈여자질서〉에 근거하여, 그가 20세에 여산에 들어가 혜원의 발원에 참여한 때가 바로 이 해이면 그의 출생은 태원 5년(380)이니 ≪송서≫와 기록이 맞지 않는다. 만약에 ≪송서·뇌차종전≫에 기록된 출생연도를 믿는다면, 그가 혜원 등의 발원에 참가한 이 해에 그는 겨우 17세이다. 나이와 연도가 서로 맞지 않는다.

제3의 계산법은, 〈여자질서〉에 혜원이 죽은 뒤 "좋은 친구들은 모두 죽었는데도 계속하여 천리를 어기며 곤고하게 살았다. 예전에 진실로 원했던 것들이 하루아침에 사라졌구나." 이에 "아들과 조카를 끌고 전원에 돌아가 농사를 지었다." '연이어續'라 하였으니 혜원이 죽은 지 얼마 되지 않아서일 것이다. 2년 정도로 추산하면, 그 해는 418년이다. 또 10년이 지나 송 원가 5년(428)이 되면 뇌차종은 이미 지천명知天命을 넘게 된다. 지천명이 넘었

---

13 중화서국교주본, 214쪽, 1992.
14 ≪사부총간四部叢刊≫ 본.

다는 것을 만약 51세로 계산한다면 진의 태원 3년(378)이고, 56세로 계산하면 그의 출생 연도는 마땅히 진의 영강 1년(373)이다. 이 모두 ≪송서·뇌차종전≫에 기록된 출생연도(386)와 차가 매우 크다.

이상의 세 가지 계산법으로 얻어낸 결론에 따르면 뇌차종의 출생연도는 371년과 380년 사이이다. ≪송서≫에 기록된 뇌차종의 사망연도는 원가元嘉 25년(448)인데 잘못 기록되지는 않았을 것이다. 왜냐하면, 원가 25년에 뇌차종을 산기시랑으로 임명하였으니 그의 사망연도가 이보다 이를 리 없기 때문이다. 원가 25년으로 계산하면, 그의 향년은 마땅히 69세와 78세의 사이로 ≪송서≫에 기록된 63세는 아닐 것이다.

결론적으로, 어떤 방법을 가지고 계산하든지 ≪송서≫에 기록된 뇌차종의 향년은 모두 심히 의심을 살만하다. ≪남사南史≫ 25권 ≪뇌차종전≫에, "원가 25년 종산鍾山에서 사망하였다"[15]고 하였다. 그의 향년이 얼마인지 언급하지 않았으니 더욱 신중한 태도라 하겠다.

심약의 ≪송서≫ 중에서 인물의 향년에 대한 오류가 뇌차종 한 예만 있는 것이 아니다.

≪송서≫ 47권 〈맹회옥전孟懷玉傳〉의 그 아우인 ≪맹용부전孟龍符傳≫에도, "고조가 광고廣固를 치는데 용부로 거기참군에다가 용양장군, 광천태수를 더하여 제수하시고 보병과 기병을 통괄하여 선봉이 되도록 하였다. …… 중과부적으로 마침내 살해를 당하였으니 당시 나이 33세이다."[16] 장삼해張森楷의 교감기校勘記에, "용부는 회옥의 아우이다. 회옥은 의희 11년에 사망하였고 당시 나이는 31세이다. 용부는 남연南燕을 치다가 사망하였으며 더구나 6년 전의 일이었으니 당연히 33세는 아니고 아마도 22세의 잘못일 것이다."[17]

또 ≪송서≫ 66권 〈왕경홍전王敬弘傳〉에, "원가 23년에 원가 26년의 관직

---

15 중화서국점교본, 1868쪽.
16 중화서국점교본, 1408쪽.
17 같은 책, 1419쪽.

을 다시 받게 되자 표를 올려, '…… 나이가 90을 향하니 생존의 희망이 거의 없습니다.……' 다음 해에 여항의 사정산에서 죽었으니 당시 나이는 80세이다.[18] ≪남사≫에는 '88세'라고 되어있다."[19]고 했다. 장삼해는 ≪교감기≫에서, "내 의견으로는 왕경홍이 표를 올리며 자신이 90세를 향하고 있다고 하였으니 마땅히 ≪남사≫가 옳다."[20]고 하였다.

또 ≪송서≫ 72권 〈시안황휴인전始安王休仁傳〉에는, "그 밤에 사람을 보내어 휴인에게 약을 하사하여 죽도록 하였다. 당시 나이는 39세이다."[21] 손반孫彪의 ≪송서고론宋書考論≫에는, "마땅히 29세가 옳다."고 하였다. 중화서국점교본 ≪교감기≫에는, "내 의견으로는 명의 황제는 휴인의 형이다. 같은 해에 명제가 돌아가셨는데 34세이다. 휴인은 아우로 39세가 될 수 없다. 아마도 29세가 옳을 것이다."[22]라고 했다.

또≪송서≫ 78권 〈소사화전蕭思話傳〉에, "효건 2년에 돌아가셨다. 당시 나이는 50세이다."[23]라고 했다. 〈전본고증殿本考證〉에 "내 의견으로는, 사화는 18세에 낭야왕 대사마행참군을 제수 받았고, 1년이 지나서 아버지 원이 돌아가셨으니 이때가 영초永初 원년이다. 원가元嘉 5년에 이르러 청주자사에 임명되었으니 27세의 나이가 옳다. 원가 6년 을사로부터 효건 2년 을미까지 27년이 지났다. 사화가 죽을 때의 나이는 54세였다. 지금 50 운운 하는 것은 아마도 '4'자가 빠져서일 것이다."라고 했다.

손반孫彪의 ≪송서고론≫에, "나의 의견으로는, 사화가 청주자사로 임명되었을 때가, 본기에 의하자면 실제로 원가 3년이고 나이는 27세이다. 만약 원가 5년에 나이가 27세였다면, 그의 나이 18세 때는 마땅히 진의 공제

---

18 같은 책, 1731쪽.
19 ≪남사≫ 24권, 〈왕유지전王裕之傳〉, 650쪽(유의 자는 경홍敬弘), ≪송서≫에서 고조의 휘를 피하여 자를 사용하였다. 중화서국점교본.
20 ≪송서≫ 66권, 1739쪽, 중화서국점교본.
21 ≪송서≫, 1873쪽, 중화서국점교본.
22 ≪송서≫, 1888쪽, 중화서국점교본.
23 ≪송서≫, 2016쪽, 중화서국점교본.

원희元熙 원년이고 낭야왕은 이미 황제가 되었을 때인데 어떻게 스스로 낭야왕 대사마참군을 제수받겠는가? 이로써 추정한다면, 사화의 사망 나이는 56세이다."라고 했다.

중화서국점교본의 《교감기》에, "내 의견으로는, 〈문제기文帝紀〉에 의하여 사화가 원가 3년에 청주자사에 임명되었다는 것이 옳고, 원가 5년에 청주자사에 임명되었다고 전해지는 것은 잘못된 것이다. 원가 3년에 사화의 나이가 27세였다면 그의 사망 시 나이는 마땅히 56세이고 50세나 54세는 옳지 않다."[24]라고 했다.

위에 서술한 것 같이, 《송서》에 기록된 인물들의 향년 문제가 이렇게 많으니 〈도잠전〉에 기록된 향년을 어찌 반드시 믿을 수 있겠는가? 종실이나 고관의 향년도 오기가 있는데 뇌차종이나 도연명과 같은 은사들의 향년은 반드시 더욱 의심해야 한다. 심약의 《송서》에 기록된 도연명의 향년이 결코 결정적인 것이 아니라면, 당연히 믿을만한 증거를 찾아서 더욱 믿음이 가는 결론을 내려야 할 것이다. 만일 도연명의 생전 친구인 안연지가 당시에 지은 〈도징사뢰陶徵士誄〉를 믿지 않고, 또 도연명의 시문이 제공하는 믿을만한 내적 증거를 살피지 않으면서, 《송서》에 기록된 향년 63세설을 고집스럽게 믿으면서 이 기록과 맞지 않으면 곧 문자를 고치거나 자료를 곡해하는 것은 아마도 엄격한 태도가 아닐 것이다.

이러한 가능성이 있지 않을까? 안연지의 〈도징사뢰〉가 소명태자에 의해 《문선》에 수록될 때 나이는 결코 중요하지 않다하여 63세를 '약간'이란 단어로 간략화하지 않았을까? 이것은 불가능할 것이다. 왜냐하면 '63세'를 '약간'으로 고치는 것은 겨우 1자를 생략하는 것인데 필획은 도리어 3획을 증가시키는 것이다. 아울러 향년은 결코 중요하지 않은 문구가 아니다. 《문선》에 수록된 대부분의 뇌문誄文은 향년을 기록하고 있다. 반안인潘安仁의 〈양중무뢰楊仲武誄〉 같은 것은, "29세가 되시던 원강元康 9년 여름 5월 기해

---

24 《송서》, 2022쪽, 중화서국점교본.

에 돌아가셨다."[25]라고 했다. 반안인의 〈하후상시뢰夏侯常侍誄〉는, "49세로 원강 원년 여름 5월 임진에 와병으로 돌아가시다."[26]라고 했다. 나이를 설명했을 뿐만 아니라 사망한 달과 날까지 기록하고 있다. 안연지와 동시대인 사령운이 쓴 〈여산혜원법사뢰廬山慧遠法師誄〉 역시, "84세 의희 13년 가을 8월 6일 돌아가셨다."고 명백히 말하고 있다.[27] 안연지의 〈도징사뢰〉가 도연명의 나이를 말하지 않았던 것은 결코 간략히 기술한 것이 아니라 확실히 알지 못하고 있었음을 알 수 있다.

《남사》는 비록 《송서》의 뒤에 편찬되었지만 《도잠전》은 도리어 《송서》를 그대로 따르지 않았고, 《남사》는 도연명의 사망연도만을 기록하였지 도연명의 향년은 기록하지 아니하였으니,[28] 기록하는 태도가 더욱 신중하다. 《연사고현전蓮社高賢傳》의 편찬연대는 고증을 필요로 하고, 《도잠전》 역시 사망연도만을 기록하고 향년은 기록하지 않았다.[29] 소명태자의 《도연명전》은 증집본 《도연명집》 부록에 보이는 것으로, 비록 "당시 나이가 63세이다"라는 말이 있지만, 교정기록에는 "일설에 63이라는 문자가 없다"[30]고 하였다. 이 모두 주의할만한 하다.

몇 가지 더 반드시 설명해야 한다. 급고각장汲古閣藏본 《도연명집》 10권 및 그 이후의 몇몇 도연명집에 부록으로 수록된 〈정절정사뢰〉에는 "연세가 63세이다."라는 말이 있었다. 그러나 《문선》에 기록된 〈도징사뢰〉에는 향년이 없었다. 우리들은 《문선》을 믿어야 할까 아니면 《도연명집》의 부록을 믿어야 하는가? 당연히 전자를 믿어야 한다. 왜냐하면 《도연명집》의 부록인 〈정절정사뢰〉 중의 향년은 아마도 《송서》를 근거로 기록을 첨가하였을 것이다. 《문선》에 수록된 〈도징사뢰〉가 '나이 63'이라는 기록을

---

25 《문선》 56권.
26 《같은 책》 57권.
27 《사령운집교주》, 263쪽, 고소백顧紹柏.
28 《남사》 75권, 〈도잠전〉.
29 《설부說郛》 완위산당본宛委山堂本, 75권, 2669쪽, 상해고적출판사영인본, 1988.
30 광서간영간송본.

삭제할 가능성은 근본적으로 없었다. 당연히 ≪문선≫으로만 표준을 삼아야 한다. 이는 긍정할 수 있는 것이다.

송운빈宋雲彬선생은 도연명의 향년 문제를 논하면서, "도연명의 63세설은 겨우 심약의 ≪송서≫에만 보일 뿐 대체로 명확한 근거가 없다. 안연지의 〈도징사뢰〉도 다만 '춘추 약간'이라 하였고, 소통이 수록한 ≪문선≫에도 '춘추 63'이라는 문자가 있는데 후대의 사람들이 ≪송서≫를 근거로 고친 것이다."[31]고 하였다. 그가 논술한 것이 매우 옳다.

2. 〈유사천遊斜川〉 및 그 이문異文

위에서 언급한대로 도연명의 향년을 고증하려면 당연히 관계된 자료를 중요한 정도에 따라 등급을 나누어야지, 경중을 따지지 않고 제멋대로 사용을 해서는 안 된다. 더군다나 2등급의 자료로 1등급의 자료를 부정해서도 안 된다. 각종의 자료 중에서 가장 중요한 것은 도연명 자신의 시문이고, 그 다음은 도연명 생전의 친구들이 서술한 것이며, 그 다음은 후인들의 의견이다. 본문의 제 1부분은 안연지의 〈도징사뢰〉를 받아들이고 심약의 ≪송서·도잠전≫을 버렸다. ≪송서≫에 기록한 인물의 향년이 완전히 믿을만하지 못하였기 때문만이 아니라 역시 두 자료의 중요성이 본래 동등하지 않았기 때문이다.

1등급의 자료 중에서도 중요성은 역시 다르다. 어떤 것은 직접 그 향년을 증명할 수 있는 것이 있고, 어떤 것은 간접적인 참고 자료로만 사용할 수 있는 것이 있다. 우리는 당연히 가장 먼저 최고로 중요한 자료를 살펴야 한다. 이러한 자료로는 다만 〈유사천〉이 있을 뿐이다. 이 시의 전문은 아래와 같다.

---

31 ≪신중화≫ 복간, 제6권 제3기.

신축년 정월 5일에 날씨는 화창하고 따스하며 풍광도 한가롭고 아름답다.
두 세 명의 이웃과 사천을 노닐었다. 긴 강가에서 증성을 바라보는데 석양
속에서 방어와 잉어가 뛰어오르고 물오리는 따스한 바람을 타고 오르내린다.
저 남쪽의 여산은 오래 전부터 이름이 있었으니 다시 소재삼아 시를 짓고
싶지는 않다. 아 저 증성은 평지와 늪 가운데 우뚝 솟아 수려하다. 멀리 곤륜
산의 증성을 생각하니 아름다운 이름이 사랑스럽구나. 증성에 대한 감흥을
이기지 못하여 시를 지어 정회를 드러낸다. 세월이 다시 돌아오지 않음을
슬퍼하고 나의 생이 머물지 못함을 애도하노라. 각기 나이와 적관을 기록하
여 오늘의 시간을 기념한다.辛丑正月五日, 天氣澄和, 風物閑美. 與二三鄰曲, 同遊
斜川. 臨長流, 望曾城, 魴鯉躍鱗於將夕, 水鷗乘和以翻飛. 彼南阜者, 名實舊矣, 不復乃
爲嗟歎. 若夫曾城, 傍無依接, 獨秀中皐. 遙想靈山, 有愛嘉名. 欣對不足, 率爾賦詩. 各
疏年紀鄕里, 以記其時日.

새해 지나 벌써 50開歲倏五十,
나의 삶도 장차 끝나려 하네吾生行歸休. 悲日月之遂往, 悼吾年之不留.
생각하니 안으로 감정이 격해지는데念之動中懷,
좋은 때를 만났으니 유람이나 가보자及辰爲兹遊.
날씨는 화창하고 하늘은 씻은 듯이 맑은데氣和天惟澄,
차례대로 아득한 강가에 앉았다班坐依遠流.
느릿느릿 흐르는 물에 아름다운 방어 뛰놀고弱湍馳文魴,
텅 빈 계곡에는 물오리가 높이 날며 우는구나閑谷矯鳴鷗.

너른 호수에 제멋대로 눈을 두고迥澤散遊目,
아득히 증성을 그윽히 바라본다緬然睇曾丘.
곤륜의 첩첩 증성처럼 빼어나지는 않지만雖微九重秀,
이리 저리 보아도 대적할만한 산이 없구나顧瞻無匹儔.
술잔을 들어 친구들에게 가득 따르며提壺接賓侶,
서로 서로 술을 권한다引滿更獻酬.
이제부터 어디로 가는지 모르겠지만未知從今去,
다시 이와 같은 날이 있을까當復如此不?
술기운이 올라 호탕한 심정을 풀어내니中觴縱遙情,
천년의 근심도 잊는구나忘彼千載憂.
오늘의 즐거움을 다하세且極今朝樂,
내일이야 내 소관이 아닐세明日非所求.[32]

서문 앞머리에는 신축년 정월 5일이라 하고, 시의 첫 구에는 '새해 들어 벌써 50'이라 하였으니 신축년에 50세이고 원가元嘉 4년(정묘)에 사망한 것으로, 본래 도연명의 향년을 76세로 단정할 수 있는 것이다. 장연張縯은 바로 이렇게 추산하였으니, 그는 "선생은 신축년의 〈유사천〉이라는 시에서 새해에는 홀연 50세라 하였다. 만약 시를 증빙자료로 삼는다면 선생은 임자년에 태어났다. 임자년에서 신축년은 50년이 된다. 정묘년에 사망하였으니 76세를 사신 것이다."[33]

그러나 일이란 것이 이처럼 간단한 것은 아니다. 왜냐하면 이문異文(역주 : 판본에 따라 글자가 다른 것)이 있으니, '신축辛丑'은 '신유辛酉'라고 되어있고, '五十'은 '五日'로 되어 있다. 어느 의견을 따르거나 큰 문제가 된다. 장연은 단지 '신축'과 '오십 세'에 근거해서 바로 도연명의 향년이 76세라고 설명하였으니 이문에 대해서는 살피지 않은 것이다. 이 의견은 또 심약의 《송서·도잠전》과도 달라서 사람들에게 가장 홀대받는 것이다. 내가 아는 바로는 선인들 중에서는 겨우 청대의 황장黃璋과 채현蔡顯만이 그 설을 따르긴 했지만 새롭고도 유력한 증거는 없었다. 황장의 의견은 도주의 《도정절연보고이》에서 이미 언급은 하였으나 인용하여 기술하지는 않아서[34] 상세한 것은 알 수 없다.

채현은 "《도연명집》의 신축 〈유사천〉 시에서, '새해에 홀연 50'은 진의 안제安帝 융안隆安 5년이다. 송의 문제 원가 4년 정묘에 사망하였으니 당연히 76세를 사셨다. 만약 '五十'을 '五日'로 고친다면 아래에서 당연히 '나의 일생 이제는 끝나려 하네.' 하지는 않았을 것이다. 서문에서 "세월이 가는 것을 슬퍼하고 나의 삶이 머무르지 않는 것을 애도한다. 각기 나이와 적관을 기록하여 오늘을 기념하고자 한다."고 하였으니 아직 나이 40에 이르지 아니한 사람의 말투는 아니다. 시 〈영목榮木〉에서도 "40세가 되어서도 그의

32 《동파선생화도시東坡先生和陶詩》본, 급고각장10권본汲古閣藏十卷本.
33 이공환전주李公煥箋注 《도연명집·총론》인, 《사부총간》본.
34 《연보고이상年譜考異上》 제2책, 15쪽, 문학고적간행사, 1955.

이름이 들리지 않으면, 이러한 사람은 두려워할 필요가 없다."를 인용하였으니 나이가 꼭 40은 아니다. 실제로 말하자면, 갑진甲辰(干支의 41번 째)으로 곳곳이 억지로 꿰맞추었으니 문제가 생긴 것이다. 자서自序를 믿지 아니하고 안연지의 〈도징사뢰〉에만 의거하니 어찌 그럴 수 있는가?

〈귀거래혜사서〉의 후서에 '을사년 11월이다'라 기록하였는데 이때는 안제 의희 원년(405)으로, 도연명의 나이는 당연히 54세이다. 〈여자엄등소與子儼等疏〉에, "내 나이 50이 지났는데 어려서 가난에 괴로워하였으며 매번 가세가 기울면 동서로 떠돌아 다녔다. 성품은 강직하고 재능은 졸렬해서 밖의 세상과 늘 다투었다. 스스로 자기만을 위하여 계산하였기에 세속에 화를 뿌렸으며, 세상을 멀리하려 하면서 너희들로 하여금 춥고 배고프게 하였다." 운운하였는데, 어떤 사람들은 '50'을 '30'으로 고쳐서 갑진甲辰을 맞추려고 하니 가소롭다.

〈신축칠월부가환강릉야행도구辛丑七月赴假還江陵夜行塗口〉에, "한가로이 30년을 지내며 마침내는 세속과 단절하였다."고 하였는데 만약 나이가 37세라고 하면 말이 안 된다. 〈무신세유월중우화戊申歲六月中遇火〉에서 "총각 때부터 고절을 바랐더니, 홀연 40년이 지났구나." 을사乙巳년에 전원으로 돌아갔으니 무신戊申년에는 50세이다. 장연은 "시를 증거로 삼으면 선생은 임자년에 태어났다. 임자년에서 신축년 까지는 50년이 된다. 정묘년에 사망하였으니 76세를 사셨다."[35]고 하였다. 요즘 사람으로 아직까지 글을 지어 장연의 의견에 찬성을 하는 사람은 보지 못하였다. 위에서 기술한 것으로 아주 중요한 두 곳이 모두 이문이 있으니 반드시 판본학과 교감학의 시각에서 논증을 하여 취사를 결정할 필요가 있으며, 그 결과를 가지고 도연명의 향년을 고증해야 설득력이 있을 것이다.

먼저 몇 종의 송각본 도연명집의 상황을 고찰해 보자. 일본인 하시가와 도끼오橋川時雄의 ≪도집판본원류고陶集版本源流考≫[36]와 곽소우郭紹虞의

---

35 ≪한어한한록閑漁閑閑錄≫ 1권, 가업당각본嘉業堂刻本.
36 일본문자동맹사간본日本文字同盟社刊本, 1931.

≪도집고변陶集考辨≫[37]을 참고하고 내 자신이 조사했던 것을 더하여 아래와 같이 간략히 서술하겠다.

급고각장汲古閣藏 ≪도연명집≫ 10권. 처음에 모진毛晉의 급고각에서 보관하다가 다음에 황비열黃丕烈의 사례거士禮居, 그 다음에는 양이증楊以增의 해원각에서 보존하였다가 양소화楊紹和의 ≪영서우록楹書隅錄≫에서 정해졌으니 북송본이다.[38] 또 주숙도周叔弢에게 갔다. 지금 북경도서관의 장서는 바로 주숙도가 기증한 것이다. 교천시옹과 곽소우가 정한 것은 모두 남송본이나 그들은 결코 이 서적의 원본은 보지를 못했다. ≪북경도서관선본서목≫이 정한 것은 송각체수본宋刻遞修本이다. 요즘에 북경도서관의 소장본을 보면 책 말미에 증굉曾紘의 ≪설說≫에서 "친구 범원희範元羲가 의양태수가 간행한 도연명집을 보내주었기에, 옛 것을 좋아하는 우아한 뜻을 보여주려 문득 글을 써서 남긴다. 선화宣和 6년(1124) 7월 15일 증굉이 쓰고 간행하였다."고 하였다.

증집본(曾集本) ≪도연명집≫의 〈독산해경讀山海經〉 아래에 증굉의 ≪설≫을 인용한 부분에는 '간刊'자가 없다. 세세히 따져보니 '간'자는 덧붙인 것으로 증굉은 결코 도연명집을 간행한 사실이 없었다. 그는 단지 의양태수가 도연명집을 간행하였기에 한 통의 편지를 써서 범원희에게 보냈을 따름이다. 의양태수가 원래 간행한 도연명집은 증굉이 편지를 쓰기 전에 이미 간행을 완료한 것으로, 이 책은 의심의 여지없이 북송본이다. 북경도서관의 금장본으로 증굉의 ≪설≫이 붙어있는 이 판본이 책의 말미에 선화 6년 증굉이 쓴 ≪설≫이라는 것이 있었다면 간행한 연대의 상한선이 1124년보다 이를 수는 없다.

가장 주의해야 할 점은 증굉이 쓴 ≪설≫의 글자체와 도연명 시문의 글자체가 확연히 다르다는 것이다. 왜냐하면 도연명의 시문이 더 일찍 간행되었

---

37 ≪연경학보燕京學報≫ 제20기.
38 (청) ≪영서우록초편楹書隅錄初編≫ 4권, 양소화楊紹和, 중화서국영인본, ≪청인서목제발총간≫ 3, 1990.

을 가능성이 있고, 증굉의 ≪설≫은 뒤에 추가로 새겨졌을 것이다. 선화 6년은 송 멸망과 단지 2년 반의 시간이 있을 뿐이었다. 보각補刻한 시간은 아마 북송 말이고 역시 이미 남송 시대가 도래하였을 것이다. 다만 급고각의 이 장서는 그 문장으로 말하자면 아마도 북송 때 새겼을 것이다. 결론적으로, 어찌되었던 이것은 특별히 중요시하여야 할 판본이다.

소흥본紹興本 ≪도연명집≫ 10권. 소체대자蘇體大字. 문가文嘉는 이 책이 소식이 친히 쓴 글씨라고 하였다.[39] 아마 확정 짓기는 어려울 것 같다. 이 책은 무명씨가 소흥 10년(1140) 발跋을 써서 "삼가 근래에 선생의 문집을 얻었으니 여러 현자들이 교정한 것입니다. 나무에 판각을 하였으니 영원히 전해지리라 "하였고, 소식에 대해서는 분명한 언급이 없다. 역시 여러 현인들이 누구인지에 대해서도 설명이 없다. 그러므로 다만 소흥시기에 간행된 것으로는 볼 수 있지만 소식이 손수 써서 간행한 것인지는 확정하기 어렵다. 호자胡仔의 ≪초계어은총화苕溪漁隱叢話≫후집 3권에, "우리 집에 ≪정절문집靖節文集≫이 있는데, 바로 선화 4년(1122년)에 왕중량王仲良이 지신양知信陽으로 있을 때에 새긴 것으로 글자가 커서 노안에 편리하였다. 자획은 소동파의 서체를 배워 그 신묘함을 모아 책을 만들었는데 특별히 사랑스럽다."[40]고 하였다. 왕중량의 선화본은 이미 전하지 않고 이 소흥본은 아마 그 복간본이 아닐까 한다.

증집曾集이 편찬한 ≪도연명문집≫ 2책은 분권을 하지 아니하였고, 책의 말미에 증집 자신이 쓴 제기題記에 의하면, 송 소희紹熙 임자년(1192)에 간행한 것을 알 수 있다. 제기에서는, "본인이 삼가 스스로 헤아리지 아니하고 시문을 그대로 베껴서 한 권으로 만들고 그 권제卷第와 저 ≪오효전五孝傳≫ 이하 사팔목≪四八目≫ 잡저를 제거하였다." 하였으니, 이 책은 매우 강한 개인적 견해를 가지고 있으며, 증집이 중간하는 과정을 거친 판본임을 알 수 있다.

---

39 (청) ≪초학집≫ 85권 ≪발동파서도연명집跋東坡書陶淵明集≫, 전겸익錢謙益.
40 ≪후집後集≫ 요덕명교점본廖德明校點本, 21쪽, 인민문학출판사, 1962.

탕한湯漢의 ≪도정절선생시주≫ 4권. 구설舊說로는 권두에 순우淳祐 초원初元(1241) 탕한자서가 있고, 순우淳祐 원년에 새긴 판본이라 하였다. 진행진陳杏珍여사는 상세하게 고증을 한 이후에, 함순鹹淳 원년(1265) 전후의 각본이라 여겼다.[41] 간행연대를 24년 뒤로 물린 것이다. 탕한의 주석본은 시만을 수록하고 문장은 수록하지 않아서 단지 4권만 있다. 탕한은 주석을 하는 동시에 아마도 교감을 하였을 수 있다. 이 때문에 그의 주석본 역시 주관적 견해를 띠고 있다.

이상 도연명집 판본에 대하여 설명한 것은 〈유사천〉의 이문을 교감하기 위해서이다. 이제는 문제의 본질로 돌아가 보자. 바로 내가 보았던 4종의 송본 도연명집, 〈유사천〉의 정문(서문과 시를 포함)은 탕한의 주석본 이외에는 모두 '신축세정월오일辛丑歲正月五日'과 '개세숙오십開歲倏五十'으로 되어 있다. 다만 탕한의 주석본은 서문에 '신축'이라 쓰고 시에는 '오일五日'이라고 썼다. 급고각장본과 증집본은 모두 한 편으로는 '일작유一作酉', '일작일一作日'이라는 교감 기록이 있으나 소흥본은 바로 '신축', '오십' 이라고만 하고 이문조차도 없다.

송본의 도연명집 이외에도 대만의 중앙도서관에서 소장하고 있는 황주黃州 간행본인 ≪동파선생화도연명시東坡先生和陶淵明詩≫ 4권이 있는데 이 또한 주목할 가치가 있다. 대만의 국립중앙도서관의 선본서목은 이 책을 '송경원간宋慶元間(1195~1200)황주간본黃州刊本'이라고 하였다. 유상영劉尙榮의 고증에 의하면, '이 책은 원래 북송의 말기(송宋 흠종欽宗 때)'에 간행된 것으로 뒤에 남송 순희淳熙 7년 경자(1180)에 1차 판각을 수리하여 다시 간행하였으며, 또, 경원慶元 원년 을묘(1195)에 재차 판본을 보수하여 인쇄하였다. 전후로 70년이니 남북송시대의 베스트셀러 중 하나였다고 말할 수 있겠다.[42] 이 중요한 판본 안에 〈유사천〉 서문은 '신축세'라 쓰고, 시에서는

---

41 영인송본 〈도정절선생시주〉 ≪影印宋本 〈陶靖節先生詩注〉≫, 중화서국영인본부附, 1988.
42 ≪송간 〈동파화도시〉 약설≫, ≪문사≫ 제15집.

'오십'이라고 하였으며 이문은 없었다.

재미있는 것은 이공환李公煥의 《전주도연명집箋注陶淵明集》 10권이 제공하는 실마리이다. 이 서적은 상무인서관의 《사부총간四部叢刊》에 수록되어 있는데, 들리는 말로는 상해의 함분루에서 소장하고 있는 송본·원대에 복제한 판본을 인쇄한 것이라 한다. 이 이외에도 여러 판본이 있는데, 곽소우가 《도집고변陶集考辨》에서 일찍이 모두 언급하였다. 곽소우는, "오작吳焯의 《발跋》에서, '이 책은 송대의 여러 사람들의 논평과 주석을 망라하여 순우(淳祐: 1241년~1252년)중에 중앙 관청에서 새긴 것으로, 당시에는 《옥당본玉堂本》이라고 불리었다.'고 하였는데, 이 말에 근거가 있는지는 모르겠다. 만일 이 말이 정확하다면, 전주箋注는 원래 송대 사람이 모아서 집록한 것으로부터 출현하였고 이공환이 모아서 기록한 것으로 총론 1권에 불과할 따름이다"고 하였다.

나는 일찍이 이 판본과 탕한의 주석본을 상세하게 비교한 적이 있었는데, 이공환의 전주본은 분명히 탕한 주석본을 확충한 것이고 탕환 주석본 이외에 또 여러 사람의 평론과 주석을 수집한 것이다. 오작은 "순우 중에 중앙 관청에서 새긴 것이다."라고 하였는데 분명히 확실한 것은 아니다. 왜냐하면 탕한의 주석본은 함순咸淳 원년(1265) 전후에 있었기에, 이공환 전주본이 탕한본을 인용하였다면 함순咸淳의 순우淳祐년간(1241~1252)보다 일찍 새기는 것은 불가능했을 것이며 반드시 탕한본이 판각된 뒤에 있었을 것이다. 남송의 멸망(1279)에는 이미 14년도 채 남지 않았었다. 내가 보건데, 이공환의 전주본은 원대에 판각한 것이며 편집한 시기는 아마도 이미 송말이거나 심지어는 원대일 것이다. 원대에 송본을 번각飜刻했다는 의견은 매우 의심스럽다.

이공환 전주본의 시대를 고증한 이후에 〈유사천〉의 본문과 주해를 다시 보자. 서문에 '신축정월오일'이라 하고 시에서는 '개세숙오일'이라 하였다. 이 시구들은 탕한주본과 완전히 같다. 그러나 탕한주본에 있는 이문異文을 쓰지 않았다. 시 뒤에 이공환 본인의 의견이 있는데, "신축년에 도연명이

37세이고, 시에서는 '개세숙오십'이라 하였다. 바로 의희 10년 갑인인데 시어로 고증하자면 서문이 잘못 되었다. 이제 '개세숙오일'로 하면 서문의 '정월오일'과 뜻이 서로 통한다."고 하였다. 이것으로부터 이공환이 어떻게 탕한본의 기초를 가지고 ≪송서≫와 대조하여 도연명의 원문을 고쳤는지를 알 수 있다. 이공환전주본은 광범위하게 퍼졌으며 영향력도 매우 크다. 그의 의견이 있어서 그 뒤로는 도연명의 원작이 도대체 어떤지에 대해서 다시 고려하는 사람이 드물게 되었다.

독자들이 한 눈에 볼 수 있도록 표를 만들면 아래와 같다.

```
≪동파선생화도연명시≫  신축  五十
급고각장 ≪도연명집≫  신축(一作酉)  五十(一作日)
소흥본 ≪도연명집≫  신축  五十
증집본 ≪도연명집≫  신축(一作酉)  五十(一作日)
탕한 ≪도정절선생시주≫  신축(一作酉)  五十(一作日)
이공환전주 ≪도연명집≫  신축  五日
```

현존하는 것 중에서 최초의 몇 가지 판각본으로 말하자면, 우리는 도연명집 중의 〈유사천〉이 원래는 '신축'년 '오십'세였으며, 뒤에 어떤 사람이 ≪송서·도잠전≫에 실린 도연명의 향년 63세설과 맞지 않아서, 점차적으로 ≪송서≫에 맞추어서 고쳤고 이문異文도 나타나게 된 것이다.

처음에는 원래의 모습을 간직하고 있어서 단지 주석처럼 이문을 드러내는 정도여서 ≪송서≫의 기록에 위배되지 않았다. 그 얼마 뒤부터는 원문을 고쳐 억지로 ≪송서≫에 가져다 붙이고서는 원문을 이문의 형석으로 억지로 주석을 달았고, 마지막에는 제멋대로 이문도 필요로 하지 않았다. 조금 양보해서, 설령 도연명집이 전초傳抄되는 과정에서 원래 이문이 있었다 할지라도 역시 확실히 한 종류에는 '신축'과 '오십'이 있었음을 배제할 수는 없다. 후인들이 판각하는 과정에서 '신축'을 '신유'로, '오십'을 '오일'로 고쳐서 《송서》에 견강부회할 이유는 있었지만 '신유辛酉'를 '신축'으로, '오일'을 '오십'으로 고쳐서 《송서》에 어긋나게 할 이유는 없었다.

우리는 결국 어느 것을 믿어야만 하는가? 당연히 '신축'년, '오십'세이다. 이렇게 계산하면 도연명의 향년이 76년이라는 것이 성립되니, 장연의 의견이 결코 틀린 것이 아니다. 다시 양보해서, '오십', '오일'이 혹 모두 도연명에게서 나왔다면 이것은 본인이 전후로 고친 것이고 이 때문에 이문이 나타났을 것이다. 설사 그 판본이 '신축'이라 하지 않고 '신유'라 하고, '오십'이라 아니하고 '오일'이라 하였다 할지라도 역시 증집본의 '신축', '오십'을 가지고서 도연명의 수명을 충분히 고증할 수 있다.

장연의 의견은 이공환이 오인걸의 《도정절선생연보》에서 행했던 《변증辨證》에 보인다. 오인걸은 송 순희淳熙 5년 진사에 급제 하였으며,[43] 장연은 송 융흥隆興 원년(1163) 진사에 급제하였다.[44] 그들은 같은 시대의 사람이다. 그들이 살았던 시대와 증집의 시대도 거의 같아서, 아마도 증집의 판본을 보았을 수도 있을 것이다. 그러나 탕한보다는 몇 십 년 일러서, 탕주본을 보기에는 불가능하고 이공환 전주본은 더욱 말할 필요가 없다. 증집본이 주석을 하였던 이문異文을 그들이 보았는지 여부는 알 수가 없다. 다만 오인걸이 도연명연보를 만들 때에는 오로지 《송서》에만 근거를 두었고 도연명의 시문을 자세히 살피지는 아니하였다. 장연은 도연명의 시문이 가지고 있는 내적 증거에 더욱 주의를 하였고 《송서》는 믿지 아니하였으니 그는 매우 조심스러운 사람이었다.

마영경馬永卿의 《나진자懶眞子》 1권에서, "세상에 《오류집五柳集》이 전하는데 여러 판본이 같지 않다. 삼가 도연명이 을축생이라고 의견을 내보면, 을사년에 〈귀거래혜사〉를 지은 것이고 이때의 나이는 41세이다. 요즘 들어 〈유사천〉을 어떤 사람들은 '개세숙오십'이라 하는데 모두 옳지 않다. 만약에 '개세숙오일'이라고 하면 바로 서문에서 말했던 '정월 5일'로,

---

43 (송) 순우淳祐의 《옥봉지玉峰志》 권중卷中, "순희 오년 요영방진사제명姚穎榜進土題名"
44 (청) 여악厲鶚의 《송시기사宋詩紀事》 53권, 1336쪽, 상해고적출판사점교본, 1983.

새해가 되더니 홀연히 5일이 지났구나! 라는 뜻일 따름이다. 근래에 여산 동림사의 옛 판본을 얻었는데 '五日'이라 되어있었으니 마땅히 옳다고 생각하였다."[45]

이 동림사 구판본은 이미 전하지 않는다. 그러나 소식은 일찍이 본 적이 있었다. 〈동파제발東坡題跋〉에서, "나는 강주 동림사에 도연명시집이 있다고 들어서 마침 사람을 보내 구하려 하였는데 이강주가 갑자기 남은 1부를 보내왔다. 글자는 크고 종이도 두터워 매우 기뻤다. 매번 마음이 불편하면 가져다가 읽으면서 1편을 넘기지 아니하였으니, 다 읽고 난 후에 소일거리가 없을까 해서였을 뿐이다."[46] 깊이 생각할만한 것은, 소식 본인의 화도시和陶詩(도연명시의 작풍을 따르는 것)는 마영경馬永卿이 말하던 그러한 강주 동림사본을 결코 따르지 아니하였다는 것이다. 그 ≪화도시≫ 앞머리에, "비록 도연명의 나이를 지났지만, 아직 사천을 노닐지 못하였네."[47]라 하였다. 소동파가 '50'세설을 따른 것으로 보인다. 그리고 소동파의 아들인 소과蘇過는 〈소사천인小斜川引〉에서, "올해는 마침 신축년, 내 나이 역시 50세라하였으니 도연명과 내가 임자년에 함께 태어난 것이다."[48]라고 했다. 분명히 '신축'년 '오십'세라고 쓰인 판본을 이용한 것이다. 이러한 점은 육유의 ≪노학암필기老學庵筆記≫에서 증거를 얻을 수 있다. "도연명의 〈유사천〉

---

45 영인문연각 ≪사고전서≫ 본, 책 863, 406쪽.

46 ≪소식문집蘇軾文集≫ 76권 〈제발題跋〉, 〈서연명희농거아구시書淵明羲農去我久詩〉, 공범 례점교본孔凡禮點校本, 2019쪽, 중화서국, 1986.

47 ≪동파선생화도시≫ 2권 송황주간본宋黃州刊本.

48 소과蘇過(자는 숙당叔黨). ≪소가천인小斜川引≫에 "나는 근래에 복축성의 서쪽이며 압피의 남쪽으로 높다란 천자장天子鄣 밑, 유수가 휘돌아 흐르는 곳에 여막을 짓고 지내며 '소사천'이라고 불렀다. 우연히 도연명의 시 '신축세정월오일辛丑歲正月五日 두세 명의 이웃 사람과 함께 사천을 노닐며 각기 시를 지었다.'를 읽었다. 도연명의 시에 '새해가 되니 홀연 50세開歲倏五十'가 있다. 금년은 마침 신축년이고 내 나이 역시 50이 되었다. 도연명과 나는 임자년에 함께 태어났다. ……이 일에 느낀 바가 있어 시로 화답을 하였으니, ……" 그 화답시는, "나이가 오십이 되었으니 흐르는 물은 멈추지 않지. 역시 다시 신축년, 그대와 함께 노래를 주고 받으리年來五十化, 逝水無停留. ……亦復辛丑歲, 與公更倡酬. ……"이다. (청)포정박鮑廷博의 ≪지부족재총서知不足齋叢書≫ 제26집에 보인다.

시는 스스로 신축년 나이 50이라고 썼다. 소과는 신축년에 역시 나이가 50세였으며 대개 도연명과 같은 띠동갑이다.

이 해에 허창의 서호 호숫가에 원림을 짓고 '소사천小斜川'이라 불렀다."[49] 육유는 ≪노학암속필기老學庵續筆記≫에서, "소과는 선화宣和 신축년에 허창의 서호에 빈 공간을 얻어 정자를 지었다. 이 해에 소과는 바로 50세였으며, 일찍이 '도연명은 신축년(50세)에 사천을 유람하여, 시에 '새해에 홀연 50'이라 하였으니 나와 도연명은 시대는 다르지만 띠 동갑이다. 이제 내가 원림을 얻은 나이와 연명이 사천을 유람한 나이가 마침 같아서 '소사천'이라고 이름을 지었다.'고 하였다. 어떤 이들은 소과의 집안이 본래 냇가 사람들이었는데 원우元祐(1086년~1094년)에 원적이 잘못되어 스스로 사천이라고 이름을 지었다고 하는데 아마도 그렇지는 않았을 것이다."[50] 구용瞿鏞의 ≪철금동검루장서목록鐵琴銅劍樓藏書目錄≫ 16권에 육유의 아들인 육자휼陸子遹이 쓴 발跋에, ≪노학암필기老學庵筆記≫는 육유가 순희淳熙와 소희紹熙 사이에 지은 것이다.[51] 육유가 당시에 보았던 소동파와 소과의 시에는 분명히 '신축'년, '오십'세로 기록되어 있었으며, 육유는 이 점에 대하여 결코 의문을 제기하지 않았다. 이것은 바로 소동파, 소과 심지어는 육유까지 그들이 보았던 판본은 모두 '신축'년, '오십'세로 되어 있었음을 증명할 수 있는 것이다. 그리고 그들은 이러한 판본을 믿었었다.

마영경이 보았던 동림사본이 비록 고본古本이기는 하지만, 마영경의 견해를 믿을 수 있는지에 대해서는 의심의 여지가 있다. 왜 동일하게 동림사본을 본 소동파와 아마도 동림사본을 보았을 가능성이 있던 소과가 일부러 그 '오일'을 취하지 아니하고 달리 '오십'을 취하였는가? 나아가서 동림사본이 '오일' 아래에 주석을 달아 '오십이라는 설이 있다─作五十'라고 밝혔는지

---

49 영인문연각 ≪사고전서≫본, 책 865, 62쪽.
50 ≪영악대전≫ 2401권, 육유陸遊의 ≪노학암속필기老學庵續筆記≫를 인용.
51 ≪철금동검루장서목록鐵琴銅劍樓藏書目錄≫(≪청인서목제발총간淸人書目題跋叢刊≫ 3), 242쪽, 구용瞿鏞, 중화서국영인본, 1990.

를, 지금 전해지는 탕한 주석본과 같이 역시 알 수가 없다. 그런 까닭으로, 마영경의 견해는 잘해야 그가 이전에 '오일'이라는 자료를 보았음을 증명할 뿐이고 '오일'이 옳다는 것은 증명할 수가 없는 것이다. 더욱이 마영경의 전술傳述에 근거하여 '오일'을 취하여 '신축'년, '오십'의 의견을 의심할 수는 없는 것이다.

다시 〈유사천〉 시 자체를 통하여 보면, 어느 의견이 더욱 합리적인가? "새해 들어 홀연 5일이 지났네, 내 생명도 이제 끝나려 하는구나開歲候五日, 吾生行歸休"를 자세히 살펴보면 시구의 의미에 연관성이 없다. "새해 홀연 5일이 지났네."는 5일이 지났을 뿐인데 어떻게 나의 생명이 끝나간다는 탄식에 이를 수 있는가? 틀림없이 전구에서 나이를 이야기해야 후구에서 '나의 일생'이 연결되고, 전구에서 막 봄이 되자 홀연 50세가 되었구나. 라고 해야 후구에서 '나의 생명 이제 끝나려 하네'라는 시의와 비로소 연결된다. 옛사람들은 새해에 한 살을 더하는 관습이 있었기에 새해 시작하자마자 한 살이 늘어난다. 아울러, 나이 50에 접어들면 이미 반백으로 당연히 47세, 48세, 49세에 비하여 더욱 탄식이 많아진다. 두 의견을 비교하면, '신축'년, '오십'세라 해야 시의가 비로소 통한다.

녹흠립이 주석을 단 ≪도연명집≫ 및 그 부록인 ≪도연명사적시문계년≫에서는 이 시를 도연명이 50세에 지은 시로 생각하고 있다. 그러나 원래의 서문에는 '신유'를 취하고 '신축'을 취하지는 않았다. 아울러 '신유'는 해를 기록한 것이지 날짜를 기록한 것이 아니라고 하였다. "원문상의 간지로 된 시간과 날짜는 잘못이 있다. 당연히 1월 5일 신유라고 해야 한다."(원행패 의견 : 원문은 '신유 정월 오일'이다).[52] 이 견해는 분명히 도연명의 향년이 63세라는 선입견을 가지고 원문을 마음대로 고친 것이고 아울러 판본상의 근거도 없는 것이어서 성립될 수 없는 것이다.

등안생의 ≪도연명연보≫는 녹흠립의 생각을 따라 도리어 '신축'을 선택

---

52 280쪽, 중화서국, 1979.

하고서는 '신축'이 날짜를 기록한 것으로 여기면서 '정월 오일'이라는 몇 글 자는, 도연명이 '스스로 몇 글자 주를 단 것인데 후인이 번각翻刻을 하면서 정문으로 잘못 기입한 것이다.'라고 말하였다. 다시 ≪이십사삭윤표二十史 朔閏表≫에서 찾아보면, 정월 5일이 신축이 되는 그 해는 의희義熙 14년 무 오(418)이고 도연명의 나이는 50세다. 계속 추정해보면, 원가元嘉 4년 정묘 (427)는 도연명의 사망 연도로 59세가 된다.[53] 등안생의 추론은 결코 판본 에 의거하지 아니하여서 성립될 수가 없을 뿐만 아니라 서문도 과연 그가 말한 것처럼 "신축에 날씨는 맑고 화창하며, 풍물은 그윽하고 아름답다辛丑, 天氣澄和, 風物閑美."일까? 역시 의미가 통하지 않는다.

3. 〈도징사뢰陶徵士誄〉와 〈여자엄등소與子儼等疏〉에 기록된 도연명의 병

안연지는 〈도징사뢰〉에서, "나이가 50이 되니 오직 질병 뿐, 질병에 걸려 죽는 것은 고향에 돌아가는 것 같고, 흉사에 임해도 길한 일로 보인다.年在中 身, 疢維痁疾. 視死如歸, 臨凶若吉."라고 하였다.[54] 양계초선생은 ≪도연명연보≫ 에서, "이것은 ≪서경·무일無逸≫편의 '문왕이 하늘의 명命을 받은 때가 50 이다.'라는 성어를 사용한 것으로 50세를 일컫는 것이다. 60세 이상이라면 중신이라는 말을 할 수가 없다."[55]고 하였다. 63세설을 주장하는 유국은遊國 恩 같은 이는 반박하기를, "이것은 그가 50이 되어 병을 얻었다는 것을 서술 하는 것이지 결코 그가 50에 바로 죽는다는 것은 아니다. 다음 문장에서도, '죽는 것은 돌아가는 것으로, 흉사는 길사로 본다.'에서야 비로소 그의 죽음 을 말하는 것으로 문장의 뜻이 매우 분명하다."고 하였다.[56]

주자청은, "그러나 〈도징사뢰〉 중 네 글자의 수미일관은 역시 한 때의

---

53 주 6과 같음.
54 주 8과 같음.
55 주 2와 같음.
56 ≪도잠년기변의陶潛年紀辨疑≫, ≪국학월보휘간國學月報彙刊≫ 제1집.

일을 서술한다고 말할 수 있다. 유국은의 의견이 의문점이 없을 정도로 아주 확실한 것은 아니다. 전고의 사용은 본디 일반과 특수의 차이가 있는데, '중신中身'은 바로 '중년'이다. 안연지는 혹 '중신'의 뜻을 넓은 의미로 사용하여 5, 60세를 가리킨 것인지 역시 알 수가 없다."[57]고 하였다.

나의 견해로는, '중년' 아래의 네 구가 같은 시기의 일을 서술한 것인지 아닌지, 단지 네 구만을 가지고 이야기해서는 확신하기가 어렵다. 두 의견이 모두 가능하니 반드시 다시 다른 증거를 찾아야 한다. 안연지의 〈도징사뢰〉는 이 네 구 뒤에 즉, "약제를 복용하지 않고, 기도로 구원도 하지 않고 조용히 마지막을 고하면서 화평한 마음으로 죽었다."하였으니, 도연명이 죽기 전에 약을 복용하지 않고 신에게 구원도 청하지도 않은 상태로 평안하게 세상을 떠났음을 알 수 있다. 이것은 전구의 "죽는 것을 귀향으로 보고 흉사도 길사로 여겼다"는 것을 구체적으로 설명하는 것이다.

다시 도연명의 〈여자엄등소〉를 보면, "병든 이후로 점점 쇠약해지고 친구도 없다. 매번 침과 약으로 병을 구하니 목숨이 얼마 남지 않았나보다疾患以來, 漸就衰損. 親舊不遺, 每以藥石見救, 自恐大分將有限也."라고 했다. 〈여자엄등소〉는 자신의 질병 상태를 말하면서도 결코 '약을 복용하지 않는다.' 그러나 마음은 "다만 이웃에 둘째가 없고 집에는 밥 짓는 아낙이 없는 것이 한스럽다. 이 괴로운 마음을 안고 있으니 참으로 부끄럽다但恨鄰靡二仲, 室無萊婦. 抱玆苦心, 良獨內愧", "너희들은 어리고 집은 가난하니, 매양 쌀과 땔나무를 위하여 고생하는데 어느 때나 면할까? 생각이 떠나지 않으니 무슨 말을 할 수 있으랴!汝輩稚小家貧, 每役柴水之勞, 何時可免? 念之在心, 若何可言."라고 했다.

이 〈여자엄등소〉와 안연지의 〈도징사뢰〉가 기록한 것은 확연히 다르니, 이로써 같은 시기의 일은 아니라고 할 수 있겠다. 〈여자엄등소〉가 말한 그 때의 병과 안연지의 〈도징사뢰〉에서 말한 죽기 전의 그 병은 같은 시기가 아니다. 〈여자엄등소〉에서 말한 '내 나이 50을 지나吾年過五十'는 안연지

---

57 ≪주자청고전문학논문집≫, 489쪽, 상해고적출판사, 1981.

의 〈도징사뢰〉에서 말한 '중신'이다. 두 자료를 대조해보면, 안연지의 〈도징사뢰〉에서 말한 "나이 오십대에 걸리느니 오직 질병뿐年在中身, 疢維痁疾"은 도연명이 중년에 병에 걸린 것을 가리키는 것이지 죽기 전의 상황은 아니라는 것을 알 수 있다. 다음의 두 시구 "죽는 것은 돌아감이요, 임종은 길한 일이다視死如歸, 臨終若吉"가 바로 죽기 전의 정황이다.

도연명은 중년에 병에 걸리고 늙어서 병으로 죽는데 여러 해를 경과하였다. 오언시 〈답방참군答龐參軍〉시서詩序가 증명하고 있으니, "나는 병을 얻은 지 여러 해로, 다시는 글을 짓지 않았다吾抱疾多年, 不復爲文" '포질抱疾'해서 다시는 글을 짓지 않았다는 것으로 그의 병이 가볍지 않았다는 것을 알 수 있다. '포질다년抱疾多年'에서는 병력이 길었음을 알 수 있다.

여기에서 말하는 '포질抱疾'은 반드시 중년부터 시작되었다고 생각되고, 바로 안연지의 〈도징사뢰〉에서 말한 "연재중신, 진유점질.年在中身, 疢維痁疾."이다. 그 때 도연명은 병을 치료하려고 생각하여 친구들에 기대어 약을 구하고 병을 치료하였으며, 또 죽음이 가까이 오는가 하여 곧 〈여자엄등소〉를 썼다. 중년에 갓 병에 걸렸을 때는 혹 상당히 위험하기도 하였는데 뒤에 점점 좋아져 여러 해를 끌다가 '종로득종從老得終'한 것이다. 바로 시간을 끈 것이 매우 오래되었고 나이도 또한 이미 70여세가 되었기 때문에, 죽기 전에 다시 약을 복용하기를 원하지 않고 어느 것에도 구애를 받지 않고 평안히 세상을 떠난 것이다.

양계초와 고직은 모두 〈여자엄등소〉가 도연명의 유언이라고 여겼는데 결코 근거가 없다. 위에서 인용한 뇌차종의 〈여자질서〉와 도연명의 〈여자엄등소〉는 유사한데 애도문은 50여세에 쓴 것으로 결코 유언이 아니니 도연명의 글도 꼭 유언은 아니라고 볼 수도 있겠다.

양계초와 고직 두 사람의 의견은 이처럼 견실하지 못한 전제로부터 출발하고, 또 '내 나이 오십이 지나吾年過五十'라는 하나의 시구에 근거하여 도연명이 60세를 채 누리지 못하였다고 인식하였으니[58] 더욱 성립할 수가 없다. 이러한 견해가 만들어진 원인의 하나는 바로 중년의 질병과 임종 시의 병인, 두 종류의 다른 정황을 구별하지 않아서 판단에 착오를 일으킨데 있다.

4. 〈자제문自祭文〉과 〈시주속지조기사경이삼랑示周續之祖企謝景夷三郎〉

〈자제문〉은 도연명이 죽기 얼마 전에 지은 것으로, 지금까지 이견이 없었다. 이 때문에 만일 이 작품이 도연명이 몇 세에 지은 것인지 고증할 수 있다면, 아마도 그것이 어느 연령대에 지은 것인지는 고증할 수 있을 것이고, 역시 우리들이 도연명의 향년을 고증하는데 있어서도 도움이 될 것이다. 〈자제문〉에 실린 일단의 문장은 고증하는데 매우 도움이 되기는 하지만, 애석하게도 사람들에게 충분히 주목받지는 못했다.

> 운명을 알고 나니, 세상에 미련 없네. 나 이제 죽더라도, 여한이 없구나.識運
> 知命, 疇能罔眷. 餘今斯化, 可以無恨.
> 오래 살았으니, 은둔을 사모하네. 늙어서 죽게 되니, 어찌 미련이 있겠는가!
> 壽涉百齡, 身慕肥遯. 從老得終, 奚所復戀！

이 몇 마디 말은 분명히 나이가 꽤 많은 늙은이의 어투이다. 특별히 '수섭백령壽涉百齡'과 '종노득종從老得終' 이 두 구는 매우 관심을 가질만한 가치가 있다.

《예기·전례曲禮상》에, "대부는 70세가 되면 관직을 떠난다 …… 스스로 늙은이라 칭한다"[59]하였다. 《설문해자說文解字》의 노부老部에, "노老는 늙은이이다. 70세를 노라고 한다." 《진서晉書》 26권 《식화지食貨志》에, "또 호조법을 만들어, …… 12세 이하 66세 이상은 노소라 하여 일을 하지 않는다."[60]하였다. 이것이 비록 정부가 규정한 호조제 속의 말이고 일상에서 '늙은이'라고 지칭하는 연령의 한계는 아니지만 하지만 여전히 진인晉人들

---

58 주 5, 주 4를 참고.
59 《십삼경주소》, 1232쪽, 세계서국영인완각본阮刻本.
60 중화서국점교본, 790쪽, 1974.

이 어떤 연령대를 '늙은이'로 삼았는지 중요한 참고로 삼을 수는 있다. 도연명은 ≪자제문≫에서 기왕에 자신이 "늙어서 죽게 되었으니 어찌 다시 미련이 있을까?"라고 말하였으니, 역시 자신이 이미 '늙었다'는 것을 말하는 것으로 아마도 66세 이하는 아닐 것이다. 우리들은 이를 근거로 다시 ≪예기≫와 ≪설문해자≫를 참조하면, 대체로 도연명의 향년이 66세 이상이었음을 정할 수 있을 것이다. 한 걸음 양보해서, 설령 〈자제문〉이 '늙은이'의 용법에 관하여 그렇게 엄격하게 하지 않았다 할지라도 그 차이는 그리 크지 않을 것이다. 최소한 향년이 60세 이하라는 각 종의 주장은 성립하기 힘들다.

도연명은 친구들에게 스스로를 '노부'라고 하였는데, 〈시주속지조기사경이삼랑示周續之祖企謝景夷三郞〉에서 "노부가 사랑하는 것이 있으니, 그대와 이웃되고자 생각하네老夫有所愛, 思與爾爲鄰"라고 하였다. ≪예기≫에 의하면, 70세에야 비로서 '노부'라고 자칭하는데 가령 너무 융통성이 없지 않다면, 역시 그 차이는 지나치게 크지 않을 것이다.

이 시는 세 친구에게 써준 것으로, 그 중의 한 사람은 주속지周續之로 ≪송서≫ 본전에 의거하면, 그는 마땅히 태원太元 2년(377)생이다. 그가 강주 자사인 단소檀韶의 초청으로 '강예교서講禮校書'에 응한 때가 어느 해인지 대체로 고찰할 수가 있으니, 소통蕭統의 〈도연명전〉에, "당시에 주속지는 여산에 들어가 혜원을 섬겼고, 팽성의 유유민 역시 광산으로 은둔하였으며 도연명 또한 부름에 응하지 아니하였으니 이들을 '심양삼은潯陽三隱'이라고 불렀다.

후에 자사였던 단소가 주속지를 강주로 어렵게 청하였으며 학사인 조기祖企, 사경이謝景夷 3인이 함께 성북에서 ≪예기≫를 강론하도록 하고 교감도 하도록 하였다. ≪진서·안제기≫, ≪송서·단소전≫, ≪남사·유담전≫에 의하면, 단소가 강주 자사에 임명된 때가 의희義熙 12년(416) 6월 이후이다. ≪송서·단소전≫에, "12년, 옮겨서…… 강주자사가 되었고 장군의 직위는 옛과 같았다. 죄가 있어 파관이 되었다. 고조가 천명을 받자 보좌한 공으로 8백호를 더하였다……"[61]라고 하였다. 단소가 파직된

해와 달의 기록이 상세하지 않으나 ≪송서·왕홍전≫에 의하면, 왕홍이 의희 14년(418)에 강주자사로 옮겼음을 알 수 있다.[62]

그렇다면 단소가 파직되어 강주자사에게 간 때가 의희 14년 보다는 늦지 않았을 것이다. 그리고 ≪송서·주속지전≫에, "고조가 북벌을 하는 중에 팽성으로 돌아와 진을 치고 사람을 보내어 맞이하려고 예와 예물을 매우 잘 갖추었다. 얼마 되지 않아 다시 남쪽으로 돌아갔다."[63] 이 일도 역시 의희 14년이다. 이로부터 주속지가 강주의 성북에서 ≪예기≫를 강론하였다는 것을 알 수 있으니 아마도 의희 12년에서 14년 사이일 것이다. 역시 주속지의 나이도 40세에서 42세 사이일 것이다. 이때에 도연명이 그에게 보낸 시에 스스로를 '노부'라 하였으니, 그의 나이보다 30세나 최소한 20세는 많아야 적합한 것이고 역시 최소한 60세는 된다고 말하는 것이다.

만일 도연명의 향년을 63세로 계산한다면, 이때의 도연명은 52세에서 54세 사이이다. 주속지와 비교하면 겨우 12세가 많으니 주속지에게 자칭 '노부'라고 하는 것이 부적합하다. 만일 양계초가 주장하는 56세설에 의하면, 도연명은 이때에 45세에서 47세의 사이이다. 고직이 주장하는 52세설에 의하면, 도연명은 이때에 41세에서 43세 사이이다. 주속지와 나이가 거의 같은데 자칭 '노부'라고 하는 것은 더욱 적합하지 않다.

여기에 이르러, 양계초와 고직 등이 제기한 다른 하나의 근거를 간략하게나마 분석하지 않을 수 없다. 그들은 〈의만가사擬挽歌辭〉의 "생이 있으면 반드시 죽음이 있으니, 일찍 죽은들 단명한 것은 아닐세有生必有死, 早終非命促"에 근거하여, 도연명이 '단명早終' 하였다고 여겼다. 그러나 이 두 구는 일반적으로 말한 것이지 자기에 대해서 말하는 것은 아니었다. 이 시구의 의미는 사람에게 생이 있으면 반드시 죽음이 있는데, 가령 일찍 죽는다 한들 역시 단명함을 원망할 수는 없다는 것이다. 이 시구가 도연명이 일찍

---

61 ≪송서≫ 45권, 1372쪽, 중화서국점교본.
62 ≪송서≫ 42권, 1313쪽, 중화서국점교본.
63 ≪송서≫ 93권, 2281쪽, 중화서국점교본.

사망했다는 것을 증명하고 있다는 것을 포착할 수 없었고, 〈자제문〉에서 말한 '종로득종'도 고려하지 않고 있다. 만일 76세설과 '조종'이 합치되지 않으면 63세설과도 역시 맞지 않고, 양계초나 고직이 주창하는 56세설, 52세설 및 51세설 모두 '조종'을 말한다고 할 수 없다.

5. 〈원시초조시방주부등치중怨詩楚調示龐主簿鄧治中〉, 〈무신세유월중우화戊申歲六月中遇火〉 및 〈음주飮酒〉

76세설과 도연명의 기타 시문 중에서 그 나이를 말한 것이 모두 서로 부합되는데, 현재 가장 관계가 깊은 시 네 수만을 가지고 증명하겠다.

〈원시초조시방주부등치중〉에서, "15세에는 착한 일 하고자 생각했고, 54세에도 여전히 노력하네結髮念善事, 僶俛六九年." '결발'은 머리를 묶은 소년으로 15세 이상이다. ≪대대례大戴禮·보부保傅≫ 주석과 ≪예기禮記·내칙內則≫의 주석에 보인다. '육구년六九年'은 54세이다. 이 시의 54세설은 왕질의 ≪율리보≫부터 연계되어 쭉 이어져 왔으며, 양계초의 ≪도연명연보≫도 역시 이와 같다. 이것은 시의 두 구를 나누어 읽은 결과이고, 간단하게 六九육구'년'을 54'세'로 보았으며 아울러 이 해를 이 시를 지은 연령으로 인식해서이다.

나의 견해로는, '육구년'의 앞에 '민면僶俛' 두 글자를 더하면 분명히 '54세를 노력했다'고 해석할 수 없고, 다만 '54년을 노력했다努力了五十四年'라고 해석할 수밖에 없다. 역시 출생 때부터 '선한 일'을 하려고 노력했다고 말할 수는 없고, 단지 '머리를 묶은結髮' 때부터 '착한 일'을 하려고 노력했다고 할 수 밖에 없다. 이 두 구는 당연히 이어서 읽어야만이, 자신이 '머리를 묶은結髮' 나이로부터 '선한 일을 생각念善事'했고 현재까지 이미 54년을 노력했다는 뜻이 된다. '머리를 묶은結髮' 나이의 하한선을 계산에 넣어, 15세부터 계산해도 54년이 지났으니 이 시는 당연히 69세에 이루어진 것이다. 만일 16, 7세로 계산하면, 이 시는 당연히 70세나 혹은 71세이다. 이처럼,

76세설 이외에 다른 설들은 모두 성립되지 않는다.

〈동파선생화도시〉는 본래 '六九' 아래에 이문異文이 없었다. 기타의 송대 판본은 균일하게 '한편으로는 50이라고도 한다一作五十'는 글자가 있었다. 추론을 하여 "결발염선사, 민면육구년"은 비교적 믿을 수 있다고 단정할 수 있다. 그러나 이렇게 하면 곧 ≪송서≫에 기록된 향년 63세설과 모순이 있게 된다. 이 때문에 어떤 사람은 억지로 '육구년'을 이 시를 지은 나이로 여기기도 하고, 달리 어떤 사람은 '육구년'을 고쳐서 '오십년'으로 하기도 하였다 (고직 ≪도정절연보≫는 '오십년'을 선택함). 설사 도연명이 이 시를 지을 때 이미 65세에 이르렀다고 할지라도 여전히 63세설 및 56세설, 52세설을 부정하는 것이다.

〈무신세유월중우화〉에 "총각 때에 고절을 생각하더니, 홀연 40세가 되는 구나總髮抱孤念, 奄出四十年"가 있다. 시의 제목에 '무신세'가 있고, 시 중에 '총발', '사십년'이 있는데, 이것은 도연명의 향년이 76세라는 것을 증명할 중요한 자료이다. 63세설을 주장하는 사람들은 왕질 이하로 모두 44세와 연계시킨다. 그것은 분명히 시의 두 구를 분리해서 읽은 결과이고 40'년'을 40'세'로 해석한 것이다. 향년을 억지로 맞추려고 '홀연 40년에 가깝구나奄出四十年'를 44세로 해석하고 있는 것이다.

나는 이것이 타당하지 않다고 여긴다. 이 두 구도 당연히 이어서 읽어야 한다. 그리고 40'년'은 결코 40'세'와 동등하지 않다. 더욱이 시를 쓰던 때의 나이가 아니다. 이 두 구의 뜻은 '총발總髮'의 나이에 이미 '고념孤念'을 포부로 정하였으며, 지금 이미 40여년이 지났다는 것이다. '총발'은 머리를 묶는 것으로 15세 이상이다. 만일 '총발'을 16세로 계산하여, 16세에 41년奄出四十年을 더하면, 이 시는 57세에 지은 것이다. 이 해가 무신년이다. 도연명은 원가 4년 정묘에 사망하였으니 향년이 바로 76세이다. 시제詩題의 기년과 시 중의 기록을 배합하면, 한 살의 차이도 없이 도연명의 향년이 76세라는 것을 증명한다. 이것은 우연히 맞아떨어진 것으로 해석할 수 있는 부분이 아니다. 만일 '총발'을 15세로 말하면, '홀연 40년에 가깝구나奄出四十年'를

42년으로 해석할 수가 있으니 이 시를 지은 것은 57세이다.

양계초는 56세설을 주장하면서 이 시에 대하여 연年을 연계시키지 못하고 단지 '40년'은 '49년'의 와전이라고만 말하고 있다. 四九, 三十六을 이 시에서는 37세로 연계 시켰는데,[64] 양계초는 전혀 판본의 근거도 없이 56세라는 선입견을 가지고 마음대로 본문을 고쳐버렸으니 이러한 방법을 취해서는 안 된다.

고직은 52세설을 주장하며 이 시를 43세에 묶어두고, 자신의 의견이 성립되는 것을 증명하려고 시제詩題의 '무신'을 '무오'로 고쳤다. 아울러 "여러 판본이 '무신'으로 되어 있고, 도주의 ≪도정절년보고이≫는 ≪강주지江州志≫를 인용하여 '무오'로 고치고 이 시로 증명하니 참으로 믿을 만 하다."[65]고 말하였다. 그러나 ≪강주지≫는 늦게 출현하였으며 또 단일한 증거일 뿐이다. 그것에 근거하여 여러 송본의 도연명집을 부정할 수 없으니, 이것은 말하지 아니해도 명백한 것이다.

〈음주飮酒 16〉, 〈음주飮酒 19〉 두 수는 역시 나이와 관련이 있다. 제16에, "어려서 세상과 왕래가 드물고, 육경을 매우 좋아 하였네. 시간이 흘러 불혹의 나이, 늦도록 이룬 것이 없구나. 쭉 군자의 절개를 가지고 춥고 배고픔으로 지내왔네少年罕人事, 遊好在六經. 行行向不惑, 淹留遂無成 竟抱固窮節, 饑寒飽所更"하였다. 송대 오인걸의 ≪도정절선생년보≫가 〈음주〉 시를 39세에 연계한 이래로 도주의≪도정절선생년보고이≫와 고직의 ≪도정절년보≫, 왕요의 ≪도연명집주≫, 녹흠립의 ≪도연명집주≫는 모두 그 설을 따랐다. 그들은 모두 '향불혹向不惑'을 39세로 여겼고, 39세로 〈음주〉를 지은 연령으로 단정하였다.

이것은 성립이 안 된다. "행행향불혹, 엄류수무성"은 지나간 일을 추기하는 것이지 이 시를 지을 때의 시간을 쓴 것이 아니다. 이 시는 소년으로부터 '향불혹'의 나이를 읊고 다시 후일에 끝내 사직하고 은둔하며 굳은 절개를

---

64 주 2와 같음.
65 주 1과 같음.

안고서 춥고 배고픔 속에서 살아가는 것을 말하고 있는 것이다. "행행향불혹, 엄류수무성"에서 "경포고궁절, 기한포소경"까지는 아직 일정한 시간과 과정이 있으니, '경竟'과 '포소경飽所更'에서 보여 진다.

이 시는 '향불혹'의 나이에 쓴 것이 아니라 '기한포소경'의 뒤에 쓴 것이다. 왜 특별히 '향불혹'을 제기하는 것인가? 왜냐하면 이때가 도연명 인생의 전환점이기 때문이다. 〈영목榮木〉시를 참고로 보면, "공자의 유훈을 내 어찌 버리랴, 사십 세에 명성이 없으면 두려워할 필요가 없나니, 나의 수레에 기름칠하고 명마를 채찍질하면, 비록 천리가 멀다한들 누가 오지 않으리오先師遺訓, 餘豈云墜, 四十無聞, 斯不足畏. 脂我名車, 策我名驥. 千里雖遙, 孰敢不至"하였다.

도연명은 40세 이전에 무엇인가를 이루려고 생각했고, 아울러 40세를 인생의 임계점으로 삼았다. "행행향불혹, 엄류수무성"은 그 일단의 시간에 여전히 어떤 업적도 이루지 못하고 겸제兼濟(사람이나 만물이 혜택을 받음)의 뜻도 이룰 수 없음을 추서하고 탄식하는 것에 지나지 않을 뿐이었다. 이에 근거하여 〈음주〉가 바로 '향불혹'의 나이에 창작되었다고 판단하는 것은 조잡함에 빠지는 것을 면하지 못한 것이다.

또 〈음주 19〉에서는, "예전에 오랫동안 기아에 허덕이다, 농사일 버리고 벼슬길로 떠난다. 휴식과 섭생이 잘못되어, 추위와 배고픔이 나를 감쌌네. 이때는 거의 30세, 내심으로 부끄러움이 많기도 하다. 절개를 굳건히 잘 보전하여, 벼슬길 버리고 전원에 돌아오네. 점점 세월은 흘러, 어언 다시 12년이 되었구나.疇昔苦長饑, 投耒去學仕. 將養不得節, 凍餒固纏己. 是時向立年, 志意多所恥. 遂盡介然分, 終死歸田裏. 冉冉星氣流, 停停復一紀."라고 했다.

'향립년'은 30세에 근접하고 일기一紀는 12년이다. 왕질은 《율리보》에서 40세에 연계시키면서 말하기를, "마땅히 임진, 계사년에는 이미 주의 좨주가 되었을 때로, '쟁기를 버리고 벼슬길에 나아갔을 때'를 말하는 것이다. 또 '점점 세월은 흘러, 어언 다시 일기一紀가 되었구나.'하였으니, 이때가 12년이 된 것이다."[66]라고 했다.

내가 보건데 왕질의 주장에는 문제가 있다. '향립년'은 근 30세에 이르고 주의 좨주로 출사할 때이다. 도연명이 주 좨주로 출사하고서 '얼마 지나 스스로 사직하고 귀향하였다少日自解歸' 하였고, 때문에 '향립년'은 역시 바로 그가 스스로 주 좨주를 사직할 때이다. 그때 단지 '많이 부끄럽다多所恥' 하였다. 비록 주 좨주를 그만두었지만 아직은 벼슬길과 완전히 결별한 것은 아니었다. 사실상, 주 좨주를 사퇴한 이후에 그는 한차례만 출사하는 것에 그치지 않았다. 뒤에 겨우 '절개를 잘 지키는盡介然' '분수分'를 다하고, '죽음을 맞이하려 전원으로 돌아간다終死歸田里' 어찌되었던지 주 좨주를 사직하는 것이 '죽음을 맞이하려 전원으로 돌아간다終死歸田里'라고 말할 수는 없는 것이다.

'종사終死'는 《동파선생화도시》본, 급고각장본, 소흥본, 증집본, 탕주본(급고각장본, 소흥본, 증집본에는 '일설로 옷을 떨치다一作拂衣'가 있고, 동파화도본, 탕주본에는 '일작'이 없다)에 근거를 두고 있다. '불의拂衣'라고 한 것은 아마도 《송서》에 수록된 도연명 향년 63세라는 견해를 견강부회 하고자 하여 고친 것일 것이다. 이러한 정황은 〈유사천〉 시의 '신축'년이 '오십'세로 고쳐진 것과 같은 모양이다. 기왕에 '종사귀전리終死歸田里'하였으면 '귀전리' 뒤에는 다시 출사를 하지 말아야 한다, 그렇기 때문에 단지 을사년 팽택령을 사직한 일을 가리키는 것일 수밖에 없는 것이다.

'일기一紀'는 12년으로, 《상서, 필명》의 공영달전, 《국어, 진어 4》 위소韋召의 주석에 보인다. 을사년으로부터 '일기'가 지나는 12년이 비로소 이 시를 지은 나이이다. 향년을 76세로 계산하면, 그는 영화永和 8년 임자(352)에 출생하였으며 을사년에 이르러서 도연명은 54세가 되고, 또 12년이 지난 진 의희義熙 13년 정사(417)에 이 시를 지은 도연명은 66세가 된다. 이렇게 이야기해야 겨우 이 시의 본뜻에 부합되고 위에서 기술한 〈음주〉 제16의 시의에도 부합된다. 만일 향년 63세라는 선입관이 마음 가운데 먼

---

66 주 1과 같음.

저 깔려있으면, '종사귀전리'를 29세에 주 좌주를 사직한 일로 억지로 설명하게 되고, 혹은 '종사'를 '불의'로 고치게도 된다. 이 모두가 견강부회인 것이 분명하다.

〈음주〉 20수는 한 조組를 이루는 시로 마땅히 동시에 창작되었으니, 의희 13년 가을이다. 이 해의 9월에 유유는 북쪽으로 장안을 치고, 다음 해 6월에 상국이 되어 송공에 봉해졌으며 정권을 탈취하였다. 후년의 7월에 왕이 되었다. 왕이 된 다음 해 6월에 유유는 왕위를 찬탈하여 황제라고 칭하였다.

〈음주 20〉은 진왕조가 망하게 될 쯤으로, 유유가 왕위를 막 찬탈하려고 할 즈음에 창작되었다. 도연명은 일찍이 유유의 참군으로 임명되었고, 이 때는 유유의 권세가 날로 강성해 갈 때여서, 자연스럽게 몇몇 사람들은 그가 다시 출사하여 재차 유유에게 몸을 맡기도록 권하는 사람이 있었다. 그러나 도연명은 단호하게 거절하였다. 〈음주〉 20수 중에는, "세속의 어리석은 무리가 사람을 핍박하지만 결단코 은둔을 결심해야지咄咄俗中愚, 且當從黃綺", "마시는 이 자리를 함께 즐기세, 내 수레는 돌아갈 수가 없네且共歡此飮, 吾駕不可回", "한번 가면 마땅히 자신의 책임인데, 어찌 다시 의심을 하랴一往便當已, 何爲復狐疑", "깨달음이 있어 돌아가고 싶네, 새들이 죽으면 양궁을 버린다 하니覺悟當念還, 鳥盡廢良弓" 등의 시구가 있었다. '소생邵生', '삼계三季', '벌국伐國' 등의 시어는 진나라가 장차 멸망할 것을 암시하였다.

여기에 도연명의 시를 독해하는 중요한 문제가 포함되어 있다. 전후의 두 구 중에서, 대체로 전구에서 어떤 연령이 어떠한지 이야기하고, 후구가 이어서 몇 년 동안 어떠하여 왔는지를 설명한다면, 전후 구는 당연히 연결해서 독해를 해야 하는 것이다. 이것은 역시 당연히 전구에서 말한 연령으로부터 계산하고 다시 후구의 연수를 더해야 하지, 후구의 연수를 그가 이 시를 지은 연령으로 바로 계산해서는 안 된다는 말이다. 어떤 시는 전후 몇 구가 연속적으로 하나의 과정을 서술하고 있는데 역시 당연히 이러한 방법에 비추어 독해를 해야 한다. 현재 도연명의 시 가운데 이러한 유형의 시구를 예로 들면 아래와 같다.

머리 묶던 시절에 선한 일 생각했네, 노력하며 지낸 시간 어언 54년結髮念善
事, 僶俛六九年(〈원시초조시방주부등치중〉)
내가 신념을 가진 이래로, 40년을 노력해 왔다自我抱兹獨, 僶俛四十年(〈연우독음〉)
젊어서 곧은 신념 굳게 지녔더니, 홀연히 40년에 이르렀구나總髮抱孤念, 奄出
四十年(〈무신세유월중우화〉)
이때에 나이는 거의 30세, 마음에는 수치심만 한가득 있네. 곧은 절개 본분을
다하고자, 전원에 돌아가 죽을 뿐이네. 점점 세월은 빨리 흘러서, 아득히 12
년이 다시 흘렀네是時向立年, 志意多所恥 遂盡介然分, 終死歸田裏. 冉冉星氣流, 亭
亭復一紀.(〈음주 19〉)
옛날 어른들의 장탄식 들을 때면, 귀를 막고 기뻐하지 않았네. 어느덧 나이
50세가 되어, 홀연히 이 일을 겪고 있구나昔聞長老言, 掩耳每不喜. 奈何五十年,
忽已親此事.(〈잡시 6〉)

이상의 여러 예에서 어떤 시는 이미 해석을 하였고, 어떤 시는 아직 해석
을 하지 않았다. 이제 간략하게 설명을 해보자. "자아포자독, 민면사십년自
我抱兹獨, 僶俛四十年"은 '포자독'이래로 또 40년이 흘렀다. '총발포고념'을 참고
하면, 도연명이 '포자독'한 연령은 '총발'의 해로 역시 15세 이상이다. 이 시
는 당연히 55세나 혹은 56, 7세에 지은 것이다. "석문장로언, 엄이매불희,내
하오십년, 홀이친차사."에서 말하는 '오십년'은 당연히 출생으로부터 계산하
지 말고 어른의 말을 듣고서도 귀를 막고 기뻐하지 않은 때부터 계산해야
한다.

내가 보건데, 이런 종류의 시에 대한 해석은 단지 이처럼 할 수밖에
없는데, 허다한 주석가들은 왜 이렇게 해석하지 않을까? 여전히 향년 63
세라는 이 관문을 지나치지 못하기 때문이다. 만일 우리들이 작품으로부
터 출발하고, 작품을 정확히 이해하는 것을 가장 우선순위에 두고서 ≪송
서≫에 대한 잘못된 믿음을 깨트리면, 이러한 시구에 대한 해석은 막힘없
이 의미가 통하게 된다. 이것이 바로 우리들이 당연히 선택해야 할 엄격

한 고증 방법인 것이다.

6. 결어

현재 있는 문헌자료로부터 시작해서, 그 중요성에 따라 자료를 나누고 다시 판본 교감의 결과를 결합하여 전반적인 고찰을 하였다. 그래서 얻은 가장 원만하면서도 분명한 결론이 바로 도연명의 향년이 76세라는 것이다. 출생 연도는 진의 목제穆帝 영화永和 8년 임자(352)이고, 사망 연도는 송의 문제文帝 원가元嘉 4년 정묘(427)이다.

도연명
연보 휘고

서에서 말한 바와 같이 도연명 연보의 편찬은 아마도 남송에서 시작한 것으로 보인다. ≪송사≫ 388권 〈이도전李燾傳〉에 이도李燾의 〈도잠신전陶潛新傳〉과 ≪시보詩譜≫ 각 3권이 있었다고 하지만 지금은 실전되었다. 현존하는 것 중 제일 이른 것은 왕질王質이 편찬한 ≪율리보栗里譜≫로, '계묘癸卯 2월 태산泰山 왕질이 보충했다'는 표기가 있다. 계묘는 순희淳熙 10년(1183)이다. 왕질의 이 연보는 그의 ≪운도당소도록雲韜堂紹陶錄≫에 보인다. 또 원元 도종의陶宗儀의 ≪남촌철경록南村輟耕錄≫ 16권에도 기록이 있고, 청淸 육심원陸心源의 ≪십만권루총서十萬卷樓叢書≫에도 보인다.

왕질은 ≪송사≫ 395권에 전傳이 있다. '자는 경문景文이고, 그 선조는 운주鄆州(현 산동 동평東平) 사람이다. 후에 흥국興國(현 호북 양신陽新)으로 이사했다. ……론論 50편을 지어서 역대 군신들의 치란治亂을 논했는데 ≪박론樸論≫이라고 하였다.' 소흥紹興 30년 진사에 급제하여 황철汪澈, 장준張浚을 수행하였으며 금나라에 항거하였다. 태학정太學正에 제수되었다가 참소를 당해 파면되었다. 노윤문虞允文을 수행하여 사천, 섬서를 선무하다가 추밀원 편수관으로 옮겼다. 권세가들에게 기피 인물로 되어 봉사奉祠되었으나 산중에 거처하며 봉록과 벼슬살이에 뜻을 접었다.(역자 주: 봉사奉祠는 宋代 5품 이상의 관원이 직분을 맡을 수 없거나 나이가 많아 퇴직했을 경우 궁관사宮觀使, 제거궁관提擧宮觀, 제점궁관提點宮觀 등에 임명하여 봉록을 받을 수 있도록 한 제도) 순희 15년(1188)에 죽었다. 왕질은 절개 있는 선비로 특히 도연명을 찬양하였다. 그는 ≪율리보≫ 첫 머리에 '원량의 높은 풍격은 송진宋晉 교체기에 빛났다'고 하였다. 뜻한 바가 있어 ≪율리보栗里譜≫를 지은 것이다.

왕질 이후에도 도연명 연보를 만든 이는 꽤 많다. 내가 본 것은 다음과 같다. 송宋 오인걸吳仁杰(자字 두남斗南)의 ≪도정절선생연보陶靖節先生年譜≫가 있는데, 명明 만력萬曆 47년(1619)에 양시위楊時偉가 간행한 ≪도정절집陶靖節集≫에 붙어있다. 송 장연張績(자字 계장季長)의 ≪오보변증吳譜辨證≫은 이공환李公煥의 ≪전주도연명집箋注陶淵明集≫에 인용한 것이 보인다.

청 고이顧易(자字 중부中孚)의 ≪유촌도보柳村陶譜≫, 청 옹정雍正 7년 고역서간본顧易序刊本, 청 정안丁晏(자字 자당柘堂)의 ≪진도정절연보晉陶靖節年譜≫, 도광道光 23년 ≪이지재사보頤志齋四譜≫본, 청 도주陶澍(자字 운정雲汀)의 ≪정절선생연보고이靖節先生年譜考異≫는 그의 ≪정절선생집靖節先生集≫ 부록에 보인다. 청 양희민楊希閔의 ≪진도징사연보晉陶徵士年譜≫, 광서光緒 4년 ≪예장선현구가연보豫章先賢九家年譜≫본 등이 있다.

민국民國 양계초梁啓超의 ≪도연명연보陶淵明年譜≫는 ≪도연명≫ 책에 붙어있고 1923년에 상무인서관에서 출판되었다. 고직古直의 ≪도정절연보陶靖節年譜≫는 1926년에 중화서국 ≪우루총서隅樓叢書≫본으로, 1927년에 개정하여 재판되었다. 부동화傅東華의 ≪도연명연보陶淵明年譜≫는 그의 ≪도연명시≫ 부록에 보인다. 1927년에 상무인서관에서 출판되었다. 녹흠립逯欽立의 ≪도연명연보고陶淵明年譜藁≫는 ≪역사어언연구소집간歷史語言研究所集刊≫ 제20본에 기재되어 1948년에 출판되었다.

1949년 이후, 중국 대륙에서 발표된 도연명 연보 중 중요한 것을 간추리면 다음과 같다. 녹흠립의 ≪도연명사적시문계년陶淵明事迹詩文繫年≫은 그가 교주校注한 ≪도연명집≫의 부록에 보이며 중화서국에서 1979년 출판되었다. 오운吳雲의 ≪도연명연보≫는 그의 ≪도연명론고陶淵明論考≫ 부록에 보이며 섬서인민출판사에서 1981년에 출판되었다. 당만선唐滿先의 ≪도연명연보≫는 그의 ≪도연명집천주陶淵明集淺注≫ 부록에 보이며 강서인민출판사에서 1985년에 출판되었다. 왕맹백王孟白의 ≪도연명연보간증陶淵明年

譜簡證≫은 그의 ≪도연명시문교전陶淵明詩文校箋≫ 부록에 보이며 흑룡강인민출판사에서 1985년에 출판되었다. 손균석孫均錫의 ≪도연명연보≫는 그의 ≪도연명집교주≫ 부록에 보는데, 중주고적출판사에서 1986년 출판되었다. 이화李華의 ≪도연명연보간편陶淵明年譜簡編≫은 그가 주편主編한 ≪도연명시문상석집陶淵明詩文賞析集≫ 부록에 보이는데, 파촉서사巴蜀書社에서 1988년에 출판되었다.

등안생鄧安生의 ≪도연명연보≫는 천진고적출판사에서 1991년에 출판되었다. 이화李華의 ≪도연명연보변증陶淵明年譜辨證≫은 ≪도연명신론陶淵明新論≫에 수록되어 있는데, 북경사범학원출판사에서 1992년에 출판되었다. 곽웅삼郭雄森, 포경성包景誠의 ≪도연명연보≫는 그들의 ≪도연명집전역陶淵明集全譯≫에 수록되어 있으며 귀주인민출판사에서 1992년에 출판되었다. 또 왕요王瑤가 편찬한 ≪도연명집≫은 편년본으로 도연명 사적과 계년繫年이 있는데, 그 계년 부분은 연보로 볼 수 있으며, 인민문학출판사에서 1956년에 출판되었다.

대만, 홍콩, 마카오의 도연명 연보와 향년에 대한 고증 논문은 아래와 같다. 이진동李辰冬의 ≪도연명작품계년陶淵明作品繫年≫은 잡지 ≪대륙大陸≫ 제2권 제3기, 4기에 보이며 1951년에 출판되었다. 후에 이진동의 ≪도연명평론陶淵明評論≫ 중 ≪도연명계년보정陶淵明繫年補正≫을 첨부하였으며, 동대東大도서공사에서 1975년에 출판되었다. 노간勞干의 ≪도연명행년잡고陶淵明行年雜考≫는 ≪자유학인自由學人≫ 제2권 제3기에 보이며 1956년에 출판되었다. 반중규潘重規의 ≪도연명연세석의陶淵明年歲析疑≫는 ≪신아생활쌍주간新亞生活雙周刊≫ 제5권 제10기에 보이며 1962년에 출판되었다. 양용楊勇의 ≪도연명 향년은 마땅히 63세설이 되어야 한다는 고찰陶淵明年歲應爲63歲考≫은 ≪신아서원新亞書院 학술월간≫ 제5기에 보이며 1963년에 출판되었다. 양용의 ≪도연명연보휘정陶淵明年譜彙訂≫은 그의 ≪도연명집교전陶淵明集校箋≫의 부록에 보이며, 홍콩 오흥서국吳興書局에서 1971년에 출판되었다. 황중륜黃仲侖의 ≪도연명평전≫ 중에 부록 ≪연보≫를 첨부하였는데 파미이서점帕米爾書店에서 1965년에 출판되었다.

방조상方祖桑의 《신정도잠연보新定陶潛年譜》는 그의 《도잠시전증교주논평陶潛詩箋證校注論評》 부록에 보이며 대란臺蘭출판사에서 1971년에 출판되었다가, 후에 대만서국에서 1988년에 수정본을 출판하였다. 재익수齋益壽의 〈고직의 도연명 향년 52세설을 논한다論古直陶淵明享年52歲說〉은 월간 《유사幼獅》 제34권 제2기에 보이며 1971년에 출판되었다. 여홍창呂興昌의 〈도연명 향년 63세의 옛 주장을 새로 증명한다陶淵明享年62歲舊說新證〉는 《한학漢學연구》 제5권 제2기에 보인다. 손수의孫守依의 《도잠론陶潛論》에 〈도연명작품계년각가대조표陶淵明作品繫年各家對照表〉를 첨부하여 정중서국正中書局에서 1978년에 출판되었다. 심진기沈振奇의 〈도사연표陶謝年表〉는 그의 《도사시지비교陶謝詩之比較》에 보이며 학생서국에서 1986년에 출판하였다.

전옥봉錢玉峰의 《도시계년陶詩繫年》은 대만 중화서국에서 1992년에 출판되었다. 진이량陳怡良의 〈도연명연표〉는 그의 《도연명지인품여시품陶淵明之人品與詩品》에 보이며, 문진文津출판사에서 1995년에 출판되었다.

외국학자들의 도연명 연보 중 중요한 것을 거론하면 아래와 같다. (일) 무라카미 요시미村上嘉實의 《도연명연보》는 그의 《도연명》 부록에 보이며 부산방富山房이 소화韶和 18년(1943년)에 출판하였다. (일) 잇카이 도모요시一海知義의 《도연명연보》는 그의 《도연명》 부록(《중국시인선집》4 부록)에 보이며 암파서점岩波書店에서 소화 33년에 출판되었다. (일) 오야네 분지로大矢根文次郎의 《도연명연표》는 그의 《도연명연구》에 보이며 와세다대학출판부가 소화 41년(1966년) 출판하였다. (일) 쓰루 하루오都留春雄의 《도연명연보》는 그의 《도연명》 (《중국시문선》8)의 부록에 보이며 축마서방筑摩書坊에서 소화 49년(1974년)에 출판되었다. (일) 오카무라 시게루岡村繁의 《도연명연보》는 그의 《도연명 세속과 탈속》 부록에 보이며 일본방송출판협회에서 소화 49년에 출판되었다. (일) 마쓰에다 시게오松技茂夫, 와다 다케시和田武司의 《도연명연보》는 그들의

≪도연명≫ (≪중국의 시인≫2)의 부록에 보이며 집영사集英社에서 소화 58년(1883년)에 출판되었다. (일) 미나미 후미이치南史一의 ≪도연명연보≫는 그의 ≪시전詩傳-도연명≫ 부록에 보이며 창원사創元社에서 소화 59년(1984년)에 출판되었다. 쓰루 하루오都留春雄, 가마타니 다케시釜谷武志의 ≪도연명관계연보陶淵明關系年譜≫는 그들의 ≪도연명≫ (≪중국고전감상≫13)에 보이며 각천서점角川書店에서 소화 63년(1988년)에 출판되었다. (일) 하세가와 시게나리長谷川滋成의 ≪도연명약연보陶淵明略年譜≫는 그의 ≪도연명의 정신세계≫ 부록에 보이며 급고서원汲古書院에서 평성 7년에 출판되었다.

도연명 연보에 관한 내용을 전체적으로 다룬 논문으로는 두 편이 있는데, 먼저 주자청朱自淸의 〈도연명 연보 중의 문제陶淵明年譜中之問題〉는 ≪주자청문집≫ 제3책 ≪문사논저≫에 보이며 개명서국開明書局에서 1953년에 출판되었다. 또 다른 하나는 송운빈宋雲彬의 〈도연명 연보 중의 몇 가지 문제陶淵明年譜中的幾個問題〉로 ≪신중화新中華≫ 복간 제6권 제3기에 보인다.

허일민許逸民이 집교輯校한 〈도연명연보〉는 연보 9종과 전기 5종 및 약간의 부록을 모아 편찬하여 실제 사용에 편리하다. 중화서국에서 1986년에 출판되었다.

도연명 연보를 편찬하면서 새로운 자료를 발견하기는 이미 불가능에 가깝다. 더욱 엄격한 방법을 써서 이미 있는 자료에 대해 체계적으로 정리한다면 비교적 공평하고 실제에 맞는 결론을 얻을 지도 모른다. 본 ≪도연명연보휘고≫는 아래의 원칙을 따른다.

1. 이미 있는 모든 자료에 대해 체계적 정리와 전반적 고찰을 하고 일부분의 문제가 전체를 방해하지 않게 한다.
2. 관련 자료에 대하여 신뢰정도에 따라 등급을 나누고, 되도록 제1급 자료를 사용하고 기타 제3급 자료는 방증으로 삼는다. 아울러 제2급 자료로 제1급 자료를 쉽게 부정하지 않는다. 도연명의 자료는 신뢰

도에 따라 4급으로 나눈다.

제1급은 도연명 본인의 작품이다. 그러나 그의 생애와 출사, 은거에 대해 언급한 부분은 이문異文도 많고 서로 저촉이 있는데 그 유래가 이미 오래되었다. 각종 송본宋本도 이미 이와 같아 어느 것을 의거하고 따를 지는 심사숙고해야 한다.

제2급 자료는 도연명의 친구들이 남긴 문자 자료이다. 오직 안연지顔延之의 〈도징사뢰陶徵士誄〉 1편뿐이다.

제3급 자료는 후인들이 쓴 도연명의 전기 자료이다. 양梁 심약沈約의 ≪송서‧도잠전≫, 양梁 소통의 ≪도연명전≫, 당唐 이연수李延壽의 ≪남사‧도잠전≫, 당唐 방현령方玄齡의 ≪진서‧도잠전≫, 작자미상의 ≪연사고현전蓮社高賢傳≫ 등이다.

제4급 자료는 후인들이 도연명을 평하여 언급한 것 중 그의 생애 고증에 도움이 되는 문자 자료이다. 예를 들면 양梁 소통의 〈도연명집서〉, 당唐 백거이의 〈방도공구택병서訪陶公舊宅并序〉 등이다.

3. 도연명 작품은 각종의 송본宋本을 기준으로 하되, 송본의 서로 다른 것은 그 간행의 선후를 살펴 선본善本을 선별하여 따라야 한다. 정리와 교정을 하지만 절대 억측으로 고쳐서는 안 된다. 본 ≪도연명연보휘보≫가 근거한 도연명집의 판본은 다음과 같다. 급고각장송각체수본汲古閣藏宋刻遞修本 ≪도연명집≫ 10권,[1] 송 황주각본黃州刻本 ≪동파선생화도시東坡先生和陶詩≫ 4권,[2] 송소흥본宋紹興本 ≪도연명집≫ 10권,

---

1 급고각 소장 ≪도연명집≫ 10권은 처음에 모씨毛氏 급고각汲古閣에 소장되었다가 황씨黃氏 사례거士禮居에 소장되었고, 후에 양씨楊氏 해원각海源閣에 귀속되었다. 양소화楊紹和의 ≪영서우록楹書偶錄≫은 북송본으로 감정했다. 또 주숙도周叔弢에게 귀속되었는데 지금은 증정받아 북경도서관에 소장되었다. 하시카와 도키오橋川時雄과 곽소우郭紹虞는 南宋本으로 감정했다. 그러나 그들은 모두 원서를 보지 못했다. ≪북경도서관선본서목北京圖書館善本書目≫은 송각체수본宋刻遞修本으로 보았다. 지금 북경도서관 소장본을 보면 본문에 대해서는 북송본이라고 할 수 있다. 졸고 〈도연명향년고변陶淵明享年考辨〉을 참고. ≪문학유산≫, 제1기, 1996년.

2 대만 중앙도서관 소장. ≪중앙도서관선본서목中央圖書館善本書目≫은 이 책을 "송 경원간慶元間(11195~1200) 황주간본黃州刊本"으로 감정했다. 유상영劉尙榮의 고증에 따르면 "이 책은 북송 말년에(송 흠종 때) 처음 간행했다. 후에 남송 순희淳熙 7년인 경자庚子년(1180)에 처음으로 수정하여 중간重刊을 했고 또 경원慶元 원년인 을묘乙卯년(1195)에 두 번째로 증보판을 간행했다. ≪송간宋刊(동파화도시東坡和陶詩)약설略說≫에 보인다. ≪문사文史≫ 제15집에 실려 있다. 나는 1996년 4월 학회 참석으로 대만을 방문했을

송 소흥紹興 임자王子에 간행된 증집曾集의 ≪도연명문집≫ 2권, 송 함순咸淳 원년 전후에 간행된 탕한湯漢의 ≪도정절선생시주≫ 4권,[3] ≪사부총간≫은 宋本 이공환李公煥 ≪전주도연명집箋注陶淵明集≫ 10권을[4] 영인하여 번각한 것이다.

4. 도연명 작품의 정확한 이해를 연보 편찬의 기초로 삼고, 작품의 뛰어난 해석으로 그 행적의 실제를 탐구한다.

5. 도연명의 작품에는 갑자로 표시되어 있는 것, 비록 연대가 표기되지 않았으나 실마리가 있어 그 창작년도를 탐색할 수 있는 것, 또한 아무런 실마리를 탐색할 수 없는 것 등이 있다. 본 ≪도연명연보휘고≫ 는 첫 번째로 직접 그 창작년도를 표시한 것에 의거하였고, 두 번째로 상세하게 고찰하고 변별한 이후에 그 확실한 연대 혹은 대략적인 연대를 달았다. 세 번째로 문제가 있는 곳은 그대로 두어 억지로 창작년도를 달지 않고 향후 고명한 연구자의 연구를 기다리고자 한다.

본 ≪도연명연보휘고≫는 우선 위에 서술한 원칙에 따라 만들어 보았다. 이전의 현명한 사람 또는 지금의 뛰어난 사람의 논술에 대하여는 인용도 하고 참고도 하며 변증하였다. 그러나 억지로 그 결점을 찾거나 맹목적으로 부화뇌동하거나 경솔하게 새로운 주장을 하지 않고 정연하고 원만함을 추구하고자 했다. 현대의 학자 중에는 양계초, 고직, 왕요, 녹흠립, 왕숙민 등을 많이 참고했고 영감을 받은 것도 많았는데, 모두 본문에 표시하였다. 그 외 인용한 여러 사람의 논술 또한 주해를 달아 출처를 명기하여 이들의 성과를 훔치지 않았다. 간혹 가끔 나의 의견과 다를 때는 나의 의견을 밝힐 뿐 비꼬지는 않았다. 각자의 의견이 다른 것은 학술연구의 일반적 상황이

때 잠깐 방문하여 이 책을 본 적 있다. 제지는 황색이며 주렴무늬가 있고 비교적 얇다. 호접장蝴蝶裝이며 2권의 페이지에 8군데 파손이 있다. 각 페이지는 매우 선명한 곳도 있고 매우 흐릿한 곳도 있어 체수본遞修本임을 알 수 있다. "국립북평도서관소장國立北平圖書館所藏" 인印이 있다.

3 진행진의 ≪영인송본(도정절선생시주) 설명≫을 참고. 1998년 중화서국 영인본 부록.
4 대만 중앙도서관이 다른 책 한권을 소장하고 있다. "건륭어람지보乾隆御覽之寶"라는 붉은 글씨의 사각 도장이 찍혀있고, "천록림랑天祿琳琅"이라고 붉은 글씨의 사각 도장이 찍혀있다. ≪중앙도서관송본도록≫에는 "남송말년 건간건상본建刊巾箱本"이라 기록되어있다.

다. 더욱이 도연명의 행적에 자료의 결핍으로 말미암아 변별하고 판명하기가 어려움이 있는 것은 감히 억지로 판단하지 않았다. 고찰하여 밝힐 수 없는 것은 잠시 보류하고 감히 억지로 해설하지 않았다.

본 ≪도연명연보휘고≫에 인용한 도연명 시문은 급고각장10권본을 저본으로 하고, 기타 각 선본善本을 참고하여 교정하였다. 중요한 이문異文은 모두 설명을 하고 고증과 판별을 진행하였다.

• **도연명陶淵明의 자字는 원량元亮이고 이름은 잠潛이라고도 한다. 호號는 오류선생五柳先生이며 시호諡號는 정절선생靖節先生이다.**

'연명'은 도연명집에 세 번 보이는데 다음과 같다. "연명의 숙부 태상太常 도기陶夔가 일찍이 탐耽에게 물었다."(〈진고정서대장군장사맹부군전晉故征西大將軍長史孟府君傳〉) "연명의 돌아가신 어머니는 당신의 넷째 딸입니다"(상동) "연명이 소뢰의 제전祭奠으로 몸을 숙여 술을 땅에 붓는다."(〈제정씨매문祭程氏妹文〉) (역자 주: 소뢰少牢는 양과 돼지를 희생으로 쓰는 제사를 말한다. 도연명이 현령을 지냈음으로 하대부下大夫에 해당하는 예제禮制에 의거한 것이다) 외조부를 위해 전기를 쓰며 숙부와 어머니를 언급하며 스스로 자를 말할 수는 없는 것이고, 여동생의 제문에도 스스로 자를 말하지는 않았을 것이다. 이 세 곳의 '연명'은 스스로 그 이름을 말한 것으로서 의심이 있을 수 없다.

자가 원량임은 심약沈約의 〈도잠전〉, 소통의 〈도연명전〉에 보이는데 이설이 없다.

오직 '잠'에 대해 여러 설이 분분한데, "잠의 자는 연명이다"라는 주장이 심약의 〈도잠전〉에 처음 보인다. "도잠의 자는 연명이다. 혹자는 연명의 자가 원량이라고 한다"고 하였으나 무엇을 근거로 했는지 알 수 없다. 다만 위 세 곳의 연명이 자신의 이름을 스스로 밝힌 자료에 근거한다면, 자가 연명이라는 설은 정말 믿을 수 없다. 소통은 〈도연명전〉에서 "도연명의 자는 원량이다. 혹자는 도잠의 자가 연명이라 한다"고 하여 심약 〈도잠전〉

의 서술의 순서를 뒤바꿨다. 첫 구 "도연명의 자는 원량이다"의 뜻은 심약의 〈도잠전〉보다 신중하다.

이름이 '잠'이라는 설은 소통의 〈도연명전〉에서 도연명이 단도제檀道濟에게 말한 "잠이 어찌 감히 현인을 바라겠는가"에서 유래했을 수도 있다. 그러나 여기에서도 꼭 스스로 그 이름을 말한 것이 아닐 수도 있다. 진송晉宋 교체기 土人들의 대화에 자신의 자를 말하는 예가 적지 않다.

예를 보자. ≪세설신어·아량≫에는 저부褚裒가 상인의 배를 타니, 아전 몇 명만이 전송을 했다. 전당정錢塘亭에 묵으려하니 정리亭吏가 외양간으로 쫓아냈다. 현령이 누구냐 묻자 "저부가 손을 들어 답했다. '하남 저계야褚季野요.'" 계야는 저부의 자이다.

≪진서·은일·대규전戴逵傳≫ 94권에 다음 기록이 있다. "태재太宰인 무릉 왕희王晞는 그가 거문고를 잘 탄다고 듣고 사람을 시켜 불렀다. 대규가 사자 앞에서 거문고를 부수며 말했다. '대안도戴安道는 왕씨 문중의 예인藝人은 되지 않으련다'"라고 하였는데, 대안도는 대규의 자字이다. 이 두 곳은 모두 명사名士가 관리를 대하는 오만한 말투로, 도연명이 단도제를 대하는 말투와 비슷하다. 그렇다면 '잠潛'은 스스로 자字를 말한 것일 수도 있다.

단 진송晉宋 교체기에는 두 개의 이름에 한 개의 자字, 한 개의 이름에 두 개의 자字는 습관에 맞지 않다. 그러므로 갑자기 도연명의 이름을 '잠潛'이라고는 할 수 없을 것이다.

양계초의 ≪도연명연보≫에 '아명은 잠'이라 하였는데 믿을 것이 못되고, 도연명이 단도제에게 아명을 말할 이유도 없다. 오운의 ≪도연명연보≫에 "송나라가 되어 잠으로 이름을 바꿨다"고 하였다. 이 설도 소통의 〈도연명전〉에서 말한 "잠이 어찌 감히 현인을 바라겠는가"를 근거로 추측한 것일 수 있다.

또는 유정지劉程之가 진 원흥元興 연간에 시상령柴桑令을 그만두고 여산에 은거하며 이름을 유민遺民이라고 한 것(당나라 승려 원강元康의 〈조론소

肇論疏)에 보인다)에서 연상한 것일 수도 있다.

또는 송나라가 되면서 지은 시에 송의 연호를 쓰지 않았다는 설에서 연상했을 수도 있다. 송나라가 되면서 이름을 바꿨다는 것은 도연명이 진나라 왕실에 충성하였다는 것인데, 이 대전제가 반드시 성립되지는 않는다. 진나라 왕실에 충성하여 송의 연호를 쓰지 않았다고 하여 송나라를 인정하지 않았다고는 말할 수 있지만, '연명'을 '잠'으로 한 것은 대체 무슨 말인가? 만약 숨어서潛 벼슬길에 나아가지 않았다고 말한다면 이미 진나라 때 물러나 은거하며 벼슬하지 않았고, 송나라가 되면서 깊은 산속으로 도망가 죽은 곳도 어디인지 아직껏 보지 못했으니, 어찌 꼭 '잠潛'으로 개명했겠는가? 개명하여 '잠潛'이라 한 것이 송의 연호를 쓰지 않은 것과 같이 꼭 진나라에 충성하는 것을 표시하지는 못하는 것이니 개명도 결코 의의가 없다. 또 '연명淵明' 두 글자 중 '연淵'자는 본래 의미상 '잠潛'자와 관련되어 있어 '연명'을 버리고 '잠'을 쓴다는 것은 쓸데없는 일이다.

양계초는 ≪도연명연보≫에서 ≪예기≫의 "군자는 아버지가 돌아가시면 개명하지 않는다.君子已孤不更名" (≪곡례≫하)를 인용하여 늘그막에 개명한 것은 매우 불합리하다고 여겼다. 양계초의 학설이 설득력이 있다. 도연명은 예법을 고집하지는 않지만 또 옛 예법이라 하여 지키지 않고 경솔하게 개명하지도 않았을 것이다.

'연명淵明', '원량元亮', '잠潛' 세 뜻의 연관성에 대해 고직의 ≪도정절연보≫에서 다음과 같이 말했다. "≪역易·건乾·초구初九≫에 '잠룡은 쓸 수 없다.潛龍, 勿用'고 하였고, ≪역易·건乾·구사九四≫에 '혹은 못에서 뛰어 오른다.或躍在淵'고 하였다. 사四와 초初는 상응이니 사四의 연못淵은 초初의 숨은潛 곳이다.四爲初之應, 四之淵卽初所潛處 ……≪광아廣雅≫에 '잠潛'의 뜻은 '숨는다隱'고 하였고, ≪설문해자說文解字≫에서는 '은隱'을 '가리다蔽'라고 하였는데 은隱과 폐蔽는 모두 어둡다는 뜻을 가지고 있다. 어둠暗은 밝음明의 상대어이다. 량亮은 ≪설문해자≫에 '굳세다倞'라고 하고, '밝다明'라고 하였으니, 양亮과 잠潛은 뜻이 대문對文이고, 양亮과 명明은 뜻이 같은 동훈同訓이다."

〈오류선생전〉에 "집 앞에 버드나무 다섯 그루가 있어 이로써 호를 삼았다"고 하였다.

〈도징사뢰陶徵士誅〉에 "그리하여 여러 친구에게 물어보니, 시호는 정절징사靖節徵士가 마땅하다"고 하였다.

- 강주江州 심양군尋陽郡 심양현尋陽縣(지금의 강서江西 구강시九江市 서쪽) 사람이다.

도연명 본인은 자신의 원적에 대해 확실히 밝힌 적이 없다. 〈오류선생전〉에 "선생은 어디 사람인지 모른다"고 하였고, 안연지의 〈도징사뢰陶徵士誅〉에서는 "진晉에는 '조정의 초빙에 응하지 않은 士人(즉 징사徵土)'이 있는데, 심양尋陽 사람 도연명으로, 남악南嶽(원행패 의견: 여산을 가리킴)에 은거한 자이다. …… 심양현의 어느 마을에서 죽었다"고 하였다. 앞에서 말한 심양은 그의 원적이고, 뒤에 말한 심양현은 그가 죽은 곳, 즉 그가 죽을 때 거처한 곳이다. 이것이 제일 믿을 만한 자료다.

원적, 출생지, 사는 곳, 죽은 곳, 장지 등은 원래 다른 개념이나, 후인들이 종종 이설이 있으니 아마 혼동하여 (위 개념을) 다르게 사용한데서 기인한 것일 것이다. 원적은 조상들이 살던 곳으로, 도연명의 증조부는 대사마大司馬 도간陶侃이다. 《진서晉書 · 도간전陶侃傳》에 "도간은 자가 사행士行이고 원래 파양鄱陽 사람이다. 吳나라가 평정되자 여강廬江의 심양尋陽으로 이사했다"고 하였다. 또 도간陶侃의 〈상표손위上表遜位〉에도 "신의 부모는 예전에 장례를 치렀는데 지금도 심양에 있습니다"라고 하였다. 이를 보면 심양이 도연명의 원적임은 의심할 여지가 없다. 도연명의 출생지에 대한 고증이 없다. 후인들이 논쟁을 하는 것은 실제로는 그가 살던 곳으로 이견이 제일 분분하다. 이제 먼저 그의 작품 중에 언급되어 살았던 곳을 나열하면 아래와 같다.

1. "방군龐君이 위군참군衛軍參軍이 되어서 강릉江陵에서 상도上都로 파견되었는데, 심양尋陽을 지나다 내게 詩를 지어 보냈다." 〈답방참군서答

2. "남쪽 들 황무지를 개간하며, 못난 대로 살려고 전원으로 돌아왔다."
   "남산 밑에 콩을 심었더니, 풀은 무성하고 콩 싹은 드물다." 〈귀원전
   거歸園田居 1〉, 〈귀원전거歸園田居 3〉

3. "두세 명의 이웃과 같이 사천에 노닌다." "저 남쪽 동산은 이름 난
   지 오래되어 다시 찬탄하지 않는다. 저 층층히 쌓인 구릉은 옆에
   이어진 것이 없어 홀로 언덕에 우뚝하니, 멀리 영산을 연상케하여
   아름다운 이름을 아끼게 한다." 〈유사천遊斜川〉

4. "그전에 남촌에서 살려고 하였던 것은, 집자리를 정하기 위해서가
   아니었었다.……이 일을 생각한 지 꽤 여러 해 되었는데, 오늘에야
   이곳으로 이사하게 되었다." 〈이거移居 1〉

5. "좋은 철이 의외의 생각을 갖게 하여서, 지팡이 매고 서쪽 막집으로
   돌아왔다." 〈화유시상和劉柴桑〉

6. "은殷은 먼저 진안남부장사연이 되어서 심양에 살았다. 후에 태위참
   군이 되어 집을 옮겨 동부로 내려갔다. 이 시를 지어서 증정하였다."
   "지난해 남리에 살았을 적에, 잠시 동안 이웃이 되었었다." 〈여은진안
   별與殷晉安別〉

7. "슬픔 머금고 그가 살던 집에 들르니, 서러운 눈물이 마음따라 떨어
   진다." 〈비종제중덕悲從弟仲德〉

8. "가고 가고 돌아가는 길 따라, 날수 헤아리며 살던 집에 닿기 바랐다.
   ……그 누가 나그네 배 멀다고 말하는가, 백리 이상도 가깝게 바라보
   는데. 시선 뻗치니 남쪽 산 알아보겠는데, 부질없이 어이 갈까 탄식
   만 한다." 〈경자세오월중종도환조풍어규림 1庚子歲五月中從都還阻風於
   規林 其一〉

9. "오래전에 남쪽의 밭 이야기 들었지만, 당시에는 끝내 가지를 못했
   네. 자주 끼니를 거르는 일 이미 겪은 사람 있으니, 봄철의 농사일을
   안 하고 배기겠나." "해가 빠지면 함께 돌아가서, 병술 들고 이웃끼
   리 위로를 한다. 길게 읊조리며 싸리문 걸고, 잠시나마 밭두렁 백성
   노릇 하리라." 〈계묘세시춘회고전사 2 癸卯歲始春懷古田舍 其二〉

10. "지난날 상경에서 살다가, 6년 만에 떠나서 돌아왔네. 오늘에야 비로
    소 돌아와 보니, 서글프게도 슬픈 일 많다. 밭길은 본래와 다름이
    없으나, 마을 집들은 간혹 그 시절이 아니구나." 〈환구거還舊居〉

11. "초가집 궁벽한 골목에 붙었지만, 기꺼이 화려한 집 사양하였지. 한
    여름에 긴 비람 급히 닥쳐와, 수풀 속의 집 단번에 불타올랐다. 온

집 방 한 칸 남지 않아, 문 앞의 배 안에서 이슬 피한다." 〈무신세유
월중우화戊申歲六月中遇火〉

12. "산속은 서리와 이슬 무척 많고, 바람 기운도 먼저 차진다. ……물
떠서 씻고 처마 밑에 쉬면서, 한 그릇 술로 가슴과 얼굴 푼다." 〈경
술세구월중어서전확한도庚戌歲九月中於西田穫旱稻〉

13. "가난하게 살다 보니 농사에 매달려, 동쪽 수풀 모퉁이에서 힘 다해
일을 한다." 〈병진세팔월중어하손전사확丙辰歲八月中於下潠田舍穫〉

14. "사람 사는 고장에 막집을 엮었으나, 수레와 말의 시끄러움이 없다. ……
동쪽 울타리 밑에서 국화 따다가, 우연히 남산을 본다." 〈음주飮酒 5〉

15. "성읍에 머무르며, 산책하니 저절로 한가해진다." 〈지주止酒〉

16. "팽택은 집에서 백리이다." "농민이 나에게 봄이 다가왔다 하며, 장
차 서쪽 밭에서 할 일이 있다 말하네. 헝겊 마차 타기도 하고, 쪽배
를 젓기도 하며, 깊은 계곡을 건너고, 울퉁불퉁한 구릉을 지나네."
〈귀거래혜사歸去來兮辭〉

〈고증〉

위의 1조, 6조 내용에서 '심양尋陽'이 출현하였는데, 심양이 그의 거처임
을 알 수 있다. 6조에서 '남리南里'도 언급하였는데, 남리는 그의 심양의
여러 거처 중 하나임이 틀림없다. 4조 〈이거〉의 '남촌南村'은 당연히 6조의
〈여은진안별與殷晉安別〉의 '남리南里'로서 역시 심양에 있다. 14조항에서만
거처, 를 언급하면서 '시상柴桑' 두 글자가 보이지 않는다.(시제목인 '유시상
劉柴桑'은 제외) 그러나 심약의 〈도잠전陶潛傳〉에서 "심양 시상 사람이다"라
고 명확히 밝히고 있고, 소통의 〈도연명전陶淵明傳〉에서도 이를 따랐다. 그
렇다면 이를 어떻게 해석해야 할까?

≪진서晉書·지리지하地理志下≫에는 양주揚州 여강군廬江郡에 심양현이
있으나, 시상현은 따로 형주荊州 무창현武昌縣에 속해 있다. "혜제惠帝 원강
元康 원년(291)에, 형주, 양주는 영역이 넓고 멀어 관리가 통치하기에 어렵
다"는 상소가 있었다. 이에 양주 예장豫章 등의 군郡과 형주의 무창 등 합
10군을 떼어 "강수江水의 이름을 따라 강주江州를 설치했다."

≪송서宋書·주군지州郡志 2≫에 강주江州는 "처음에 예장(군)에 치소治

所를 두었으나, 성제成帝 함강咸康 6년(340)에 심양(군)으로 치소를 옮겼다. 유익庾翼이 또 예장으로 치소治所를 옮겼다가 다시 심양으로 치소治所가 돌아왔다"고 하였다.

또 ≪진서 · 지리지하≫에 다음과 같은 기록이 있다. "영흥永興 원년(304)에 여강의 심양과 무창의 시상 두 현을 떼어내 심양군을 만들고 강주에 예속했다." "회제懷帝 영가永嘉 원년(307)에는 예장의 팽택을 심양군에 예속했다." 원제元帝가 장강을 건너니 "심양군에 또 구강九江, 상갑上甲 두 현縣을 두었고 조금 있다 구강현을 떼어내 심양현에 편입했다." "안제安帝 의 희의熙 8년(412)에 심양현을 떼어내 시상현에 편입하니 시상은 군郡이 되었다. 후에 또 상갑현을 떼어내 팽택현에 편입했다."

그렇다면 도연명 출생 시에 강주에는 심양군이 있었고, 심양군 예하에 심양현(원래 관할지구 외에 한차례 두었던 구강현을 포함)이 있었다. 심양현은 큰 현이고 또 강주의 치소治所이다. "시상은 여전히 군이다"라는 말에서 알 수 있듯 심양군의 군치소郡治所는 시상현에 있었다. 의희 8년에 이르러 심양현은 비로소 시상현에 편입된다. 〈도간전〉에는 이미 그가 여강(군)의 심양(현)에 이사하였다고 하였고, 안연지의 〈도징사뢰〉에는 "심양 도연명"이라 하였고, 후에 또 "심양현의 모 리에서 죽었다"고 하였다. 그러니 도연명은 심양현(심양군에 속하는) 사람임이 틀림없다.

단지 도연명이 사망할 때 심양현은 이미 시상현에 편입되었고, 여전히 심양군에 예속되어 있었다. 때문에 심약은 〈도잠전〉에서 "심양 시상 사람이다"라고 칭했다. 안연지의〈도징사뢰〉에 "심양현에서 죽었다"라고 한 것은 예전의 구획이다. 그러나 〈도간전〉에 이미 심양(현)으로 이사했다고 확실히 밝혔고, 도연명 출생 시에 심양현은 아직 시상현으로 편입되지 않았으며, 시상은 또 도연명 본인이나 안연지의 〈도징사뢰〉에 언급되지 않았으므로, 도연명의 원적은 강주 심양군 심양현으로 하는 것이 마땅하다.

심양현의 치소는 지금의 강서 구강시 서쪽에 있다. 시상현의 치소는 지금의 강서 구강시 서남쪽에 있다.

그의 거처는 한 곳이 아니다. 그의 시문에서 '남리南里', '남촌南村', '서로西盧', '상경上京', '구택舊宅', '원전거園田居', '고전사古田舍', '하손전사下潠田舍', '성읍城邑'을 언급했다. 도연명은 또 밭이 있었는데 '남야南野', '남무南畝', '동림東林', '서주西疇', '서전西田' 등으로 불렀다. 그의 거처와 밭이 모두 심양현에 있었는지 아니면 시상현 내지는 더 먼 곳에 있었는지 알 수 없다.

그러나 그 대략의 방위는 고증할 수 있으니 각 시문에 상세히 보인다. 또 도연명 시문 중에 언급한 '남산南山', '남부南阜', '남령南嶺'은 여산廬山을 말한 것이니 반드시 그의 거처 부근에 있을 것이다. '사천斜川'은 그가 노닐던 곳이고, '중고中皐', '증성曾城'은 사천에서 바라본 산인데, 도대체 어디인지는 아직 고증되지 않았다.

또 백거이의 〈방도공구택병서訪陶公舊宅并序〉는 송대 이전 유일한 도연명 옛집에 대한 실지 고찰 자료인데, 그 속에 여산廬山, 시상柴桑, 율리栗里를 언급했다. 그 서에 "내가 평소 도연명의 인품을 흠모하여, 지난해 위천渭川에 한거하며 〈효도체시效陶體詩〉 16수를 썼다. 이제 여산을 유람하고 시상을 거처 율리를 방문하여 그 사람을 그리며 그의 집을 방문하니 가만히 있을 수 없어 이 시를 짓다"고 하였다. 시 중에 "시상은 오래된 마을이고 율리의 산천은 예전과 같은데, 울타리 밑 국화는 보이지 않고 폐허에 남은 아지랑이만 여전하네"라고 하였다. 그러나 거처, 밭의 소재, 노닐던 곳은 단지 그의 원적을 고증하는 참고일 뿐 직접적인 원적의 소재지로는 볼 수 없다.

또 도연명의 처음 집이 의풍宜豊이라는 설이 있으니 고증하지 않을 수 없다. 이 설의 시초는 송 악사樂史의 《태평환우기太平寰宇記》에 근거한다. 그 '도연명 살던 옛 고을' 밑에 "《도경圖經》에 '도연명의 처음 집은 의풍인데 뒤에 시상으로 갔다.' 의풍은 지금의 신창新昌이다"라고 하였다. 《도경》은 의풍 지방에 유포되었던 지방 역사서인데 현재는 전해지지 않는다. 명대 왕도王道의 《중수신창현지서重修新昌縣志序》에 "아마도 의풍이 현이었을 때 《도경》이 유포된 듯하다"라고 하였다. 의풍이 현이 된 것은 삼국시대 오吳

나라 때이다. 그러나 악사樂史가 본 것은 남조 송나라 이후에 다시 찍은 것이 확실하니 도연명의 옛 거처의 기록은 있지만, 그 편찬 연대는 이미 믿을 수 없다. 악사 이후 도연명의 처음 집이 의풍이라는 설은 후대 그 지방지 편찬 때 받아들여지고, 또 해당 지역에서 정절사당을 지으며 쓴 제기題記에 인습되었을 것이다. 여기서는 자세히 인용하지 않겠다.

단 청淸 강희康熙 계해癸亥(1683)에 편찬한 ≪신창현지新昌縣志≫ 4권 ≪인물지 · 명현人物志 · 名賢≫에 기록된 〈도연명전〉은 아래와 같다.

> 진晉 도연명의 자字는 원량이고 처음 집은 의풍이다. 아버지 도회陶回는 자성茭城 태수로 소준蘇峻을 평정한 공으로 강락백康樂伯에 봉해졌고, 식읍은 지금의 의균향義鈞鄕에 있다. 융화隆和 원년에 큰 가뭄이 들어 회回는 식읍의 조세를 면하니 사람들이 마음에 기렸다. 그 마을을 태평太平 · 회덕懷德이라고 부르니 지금의 태평향太平鄕 회덕시懷德市이다. 태원太元 18년 선생은 강주제주로 기용되어 시상에 살았으며 남강南康을 유람했다. 유경(의)劉敬(宜)가 강주자사로 심양에 진수하며 선생을 참모로 발탁하였다. 의희 원년 팽택령을 하다 80여일 만에 그만두었다. 12년 겨울, 막내아들 동佟을 안고 의풍으로 돌아왔다. 부로父老들이 그가 옛 거처로 돌아온 것을 기뻐하였고, 이로 인해 유명한 고을이 되었다. 수년 후에 그의 아들 엄儼을 보러 시상으로 갔다. 그곳에서 죽었다. 의풍으로 돌아와 장사지냈다. 아들은 다섯인데 엄儼, 사俟, 빈份, 일佚, 동佟이다. 지금 의풍 15군에 옛 거처가 모두 모여 있으며, 사계渣溪 도씨가 공의 다섯째 아들의 후손이다. 선생의 독서당讀書堂, 세묵지洗墨池, 정절교靖節橋의 유적이 여기에 있다.

후에 호사경胡思敬[5]이 1917년에 ≪염승鹽乘≫(의풍宜豐 현성 서남쪽 교외에 오염릉五鹽陵이 있으며, 오대五代의 남당南唐시대에 의풍宜豐 옛 지역을 한때 염보진鹽步鎭이라 불러서 '염'은 의풍의 대명사가 되었다)이라는 책을

---

5 변효선, 당문권 편 ≪민국인물비전집≫ 13권에 진의의 ≪호퇴려묘표≫가 수록되어 있다.(≪순려유문≫에 근거) ≪묘표≫의 추정에 따르면 호사경은 1870년에 태어나 1922년에 사망했다. ≪민국인물비전집≫, 단결출판사, 1995년.

편찬하여 출간하였다. 《인물지人物志》 안에 〈도잠열전〉을 편입시켜 처음 집이 의풍이라고 대담하게 주장한 10종의 설을 폭넓게 제시하여 이를 방증하였다. 의풍 현지에서 지방사지地方史志를 연구하는 학자들은 지금도 여전히 이런 주장을 견지한다.

유사순劉師舜의 〈도연명적고향-처음은 강서의 의풍이었지 심양의 시상이 아니었다陶淵明的故鄉-最初是江西宜豐不是尋陽柴桑〉[6] 역시 도연명의 고향을 의풍이라고 주장하였다. 진이량陳怡良의 《도연명지인품여시품陶淵明之人品與詩品》은 광범위하게 자료를 인용하여 말했다. "이상 인용한 자료를 종합컨대, 도연명의 고향이 처음에는 의풍의 의균향義鈞鄉이었으나 훗날 심양의 시상으로 이사를 갔음을 알 수 있으며, 이는 당연히 가능한 일이다."

여기에서 반드시 밝혀둘 것이 세 가지가 있다. 처음 집이 의풍이라는 설은 악사樂史의 《태평환우기太平寰宇記》가 인용한 《도경圖經》에 가장 먼저 보이며, 기타 방증은 이로부터 비롯되었고 악사보다 나중에 나왔다. 《도경》은 현존하지 않은데다 확실한 연대조차 고증할 수 없어 실제 존재 여부도 판단할 길이 없다. 그러므로 이 설은 그다지 신뢰할 수 없다. 더욱 중요한 것은 이 설은 도연명의 시문 중에서 증거를 찾을 수 없는데다 안연지顏延之의 〈도징사뢰陶徵士誄〉, 심약沈約의 《송서·은일전隱逸傳》, 소통蕭統의 〈도연명전陶淵明傳〉 등 어디에도 보이지 않아 현지에 떠도는 소문에 불과하다는 점이다. 따라서 그 가치 또한 지방에서 전해지는 이야기 수준에 그칠 뿐이고 엄격한 학술상 고증이라고 믿을 수 없다. 이것이 첫 번째이다.

청수清水의 《신창현지新昌縣志》와 호사경의 《염승》에서 말한 도연명의 일생행적은 확실히 처음 집은 의풍이라는 설에 근거하여 이루어져 엉성한 부분이 꽤 많다. 만약 도연명이 29세에 주州의 좨주祭酒가 되기 전까지 줄곧 의풍에 살았다면 어떻게 그의 시문에 한 자의 기록도 보이지 않는가? 주의 좨주를 그만두고선 왜 의풍의 집으로 돌아가지 않고 오랫동안 시상에

---

6 《동방잡지》 복간본 1권 2기에서 볼 수 있다.

거주하다가 만년이 되어서야 돌아와 다시 시상으로 돌아가서 죽으려고 했는가? 만약 이러한 문제에 대하여 합리적인 해석을 하지 못한다면 설득력이 떨어진다. 이것이 두 번째이다.

'처음 집' 이 말은 함의가 꽤 모호한데, 여기의 이른바 '집'은 본인의 집인가, 부친의 집인가? 처음 집이 의풍이었다는 것이 의풍에서 태어났다는 것인가, 아니면 단지 의풍에 살았다는 것인가? 여기의 '처음'은 또 언제부터 시작된 처음인가? 모두 알 수가 없다. 단언할 수 있는 것은 처음 집 의풍은 결코 본적이 의풍이 아니며, 따라서 도연명이 의풍 출신이라고 함부로 말할 수 없다는 정도이다.

그러나 처음 집이 의풍이었다는 설은 여전히 참고할 가치가 있다. 도연명이 초기에 어쩌면 한때 의풍에 산 적이 있었으며, 만년에 다시 한때 작은 아들 동修을 데리고 의풍으로 돌아왔으니 오늘날 사계渣溪 도씨陶氏는 동의 후손일 수도 있다. 이 설은 현지 도씨의 족보에서 비롯되어 이미 오랫동안 전승되었지만 혹여 견강부회가 아닐지 또한 알 수 없다. 참으로 사실 근거가 없는 일의 원인을 조사하는 경우라 하겠다.

- **증조부 도간陶侃, 진晉의 대사마大司馬가 되고 장사군공長沙郡公에 봉해지다.**

〈증장사공족조서贈長沙公族(당연히 '孫'자가 되어야 한다)祖序〉에 "나는 장사공에게 집안 할아버지뻘이 되며, 함께 대사마에게서 나온 자손이다"라 하였고, 〈명자命子〉에 "우리 동진東晉의 전성시대, 장사군의 공적이 찬란하였다네. 위무당당하신 장사공, 공훈이 탁월하고 덕망이 높았다네. 천자께서 작위를 내리시어 길이 세습하고, 군권을 나누시어 남정南征을 관장하였다네"라 하였다. 안연지顔延之의 〈도징사뢰〉에 "명문망족을 능가하고 관직 등급을 뛰어넘어 승진하였다"라 하였고, 심약沈約의 〈도잠전〉에 "증조부 도간은 진의 대사마였다"라 하였으며, 소통의 〈도연명전〉도 동일하다.

도씨 성을 가진 인물 중에 장사공에 봉해지고 또한 대사마를 지낸 사람은 동진에서 도간이 유일하며, 이는 도연명의 시에서 확실히 증명된다. 또한 위·진·남조는 족보를 중시하였으며, 도간처럼 혁혁한 명성을 떨친 인물에 대해서는 심약이 《송서宋書》를 편수하면서 그의 존재를 알 수 있었다. 그러므로 증조부 도간은 원래부터 의심할 바가 없다.

그러나 이공환李公煥이 〈증장사공족조서〉의 주를 달면서 "장사공은 나와는 한 집안으로, 조부가 모두 함께 대사마에게서 나왔다"라고 구를 끊고 "한 고조 때의 도사陶舍이다"라고 주를 달았다. 이공환이 비록 〈서〉에서 말한 대사마를 도사라고 여겼지만 도간이 도연명의 증조부라는 사실을 결코 부인하지 않았으며, 이는 〈명자〉시의 주에 보인다. 청의 염영閻詠은 이공환의 주에서 대사마가 도사라고 한 것을 근거로 도연명이 도간의 자손이 아니라고 증명하였다. 이 설은 《좌분유고左汾遺稿》에 보이며, 〈증장사공족조서〉의 '대사마'는 마땅히 '우사마右司馬'이며 한 고조의 공신이었던 도사를 가리키고, "그때 뿌리를 돌아보니"의 '뿌리'는 '한나라 초기'를 가리키며, 그렇지 않으면 "촌수가 이미 멀어졌네"라고 말할 수 없다는 것이다.

또한 〈진고정서대장군장사맹부군전晉故征西大將軍長史孟府君傳〉에 "대사마 장사환공 도간"이라고 칭하였지 증조라는 말은 사용하지 않았다고 말한다. 방동수方東樹의 《소매첨언昭昧詹言》은 이 설과 반복되지만 약간 다르다. 홍양길洪亮吉의 《갱생재문갑집更生齋文甲集》와 손지조孫志祖의 《독서좌록讀書脞錄》 역시 염영의 설을 각자 증명하였다. 그러나 전대흔錢大昕의 《잠연당문집潛研堂文集》은 염영의 오류를 무려 다섯 가지나 들었으며, 비록 모두 찬동할 순 없지만 대체로 옳다. 필자가 살펴보건대, 송대宋代에 나온 도연명집들은 모두 '대사마'에 대하여 상이하게 기록하지 않았으며, 염영이 말한 '우사마'는 판본상 근거가 없다. 또한 〈명자〉에서 말한 '장사'는 도간을 가리키는 것이 틀림없는데도 염영은 돌아보지 않았으니 그의 주장은 믿을 수 없다.

도연명이 도간의 후예라는 사실은 분명하지만, 그렇다고 과연 그의 증손자인가? 전조망全祖望의 ≪길기정집외편鮚埼亭集外編≫ 40권 〈도연명세계보陶淵明世系譜〉에서 도연명을 도간의 7대손이라 하였고, 요영姚瑩의 ≪동명문후집東溟文後集≫에서는 도연명을 도간의 6대손이라고 하였다. 〈진고정서대장군장사맹부군전〉에 "(맹가孟嘉) 대사마 장사환공 도간의 열째딸을 아내로 맞았다", "연명의 선친은 군(맹가)의 넷째 딸이다"라고 한 것을 살펴볼 때, 도·맹 두 가문은 대대로 혼인을 맺는 사이이며 도연명의 부친은 고종사촌누이를 아내로 맞았다. 도간은 맹가의 장인이고 맹가는 또한 도연명 부친의 장인이어서 항렬을 따지자면 도간은 당연히 도연명의 증조부가 되므로, 심약의 〈도잠전〉에서 설명한 것이 사실에 부합한다.

≪진서·도간전≫에 의하면, 도간의 작위는 먼저 도하陶夏에게 승계되었으며, 도하의 동생 도빈陶斌이 도하의 작위를 노리자 도하가 도빈을 죽였고 끝내 도하도 죽었다. 조정에서 다시 동생 도첨陶瞻의 아들 도홍陶弘에게 작위를 승계하도록 조서를 내렸다. 도홍이 죽고 아들 도작陶綽이 승계하였다. "도탁이 죽자 아들 연수延壽가 세습하였다. 송宋이 선양을 받자 오창후吳昌侯로 강등되어 5백호를 거느렸다." 이 글의 뜻을 살펴보면, 도연수가 생존할 당시에 이미 후로 강등되었으면 도연수는 장사공을 세습한 마지막 인물이다. 항렬을 논하자면 도작이 도간의 증손자로 도연명과 같은 항렬이다. 〈증장사공〉 중의 이른바 "장사공은 나에게 집안의 할아버지뻘이 된다"라는 말이 틀리지 않다면 도하일 수밖에 없다. 다만 도간은 함화咸和 9년(334) 6월에 죽고 도하가 작위를 세습한지 얼마 지나지 않아 곧 죽었으며, 당시에 도연명은 아직 태어나지 않아서 도하에게 시를 올렸을 리가 없다. 일부 기록은 "내가 장사공에게 집안 할아버지뻘이 된다"라고 설명하는데 비교적 믿을만하다.

다만 마지막으로 장사공이란 작위를 이어받은 인물이 도연수이며 도연명은 항렬이 도연수의 아버지뻘이라서 "집안의 할아버지뻘"이라고 일컬을 수는 없다. 오인걸의 ≪도정절선생연보陶靖節先生年譜≫에서 말하였다. "연수가 송대에 들어와서 죽었으니 심양尋陽에서 선생을 본 사람이 어떻게 그의 아들이겠는가? 연수는 이미 오창후로 강등되었으나 여전히 그를 진의 작위 그대로 장사공이라고 불렀다. 집본集本의 서문이 참으로 옳으며, 시제詩題를 당연히 '증장사공조손贈長沙公祖孫'으로 하여야 하나 '족조族祖'라고 한 것은 글자를 오용하였다. 어떤 판본은 잘못된 시제를 근거로 고의적으로 서문을 고쳐서 '장사공이 나에게 집안의 할아버지뻘이 된다'라 하였다."

필자가 살펴보건대 오인걸의 설명이 옳으며, 도연명이 만난 인물은 바로 도연수의 아들이자 도연명의 족손族孫이다. 그러므로 시에서 "어떻게 마음을 표현할지 몰라 이 몇 마디 말을 그대에게 보낸다네. 삼태기에 담은 흙이 미미할지라도 종내에는 산을 이루리라.何以寫心, 貽此話言 進簣雖微, 終焉爲山." 라 하였다. 이는 곧 어른이 아랫사람에게 격려하는 말이며, 만약 집안의 할아버지뻘에게 하는 말이라면 어떻게 이렇게 가르침을 내리는 어투이겠는가!

많은 학자들이 이 몇 구의 어투에 주의를 기울이지 않아 여러 가지 불합리한 고증을 내놓았다. 송대에 나온 문집본들의 시서에 모두 "일부는 내가 장사공에게 집안 할아버지뻘이 된다고 하였다"라는 글귀가 있는데 당연히 이 일부의 주장을 따라야한다. 시제의 '족조'는 당연히 시의 내용에 따라 '족손'으로 바꿔야한다. 시의 제목을 바꾸는 일은 비록 판본의 근거는 없지만 시 속의 내용상 증거가 확실하므로 이치에 따른 교정을 해야 하며, 또한 ≪도연명연보회고陶淵明年譜滙考≫가 제기한 다섯 가지 원칙에도 부합한다.

그러나 무엇을 일러 '집안의 할아버지뻘'이라고 하는가? ≪의례儀禮·상복喪服≫과 ≪이아爾雅·석친釋親≫에 의하면, 바로 고조부의 손자 혹은 조부의 사촌형제이다. 도연수의 부친 도작은 도연명과 증조부가 같은 형제이므로 도연명이 도연수의 아들을 '집안의 손자뻘'이라 부를 수 있었지만 "촌수가 멀었다."

• 조부 도무陶茂, 무창武昌태수를 지내다.

〈명자〉에서 "공경스런 우리 조상님, 시종일관 근신하셨네. 삼대의 벼슬은 곧고 바르게 역임하시고, 천리 고을을 맡으시어 훈훈한 은덕을 끼치셨네 肅矣我祖, 愼終如始. 直方三臺, 惠和千里"라 하였고, ≪한서 · 엄연년전嚴延年傳≫에서 "다행히 군수에 임명되어 천리를 다스리는 책임을 맡았다"라 하였다. 천리를 다스리는 책임을 맡은 자가 바로 태수임을 알 수 있다. 도연명의 조부가 이미 천리 고을을 맡아 훈훈한 은덕을 끼쳤다면 이전에 태수를 역임하였음이 확실하다.

≪진서 · 도잠전陶潛傳≫에 "조부 무는 무창태수를 지냈다"라 하였고, 이공환의 주에 "도무린陶茂麟의 ≪가보家譜≫는 도대陶岱를 조부라고 보았다. 이 시에서 말한 '천리 고을을 맡으시어 훈훈한 은덕을 끼치셨네'를 살펴볼 때 마땅히 ≪진서≫를 따라 도무를 조부로 보아야 한다. 도무가 무창태수를 지냈기 때문이다"라 하였다. 도무의 이름은 ≪진서 · 도간전≫에 보이지 않고, 〈도간전〉에 "간에게 아들 열일곱 명이 있으나, 홍洪 · 첨瞻 · 하夏 · 기琦 · 기旗 · 빈斌 · 칭稱 · 범范 · 대岱만이 옛 ≪진서≫에 보이고 나머지는 모두 드러나지 않는다"라고 하였다. 전조망의 ≪길기정집외편≫에서 도무가 무창태수를 역임하였다고 하였으니 드러나지 않았다고는 말할 수 없다. 도무는 도간의 아들이 아니라고 의심되므로 도연명은 마땅히 도간의 7대손이다.

필자가 살펴보건대, ≪도간전≫에서 거론한 아홉 아들 중에 어떤 이는 후侯라고 부르고, 어떤 이는 백伯이라고 부르고, 어떤 이는 장군이라고 부르고, 어떤 이는 상서尙書라고 부르는데, 도무는 겨우 태수에 불과하여 이들 아홉 명과 비교할 때 드러나지 않았다고 말해도 좋다. 도무린의 ≪가보≫는 이미 실전되었으며, 겨우 ≪송사宋史 · 예문지藝文志≫에만 보인다. 송나라 등명세鄧名世의 ≪고금성씨서변증古今姓氏書辨證≫에서 "후대에 도씨가 단양丹陽의 명문귀족집안이 되었으며, 진나라 태위太尉 도간의 증조부 도동陶同이 처음으로 그곳으로 이주하였다. 도동이 도단陶丹을 낳았으며, 그는 오吳의 양무장군揚武將軍과 시상후柴桑侯가 되어 마침내 그곳에 자리를 잡고 살면서 도간을 낳았다. 도간은 자가 사행士行으로, 열다섯 명의 아내를 취하여 스물세 명의 아들을 낳아 둘은 어려서 죽고 스물한 명의 아들 벼슬이 태수에 이르렀다. 도간은 원외산기員外散騎 도대陶岱를 낳았다. 도대는 진의 안성태수安城太守 도일陶逸을 낳았다. 도일은 팽택령彭澤令을 지낸 증광록대부贈光祿大夫 도잠을 낳았다"라 하였다. 또한 도연명의 조부 이름이 '대岱'라고 말하여 도무린의 ≪가보≫와는 같으나, 도대의 관직이 원외산기라서 〈명자〉와는 부합하지 않는다. 이에 ≪진서≫를 따른다.

• **부친은 아무개이고, 모친 맹씨는 맹가의 넷째 딸이다.**

〈명자〉에서 "아 빛나도다! 인자하신 선친이여, 담담한 성품에 명성을 구하지 않으셨네. 잠시 벼슬살이에 몸을 맡기셨고, 득의해도 실의해도 희로애락을 드러내지 않으셨네於穆仁考, 淡焉虛止: 寄跡風雲, 冥茲慍喜"라 하였다. 이공환의 주에 "부친은 자성姿城태수로 아들 다섯을 낳았으나 사책에 실리지 않았다"고 하였다. 이공환의 주는 또 조천산趙泉山의 말을 인용하여 "정절선생의 부친은 사책에 이름이 보이지 않고 유일하게 도무린의 ≪가보≫에 실렸으나 그의 행적은 역시 찾아볼 수 없다"고 하였다. 여전히 도무린의 ≪가보≫에 의거하고 있지만 ≪가보≫가 말한 조부 도대가 확실하지 않으므로 "부친은 자성姿城태수"라는 말 역시 의심스럽다. ≪진서晉書 · 도잠전陶潛傳≫에는 그의 부친 이름이 실리지 않았다. 〈명자〉의 내용을 살펴보면 그의 부친은 출사한 적은 있었지만 타고난 성품이 담백하여 벼슬살이에 결코 연연하지 않았으므로 부친의 관직을 언급하지 않았다. 만약 조부처럼 태수를 지냈다면 당연히 언급하였을 것이다. 혹시 도연명에게 말 못할 고충이 있었을지도 모른다. 진이량陳怡良의 ≪도연명의 인품과 시품≫ 제2장 제6절과 그 주를 참고하기 바란다.

〈진고정서대장군장사맹부군전〉에 "도연명의 돌아가신 어머니는 군의 넷째 딸이다"라 하였다.

• **진의 목제穆帝 영화永和 8년 임자(352), 도연명의 탄생**

7월에 진군대장군 무릉왕 희를 태재로 삼았고, 같은 달에 정서대장군 환온을
태위로 삼았다.(≪진서≫권8 〈목제기穆帝記〉)

〈자제문自祭文〉에서 "유세차 정묘년 9월에……도연명이 장차 잠시 쉬어
가는 이 세상과 이별을 고하고 본래 자기가 살던 집으로 영원히 돌아가노
라"라 하였다. 정묘년은 송의 원가元嘉 4년(427)이었다.

안연지顔延之의 〈도징사뢰〉에서 "춘추가 약간으로, 원가 4년 모월 모일
에 심양현의 모 동리에서 별세하였다"라 하였다.(이는 ≪문선文選≫에 근거
하였으며, 모든 판본이 일제히 "춘추가 약간"이라고만 적고 명확하게 나이
를 말하지 않았다. 예를 들어, 북송北宋의 국자감간본國子監刊本, 송 소흥紹
興 신사년(1161)에 건양建陽 진팔랑陳八郞의 숭화서방崇化書坊에서 간행한
오신주五臣注 ≪문선≫, 송 순희淳熙 8년(1181)에 간행한 우무각본尤袤刻本
≪문선≫, 일본 정응正應 2년(1289)에 간행한 초무주본抄無注本 ≪문선≫, 일
본의 족간하교유적도서관후원회足刊學校遺蹟圖書館後援會가 영인한 남송명
주본육신주南宋明州本六臣注 ≪문선≫, 조선 정덕正德 4년(1509)에 간행한
오신주 ≪문선≫, 서울대학교 규장각이 소장한 이조 간행 육가본六家本 ≪문
선≫ 등 선본善本 중 어느 하나 예외가 없다.)

≪연사고현전蓮社高賢傳≫에서 "송의 원가 4년에 별세하였다. 세상에서
정절선생이라고 부른다"라 하였다.

심약의 〈도잠전〉에서 "도잠은 원가 4년에 별세하였으며, 그때 나이가
63세이었다"라 하였다. 왕질王質의 ≪율리연보栗里年譜≫, 고역顧易의 ≪유
촌보도柳村譜陶≫, 정안丁晏의 ≪도정절연보陶靖節年譜≫, 도주陶澍의 ≪정
절선생연보고이靖節先生年譜考異≫ 모두 이를 따랐다. 장지張芝, 왕요王瑤,
왕숙민王叔岷, 양용楊勇을 비롯하여 수많은 국내외학자들이 모두 이를 따르
며, 각종 중국문학사교과서 역시 이 설을 채택하고 있다. 양용은 〈도연명연
세응위육십삼세고陶淵明年歲應爲六十三世考〉를 써서 별도로 네 가지 증거를
들어 자기의 주장을 폈다. 녹흠립逯欽立은 원래 52세설을 주장하여 〈도연

명연보고陶淵明年譜藁〉를 썼으나 나중에 ≪도연명집≫을 교주한 뒤 ≪도연
명사적시문계년陶淵明事跡詩文繫年≫을 찬술하면서 63세설로 수정하였다.

〈고증〉

도연명이 별세한 해가 원가 4년인 것은 내부 증거뿐만 아니라 또한 방증
이 있어 전혀 의심의 여지가 없다. 그러나 별세 당시 나이가 63세인지는
의문이 많다. 두 가지 이유에서 의문을 불러일으킨다.

첫째, 도연명의 시문과 비교할 때 어긋나는 부분이 많다.

둘째, ≪문선≫에 실린 안연지의 〈도징사뢰〉는 원가 4년에 별세하였다
고 말해놓고선 향년에 대해서는 "춘추가 약간"이라고 말하였다.

오직 ≪도연명집≫에 부록된 안연지의 〈도징사뢰〉에는 "춘추가 63세이
다"라고 하였지만 이것은 여전히 ≪도연명집≫의 부록일 뿐이고, 혹여 편집
자가 심약의 〈도잠전〉을 근거로 선입관을 가지고 마침내 이 구절을 첨가하
였을지도 모른다. 그래서 오히려 ≪문선≫이 더 믿을만하다. 안연지는 도
연명와의 교분을 생각해서 그가 별세한지 얼마 지나지 않아 뇌문誄文을 지
었으나 오히려 그의 향년조차 몰랐다. 그런데 심약의 〈도잠전〉은 안연지보
다 늦게 나왔는데 또한 어떻게 알았는가?

≪송서宋書·자서自序≫에 의하면, 이 책은 제齊의 영명永明 5년(487)에
칙명에 의해 편찬하기 시작하여 영명 6년(488) 2월에 완성하였다. 이때는
도연명이 별세한지 이미 61년이 지나서 그의 주장이 무엇을 근거로 하였는
지 의문스럽다. 양자를 서로 비교할 때 차라리 안연지의 〈도징사뢰〉를 믿었
으면 믿었지 심약의 〈도잠전〉은 신뢰성이 떨어진다.

증집본曾集本에 부록된 소통의 〈도연명전〉은 "당시 나이 63세" 밑에 "일
부에는 육십삼이란 글자가 없다"라고 주를 달았다. 오늘날 통행하는 소통의
〈도연명전〉은 모두 ≪도연명집≫의 부록 형태로 전해진다. 증집본은 남송
시대에 나왔으며, 증집본에 보이는 소통의 〈도연명전〉은 향년을 언급하지
않은 것이 있어 이 역시 주목할 가치가 꽤 있다. 담사동譚嗣同이 말하길,

"≪도연명집≫ 첫머리에 소명태자의 〈도연명전〉을 실었는데, 별세한 나이가 63세이었다. 기관祁寬은 '≪남사南史≫와 소명태자의 〈도연명전〉에는 향년을 기재하지 않았다'고 했다. 〈도연명전〉 중에 이 말이 확실히 없으며 후세사람이 이를 첨가하였다"(≪담유양전집潭瀏陽全集·필식筆識≫ 상권)라고 한 말을 비추어보면 이 주장은 믿을만하다.

도연명의 향년이 63세라는 설 이외에 또한 아래의 여러 가지 설이 있다. 장연張縯의 76세설을 황장黃璋과 채현蔡顯이 따랐으며, 황장의 설은 도주의 ≪정절선생연보고이≫에서 인용하였고, 채현의 설은 ≪한어한한록閑漁閑閑錄≫ 1권에 보인다. 오여륜吳汝綸은 51세설을 제기하였다. 양계초梁啓超의 56세설은 육간여陸侃如, 이진동李辰冬, 방조영方祖榮, 진이량陳怡良, 이원초李文初가 이를 따랐고, 고직古直의 52세설은 뇌의휘賴義輝가 이를 따랐다.[7] 곽은전郭銀田이 63세설을 주장하였으나 다소 유동적이었으며,[8] 성단聖旦과 곽안생郭安生은 59세설을 주장하였다.[9] 각종 설이 난무하며 서로 반박하여

<hr/>

7 ≪도연명생평사적급기세수신고陶淵明生平事迹及其歲數新考≫, (≪영남학보≫ 제6권 제1기).
8 곽은전의 ≪전원시인도연명≫ 제4장 ≪도연명생평급기생활陶淵明的生平及其生活≫에서는 다음과 같이 말했다. "그의 시 〈무신세유월중우화〉는 '젊은 날부터 고고한 지조를 품고서, 문득 사십년을 보냈네. 몸은 자연의 섭리대로 변해가도, 심신은 오래도록 홀로 여유롭다'라고 했다. 무신은 진 안제 4년(408)이다. '문득 사십년을 보냈네'는 구절에서 보면 도연명이 최소한 41세라는 것을 알 수 있다. 무신년에 41세라면 그의 출생년은 진 태화 3년 무진(368)이고, 사망년은 정묘(427)로 60세 때이다. 이는 그의 시에 적힌 연도를 따라 추산한 결과이다.(주의할 것은 이 시의 '무신세戊申歲', '엄출사십년奄出四十年'의 구절은 판본상의 이문이 없다는 점이다.) 도연명의 시로 단정한 연령은 뒤집을 수 없는 '확정적인 사실'이다. 이 '확정적인 사실'과 도연명의 향년이 60세라는 양계초의 주장을 대조해보면 양계초가 말하는 것이 얼마나 잘못된 것인가? '무신세戊申歲'와 '엄출사십년奄出四十年'을 배합하여 추산해보면 장연지張縯之의 주장은 얼마나 황당한가? 가령 '엄출사십년奄出四十年'의 '출'出'자가 2년, 혹은 3년, 4년을 가리킨다면 도연명의 향년이 61, 62, 63세가 되지 않는가? 그래서 도연명의 향년은 최소한 60세이고 전통적인 63세설은 매우 가능성이 큰 것이다."(대만 ≪계관총서桂冠叢書≫ 8, 41쪽)
9 성단聖旦의 학설은 ≪도연명고陶淵明考≫(≪문예월간文藝月刊≫ 제6권 제4기, 1934년)에서 볼 수 있다. 이 글은 길지 않고 인용 근거도 없다. 이 글의 결론은 다음과 같다. "위에서 거론한 작품 연구 중 가장 중요한 것은 ≪신축세칠월부가환강릉야행도구辛丑歲七月赴假

무엇이 옳고 그른지 원문자료에 의거해 전반적인 고찰과 정밀한 고증을 거쳐야만 한다.

주자청朱自淸은 〈도연명연보의 문제陶淵明年譜中之問題〉에서 "도연명연보에 관한 제반사는 대략 네 가지로 논할 수 있다. ……족보와 나이로 말하자면 잠시 의문인 채로 놓아둘 수밖에 없다"라 하였다. 주자청은 도연명의 나이에 대해서 의문으로 남겨두었다. 송원빈宋元彬은 〈도연명연보의 몇 가지 문제陶淵明年譜中的幾個問題〉에서 "종합하건대, 도연명의 향년이 63세라는 설은 단지 심약의 ≪송서≫에만 보이고 대체로 명확한 근거가 없다. 안연지의 〈도징사뢰〉에는 단지 '춘추가 약간'이라고만 하였는데 소통이 이를 ≪문선≫에 수록하였다. '춘추가 63세'라고 한 것은 후대사람이 ≪송서≫를 근거로 고친 것이다. 기타 56세설과 52세설 등은 모두 확실한 증거가 없다. 이 문제는 새로운 증거를 확보하기 이전에는 일시에 해결할 길이 없다"라 하였다. 63세,

---

還江陵夜行塗口≫와 ≪무신세유월중우화戊申歲六月中遇火≫ 두 수이다. 〈음주飮酒 16〉의 '나이는 불혹을 향하네行年向不惑', 〈음주飮酒 19〉의 '그때 내 나이 서른을 향했네是時向立年', '아련해라 또 십이 년이 지났네亭亭復一紀' 이 세 구도 마찬가지로 중요하다. 그래서 우리는 이 약간의 자료에 근거하여 도연명의 향년을 고증해야 한다. 〈신축환강릉〉은 도연명이 휴가를 보낸 후에 돌아오면서 쓴 것으로 34세 때이다. 신축년 이전은 경자庚子년 (400), 을해乙亥년(399)인데 사서의 전傳에 따라 고증해보면 이때 도연명은 유뢰지劉牢之의 막부에 있었으니 '삼십 년을 한거했다閑居三十載' 운운한 것은 틀림없이 무술戊戌년 (398)이다. 도주陶澍의 ≪도정절년보고이陶靖節年譜考異≫가 이 점을 주의하지 않았기 때문에 후인들이 계속 오류를 범한 것이다. 무술 이전은 정유丁酉년(397)이다. 이때는 나이가 29세이니 〈음주飮酒〉에서 '그때 내 나이 서른을 향했네是時向立年'이라고 말한 것과 맞다. 다시 정유년에서 정미丁未년(407)은 1기紀를 더했으니 39세로 〈음주飮酒〉에서 '나이는 불혹을 향하네年向不惑', '아련해라 또 십이 년이 지났네亭亭復一紀'의 구절과 맞는다. 정미년 다음은 무신戊申년(408)이다. 〈무신세유월중우화〉의 '문득 사십년을 보냈네奄出四十年' 구절과 부합하지 않는가? 이와 같은 연구가 성립된다고 한다면 무신년 40세를 근거로 거슬러 올라가 증명할 수 있을 것이다. 도연명 선생의 출생은 진 태화 4년인 을사乙巳(396)이고 송 문제 원가 4년인 정묘丁卯(427)년에 사망하여 향년 59세이다." 원행패 의견: 이 학설은 성립될 수 없다. 〈신축세부가환강릉야행도구〉가 33세에 지어졌다는 것이 전제조건인데 이 점에 대해서는 전혀 논증이 없고 근거도 제시하지 않았다. 전제조건이 성립되지 않으니 나머지 추론도 모두 의미가 없다. 등안생의 학설과 성단의 학설은 다르다. ≪도연명연보≫에 보인다.

57세, 52세 등 제반 설에 대한 송원빈의 평론은 꽤나 타당하다.

그러나 도연명의 향년 및 향년과 연관된 출생년도 문제가 결코 해결될 가능성이 없는 것은 아니다. 현존 자료에 대한 중요성을 구별해내고 판본에 대한 교감을 결합해서 전반적인 고찰을 진행함과 동시에 그의 작품에 대해 허심탄회한 해석에 힘쓴다면 향년 및 출생년도문제는 결코 해결하지 못할 바가 아니다.

도연명의 향년 및 출생년도 고증은 연관 자료를 중요도에 따라 등급을 나눠 경중에 따라 탄력적으로 운용해야 하며, 등급이 낮은 자료로 등급이 높은 자료를 부정해서는 안 된다. 각종 자료 가운데 가장 중요한 것은 도연명 본인의 시뿐이다. 다음은 안연지의 〈도징사뢰〉와 같은 도연명 생전의 친우의 서술이고, 그 다음은 심약의 〈도잠전〉과 소통의 〈도연명전〉과 같은 후대사람의 주장이다. 이에 따라 도연명 시문 중에서 나이와 수명에 관한 것을 아래에 모조리 기록하고 중요도에 따라 세 등급으로 나눈다.

1. 제1등급

제1등급은 직접 그의 나이를 말하는 자료이다.

"신축(또는 신유)년 정월 5일, ……이웃 두서넛과 함께 사천斜川에 놀러갔다. ……세월이 흘러감을 슬퍼하고 나이가 머무르지 않음을 애달파했다. 각자 나이와 향리를 밝히고 그 일시를 기록하였다 ……與二三鄰曲, 同遊斜川. ……各疏年紀鄉里, 以記其時日." "새해 원단에 어느덧 쉰 살이 되었으니, 나의 삶도 곧 끝나겠구나.開歲倏五十, 吾生行歸體."(〈유사천遊斜川〉)

"유세차 정묘년 9월, ……도연명이 장차 잠시 쉬어가는 이 세상과 이별을 고하고 본래 자기가 살던 집으로 영원히 돌아가노라. ……내가 지천명의 나이가 되었으니 능히 어디에 연연하지 않는다네. 오늘 이렇게 죽어도 여한이 없도다. 내 나이 이미 노년에 이르러 몸이 은둔생활을 사모하네. 늙어서 선종할 수 있다면 무엇을 더 바라겠는가.歲惟丁卯, 律中無射. ……陶子將辭逆旅之館, 永歸於本宅. ……識運知命, 疇能罔眷. 餘餘斯化, 可以無恨. 壽涉百齡, 身慕肥遁. 從老得終, 奚復所戀!"(〈자제문自祭文〉)

2. 제2등급

제2등급은, 충분히 방증의 자료가 될 만한 것이다.

"젊어서부터 세속에 적응하지 못하고, 천성이 원래 산을 좋아했다네. 속세에 잘못 떨어져 어느새 30년이 흘렀구나. ……오랜 세월 새장 안에 갇힌 신세, 이제야 다시 자연으로 돌아왔구나.少無適俗韻, 性本愛丘山. 誤落塵網中, 一去三十年. ……久在樊籠裏, 復得返自然.", "성인이 되고부터 좋은 일할 결심에, 힘들게 아부하며 어느덧 쉰 넷이 되었구나. 약관 스무 살에 난리를 만났고 서른 살에 아내를 잃었다네.結髮念善, 僶俛六九年. 弱冠逢世阻, 始室喪其偏."(《원시초조시방주부등치중怨詩楚調示龐主簿鄧治中》)

"스스로 진지한 신념을 품고 40년이나 열심히 노력했다네. 몸은 오래되어 이미 늙었으나 이 마음은 여전하니 다시 무슨 말이 필요하리.自我抱茲獨, 僶俛四十年. 形骸久已化, 心在復何言"(《연우독음連雨獨飮》)

"동년시절 고고하게 지냈건만, 눈 깜빡할 사이에 40년이 지났구나.總發抱孤介, 奄出四十年."(《무신세유월중우화戊申歲六月中遇火》)

"내가 귀농하여 농사를 지은 지가, 벌써 12년이 되었다네.日余作此來, 三四星火頹."(《병신세팔월중어하손전사확丙辰歲八月中於下潠田舍穫》)

"젊은 시절에 사람 사귈 줄 모르고, 흥미가 육경 공부에 있었지. 세월이 흘러 불혹을 바라보는 나이인데 여전히 아무런 성취가 없네.少年罕人事, 遊好在六經. 行行向不惑, 淹留遂無成."(《음주飮酒 16》)

"이 시절 내 나이 거의 서른이라, 마음이 많이 부끄러웠다네. 드디어 본분을 지키려고 벼슬을 내던지고 전원으로 돌아왔다네. 별을 따라 세월이 흐르고, 어느덧 다시 열두 해가 흘렀구나. 세상살이 험하고 기구하여 양주처럼 길을 멈추고 망설였다네.是時向立年, 志誌多所恥. 遂盡介然分, 拂衣歸田裏, 冉冉星氣流, 亭亭復一紀. 世路廓悠悠, 楊朱所以止."(《음주飮酒 19》)

"전에 노인네 말씀을 들으면, 언제나 귀를 막고 듣지 싫어했다네. 이제 쉰 살이 되고 보니 갑자기 내가 이런 일을 몸소 겪네.昔聞長老言, 掩耳每不喜. 奈何五十年, 忽已親此事."(《잡시雜詩 6》)

"입추 다음날부터 동지까지 80일 남짓 관직에 있었다. 사직을 하여 소원을 이루고 글을 지어 '귀거래혜'라는 제목을 붙였다. 을사년 11월이다.仲秋冬至, 在官八十餘日. 因事順心, 命篇曰歸去來兮. 乙巳歲十一月也."(《귀거래사歸去來兮辭》)

"흰 머리가 두 귀밑머리까지 덮고 피부는 더 이상 탄력이 없구나. 비록 아들이 다섯이나 있어도 누구도 공부를 좋아하지 않는다네. 아서는 벌써 열여섯 살이건만 게으르기 이를 데 없다네.白髮被兩鬢, 肌膚不復實. 雖有五男兒, 總不好紙筆. 阿舒已二八, 懶惰故無匹."(《책자責子》)

"삶이 있으면 죽음도 있는 법, 빨리 죽는다고 수명이 짧은 것이 아니라네. ……귀여운 자식들은 아비를 찾으며 울부짖고, 친한 친구들은 나를 어루만지며 우는구나.在生必有死, 早終非命促. ……嬌兒索父啼, 良友撫我哭."(〈의만가사擬挽歌辭 1〉)

"내 나이 쉰이 넘었으나 집안이 늘 가난하여 사방을 바쁘게 돌아다녔다. 성정이 강직하고 재주가 졸렬하여 세상물정과 어긋나는 경우가 많았다. 내 스스로 나를 헤아려보건대 이대로 가면 세속의 화를 면하기 어려울 것이라 억지로 벼슬을 버렸으니 어린 너희들로 하여금 굶주리고 추위에 떨게 하였다. ……병환이 든 이래로 차츰 쇠약해져만 간다. 친구들이 날 버리지 않고 매번 약물로 날 구해주나 스스로 내 수명이 얼마 남지 않았다고 염려한다吾年過五十, 而窮苦茶毒. 性剛才拙, 與物多忤. 自量爲己, 必貽俗患. 俛俛辭事, 使汝幼而饑寒. ……疾患以來, 漸就衰損. 親舊不遺, 每以藥石見救, 自恐大分將有限也"(〈여자엄등소與子儼等疏〉), 《책부원구冊府元龜》, 《송서ㆍ도잠전》에 근거. 《송서ㆍ도잠전》에만 "家貧弊"로 되어 있고 '無'자가 없다)

"진대 의희 3년 5월 6일, 정씨가 된 누이를 위한 복상기간이 만 18개월이 되었구나. ……모친께서 일찍 세상을 떠나시니 당시에 네가 아직 어린아이였지. 내 나이 열둘이고 넌 겨우 아홉 살이었다.維晉義熙三年, 五月甲辰, 程氏妹服制再周. ……慈姚早世, 時尙孺嬰. 我年二六, 爾才九齡."(〈제정씨매문祭程氏妹文〉)

3. 제3등급

제3등급은 단지 참고용이다.

〈영목〉이 시는 닥쳐오는 노쇠함에 대한 감회이다. 세월이 흘러 벌써 다시 여름철이다. 나는 총각시절부터 성현의 도리를 들었건만 백발이 되도록 이룬 것이 없다.營木, 念將老也. 日月推遷, 已復九夏, 總角聞道, 白首無成.", "공부자가 남긴 가르침, 내 어찌 버릴쏘냐? 나이 마흔에 아무도 알아주지 않으면 이 사람은 경외할 바가 없다지. 내 수레바퀴에 기름을 치고 나의 명마를 채찍질하세. 천리가 비록 멀지라도 어찌 감히 달려가지 않으리先師遺訓, 余儻之墜. 四十無聞, 斯不足畏. 脂我名車, 策我名驥. 千裏雖遙, 孰敢不至"(〈영목榮木〉)

"지팡이를 내던지며 새벽부터 행장을 꾸리라고 시켜, 잠시 전원과 떨어졌다네.投策命晨裝, 暫與園田疏."(〈시작진군참군경곡아始作鎭軍參軍經曲阿〉)

"걷고 또 걷는 귀향길, 고향집 볼 날을 손꼽는다네.行行循歸路, 計日望舊居." (〈경자세오월중종도환조풍간규림庚子歲五月中從都還阻風於規林〉)

"왕년에 남향 밭이 좋다고 들었건만, 그때에 끝내 밟아보질 못하였네.在昔聞南畝, 當年竟未踐."(〈계묘세시춘회고전사 1癸卯歲始春懷古田舍 其一〉)

"내가 이곳 전계 땅을 밟지 않은지, 세월이 꽤나 지나갔구나.我不踐斯境, 歲月
好已積."(〈을사세삼월위건위참군사도경전계乙巳歲三月爲建威參軍使都經錢溪〉)
지난날 상경으로 이사 가서, 여섯 해 동안 옛집을 오갔다네.疇昔家上京, 六載去
還歸."(〈환구거還舊居〉)
"신해년 8월 9일에 사촌동생 경원을 위해 점을 쳐서 안장날짜를 결정하여
지하에서 영면하도록 하였다. ……나이가 막 서른이 넘었는데 갑작스레 세상
과 이별을 고하였다. ……우리의 부친은 친형제지간이고 모친은 이종자매사
이이다. 어린 나이에 우리 모두 부친을 잃었다.歲在辛亥, 月惟仲秋, 旬有九日,
從弟敬遠, 卜辰云窆, 永寧后土. ……年甫過立, 奄与世辭. ……父則同生, 母則從母. 相
及齠齒, 幷罹偏咎."(〈제종제경원문祭從弟敬遠文〉)

제1등급 자료 중에서 〈유사천〉이 가장 유력하다. 그 서문에 "신축년
정월 5일"이라고 하고, 시에서 "새해 원단에 어느덧 쉰 살이 되었으니,
나의 삶도 곧 끝나겠구나"라 하였다. 장연은 이것을 근거로 도연명의 향
년이 76세라고 고증하면서, "선생의 신축년(401) 〈유사천〉 시에 '새해 원
단에 어느덧 쉰 살이 되었다'라 하였다. 만약 이 시를 증거로 삼는다면
선생은 임자년(352)에 태어났다. 임자년에서 신축년까지 나이가 쉰 살이
되며, 정묘년(427)에 이르러 고종명하여 향년 76세이다"라 하였다. 장연의
설은 도연명 시 중에서 가장 중요한 자료에서 나왔으며 본래 매우 중시해
야 마땅하다. 그러나 이 설은 심약의 〈도잠전〉과 어긋나 오히려 사람들의
주목을 받지 못하였다. 내가 아는 바로는, 청나라 학자 황장과 채현이 그
설을 따랐다. 현대에 와서는 논문을 발표해 장연에게 동의를 표시한 학자
는 아직 아무도 없다. 황장의 설은 도주의 ≪정절선생연보고이≫ 중에서
언급한 적이 있지만 인용해 설명하지 않아서 자세한 내용은 알 수 없다.
채현이 말하였다.

"≪도연명집≫의 〈신축유사천辛丑遊斜川〉 시에서 말한 '새해 원단에 어느
덧 쉰 살이 되었다'는 진나라 안제安帝 5년이다. 송나라 문제文帝 원가 4년
정묘에 고종명하였으니 마땅히 향년 76세이다. 만약 '50'을 '5일'로 바꾼다
면 아래에 '나의 삶도 곧 휴지부를 찍겠구나'와 이어질 수 없다. 서문에 '세

월이 흘러감을 슬퍼하고 나이가 머무르지 않음을 애달파했다. 각자 나이와 향리를 밝히고 그 일시를 기록하였다'라 하였는데, 나이가 40세가 안 된 사람의 어투가 아니다.

〈영목榮木〉 시에서 인용한 '나이 마흔에 아무도 알아주지 않으면 이 사람은 경외할 바가 없다지'는 반드시 그의 나이가 40세라는 뜻이 아니다. 스스로 갑진년이라고 해서 곳곳마다 억지로 끼어 맞춰 불필요한 오해만 불러왔다. 자서를 믿지 못하면서 안연지의 〈도징사뢰〉(필자가 살펴보건대, 당연히 심약의 ≪송서·도잠전≫이다)를 근거로 삼았으니 어떻게 그럴 수가 있는가?

〈귀거래혜사서〉 마지막에 '을사년 11년이다'라고 적은 것은 안제 의희 원년(405)으로 도연명의 나이는 마땅히 54세이다. 〈여자엄등소〉에 '내 나이 쉰이 넘었으나 집안이 늘 가난하여 사방을 바쁘게 돌아다녔다. 성정이 강직하고 재주가 졸렬하여 세상물정과 어긋나는 경우가 많았다. 내 스스로 나를 헤아려보건대 이대로 가면 세속의 화를 면하기 어려울 것이라 억지로 벼슬을 버렸으니 어린 너희들로 하여금 굶주리고 추위에 떨게 하였다'라고 운운한 것을 혹자는 '오십五十'을 '삼십三十'으로 고쳐 갑신년에 맞추려고 하는데, 가소로운 일이다.

〈신축칠월부가환강릉야행도구辛丑七月赴假還江陵夜行塗口〉에 '삼십년 동안 한가로이 지내느라, 마침내 속세와는 떨어져 있었다네.閑居三十載, 遂與塵世冥.'라 하였다. 만약 나이가 37세에 그쳤다면 이는 사리에 맞지 않는다. 〈무신세유월중우화〉에 '동년시절 고고하게 지냈건만, 눈 깜빡할 사이에 40년이 지났구나'라 하였는데, 을사년에 전원으로 돌아온 것을 감안하면 무신년 59세 때의 일이다. 장연이 '이 시를 증거로 삼는다면 선생은 임자년(352)에 태어났다. 임자년에서 신축년까지 나이가 쉰 살이 되며, 정묘년(427)에 이르러 고종명하여 향년 76세이다.'"(≪한어한한록≫ 1권, 가업당각본嘉業堂刻本)

채현의 설은 비록 일리가 있지만 '신축'과 '오십' 두 곳 모두 다른 판본의 상이한 문구, 곧 이문異文이 있으며, 채현은 이문에 대하여 고증을 하지 않은데다 또한 도연명의 생애에 대해 전반적인 고찰을 진행하지 않아서 방증이 부족하고, 설득력도 떨어진다.

이에 우선 판본학과 교감학의 각도에서 두 곳의 이문에 대하여 상세하게 고증하면 다음과 같다.

'신축'과 '오십' 두 곳의 이문에 대해 급고각汲古閣소장 10권본과 증집본 모두 주를 달아 "일부는 신유로 되어 있다", "일부는 5일로 되어 있다"라 하였다. 그러나 주의할 것은 대만의 중앙도서관에 소장된 송각본宋刻本 ≪동파선생화도연명시東坡先生和陶淵明詩≫ 및 소흥본紹興本 ≪도연명집≫에는 '신축', '오십'으로 되어 있고 이문이 없다. 소동파가 화답한 시에 "비록 정절선생의 연세를 지났지만, 사천에서 노닐던 풍류 잃지 않았다네.雖過靖節年, 未失斜川遊."라 하여 명확하게 "정절선생의 연세"를 말하였다. 소동파가 본 것이 '오십'이며 또한 이 판본을 믿었다는 사실이 충분히 증명된다.

≪동파선생화도연명시≫는 소동파가 생전에 엮은 책으로, 북송시대 말엽에 각본刻本이 세상에 유포되었다. 이 책이 바로 오늘날 볼 수 있는 각종 송대본 도연명시 중에서 가장 이른 판본이며 신뢰도 역시 가장 높다. 상술한 세 가지 판본보다 늦게 나온 탕한湯漢의 ≪도정절선생시주陶靖節先生詩注≫는 본문에 '신축', '5일'로 기록하였으나 주에는 "일부는 '유酉'로 되어 있다", "일부는 '십十'으로 되어 있다"라 하였다.

시대가 더욱 늦은 것으로서 이공환李公煥이 전주箋注한 ≪도연명집≫은 아예 본문을 '신축', '5일'로 고쳐놓고 교주校注도 달지 않았다. 이공환은 이 시 뒤에 의견을 말하길, "신축년에 정절선생 나이가 37세였으나 시에 '새해 원단에 어느덧 쉰 살이 되었다'라고 한 것은 바로 의희 10년 갑인(414)이다. 시어로 검증해보면 서문이 잘못되었다. 지금 '새해 원단이 어느덧 5일이나 지났다開歲候五日'라 하면 서문 중의 '정월 5일'과 의미가 서로 연결된다'라 하였다. 이공환이 탕한 주본의 기초 위에 ≪송서 · 도잠전≫을 근거로 도연명의 원문을 고침으로써 ≪송서 · 도잠전≫의 향년 63세설을 옹호하였음을 알 수 있다. 이공환의 전주본은 세상에 널리 퍼져 영향력이 막대하여 결과적으로 후대에 와서 원문이 마땅히 응당 어떤 모습이었는지 다시 세밀하게 따지는 연구자가 거의 드물게 되었다.

종합하건대, 현존하는 최초의 몇 가지 판본으로 말하자면 〈유사천〉은 원래 '신축'년 '50'세였고, 뒤에 어떤 사람은 이것이 《송서·도잠전》이 기재한 도연명 향년 60세설과 부합하지 않는다는 것을 발견하였다. 이에 점차적으로 《송서》에 따라 수정하면서 처음에는 아직 원래 면모를 보존하였으나, 다만 이문이라는 주를 달아 내놓아 《송서》에 위배되지 않았을 뿐이었고, 이후에는 더 나아가 아예 원문에 손을 대어 고침으로써 《송서》를 따랐다. 그러나 여전히 원문에다 이문이라는 형식으로 주를 달았고, 마지막에는 아예 이문이라는 주조차 달지 않았다.

한발 물러나 말해서 만약 도연명집의 전승 과정에서 이문이 생겼다면, '신축'과 '오십'이라고 기재한 판본 하나가 확실히 있었음을 배제하지 못한다. '신축'을 '신유'라고 고치고 '오십'을 '오일'로 고쳐 《송서》를 따랐을 수는 있으나 '신유'를 '신축'이라고 고치고 '오일'을 '오십'으로 고침으로써 《송서》와 맞섰을 리는 없다. 다시 한발 더 물러나 말해서 '오십'과 '오일'이 혹시 모두 도연명의 손에서 비롯되었다면, 이는 도연명 본인이 순서대로 손을 대어 고쳤기 때문에 이문이 나온 것이다. 설사 도연명집의 결정판에서 '신축'이라 하지 않고 '신유'라 하고, '오십'이라고 하지 않고 '오일'이라고 했다 하더라도, 역시 한때 '신축', '오십'이라고 되어 있어 이를 근거로 그의 나이를 고증하였을 가능성도 충분히 있다.

"새해 원단이 어느덧 5일이나 지났으니, 나의 삶도 곧 끝나겠구나"를 자세히 살펴보면 글의 의미가 별로 자연스럽지 않다. 새해 원단이 이미 5일이 지났지만 겨우 5일을 지났을 뿐인데 어떻게 감히 내 생애가 곧 끝난다고 탄식하겠는가? 반드시 앞에는 나이를 말하고 뒤에 '나의 삶'이 이어져야 하며, 앞에 어느덧 벌써 쉰 살이 되었다고 말하고 나의 삶이 곧 끝나겠다고 말해야 글의 뜻이 비로소 연관된다. 옛사람들은 새해 첫날에 나이를 더

먹는 것에 습관이 되었으므로 새해 원단이 되자마자 쉰 살이라고 말한 것이다. '어느덧候'은 세월의 빠름을 말하며, 앞의 50년이 순식간에 지나가고 나이가 벌써 반백半百이 되어서 그러므로 "새해 원단에 어느덧 쉰 살이 되었으니, 나의 삶도 곧 끝나겠구나"라고 한 것이다. '5일'로 한 것은 서문 '정월 5일'을 근거로 수정하여 심약의 ≪전≫과 충돌되는 것을 피하기 위해서였다. 명확하고도 쉽게 알 수 있듯이 '신축'과 '오십'이 옳다.

양용의 ≪도연명연보회정陶淵明年譜滙訂≫에 "마영경馬永卿의 ≪나신자懶信子≫ 1권에 '세상에 전해지는 ≪오류집五柳集≫은 다른 판본이 여러가지이다. 조심스레 살펴보건대, 도연명은 을축년(365)에 태어나 을사년(405)에 〈귀거래혜사〉를 지었으며, 이때가 41세였다. 지금 〈유사천〉 시를 혹자는 '새해 원단에 어느덧 쉰 살이 되었다'라고 해석하지만 이는 옳지 않다. 만약 '새해 원단이 어느덧 5일이나 지났다'라고 말한다면 서문의 이른바 '정월 5일'은 새해 원단이 벌써 5일이 지났다는 것을 말할 뿐이다. 최근에 여산廬山 동림사東林寺의 옛 판본에 '5일'이라고 된 것을 발견하였는데 마땅히 옳다고 여긴다'라 하였다. 이 동림사 옛 판본은 지금 비록 전해지지 않으나 절대 꾸며낸 이야기가 아니라는 것을 믿을 수 있으며, 소동파 역시 일찍이 그것을 본 적이 있었다.

소씨가 〈희황거아구羲皇去我久〉시의 발문에 '내가 강주江州 동림사에 도연명시집이 있다는 말을 듣고 사람을 보내 구해보려고 하였는데 강주에서 (필자가 살펴보건대, '이강주李江州'라야 한다) 갑자기 한 부를 나에게 보내주었다. 글자가 크고 종이가 두꺼워 심히 기뻤다'라 하였다. 그러나 소과蘇過의 〈소사천시인小斜川詩引〉에 '마침 신축년이고 내 나이도 쉰 살인데 도연명과 내가 똑같이 임자년생이다'라 하였다. 이는 혹시 소과가 이 판본을 보지 못하였거나, 아니면 비록 봤더라도 다른 판본에만 의지해 자세히 교정하지 않았을 것이다'라 하였다.

필자가 살펴보건대, 소식은 분명히 동림사본을 본 적이 있었으며 또 극히 좋아하였다. 다만 그가 도연명시에 화답한 시는 결코 마영경이 말한 동림사본에 실린 "새해 원단이 어느덧 5일이나 지났다"를 의거하지 않고 "새해 원단에 어느덧 쉰 살이 되었다"를 취하여 "비록 정절선생이 나이가 들었지만, 사천에서 노닐던 풍류 잃지 않았다네"라 하였다. 참으로 소과가 동림사본을 보지 못하였다는 의심이 든다.

그렇지만 동림사본을 본 소식은 오히려 마영경이 말한 '오일'을 취하지 않고 '오십'을 취하였으니 깊이 생각해봐야 한다. 육유陸游의 〈노학암필기老學庵筆記〉에 "도연명의 〈유사천〉시에 스스로 신축년에 나이가 쉰 살이라고 말하였고, 소과도 선화宣和 신축년에 나이가 쉰 살이어서 도연명과 간지 동갑이었다.

이 해에 허창許昌의 서호西湖가에 정원을 장만하여 '소사천'이라고 불렀다'라 하였다. 육유의 〈노학암필기〉에 "소과가 선화 신축년(1121)에 허창의 서호에 빈 터를 얻어 정원과 정자를 지었다. 이 해 소과의 나이가 마침 쉰 살이었으며, 일찍이 '도연명이 신축년에 사천을 얻었고, 시에 '새해 원단에 어느덧 쉰 살이 되었다'라 하였으니 나와 도연명은 간지 동갑이다. 이번에 내가 정원을 마련한 나이가 도연명이 사천에 유람하였던 나이와 마침 같아서 똑같이 소사천이라는 이름을 붙였다'라 하였다. 혹자는 소과가 본래 사천 사람이며 원우당적元祐黨籍에 있어 스스로 사천이라고 불렀다고 하는데 아마 그렇지 않은 것 같다'라 하였다. 《노학암속필기》는 육유가 순희淳熙(1174~1189), 소희紹熙(1190~1194) 사이에 지은 책으로, 육유가 당시에 보았던 소식과 소과의 시는 명백히 '신축'년과 '오십'세를 취하였고 결코 다른 말이 없었다. 이는 곧 소식, 소과, 육유가 본 것은 모두 '신축'년과 '오십'세이며 또한 그들이 이 판본을 믿었다는 사실을 증명한다.

이밖에 송대에 간행한 시숙施宿, 고희顧禧의 《동파선생시東坡先生詩》주 제41권, 42권이 〈동파선생화도시東坡先生和陶詩〉이며, 그 중 〈유사천〉시(제41권)의 주에 도연명 〈유사천〉의 "새해 원단에 어느덧 쉰 살이 되었으니, 나의 삶도 곧 끝나겠구나"를 인용했다. 송대의 다른 사람들이 본 도연명집 또한 "새해 원단에 어느덧 쉰 살이 되었다"라고 된 것을 알 수 있다.[10]

마영경이 본 동림사본의 비록 고본이지만 오늘날까지 전해지는 각종 송대본보다 반드시 더 믿을만하다고 볼 수 없다. 게다가 동림사본 일부는 '오십'으로 되어있다고 명백하게 주를 달았는지, 오늘날 전해지는 송대본의 일부는 '오십'으로 되어있다고 명백하게 주를 달았는지도 역시 알 수가 없다. 마영경이 말한 것은 단지 '오십'으로 되어있는 것도 확실히 있다는 사실을 증명할 수 있지만, 그러나 '오십'으로 되어있는 것이 옳은지는 증명하지 못한다. 더욱이 마영경의 전달에 의거하여 갑자기 '오일'을 취함으로써 '신축'년, '오십'세설의 판본을 의심할 수는 없다.

양용의 ≪도연명연보회정≫는 '신유', '오십'을 취하여 도연명의 향년이 56세라고 결론을 내렸다. 그러나 각종 송대본 모두 '신축', '오십'이라 되었으며, 주를 달아 일부는 '신유', '오일'로 되어있다고 하였다. '신유'와 '오일' 양자의 관계가 서로 밀접해서, 아마도 '신축', '오십'과 교차해서 취할 수 없었다. 그렇지 않았다면 장차 '신축'과 '오십', '신축'과 '오일', '신유'와 '오십', '신유'와 '오일' 네 가지 판본이 출현하리라고는 도저히 믿지 못하였을 것이다. 양용이 '신유'와 '오십'본을 취한 것이 원래 타당하지 않은데다 도연명의 시문을 억지로 바꾸고 곡해한 것이 너무 많아 표준으로 삼기 어렵다.

고직古直의 ≪도정절연보陶靖節年譜≫는 〈여자엄등소〉, 〈의만가사〉, 안연지의 〈도징사뢰〉에 의거하여 도연명에게 63세는 없었다는 주장을 증명하였다. 또 〈제종제경원〉, 〈음주 19〉에 의거하여 도연명에게 56세도 없었다는 것을 증명하였다. 다시 〈제종제경원문〉, 〈귀원전거 1〉, 〈음주 16〉, 〈계묘세시춘회고전사〉, 〈을사세삼월위건위참군사도경전계〉에 의거하여 도연명에게 단지 52세만 있었다는 것을 증명하였다. 고증이 제법 세밀하였지만 제1등급 자료와 도연명의 향년을 충분히 증명할 수 있는 〈유사천〉을 도리어 두 번째 중요한 지위에 놓고 먼저 52세를 결정한 다음에 '신축'

---

10 대만의 중앙도서관에 소장본이 있다. 대만 예문인서관이 간행한 ≪증보족본시고주소시≫에 근거한다. 시원지, 고경번 공저, 정건, 엄일평 편교, 1980.

을 '을축'으로 고치어 을축 50세를 가지고 그의 52세설을 완성하였으니 명백히 성립될 수 없다.

녹흠립逯欽立의 《도연명집교주陶淵明集校注》는 '신유', '오십'을 취하여 양용의 《도연명연보회정》과 같으나 '신유'는 연도를 적은 것이 아니라 날짜를 적은 것이라고 말하였다. "원래 서문은 간지와 일시에 대해서 착오가 있다. 당연히 정월 5일 신유로 적어야 하며 진대 의희 10년(414) 1월이다." 녹흠립의 《도연명연보고陶淵明年譜稿》에 "원래 서문에서 신유로 적었어야 마땅하다. 신유는 곧 날짜를 적은 간지이다. 진원陳垣의 《이십사삭윤표二十史朔閏表》에 의하면 그해 정월 초하루가 바로 신유이며 시의 새해 원단이란 말과 부합한다. 시의 서문이 5일을 신유로 여겼는데, '5'자는 당연히 오류이다.(필자가 살펴보건대, 녹흠립의 뜻은 '정월 초하루' 곧 정월 1일로 고쳐야 한다는 것 같은데, 그러나 명확히 말하지 않았다.) 그러므로 신유는 날짜를 적은 간지라는 것을 알겠으며, 또한 아래에 세 가지 증거가 더 있다.

첫째, 도연명집에 간지로 연도를 적은 시는 모두 권3에 편입시켜 차례대로 열거하였다. 송대와 원대의 각종 판본도 모두 동일하다. 도연명집은 소통과 양림楊林 등의 편집이 누적되고부터 이와 같은 간지는 원래 연도를 나타내는 글자로 반드시 전례에 따라 권3에 편입시켰으며, 단독으로 권2에 편재된 경우는 없었다.

둘째, 권2의 각 시 중에 갑자로 연도를 적은 것은 간지 아래에 모두 '세歲'가 이어졌다. 각 판본마다 예외가 하나도 없다. 이 시의 각 표본은 모두 '세'자가 없고, 개별적으로 '세'자가 있는 것은 후대 사람이 억지로 첨가하였으며, 옛 판본은 결코 이와 같지 않았다. 셋째, 도연명이 맹춘孟春의 유일酉日에 놀러나가 잔치를 연 까닭은 바로 진조晉朝의 풍속을 따랐기 때문이었다. 《송서宋書 · 역지曆志》에 '진조는 유일에 노신路神에게 제사를 지내고, 축일醜日에 연말 대제사를 지낸다'라 하고, 진조 혜함嵇含의 〈조부서祖賦序〉에 '노신에게 올리는 제사는 세속에서의 유행으로, 천자로부터 일반 백성에 이르기까지 모두 애용하지 않음이 없다. 한대에는 병오丙午일에 행해졌고,

위나라는 정미丁未일을 택하여 행하였다. 진조에 이르러서 노신 제사가 맹춘의 유일이었다. 각자 운수에 따라 세 나라가 각자 달랐다'라 하였다. 또 진조 응석應碩의 〈축조문祝祖文〉에 '원수元首께서 창건하니 유일 좋은 날이로다. 만물이 덕분에 새로워지고 영민한 인재가 발탁되어 재주를 펼친다네. 곡식이 바람에 씻기고 햇볕이 따뜻한 때에 가빈에게 명하여 여기 사당에서 잔치를 열어 삼가 사직신에 고하니 큰 복이 이에 이를 것이노라'라 하였다. 사천의 나들이를 유일에 택해 좋은 날이라고 한 것은 그 까닭이 바로 여기에 있다'라 하였다.

필자가 살펴보건대, 녹흠립의 주장은 신뢰할 수 없다. 그가 '신유', '오십'의 부당한 점을 취하는 것은 양계초의 ≪도연명연보≫와 동일하다. 그의 "'5'자는 당연히 오류이다"라는 말은 판본의 근거가 없다. 그의 첫 번째 증거 역시 성립하기 어렵다. 간지로 연도를 기록한 각 시는 물론 모두 권3에 편재되었지만, 모두 제목 중에 간지가 연도를 기록하고 있는 것을 알 수 있다. 예를 들어 〈유사천〉은 제목에 간지가 보이지 않는데 권3에 편입되지 않은 것은 참으로 이유가 있었다.

그의 두 번째 증거는 더욱 엉성하다. 이른바 "각 판본마다 하나도 예외가 없다"는 결코 이와 같지 않다. 〈계묘세십일월중작여종제경원〉시의 이공환 주본에는 '세'자가 없다. 어떻게 "하나도 예외가 없다"란 말인가? 그의 세 번째 증거 역시 통하기 어렵다. 이른바 '조祖'는 제사의 명칭으로 노신에게 제사를 지내는 것이다. 진나라 사람들은 노신의 제사를 유일酉日로 선택해서 지낸다. 도연명의 사천 나들이는 노신 제사와는 아무런 상관이 없는데 어떻게 유일을 선택하였겠는가? 또 어떻게 이것을 고증의 근거로 삼을 수 있는가? 만약 이로써 유일이 길일임을 증명하는 것이 비록 안 되는 것은 아니지만, 그러나 길일이 유일만 있는 것이 아니라서 이것을 가지고 반드시 '신유'일에 사천으로 나들이를 갔다고 증명할 수는 없다.

등안생鄧安生의 ≪도연명연보≫는 녹흠립의 설을 근거로 '신축'을 취하고, '신축'은 날짜를 기록한 것이라 여기면서 나아가 '정월 5일'이 도연명 자신의 주였는데 나중에 본문에 몰래 끼어들었다고 여겼다. 다시 《이십사삭윤표》 중에서 정월 5일이 신유인 것이 의희 4년 무오(418)로 이 해에 도연명의 나이가 쉰 살이고, 아래로 원가 4년 정묘(427)에 이르러 도연명이 59세에 죽었으며 그가 태어난 해는 태화太和 4년 기사己巳(369)라는 것을 조사해냈다.

등안생의 《도연명연보》에 "녹흠립의 《도연명연보고》는 발명하고 개척한 공로는 있지만 나로선 다 된 일에 뭔가 하나가 모자란다는 아쉬움을 느낀다. 녹흠립의 《도연명연보고》에서 '진원의 《이십사삭윤표》에 의하면 그해(살펴보건대, 의희 10년 갑인을 가리킨다) 정월 초하루가 바로 신유이며 시의 새해 원단이란 말과 부합한다. 시의 서문이 5일을 신유로 여겼는데, '5'자는 당연히 오류이다'라 말하고, 도연명집의 주본에서 '원래 서문은 간지와 일시에 대해서 착오가 있다. 당연히 정월 5일 신유로 적어야 한다'라 한 말은 스스로 서로 모순되며 괴리가 매우 심하다.

그리고 정월 5일이 삭일朔日인가? 《설문해자說文解字》에 의하면, '삭朔은 매달 1일로 맨 처음 시작이다'라 하였으니 음력 초하루가 삭일이다. 녹흠립의 《도연명연보고》는 《이십사삭윤표》에 의거하여 의희 10년 갑인 정월 삭일이 신유라 하였는데 삭일은 바로 초하루를 말한다. 그러나 〈유사천〉서문에서는 '5일'을 어찌할 수 없게 되자 자의로 '5'자는 당연히 오류라며 얼렁뚱땅 넘어갔다. 그러나 '5'자가 어떻게 '당연히 오류'인가? 스스로도 논리가 통하지 않는다는 것을 알고서 그가 〈유사천〉시의 서문과 제목 아래 주를 달면서, '원래 서문은 간지와 일시에 대해서 착오가 있다. 당연히 정월 5일 신유로 적어야 한다'라 하였다. 이러한 모순과 오류는 사실상 《송서·은일전》이 63세라고 기재한 것에서 기인한다"라 하였다.

필자가 살펴보건대, 〈유사천〉시의 원래 서문에 "신축년 정월 5일, 하늘은 맑고 날씨는 따뜻하며 풍광은 한가롭고 경물은 아름다웠다"라 하여 년, 월, 일에 대한 설명이 분명하고 차례가 정연하다. '신축' 두 자는 월 앞에 와서 명백하게 연도를 가리킨다. 또한 도본陶本과 소흥본紹興本 모두 '신축'

아래에 '세'자가 있는 것을 무시할 수 없다. 도연명은 간지로 연도를 기록하는 습관이 있으나 연월을 적지 않고 간지로 날짜를 적었다는 방증이 없다. '신축'은 바로 연도를 적은 것이라는 사실이야말로 추호도 의심할 바가 없다. 등안생의 설은 판본상의 근거가 없으면 순전히 억측에 불과하다. 더욱이 만약 등안생의 설을 따른다면 "신축, 하늘은 맑고 날씨는 따뜻하며 풍광은 한가롭고 경물은 아름다웠다." 이 구절 역시 돌발적이라 문장이 되지 않는다.

위의 서술을 종합하면, 도연명의 향년 76세설이 가장 타당하다.

이에 다시 도연명의 시문과 안연지의 〈도징사뢰〉 등 나이를 언급한 자료를 들어 한 걸음 더 나아가 이 설을 증명해본다.

1. 76세설과 〈자제문自祭文〉

〈자제문〉에 "백년도 못되는 우리 인생, 사람들은 애지중지하지. 이룬 것 없어 염려하고, 가는 세월을 아까워하네. ……내 운명을 내가 알고 있으니 되돌아볼 것도 없구나. 오늘 내가 이렇게 죽어도 별다른 여한이 없다네. 백 세 가까이 살만큼 살았어도 여전히 은거생활을 사모하네. 어차피 늙어서 죽을 몸, 뭘 다시 연연하리오!'라 하였다.

이는 그의 향년을 고증하는 유력한 증거이나 안타깝게도 사계의 주목을 끌지 못하였다. 이 몇 구는 분명히 연세가 높은 노인의 어투이다. "어차피 늙어서 죽을 몸"은 그의 향년을 판단하는데 중요한 참고가 된다. ≪예기禮記·곡례상曲禮上≫에 "대부는 70세가 되면 일을 그만두고, ……스스로를 노부老夫라고 칭하였다"라 하였고, ≪설문해자≫ 노부老部에 "노老는 고考이다. 70세를 노라고 한다"라고 했다. ≪진서≫ 26권 〈식화지食貨志〉에 "또 호조戶調라는 법을 제정하였다. ……12세 이하 66세 이상은 노소老小라서 일을 하지 않았다"라 하였다. 이것은 비록 정부의 조세법 중에서 '노인'에 관한 규정이지만 일상에서 말하는 '노인'의 범위일지도 모르므로 여전히 진나라 사람들 마음속에 어떤 연령에 이르러야 '노인'으로 치는지 중요한 참고자료가 될 수 있다.

도연명이 〈자제문〉에서 "어차피 늙어서 죽을 몸, 뭘 다시 연연하리오!"라 하여 자기는 이미 늙었다고 분명히 말하였으므로 연세가 이미 66세에 이르렀다고 이해해도 큰 잘못이 없을 것이다. 다시 "백 세 가까이 살만큼 살았어도 여전히 은거생활을 사모하네"를 보면 연세가 일흔을 넘지 않고서야 어떻게 이런 말들을 할 수 있겠는가! 한 발 물러나 말하자면, 설령 〈자제문〉이 '노'자를 그렇게 엄격하게 사용하지 않았다고 해도 또한 너무 동떨어지지 않았을 것이며, 최소한 60세 이하라는 설들은 성립되기 어렵다고 말할 수 있다.

2. 76세설과 〈의만가사〉

시의 시작 부분에 "삶이 있으면 죽음도 있는 법, 빨리 죽는다고 수명이 짧은 것이 아니라네"라 하였다. 이것은 인간의 생사문제에 대하여 나타낸 일반적인 의론이다. 설사 일찍 죽더라도 명이 짧다고 원망해서는 안 된다는 것을 가지고 도연명의 수명이 짧았다고 증명해서는 실로 곤란하다. 만약 76세와 이 시구가 합치하지 않는다면, 63세, 59세, 56세, 52세, 51세 등 여러 설 역시 모두 합치하지 않는다. 도연명이 어린 나이에 요절하지 않았다면 모두 "일찍 죽었다"라고 말할 수 없다. 그러므로 "일찍 죽었다" 이 말로 76세설을 부정할 수 없다. 더욱이 이 시는 임종 전에 지은 것이 결코 아니므로 더욱 더 이를 근거로 도연명의 향년을 판정해서는 안 된다. 자세한 것은 46세 아래 부분에 보인다.

3. 76세설과 안연지의 〈도징사뢰〉, 소통의 〈도연명전〉

〈도징사뢰〉에 "중신中身(곧 중년)의 나이에 학질로 오래 고생하였다. 죽음을 돌아가는 것으로 여기고, 흉사를 당해도 마치 길사를 만난 듯하였다"라 하였고, 양계초의 ≪도연명연보≫에 "이는 ≪상서尙書 · 무일無逸≫의 '문왕이 중신에 천명을 받으셨다'라는 성어를 사용하였으며, 50세를 말한다. 만약 60세가 넘었다면 중신이라고 말하지 못하였을 것이다"라 하였다.

유국은游國恩처럼 63세설을 주장하는 학자는 반박하기를, "이는 그가 중년에 학질에 걸린 것을 서술하였을 뿐이지, 그가 중년에 죽었다고 말하지는 않았다. 뒤이은 구절 '죽음을 돌아가는 것으로 여기고 흉사를 당해도 마치 길사를 만난 듯하였다'는 마침 그의 죽음을 언급하여 문장이 극히 명백하다"라 하였다. 주자청은 "〈도징사뢰〉 중에 넉 자가 맞물려 이어진 것은 같은 시기의 일을 서술하였다고 말할 수 있으며, 유군의 설명은 의심할 바 없을 정도로 확실하다고 볼 수 없다. 전고의 사용은 총괄적으로 가리키는 것과 꼭 집어 가리키는 것으로 구분되는데, '중신'은 곧 '중년'이며 안연지가 혹여 '중신'을 총괄적으로 사용하여 오륙십을 가리켰는지도 모를 일이다"라 하였다.

필자가 살펴보건대, '중년' 이하 4구가 같은 시기의 일을 서술하는지에 관해서는 이 4구를 가지고는 확인하기 어렵다. 두 설 모두 가능하므로 다시 방증을 구해야 한다.

안연지의 〈도징사뢰〉는 이 4구를 뒤이어 "약제는 입에 대지 않았고, 신에게 비는 제사에 관심이 없었다. 담담히 죽음을 맞이하였고 편안하게 세상을 떠났다"라 하였다. 도연명이 죽기 전에 약을 복용하지 않았고 오래 살게 해달라고 비는 제사도 지내지 않고 편안하고 담담하게 인간세상을 떠났음을 알 수 있다. 이는 바로 윗글 "죽음을 돌아가는 것으로 여기고, 흉사를 당해도 마치 길사를 만난 듯하였다"에 대한 구체적인 설명이다.

〈여자엄등소〉의 "병환이 든 이래로 차츰 쇠약해져만 간다. 친구들이 날 버리지 않고 매번 약물로 날 구해주나 스스로 내 수명이 얼마 남지 않았다고 염려한다"와 대조해보자. 이 〈여자엄등소〉는 그가 병을 앓았던 정황을 일러주는데, "약제는 입에 대지 않은" 것이 아니었으며, 심정도 유감과 고통이 많았다. 예를 들어 "스스로 내 수명이 얼마 남지 않았다고 염려한다", "다만 양중羊仲과 구중裘仲 같은 이웃이 없고 집안에 노래자老萊子 같은 아내가 없어 한스럽네. 이러한 쓰라림을 가슴에 품었으니, 내 마음이 참으로 부끄럽다", "너희들이 어려서부터 집안이 가난하여 나무 베고 물 길러 다니는 고생을 언제나 면할 수 있을런지? 마음에 걸려있건만 무슨 말을 하겠는가"는 안연지가 〈도징사뢰〉에서 한 말과 전혀 달라 같은 시기의 일이 아님을 알 수 있다. 〈여자엄등소〉에 "내 나이 쉰이 넘었으니"는 바로 안연지의 〈도징사뢰〉가 말한 '중신'이다.

양자를 서로 대조해보면, 안연지의 〈도징사뢰〉가 말한 "중신의 나이에 학질로 오래 고생하였다"는 도연명이 중년에 병을 앓은 일을 가리키지 임종 직전의 모습이 아니다. 유국은이 말한 것이 옳다. 도연명이 중년부터 병을 앓아 늙어서 병으로 죽었을 정도로 다년간 병환을 겪은 것을 5언시 〈답방참군서〉가 증명한다. "나는 다년간 병을 앓아 더 이상 시를 쓰지 않는다." 병이 있어 더 이상 시문을 쓰지 않게 되었다면 병이 엄중하였다는 사실을 알 수 있으며, 바로 안연지의 〈도징사뢰〉가 "중신의 나이에 학질로 오래 고생하였다"고 말한 정황이자 또한 도연명이 한때 친구가 보내준 약으로 병을 치료하였으나 스스로 임종이 다가왔음을 느끼고 〈여자엄등소〉를 썼던 시기였다.

다년간 질병을 품었다는 것은 병증이 오래갔고 병에 걸린 초기는 아마 매우 위험해서 〈여자엄등소〉를 썼을 것이다. 후에 다시 호전되었으나 연로하여 죽었다. 그러므로 연로해서 임종하기 직전에는 더 이상 약제를 복용하지 않은 채 홀가분하게 편안히 세상을 떠났으며, 중년시절 병을 앓던 시절과는 완전히 달랐다. 종합하자면, 안연지의 〈도징사뢰〉가 말한 "중신의 나이"를 근거로 그가 중년에 사망하였다고 판정해서는 안 된다. 76세설과 안연지의 〈도징사뢰〉는 결코 모순되지 않는다.

4. 76세설은 도연명의 여타 시문 중에서 나이를 언급한 것과 부합하며, 자세한 것은 아래의 각 시문에 보인다. 이에 가장 중요한 시 4수를 들어 증거로 삼는다. 〈원시초조시방주부등치중怨詩楚調示龐主簿鄧治中〉에 "머리를 묶은 열다섯 살부터 선한 일에 마음을 두고, 54년이나 정진하고 있다네結髮念善事, 僶俛六九年"라 하였다. '결발結髮'은 머리는 묶어 동자가 되는 15세 이상을 말한다. '육구六九'는 54년이다. 왕질의 ≪율리연보≫는 이 시를 54세와 연계시켰으며 이로부터 오랫동안 이어지고 있다. 그러나 기왕 "'정진하고 있다'라 말했다면 반드시 "머리를 묶은 열다섯 살" 때부터 계산해야지 태어난 때부터 계산해선 안 된다. 강보에 싸여있으면서 어떻게 정진할 수 있겠는가? 옛 학설은 이 시가 54세에 지었다고 주장하지만 틀렸다. 이 두 구는 붙여서 읽어야 하며, 머리를 묶은 때부터 선한 일에 마음을 두고 열심히 노력하여 지금까지 54년 이라는 뜻이다. 만약 15세부터 계산하여 54년이 지났다면 이 시는 69세 혹은 약간 늦게 지어졌다. ≪동파선생화도연명시≫에는 '육구六九' 뒤에 결코 이문이 없으며, 기타 송대 판본은 여전히 '육구년六九年'으로 되었으나 교주에 "일부는 '오십'으로 되어 있다"라 하였다. 설사 '오십년'으로 되어있을지라도 15세부터 계산해도 당연히 65세에 지은 것이므로 향년 63세설 및 그 이하 여러 설들은 모두 성립되지 않는다.

〈무신세유월중우화〉에 "어린 시절 고고함을 지켰는데, 눈 깜빡할 사이에 40년이 지났구나總發抱孤介, 奄出四十年"라 하였다. 63세를 주장하는 학자 모두 44세 이하에 얽매여있는데 옳지 않다. 이 두 구 역시 붙여서 읽어야 하며, 동년시절부터 계산해서 고고함을 지킨 지 지금까지 벌써 40여년이 되었다. 이에 따라 이 시는 57세에 지은 작품이 된다. 도연명은 무신년에 57세였으며, 원가 4년 정묘에 세상을 떠났으니 향년이 바로 76세이다. 공교롭게도 도연명의 향년이 76세라야만 비로소 해석이 가능하다. 양계초의 ≪도연명연보≫에 "46세는 47세의 와전이며, 따라서 56세설을 따른다면 결코 판본상 근거가 없다. 고직이 도주의 ≪정절선생연보고이≫에서 인용한 ≪강주지江州志≫에 의거하여 '무신'을 '무오'로 바꿨는데 근거가 역시 부족하다. 양계초의 설과 고직의 설 모두 성립되기 어렵다.

〈음주 16〉에 "젊은 시절에 사람 사귈 줄 모르고, 흥미가 육경 공부에 있었지. 세월이 흘러 불혹의 나이인데 여전히 아무런 성취가 없네. 끝까지 고궁固窮의 절조를 지키느라 굶주림과 추위를 두루 다 겪는다네"라 하였다. 오인걸의 ≪도정절선생연보≫가 〈음주〉가 39세에 지었다고 한 이래로 도주의 ≪정절선생연보고이≫, 고직의 ≪도정절연보≫, 왕요의 주, 녹흠립의 주 모두 이를 따르면서 일제히 "불혹을 바라보는 나이"를 39세로 여기고 나아가 이를 근거로 〈음주〉시를 지은 나이를 단정하였다.

필자가 살펴보건대, "불혹을 바라보는 나이"는 불혹에 가까운 나이이다. "불혹을 바라보는 나이"라고 말한 것은 지난 일을 추억한 것이다. 이 시는 어린 시절부터 시작해서 "불혹을 바라보는 나이"까지 언급하고 다시 훗날 마침내 벼슬을 사직하고 전원으로 돌아와 곤궁을 편안해하는 절조를 지키느라 굶주림과 헐벗음을 두루 겪은 것을 설명하면서 자신의 일생을 회고하는 뜻이 있다. 왜 특별히 "불혹을 바라보는 나이"를 끄집어내어 말하였는가?

참고로 〈영목〉을 보면, "공부자가 남긴 가르침, 내 어찌 버릴쏘냐? 나이 마흔에 아무도 알아주지 않으면 이 사람은 경외할 바가 없다지. 내 수레바퀴에 기름을 치고 나의 명마를 채찍질하세. 천리가 비록 멀지라도 어찌 감히 달려가지 않으리"라 하였다. 도연명은 40세 이전에 다소나마 성취가 있기를 바랐고, 아울러 50세를 인생의 경계선으로 여겼다. "세월이 흘러 불혹의 나이인데 여전히 아무런 성취가 없네"라 하여 단지 그 시절 아직 아무런 성취가 없어 세상을 두루 구제하려는 포부를 달성하지 못하고 물러나 독선과 고궁의 절조만 지킬 뿐이었던 것을 회상하였다. 이것을 근거로 〈음주〉가 불혹을 향하는 나이에 지었다고 판정하는 것은 경솔하다는 비판을 면키 어렵다. "세월이 흘러 불혹의 나이인데 여전히 아무런 성취가 없네"부터 "끝까지 고궁의 절조를 지키느라 굶주림과 추위를 두루 다 겪는다네"까지 아직 얼마간의 시간과 과정이 있었으며, 이 시는 바로 굶주림과 추위를 두루 다 겪은 뒤에 지은 것이다. 〈음주 19〉에 "옛날에 장기간 굶주림에 시달리다가 쟁기를 내던지고 관리가 되었다네. 여전히 가족을 제때에 먹여 살리지 못하고 추위와 굶주림이 따라 다녔다네. 이 시절 내 나이 거의 서른이라, 마음이 많이 부끄러웠지. 드디어 본분을 지키려고 벼슬을 내던지고 전원으로 돌아왔다네. 별 흐르듯 세월은 가고, 어느덧 다시 열두 해가 흘렀구나. 세상살이 넓고도 아득하여 양주처럼 길을 멈추고 망설였다네.是時向立年, 志誌多所恥. 遂盡介然分, 拂衣歸田裏, 冉冉星氣流, 亭亭復一紀. 世路廓悠悠, 楊朱所以止."라 하였다. '향입년向立年'은 30세 가까운 나이이고, '일기一紀'는 12년이다.

왕질의 《율리연보》는 40세에 얽매여, "당연히 임진, 계사년에 강주江州의 좨주祭酒가 되었을 때이며, 이른바 '쟁기를 내던지고 관리가 되었다'는 때이다. 또한 '별 흐르듯 세월은 가고, 어느덧 다시 열두 해가 흘렀구나'라 하였다. 여기까지 12년이 지났다"라 하였다. 후대사람이 이를 많이 따른다.

필자가 살펴보건대, '向立年'는 장차 서른 살이 다 되어 강주좨주로 출사하였을 때이다. 그 당시 수치스러웠을 뿐이었고 아직 벼슬길과 결별하지 못하고 후에 다시 출사하여 관리가 되었다. 팽택령을 사직하고 이에 본분을 지키고 죽을 때까지 전원에 은거하여 출사하지 않았다. "죽을 때까지"는 고각古閣소장의 10권본, 증집본, 탕한의 주본(앞의 두 판본의 일부는 "불의拂依"로 되어 있고, 탕한의 주본은 일부는 ~로 되어 있다는 표현이 없다)에 의하면 "종사從死"로 하는 것이 맞다. 이미 "죽을 때까지"라고 말하였으니 전원으로 은거한 이후로 다시는 출사하지 않았다. 그러므로 "죽을 때까지 전원에 은거하여 출사하지 않았다"는 결코 강주좨주를 그만둔 일이 아니라 팽택령을 사임한 일이다.

본 《도연명연보회고》는 을사년(405)에 팽택령을 사임하였고 을사년으로부터 다시 '일기一紀(12년)'가 지난 그해에 이 시를 지었다고 본다. 도연명은 을사년에 54세였고, 다시 12년이 지난 후에 이 시를 진 의희 13년(417), 곧 정사년 66세에 지었으며, 〈음주 20〉은 같은 해 가을에 지었다.

이 해 9월에 유유劉裕가 북벌에 착수하여 장안長安에 이르렀고, 다음해 6월에 상국相國이 되어 송공宋公에 봉해지고 구석九錫이 더해졌다. 그 다음해 7월에 유유가 진에서 봉한 송왕이 되었다. 또 그 다음해 6월에 유유가 찬위하여 황제라 칭하였다. 〈음주〉 시는 바로 진조가 장차 망하려 하고 유유가 찬탈에 박차를 가할 때에 지어졌다. 도연명이 한때 유유의 참군을 지내서 이처럼 유유의 권세가 날로 높아질 즈음에 자연히 그에게 다시 벼슬길로 나오라고 권하는 사람이 있었지만 도연명은 단호하게 거절하였다.

그러므로 〈음주〉 20수 중에 "세속의 어리석은 무리가 기세등등하니, 장차 황석공黃石公과 기리계綺里季를 따라가리라咄咄俗中惡, 且當從黃綺", "잠시 이 술잔이나 함께 즐기세, 내 갈 길을 돌릴 수 없다네且共歡此飮, 吾駕不可回", "한 번 나갔으면 마땅히 그만두어야지, 어찌하여 다시 머뭇거리는가一往便當已, 何爲復狐疑", "깨달았으면 돌아갈 생각해야지, 새를 다 잡으면 좋은 활은 버린다네覺悟當念還, 鳥盡廢良弓" 등의 말이 있다. 또한 "소생邵生", "삼계三季", "벌국伐國" 등의 말이 진나라가 장차 멸망할 것을 암시한다.

63세를 주장하는 가장 유력한 증거는 심약의 《송서·은일전》에서 "도잠은 원가 4년에 별세하였으며, 그때 나이가 63세였다"라고 한 말이다. 심약의 《송서·은일전》은 원래 도연명의 생애를 연구하는 중요한 근거이지만, 그러나 일괄적으로 쉽게 믿어서는 안 되므로 이를 판별해야 한다. 도연명의 나이에 대해서 말하자면, 안연지의 《도징사뢰》에 "춘추가 어느 정도였던 원가 4년 모월 모일에 심양현의 모 동리에서 별세하였다"고 하여 그가 별세한 해만 말하고 사망한 달과 날은 말하지 않았으며 그의 나이도 말하지 않았다. 안연지는 도연명 생전의 절친한 벗이면서도 오히려 그의 나이를 의문점으로 보류하여 두었는데, 안연지보다 후배인 심약이 어디에서 알아내었겠는가?

≪송서宋書·자서自序≫에 의하면, 이 책은 제나라 영명永明 5년 봄에 칙명에 의해 편찬을 시작하여 6년(488) 2월에 완성하였으며, 도연명의 사망과는 이미 61년의 시간차가 있으니 그 신뢰성은 당연히 안연지의 〈도징사뢰〉에 비교할 바가 아니다. 더구나 ≪송서≫ 전체의 편찬기간이 겨우 1년뿐일 정도로 황급히 서두른 탓에 오류를 면하기 어려웠으며 판각과 필사 과정 중에서도 또 오류가 있을 수 있으니, 이 책을 근거로 확실한 증거로는 삼을 수가 없는 것이다.

≪송서≫에 실린 인물들의 향년에 대한 오류는 한 두 곳에 그치지 않는다. ≪송서≫ 93권 〈뇌차종전雷次宗傳〉을 예로 들어보면, "(원가) 25년에 종산鍾山에서 죽었고, 당시 나이는 63세이다"라고 기록되어 있다. 이로써 추산을 해보면, 그의 출생년도는 진의 태원太元 11년(386)이고 사망년도는 송의 원가 25년(448)이다.

그러나 같은 전에 기록된 뇌차종의 〈여자질서與子侄書〉에 의거해 추산한 것과는 차이가 매우 크다. 〈여자질서〉에 "약관에 이르러 여산에 의탁해 지내면서 불가의 스님을 섬기게 되었다. ……도와 풍류에 노닌지가 어언 20여년에 학문이 뛰어난 분들은 이미 돌아가시고, 좋은 친구들도 세상을 떠났다. 연이어 반란죄로 갖은 고초를 겪었으며 왕년에 충심으로 바라던 소망도 하루아침에 사라졌다. 마음은 흐트러지고 의지는 쇠약해져 무너져버렸기에 마침내 너희들과 함께 돌아와 밭갈이를 하였구나. 산골에 살다보니 사람과의 관계도 끊어진지 오래되었다. 세월은 멈추지 않으니 어느덧 다시 10년이 흘러 보잘 것 없는 나이는 벌써 오십을 넘겼구나"라 하였다. 이로써 뇌차종이 20세에 여산에 들어가 혜원慧遠을 섬겼음을 알 수 있다. 여산에 있던 20여년 사이에 혜원이 서거하였다.

사령운謝靈運의 〈여산혜원법사뢰병서廬山慧遠法師誄並序〉에 의하면 혜원은 의희 13년(417)에 서거하였고, 양梁의 스님 혜교慧皎의 ≪고승전高僧傳≫ 6권의 〈진여산석혜원晉廬山釋慧遠〉과 ≪세설신어世說新語≫ 유효표劉孝標의 주에서 인용된 장야張野의 〈원법사명遠法師銘〉에 의하면, 그의 사망연도는 의희 12년(416)으로 서로 1년 밖에 차이가 나지 않으니 이에 416년 설을 취한다. 이른바 "좋은 친구들은 세상을 떠났고 연이어 반란죄로 갖은 고초를 겪었다. 왕년에 충심으로 바란 소망이 갑자기 하루아침에 사라졌다"는 혜원이 서거한 후에 연이어 발생한 일들을 가리킨다. 이 반란사건은 마땅히 혜원이 서거한 뒤 1, 2년 사이에 있었으며, 일단 2년으로 계산하면 의희 14년(418)이 된다. 또 '10년'이 지난 원가 5년(428)에 '지천명을 넘겼다'. 이른바 '지천명을 넘겼다'

를 만약 51세로 계산하면 그의 출생연도는 진의 태원 3년(378)이며, '지천명을 넘겼다'를 53세로 계산하면 그의 출생연도는 진의 태원 원년(376)으로 모두 ≪송서·뇌차종전≫에서 기재한 출생연도와 차이가 매우 많이 난다. 그렇다면 그의 향년 역시 당연히 심약의 〈도잠전〉이 기록한 63세와 같지는 않다. 만약 심약의 〈도잠전〉이 기록한 63세로 추산한다면 20세에 여산에 들어간 때가 진의 의희 원년(405)이고, 20여년 뒤에 혜원이 서거하였다. 이 20여년이 만약 21년을 가리킨다면 송 원가 2년(425)이고, 만약 26년을 가리킨다면 원가 7년(430)으로 모두 혜원이 사망한 해(416)와 차이가 꽤 많이 난다.

또 ≪고승전≫ 6권의 〈석혜원전〉에서 "이에 대중을 이끌고 저녁부터 새벽까지 끊임없이 불도에 정진하니, 석가모니가 남기신 교화가 여기에서 다시 일어났다. 얼마 되지 않아 계율을 엄수하고 악행을 끊으려는 선비들과 풍진세상과 절연한 맑은 믿음을 지닌 빈객들이 소문을 듣고 멀리에서도 몰려들었다. 팽성彭城의 유유민劉遺民, 예장豫章의 뇌차종, 안문雁門의 주속지周續之, 신채新蔡의 필영지畢穎之, 남양南陽의 종병宗炳, 장래민張萊民, 장계석張季碩 등이 모두 세속과 영화를 버리고 혜원에게 의탁하여 마음의 평정을 찾았다. 혜원은 이에 정사의 무량수불상 앞에서 재를 지내고 맹세하여 함께 서방정토에 들어가길 기약하였다. 유유민에게 그것을 글로 짓게 하여, '유세차 인년寅年 7월 무진 초하루와 28일 을미에 법사 석혜원은 그윽하고 오묘함을 느껴 오래된 감회가 특별히 일어났습니다. 이에 운명을 같이 하는 동지들과 불심이 곧은 인사 230명이 여산의 북쪽 반야대정사 아미타불상 앞에 모여 모두 함께 향불을 삼가 올리며 맹세합니다'라 하였다." 인년은 범띠해로 당연히 진의 안제安帝 원홍元興 원년(402)인 임인년이다.

≪송서·뇌차종전≫에 의하면, 이 해는 뇌차종이 겨우 17세로 약관(20세)에 여산에 들어간 것과 부합되지 않는다. 결론적으로 어떤 방법으로 추산하여도 심약의 〈도잠전〉에서 기재한 뇌차종의 향년은 틀렸음이 분명하다. ≪남사≫ 75권의 〈뇌차종전〉은 "(원가)25년에 종산鍾山에서 죽었다"고 하였고 향년을 기록하지 않았으니 그 태도가 매우 신중하다.

≪송서≫에 실린 인물의 향년에 대한 기록이 잘못된 것은 〈은일전〉뿐만이 아니며 다른 전에도 역시 오류가 있다. 예를 들어 ≪송서≫ 47권의 〈맹회옥전孟懷玉傳〉에 부록으로 실린 그의 동생 〈맹용부전孟龍符傳〉에 "고조께서 광고성廣固城을 치면서 용부를 거기참군車騎參軍으로 삼고 용양장군龍驤將軍, 광천태수廣川太守를 더하여 제수하였으며, 보병과 기병을 통솔하여 선봉에 서도록 하였다. ……중과부적으로 마침내 해를 당하니 그때 나이가 33세였다"고 하였다. 장삼해張森楷의 ≪교감기校勘記≫에 "용부는 회옥의 동생이며, 회

옥은 의희 11년에 죽었고 나이가 31세였다. 용부가 남연南燕을 칠 때 죽었다면 6년 전의 일로서 나이가 33세일 수가 없으니 아마도 23세를 잘못 적은 것일 것이다'라 하였다.

또한 ≪송서≫ 66권의 〈왕경홍전王敬弘傳〉에 "예전에 내린 어명이 거듭 반복되자, 이에 표문을 올려 '나이가 아흔을 바라보아 살아갈 날이 얼마 남지 않아서……'라 하고 다음해에 여항餘杭의 사정산舍亭山에서 서거하니 그때 나이가 여든이었다"라고 기록하였다. ≪남사≫에서는 '80세'라 하였다. 장삼해의 ≪교감기≫에서는 "경홍이 표문에서 스스로 아흔을 바라본다 말한 것을 감안하면 마땅히 ≪남사≫가 옳다고 봐야 한다"라 하였다. 또한 ≪송서≫ 72권의 〈시안왕휴인전始安王休仁傳〉에서는 "그날 밤, 사람을 보내 약을 가지고 가 휴인에게 죽음을 내렸으니, 그때 나이가 39세였다'라 하였고, 손반孫彪의 ≪송서고론宋書考論≫에는 "마땅히 29세가 되어야 한다"라 하였다.

중화서국의 점교본點校本 ≪교감기≫에는 "명제明帝는 휴인의 형으로 같은 해에 명제가 붕어하였고 나이가 34세였으니 동생인 휴인이 39세가 될 수 없으며, 아마 29세여야 맞을 것이다'라 하였다.

또한 ≪송서≫ 78권의 〈소사화전蕭思話傳〉에서는 "효건孝建 2년에 죽으니 그때 나이가 50세였다'라 하였고, ≪전본고증殿本考證≫에서는 "살펴보니 사화의 나이 18세에 낭야왕琅邪王 대사마행참군大司馬行參軍에 제수되었고 이듬해에 부친 원지가 죽었는데 이때가 영초永初 원년이다. 원가 5년에 이르러 청주자사靑州刺史에 임명되었으니 이때가 27세라 해야 옳다. 원가 6년 기사년부터 효건 2년 을미년까지 또 27년이 흘렀다. 사화가 별세한 때가 54세였으며, 지금 50세라 말하는 것은 아마 '사四'자가 빠진 것 같다'라 하였다.

손반의 ≪송서고론≫에서는 "사화가 청주자사에 부임하였을 때는 본기에 의하면, 실제로는 원가 3년으로 나이가 27세였으니 그의 나이 18세 때는 마땅히 진의 공제恭帝 원희元熙 원년으로 낭야왕이 이미 황제가 되었을 때이다. 그런데 어떻게 스스로 낭야왕의 대사마참군에 제수되었겠는가? 이렇게 추산해보면, 사화가 별세한 나이는 대략 56세이다'라 하였다. 중화서국의 점교본 ≪교감기≫에 〈문제기文帝紀〉를 살펴보면 사화가 원가 3년에 청주자사를 맡은 것은 사실이며, 원가 5년에 청주자사가 되었다는 〈도잠전〉의 말은 사실상 오류이다. 원가 3년에 사화의 나이가 27세였다면 그의 사망한 해도 역시 마땅히 56세이고 50세나 혹은 54세는 아니다'라 하였다. 이밖에 주백년朱百年의 사망년도를 ≪송서≫에서는 효건 원년이라고 말하였지만, 손반의 ≪송서고론≫은 역시 그것이 잘못되었다고 지적하였다. 향년과는 관계가 없어서 잠시 논하지 않겠다.

위에서 설명하였듯이 《송서》가 기록한 인물들의 향년이 이처럼 오류가 많은데 《송서》가 기록한 도연명의 향년에 착오가 없다고 어떻게 확증할 수 있겠는가? 종실과 고관대작의 향년조차 오류가 있는데 은사들의 향년이야 더욱 의심스러울 수밖에 없다. 심약의 《송서》가 기록한 도연명의 향년이 결코 움직일 수 없는 증거는 아니다. 만약 도연명 생전의 절친인 안연지가 당시에 지은 〈도징사뢰〉를 믿지도 않고, 또한 도연명의 시문 자체가 제공하는 증거를 고찰하지도 않으면서, 《송서》가 말한 향년 63세 만을 고집해 이 주장과 부합한다고 글자를 바꿔버리거나 혹은 왜곡하여 해석하는 것은 엄정하고 신중한 태도라고 할 수 없다.

양계초는 《도연명연보》에서 "《문선》에 실린 글은 원래 문학적인 가치를 보존하기 때문에, 63세를 간략하게 '약간'이라 하거나 혹은 무엇 무엇이라고 했다. 중요하지 않은 문구는 문인들이 기록을 생략하였으며, 이는 옛날 문인들의 습관이 이러하였다"라 하였다. 그러나 63세를 간략화해서 '약간'으로 줄여봐야 글자 수가 겨우 한 자만 줄어들고 필획은 오히려 3획이나 늘어나는데 왜 이런 고생을 하였겠는가?

게다가 향년은 결코 중요하지 않은 문구가 아닌데다 《문선》에 실린 뇌문에도 향년을 분명히 밝힌 것이 있다. 예를 들면 반안인潘安仁의 〈양중무뢰楊仲武誄〉에 "춘추가 29세이며, 원강元康 9년 여름 5월 기해에 별세하였다"라고 하였고, 반안인潘安仁의 〈하후상시뢰夏侯常侍誄〉에도 "춘추가 47세이며, 원강 원년 여름 5월 임신에 병으로 별세하였다"라고 하여 나이를 설명하였을 뿐만 아니라 또한 사망한 달과 날까지 말하고 있다. 안연지와 동시대 인물인 사령운이 지은 〈여산혜원법사뢰〉역시 "춘추가 84세이며, 의희 13년 가을 8월 6일에 서거하였다"라고 분명히 기록하였다. 안연지의 〈도징사뢰〉가 도연명의 나이를 명확하게 말하지 않은 것은 결코 간소화를 추구한 것이 아니라 확실히 알지 못하였기 때문이었다는 것을 알 수 있다. 안연지조차 확실히 몰랐는데 심약이 확실히 안다면 어떻게 사람들로 하여금 의심하지 않게 할 수 있겠는가?

도연명의 각 판본을 다시 살펴보면, 매번 나이와 관계된 부분에서는 이문異文 (역자 주: 책 속의 문장이 오랫동안 베껴 내려가는 과정에서 문자나 문장이 변하는 것)이 나타나며, 게다가 원문이 가끔씩 63세설과 대립되면 교감으로 '다른 주장이 있다─作某'라고 하여 서로 대립되는 것을 없앴다. 성립이 가능한 해석으로는, 도연명집의 원문이 63세설과 대립되면 후대인들은 억지로 심약의 〈도잠전〉을 끌어다가 제멋대로 바꿨다는 것이다.

혹자는 도연명의 생활이 곤궁해서 반드시 장수하지는 못하였을 것이라고 의

심하는데, 필자도 역시 이렇게 생각한 적이 있다. 그렇지만 사람의 수명이 반드시 생활의 빈부와 관련이 있는 것은 아니기에 이것은 논외로 돌린다. 또한 도연명이 비록 집안이 가난하다고 말하지만 당시의 일반 선비와 비교하면 우열을 가릴 수가 없다. 혹자는 도연명의 속마음에 모순이 많아 장수를 누리지 못하지 않았을까 의심하고, 필자도 한 때 이렇게 생각했었다. 그러나 도연명은 그만의 즐거움과 취미가 있었고, 달관하여 자족할 줄 알았으며, 자연에 순응하였다. 이런 사람이야말로 장수할 가능성이 가장 높다. 혹자는 진송 시대에 사람의 평균수명이 현대인만큼 길지 않아서 도연명의 장수는 불가능하지 않았을까 의심하기도 한다. 그러나 ≪진서≫와 ≪송서≫를 살펴 보면 향년 70세 이상 되는 인물이 적지 않다. ≪송서·은일전≫에 나오는 열일곱 인물로 논하자면, 완만령阮萬齡의 향년은 72세였고, 심도건沈道虔의 향년이 83세였고, 주백년朱百年의 향년은 87세로 모두 고령이었다. 도연명의 향년 76세가 이상한 일은 아니었다.

• 진의 목제穆帝 영화永和 9년 계축(353), 도연명 2세

왕희지가 손탁, 사안 등과 더불어 회계산 북쪽의 난정에서 연회를 열고, 왕희지가 〈난정집서蘭亭集序〉를 찬술하였다. ≪전진시全晉詩≫ 11권에 시 37수를 모아놓았다.

도연명은 어린 시절에 '원전거' 옛 집에서 살았다. 35세 조목 아래에 상세히 보인다.

• 진 목제 영화 10년 갑인甲寅(354) 도연명 3세

중군장군, 양주자사 은호殷浩가 수년째 북벌을 도모하다 실패했다. 정서장군 환온이 상소를 하여 그를 폐할 것을 청하자, 2월에 은호를 평민으로 강등시켰다. 이때부터 나라 내외의 대권이 온통 환온에게 돌아갔다. 환온은 이전의 회계내사였던 왕술을 양주자사로 삼았다. 환온은 북벌을 하여 패상灞上까지 진격했으나 패하고 돌아왔다.(≪진서≫ 8권 〈목제기〉, 98권 〈환온전〉) 혜원이 도안을 따라 출가했다. 그때 나이 21세였다.(≪고승전≫ 6권 〈석혜원전〉)

• 진 목제 영화 11년 을묘乙卯(355) 도연명 4세

정씨 누이가 태어나다(역자 주: 이복동생으로 후에 정씨에게 시집을 가서 정매程妹라 칭했다). 〈제정씨매문祭程氏妹文〉에서는 "어머니가 일찍 돌아가시고 그 때는 아직 어렸으니, 나는 열두 살, 너는 겨우 아홉 살이었다. 慈妣早逝, 時尚孺嬰. 我年二六, 爾才九齡."라 하였다. 원문의 '이륙二六'은 12세를 가리킨다. 도연명이 정씨 누이보다 세 살 많음을 알 수 있다.

• 진 목제 영화 12년 병진丙辰(356) 도연명 5세

환온이 낙양으로 천도하려고 했으나 허락을 받지 못했다. 3월 환온을 정토대도독, 독사督司, 기이주제군사冀二州諸軍事에 임명하여 요양姚襄을 공격하게 했다. 8월에 대파하고 환온은 낙양성에 들어갔다.(≪진서≫ 8권 〈목제기〉, 98권 〈환온전〉)

• 진 목제 승평昇平 원년 정사丁巳(357) 도연명 6세

정월, 태후는 정권을 이양하고자 조서詔書를 내렸다.

• 진 목제 승평 2년 무오戊午(358) 도연명 7세

사마욱이 머리를 조아리고 정권을 이양하라고 진언했으나 황제가 허락하지 않았다.(≪진서≫ 8권 〈목제기〉)

• 진 목제 승평 3년 기미己未(359) 도연명 8세

10월, 사안의 아우 사만謝萬이 군사를 이끌고 북벌에 나섰다. 교만하여 다른 사람에게 오만하게 굴었다. 일찍이 스스로를 높이는 노래를 부르며 군사를 돌보지 않았다. 군사가 궤멸되자 평민으로 강등시켰다.(≪진서≫ 79권 〈사만전〉)

도연명의 부친이 돌아가셨다. 〈제종제경원문祭從弟敬遠文〉에서는 "나와 너는 우애롭고 친했을 뿐 아니라 아버지는 형제였고 어머니는 자매였다. 서로 어린 나이에 편모 슬하가 되었지.惟我與爾, 非但友親, 父則同生, 母則從母. 相及齠齒, 並罹偏咎."라 하였다. 이공환의 주에는 "초齠는 츤齔과 뜻이 같다.

이가 빠지는 것이다. ≪가어家語≫에 '남자는 여덟 살에 이를 간다'고 했다."
또 "도연명은 나이 서른 일곱에 어머니 맹씨가 돌아가셨다. 여기서 편구偏咎
는 아버지를 잃은 것이다" 원행패 의견: 급고각장서십권본, 증집본, 이주본
은 모두 '초치齠齒'로 되어 있다. '초치'는 이가 훼손된 것이다. ≪한시외전≫
1권에는 "고로 남자는 8개월에 이가 생기고 8세에 이를 간다"라 하였다.
≪대대례大戴禮 · 본명本命≫에서는 "8세에 이가 빠진다"고 하였다. '편구偏
咎'는 한 어버이의 자식이 된 허물이다. 반악의 〈과부부寡婦賦〉에는 "어려
서 부친을 잃고 고아가 되었다少伶俜而偏孤"는 구절이 있다. 이선의 주에는
"'편고偏孤'는 아버지를 잃었음을 말한다'고 하였다. 이 말은 자신과 경원이
모두 8세에 부친을 잃고 같은 운명이 되었기 때문에 더 특별히 친애하였다
는 것이다. '상급相及'은 서로 이가 빠지는 나이에 이르렀음을 뜻한다. 도연
명은 경원보다 나이가 많다. 그들이 부친을 여읜 것이 같은 여덟 살 때라는
것이지 같은 해라는 것은 아니다.

• 진 목제 승평 4년 경신(360) 도연명 9세

정서대장군 환온이 사안에게 사마가 되어주길 청하자 사안이 부름에 응했다.
환온은 크게 예를 갖추어 그를 중하게 대우했다. 당시 사안의 나이는 이미
사십여 세였다.(≪진서≫ 79권 〈사안전〉, ≪자치통감≫ 101권)
  환온은 또 나함을 끌어다가 낭중령을 삼았다.(≪진서≫ 92권 〈나함전〉)

• 진 목제 승평 5년 신유辛酉(361) 도연명 10세

5월 목제가 승하하다. 향년 19세로 후사는 없었다. 정제의 장남 낭야왕 비조
가 입조하여 즉위했으니 이분이 애제哀帝이다.(≪진서≫ 8권 〈애제기〉)
혜원이 도안道安을 따라 황하를 건너 진 사주인 하남의 육혼산陸渾山에 이르
다.(방립천의≪혜원과 그의 불학慧遠及其佛學≫을 참고)
왕희지가 세상을 떠나다. 향년 59세.(≪진서≫ 80권 〈왕희지전〉)
사만謝萬이 대략 이 해에 세상을 떠났다. 향년 42세로 사안의 아우이다. 일찍
이 어부, 굴원, 계주, 가의, 초로, 공승, 손등, 혜강의 사은사현四隱四顯의 일을
적어 〈팔현론八賢論〉을 지었다. 그 요지는 세상에서 물러나는 것을 좋은 것

으로 세상을 등지는 것을 좋지 않다는 것이다.(≪초학기≫ 12권에 인용된 〈진기거주〉, ≪진서≫ 79권 〈사만전〉)

허순許詢이 세상을 떠나다.(장가례張可禮 ≪동진문예계년東晉文藝繫年≫을 참고하시오)

• 진 애제 융화隆和 원년 임술壬戌(362) 도연명 11세

5월 환온이 소를 올려 낙양으로 천도할 것을 청했으나 실행되지 않았다.(≪진서≫ 98권, 〈환온전〉, ≪자치통감≫ 101권)

• 진 애제 흥녕興寧 원년 계해癸亥(363) 도연명 12세

5월, 정서대장군 환온에게 시중, 대사마, 도독중외제군사, 녹상서사의 직위를 더하고 황월黃鉞(역자 주: 천자의 의장으로 전쟁할 때 사용한다)을 주었다. 환온은 왕탄지王坦之를 장사長史로 삼았다. 탄지는 왕술의 아들이다. 또 치초郗超를 참군으로 삼고 왕순王珣을 주부로 삼아 매사를 반드시 두 사람과 논의하였다. 치초는 치감郗鑑의 손자이자 치음郗愔의 아들이며 왕순은 왕도의 손자이다. 당시에 사현謝玄도 역시 또 환온의 관리가 되었는데 환온은 이들을 모두 중시했다.(≪진서≫ 8권 〈애제기〉, 75권 〈왕탄지전〉, 67권 〈치초전〉, 65권 〈왕도전〉, ≪자치통감≫ 101권)

정로장군 환충桓沖을 강주자사로 삼다. 환충은 환온의 아우이다. 이후에 강주에서 13년을 보내고 환온이 죽은 후에 중군장군, 도독양강예삼주군사, 양예이주자사, 가절을 제수받았다.(≪진서≫ 74권 〈환충전〉)

유유劉裕가 출생하다. 후에 진을 대신하여 송을 세우고 무제가 되었다. (≪송서≫ 1권 〈무제기상〉)

갈홍이 세상을 떠나다. 저서로 ≪포박자≫ 등이 있다. (≪진서≫ 72권 〈갈홍전〉)

도연명의 서모庶母가 세상을 떠났다. 〈제정씨매문祭程氏妹文〉에는 "뉘라서 형제가 없을까. 사람은 모두 함께 태어나는 법. 아, 나와 너는 보통 감정의 백배는 될 것이다. 자애로운 어머니 일찍 돌아가시니 그때 아직 어린아이였구나. 내 나이 열 둘, 너는 겨우 아홉 살. 철없을 때부터 서로 위로하며 자랐었지.誰無兄弟, 人亦同生. 嗟我與爾, 特百常情. 慈妣早世, 時尚孺嬰. 我年二六, 爾才九齡. 爰從靡識, 撫髫相成."라고 기록하고 있다. 이공환의 전주箋注에는 '서모'라

고 했다. 또 "예전 강릉에 있을 때 거듭 천벌을 받았다昔在江陵, 重罹天罰"라 했는데 이공환의 주에는 "진 안제 융안 5년 가을 7월에 휴가를 얻어 강릉에 돌아왔는데, 이 해 겨울 모친 맹씨가 돌아가셨다"고 했다. 원행패 의견: 이공환의 주가 옳다. 맹씨는 도연명의 생모이다.

• 진 애제 흥녕 2년 갑자甲子(364) 도연명 13세

5월, 양주자사 왕술王述을 상서령으로 삼았다.(≪자치통감≫ 101권)
5월, 대사마 환온에게 양주목, 녹상서사를 더하고 조서를 내려 입조하도록 불렀으나 환온은 사양하고 오지 않았다. 8월, 환온은 내록을 끝내 사양하고 멀리 양주목만 받아들였다.(≪진서≫ 8권 〈애제기〉)
사마도자司馬道子가 태어났다.(≪진서≫ 64권 〈간문제삼자전〉)
혜원이 도안을 따라 남쪽으로 번樊, 면沔으로 갔다.(방립천의 ≪혜원과 그의 불학≫을 참고)

• 진 애제 흥녕 3년 을축乙丑(365) 도연명 14세

2월, 강주자사 환충에게 감강주 및 형예팔군제군사와 가절을 더하다.(≪자치통감≫ 101권)
2월, 애제가 승하하다. 향년 25세로 후사가 없어 아우 낭야왕 혁奕이 제위를 잇다. 이 분이 폐제가 된 해서공海西公이다.(≪자치통감≫ 101권)
혜원이 도안을 따라 양양으로 남행을 하다. 혜영은 여산으로 갔다.(방립천의 ≪혜원과 그의 불학≫을 참고)

• 진 해서공 사마혁 태화太和 원년 병인丙寅(366) 도연명 15세

지둔이 세상을 떠나다. 향년 53세로 문집 8권이 있다. 지금 오언시 18수, 문장 26편이 전한다. 그의 〈즉색유현론卽色遊玄論〉은 당시 반야학 중에서 즉색종의 대표작이다. ≪장자・소요유≫에 주를 달고, 불학으로 현학을 풀어내어 당시 사람들에게 중시를 받았다.(≪고승전≫ 4권 〈지도림전〉, ≪수서≫ 35권 〈경적지사〉, ≪선진양한위진남북조시≫, ≪전상고삼대진한삼국육조문≫)
10월, 회계왕 사마욱이 승상이 되다.(≪진서≫ 8권 〈해서공기〉)

도연명은 어려서부터 유가 경전을 학습하였으며, 한적함을 좋아하고 선한 일을 생각하며 고결한 절개를 품었다. 산을 좋아하고 큰 뜻이 있어 세속과 어울리지 않았다. 〈영목榮木〉 서문에서 "젊은 시절에 도를 들었다.總角聞道"라는 구절이 있다. 〈음주 16〉에서는 "젊은 날엔 세상과 어울림도 없이, 오직 육경六經에서 노닐기를 좋아했네.少年罕人事, 遊好在六經."라고 하였다. 〈여자엄등소〉에서는 "어려서 거문고와 글을 배워 이따금 한적함을 즐겼는데, 책을 펴서 읽다가 얻는 바가 있으면 즐거워 밥 먹는 것을 잊고는 하였다. 나무에 녹음이 우거지고 철새 소리가 바뀔 때도, 또 다시 매우 기뻐하였다. 나는 늘 말하기를, 오뉴월 중에 북창 아래에 누워 서늘한 바람이 간혹 스쳐 지나갈 때면, 스스로 태고 적 사람이라고 생각하였다.少學琴書, 偶愛閑靜, 開卷有得, 便欣然忘食. 見樹木交蔭, 時鳥變聲, 亦復歡然有喜. 常言五六月中, 北窓下臥, 遇涼風暫至, 自謂是羲皇上人."

〈원시초조시방주부등치중怨詩楚調示龐主簿鄧治中〉에서는 "성인이 되면서 선한 일을 생각했다結髮念善事"라고 했으며 〈무신세유월중우화戊申歲六月中遇火〉에서는 "젊은 날부터 고고한 지조를 품었다總髮抱孤介"라고 했다. 〈귀원전거 1〉에서는 "어려서부터 비속한 정취는 없었고, 본래 성품이 산을 좋아했다少無適俗韻, 性本愛丘山"라고 했다. 〈잡시 5〉에서는 "내 어리고 건장할 때를 생각해보면, 즐거운 일이 없어도 스스로 기뻐했다. 큰 뜻은 천하에 구속을 받지 않았고, 날개를 활짝 펴고 멀리 날아오르길 바랐다.憶我少壯時, 無樂自欣豫. 猛志逸四海, 騫翮思遠翥."라고 했다. 총각總角, 결발結髮, 총발總髮 의 의미는 모두 같다. 미성년일 때 "속발束髮"하는 경우도 있으니 역시 머리를 묶는 것이다.

≪대대례大戴禮・보부保傅≫에는 "머리를 묶고 태학에 나아간다.束髮而就大學"는 구절이 있다. 주석을 보면 "머리를 묶는 것은 성동成童이 되었음을 말한다"고 했다. ≪예기禮記・내칙內則≫에는 "성동이 되면 무인들의 춤을 배우고 활쏘기와 수레 모는 법을 배운다成童舞象學射御"는 구절이 있다. 주석을 보면 "성동은 15세 이상이다"라고 했다. 도연명은 이미 "도를 들었다"

고 했고 "고고한 지조를 품고서"라고도 했으니 아주 어린 시절은 아니고 15, 16세로 치는 것이 마땅하다. ≪논어≫에 "15세에 학문에 뜻을 둔다"고 했으니 도연명이 소년시절에 대해 회상한 일들을 일단 이 해의 조목 아래에 둔다.

• 진 해서공 태화 2년 정묘丁卯(367) 도연명 16세

9월, 회계내사 희음郗愔이 서예청유양주를 감독하는 진릉제군사, 서예이주자사가 되어 경구에 주둔하였다.(≪자치통감≫ 101권)

• 진 해서공 태화 3년 무진戊辰(368) 도연명 17세

대사마 환온에게 특별한 예우를 더하여 제후왕의 상석을 주었다.(≪자치통감≫ 101권)
왕술이 세상을 떠나다. 시중, 표기장군, 개부에 추증되다.(≪진서≫ 75권 〈왕술전〉)

• 진 해서공 태화 4년 기사己巳(369) 도연명 18세

4월, 대사마 환온이 북벌하여 연을 치다. 9월, 환온이 크게 패해 삼만 여명을 잃었다. 퇴각하여 돌아와 후일을 도모했다. 치음, 원굉, 복도 등이 환온을 따라 북벌을 했다.(≪진서≫98권 〈환온전〉)
환현이 태어나다.(≪진서≫ 99권 〈환현전〉)

• 진 해서공 태화 5년 경오庚午(370) 도연명 19세

〈한정부〉는 마땅히 젊은 시절 한가로이 지낼 때의 작품일 것이다. 서문에서 "내가 전원에서 한가하게 지냈으니余園閭多暇"라 했기에 일단 이 해의 아래에 기록한다.

• 진 간문제簡文帝 함안鹹安 원년 신미辛未(371) 도연명 20세

11월, 환온은 진제를 폐위하여 동해왕으로 삼았고, 승상인 회계왕 욱昱을 황제로 세웠으니 이분이 태종 간문제이다. 연호를 함안으로 바꾸었다. 환온은

동해왕의 세 아들을 살해하고 무릉왕 희晞, 신채왕 황晃을 폐하고, 은연殷涓 등을 살해하였으며 그 일족을 멸했다. 황제는 환온에게 친필 조서를 주며 "만약 진 황실의 영험함이 길이 이어진다면 그대는 이전의 조칙을 잘 받들어 행하고, 만약 대운이 떠나간다면 벼슬길에서 떠나시오"라고 했다. 12월, 환온은 동해왕을 해서현공으로 강등시켰다. 환온의 위세는 온 세상에 떨쳤고 황제는 늘 폐출될 것을 두려워했다. 하지만 세상을 구제할 큰 책략은 없어 사안은 그를 혜제惠帝의 유파로 생각했다. 이로부터 정국은 혼란하고 사회는 어지러우며 백성들은 생업을 돌보지 못했다.(≪자치통감≫ 103권)

도연명의 〈원시초조시방주부등치중〉에 "스물에 세상의 험난함을 만나고弱冠逢世阻"라는 구절이 있는데 아마도 이 해 및 그 다음 해의 일을 가리키는 것일 것이다. '약관弱冠'은 20세이다. 〈유회이작有會而作〉에서는 "젊은 시절 집안이 가난하였더니, 늙도록 오랜 시간을 굶주렸다弱年逢家貧, 老至更長飢"라고 했다. ≪예禮·곡례曲禮≫에 "스물을 弱이라고 한다"고 했다. 이 해에 도연명의 집안이 쇠락하여 경제 상황이 크게 이전만 못했다. '세상의 험난함'과 '집안의 가난'은 도연명의 생활에 깊은 영향을 주었고 그의 사상도 틀림없이 큰 영향을 받았을 것이다.

도연명은 이 해에 벼슬살이를 시작하여 생계를 모색했다. 심약의 〈도잠전〉에서 "도연명은 약년弱年에 보잘 것 없는 벼슬살이를 하였는데 거취의 족적이 깨끗하지 못했다"고 했다. 도연명의 자술과 대조해보면, 약관의 나이에 벼슬살이에 나아가 생계를 모색한 것을 가리키는 말임을 알 수 있다. 또 〈음주 19〉에서는 "지난날 오랜 배고픔에 괴로워, 쟁기를 내던지고 벼슬길 찾아 떠났지疇昔苦長饑, 投耒去學仕"라고 했는데 역시 이 일을 가리킨다. 그러나 도연명이 주좨주를 맡기 전에 생활에 쫓겨 하급관리를 했는지 자세한 상황은 이미 고증할 수 없다.

오직 〈음주 10〉에서 "지난 날 먼 길을 떠나, 동해 근처까지 갔었지. 길은 멀고 아득한데, 바람과 파도가 앞길을 막았네. 누가 시켜 이렇게 떠났던가, 아마도 굶주림에 내몰렸으리라. 온 힘을 쏟아 배부름을 구했다면, 약간의 여유로움도 있었으련만. 아마도 이것은 좋은 계책이 아닌가 하여, 수레를 멈추고 돌아와 은거한다네.在昔曾遠遊, 直至東海隅. 道路迥且長, 風波阻中塗. 此行誰使然, 似爲饑所驅. 傾身營一飽, 少許便有餘. 恐此非名計, 息駕歸閑居."라고 한 것은 이 때의 생활을 회상한 것이다.

하맹춘何孟春의 주석은 유리劉履의 학설을 인용하여 "곡아曲阿를 가리켜 말한 것이다. 아마도 그곳이 송대에는 남동해군이었을 것이다"라 하였다.

도주는 주석에서 "≪송서·주군지≫에서는 '진 원제元帝 초에는 오의 경내 해우海虞현의 북쪽을 나누어 동해군이라 하고 섬구剡胸, 이성利城, 축기祝其 세 현을 세웠다'고 하였다. 유뢰지가 손은을 토벌하고 절강을 다스리자 손은은 두려워하여 바다로 도망쳤다. 후에 손은은 바다로 이동하여 몰래 경구에 이르렀다. 유뢰지가 산음에서 많은 무리를 이끌고 돌아오자 손은은 욱주로 달아났다. 지금 해주의 운태산이 욱주이고 바로 구胸현 지역이다. 선생은 유뢰지의 군영에 참여했는데 아마도 손은의 토벌에 종군하여 동해에 갔던 것 같다. 그래서 그 일을 회상했다"라고 말했다.

양계초의 〈도연명연보〉 안제 흥안 3년에서는 "이 해 11월 해적 손은이 회계를 함락했다. 유뢰지가 무리를 이끌고 동쪽으로 토벌을 갔을 때, 유유는 유뢰지의 참군을 하고 있었는데 공을 가장 많이 세웠다. 선생이 바다 끝까지 내몰리며 험난함을 당한 것은 아마 유뢰지의 군중에 있었을 때일 것이다. 유뢰지는 북부北府를 장악하고 있어서 권세가 엄청났지만 사람 됨됨이가 변덕이 심했다. 선생은 어쩌면 그가 패할 것을 헤아려 스스로 빠져나오려고 자주 생각했기 때문에 2년 후 마침내 휴가를 얻어 돌아왔으니, 시에서는 '이것이 좋은 계책이 아닌가 하여, 수레를 멈추고 돌아와 은거한다네'라고 읊었다"라고 기록하였다.

원행패 의견: 도주와 양계초의 학설은 믿을 만하지 않다. 유뢰지는 일찍이 진군장군에 임명된 적이 없었고 도연명이 진군참군의 직분을 맡은 것도 유뢰지의 군영에서가 아니라 유유의 군영에 참여할 때일 것이다. 이에 대한 자세한 내용은 404년 조목에 나온다. 도연명이 유유의 군영에 참여한 것은 〈시작진군참군경곡아〉라는 시에 있다. 곡아를 거쳐 경구에 간 것을

"곧장 동해 근처까지 갔었지直至東海隅"라고 할 수는 없다.

≪진서晉書·지리지地理志≫ 서주 하 조목에 있는 동해군의 내용은 다음과 같다. "원제元帝가 도강한 후에 서주의 절반을 얻었다. (중략) 이 때 유幽, 기冀, 청靑, 병並, 연兗 5주와 서주의 회북 지역 유민들이 서로 이끌어 강회를 건넜다. 원제는 유민들의 거주지를 병합해서 군현을 세워서 그곳을 다스렸다. 오군의 바다 북쪽을 나누어 섬郯, 구朐, 이성利城, 축기祝其, 후구厚丘, 서습西隰, 양분襄賁의 일곱 현을 세우고 곡아에서 기거했다."

곡아는 동해군의 치소이니 지금 강소성 단양현으로 남경의 동쪽이고 진강의 남쪽이다. 경구는 지금의 강소성 진강이다. 모두 동해군의 끝이라고할 수는 없다. 만일 동해군이 모서리에 있다고 말한다면 역시 그렇지는 않다. 동해군은 경도京都에서 가장 가까운 곳인데 어떻게 '모서리'라고 할수 있겠는가. '동해 모서리'는 동해군 내의 끝으로 바다와 가까운 곳, 지금의 강소성 북쪽 연해 일대를 가리킨다. 〈음주 10〉에서 "동해 모서리까지 갔었지"라고 말한 것은 진군참군의 직분을 맡았던 일이 아니라 도연명의 젊은 시절 하급관리 때의 일이다. 시간도 길지는 않았고, 두 해였다고한다면 그 다음 해에 다시 집으로 돌아온 것이다.

왕질의 〈도연명연보〉에는 "도연명은 나이 스물에 첩을 잃었다. 〈원시초조시방주부등치중〉에서는 '스물에 세상의 험난함을 만나고, 시실始室에 짝을 잃었네.弱冠逢世阻, 始室喪其偏.'라고 했다. 첩 적씨翟氏와는 해로했다. 이른바 '남편은 앞에서 땅을 일구고 아내는 뒤에서 김을 맨다大耕於前, 妻耘於後'라는 말은 적씨 처이다. 적탕의 집안에 적장翟莊, 적교翟矯, 적법翟法, 적사翟賜 4대는 은일로 널리 알려졌는데 모두 시상 지역 사람들이다"라고 하였다. 도주의 〈강절선생연보고이〉에서는 "이것이 아내를 잃은 일을 말하는 것이라는 것은 옳지 않다. 탕동간湯東磵의 〈원시초조시방주부등치중〉 주석에서는 '나이 스물에 짝을 잃고 계실로 적씨를 맞아들였다'고 했다.

안연지의 〈도징사뢰〉에 의하면 '집에 노복과 첩이 없었다'고 했으니 탕씨의 주장이 이에 가깝다. 옛사람들은 처 없이 먼저 첩을 들이는 일이 없었다. 하물며 나이 겨우 스물이 아닌가? ……옛날 남자에게 실실室이 생겼다고 하면 처를 가리키는 말이다. 만약 새로 배필을 얻는다면 계실繼室이라 하고 첩은 측실側室이라고 한다. 여기에서 시실始室이라고 말하였으니 정실이 아니고 무엇이겠는가? 또 오인걸이 아내를 잃은 것을 서른이라고 한 것은 '시실', '약관'으로 대구를 맞춘 것이며 의미도 통한다"라고 하였다.

원행패 의견: ≪예기・내칙≫에 "스물에 관을 쓰고 예를 배우기 시작한다. ……서른에 실실室을 두고 남자로서의 일을 하기 시작한다"라고 했다. 〈원시초조시방주부등치중〉에서 "스물에 세상의 험난함을 만나고, 시실始室에 아내를 잃었네.弱冠逢世阻, 始室喪其偏라고 했는데 먼저 '약관弱冠'을 말하고 나중에 '시실始室'을 말했으니 하나는 스무 살을, 하나는 서른 살을 말함은 쉽게 알 수 있다. 첩을 먼저 들였다는 학설은 받아들이기 어렵고 스물에 처를 처음 잃었다는 학설도 믿을 수 없다. 이 해에 세상의 어려움을 만나고 또 빈곤한 형편이 되었으니, 처를 얻은 것은 이 해가 아닐 것이다. 시실始室(30세)에 처를 잃었다는 학설이 맞다. 30세 조목 아래에도 보인다.

• 진 간문제 함안 2년 임신壬申(372) 도연명 21세

6月, 유희庾羲 등이 경구로 들어와 환온을 공격했다가 패하여 죽었다. 간문제는 망설임 없이 창명昌明을 황태자로 세우고 도자道子를 낭야왕으로 삼았다. 환온은 간문제가 임종하면서 자신에게 제위가 선양될 것을 바랐으나 뜻대로 되지 않자 심히 격분하고 원망했다. 7월, 간문제가 죽고 태자가 제위를 이었으니 이가 효문제孝文帝이다. 환온을 불러 보좌하도록 하였으나 환온은 또 사양하였다. 10월, 노송盧悚이 대도좨주로 자칭했는데 따르는 이들이 팔백여 가문이었다. 11월에 젊은이들을 보내 해서공海西公을 세운다고 속이고 환궁시키려 했으나 해서공이 따르지 않았다. 갑자기 황궁에 들어와 병기고의 무기를 탈취하다가 실패하고 죽었다. 이 해에 오군, 오흥, 의흥의 삼오三吳 지역에 큰 가뭄이 들어 많은 사람들이 굶어 죽었다.(≪자치통감≫ 103권)

도연명은 낮은 벼슬살이를 했다.

• 진 효무제孝武帝 영강寧康 원년 계유癸酉(373) 도연명 22세

환온이 세상을 떠났다. 향년 62세. 환현이 뒤를 이었다. 왕표지王彪之가 상서령이 되고 사안은 상서복야가 되어 이부吏部를 다스리고 후장군에 더해져 조정을 함께 장관했다.(≪진서≫ 98권 〈환온전〉, 76권 〈왕표지전〉, 79권 〈사안전〉, ≪자치통감≫ 103권)

도연명은 '낮은 벼슬살이'를 끝내고 집으로 돌아왔다.

• 진 효무제 영강 2년 갑술甲戌(374) 도연명 23세

2월, 왕탄지王坦之가 서徐, 연兗, 청靑 3주의 제군사 도독이 되었고 서, 연 2주의 자사는 광릉廣陵에 진영을 쳤다. 사안에게 총중서總中書가 내려졌다.(≪자치통감≫ 103권)

도연명은 집에서 한거했다.

• 진 효무제 영강 3년 을해乙亥(375) 도연명 24세

5월, 왕탄지가 세상을 떠났다. 환충桓沖은 양주를 사안에게 넘기려고, 조서를 내려 자신을 서주, 예주, 연주, 청주, 양주 5주의 제군사의 도독과 서주자사로 명하여 경구를 다스릴 수 있도록 하였다. 사안에게 양주자사를 담당하게 하고 시중 직위를 더했다. 이로부터 정국이 점차 안정되었다. 9월, 효무제는 ≪효경≫을 강연했으며 전적을 열람하며 유학자들을 조정으로 이끌었다.(≪자치통감≫ 103권)

도연명은 집에서 한거했다.

• 진 효무제 태원太元 원년 병자丙子(376) 도연명 25세

정월, 서주자사 환충이 거기장군이 되었으며 예주, 강주 2주 6군의 제군사 도독이 되었다. 심양은 6군 내에 있었다. 사안에게 중서감, 녹상서사가 더해졌다.(≪진서≫ 9권 〈효무제기〉, ≪자치통감≫ 104권)

원굉袁宏이 세상을 떠났다. 향년 49세. 일찍이 환온의 대사마부기실을 지냈고 문단에 이름이 널리 알려졌다. ≪후한기後漢記≫ 30권과 문집 20권이 있다.(≪진서≫ 92권 〈원굉전〉)

도연명은 이 해에 '원전거'를 떠나 저자로 거처를 옮겼는데 55세에 '귀원전거歸園田居'할 때까지 30년을 지냈다. 그래서 "잘못 더러운 그물망에 떨어져, 단숨에 삼십 년이 지났지誤落塵網中, 一去三十年"라고 말한 것이다. '더러운 그물망'은 '산'과 상대하여 말한 것으로 저자를 가리킨다. 상세한 내용은 55세 조목에서 볼 수 있다.

• 진 효무제 태원 2년 정축丁丑(377) 도연명 26세

조정은 진의 세력을 우환으로 여겨 북방을 지킬 문무에 뛰어난 장수를 구했다. 사안은 형 사혁의 아들 사현에게 벼슬을 내렸고, 사현은 용맹한 사인들을 모집하여 팽성의 유뢰지 등 여러 사람을 얻었다. 유뢰지를 참군으로 삼아서 항상 정예병을 이끌고 선봉에서 싸우도록 하여 이기지 못한 적이 없었다. 당시에 '북부병北府兵'이라 불렀는데 적들이 두려워했다.(≪자치통감≫ 104권)
도연명은 저자거리에서 살았다.

• 진 효무제 태원 3년 戊寅(378) 도연명 27세

3월, 진왕 부견苻堅이 장수를 보내 면중沔中을 침략했다. 4월, 양양성을 포위하고 7월에 다시 장수를 보내 회북淮北을 침략했다.(≪자치통감≫ 104권)

도연명은 저자거리에서 살았다.

• 진 효무제 태원 4년 기묘己卯(379) 도연명 28세

2월, 부견이 양양성을 함락시켰다. 5월, 부견이 남침하여 회수를 따라 군현 대부분을 함락시켰다. 6월에, 사현이 부견을 크게 격파했다.(≪자치통감≫104권)
혜원과 그의 동생 혜지慧持 등이 형주 상명사上明寺에 이르렀다.(방립천의 ≪혜원과 그의 불학≫을 참고)
왕홍王弘이 태어났다.(≪송서≫ 42권 〈왕홍전〉)

도연명은 저자거리에서 살았다.

• 진 효무제 태원 5년 경진庚辰(380) 도연명 29세

6월, 표기장군 낭야왕 사마도자를 사도로 삼았다.(≪진서≫ 9권 〈효무제기〉)

도연명이 비로소 주의 좨주가 되었으나 관직을 차마 감당하지 못하고 얼마 지나지 않아 스스로 그만두고 돌아왔다. 주에서 주부로 불렀으나 가지 않았다.

〈권농勸農〉 시를 이 해에 지었다.

〈고증〉

≪송서·도잠전≫에 "모친은 연로하시고 집안은 가난하였다. 나아가 주좨주가 되었는데 관리의 직무를 견디지 못하고 얼마 지나지 않아 스스로 그만두고 돌아왔다. 주에서 주부로 불렀으나 가지 않았다"라고 기록되어 있다. 〈음주 19〉에서는 "지난날 오랜 배고픔에 괴로워, 쟁기를 내던지고 벼슬길 찾아 떠났지. 처자식 부양에 절개를 버렸지만, 추위와 주림은 떨칠 수 없었네. 그때 내 나이 스물 아홉, 가슴에 큰 뜻이 있었기에 몹시 부끄러웠네.疇昔苦長飢, 投耒去學仕. 將養不得節, 凍餒固纏己. 是時向立年, 志意多所恥."라고 하였다. 원문의 '향입년向立年'에 대해 고직의 〈도정절시전정본〉은 "≪논어≫ (위정편)에 '서른에 바로 선다三十而立'고 했는데 나의 생각으로는 '향립向立'이란 아직 서른에 이르지 못한 것이다. 선생이 쟁기를 내던지던 때가 스물 아홉 살 때이다"라고 하였다. 여러 학자들의 주석은 모두 이를 따른 것이다.

원행패 의견: '향립'을 29세 때로 해석하면 통한다. 〈음주 16〉에 "어느덧 불혹을 향한다行行向不惑"는 구절도 이와 같다. "쟁기를 내던지고 벼슬길 찾아" 떠난 것과 "나아가 주좨주가" 된 것을 예전에는 같은 일로 보았는데 실제로는 그렇지 않다. "쟁기를 내던지고 벼슬길 찾아" 떠난 것은 스무 살 때이고 "나아가 주좨주가 된" 것은 스물아홉 살 때이다. 시의 뜻을 더 음미해보면 "쟁기를 내던지고 벼슬길 찾아" 떠난 후에도 "처자식 부양에 절개를 버렸지만, 추위와 주림은 떨칠 수 없었"던 시간이 있었다. 그런 후 '향립년

向立年'에 '나아가 주좨주가 된' 것이다. 이 시의 매 두 구는 같은 시기를 서술하고 있다. 첫 두 구는 스무 살 때, 제3, 4구는 이십대 후반의 몇 년, 제5, 6구는 스물아홉 살 때이다.

도연명은 스무 살에 쟁기를 내던지고 벼슬길을 찾았다가 후에 집으로 돌아와 한거했고, 또 "추위와 주림은 떨칠 수가 없어" 결국 스물아홉 살에 강주좨주로 부임했다. 그러나 관리의 직무를 참지 못하고 얼마 지나지 않아 스스로 그만두고 돌아왔다. 이른 바, '나아가' 주좨주가 되었다는 것은 초빙에 응했음을 말한다.

≪전국책戰國策 · 진책秦策 2≫에서는 "나라에 저리자를 세웠다起樗裏子於國"는 말이 있고, 고유의 주에 "기起는 기용하다擧와 같다"고 했다. ≪동관한기東觀漢記 · 이업전李業傳≫에서는 "공손술이 이업을 초빙하려 했으나 이업이 고집을 부려 응하지 않았다.公孫述欲征李業, 業固不起."고 하였다. 관부에서 정식으로 초빙하는 것, 또는 관부의 정식 초빙에 응하는 것을 '기起'라고 했다.

도연명이 스무 살에 "쟁기를 내던지고 벼슬길을 찾아" 떠난 것은 관부의 정식 초빙이 아니었고 지위도 낮았다. 이른 바 "거취의 족적이 깨끗하지 못했다"는 평가가 이것이다. 스물아홉 살에 강주의 초빙에 응하여 강주좨주가 되었다. 그래서 "나아가 주좨주가 되었다"고 말했다. 스스로 그만두고 돌아온 후 강주에서 또 주부로 불렀으나 나가지 않았다. 주부는 문서를 주관하는 자리이다.

녹흠립은 연보에서 ≪송서 · 백관지≫를 인용하여 "강주는 진晉 성제成帝 함강鹹康 때 처음으로 별가좨주別駕祭酒를 두었다. '요직僚職의 위에 있다.' 이 별가좨주는 유송 초에야 없어졌다. 도연명이 된 좨주는 별가좨주로 직위가 비교적 높다는 것을 알 수 있다. 도연명이 이 직을 맡았는데 왜 몹시 부끄러워 관리의 직무를 견디지 못했는지 쉽게 이해가 되지 않는다. 자사인 왕응지는 오두미도의 신도였다. ≪진서≫의 전에는 '군에서 독우를 현으로 파견하였는데 현의 관리는 관복을 차려입고 응대해야 했다. 도연명은 나는 오두미도에게 허리를 굽히고, 쩔쩔매면서 향리의 소인배를 섬기지는 못하겠다고 한탄했다.'고 했다. 도연명이 왕응지를 기꺼이 섬기려 하지 않았음을 알 수 있다"고 하였다.

원행패 의견: 녹흠립은 도연명이 별가좨주가 되었다고 하는데 이는 틀림없는 사실이다. 하지만 왕응지를 섬기고 싶지 않아 벼슬을 버렸다는 것은 옳지 않다. 심약의 전기에 기록된 "관리의 직무를 참지 못해"라는 말은 혜강嵇康의 〈여산거원절교서與山巨源絶交書〉에서 '참을 수 없는 것 일곱 가지'라고 한 것과 관계있는데 관직의 번거로움을 참지 못한다는 뜻이다. ≪송서·백관지≫에서 "좨주는 병兵, 적賊, 창倉, 호戶, 수水, 개鎧를 나누어 관리한다"고 기록하고 있다. 이는 송대에 들어서의 이야기이지만 동진 시기에 좨주 직무의 번거로움도 이로부터 상상할 수 있다. 도연명이 몹시 부끄럽다고 한 것은 관리가 된 부끄러움이지, 왕응지를 섬기는 부끄러움은 아니었다.

≪진서·직관지≫에서는 "군국郡國 및 현에서는 농사철에 거느리는 가호의 차이에 따라 산리散吏가 권농勸農을 한다"고 하였다. 권농이 현리의 직무임을 알 수 있다. 또 속석束晳의 〈권농부勸農賦〉에서는 "백리마다 관리를 두고 각기 구별하여 관아를 두었다. 백성을 다스리는 직분을 고찰해보면 훌륭하기가 권농만한 것이 없네"라고 하였다. ≪한서·순리전≫에 기록하기를 신신信臣을 남양태수로 부를 때 "몸소 경작을 권하며 논두렁을 다니고 이향정을 숙소로 하여 편히 지낼 때가 드물다"고 했으니, 권농의 사무는 현리에 국한되지 않음을 알 수 있다.

도연명은 의희 원년에 팽택령이 되었는데 이때는 중추에서 겨울 사이이다. 〈권농〉시가 쓴 내용은 봄의 풍경이므로 팽택령을 하고 있던 때가 아니라 주좨주를 하고 있을 때 쓴 것이다. 왕요의 주석은 〈권농〉에서 〈계묘세시춘회고전사癸卯歲始春懷古田舍〉를 인용하여, "쟁기를 잡고 기쁘게 농사일에 힘쓰고, 즐겁게 농사짓는 이들을 권하네.秉耒歡時務, 解顔勸農人."라 하여 '권농'을 '농사를 권하는 사람'으로 봤는데 아마도 옳지 않은 것 같다. '권농'은 농사를 권하는 일이다. 비록 계묘년에 사람들에게 농사를 권한 일이 있었더라도 시 〈권농〉이 반드시 같은 시기에 지어진 것은 아니다. 게다가 "기쁘게 웃으며 농민에게 권면한다"는 것이 반드시 농민들에게 경작에 힘쓰라고 권하는 것이 아닐 수도 있다. 어쩌면 농민들의 분쟁을 해결해준 것일 수도 있다.

• 진 효무제 태원 6년 신사辛巳(381) 도연명 30세

정월, 효문제가 처음 법회를 받들어 궁궐 내에 정사를 세우고 승려들에게 거주하도록 명했다. 11월에, 전 회계내사 치음郗愔을 사공에 임명했지만 치음은 고사하고 응하지 않았다. 이 해에 강동에 큰 기아가 발생했다.(≪자치통감≫ 104권)

혜원은 광동 나부산으로 가려고 심양을 지나다 여산의 고요함을 보고 족히 쉴 만하다고 여겨 용천정사龍泉精舍에 머물기 시작했다. 후에 환이桓伊가 동림사東林寺를 지었다.(≪고승전≫ 6권 〈석혜원전〉, 〈연사고현전·혜원전〉)

도연명이 상처하였다.

〈고증〉

〈원시초조시방주부등치중〉에서 '삼십 세에 아내를 잃었네.始室喪其偏'라고 했다. ≪예기·곡례曲禮상≫에는 "삼십 세를 장壯이라 하니 실室이 생긴다"고 했다. ≪예기·내칙≫에는 "서른에 실室이 생겨 비로소 남자로서의 일을 하기 시작한다"고 했다. "시실始室"은 비로소 삼십 세가 된 것이다. "삼십이유실三十而有室"과 "삼십이립三十而立"은 문장의 형식이 비슷하다. 도연명의 시에도 '향립向立'이라고도 하고, '시실始室'이라고도 하였으니 어휘의 구사가 역시 서로 비슷하다. ≪좌전≫ 양공 27년에, "제나라의 최저崔杼가 최성과 최강을 낳고 혼자되어寡 동곽 강씨를 얻어 최명을 낳았다." 두예의 주석에는 "짝을 잃는 것을 과寡라 한다"고 했다. 고대에는 남자가 배우자를 잃는 것도 과寡라고 했다.

• 진 효무제 태원 7년 임오壬午(382) 도연명 31세

시월, 진왕 부견이 군신을 모아 진을 칠 것을 의논했다.(≪자치통감≫ 104권)

도연명이 한거하다.

• 진 효무제 태원 8년 계미癸未(383) 도연명 32세

8월, 진왕 부견이 크게 병사를 일으켜 길을 나누어 남침하고 진을 멸하고자
했다. 10월, 진은 사석, 사현 등을 파견하여 비수淝水에서 진군秦軍을 막고
크게 격파했다. 이것이 비수의 전투이다. 사안의 사위 왕국보王國寶는 왕탄지
의 아들이다. 사안은 그의 사람됨을 미워하여 항상 멀리하고 등용하지 않았
다. 왕국보의 사촌누이는 회계왕 사마도자의 아내였다. 황제와 사마도자는
모두 술을 좋아하여 문란하게 어울리는 것을 좋아했는데 왕국보는 사마도자
에게 사안을 참소하여 황제와 이간질시켰다. 결국 황제는 조금씩 사안을 꺼
리고 멀리하게 되었다.(≪십육국춘추≫ 38권 ≪전진록6 부견록하≫, ≪진서≫
69권 〈사안전〉, ≪자치통감≫ 105권)

도연명이 한거하다.

• 효무제 태원 9년 갑신甲申(384) 도연명 33세

조정의 여론은 사안을 형주, 강주 2주의 자사로 삼으려 했다. 사안은 부자의
명성이 너무 높다고 여겨 환석민桓石民을 형주자사로, 환석건桓石虔을 예주자
사로, 환이를 강주자사로 삼았다.(≪진서≫ 69권 〈사안전〉)
환충이 죽었다. 환이가 대신하여 강주 형주 10군, 예주 4군 군사의 도독과
강주자사로 옮겼다. 환이는 임지에 도착한 후 상소를 하여 강주의 곳간이
텅 비어 해마다 공물을 올리지 못했으며 지금 남은 가구가 5만 6천호에 지나
지 않으니 작은 현을 합치고 여러 군의 공납미를 면제해줄 것과 주의 치소를
예장으로 옮겨달라고 요청했다. 후에 조서가 내려와 주의 치소를 심양으로
옮길 것을 명하고 그 나머지는 모두 들어주었다.(≪진서≫ 81권 〈환이전〉)
안연지가 태어났다.(≪송서≫ 73권 〈안연지전〉)

도연명이 한거하다.

후처를 얻은 것이 아마도 이 해인 듯하다.

• 진 효무제 태원 10년 을유乙酉(385) 도연명 34세

사안이 세상을 떠났다. 향년 66세로 문집 10권이 있다.(≪진서≫ 79권 〈사안전〉)
도안이 세상을 떠났다.(≪고승전≫ 5권 〈석도안전〉)
사령운이 태어났다.(≪송서≫ 67권 〈사령운전〉)

도연명이 한거하다.

• 진 효무제 태원 11년 병술丙戌(386) 도연명 35세

뇌차종이 태어났다.(≪송서≫ 93권 〈뇌차종전〉)
왕헌지가 세상을 떠났다. 왕헌지는 왕희지의 아들로서 간문제의 사위이다.
중서령을 지냈고 서예에 조예가 깊어 부친과 함께 '이왕二王'으로 불렸다.(장
회관張懷瓘 ≪서단書斷≫)
왕휘지가 세상을 떠났다. 왕휘지는 자가 자유子猷로 헌지의 형이다.(≪세설
신어 · 상서傷逝≫)

도연명이 집에서 한거하다.
장남 엄儼의 출생이 이 해인 듯하다.
　≪유촌도보柳村陶譜≫ 이후로 많은 학자들이 30세 혹은 30세 직전에 장
남이 태어났다고 하였는데 그 근거는 30세에 아내를 잃은 것과 다섯 아이
가 같은 어머니 소생이 아니라는 점이다. 오인걸의 ≪도정절선생연보≫에
서는 "선생의 〈여자엄등소〉는 '그러나 너희들이 같은 어머니의 소생은 아
니라 해도 응당 천하가 모두 형제라는 의미를 생각해야 한다. 남도 이러한
데 하물며 같은 아버지의 소생인 너희들은 어떻겠는가.然汝等雖不同生, 當思四
海皆兄弟之義. 他人尙爾, 況同父之人哉.'
　선생은 두 번 아내를 얻었다. 〈도잠전〉에 '그 아내 적씨는 뜻과 취향이
같아 고생을 참으며 절개를 지켰고 지아비는 앞에서 땅을 일구고 아내는
뒤에서 김을 매는 생활을 했다'고 했는데 그 두 번째 아내가 적씨이다"라고

하였다. 도주의 ≪강절선생연보고이≫에서는, "선생의 장남 도엄은 전처의 소생이고 나머지는 아마도 적씨가 낳은 아이일 것이다. 그래서 엄등소에서 '비록 같은 어머니의 소생은 아니라해도'라고 말했을 것이다. 만약 분份과 일佚이 같은 나이라면 안연지의 〈도징사뢰〉에 '집안에 노복과 비첩이 없었다'는 말로 근거를 삼아 응당 쌍둥이로 봐야 할 것이다." 녹흠립의 〈도연명 사적시문계년〉은 51세의 하단에 "장남이 태어날 때 도연명은 35세였다"라고 적었다.

〈고증〉

〈명자命子〉에 다음과 같은 내용이 있다. "하얗게 센 머리를 부끄러워하며, 그림자 등지고 홀로 서있네. 삼천 가지 죄 중에서, 후사 없음이 가장 크다 하니. 나 진실로 염원해서야, 응애하는 너의 울음을 들었다.顧慚華鬢, 負影只立. 三千之罪, 無後爲急. 我誠念哉, 呱聞爾泣." 이를 보면 장남이 태어날 때 도연명의 머리가 하얗게 셌으며 후사가 없어 조급했다는 것을 알 수 있다. 30세 또는 30세 이전의 상황은 아닌 것 같다. 도연명이 아내를 두 번 얻은 것에 그치지 않았거나, 그가 30세일 때에 죽은 부인에게 반드시 자식이 있었던 것은 아니다. 먼저 도연명이 두 번 결혼했다고 설정하여, 큰아들은 전 부인의 소생이고 후에 도연명이 30세 때에 전처가 죽었다는 것에 근거해서 그가 30세에 장남이 태어났다고 해서는 안 된다. 지금 장남이 35세 전후에 태어났다고 가정하면, 〈명자〉의 해석이 매우 자연스럽고 〈화곽주부〉, 〈책자〉, 〈귀거래혜사〉, 〈의만가사〉도 모두 순조롭게 해석된다. 아래에서 상세히 살펴보자.

• 진 효무제 태원 12년 정해丁亥(387) 도연명 36세
도연명이 집에서 한거하다.

• 진 효무제 태원 13년 무자戊子(388) 도연명 37세

범녕範寧이 군에서 상서庠序를 크게 열었다. 멀고 가까운 곳에서 이른 자가 천여 명이었고 ≪오경五經≫을 읽었다.(≪진서≫75권 〈범녕전〉)

도연명이 집에서 한거하다.

차남 사俟가 출생했다. 〈책자責子〉에서, "장남 아서는 이미 열여섯 살인데 게을러서 짝이 없고 차남 아선은 열다섯이 되어 가는데 글을 좋아하지 않는다.阿舒已二八, 懶惰故無匹. 阿宣行志學, 而不愛文術."고 했다. 원문의 '이팔二八'은 16세이고 '행지학行志學'은 장차 만 15세가 되어간다는 것이다. 아서는 이미 16세이고 아선은 15세(응당 14세)를 채우려 하니, 장남 아서보다 두 살 어리다.

• 진 효무제 태원 14년 기축己丑(389) 도연명 38세

도연명이 집에서 한거하다.

〈명자〉 시에서 아들에 대해 지은 것이 어쩌면 이 해일 것이다. 시에 "삼천 가지 죄 중에서, 후대 없음이 가장 크다 하니. 나 진실로 이를 생각하여, 응애하는 너의 울음을 들었다.三千之罪, 無後爲急. 我誠念哉, 呱聞爾泣."라고 하였다. 장남을 언급한 것이 분명하다. 또 "세월은 흐르고, 어린 기색은 점차 사라졌다.日居月諸, 漸免於孩."고 했는데 원문의 '해孩'는 갓난아이를 말한다.

〈노자〉에 "성인은 천하에 임하여 치우침이 없이 천하를 위해 자신의 마음을 혼연일체로 쓴다. 성인은 모두를 아이로 만든다"고 했다. 주에는 "모두 어울리게 하고 아이와 같이 욕심 없게 한다"고 했다.

≪맹자・진심상≫에는 "어린아이일지라도 그 부모를 사랑할 줄 모르는 이는 없다"고 했고, 주석에는 "해제孩提는 두세 살 사이"라고 했다. 또 "점을 보니 좋은 날이고, 점괘 또한 좋은 시각이었다. 너에게 이름을 지어 엄이라 했고, 너에게 자를 지어 구사求思라 했지.卜云嘉日, 占亦良時. 名汝曰儼, 字汝求思."라 했다. 이 시는 장남이 3, 4세 무렵이라 이름을 지어줄 때 지었음을

알 수 있다.

셋째 아들 분份(아옹阿雍), 넷째 아들 일佚(아단阿端)이 이 해에 태어났다. 〈책자〉에서 "장남 아서는 이미 열여섯 살인데, 게으르기가 짝이 없고, 차남 아선은 열다섯이 되어 가는데 글을 좋아하지 않는다. 옹과 단은 열세 살이 되도록 육과 칠을 알지 못한다.阿舒已二八, 懶惰故無匹. 阿宣行志學, 而不愛文術. 雍端年十三, 不識六與七."고 했다. 셋째와 넷째가 장남 엄보다 세 살 적다는 것을 알 수 있다.

• 진 효무제 태원 15년 경인庚寅(390) 도연명 39세

낭야왕 사마도자가 총애를 믿고 제멋대로 행동하였고 시중 왕국보가 그와 결탁했다. 2월, 황제는 중서령 왕공을 청연유병기 5주 제군사의 도독으로 삼았다. 연주, 청주 2주의 자사가 경구를 다스리며 은밀히 도자를 제압했다. (≪자치통감≫ 107권)

은경인殷景仁이 태어났다.(≪송서≫ 5권 〈문제기〉와 63권 〈은경인전〉에 따르면 은경인은 원가 17년에 세상을 떠났고 당시 나이 51세였으니 응당 이 해에 태어났다.)

도연명이 집에서 한거하다.

• 진 효무제 태원 16년 신묘辛卯(391) 도연명 40세

도연명이 집에서 한거하다.

시 〈영목榮木〉이 있다. 〈서序〉에서 "영목은 늙음이 장차 다가옴을 생각한 것이다. 세월이 흘러 이미 다시 여름이 되었다. 젊은 시절 도를 들었으나 흰 머리가 되도록 이룬 것이 없구나榮木, 念將老也. 日月推遷, 已復九夏, 總角聞道, 白首無成"라 하였다. 시의 네 번째 장에서는, "옛 사람들의 남긴 뜻을, 내 어찌 버리겠나. 마흔에도 명성을 얻지 못하면, 두려워할 필요 없다 했지. 내 좋은 수레에 기름칠하고, 내 명마에 채찍질하리. 천리가 멀다지만, 뉘라서 이르지 못하랴.先師遺訓, 餘豈之墜. 四十無聞, 斯不足畏. 脂我名車, 策我名驥. 千裏雖

遙, 孰敢不至."라고 읊고 있다.

왕요의 주석은 이 시를 40세 아래에 두었는데 옳다. 하지만 왕요는 63세 설을 취하여 이 시를 진 안제 원흥元興 3년 갑진甲辰(404)에 두었다. 또 "〈정운〉, 〈시운〉 모두 4언 4장인데 앞에 짧은 서문을 두었다. 서문의 구법 도 또한 완전히 같으며 시제 또한 모두 첫 구에서 제목을 취했으니 당연히 같은 해에 지었을 것이다"라고 했다. 녹흠립의 연보도 마찬가지이다.

원행패 의견: 만약 63세설을 취했다면 도연명은 이 해 봄에 이미 유유의 군막에 들어갔고 여름 석 달 동안 집에 없었을 것이다. 그런데 이 세 수의 시는 분명히 집에서 한거하며 지은 것으로 보이며 이 해에 지은 것 같지 않다. 본인의 글 〈도연명연보회고〉는 76세설을 따르고 있는데 40세면 집 에서 한거하고 있었고 〈영목〉은 이 해에 지어진 것이다. 시에는 진취적이 고 공명을 추구하는 마음이 담겨있으니 도연명이 환현의 막부에 들어가기 전의 심경에 부합한다. 등안생의 연보는 59세설을 주장하는데 이 시를 의 희義熙 4년 무신戊申(408)에 두었다. 팽택령을 사임한 후로 이 시의 내용과 는 맞지 않아 보인다.

또 위에서 왕요의 주석을 인용하였는데 〈정운〉, 〈시운〉, 〈영목〉 세 시의 체제가 같음에 근거하여 같은 해에 지은 것으로 결정하였다. 하지만 체제 가 같다고 해서 반드시 창작연대가 같은 것은 아니다. 왕요의 학설은 내적 근거가 부족하여 여기에서 선택하지 않는다.

• 진 효무제 태원 17년 임진壬辰(392) 도연명 41세

11월, 황문시랑 은중감殷仲堪을 형주, 익주, 영주 3주의 제군사 도독, 형주자 사로 삼아 강릉을 지키게 했다. 여산을 지나다가 혜원이 그와 ≪주역≫을 논하였다. 당시 환온의 아들 환현이 강릉에 살았는데 은중감이 그를 공경하 며 두려워했다.(≪진서≫84권 〈은중감전〉, ≪고승전≫ 6권 〈석혜원전〉)

도연명이 집에서 한거하다.

이 해 전후로 아마 또 상처하고 다시 아내를 얻었을 것이다.

• 진 효무제 태원 18년 계사癸巳(393) 도연명 42세

도연명이 집에서 한거하다.

• 진 효무제 태원 19년 갑오甲午(394) 도연명 43세

도연명이 집에서 한거하다.

어린 아들 동佟(아통阿通)이 대략 이 해에 태어났을 것이다. 〈책자責子〉
에 "장남 아서는 이미 열여섯 살인데, 게으르기가 짝이 없고. ……막내 통자
는 곧 아홉 살인데, 배와 밤만 찾는다.阿舒已二八, 懶惰故無匹.……通子垂九齡, 但
覓梨與栗."고 했다. '수구령垂九齡'은 곧 아홉 살이 되어간다(응당 8세)는 뜻
이니 장남 엄보다 여덟 살 어리다.

• 진 효무제 태원 20년 을미乙未(395) 도연명 44세

회계왕 사마도자가 권력을 농단하여 멋대로 행동했다. 황제는 태후 때문에
차마 폐출시키지 못하고 자신이 총애하는 왕공, 은중감 등을 내외의 요직에
두어 사마도자를 막게 했다. 사마도자는 또 왕국보와 왕국보의 종제 왕서를
끌어다가 심복으로 삼았다.(≪자치통감≫ 108권)
대규戴逵가 세상을 떠났다. 대규의 자는 안도安道이며 회화와 조각에 뛰어났
다. 문집 10권이 있다.(≪진서≫ 94권 〈대규전〉, ≪자치통감≫ 108권)

도연명이 집에서 한거하다.

• 진 효무제 태원 21년 丙申(396) 도연명 45세

9월, 황제가 술을 마시다가 장귀인에게 시해를 당하였다. 태자가 즉위하였으
니 이 분이 안제安帝이다. 안제는 백치여서 회계왕 사마도자가 왕국보, 왕서
를 심복으로 삼아 조정의 일에 참여하고 주관했다.(≪자치통감≫108권)

도연명이 집에서 한거하다.

〈화곽주부〉가 아마 이 해에 지어졌을 것이다. 시에서, "어린 아들 내 곁

에서 노는데, 말을 흉내 내지만 아직 소리가 아닐세.弱子戲我側, 學語未成音"
라 했다. 여기의 '어린 아들'은 막내 동修이다. 나이가 두 살이었으니 시의
내용과 맞는다.

• 진 안제安帝 융안隆安 원년元年 정유丁酉(397) 도연명 46세

복야 왕국보, 건위장군 왕서가 회계왕 사마도자와 결탁하여 뇌물을 받고 심
히 사치를 하였다. 4월, 연주, 청주 2주 자사 왕공이 기병하며 왕국보, 왕서
토벌을 명분으로 삼았다. 사마도자는 왕국보와 왕서를 죽이고 왕공에게 사신
을 파견하여 잘못을 깊이 사죄했다. 왕공은 이에 병사를 물리쳐 경구로 돌아
갔다. 왕공은 앞서 사신을 보내 형주 은중감과 함께 모의를 했는데 환현은
은중감에게 병사를 움직이라고 권했었다. 은중감은 비록 왕공에게 승낙은
했지만 망설이며 결정하지 못하다가 왕국보 등이 죽었다는 소식을 들은 후에
야 표를 올리고 거병했다. 사마도자가 서신을 보내 그를 만류하자 은중감이
돌아갔다.(≪진서≫〈안제기〉, ≪자치통감≫109권))

도연명이 집에서 한거하다.

〈의만가사擬挽歌辭〉 세 수가 대략 이 해에 지어졌다. ≪문선≫ 28권에
무습繆襲의 오언 〈만가시挽歌詩〉 1수, 육기陸機의 오언 〈만가시〉 3수가 있
다. 도연명의 이 세 수는 무습, 육기 등의 작품을 모방하여 지었다. 무습의
시는 "조물주의 조화는 비록 신령스럽지만 어찌 다시 나를 살릴 수 있으랴"
라고 하여 망자의 입장에서 말했다. 육기의 시 제2수도 "사람들이 떠나가면
돌아오는 날이 있지만, 나는 가면 돌아올 때가 없다네. 예전엔 사람의 집에
서 살았지만, 이제는 온 귀신들과 이웃한다네. 옛날엔 칠척七尺의 몸이었지
만, 이제는 재와 먼지가 되었다네"라고 하여 망자의 입장에서 말하고 있다.

아마도 위진 문인들이 자신의 만가를 짓는 습관이 있었는데 반드시 임종
때에 짓지는 않았던 것 같다. 육기는 군막에서 갑자기 죽었으며 시에서는
성황리에 장례를 치루는 것을 묘사하고 있으니 분명히 임종 때 상상할 수
없는 것임은 분명하다. 도연명의 〈의만가사〉 제1수는 "귀여운 아이는 아비
를 찾으며 울고嬌兒索父啼"라고 했는데 막내아들 동修은 도연명의 43세 쯤

태어났다. '귀여운 아이'라고 부른 것을 보니 3, 4세 쯤 되었고 도연명은 46세 전후 쯤 될 것이다. 〈화곽주부〉에서, "어린 아들 내 곁에서 노는데, 말을 흉내 내지만 아직 소리가 아닐세.弱子戲我側, 學語未成音"라 했는데 본인의 글 〈도연명연보회고〉는 45세의 아래에 두었다. 그러니 〈의만가사〉를 46세 아래에 두면 편차가 그리 크지 않을 것이다.

옛 주석과 여러 학자들이 편찬한 연보는 이 시를 임종 직전으로 생각했는데 타당하지 않은 것 같다. 또 〈의만가사〉를 자세히 음미해보면 해학적과 달관의 자세로 사후의 모습을 상상하는데 성색聲色을 다 표현하면서도 풍자성을 띠고 있다. 〈자제문自祭文〉에서는 일생의 어려움을 회고하며 사후의 모습에 대해서는 도리어 망연자실함으로 "인생은 실로 어렵나니 죽은들 어떠하리.人生實難, 死如之何."라고 하였다. 이 두 작품은 분명히 같은 시기에 같은 마음으로 짓지는 않았을 것이다. 〈자제문〉은 세상을 떠나기 얼마 전에, 〈의만가사〉는 장년 시기에 지은 것이다.[11]

• 진 안제 융안 원년 무술戊戌(398) 도연명 47세

회계왕 사마도자는 왕공과 은중감의 핍박을 꺼려하여 초왕譙王 사마상지司馬尙之와 그의 아우 사마휴지司馬休之를 심복으로 삼았다. 또 왕유王愉를 강주자사로 삼아 강주, 예주의 4군 군사 도독으로 삼으니 예주자사 유해庾楷가 노했다. 환현이 광주를 요구하였는데 사마도자는 환현을 시기하여 형주에 거주하는 것을 원하지 않았기에 환현을 교주, 광주 2주 군사 도독과 광주자사로 삼았다. 환현은 명을 받았으나 가지는 않았다.

7월, 왕공, 유해, 은중감, 환현, 양전기 등이 병사를 일으켰는데 왕유, 사마상지의 토벌을 명분으로 삼았다. 9월, 회계세자 사마원현司馬元顯은 정토도독이 되어 왕공王恭 등을 토벌하였다. 왕공은 유뢰지를 의지하여 주력부대로 삼으면서도 단지 부곡장으로만 그를 대우하다가 다시 정예병사를 휘하에 더해주었다. 유뢰지가 왕공에게 반역을 꾀하자 왕공은 크게 패하여 붙잡혀 죽었다. 유뢰지는 연, 청, 기, 유, 병, 서, 양주 진릉의 제군사 도독이 되어 왕공을

---

11 제익수, 《논도연명만가시비절필지작論陶淵明挽歌詩非絶筆之作》, 《유사월간幼師月刊》 제35권 제3기, 1972.

대신했다. 북군이 평정되자 사마원현은 서군을 와해시키려고 힘썼다. 환현을 강주자사로 삼았고 양전기는 양揚, 옹雍, 태泰 3주 제군사 도독과 옹주자사로 삼았다. 은중감을 축출하여 광주자사로 삼았다. 별도로 환수桓修는 형주자사로 삼고 유뢰지로 하여금 천 명을 그에게 보내도록 했다. 10월, 환현 등이 물러나 심양에서 결맹을 하고 환현을 추대하여 맹주로 삼았으며 모두 조정의 명은 받지 않고 연명을 하여 상소를 했다. 조정은 심히 두려워하여 다시 환수를 물러나게 하고 형주를 은중감에게 돌려주어 화해를 구했다. 은중감 등은 이에 조정의 명을 받았다. 환현은 하구夏口에 주둔하며 시안태수 변범지卞範之를 장사로 삼아 지휘를 맡겼다.(≪진서·안제기≫, ≪자치통감≫110권)

도연명이 환현의 군막에 들어가다.

• 진 안제 융안 3년 기해己亥(399) 도연명 48세

4월, 사마도자를 사도, 양주자사에서 해임하고 사마원현을 양주자사로 임명했다. 6월, 낭야왕 사마덕문을 사도로 삼았다. 10월, 오두미도 수령 손은이 신도들을 이끌고 상우上虞현의 수령을 공격하여 죽이고 회계를 함락시켰다. 회계 등 8군의 백성들이 일시에 기병을 하여 우두머리 관리를 죽이고 손은에게 호응했다. 열흘 만에 무리가 수십만이 되었고 손은은 스스로 정동장군이라 칭했다. 사마원현은 중군장군을 거느리고 서주자사 사염謝琰에게 명하여 오흥, 의흥 군사를 이끌고 손은을 토벌하도록 하였다. 유뢰지도 군사를 발동하여 손은을 토벌했다. 12월, 조정에서 조서를 내려 유뢰지에게 오군 제군사를 거느리게 했다. 유뢰지는 유유를 데려와 군사에 참여하게 했고 손은은 다시 도망쳐 바다로 들어갔다. 환현은 형주를 공격하여 점령하고 양전기를 죽였다. 은중감은 궁지에 몰리자 스스로 목매달아 죽었다.(≪자치통감≫ 110권)
환현은 "은중감을 치러 갈 때 군대가 여산을 지나게 되었다. 혜원에게 호계虎溪로 나오게 했으나 혜원은 병을 칭하고 나오지 않았다. 환현이 직접 산으로 들어갔다." "이에 토벌의 뜻을 말했으나 혜원은 대답하지 않았다. 환현은 또 '바라는 것이 무엇인가'라고 물었다. 혜원은 '시주가 평안하길 바랄 뿐 다른 것은 없습니다'라고 했다. 환현이 산을 나와 주위 사람들에게 '실로 평생 만나보지 못한 사람이다'라고 했다."(≪고승전≫ 6권 〈석혜원전〉)
고개지顧愷之는 먼저 은중감의 참군을 지냈으나 은중감이 죽은 뒤에는 환현에게 몸을 맡겼다.(≪진서≫ 93권 〈고개지전〉)

도연명이 환현의 막부에 있었다.

• 진 안제 융안4년 경자(400) 도연명 49세

3월, 환현桓玄의 요구에 응하여 조서를 내려 그를 도독형荊, 사司, 옹雍, 진秦, 양梁, 익益, 녕寧 7주의 제군사, 형주자사로 삼았다. 환현이 표문을 올려 강주 江州를 다스리기를 강하게 요청하자, 그를 8주 및 양주, 예주 8군의 제군사로 삼았고 다시 강주자사의 직책을 관장하도록 하였다. 5월, 손은孫恩이 회계會 稽, 임해臨海를 공격하자 사염謝琰이 패하여 죽었다. 11월, 유뢰지劉牢之를 도 독으로 삼아 회계 등 5군의 군대를 거느리고 손은을 공격하자, 손은이 패하 여 바다로 도망갔다. 조서를 내려 원현元顯을 개부의동삼사開府儀同三司, 도독 으로 삼고 양揚, 예豫, 서徐, 연兗, 청靑, 유幽, 익翼, 병幷, 형荊, 강江, 사司, 옹雍, 양梁, 익益, 교交, 광廣 16주의 제군사를 감독하고 서주자사를 통솔하게 하였다. 12월, 원현은 다시 상서령을 더하게 되었다.(≪자치통감≫ 111권)

도연명이 환현의 군막에 있었다. 대략 이 해 초에 그는 도성에 사자로 갔었는데, 5월 도성에서 돌아오다 규림規林에서 바람 때문에 막히게 되었 다. 5월 하순에야 집으로 돌아올 수 있었으며, 오래지 않아 형주荊州에 이르 러 업무 상황을 보고하였다.

⟨경자세오월중종도환조풍어규림이수庚子歲五月中從都還阻風於規林二首⟩ 는 이 해에 지었다. 시에서, "예로부터 객지로 일 나가는 것을 탄식하더니, 나는 이제야 비로소 그것을 알았다自古歎行役, 我今始知之"라고 하였으니, 공 무로 도성에 갔다는 것을 알 수 있다. 또한 "걷고 걸으며 귀로에 올라, 날짜 헤아리며 고향 집을 향한다. 제일 기쁘기는 온화한 어머님 모습을 뵙는 것이고, 다음 즐거움은 형제들을 만나는 일이다.行行循歸路, 計日望舊居. 一欣侍 溫顔, 再喜見友於."라고 하였다. 먼저 심양尋陽의 집으로 돌아가 어머니를 방 문하고 다시 형주 환현의 막부로 갔다고 볼 수 있다. 도성에 사자로 간 것에 대해서는 고증을 할 수가 없다. "규림"은 강서성江西省 구강현九江縣 도연명 기념관에서 고찰한 바에 의하면 지금의 안휘성安徽省 숙송현宿松縣 장강의 강가로, 진晉 때에는 상락주桑落洲에 속했고 지금은 신간新墾 농장

에 속한다.

이해 겨울, 도연명은 심양으로 돌아가 집에서 새해를 맞이하였다.

〈고증〉

지난해와 이 해 도연명의 행적은 출사와 퇴임 위주로 되어 있지만 사람들의 의론이 분분하니 하나하나 상세히 살펴보지 않을 수 없다.

왕질王質의 ≪도연명연보≫는 다음과 같이 말했다. 융안隆安 4년 경자년 "5월, 〈경자세월중종도환조풍자규림〉 시가 있다. 마땅히 진군에 참가하여 명령을 받들고 도성에서 강릉으로 왔으니, 〈시작진군참군경곡아始作鎭軍參軍經曲阿〉를 지은 이후이다. 아버지가 시상柴桑에 계셨기에 '첫 번째 기쁨은 온화한 모습을 뵙는 것一欣侍溫顔'이라 하였고, 또 '오래 떠돌다 보니 태어난 곳이 그립다久遊戀所生'고 하였다. 아버지의 사람됨이 도성에 가려고 하지 않았기에 혼자 가야만 했다. 〈환구거還舊居〉에 보인다. 군료들이 군의 관리들을 떨쳐 일어나게 하자, 이에 '우연히 기회가 와 따르게 되었네, 고삐 돌려 벼슬길에 나아가자. 지팡이 던져두고 새벽 행장 꾸리게 하니, 잠시 전원과 멀어지게 되었구나時來苟冥會, 宛轡憩通衢. 投策命晨裝, 暫與園田疏.'"

원행패 의견: 〈시작진군참군경곡아〉에서는 연도를 표시하지 않았고 옛 판본에는 앞에 두었지만 반드시 〈경자세월중종도환조풍어규림〉의 전에 지어진 것은 아니다. 이 시를 쓴 연대는 반드시 시 속에서 찾아내어 고증을 해야 한다. 아래에 상세히 보인다. 왕질의 ≪도연명연보≫에서는 이 해에 진군참군으로 임명되었고 도성에서 강릉으로 돌아오라는 명령을 받았다고 했는데, 이는 잘못이다. 또 이 해에 그의 아버지는 이미 사망하였다. '온안溫顔', '소생所生'은 그의 아버지가 아니라 어머니를 가리키는 것이다.

오인걸吳仁傑의 ≪도정절선생연보≫는 융안 4년 경자년 조목에 "시작진군참군이 〈시작진군참군경곡아〉에 보이는데, 곡아曲阿는 지금의 단양丹陽이다. 〈도잠전〉에서 '몸소 밭 갈아 먹고 살았지만, 마침내 쇠약해져 병이 들었네. 다시 진군, 건위참군사가 되었네'라고 하였다. 진나라 관제에 의하

면, 진군鎭軍, 건위建威는 모두 장군의 벼슬로 각각 아전을 두었기에 함께
할 수 있는 관직은 아니었다. 시의 제목으로 고증해보면, 도연명은 이 해에
진군참군이 되었고 을사년에야 건위참군이 되었다. 사서에서는 문장을 생
략했을 따름이다.

《문선文選》의 〈시작진군참군경곡아〉에 있는 이선李善 주注에서는, '송
무제가 진군장군제도를 시행하였다'고 기록하고 있다. 고찰해 보건데 유유
는 원흥元興 원년에 건위장군이 되었고 원흥 3년에 진군장군에 종사하였으
니, 이와는 전후의 시간이 맞지 않은데 선생이 어떻게 유유를 따라 의거에
참여했겠는가? 이선 주의 인용이 옳지 않다.

이 해 5월, 다시 〈경자세월중종도환조풍어규림〉에서 '첫 번째 기쁨이 온
화한 모습을 뵙는 것'이라 한 것은 선생이 부름에 나아가며 가족들을 데리
고 도성으로 가서 살게 되었기에, 〈환구거還舊居〉 시에서 '옛날에 상경에 살
았다'라는 시구를 쓴 것이다. 갈문강葛文康은 선생은 〈경자세월중도조풍어
규림〉의 마지막 구에서 '고요히 전원과 숲의 아름다움을 생각하니, 속세는
진실로 떠날 만하다.靜念園林好, 人間良可辭.'고 하였다. 이 해에 선생의 나이가
36세였다.

다음 해 〈신축세칠월부가환강릉야행도구辛丑歲七月赴假還江陵夜行塗口〉
에서 '벼슬을 버리고 고향으로 돌아가세, 좋은 벼슬자리에 얽매이지 않으리
라投冠旋舊墟, 不爲好爵縈'고 하였다. 그는 끝내 그 말을 실천하여 팽택에서
돌아와 시골 마을에서 유유자적하며 보낸 것이 22년이다'라 하였다.

원행패 의견: 〈시작진군참군경곡아〉는 이 해에 쓴 것이 아니다.(오인걸
吳仁傑의 《도정절선생연보》는 이선의 주가 오류를 범하고 있다 하였지만)
이선의 주 역시 오류가 없다. 상세한 것은 아래에서 살펴볼 것이다. 소위
"가족들을 데리고 경사에 거주하다挈家居京師"라고 한 것은 '상경上京'을 경
사京師로 오인한 것이다. '상경上京'은 심양의 산 이름이다.

도주陶澍는 《정절선생연보고이靖節先生年譜考異》에서 융안隆安 3년에
야 비로소 진군참군이 되었고, 다음 해 4년에 휴가를 얻어 고향으로 돌아와

서 〈경자세월중종도환조풍어규림〉을 썼다고 기록했다. "일찍이 선생의 벼슬길에 있어서의 출사와 퇴임 전후를 전반적으로 고찰해 보았는데, 처음 진군참군이 되어 명령을 받고 경구에 갔기에 〈시작진군참군경곡아〉라는 시가 있게 되었다. 진압군이 경구에 있었기에 곡아를 지나갔던 것이다.

경자년 5월 휴가를 얻어 고향으로 돌아오던 도중에 반드시 건강健康을 경유해야 했는데, 그래서 〈경자세월중종도환조풍어규림〉을 썼던 것이다. 고향을 추억하고 형제를 만나보고자 하는 마음이 생겨 마침내 심양에 남아 한 해를 넘겼기에, 다음 해 신축년 정월에 〈유사천遊斜川〉을 지었다. 도성으로 돌아오면서 휴가가 끝난 것 같다. 7월에는 강릉의 임무를 맡았다. 도성에서 강릉으로 가려면 반드시 심양을 지나야 하기에, 이에 〈신축세칠월부가환강릉야행도구〉이라는 시가 있게 된 것이다."

원행패 의견: 도주가 말한 융안 3, 4, 5년의 도연명의 행적은 정확하지 않다. 가장 큰 오류는 융안 3년에 유뢰지의 군사에 참여하였다고 한 것으로, 이는 도연명이 환현의 막부에 있었던 것을 돌려서 말한 것이다. 그러나 유뢰지는 진군참군의 호칭을 가진 적이 결코 없었다. 그 때문에 종종 왜곡된 해석을 하게 되었고 오해가 오해를 일으킨 것이다. 상세한 것은 아래에 보인다.

왕요는 ≪도연명집≫ 주석에서, "≪진서晉書·환현전桓玄傳≫은 '환현이 형주 강주 2주의 자사가 된 후, 여러차례 표문을 올려 손은을 토벌하겠다고 하였지만 황제가 허락하지 않았다. 손은이 경사에 가까이 이르자 다시 표문을 올려 토벌하고자 하였더니 손은이 이미 도망갔다'는 등의 일을 기록하였다. 손은이 경사에 가까이 온 것은 신축년 봄이고 환현이 자주 표문을 올린 것은 반드시 경자년이다. 도연명은 당연히 경자년 봄에 환현의 명을 받아 도성에 사자로 갔다가 5월 도성에서 돌아왔다"고 하였다. 녹흠립의 ≪도연명사적시문계년≫은 그 기록을 따른 것이다.

그러나 이 설명은 추측에서 나온 것으로, 이 해는 환현이 여러 차례 표문을 올려 손은을 토벌한 것 이외에도 자주 표문을 올려 도독이 되기를 요구하였으니, 어찌 도연명이 손은을 토벌하기 위해서 도성에 들어간 것인가? 또 손은을 토벌하려는 것도 아니고 도독을 요구하는 것도 아닌 별도로 다른 일이 있는지 어찌 알 수 있겠는가? 사서에 기록이 없으면 단지 의문점으로 남길 것이지, 억지로 해석할 필요는 없는 것이다.

• 진 안제 융안 5년 신축(401) 도연명 50세

3월, 유유劉裕가 해염에서 손은과 전투를 하였다. 6월, 손은이 바다를 통하여 갑자기 단도丹徒에 이르자, 건강성建康城 사람들이 놀랐다. 유유가 구원하러 들어와 그들을 격파하였다. 손은은 유뢰지가 돌아왔다는 소식을 듣고 바다에 배를 띄워 북으로 도망갔다. 환현은 손은이 경사에 가까이 왔다는 소식을 듣고 다시 상소를 올려 그를 토벌하기를 청하였으나, 원현은 조서를 내려 멈추게 하였다.

11월, 유유가 다시 손은을 격파하자, 손은은 바다로 도망갔고 환현은 스스로 진나라의 2/3를 차지했다고 여겼다. 환현은 형세가 돌아가는 것이 자기에 유리하게 된 것을 알고 자주 사람을 시켜 자기의 부단(符端, 역자 주: 여러가지 상서로운 사건을 모은 것)을 올리게 하여 자신의 상서로움으로 삼았다. 원현이 해군을 크게 다스려 환현을 토벌하고자 도모하였다.(≪진서·안제기安帝紀≫, ≪진서·환현전≫, ≪자치통감資治通鑑≫ 112권)

범녕范寧은 나이 63세에 죽었다. 문집 15권, ≪춘추곡량전집해春秋穀梁傳集解≫ 12권이 있다. 유학을 크게 창성하게 하고 현학을 반대했다.(≪진서≫ 75권≪범녕전≫)

유유민劉遺民이 시상령이 되었다. 당대의 스님 법림法琳은≪변정론辨正論≫ 7에서 ≪선험기宣驗記≫를 인용하여, "유유민은 팽성彭城 사람으로 집이 가난하여, 여산의 서림西林에 집을 지어 살았다. 병이 많았으며 처자식을 마음에 두지 않았다"고 하였으며, 스님 원강元康은 〈조논소肇論疏〉에서, "여산의 혜원법사가 유공전을 쓰면서, '유정지는 자가 중현이고, 팽성 사람이다. 한초원왕의 후예이다. 진군陳郡의 은중문, 초군譙郡의 환현은 모두 나름대로 뜻이 있는 자들까지도 숭상하지 않은 사람이 없었다. 심양의 시상령으로 간 것은 입산의 자금으로 삼으려는 생각이었다. 시상령이 된지 얼마되지 않아, 환현이 동으로 내려와서 연호를 영시永始라고 바꾸어 불렀다.

역모가 시작되자, 유정지는 혜원의 명을 받고서 여산의 우거진 숲에 은거할 자리를 잡았다. 의희 때에 여러 귀족들이 다 벼슬에 불렀으나 모두 사양하였다. 9년에 태위 유유는 그의 세속을 싫어하는 뜻이 심원하고 크다는 것을 알고 고상하고 인망이 있는 사람이라 하여 예로써 대하였다. 불교에 귀의하여 은둔하고자 하는 애초의 뜻을 마침내 이루었다. 입산 이후 12년이 지나 사망하였다. '입산이후 스스로 생각하기를, 국가가 버린 사람이라 하여 이름을 유민遺民으로 바꾸었다'는 이야기도 있다'고 하였다.

진순유陳舜兪는 ≪여산기≫에서, "유정지는 혜원의 덕을 흠모하여 늙도록 함께 결사체를 꾸리려고 심양의 시상령이 되어 그것으로써 산속 생활의 자금으로 쓰려고 하였다. 시상령의 임기가 끝나자 물러나 여산의 서쪽 숲에 여막을 짓고 무성한 잡목으로 가렸다'고 하였다.

원행패 의견: 환현이 동쪽으로 내려온 것은 원흥 원년(402) 정월이고, 진을 찬탈하여 영시永始로 연호를 바꾼 것은 원흥 2년(403) 12월이다. 환현이 '역모를 시작'하자 유정지가 은거했으며 시상령의 '임직기간을 마치자' 떠나갔다고 말한다면, 그가 시상령이 된 것은 당연히 융안 5년(401)이다.

도연명은 심양의 집에서 새해를 맞이하였다. 정월 5일 몇몇 이웃과 함께 사천으로 놀러가서, 〈유사천遊斜川〉시와 서(고증은 영화 8년 조목에서 상세히 볼 수 있음)를 썼다. 얼마 되지 않아 형주 강릉의 환현의 군막에 돌아왔다. 7월초에 다시 휴가차 심양으로 돌아갔다. 7월말 다시 강릉으로 돌아갔다. 도중에 〈신축세칠월부가환강릉야행도구〉를 썼다.

겨울, 어머니 맹씨孟氏가 사망하자, 도연명은 심양으로 돌아와 초상을 치렀다. 의희 3년에 지은 〈제정씨매문祭程氏妹文〉에서, "이전에 강릉에 있을 때, 거듭 하늘의 징벌을 받아 어머니께서 돌아가셨다. ……어둑 어둑 높이 나는 구름, 겨울이라 찬바람만 쓸쓸히 부네, 이른 아침 흰 눈은 온통 대지를 덮고, 거센 바람은 겨울 속에서 비통한 소리를 지른다"라고 하였다.

〈책자責子〉는 대략 이 해에 쓴 것이다. 시에서, "아서는 벌써 열여섯阿舒已二八"이라 하였는데, 이 해에 장자가 16살이었다. 시에서 "흰머리가 양 귀밑을 덮고, 살결도 더 이상 실하지 못하다白髮被兩鬢, 肌膚不復實"고 하였는데, 이것은 바로 50세에 해당하는 모습이다.

〈고증〉

〈신축세칠월부가환강릉야행도구〉는 도연명의 출사와 퇴임에 관하여 중요한 자료가 되는 시로 아래와 같은 몇 가지는 반드시 분석을 해야 할 것이다.

① 왜 '부가赴假'라고 했는지, 무엇 때문에 강릉으로 간 것인지, 도연명이 환현에게 벼슬살이를 했는지 여부이다.

도주의 ≪정절선생연보고이≫에서는 말했다. "일로 강릉으로 갔는데, 도중에 심양에 들렸다가 일을 마치고 휴가를 얻어 어머니를 보러 돌아갔다는 뜻이다. 그 말을 줄여서 '부가환자강릉赴假還自江陵'이라고 말했을 뿐이다." 도주는 '부가환강릉'을 "휴가를 갔다가 강릉으로 돌아왔다赴假還自江陵"로 글자自를 덧붙여 해석을 하였으니 성립되기 어렵다. 또 "선생의 출사와 진퇴 전후를 전반적으로 고찰해 보면, 처음에 진군장군의 참군에 임명되어 경구에 갔기 때문에 〈시작진군참군경곡아〉를 썼으며, 진군이 경구에 있었기에 곡아를 지나갔다고 했다.

원행패 의견: 도주는 진군장군을 유뢰지라 하고, 도연명이 유뢰지의 참군이 되었다고 하였는데 잘못이다. 아래에 상세히 보임.

경자년 5월, 휴가를 얻어 고향으로 돌아가는 도중에 반드시 건강을 경유해야 했다. 그래서 〈종도환조풍규림〉을 썼다. 고향을 그리워하고 친구들을 만나고 싶은 마음에 마침내 심양에 남아 해를 넘겼기에 다음 해 신축년 정월〈유사천〉을 쓰게 되었다. 도성으로 돌아와 휴가가 끝나자 7월에 강릉의 임무를 받았던 것이 아닌가 한다. 도성에서 강릉으로 가려면 반드시 심양을 거쳐야 하기에, 그래서 〈부가환강릉시〉가 있었던 것이다. 왕이 내린 임무는 쉴 수가 없으니 단지 가는 길에 휴가를 얻었을지라도 오래 머무를 수는 없었다. 그 의미는 ≪시詩 · 당풍唐風 · 보우鴇羽≫에 쓰인 행역의 고단함과 유사하다.

≪진서≫를 고찰해 보면, 이 해 6월 손은이 단양을 침략하고 건강을 포위

하자 안 밖으로 경계가 삼엄해졌으며 그때 환현은 형주자사로 강릉에 주둔하고 있었다. 이때 환현이 표를 올려 손은의 주둔지에 들어가 손은을 물리칠 수 있다고 하였으며 조정에서는 조서를 내려 그것을 막았다. 손은이 6월에 물러났고, 선생이 강릉의 임무를 맡은 것은 7월이었으니 혹은 조서를 받들어 환현을 막는 임무일 수도 있을 것이 아닌가" 한다.

원행패 의견: 도주는 도연명이 도성으로부터 사자使者의 임무를 받들고 강릉으로 간 후에 휴가를 청하여 겸사겸사 집으로 돌아왔다고 했다. 하지만 시의 어감은 매우 분명하게도 집을 떠나 강릉으로 가서 직무를 맡은 것이니, 그의 말은 신뢰할 수가 없다. 도성에서부터 조서를 받들고 강릉에 이르러 환현을 막았다는 설은 더욱 근거가 없다. 즉 만일 그 말과 같이 도연명이 유뢰지의 참군으로 근무하였다고 한다면, 조서를 받들고 가서 환현을 막으려면 당연히 조정의 고급관리를 보냈을 것이다. 왜 하필이면 유뢰지 군막의 일개 참군에게 그 일을 담당하게 하였겠는가?

고직의 ≪도정절시전정본≫에서 도주는 "인정에 맞게 추측해 보아도 시제인 '부가환赴假還' 3자를 해석할 수가 없다"고 말하였다. 고직의 ≪도정절시전정본≫에서는, '부가赴假'를 급가急假로 해석하였다. '가假'와 '부가赴假'는 차이가 있다. '가'는 보통의 휴가이다. ≪진서≫에서 "서막이 관리와 더불어 휴가를 갔다가 돌아오다徐邈幷吏假還"라고 한 것이 그 예이다. '휴가를 가다赴假'는 급히 휴가를 간 것急假이다. ≪세설신어世說新語≫의 '육기陸機가 '휴가를 얻어 낙양으로 돌아오다'가 그 예라고 할 수 있다."

고직의 ≪도정절시전정본≫에서는, "≪예기禮記≫ 정鄭 ≪주≫를 고찰하면 '부赴'는 질疾'이라 되어 있고, ≪석문釋文≫에서는 '급急'은 '질疾'이라고 하였으며, '부가赴假'는 '급가'를 뜻한다"라고 하였다. 고직은 도연명이 급한 일 때문에 휴가를 청하였다고 생각해서 여전히 '부가환강릉'을 '부가환자강릉'으로 해석했다. 주자청은 고직을 반박하기를, "이 글은 ≪세설신어·자신편自新篇≫에 보이는 '육기가 휴가를 갔다가 낙양으로 돌아오는데 여장이 매우 가득했다'는 것을 말하는 것이니, 이것이 어찌 '급가'와 같은 종류이겠는가?

'부가'는 요즘의 휴가를 마치다銷假는 뜻을 의미하는 것임을 충분히 알 수 있다. 도연명이 바로 휴가를 마치고 관직에 갔다는 것이니, 곧 '관직을 버렸다'나 '참됨을 기른다養眞'는 어투일 뿐이다."

그러나 주자청이 말한 '부가'가 '휴가를 마치다'라는 견해가 반드시 성립되는 것은 아니다. ≪설문說文≫에 "부赴는 추趣다"라고 하였다. ≪좌전左傳≫ 소공昭公 25년에는 "스스로 시비를 가려서 예에 나아갈 수 있는 사람을 성인이라고 부른다"고 하였다. 공영달孔穎達은 소疏에서 "부赴는 추趣"라고 하였는데 서로 비슷한 뜻이다. '부가'는 추가趣假, 분가奔假로 해석할 수 있지만, '소가銷假'로 해석할 수는 없다. '부'는 인신의引申義(역자 주: 본 뜻을 확대해서 새로운 뜻을 파생 시킴)의 의미로 '앞으로 간다, 투입하다'고 할 수 있지만, '부관赴官, 부직赴職, 부명赴命, 부전赴戰' 등과 같이 '銷소'와는 바로 상반되는 뜻이다.

왕요王瑤의 주에는, "부가는 휴가를 마치고 임무를 맡다"는 뜻이라고 하였다. 바로 주자청의 설명에 근거하여 또 '부직' 두 글자를 아무런 이유없이 첨가하였으니, 도대체 '부가'인지 아니면 '부직'인지 자못 혼란스럽다. 등안생의 ≪도연명연보≫에서는 ≪송서≫, ≪남사南史≫의 〈장부전張敷傳〉의 기재에 근거하여 '소가銷假'라는 설을 증명했다.

≪송서 · 장부전≫에서는 다음과 같이 말했다. "원가 초元嘉初, 원외산기시랑員外散騎侍郎, 비서승이 되었다. 강하왕江夏王 의공義恭이 강릉에 주둔하자, 무군공조撫軍功曹가 되어 기실참군記室參軍으로 옮겼다. 당시 의공은 태조를 따라 학문이 뛰어난 스님을 선발하였다. 스님을 찾아서 파견하려고 준비할 때에 장부張敷가 휴가를 마치고 강릉으로 돌아왔다. 태조는 그 스님에게 말하기를 '장부는 서쪽으로 가려고 하는데 내가 명령해서 너를 싣고 가도록 하겠다'라고 하였다. 장부가 떠날 때에 황제가 그에게 말하기를, '무군장군은 도가 높은 스님이 필요합니다. 그대는 배의 뒤 선실에 태울 수 있을 것이니 가는 길에 이야기를 나눌 수 있을 것이오'"라고 하였다(등안생은 ≪남사≫를 인용하였는데, 문장이 다소 간략하다).

원행패 의견: 당시에 장부는 강릉에서 벼슬을 하고 있었고 집은 오군吳郡에 있었는데, '부가'라는 것은 오군으로 돌아가 휴가를 보냈다는 것이다. '환강릉'이라는 것은 강릉으로 돌아와 직무를 맡았다는 것이다. 먼저 '부가'하고, 후에 '환강릉'했다는 것이니 서술의 순서와 시간의 앞뒤가 딱 들어맞는다. 만약 '부가'를 '소가'로 본다면, 강릉으로 돌아와 의공에게 휴가를 마치고 복귀를 보고한 것인데, 그렇다면 왜 "환강릉부가"라고 하지 않고 "부가환강릉"이라고 말했겠는가? 그러므로 '부가'는 소가로 해석할 수 없다.

도연명의 시제 중 '부가'와 '환강릉'은 다같이 서로 연속된 두 가지의 사건으로, 7월초에 휴가를 얻어 심양의 집으로 돌아왔다가 7월말 다시 강릉으로 돌아간 것이다.(시에서 "초가을 달빛 아래 노를 젓다叩枻新秋月"라 했으니, 8월초보다 늦지 않았다는 것을 알 수 있다.) 강릉은 형주의 수도이고 환현은 융안 3년(399) 12월에 형주자사 은중감을 습격하여 살해하고, 융안 4년(400) 3월에 형주자사를 임명했다. 원흥 3년(404) 환현이 패하여 죽을 때까지 형주자사는 일찍이 바뀐 적이 없었다. 도연명이 이미 융안 5년(401) 7월에 휴가를 갔다가 강릉으로 돌아와 임무를 맡았다고 한다면 반드시 환현의 막부에 있었을 것이다. 도주 등은 도연명이 환현에게 출사했다는 것을 말하기가 꺼려서 그 시의까지 왜곡하여 설명하였으니 사실상 증거로 삼을 수는 없다.

② 〈신축세칠월부가환강릉야행도구〉의 "한가로이 30년을 지내니, 마침내 속세의 일은 알지 못하네閑居三十載, 遂與塵事冥"는 어떻게 해석해야 하는가?

이공환李公煥의 주에서는, "이때 도연명의 나이는 37세였는데, 중간에 계사년의 주좨주와 을미년에서 경자년까지 진군참군이었던 것을 제외하면 30년을 집에 있었다"고 하였다. 그 뜻은 바로 도연명이 출생한 때로부터 셈을 해도 37년 중 1년 동안 주좨주를 지낸 것과 6년 동안 진군참군을 지냈던 것을 제외하면 그 나머지 시간은 삼십년이라는 뜻이다. 그러나 을미년에서 경자년까지 진군에 참여하였다는 주장은 오류가 있으니, 이 설은 성립되기 어렵다. 아래에 자세히 보인다.

온여능溫汝能의 ≪도시휘평陶詩彙評≫에서 "시에서 '한거삼십재閑居三十載'라고 한 것은 대체로 진군참군이 되기 전의 36년이다"고 하였다. 오여륜吳汝綸의 ≪고시초古詩鈔≫는 이 시에 주석을 달면서, "첫 구의 삼십은 이십이 아닌가 하는데, '20세에 세속 밖의 일에 의탁하였다弱齡寄事外'라는 뜻이다. 양계초의 ≪도연명연보≫에서는 삼십 세 아래에 이 시를 두고서, 신축년에 30세였다고 하였다.

고직의 ≪도연명연보≫에서는 "'이二'와 '삼三'은 형태가 비슷하여 매번 서로 혼동하기 쉽다. 예를 들어 ≪상서尙書≫에서 '오호라, 너에게 22인이 있구나咨女二十有二人'라 했는데, 왕인지는 ≪경의술문經義述聞≫에서 '위의 "이二"자는 마땅히 "삼三"자이다. 베껴 쓴 사람이 한 획을 뺀 것일 뿐이다'고 하였다. ≪사기·고조기高祖紀≫ 주에서는 "나이 육십삼六十三"이라 하였는데, ≪태평어람太平禦覽≫에서는 ≪사기≫를 인용하여 "나이 육십이年六十二"라고 하였다.

≪한서漢書·지리지地理志≫에서 "두 도성은 토지 백리를 가진 것이 백 개이다二都得百裏者百"라고 하였고, 급고각본汲古閣本에서는 "세 도성은 토지 백리를 가진 것이 백 개이다三都得百裏者百"라고 기록하였다. ≪예기禮記≫에서는 "순임금은 창오의 평야에 묻혔는데 세 왕비가 순장되지 않았다舜葬蒼梧之野, 蓋三妃未之從也"라고 하였는데, ≪후한서·조자전趙咨傳≫에서는 "두 왕비가 따르지 않았다二妃不從"라 하였다.

심흠한沈欽韓은 ≪소증疏證≫에서 "'이二'는 당연히 '삼三'이다"고 하였다. ≪후한서後漢書·서방전徐防傳≫에서는 "두 황제를 섬겼다奉事二帝"고 하였는데, 요지인姚之駰은 ≪속한서續漢書≫에서 "삼대를 받들어 섬겼다奉事三世"고 하였다. ≪촉지蜀志·상랑전向朗傳≫에서는, "숲 속에서 한가로이 지냈더니 어언 30년優遊林下, 垂三十年"이라고 하였는데, 배송지는 주석에서 "상랑은 마직의 사건으로 장사에서 파면 당하고 죽음에 이르는데 완전히 20년의 시간이었을 따름이다. 여기에서는 30년을 말하는데 글자의 오류다朗免長

史至卒, 整二十年耳, 此云三十, 字之誤也"라고 하였다. 모두 〈환강릉〉의 '이십二十'을 '삼십三十'으로 본 것이라는 것과 같은 예이다.

또 ≪상서≫에서 "(상서)와 알자와 어사를 삼대라고 불렀다謁者禦史名爲三臺"라고 하였는데, 도연명의 〈명자命子〉에서 "직과 방은 삼대이다直方三臺(역자 주: 본래는, 직과 방은 이대라고 해야 맞음)"라 한 것은 이것을 말하는 것이다. 집본集本에서는 모두 '이대二臺'라고 잘못 기록되어 있다. 오직 소희紹熙 임자증집각본壬子曾集刻本 주에서만 '삼대라고 하는 것도 있다一作三臺라고 기록되어있기도 하다'라고 했는데, 이것은 '이二'가 '삼三'으로 잘못된 것이며, 본집에도 그 예가 있다"라고 하였다. 왕요의 주에서는 "도연명이 시를 쓸 때는 37세였고 중간에 29세 때는 강주 좨주가 되기도 했었으며, 그 전 해에는 또 환현에게 출사했으니, 여기에서 말하는 30세라는 것은 대략적으로 계산한 것이다"라고 했다.

왕귀금王貴芩의 ≪도연명급기시적연구陶淵明及其詩的硏究≫에서는, "한가로이 30년을 지냈다閒居三十載"는 원래 "한가로이 지낸지 이미 1년이 되었다閒居已一載"라고 해야 하는데, 금본에서 '삼십三十'이라고 했다. 이는 아마도 도연명의 시집이 전해오면서 '已'자가 문드러져서 '삼三'자의 모습을 하고 있을 가능성이 있으며, '一'자가 마침내 황당하게 '십十'자로 바뀐 것이다.[12]

양용楊勇의 ≪주≫에서는, "삼십三十은 어림수를 말한 것으로 쟁기를 내던지기 전의 일련의 시간을 가리키는 것"이라고 하였다. 왕숙민王叔瑉의 ≪전증箋證≫에서는 "이 시에서 '한거삼십재, 수여진세명.閒居三十載, 遂與塵世冥.'이라고 한 것은 대략 집에서 한거한 것을 계산한 것이다"라고 하였다.

녹흠립의 주에서는, "삼십년三十載은 당연히 삼이년三二載이며, 三二는 6년이다"라고 하였다. 녹흠립의 ≪도연명연보≫에서는 태원 18년아래에서, "도연명의 본 나이는 29세로 상경에서 한거하다가 주의 좨주가 되었고, 얼마되지 않아서 스스로 퇴임하고 돌아갔다. 35세가 되어서 비로서 환현의

12 대만대학 ≪문사총간≫ 18, 1966년, 대만대학 문학원 인쇄.

막료가 되었는데 그 사이 6년을 한거하였는데 37세에 쓴 〈신축세칠월부가환강릉야행도구〉에서 '한거삼십재, 수여진세명'이라고 했으니, 십十자는 당연히 이二자의 잘못이다. 三二는 6년이며, 도연명의 행적과도 잘 맞는다"고 하였다.

등안생의 ≪도연명연보≫에서는 "고대 한어에서 삼십은 본래 수량이 상당히 많으면서도 확정되지 아니한 숫자를 표시하는 하나의 수사이다. ≪시·소아小雅·무양無羊≫에서 '삼십유물三十維物'이라고 한 것은 여러 종류의 털색의 양을 말하는 것이지, 각종 털색의 양 30종을 말하는 것이 아니다. ≪사기·몽염전蒙恬傳≫에서 '몽염으로 하여금 병 30만 명을 이끌고 북쪽으로 융적을 축출하도록 하였다乃使蒙恬將三十萬衆北逐戎狄'라고 하였는데, 삼십만은 즉 수만을 말하는 것이다. 그래서 같은 책의 〈흉노전〉에서 또 '몽염으로 하여금 십만의 병사를 이끌고 북쪽으로 오랑캐를 격퇴하도록 하였다使蒙恬將十萬之衆北擊胡'는 것이 바로 분명한 증거이다.

위진남북조 문인의 시 중에 그러한 예가 적지 않다. 포조鮑照의 〈대결객소년장代結客少年場〉에서는 '고향 떠나 삼십년이 되어서야, 다시 옛 언덕으로 돌아갈 수 있었네去鄕三十載, 復得還舊丘'라고 했는데, 30년은 정말로 일반적인 말이다. 강엄江淹의 〈잡체왕시중찬회덕雜體王侍中粲懷德〉에서는 '고향을 떠난지 30년, 요행히 천하가 태평하였네.去鄕三十載, 幸遭天下平.'라고 했다는데, 마찬가지로 과장되게 가리킨 것이다. 본전을 고찰하면, 왕찬이 장안을 떠나 남쪽으로 형주로 내려가서 유표에게 의지했는데 그 기간이 10년에 불과하였다. 임방任昉의 〈출군전사곡범복야出郡傳舍哭範仆射〉에서는, '좋은 친구로 30년 삶과 죽음으로 우정을 나누네.結歡三十載, 生死一交情.'라고 하였다. 임방과 범운 두 사람의 우정 역시 30년이 되지 않았는데 '삼십재三十載'라고 한 것은 과장된 언사이다.

도연명의 〈귀원전거〉 중의 삼십년이나 〈신축세칠월부가환강릉야행도구〉 중의 '삼십재' 역시 이런 용법에 속하는 것으로, 이것은 당시에 습관적으로 쓰는 용어로 이에 대하여 너무 구속을 받을 것은 없다. 그렇지 않으면,

어떻게 고쳐봐도 미봉책이 되어 원만하게 의미가 통하기는 어렵다."

　원행패 의견: 이상으로 몇몇 학자들의 견해를 개괄하면 아래의 몇 가지 의견을 벗어나지 않는다.

　① (도연명의) 출생으로부터 계산하여 이 시를 쓰게 되는 시기까지는 중간에 벼슬살이 한 시간을 제하면 대략 30년(실제로는 34, 5년)이다. 그러나 '한거閑居'할 때를 출생으로부터 계산하는 것은 이치에 맞지 않는다. 유아 시기는 소위 '부한賦閑(역자 주: 직업이 없이 집에 있음)'인지 아닌지 따질 일이 아니다. 어린 시기를 '한거'에 계산해 넣는다는 것이 말이 되는가?

　② 출생으로부터 계산하여, 강주 좨주가 되었던 29세까지가 대략 삼십三十년이다. 그러나 시에서 "한가로이 30년을 지내니, 마침내 속세의 일과는 아득해졌었지. '시경'과 '서경'을 좋아하던 것이 더욱 심해지고, 전원은 세속의 정이 없나니. 어찌 이것들을 버리고서, 아득히 서쪽 형주에 이르나.閑居三十載, 遂與塵事冥. 詩書敦夙好, 園林無世情. 如何舍此去, 遙遙至西荊."라고 하였다. 위와 아래의 문장에 의거하면, 30년은 당연히 형주에 가서 환현의 막료로 지내기 전의 그 시간이지, 출사하여 주 좨주를 지내기 전의 그 시간이 아니다. 나아가서 기왕에 '한거'라고 말했으니, 나이를 일컫는 것은 아니다. '한거삼십년'을 그 당시의 나이가 30세라고 해석하는 것은 뜻이 전혀 맞지 않는 것이다.

　③ 삼십三十은 많은 수를 대표하는 것이지, 정확한 숫자를 가리키는 것이 아니다. 등안생의 ≪도연명연보≫에서 예로 들었던 각각의 예가 반드시 모두 등안생이 말한 것과 같은 것은 아니니, 예를 들어 포조의 시 '거향삼십재'가 반드시 과장된 허수가 아니라는 것은 전중련錢仲聯의 ≪포참군집주鮑參軍集注≫에서 인용한 오백기吳伯其의 말을 참조해 볼 수 있다.[13] 역시 교감 상의 문제가 있으니, 강엄의 시 '삼십재三十載'가 육신六臣이 주석한 ≪문선≫과 ≪시기詩紀≫에서는 모두 '이십재二十載'라고 되어 있는 것을 예로 들 수

---

13 상해고적출판사, 1980년.

있다. '삼십'은 아마도 과장된 허수이기는 하지만, 고서 중의 '삼십'이 결코 모두 과장된 단어는 아닌 것이다. 도연명이 이 시에서 말한 '삼십재'가 결국 과장인지 아닌지의 여부는 여전히 구체적으로 고찰해 볼 필요가 있는 것으로 막연하게 말할 수는 없다.

④ '삼십三十'은 바로 '이십二十'의 와전이다. 고직이 예로 든 것을 모두 논쟁할 필요가 없다. 그러나 고직의 52세설에 중점을 두는데, 이 시가 26세에 쓰여 졌다는 것이다. 출생부터 계산해 관직에 있었던 시간을 제하면 대략 20년이다. 고직 학설의 병폐는 첫 번째, 두 번째 문제와 같다.

⑤ '삼십三十'은 바로 '이일二一'의 와전이다. 이 주장은 매우 독창적인 견해이지만 증거가 부족하여 아마도 성립되기 어려울 것이다.

본 ≪휘고≫는 이 시를 50세 작품에 두었다. 고직의 학설을 따르면 '삼십三十'은 '이십二十'의 잘못이다. 도연명은 '향입년向入年'에 강주좨주가 되었고, 오래지 않아 스스로 물러나 고향으로 돌아갔는데, 이때가 29세이다. 47세에 다시 서형西荊에 가서 환현의 막부에 들어갔다. 29세부터 47세까지 19년 동안 한거했는데, 그것은 대략 20년이 된다. 이 시의 첫 4구는 20년 동안 관직에서 물러나 집에서 한가하게 생활한 것을 서술하였고, 제5, 6구는 어째서 관직을 버리고 멀리 서형으로 갔는가를 서술하였다. 그 의미는 20년 한거한 즐거움을 버리고 멀리 서형으로 가 환현에게 출사했느냐 하는 것이다. 이와 같이 해야 이치에 맞고 막히지 않는다.

• 진 안제 원흥 원년 임인(402) 도연명 51세

봄 정월, 조서를 내려 환현의 죄상을 밝히고, 상서령 사마원현을 표기대장군, 정토대도독, 도독18주 제군사로 삼고, 또 진북장군 유뢰지를 전봉도독에 임명하며, 회계왕 사마도의 태부太傅를 더하여 주었다. 환현은 뱃길을 끊고, 황제에게 표를 올리고 격문을 전하였다. 사마원현의 죄상을 고하며 군대를 일으켜 동쪽으로 내려갔다.

2월, 환현이 심양을 지나서 고숙에 이르렀다. 유뢰지는 평소 사마원현을 미워하였으며, 환현을 이용하여 집권자를 제거하고 다시 환현의 틈을 엿보아서 권력을 탈취하려고 했기 때문에 환현을 공격하지 않았다. 참군장군 유유가 환현을 공격하게 해달라고 청하였으나 유뢰지가 허락하지 않았다.

3월, 유뢰지가 아들 경선을 환현에게 보내어 항복을 청하였다. 환현이 사마원현을 체포하고 도성으로 들어왔다. 황제가 시중 노현勞玄을 보내어 환현을 총백규, 도독중외제군사, 승상, 녹상서사, 양주목, 영서, 형, 강 3주 자사로 삼았고, 환현은 왕도王導의 손자 왕밀王謐을 중서령으로 삼았으며, 은중문은 자의참군에 임명하였다. 사마원현 및 그 일당을 참수하였다. 환현은 유뢰지를 회계내사로 임명하였다. 유뢰지는 병권을 빼앗기자 마침내 수하들을 모아서 강북에서 환현을 토벌하려 했는데, 수하들이 대부분 흩어지고 달아났다. 유뢰지는 두려워서 목을 매어 죽었다. 유경선은 낙양으로 도망가서 진秦에게 구명을 요청하였다. 태형으로 연호를 바꾸었다. 환현이 승상, 형, 강, 서 3주 자사를 양보하자, 태위, 도독중외제군사, 양주목을 다시 제수하였으며, 예주 자사 직위도 받아서 백관을 총괄하였다. 손은이 임해태수 신경辛景에 의해 공격을 받아 바다로 도망가 죽었다. 남은 무리들이 다시 손은의 매부 노순盧循을 추대하여 책임자로 삼자, 환현은 명을 내려 노순을 영가태수로 임명하였다. 노순은 명을 받았지만 노략질과 폭행을 그치지 않았다.

5월, 환현은 다시 유유을 보내 군사를 거느리고 그를 공격하도록 했다. 8월, 환현은 조정에 청하여 자신을 예장공, 계양공으로 책봉하게 했으며, 본래 남군南郡에 책봉했던 것은 옛날처럼 두게 하고, 그의 어머니 마씨馬氏에게도 예장공태부인豫章公太夫人의 칭호를 내리게 하였다.

12월, 회계왕 사마도자가 환현에게 피살되었다.(≪진서·안제기≫, ≪진서·환현전≫, ≪송서·무제기≫, ≪자치통감≫ 112권)

유유민이 시상령을 버리고 노산의 서쪽 숲에 은거하였다. 7월 28일, 혜원慧遠과 유유민, 종병宗炳 등 123인이 아미타불상 앞에서 재를 세우고 맹세하며 함께 극락왕생하고자 빌었는데, 유유민이 ≪서원문誓願文≫을 저술하였다. 첫머리에 "때는 인년寅年으로, 7월 무진 초하루와 28일 을미에, 법사 혜원은 마음이 곧고 깊으며, 고결한 마음이 특별히 드러나 이에 불도로 정직하고 성실한 동지들 123인에게 명하여 여산의 북쪽 반야운대 정사 아미타상 앞에 모이도록 하여 향과 꽃을 경건히 바치며 맹세합니다."라고 했다.

진원陳垣의 ≪이십사사삭국표二十四朔國表≫에 의하면, 원흥 원년 7월 초하루 무진에 맹세한 것이 이 해이다. 또 전하는 바에 의하면 혜원이 여산에서 승과 속인 18인을 불러 모아(바로 18고현高賢) 백련사白蓮社를 결성했다. 이때 백련사에 들어간 사람이 123인이었다. 밖에서 들어가지 못한 사람이 3인이었는데, 도연명이 거기에 포함된다. 탕용동湯用彤, 방립천方立天의 고증에 의하면,

소위 18고현이 백련사에서 결의한 사실과 도연명이 사에 들어가지 못한 일은 모두 믿을 수 없다고 하였다.

주요 근거는 아래와 같다. 18현인이 백련사에서 맹세한 것은 ≪십팔고현전十八高賢傳≫에 처음 보이며, 이 문장은 송 진순유陳舜兪의 ≪여산기≫에 처음 실렸는데, 진순유는 이 문장에서, "문자는 평이하고 사건을 예전의 역사에 비추어 보면 가끔 괴리가 있어 독자들이 천박하게 여긴다"라고 하였다. 이 문장은 후인들이 여기저기서 떠도는 이야기들을 모아서 만든 것이다. 백련사 및 18고현에 관한 기록은 중당 때 나온 것이 가장 이른 것이며, 동진으로부터 이미 아주 먼 시기여서 극히 혼란스러웠을 것이다. 18고현 중 혜지慧持, 불타발타라佛陀跋陀羅는 당시 여산에 있지 않았고 도생은 일찍이 글을 지어 불법에는 정토가 없다는 것 [佛無淨土之義]을 분명히 하였기 때문에 모두 백련사에 들어갈 수 없었다. 탕용동이 지은 ≪한위양진남북조불교사漢魏兩晉南北朝佛敎史≫ 상책 제11장, 방립천이 지은 ≪혜원급기불학慧遠及其佛學≫ 제6장에 상세히 보인다.

도연명이 상을 당하여 집에 있었다.

〈진고정서대장군장사맹부군전晉故征西大將軍長史孟府君傳〉은 이 해 이후에 지은 것이다. 왕요의 주에서, "도연명의 어머니가 진 융안 5년 신축에 돌아가셨고, 본 문장은 대략 도연명이 상중에 지은 것이다. 지금은 진 안제 안흥 원년인 임인(402)년에 기록했다"고 하였다. 오야네 분지로大矢根文次郎의 ≪도연명연표≫에도 이 해에 두었다. 이것은 거의 옳다. 〈진고정서대장군장사맹부군전전〉에서 "도연명의 어머니는 맹가의 넷째 따님이다. ≪시경≫의 〈개풍〉, 〈한천〉편의 어머니의 은혜를 생각하는 마음이 있어서 그 마음을 모았다." 이미 '선친'이라고 하였으니 분명히 모친상 이후에 쓴 것이다.

• 진 안제 원흥 2년 계묘(403) 도연명 52세

2월, 태위 환현으로 대장군을 삼았다. 8월에는 환현이 스스로 상국相國이 되어, 초왕楚王이라고 칭하였다. 유유는 영가에서 노순을 격파하였고, 노순은 바다에 배를 띄워 남으로 도망갔다. 11월에는 안제가 초왕인 환현에게 선위하였다. 12월, 환현은 황제에 즉위하고 연호를 영시永始로 바꿨다. 남강南康의 평고현平固縣에서 황제를 평고왕으로 봉하였고 심양으로 황제를 옮겼다.(≪자치통감≫ 113권)

유의경劉義慶이 태어났다.(≪송서≫ 51권 〈유의경전〉)

도연명이 상을 당하여 집에 있었다.

〈계묘세시춘회고전사癸卯歲始春懷古田舍〉 두 수와 〈계묘세십이월중작여종제경원癸卯歲十二月中作與從弟敬遠〉을 지었다. 경원은 신해년(411)에 죽었는데, "나이가 겨우 30을 지났다"고 하였다. 이 해 나이가 22, 23세였다.

• 진 안제 원흥 3년 갑진(404) 도연명 53세

2월, 건무장군建武將軍 유유가 유의劉毅, 하무기何無忌 등을 거느리고 경구에서 거병하였다. 3월 환현의 무리가 궤멸하여 도망가니 유유가 건강성에 들어가 유대留臺(수도 건강에 남아 지키는 정부)와 백관百官을 세웠다. 환현의 사도 왕밀에게 유유를 추대하여 진군장군, 서주자사, 도독 양, 서, 연, 예, 청, 익, 유 병 8주제군사를 거느리게 하였다. 유유가 몸소 모범을 보이고 먼저 내외에 법령을 세우자, 백관들이 모두 숙연히 직무를 받들었고 열흘이 지나지 않아 풍속이 바뀌었다. 환현이 심양에 이르러 물자와 병력을 보충한 후에 황제를 서쪽으로 몰아서 압박하였다.

유경선은 환현이 패하였다는 소식을 듣고 유유에게 와서 귀순하였고, 유유가 유경선을 진릉태수로 삼았다. 4월, 환현이 황제를 핍박하여 강릉에 이르렀고, 다시 관서와 백관을 배치하였다. 하무기 등이 환현의 군대를 상락주桑落洲에서 대파하고 심양을 차지하였다. 유유를 강주 제군사 도독으로 삼고, 유유는 경선을 강주자사로 삼았다. 환현이 형주의 병사들을 모아서 무리가 2만이 되자, 다시 동쪽으로 내려갔다.

5월, 유의, 하무기 등의 무리를 이끌고 심양 서쪽으로부터 올라가, 환현을 쟁영주崢嶸洲에서 만나 크게 격파하였다. 환현이 황제를 협박하여 서쪽으로 달아나 강릉으로 가서 촉으로 가려다가 도중에 피살되었다. 환진桓振이 다시 강릉을 점령하였다. 하무기를 영계靈溪에서 크게 물리치자, 하무기는 심양으로 패퇴하였다. 유경선이 심양에서 식량을 모으고 배를 수리하자, 하무기는 그것에 의지하여 다시 떨치고 일어났다. 10월 환현의 형 자량子亮이 스스로 강주자사라 칭하고 예장을 침략하자, 유경선이 그를 격파하였다.

도연명은 이 해에 진군장군 유유의 참군이 되어 심양에서 경구로 가는 도중에 〈시작진군참군경곡아始作鎭軍參軍經曲阿〉를 지었다.

〈고증〉

《문선》 26권 〈시작진군참군경곡아〉의 이선 주는 장영서臧榮緖의 《진서》를 인용하여, "송 무제 때 진군장군을 운영하였다"라고 하였다. 오인걸의 《도정절선생연보》에서는 "유조劉肇 원흥 원년에 건위장군을 두고 3년에는 진군장군 제도를 두었는데, 이는 시간상 앞뒤가 맞지 않은데 선생이 어떻게 유유의 부름을 따랐겠는가? 이선 주의 인용은 옳지 않다"고 하였다. 도주의 《정절선생연보고이》는 도연명이 융안 3년 기해(399)에 유뢰지의 군대에 참여하였다고 고증하여 주장하였다.

"《진서·백관지百官志》를 살펴보면 전후좌우군장군이 있는데, 좌우전후 4군이 진위군이 된다고 하였다. 왕공王恭, 유뢰지는 모두 전장군으로 바로 진위군이었고 글자를 줄여서 진군이라 했는데, 어찌 가능하지 않겠는가." 고직의 《도정절연보》는 이 설을 따랐으며, 이후 대부분이 이 설을 채택하고 있다.

원행패 의견: '진군참군'은 정확하게 진군장군참군을 가리키는 것인데 《진서》에 증거가 있으며, 9권 《효무제본기孝武帝本紀》에 "겨울 11월 기해, 진군대장군 치음郗愔으로 사공司空을 삼았다. 회계 사람 단원檀元이 반란을 일으키고 스스로 안동장군安東將軍이라 칭하였는데, 진군참군 사애謝藹가 평정하였다"고 했다. 도주는 이 진군이 진위군의 약칭이라고 하였지만 믿을 수 없다. 이미 진군장군을 약칭해서 진군이라 하였는데, 다시 진위군을 진군으로 약칭한다면 어찌 혼란이 생기지 않을 수 있겠는가. 또 도주는 증거를 제시하지 못했으며, 단지 추측하였을 뿐이니 증거로 삼을 수 없다.

주자청朱自淸은 《도연명연보중지문제陶淵明年譜中之問題》에서 도주의 오류를 힘써 반박하였는데 그 요지는 다음과 같다. 도주는 《송서·무제기武帝紀》의 기해년에 유뢰지가 전장군이 되어 손은을 토벌하였다는 기록에 근거를 두었다. 그러나 ≪진서·안제기安帝紀≫에 의하면, 이 해에 유뢰지는 보국장군이었고, 다음 해에 처음으로 전장군의 신분으로 진북장군이 되었다. 오사감吳士鑒, 유승간劉承干의 ≪진서교주晉書校注≫ 10은 정국균丁國鈞의 ≪진서교문≫ 1을 인용하여, "유뢰지전을 고찰해보면, 전장군이라 불리게 된 것은 손은을 격파한 후로, 이 책에서 관호를 쓴 것은 사실에 근거한 것이니 ≪송서≫가 잘못된 것이다"라고 하였다. 융안 3년에 유뢰지는 아직 전장군의 임무를 맡지 않았으니, 역시 진군이라 약칭할 수도 없었다. 또 ≪진서·직관지職官志≫ '오교五校' 조목 아래에, "나중에 성의 좌군 우군 전군 후군을 약칭해서 진위군이라고 하였다"는 문장이 있는데, 그 뜻은 생략하고 아울러서 1군이라 한다는 것이다. 도주의 ≪정절선생연보고이≫에서 '후생後省' 두 자를 잘라내서 뜻이 크게 달라진 것이다.

주자청은 〈작진군참군경곡아작〉의 '진군'이 유유임은 의심할 여지가 없다고 여겼다. 주자청의 의견은 옳다. 동진 왕조를 고찰해 보면 진군장군을 하사받은 사람은 모두 6명이고, 그 신분과 지위는 모두 평범하지 않다. 사마희司馬晞는 원제의 아들로 무릉위왕武陵威王에 봉해졌다. 범왕范汪은 일찍이 응양장군鷹揚將軍에 임명되었고, 후에 무흥현후武興縣侯를 하사 받았다. 치음은 서, 연, 청, 유, 양주의 진릉 제군사의 도독으로 있으면서, 서, 연 2주자사를 제수 받았다. 왕온王蘊은 효무정孝武定 황후의 아버지이다. 왕회王薈는 왕도王導의 아들로 상서를 역임하였다. 유유는 비록 귀한 출신은 아니지만, 환현을 토벌할 때 경사京師를 공격하며 들어가 군정의 대권을 장악한 후 비로서 진군장군이라고 불리었으니, 동진의 진군장군의 호칭은 결코 쉽게 수여하는 것이 아니라는 것을 알 수 있다. 유뢰지는 일개 맹장에 불과할 뿐으로 그 출신이 너무 낮다. 왕공이 단지 부곡장으로 그를 대우했으니 진군장군으로 불리는 것은 불가능하였다.

양계초의 ≪도연명연보≫에서는 유뢰지가 진북장군으로 불리었다고 하였으니, 이는 '진군'은 아마도 '진북'이 와전된 것이며, 이 시는 융안 2년(398)에 연계되어 있다. 양계초의 주장은 추측에서 나온 것으로 증거로 삼을 수가

없다. 양계초의 ≪도연명연보≫에서는 또 '시작始作'은 '처음 출사했음을 말한
다正謂始仕耳'고 하였는데, 역시 믿을 수 없다. '시작' 두 자는 아래의 문장
'진군참군鎭軍參軍'에 연속되어 분명히 진군참군의 직무를 하기 시작하였다
는 것이지, 출사를 시작하였다고 해석할 수 없는 것이다.

도주가 도연명이 유유의 참군을 역임하지 않았다고 극력 변호하는 것은
바로 도연명이 진 왕실에 충성하여 두 성씨를 치욕스럽게 섬겼다는 선입견
에 집착한 것이다. 유유가 당시에 진을 찬탈하려는 뜻을 아직 노출하지
않았음을 알지 못했다. 진을 찬탈한 것은 이로부터 16년 후의 일이다. 도연
명이 어찌 진을 찬탈하기 16년 전에 그 야심을 엿보고 진 왕실에 충성을
하려 참군을 하지 않았겠는가? 또한 이 해 유유가 군대를 일으켜 환현을
토벌하여 진 왕실을 지지하였으며, 심양을 통제하고 강주를 감독하던 때에,
유경선이 강주 자사에 임명되었으니 도연명이 유유의 참군에 임명된 것이
이치에 딱 맞는다.

단희중段熙仲의 ≪도연명사적신탐陶淵明事跡新探≫에서 이렇게 말했다.
"진군장군은 유유가 아니고, 역시 유뢰지도 아니며, 아마도 왕온일 것이다.
장소는 회계이며, 연대는 진 효무제 태원 9년(384)으로 그해 도연명은 20살
이었다." "예禮에서, 20二十은 약弱이라 한다. 도연명의 시 속의 어휘는 ≪예≫
와 ≪이아爾雅≫를 많이 인용하였고, 약령弱齡은 20세를 가리키는 것이며,
이것은 도연명이 20세에 출사했다는 첫 번째 증거이다.

≪송서≫ 본전에서도 '도연명은 20세에 낮은 벼슬을 하였지만, 거취의 자
취가 깨끗하지 않다潛弱年薄宦, 不潔去就之蹟'라고 하였는데, 두 번째 증거이다.

원래의 시제 시작진군참군始作鎭軍參軍에서 시始자는 처음 되었다는 뜻
이니 세 번째 증거이다.

태원 9년에 왕온이 진군장군이 되었고 도연명은 그의 군사에 참가하였
으니, 시기가 맞으며 시 안에도 역시 증거가 있다."[14] 원행패 의견: '시작始

---

14 ≪문학연구文學研究≫ 1957년 제3기.

作'을 '始仕'로 해석할 수 없다는 것은 이미 위에서 살펴보았다. 이 시의 앞머리에서, "젊은 나이에 세상 밖에 뜻을 두고, 마음을 맡긴 것이 거문고와 책에 있었다.弱齡寄事外, 委懷在琴書."라고 하였다. 젊어서부터 세상사 밖에 뜻을 두어서 정치판에 뛰어들 생각은 없었지만, 이제 "때가 되었으니時來 출사하여도 무방하다 말한 것이지, 이 시가 약관에 지어진 것은 아니라는 것이다.

단희중이 ≪송서≫의 '거취의 자취가 깨끗하지 않다'는 말과 결합시킨 것은, 도연명이 왕온의 참군을 맡은 것이 깨끗하지 못한 일로 여기는 것 같은데 역시 말이 안 된다. 왕온은 조정의 대신으로, 참군의 지위는 비록 높지는 않지만 상당히 중요했으며, 많은 중신이나 명신들이 모두 일찍 참군의 직무를 역임하였으니, 어찌 '거취의 자취가 깨끗하지 않다'고 말할 수 있겠는가?≪송사 · 도잠전≫에서, "어버이는 연로하고 집은 가난하기에, 관직을 견디기 어려워 얼마 후 스스로 그만두고 귀향하였다. 주에서는 주부로 불렀으나, 나아가지 않았다. 몸소 밭 갈며 자급하다가 마침내 쇠약하게 되었다. 후에 진군참군, 건위참군이 되었다"라고 했는데, 진군참군은 분명히 처음으로 출사한다는 것이 아니니, 단희중의 설도 성립되기 어렵다.

• 진 안제 의희 원년 을사(405) 도연명 54세

정월, 유의가 강릉으로 들어가자 환진의 무리가 궤멸되었다. 연호를 바꾸었다. 3월 원제가 건강성으로 돌아왔다. 유유를 시중, 거기장군, 도독중외 제군사로 삼고, 예전처럼 서, 청 2주자사로 두었으나, 유유는 제수받지 아니하고 여러 차례 번藩으로 돌아가기를 청하자 들어주었다. 유의는 사자를 보내 유유에게 말하기를, 유경선은 의로운 일을 일으킬 때 참여하지 않았으니 강주에 두는 것은 마땅하지 않다고 하였다. 유경선이 스스로 불안하여 해직을 청하는 표문을 올리니, 마침내 소환하여 산성내사宣城內史로 삼았다. 4월, 유유가 돌아와 경구에 주둔하고 도독 형, 사 등 16주 제군사가 되었고, 연주자사로도 임명되었다.(≪자치통감≫ 114권)

3월, 도연명은 건위장군 유경선의 참군이 되어, 도성에 사자로 가다가 전계를 지나갔다. 이때 〈을사세삼월위건위참군사도경전계乙巳歲三月爲建威 參軍使都經錢溪〉를 썼다. 이 전에 이미 진군참군의 임무를 맡았다가 강주로 돌아왔다. 8월, 도연명은 평택령이 되었고, 80여 일 동안 관직에 있었다. 11월, 정씨 여동생이 무창에서 죽어 스스로 관직을 그만두고, 〈귀거래혜사 歸去來兮辭〉를 짓고 돌아와 은거하였다. 〈귀거래혜사〉에서 "오래지 않아 정 씨에게 시집간 동생이 무창에서 상을 당하니 급히 가서 상을 치루고자 하는 마음에 스스로 사면하고 관직에서 떠났다. 중추부터 겨울에 이르기까지 관 직에 80여 일 있었다. 이 일에 대하여 심정을 토로하고자, 글의 제목을 '귀 거래혜사'라 하였다. 을사년 11월이다"라고 하였다.

〈잡시雜詩 12〉는 이해에 지었다.

〈고증〉

오인걸의 ≪도정절선생연보≫에서는, "3월, 건위장군 유회숙이 환진을 토벌하고 참수하였다. 천자가 이에 경사로 돌아왔다. 이해에 유회숙은 건 위장군의 신분으로 강주자사가 되었고, 선생은 실제로 건위군 일에 참가하 여 강릉에서 반역의 무리들을 토벌하는데 참가하였다. 〈을사세삼월위건위 참군사도경전계乙巳歲三月爲建威參軍使都經錢溪〉라는 시가 있는데 강릉에서 건업에 사자로 갔을 때이다"라고 하였다.

오첨태吳瞻泰는 ≪도시휘주陶詩彙注≫에서 말하기를 "≪송서宋書·회숙 전懷肅傳≫을 고찰해보면, 유회숙은 그 해 보국장군으로 임명되었지만 건위 장군에 대한 이야기는 없다. 오직 ≪진서·유뢰지전≫에서, '유경선은 제갈 장민諸葛長民과 같이 작피芍陂에서 환흠을 격파하고 건위장군, 강주자사로 승진해 심양에 주둔하였다'고 하였다. ≪송서·유경선전≫에 기재된 것도 역시 같다. 실제로 원제 원흥 3년 갑진년에 도연명이 유경선의 건위참군이 되었는지는 알 수가 없다. ≪연보≫에는 고증이 없다"고 하였다.

도주의 ≪정절선생연보고이≫에서 "두남斗男은 이 해에 유회숙이 건위장 군으로서 강주자사가 되었고, 선생은 실제로 유회숙의 군사에 참여하여 강릉에서 역당을 토벌하는데 참가하였다고 하였다. ≪진서≫에 의하면 의희 원년 을사 3월, 환진이 강릉을 습격하니, 강주자사 사마휴가 양양으로 도망 갔고 건위장군 유회숙이 환진을 토벌하여 그를 참수하였다고 하였다. 그리 고 선생은 시제를 〈을사세삼월위건위참군사도경전계〉라고 하였으니, 마침 내 이 일로 시제를 맞춘 것이다.

동암東巖이 유회숙은 보국장군이었으며 건위장군에 대한 설은 없다고 하 였는데, 잘못이다. 오로지 유회숙만이 비록 건위장군이라고 하였지만 당시 에 회남, 역양 두 군의 태수를 지냈으며, 강주자사는 아니었다. 강주자사는 경선이 건위장군의 직분으로 그 일을 하면서 심양에 주둔하였다. 이때가 이미 갑진 3월 이전이었다. 선생은 강주 시상 사람으로 강주의 군대를 보좌 하였고, 평소 유뢰지의 군대에 참가하였는데, 유경선은 유뢰지의 아들로 선생과 당시에 잘 지내서 그가 특별히 선생에게 관직을 주었다는 것이 이유 이다. 두남은, 선생이 강릉 토벌에 참여 했다는 것은 시제에서 '사도使都'라 고 한 것과 서로 어긋나며, 도성에 사신가는 사람이 어떻게 토벌에 참여할 수 있겠냐고 했는데 동암도 또한 을사년의 일을 갑진에 연결시켰으니, 역시 잘못이다"고 하였다.

양희민楊希閔의 ≪진도징사연보晉陶徵士年譜≫에서, "도연명이 건위군에 참 가했다 하는데 사서에 당사자의 이름이 없다. 주보서周保緒의 ≪진략晉略≫에 는 유경선이라고 하였다. 경선을 고찰해 보면 그가 관직에서 해임된 것이 먼 저이니 맞지 않다. 혹자는 주령석朱齡石이라고도 하나, 그러나 먼 후에 있었던 일이니 역시 부합되지 않는다. 의문점으로 남겨둔다"고 하였다.

고직의 ≪도연명연보≫에서, "〈을사세삼월위건위참군사도경전계〉라는 시가 있는데, 유경선에게 표를 올려 관직을 사퇴하였고, 유경선이 이미 떠 났으니 선생도 역시 마땅히 버리고 떠난 것이다"라고 하였다. 왕요의 ≪도 연명집≫ 주와 녹흠립의 ≪도연명사적시문계년≫도 그것을 따랐다.

원행패 의견: 유회숙이 건위장군에 임명된 것이 ≪진서・환현전≫에 보 인다. "환현은 옛 장수 유통劉統, 풍치馮稚 등 4백 여명의 무리를 모아, 심양

성을 습격하여 격파하였다. 유의는 건위장군 유회숙을 보내어 토벌하고 평정하였다." ≪자치통감≫은 이 일을 안제 원흥 3년(404) 5월에 기록하고 있다.

그러나 ≪송서 · 유회숙전≫에는 단지 보국장군을 임명받았다고 했지 건위장군에 대해서는 기록이 없다. ≪진서교주≫에는, "유회숙전에 기록이 빠졌거나, 혹 보국장군은 건위장군의 와전이 아닌가 의심된다고" 하였다. 그러나 유회숙이 건위장군에 임명된 것은 본전에도 보이지 않으니 의심할 수밖에 없다. 유경선이 건위장군에 임명되었으니 ≪송서≫ 47권 〈유경선전〉에, "환흠이 저족氏族의 우두머리 양추楊秋를 끌어들여서 역양歷陽을 노략질하자, 유경선이 건위장군 제갈장민과 함께 그를 대파하였고, 환흠은 홀로 말을 타고 회수를 건너 도망가자, 연고練固에서 양추를 죽이고 돌아왔다. 건위장군, 강주자사로 승진하였다"라고 하였다. 또 ≪진서≫ 84권 〈유경선전〉에는, "제갈장민은 작피에서 환흠을 격파하고 건위장군, 강주자사로 승진하였다"고 하였다. ≪자치통감≫은 이 일을 안제 원흥3년(404) 4월에 기록하였다.

위의 자료를 종합하면 다음과 같은 것을 알 수 있다. 원흥 3년 4월, 유경선은 건위장군 제갈장민을 따라서 환흠을 격파한 후 그를 이어서 건위장군이 되었다. 만일 유회숙이 이해 5월에 바로 건위장군에 임명되었다면, 동시에 두 명의 건위장군이 있었거나 혹은 유경선이 건위장군의 임무를 1개월만 했다는 것이니 모두 불가능한 일이다. 유회숙이 건위장군에 임명되었다는 이야기는 본전에 보이지 않으니 본래 의문스럽다. 이때의 건위장군은 유경선 뿐이다. 건위군이 주둔한 곳은 강주 일대이며, 유경선이 건위장군과 강주자사를 함께 담당했다는 것이 관례에 합당하다. 이해 10월, 환현의 형 자량이 스스로 강주자사라 칭하고 군대를 일으켜 예장을 공격하자, 유경선이 그를 격파하였다. 10월에 이르기까지 유경선이 아직 건위장군의 임무를 맡고 있었다는 것을 알 수 있다. 유회숙이 건위장군을 맡았다는 것은 ≪진서 · 환현전≫의 오기이다.

유경선은 강주에서 유의에게 시기를 받아 몹시 불안하였다. 의희 원년 3월에 안제가 반정을 하자, 마침내 스스로 표를 올려 직분에서 물러났다. 강주가 본적인 도연명은 이 달에 건위장군 참군으로 도성에 사신을 가다가 전계를 지나갔는데, 이 건위장군은 바로 유경선임이 의심의 여지가 없다. 도연명은 이해 3월 이전에 이미 진군참군의 직무를 물러나 강주로 돌아왔으며, 3월 건위참군에 임명되어 출사를 나간 것이다.

도주의 〈정절선생위참군,건위참군변靖節先生爲參軍, 建威參軍辨〉에서, "도연명이 도성에 간 것은 임금의 복위를 축하하기 위한 것이거나, 혹은 아울러 유경선이 표를 올려 퇴임하기 위한 것이었을 것이다. 이 설은 비록 추측이 긴 하지만 가능성이 없는 것은 아니다. 기록하여 고증의 자료로 갖춘다"고 하였다. 도주의 ≪정절선생연보고이≫에서, "〈귀거래혜사서〉는 '숙부는 내가 가난으로 고생한다고 여겼다家叔以余貧苦'고 하였는데, 가숙은 마땅히 〈맹부군전孟府君傳〉에서 말한 태상太常 기虁이다.

≪태평어람≫은 〈속설〉을 인용하여, "도기陶虁는 왕효백王孝伯의 참군이었다. 3일 곡수 모임이 있었는데 도기가 앞줄에 앉았고, 또 어떤 참군도호도 좌석에 앉았다. 도기가 좌석에서 시를 짓고 있었으며, 마침 몇 구를 지었다. 뒤에 앉아있던 참군도호가 따라 베꼈다. 시가 완성되자 도기는 다시 보충을 하려고 생각하였고 뒤에 앉아서 그 시를 베꼈던 참군이 먼저 시를 바쳤다. 도기는 며칠이 지나서야 비로소 시를 바쳤다. 도기의 시를 받고서 크게 괴이하게 여기며 '참군이 다른 사람의 시를 베꼈구나!'라고 하였다. 도기는 놀래며 그 이유를 알지 못했다. 왕효백은 뒤에야 도기가 비범하다는 것을 알고 마침내 시를 베낀 자를 탄핵하였다."

또 ≪위서 · 사마씨전≫(원행패 의견: 실은 〈사마예전司馬叡傳〉이다) 96권에서, "덕종이 강릉에서 복위(원행패 의견: 원작에는 '참위했다僭'고 되어 있다)하고, 연호를 의희로 바꾸었다. 상서尙書 도기가 덕종을 맞이하여 판교板橋에 이르렀는데, 큰 폭풍우가 일어나 용주가 침몰하였으며 죽은 사람이 십여 명이었다. 마땅히 상서 도기인데, 오직 태상과 상서는 전후 역임한 관직이 같지 않을 따름이다."

〈잡시 12〉의 내용은 매우 복잡한데, 대략 아래의 몇 가지를 포괄하였다. 인생무상으로 장년은 다시 오기 어려움(제1수, 제3수, 제6수, 제7수). 세월은 기다려 주지 않으며, 뜻은 있어도 펼치기 힘듦(제2수, 제5수). 헛된 이름을 구하지 않고, 나이 듦을 알기 원하지 않음(제4수). 생계를 잘 도모하지 못하고 빈곤을 개탄하다(제8수). 눈물을 감추며 동으로 나갔으나, 몸의 수고로움에 얽매여 귀향을 생각함(제9수, 제10수, 제11수). 제12수는 누락이 많은 것 같으나, 남아 있는 6구로 보면 역시 인생무상을 한탄하는 것 같다.

도연명집의 다른 연작시인 〈영빈사〉, 〈음주〉는 모두 동시에 지어진 것인데, 〈잡시〉는 동시에 지어진 것인가?

왕요는 도연명집주에서 "앞 8수의 의미는 수미가 연관되었으니 마땅히 한 시기에 지어진 것이다. 제 6수 중에 '어찌하다 나이 오십에奈何五十年'라는 구가 있으니, 이 8수는 마땅히 진의 안제 의희 10년 갑인(414)에 지어진 것을 알 수 있다. 그 나머지 제 9수 이하의 3수는 모두 여행과 행역의 고통을 쓴 것이다. 〈여자엄등소與子儼等疏〉 주에서 도연명은 스스로 '어려서 집안이 곤궁하였고, 매번 집안이 기울 때마다 동으로 서로 돌아다녀야 했다. 少而窮苦, 每以家弊, 東西遊走.'고 하였으니, 이 세 수의 시는 장년이 되어 지었음을 알 수 있다. 도연명은 36, 7세 사이에 행역으로 몹시 고통스러워 하였으며 〈경자세오월중종도환조풍어규림〉 및 〈신축세칠월부가환강릉야행도구〉 등의 시를 지었다. 내용이 〈잡시〉 제9수 이하의 세 수와 서로 같아서 마땅히 동시에 지은 것임을 알 수 있다. ……제12수와 앞에서 행역을 노래했던 세 수는 같은 시기에 지어진 것일 수 있다. 이제 앞 8수와 뒤 4수를 나누어 두 곳에 나누어 편철을 하였고 모두 〈잡시〉라고 제목을 붙였다. 앞 8수가 진의 안제 의희 10년 갑인년(414)에 묶어 둔 것을 제외하면, 그 나머지 4수는 잠시 이곳에 나열하고, 진 안제 융안 5년 신축(401)에 연계되어 있으니 이 해의 도연명은 37세이다."

등안생의 《도연명연보》는 왕요의 주를 따라서 두 조로 나누었지만 오직 묶여진 연도가 다르다.

원행패 의견: 왕요의 주는 63세의 설을 취하였기에 '50'년과 행역의 시간 차이를 아울러 고려할 수가 없다. 그래서 이 일련의 시를 각기 다른 해에 지은 것으로 나눌 수밖에 없었기에 앞 뒤 서로 13년의 차가 난다. 만약 본 ≪휘고≫에 따라서 도연명의 향년을 76세로 본다면 50여 세는 바로 행역이 가장 힘들 때로, 전 8수와 후 4수는 공교롭게도 시간이 딱 들어맞기 때문에 억지로 두 곳으로 나눌 필요가 없다. 이로써 역시 도연명의 향년이 바로 76세임을 증명할 수 있다.

여기서 다시 〈잡시〉가 지어진 시간을 자세히 살펴보자. 제6수에서, "예전에 어른 말씀을 들으면, 귀를 막고 매번 기뻐하지 않았었다. 어쩌다 오십 세가 되어 홀연히 이 일을 친히 겪고 있는가.昔聞長者言, 掩耳每不喜. 奈何五十年, 忽已親此事."라고 하였다. 이 '오십년五十年'이 50세인가? 아마 아닐 것이다. '오십년'은 '옛날昔'부터 계산하였다. '장로언長老言'은 한편으로 '장자언長者言'이라고 기록되어 있다. 나이든 사람의 말 다음의 내용과 연결해보면 인생은 쉽게 늙는다는 의미인데 도연명은 예전에 귀를 막고 듣기를 좋아하지 않았고 아이들의 심리도 매양 이와 같다는 것이다.

또 육기의 〈탄서부서歎逝賦序〉에서, "예전에 매번 어른의 말을 듣고서 평생 기억하더니, 동시에 부모와 친구들은 혹자는 시들어 이미 죽고 어떤 이는 겨우 살아남은 자도 있다. 내 나이 40세에 아름다운 친척들은 죽은 자가 대부분이고 살아있는 사람이 적다. 다정히 사귀었던 친밀한 친구는 역시 반도 남아 있지 않다.昔每聞長老, 追計平生, 同時親故, 或凋落已盡, 或僅有存者. 余年方四十, 而懿親戚屬, 亡多存寡, 昵交密友, 亦不半在."라고 하였다. 도연명의 이 시와 뜻이 같다.

오직 육기의 〈탄서부〉에서는 '여년방사십余年方四十'이라 하였고 도연명의 시는 '내하오십년奈何五十年'이라 하였는데, 육기는 작시 때의 나이를 말하였고, 도연명은 예전부터 계산하여 이미 50년이 지났다고 한 것으로 어휘 사용이 다르다. 옛날 어린 시절에는 어른들이 말하는 늙은이들의 일에 대하여 듣지 않았더니 이제 몸소 삶의 노쇠한 일들이나 친구들이 사망하는 비운을 경험하고 있다.

만일 말하였던 옛날이 4~5세 때를 가리키는 것이라면, 도연명이 이 시를 지을 때는 아마도 54세로 의희 원년(405)이 될 것이다. 이 해는 도연명의 삶이 가장 힘들었을 때로 그는 진군참군에서 강주로 돌아와 다시 건위참군이 되었다가, 동으로 도성에 사자로 갔고 또, 팽택 현령의 임무를 맡았다가 끝내는 관직에서 물러나 고향으로 돌아갔다.

시 속의 "마치 길 위의 먼지처럼 떠 다니네飄如陌上塵", "뜻이 있어도 펼치지 못였다네有志不獲騁", "영화에는 오래 있지 못하고榮華難久居", "대장부는 천하에 뜻을 두어야지, 난 늙음을 알기 원하지 않네. 친척들 모두 한곳에 모여 살고, 자손도 여전히 편안히 살고 있네.丈夫志四海, 我願不知老. 親戚共一處, 子孫還相保.", "앞길은 대략 얼마쯤 되려는가? 멈추어 배 댈 곳을 알지 못하네.前途當幾許, 未知止泊處.", "대신 밭갈이는 본래 바라던 것 아니네, 업으로 삼아야 할 것은 밭갈이와 누에치기에 있네.代耕本非望, 所業在田桑.", "눈물을 닦으며 빠르게 동쪽으로 가며, 물결 따라 시류를 따르네.掩淚汎東逝, 順流追時遷.", "행역에 쉬지 못하고, 수레와 예복을 입고 동쪽으로 달려가네.驅役無停息, 軒裳逝東崖.", "시름겨운 사람이 무슨 말을 하랴, 아득히 봄밤은 길기도 하네.愁人難爲辭, 遙遙春夜長."를 살펴보면, 도연명의 사상 감정과 이 해에 겪었던 일들이 딱 서로 부합된다.

제10수에서는 "시간은 흘러 어언 십여 년, 잠시 세속 일에 얽매였었네荏苒經十載, 暫爲人所羈"라 하였는데, 도연명은 47세로 안제 융안 2년(398) 환현의 막부에 들어갔으니 이때에 이르러서는 이미 전후 8년으로 '십년'은 그 어림수를 취한 것이다.

• 진 안제 의희 2년 병오(406) 도연명 55세
10월, 상서에서 전투의 공을 논하고 유유를 예장군공으로, 유의는 남평군공, 하무기는 안성군공에 책봉하도록 상주하였다. 그 나머지에게는 작위와 상에 차등을 주도록 하였다. 12월, 하무기를 도독 형, 강, 예 3주 8군 제군사, 강주 자사로 삼았다.(≪자치통감≫ 114권)

무군장군 유의가 고숙姑孰에 주둔하고, 사령운을 기실참군記室參軍으로 삼았다.(≪송서≫ 67권 〈사령운전〉)

주속지周續之가 무군장군 유의의 참군으로 임명되었고, 태학박사에도 부름을 받았으나 나아가지 않았다.(≪송서≫ 93권 〈주속지전〉)

도연명이 집에서 은거하다.

〈귀원전거〉 5수, 〈귀조〉, 〈수유시상〉, 〈독산해경〉 13수를 이 해에 지었다.

〈고증〉

〈귀원전거 1〉에 "어려서부터 세속의 일에 적응을 못하고, 본성이 산을 사랑하였네. 잘못 진세에 떨어져 한번 떠나가니 삼십년 세월.少無適俗韻, 性本愛丘山. 誤落塵網中, 一去三十年."이라고 했다. 여기에서 말하는 '진망塵網'이라는 것은, 왕숙민王叔岷의 ≪도연명시전증고陶淵明詩箋證稿≫에 "〈음주 8〉에서 '내 인생 몽환 속에 있나, 무슨 일로 홍진에 끌려다니나?吾生夢幻間, 何事紲塵羈?'라고 하였는데, 그 시의 '설진紲塵'은 여기에서 말하는 '낙진망落塵網'이다. ≪회남자淮南子‧병략편兵略篇≫에서 '나는 새가 움직이지 않으면, 그물을 치지 않는다.飛鳥不動, 不絓網羅.'고 하였는데, 그 문장에서의 괘絓는 낙落(絡), 설紲과 뜻이 서로 부합된다. 강엄의 〈잡체시雜體詩‧의허정군서擬許征君自序〉에서는 '세속을 뛰어넘어 속세의 그물을 끊는다超迹絕塵網'라고 하였다. ≪문선≫ 여연제呂延濟 주에서는 '진망은 세상사'라고 하였다. 도연명이 지은 이 시의 '진망'과 〈음주〉 시의 '진기塵羈'는 역시 아울러 세상사를 비유한 것이다. 〈신축세칠월부가환강릉야행도구〉에서 '삼십 년 한가로이 거하며, 진사塵事와 떨어져 살았지閑居三十載, 遂與塵事冥'이라고 했는데, 여기서의 '진사塵事' 역시 세상사이다"라고 하였다. 왕숙민의 의견은 자못 시에 통달한 것이다.

원행패 의견: 도연명이 '진망'이라고 한 것은 '구산丘山'과 대를 이룬 것으

로 홍진을 가리키는 것이지, 벼슬길을 말하는 것이 아니다. '구림舊林', '고연故淵' 역시 일반적인 전원을 가리키는 말일 뿐 아니라 도연명이 어렸을 때의 옛집, 바로 '원전거園田居'인 것이다. '원전거'는 대부분 과목인 뽕나무가 있어서 그렇게 불리어진 것이다.("느릅나무 버드나무는 우거져 후원의 처마를 덮고, 복숭아와 오얏은 당 앞 정원에 가득하네.楡柳蔭後檐, 桃李羅堂前.")

귀원전거 제4其四에는, "오래도록 산과 못을 떠나서 지냈더니, 드넓은 들이 마냥 즐겁네. 잠깐 자식 조카들 거느리고, 덤불 헤치며 황량한 땅 걸어가네.久去山澤遊, 浪莽林野娛. 試攜子侄輩, 披榛步荒墟."라 하였으니, 도연명이 확실히 이 지역을 떠난 지 이미 오래 되었고, 이곳은 바로 그가 젊었을 때 널리 즐겼던 곳으로 이제 조카들의 손을 잡고 그 장소를 다시 노닌다는 것으로, 옛사람은 이미 다시 남아있지 않다는 것을 알 수 있다. 그래서 말하기를 "30년을 떠나 있었더니 세상이 완전히 달라졌다하는데, 이 말이 참으로 거짓이 아니다.一世異朝市, 此語眞不虛."라고 하였다.

일세一世라는 것은 30년이다. 이로부터 '일거삼십년一去三十年'이 옳고, '十三年'은 함부로 고친 것을 알 수 있다. 속세의 그물에 잘못 떨어진 것은 응당 스스로 홍진에 들어간 때부터 계산한 것이다. 본 《회고》는 25세 아래에 그가 홍진에 옮긴 것을 기록하였으니, 이때부터 홍진의 그물에 떨어졌던 것이다. '일거삼심년'이라는 것은, '원전거'로부터 떨어진 것이 30년이라는 것이다. '원전거'는 도연명이 기거했던 한 곳으로 (따로 '하손전사下潠田舍' 등이 있다), 그가 젊었을 때 살았던 곳이다. 약 25세를 전후로 이곳을 떠났고, 이 해에 55세가 되어서야 비로소 다시 '원전거'로 돌아왔으니 대략 30년이 된다.

'일거삼십년'은 송나라 때 간행된 《동파선생화도시東坡先生和陶詩》의 급고각장汲古閣藏 10권본, 소흥본紹興本, 증집본曾集本, 탕한주본湯漢注本, 이공환본李公煥本이 모두 '삼십년'이라고 하였고, 또한 모두 주석에다 이견을 달지 않았다. 오인걸의 《도정절선생연보》에서 "태원 계묘에 선생이 처음 강주좨주가 되었고 을사년에 이르러 팽택에 갔다가 돌아왔으므로 갑자로 한 바퀴 돌았으니 삼십년이라고 하는 것은 마땅치 않고, '일거삼십년'이라고 하는 것이 당연하다"라고 하였다.

원대의 유리劉履 ≪선시보주選詩補注≫ 5권에서는, "삼三은 넘긴다(유逾)는 것이다. 혹 십자十字라는 글자 아래에 있다"라고 하였다. 하맹춘何孟春의 ≪주注≫에서는, "정절연보에 따르면, 태원 18년에 처음으로 강주 좨주가 되었고 당시 나이는 29세이니 〈음주〉의 '쟁기 내던지고 나가 벼슬자리를 구했었지, 이때는 30에 가까운 나이.投耒去學仕, 是時向立年.'라는 시구에 딱 들어맞는다.

이 시로 유추해 보면, 팽택에 갔다가 돌아온 것이 겨우 13년이다. 여기에서 30년이라고 말한 것은 잘못이다"라고 하였다. 도주에서 "'삼三'은 '이미(이已)'라고 하고 유逾라고 하지 않았다. '삼시도하三豕渡河'도 '이已'가 '삼三'으로 오인된 것이 오래되었다"라고 하였다. 이 후에 주석가들은 대부분 '십삼년'을 채택하였다. 왕숙민의 ≪도연명시전증고≫에서는 '삼십년'을 채택하며, "도연명은 태원 18년부터 강주 좨주가 되었으며 팽택령을 지내다 돌아온 그 사이에 12년이 지나, 그때가 의희 원년(2년이 아니다)이었으니, 당연히 '일거이십년 一去二十年'이라고 해야 맞는 것이다"라고 하였다.

유리劉履는 '삼三은 틀림없이 넘다逾의 뜻이다三當作逾'라고 하였다. 그러나 유逾는 근거 없이 잘못 삼三이 되었다. 도주陶澍는 '삼三은 틀림없이 기己의 뜻이다三當作己'라고 하며, ≪여씨춘추呂氏春秋·찰전편察傳篇≫의 '삼시도하三豕渡河'를 증거로 들었다. 그러나 '삼시三豕'는 바로 '기해己亥'의 오기이지만, 삼三이 잘못 기己 된 것은 아니다.

내 생각으로는 '삼십년'이라고 하는 것이 잘못된 것은 아니다. 정전程傳은 〈여자엄등소與子儼等疏〉의 '젊어서 집이 가난하여, 이리 저리 떠돌아다녔다少而窮苦, 東西遊走'를 인용하여 계산하였는데 옳은 방법이다. 도연명이 처음 강주 좨주가 되었던 시기를 가지고 계산하여 마침내 이설이 분분하게 된 것이다. 또한 '일거삼십년一去三十年'과 제 4수 '일세이조시一世異朝市' 두 구는 서로 대응되는 것으로, 30년이 한 세대이므로, 이 '삼십년'은 오류가 없다. 음절을 가지고 말하여도 역시 '삼십년'이라고 하는 것이 좋다.

원행패 의견: 각 송본宋本의 정문正文은 모두 '삼십년三十年'이라고 되어 있는데, 뒤에 소위 '삼십년', '유십년', '기십년'이라 하는 것들은 모두 억지로 고쳐서 잘못된 것이다. 그 이유는 바로 도연명의 나이를 주요하게 여겼기 때문이다. 억지로 향년 63세에다 끌어 맞추고서는, 29세에 출사하고 41세에 팽택령을 사임하였다고 하여 마침내 본래는 고칠 수 없는 정문正文을 억지로 고쳐버린 것이다. 만약 본 《회고》가 교정한 도연명의 나이에 의거하자면, 약관(20세)의 나이에 동서로 떠돌아 다녔으나 때가 되면 다시 원전거로 돌아오고자 하였다. 대략 25세 전후로 '원전거'를 떠나 다시는 돌아오지 않았으며, 54세에야 비로소 팽택령을 사임하고 '귀원전거'하였는데 이것이 바로 소위 '일거삼십년'이라는 것이다.

〈귀조歸鳥〉는 이해 가을과 겨울이 교차하는 시기에 쓴 것이다. 왕요는 《도연명집주》에서 "시에서 귀조를 노래하였는데, '어찌 벼슬길을 생각하랴? 기쁘게 옛 보금자리에 돌아오네豈思天路, 欣及舊棲'와 같은 시구는 모두 '철새는 옛 숲을 잊지 못하네羈鳥戀舊林'와 같은 뜻이다. 마땅히 〈귀원전거〉 5수와 같은 시기에 팽택에서 전원으로 돌아온 후에 쓴 것이다"라고 하였다. 왕요의 의견이 옳다. 시에서 "저녁 노을 날씨는 맑은데, 한가로이 즐기는 마음.日夕氣淸, 悠然其懷."이라고 하였다. 역시 "동쪽 울타리 아래에서 국화를 따다가, 한가로이 남산을 보게 되었네. 산 기운은 저물녘이 되어 아름답고, 나는 새들이 더불어 돌아온다.采菊東籬下, 悠然見南山. 山氣日夕佳, 飛鳥相與還."의 뜻으로 마땅히 같은 시기에 지은 것이다.

〈수유시상酬劉柴桑〉은 대략 이해 가을에 지은 것이다. 유시상劉柴桑은 바로 유정지劉程之이며, 자는 중사仲思이고, 일찍이 시상령을 지냈다. 여산에 은거하였고, 호가 유민이다. 도연명과 입산하기로 약속하였으나 도연명이 싫어하자 시로 답을 하였다.

시는 농사짓는 일과 가족의 즐거움을 노래하였다. "외딴 거처에 인간사

드물다窮居寡人用", "탐스런 이삭은 남쪽 두둑에서 잘 자라네嘉穗養南疇", "부인으로 하여금 아이들 거느리게 하고, 좋은 날을 택하여 멀리 산에 올라가네命室携童弱, 良日登遠遊" 등의 구절은 〈귀원전거〉의 "들에는 세상사 드물고, 궁벽한 골목에는 수레 소리 드물다野外罕人事, 窮巷寡輪鞅", "남쪽 들판을 개간하리니, 명예를 다투지 않고 전원에 돌아가노라開荒南野際, 守拙歸園田", "잠시 아이와 조카들을 거느리고, 덤불 헤치며 황폐한 마을 걸어가네試攜子侄輩, 披榛步荒墟"라고 한 시구들과 뜻이 같고 대개 같은 시기에 지은 것이다.

〈수유시상〉에서 "부인으로 하여금 아이들 거느리도록 하였다命室攜童弱"라고 했는데, 이 해는 그의 어린 아들이 16세였으니 딱 들어맞는다. 왕요의 ≪도연명집주≫는 이 시를 〈화유시상和劉柴桑〉과 마찬가지로 의희 10년(414)에 쓴 것이라 했는데, 녹흠립의 ≪도연명집주≫, 등안생의 ≪도연명연보≫ 모두 이 시와 〈화수유시상〉은 의희 5년에 지은 것으로 보았다.

그러나 세세히 시의 뜻을 헤아려 보면, 두 수의 시는 동시에 지은 것이 아니다. 〈수유시상〉은 의희 2년에 지은 것이고, 의희 5년 유유민이 또 도연명을 초청했을 때 도연명이 〈화유시상〉을 쓴 것이다. 이화李華의 ≪도연명수화유시상시계년陶淵明酬和劉柴桑詩繫年≫에서 〈수유시상〉은 〈화유시상〉보다 일찍 쓴 것이라고 하였는데, 이화의 의견이 옳다. 이시카와 타다히사石川忠久는 이 두 시의 유시상은 유유민이 아니고, 정시상과 더불어 전후로 시상령을 지냈던 현직의 유 아무개劉某라고 생각하였다. 기록을 해서 참고하도록 하였다.[15]

〈독산해경 13〉는 대략 이 해에 쓴 것이다. 제1수에서, "뭇 새들은 의지할 곳 있음에 기뻐하고 나 역시 나의 여막을 사랑하네衆鳥欣有托, 吾亦愛吾廬", "외진 골목길 수레소리 아득히 들리고, 벗들의 수레도 돌아간다네窮巷隔深轍, 頗回故人車"는 〈귀원전거〉의 "들 밖에 머물며 왕래가 적고, 외진 골목에는 수레소리 드물다野外罕人事, 窮巷寡輪鞅"의 생활과 서로 비슷하다. "즐겁게 봄 술을 마

---

15 오비린대학 ≪중국학논총中國文學論叢≫ 제3호, 1972년 6월 출판.

시고자, 채마밭의 채소를 뜯어 오네歡然酌春酒, 摘我園中蔬"라는 시구로 보면 분
명히 한거하며 몸소 농사지을 때 지은 것이며, 생활에도 아직 여유가 있다,
일단 〈귀원전거〉, 〈귀조〉와 같은 해 아래에 묶어둔다.

〈고증〉

〈독산해경〉에 관하여 황문환黃文煥은 "대체로 진 왕실이 쇠미함을 보인
연유로 이 시에 한스러워함을 기탁한 것이다", "슬프게도 왕조가 바뀐 후에
어찌할 바를 모르는 비통함이 있다"(≪도시석의陶詩析義≫ 4권)라고 말하였
다. 오숭吳崧은 "이 몇 수를 살펴보면, 모두 찬탈과 시해의 일을 함축하고
있다"(≪논도論陶≫)고 말하였다. ≪도연명집주≫에서는 "진 왕조는 왕돈,
환온 부터 유유에 이르기까지 공共, 곤鯀처럼 이어졌고, 축출시키는 것을
듣지 못하였는데, 큰 권세는 이미 상실되어서 찬탈과 시해가 이루어진 것이
다. 이것은 선생이 황묘함을 언어에 의탁한 것인데, 잠시 물외에 마음을
기탁하여 끝내는 재앙의 근원까지 본질을 미루어 그 참을 수 없는 고통을
표현하고자 한 것이다"라고 하였다.

왕요의 ≪도연명집주≫에서는 "황제는 신중하게 인재를 발탁해야 한다
帝者愼用才", "대략 진 왕실의 멸망에 대해 개탄한다"라 하였다. 또 〈독산해
경 11〉에 근거하여서 "분명히 유유에게 시역을 당한 것에 대해 쓴 것이다.
송 무제 즉위 후에 바로 진 공제를 폐하고 영릉왕으로 삼았고, 영초 2년
9월에는 독주로 영릉왕을 살해하려 하였는데 왕이 독주를 마시려 하지 않
자 암살하였다.

시의 첫 수에는 '한여름 초목이 자라나孟夏草木長'라고 하였으니 이 시는
영릉왕이 피살된 다음 해에 지은 것으로, 송 무제 영초 3년 임술(422)에
지은 것이다'라고 하였다. 녹흠립의 ≪도연명사적시문계년≫은 이 시를 의
희 4년 술신(408)에 두고서, "이 해 6월에 화재가 났다. 〈독산해경〉은 화재
가 나기 전의 작품이다'라고 하였다. 등안생의 ≪도연명연보≫에서는, 〈독
산해경 1〉과 〈귀원전거〉가 "서술한 정황이 서로 유사하다. 이에 의거하자

면 두 시의 창작 시기가 매우 가깝다"라고 하였다.

또 이렇게 말했다. "'큰 간신은 권위와 폭력을 제멋대로 사용한다巨猾肆威暴'는 마땅히 환현의 찬탈과 반역을 말한다", '황제는 인재를 신중히 등용해야 한다帝者愼用才'의 구절은 역사교훈을 총결하는 것으로, 옛일을 교훈삼고 후대를 경계하려는 뜻이 분명하게 드러난다. 진 황실의 영락을 개탄하고 진 황제의 폐위에 아파하며, 또 다시 전철을 밟을까 걱정하는 것, 이것이 〈독산해경〉의 은근한 뜻이 아닐까?"

원행패 의견: 등안생의 ≪도연명연보≫의 기록연도가 옳다. 그러나 황문환黃文煥 등은 이 시가 유유가 진 황실을 찬탈한 것을 함축한 것이라 했고, 등안생은 이 시가 환현이 진을 찬탈한 것을 가리키는 것이라 하였는데, 아마도 두 사람 모두 자신의 의견을 만족시키기 어려울 것이다. 〈독산해경 11〉에서 '거활사위폭巨猾肆威暴'이라고 하였는데 그 배경은 ≪산해경·서산경≫과 ≪산해경·해내서경≫에 보인다. 하나는 '고鼓'와 '흠비欽䲹'가 '보강葆江'을 죽여, 황제의 징벌을 받게 되는 것이고 다른 하나는 '이부貳負'와 '위危'가 '알유窫窳'를 살해하여 황제의 징벌을 받는 것이다.

이 두 사건은 모두 찬위에까지 이르지 않았으니, 유유나 환현이 진 왕실을 찬탈한 것과는 같은 종류가 아니니 반드시 억지로 가져다 붙일 필요는 없다.

제13수에서, "대신은 우뚝하니 조정과 나라에 드러나니 제왕은 인재를 씀에 신중해야지岩岩顯朝市, 帝者愼用才"라고 한 것은, 단지 일반적인 견해를 말한 것으로, 역시 진 왕실이 유유 환현을 등용함에 신중을 기했어야 한다고 갖다 붙일 필요가 없다. 제1수에서, "목천자전을 두루 읽고, 산해경도를 슬쩍 훑어보네. 위 아래로 우주를 다 돌아보니, 즐겁지 않을 수 있겠는가?泛覽周王傳, 流觀山海圖. 俯仰終宇宙, 不樂夫何如?"라고 하였다. 기서를 두루 보고 우주를 보는 즐거움을 분명히 밝힌 것으로, 어떻게 분노함이 있겠으며 무슨 깊은 뜻이 있겠냐고 하였다.

탕한이 〈술주〉를 해석한 이래로 어떤 사람들은 도연명의 시가 함의를 많이 가지고 있으며, 〈독산해경〉의 내용도 황당하다 하여 더욱 쉽게 그 뜻을 이리저리 추측하여 너무 깊이 천착함에 빠지는 실수를 범하는 것 같다. 원대의 유리劉履는 《선시보주》 5권에서, "어휘가 비록 현묘하고 신비롭고 기이하나 깊은 뜻은 없는 것 같다"고 하였다. 또 "내가 생각하건데, 도연명은 가끔 《산해경》을 읽으면서, 고금의 지괴류가 기이한 이야기를 많이 기록하면서 종종 도에 충실하지 않다고 여기고, 심심풀이로 읊어서 잠시 토론하지 않고 둔다는 뜻을 밝히고 있다. 만일 그것을 풀이하려고 한다면 너무 깊이 천착하는 오류에 빠지는 것이다"라고 했다. 이 의견이 가장 잘 통한다.

• 진 안제 의희 3년 정미丁未(407) 도연명 56세

도연명은 집에서 은거하였다.

"5월 갑신일(6일) 정씨에게 시집간 누이의 복제服制 기간이 재주再周가 되어, 내가 양과 돼지로 제사에 올리고 땅에 술을 부어 추도하노라!"라고 하였다(역자 주: 복제服制는 상복喪服에 관한 예제禮制를 말한다. 도연명이 정씨程氏를 위해 입은 상복은 대공복大功服으로, 대공을 입는 기간은 9개월이다. 도연명이 제문을 지은 지 18개월이 되어 "복제재주服制再周"라고 한 것이다).

〈연우독음連雨獨飮〉시가 있다. 시에서 "스스로 지조를 품고 힘써 살아온 지 40년이 되었네.自我抱玆獨, 僶俛四十年."라고 하였는데, 〈무신세유월중우화戊申歲六月中遇火〉의 "머리 묶은 후부터 지조를 간직하다가 문득 지나간 40년이 되었네.總髮抱孤介, 奄出四十年."와 뜻이 같다. "포자독抱玆獨"은 "포고개抱孤介"의 뜻이며, "총발總髮" 시기는 즉 15세 이상을 말한다. 이 두 구는 마땅히 연독連讀해야 하며, "抱玆獨"이라고 한 이후 이미 40년이란 뜻이므로, 이 시는 55, 56세에 지은 것이다.

왕요의 《도연명집陶淵明集》에서는 40세에 지은 것이라고 하였는데, 녹흠립의 《도연명연보고陶淵明年譜稿》의 주석 및 등안생의 《도연명연보陶淵明年譜》 또한 이와 같으니 아마도 잘못 읽은 결과일 것이다. 도연명이

"스스로 지조를 품은自抱獨" 이래로 40년이라는 뜻이지 40세를 말한 것이 아니다. 게다가 시의 첫머리에서 "인생의 운명은 반드시 끝나 돌아가니 예로부터 그렇게들 여겼었네.運生會歸盡, 終古謂之然."라고 하였고, 결미에서 "몸이야 오래전에 이미 죽었다고 한들, 이 마음이 있다면 다시 무엇을 말하랴! 形骸久已化, 心在復何言!"라고 하였으니, 결코 40세 무렵의 어투가 아니다. 40세에 지은 〈영목榮木〉과 대조해 보면 충분히 알 수 있다. 위 〈연우독음〉은 늙음을 한탄한 것이 명백함으로 56세에 연결시키는 것이 옳다.

〈감사불우부感士不遇賦〉는 대략 이 해에 지었다. 도연명이 이년 전 겨울 팽택령을 사직하고 은거하였는데, 이 해 동중서의 〈사불우부士不遇賦〉와 사마천의 〈비감사불우부悲感士不遇賦〉를 읽고 백이, 숙제 및 상산사호商山四皓의 "어디로 돌아갈까安歸"라는 탄식과 굴원屈原의 "끝이로다!已矣"라는 애달픔에 생각이 이르러 이 부를 지은 것이다. 부賦에서 "차라리 궁함을 고수해 뜻을 이룰지언정 억지로 굽혀 자신에게 누가 되어서는 아니 되리. 이미 높은 관직을 영광으로 삼지 않았으니 어찌 헌 솜의 도포를 부끄러워하랴? 진실로 잘못 깨우쳐 졸함을 취하고자 짐짓 기쁜 마음으로 산다오. 고독한 정회를 껴안고 세상을 마치리니 조정의 후한 대우일랑 사양하려네.寧固窮以濟意, 不委曲而累己. 旣軒冕之非榮, 豈縕袍之爲恥. 誠謬會以取拙, 且欣然而歸止. 擁孤襟以畢歲, 謝良價於朝市."라고 하였으니, 여전히 처음 원전園田에 돌아왔던 어투이다.

〈여자엄등소與子儼等疏〉는 대략 이 해에 지었다. 〈여자엄등소〉에 대해 ≪송서≫, ≪남사≫ 중의 〈도잠전陶潛傳〉에서는 〈여자서與子書〉라고 하였다. "소疏"는 서신으로 도연명과 같은 시대의 뇌차종雷次宗도 〈여자질서與子姪書〉를 썼는데 ≪송서≫ 본전에 보인다. 아마도 당시 이와 같은 문체가 성행한 듯하다. 뇌차종의 〈여자질소〉에서 "내 나이 이미 50을 넘었다.犬馬之齒, 已逾知命."고 하였는데 이는 임종 때의 유언이 아니듯이, 도연명의 〈여자엄등소〉 역시 임종 때의 유언은 아닐 것이다.

또한 ≪송서≫, ≪남사≫, ≪책부원귀冊府元龜≫에 기록된 것은 도연명의 각종 작품집과 다르다. 가령 〈여자엄등소〉에 "내 나이 50을 넘은 바, 어려서부터 곤궁했으며, 매양 집안이 가난해, 동으로 서로 돌아다녀야 했다. 성질은 고집스럽고 재주는 졸렬하여 사람들과 어그러짐이 많았으니, 자신을 헤아려 보매, 반드시 세속의 환란을 받으리라 여겼다. 애써 세속을 벗어나려다 보니, 너희들을 어려서부터 굶주리고 춥게 하였구나!吾年過五十, 少而窮苦, 每以家弊, 東西遊走. 性剛才拙, 與物多忤. 自量爲己, 必貽俗患. 僶俛辭世, 使汝等幼而饑寒!"라고 하였다.

《남사》와 《책부원귀》에서는 모두 "내 나이 50을 넘었는데, 곤궁하여 고통이 심하구나.吾年過五十, 而窮苦荼毒."라고 하였다. 각종 도연명 작품집에서는 "내 나이 50을 넘은 바吾年過五十" 다음에 "어려서부터 곤궁했으며少而窮苦"와 연결하고 있으나 글의 뜻이 이어지지 않는다. 《송서》, 《남사》, 《책부원귀》처럼 "내 나이 50을 넘은 바, 곤궁하여 고통이 심하구나.吾年過五十, 而窮苦荼毒."라고 해야 뜻이 통하여 문장이 된다. 그 의미는 50세 이후에도 여전히 곤궁하여 고통이 심해 어쩔 수 없이 "동서로 떠돌아다니다"가 관리가 되었다는 뜻으로, 53세 때 진군장군鎭軍將軍 유유의 참군參軍에 임명되어 심양尋陽으로부터 경구京口로 부임했고 54세 때 건위장군建威將軍 유경선劉敬宣의 참군參軍에 임명되어 도읍에 사자로 간 일, (8월) 팽택현령이 된 일 등을 말한다.

이른바 "성질은 고집스럽고 재주는 졸렬하여 사람들과 어그러짐이 많았으니, 자신을 헤아려 보매, 반드시 세속의 환란을 받으리라 여겼다. 애써 세속을 벗어나려다 보니.性剛才拙, 與物多忤. 自量爲己, 必貽俗患. 僶俛辭世."는 즉 팽택령을 사직하고 귀은한 일을 가리킨다.

이른바 "애써 세속을 벗어나려다 보니僶俛辭世"는 위의 "내 나이 50을 넘은 바吾年過五十"와 이어지므로 틀림없이 50세 이후의 일이다. "사세辭世"는 《남사》 본전에서 "사사辭事"라고 하였으니, 아마도 당唐 이세민李世民의 이름을 피하여 고친 것으로, 그 뜻은 관직을 사직하고 귀은함을 말한다. "민면僶俛"은 면력勉力하다는 뜻으로, 도연명이 먼저 팽택령을 구하고 군부軍府를 벗어난 연후에 관직을 사직한 것과 서로 부합한다.

위 시문에 근거하면, 도연명이 관직을 사직하고 은거한 것은 50세 이후의 일로, 본 ≪도연명연보휘고陶淵明年譜彙考≫에서 56세에 배치하였으니 큰 무리가 없을 것이다. 만약 '63세 설, 56세 설, 52세 설, 51세 설, 59세 설' 등을 취한다면, 대략 관직을 사직하고 은거한 것은 가장 늦어도 41세가 되어, 모두 위 시문과 일치하지 않게 된다. 또한 "내 나이 50을 넘은 바吾年過五十"는 과거의 일을 회상하여 이야기한 언어로 위 시문을 지을 때의 연령이 아니다. 도연명은 장남을 대략 35세에 낳았고 막내는 43세 때 얻었다. 도연명이 50세 때 장남은 15세이고 막내는 7세이다. 도연명이 53세 때 진군참군鎭軍參軍에 임직하였을 때 장남은 18세, 막내는 10세이다. 도연명이 54세에 팽택현령을 사직하였을 때 장남은 19세, 막내는 11세가 된다. 〈여자엄등소〉에서 "너희들로 하여금 어려서 굶주리고 춥게 하였구나!使汝等幼而飢寒"라고 하였으니, 자식들의 연령대와 서로 부합한다. 〈여자엄등소〉에서 "너희들이 어렸을 때 집안이 가난하였다.汝輩稚小家貧"하였으니, 자식들의 연령대와 서로 완전히 일치한다.

• 진 안제 의희 4년 무신(408) 연명 57세

정월, 유의 등은 유유가 조정에 들어가 정사를 보좌하는 것을 바라지 않아, 상의하여 (중령장) 사혼을 양주자사로 임명하였다. 유유가 참군 유목지의 계책을 쓰자, 조정에서 유유를 불러 시중 차기장군, 개부의동삼사, 양주자사, 녹상군사에 임명하고, 서주, 연주 2주의 자사 직은 원래와 같이 겸임하도록 하였다. 유유가 상주하여 연주자사 직은 해임되었다. 유목지가 유유에게 권간하여 "진 조정이 정치를 잃은 지 이미 오래입니다. 천명은 이미 변하고 있습니다"라고 하였다.(〈송서〉1권 〈무제기〉, 〈유목지전〉 42권)

도연명은 집에서 은거하였다. 6월중 화재를 만나 잠시 방주舫舟에서 기거하였다. 7월 가을에 〈무신세유월중우화戊申歲六月中遇火〉를 지었다.
〈고증〉
〈무신세유월중우화戊申歲六月中遇火〉에 대해, 63세설을 주장하는 자는

44세에 배치했고, 양계초는 56세설을 주장하여 37세에 배치하였다. 고직은 52세설을 주장하며 43세에 배치하였고 등안생은 59세설을 주장하며 40세에 배치했다.

원행패 의견: 시에서 "머리 묶은 후부터 홀로 지조를 간직하다가, 어느덧 40년이 지났네.總髮抱孤介, 奄出四十年."라고 한 것이 이곳의 관건이다. 양계초는 56세설을 주장하였으나 "사십四十"을 억지로 바꾸어 "사구四九" 즉 36세로 보았다. 양계초는 "도연명 작품집 중 기년紀年이 기록된 시로 〈무신세유월중우화戊申歲六月中遇火〉 1수가 있는데, 시에서 '머리 묶은 후부터 홀로 지조를 간직하다가, 어느덧 40년이 지났네.總髮抱孤介, 奄出四十年.'라고 한 것을 보면 그의 연령이 이미 40을 넘었던 것 같다. 그렇다면 신축辛丑 30세, 신유辛酉 50세 때 지은 여러 시문詩文과 서로 모순된다. 나는 이곳의 '십十' 자는 '구九'자가 잘못 된 글자라고 생각한다. 작품집 중 십이十二를 '이륙二六'으로, 십오十五를 '삼오三五'라고 일컫었고, 오십사五十四를 '육구六九'라고 말하는 것이 많다. 위 시문에서도 '사구四九'로 삼십육三十六을 대신한 것이다. '어느덧 40년이 지났네.奄出四十年'는 막 36세가 넘었음을 이른 것이다. '십十'자를 잘못 적은 것은 아마도 글자를 판각하면서 손상되었거나 베껴 쓸 때 억측하여 바꾸었기 때문일 것이다'라고 하였다. 그러나 이른바 "신축辛丑 30세"와 "신유辛酉 50세"는 모두 양계초 본인이 추단한 것으로, 근거로 삼을 수 없을 뿐만 아니라 억지로 "사십四十"을 "사구四九"로 고쳤으니 더욱 성립되지 못한다.

고직은 52세설을 주장하였는데, "무신戊申"을 "무오戊午"로 고치면서 "여러 판본에 '戊申'이라고 되었지만, 도주는 ≪정절선생연보고이靖節先生年譜考異≫에서 ≪강주지江州志≫를 인용하여 '무오戊午'라고 하였으니, 본 시를 증명할 수 있는 좋은 근거이다'라고 하였다. 그러나 ≪강주지≫는 늦게 나왔으므로 근거로 삼을 수 없다.

등안생은 59세설을 주장하며 40세에 배치하고 "이 시제에 '무신세戊申歲'라고 명기되었고, 시에서도 '엄출사십년奄出四十年'이라고 하였다. 이에 의거하면 도연명이 무신세에 40세였으므로 도연명의 진정한 나이를 증명하는 중요한 근거임을 알 수 있다"고 하였다. 등안생의 주장 또한 성립되기 어렵다. 이미 "출出"이라고 말했으므로 반드시 40을 넘어선 것이지 정확히 40세를 말한 것은 아니다. "엄출사십년奄出四十年"은 "홀이사십년忽己四十年"과 같지 않다.

이른바 "엄출사십년奄出四十年"은 홀연히 이미 40세를 넘었다는 것이 아니라, 어느덧 이미 40여년이 지났다는 것이다. 이 두 구는 응당히 연독連讀해야 하며, 그 의미는 "총발總髮"했던 시기부터 이미 "고개孤介"를 작정하여 "간직"한 이래로 지금은 어느덧 이미 40년을 넘었다는 뜻이다. "총발總髮"은 "속발束髮"과 같다. "성동成童"의 뜻으로 15세 이상을 말한다.

만약 "총발"을 16세 이상으로 계산하여 16세에 41년을 더하면 이 시는 57세에 쓴 것이 된다. 이 해는 무신년으로 도연명은 정묘년에 죽었으니, 그의 향년은 76세가 된다. 만약 "총발"을 15세로 계산하여 42년을 더하면 이 시는 57세에 쓴 것이 된다. 본 ≪도연명연보휘고≫에서는 57세에 지은 것으로 처리하였으니 여러모로 원만하고 적절하다. "총발"에 대해서는 본 ≪도연명연보휘고≫의 15세 이하의 연보에서 상세히 설명하였다. 또한 〈진고정서대장군장사맹부군전晉故征西大將軍長史孟府君傳〉에서 "총발에서 부터 지명에 이르기까지始自總髮, 至于知命"라고 하여, 도연명은 항상 총발의 나이로 인생을 자각하기 시작한 시기로 삼았으니 참고할 만하다.

또한 이공환은 주석에서 "정절선생은 시상현의 시상리 옛 집에서 거처하였는데, 화재를 당하여 다음 해 남리南里의 남촌南村에 옮겨와 거처하였다"고 하였으나, 도주는 ≪정절선생연보고이靖節先生年譜考異≫에서 "옮겨와 살았던 나이에 대해 이공환은 무엇에 근거하였는지 모르겠다"고 하였다. 정안은 ≪도정절연보陶靖節年譜≫에서 "시상의 옛 집은 이미 허물어져 남촌南村으로 옮겨가 살았던 것에 대한 〈이거移居〉 시가 있다"고 하였다.

고직은 ≪도정절연보陶靖節年譜≫에서 "시에 '초가집 궁벽한 마을에 기거하여 기꺼이 화려한 수레를 거절하였네.草廬寄窮巷, 甘以辭華軒.'라고 하였다.

≪좌전·민공 2년≫의 기록을 보면 두예杜預는 주석에서 '헌軒은 대부大夫의 수레이다'라고 하였고, ≪좌전·정공 9년≫의 기록을 보면 두예는 주석에서 '코뿔소 수레는 경의 수레이다. 화헌華軒은 경, 대부의 수레이다'라고 하였다(선생 시에서 평소에도 화헌 두 자를 사용하고 있다. 〈영이소詠二疏〉에서 '화려한 수레 길 가득 메웠네'라고 하였는데, 이소二疏는 태자의 태박太傅과 소박少傅으로 온 조정을 떠들썩하게 전별하였으니 모두 경대부이다. 또 ≪진서·도잠전≫에서 '대체로 화헌의 부러움이 있는 줄 몰랐다'고 하였다). 화헌이 오고 간 곳은 반드시 주州, 군郡의 요충지일 것이다. 시에서 말한 '감사甘辭'로부터 그의 친밀함을 충분히 알 수 있다. 만약 깊은 산에 거처한다면 화헌은 이를 수 없으니, 어찌 궁벽한 마을로 피신해 들어와 화헌을 거절할 수 있겠는가? 이러한 까닭으로 선생이 화재를 당한 집은 반드시 남촌에 있었을 것이고, 그 시기는 반드시 무오년戊午年이지 무신년戊申年이 아닐 것이다(무신년에는 여전히 상경上京에 거처하였는데, 어찌 화려한 수레를 타고 사직할 수 있었겠는가?). ≪강주지江州志≫는 ≪도연명집≫에 근거하였으니 믿을 만하다.

고직 의견: 시에서 '온 집안에 남은 물건 없이 다 타버리니, 배 타고 숲가 문 앞에 머무르네.一宅無遺宇, 舫舟蔭門前.'라고 하였는데, 그렇다면 거처한 집은 물가와 마주한 것이다. 그래서 내가 도연명의 전집을 조사해 보니 30세 이후에는 모두 영수潁水 가에서 거처했음을 알 수 있었다. ……대체로 선생이 이전에는 상경上京에 거처하였으니 본래부터 호수와 가까웠고, 지금은 남촌에 거처하니 반드시 호수나 강에 근접했을 것이다. 이 때문에 '배 타고 숲가 문 앞에 머무르네'라고 한 것이다"라고 하였다.

등안생은 ≪도연명연보陶淵明年譜≫에서 "도연명 작품집의 〈환구거還舊居〉 중에 '상경上京에 옛 집이 있었다'고 하였다. 도연명의 사적을 고찰해 보면, 평생토록 한번 이사하여 살았다는 것이 〈이거移居〉, 〈여은진안별與殷晉安別〉에 보이는데, 그 지명은 남촌南村 또는 남리南里라고도 하며 심양尋陽의 부곽負郭(역자 주: 외성外城을 등진다는 뜻)에 있다. 〈여은진안별〉 시와 서에 의거하면, 이사하여 거처한 시기는 의희 11년 을묘년(415)으로, 화재를 당한 집은 마땅히 상경上京의 옛 집일 것이다.

이 집의 특징은 궁벽한 거리에 위치하여 한결같이 초가집으로 지었으며, 문 앞은 바로 호수이고 집 뒤에는 동산이 있어, 〈귀원전거〉, 〈독산해경 1〉에서 이에 대하여 서술한 것이 매우 명료하다"고 하였다.

원행패 의견: 화재를 당한 집은 옛 집이라고 등안생이 말하였는데 옳다고 생각한다. 여기서 말한 옛 집은 "원전園田의 거처"이다. 그러나 옛집이 상경上京에 있는지 여부와 도연명이 단지 한 번만 이사하여 살았는지 여부는 고증하기 어려워 잠시 의문으로 남겨둔다. 도연명이 팽택령을 사직하고 "원전의 거처"에 은거한 다음 해 (겨우 1년 반) 바로 화재를 당하였으므로, 시 첫 구에서 "초가집 궁벽한 마을에 기거하여 기꺼이 화려한 수레를 거절하였네"라고 한 것으로, 관직을 사직하고 전원에 귀은한 것을 가리킨다.

• 진 안제 의희 5년 을유(409) 도연명 58세

3월, 유유가 남연을 토벌하고자 표를 올렸다. 4월 건강을 출발하여 수군을 이끌고 회하로부터 사수로 들어갔다. 5월 하비에 이르러서는 행군하여 낭야에 이르렀다. 6월에는 동관에 이르렀고 임구를 점령한 후 광고를 포위하였다. 북방의 백성들이 무기와 식량을 짊어지고 유유에게 귀순한 자가 날마다 수천에 이르렀다. 9월 조정에서 유유를 태위에 봉하였으나, 유유는 끝내 거절하였다.(≪자치통감≫ 115권)

도연명이 "원전에 거처하였다"고 하였으니, 집을 수리한 후 여기서 다시 거처한 것으로 이에 대한 〈화유시상和劉柴桑〉 시가 있다.

녹흠립은 ≪도연명사적시문계년陶淵明事跡詩文繫年≫에서 "(유시상에) 화답한 시에 '산과 못으로부터 오래전 부름을 받았건만, 무슨 일로 그리 주저했던가? 다만 옛 친구 때문에, 떨어져 산다고 차마 말 못했네.山澤久見招, 胡事乃躊躇? 直爲親舊故, 未忍言索居.'라고 하였고, '초가지붕 이미 손보았으니, 새로 개간한 밭도 다시 일구어야지.茅茨已就治, 新疇復應畲.'라고 하였다.

녹흠립 견해: "작년 숲가의 집 불타 쓰러졌으나 지금은 집을 수리하였다고 하여, 모자취치茅茨就治라고 한 것이다. 여畬는 개간한지 3년 된 밭이다. 도연명은 의희 2년 남쪽의 황무지를 개간한지 이미 3년이 되었으므로 '새로 개간한 밭도 다시 일구어야지'라고 했다."

원행패 의견: "녹흠립의 주장이 옳다고 생각한다. 시에서 "오래전 부름을 받았다"고 한 것은 의희 2년 이미 (현령인 유유민劉遺民이 여산에) 입산하자고 도연명을 부른 것이다. 도연명이 동의하지 않자 다시 불렀다. 이에 도연명은 〈화유시상〉에서 "산과 못으로부터 오래전 부름을 받았건만, 무슨 일로 그리 주저했던가? 다만 옛 친구 때문에, 떨어져 산다고 차마 말 못했네. 山澤久見招, 胡事乃躊躇? 直爲親舊故, 未忍言索居."라고 했다. 도연명은 이미 집에서 은거하고 있었는데, 유유민은 어떠한 일로 다시 불렀는가? 유유민은 이미 입산하여, 수 년 전 혜원慧遠 등과 함께 서원을 세웠으니, 일찍이 불문佛門에 귀의한 것이다. 유유민은 여산에 입산하자고 도연명을 부르면 집안사람들과 떨어져 "삭거索居"할 것이라고 생각하였다.

이러한 까닭으로 도연명은 위 두 수의 시에서 은거, 친구 및 집안사람들과의 단란한 즐거움을 말한 것이다. 가령 "약한 여인 비록 사내답지 않아도, 마음을 위로함에는 진정 없는 것보다 나으리! 弱女雖非男, 慰情良勝無!", "집사람 부르고 아이들 데리고 좋은 시절 산에 올라 멀리 놀러 가리라!命室携童弱, 良日登遠遊!"라고 하여 차마 집을 떠날 수 없는 뜻을 표명하고 있다. "삭거索居"는 무리를 떠나 홀로 거처하다는 뜻으로 ≪예기禮記・단궁상檀弓上≫에 "내가 친구들을 떠나서 흩어져 외로이 산 것이 이미 오래이기 때문이다.吾離群而素居, 亦已久矣."라고 하였다. 〈수유시상酬劉柴桑〉에서 "지금 내가 즐겁지 않다면, 내년이 있을지 없을지 어찌 알리!今我不爲樂, 知有來歲不!"라고 하였고, 〈화유시상〉에서는 "가고 또 가고 백년이 지나면 몸도 이름도 함께 사라져 버릴 것을!去去百年外, 身名同翳如!"이라고 하여, 지금의 세상을 중시할 뿐 내세를 고려하지 않고 있음을 표명하고 있다. 이는 유유민이 〈서원문誓愿文〉에서 함께 극락세계에 왕생하자고 기약한 것과 완연히 다르다.

이에 대해서는 〈기유세구월구일己酉歲九月九日〉 시가 있다.

• 진 안제 의희 6년 경술(410) 도연명 59세

2월 유유가 (남연의 수도인) 광고성을 점령하고 모용초를 포로로 잡아 건강으로 압송하여 참수하니 남연은 멸망하였다. 5월 노순이 상락주에서 유의에게 패하여 건강을 향해 다가갔다. 유유가 귀환하여 7월 노순을 심양에서 패퇴시켰다. 12월 유유가 노순을 대파하였다.(≪자치통감≫ 115권)

노순이 심양에 있을 때 여산에 가서 혜원을 알현하였다. 유유가 추격하여 토벌하였는데, 일찍이 사자를 파견하고 서신을 보내 안부를 물었다.(≪고승전≫ 6권 〈석혜원전〉)

도연명은 집에서 은거하였다.

〈경술세구월중어서전획조도庚戌歲九月中於西田獲早稻〉가 있다.

정복보는 ≪도연명시전주陶淵明詩箋注≫에서 "9월에 수확하는데 이르지 않다. 하손전에서는 8월에 수확하는데 또한 이르다고 하지 않는다. 오늘날 심양 지역의 풍속에 빠르게는 6월에 벼를 수확한다. 다른 판본에 조루는 한루旱稻으로 되어 있으며, '산중山中', '풍기風氣' 구가 있다. 잠시 위 학설을 기록하여 기록해둔다"라고 하였다.

원행패 의견: "구월중획조도九月中獲早稻"라고 하였는데 계절과 부합하지 않는다. "조루"자는 "한루"자의 잘못일 가능성이 없는 것은 아니다. 시에서 "산중이라 서리와 이슬이 많으며 바람 기운도 일찍 차갑구나.山中饒霜露, 風氣亦先寒."라고 하였으니, "서전西田"은 산중에 있으며 심은 벼는 아마도 한도旱稻일 것이다.

유수령游修齡의 ≪중국도작사中國稻作史≫의 기록에 의하면, "한도旱稻는 육도陸稻, 능도陵稻라고도 일컫는데 남방에서 기원한다"고 하였다. 육도의 명칭은 ≪예기禮記 · 내칙內則≫에 처음으로 보이고, 능도의 명칭은 ≪관자管子 · 지원편地員篇≫에 처음으로 보이며, 한도의 명칭은 ≪제민요술齊民要術≫에 처음으로 보인다. 오늘날 운남성 남부 산간 지역에서 여전히 심고

있는데, 4월에 파종하여 "9월말 10월초 수확한다"고 하였다.[16]

• 진 안제 의희 7년 신해(411) 도연명 60세

정월 유유가 건강으로 돌아왔다. 3월 유유가 태위 중서감 직을 받아들여, 유목지를 태위사마로 삼고, 진군의 은경인을 행참군으로 삼았다. 4月 노순이 교주에서 패주하였는데, 자사 두혜도가 그를 대파하니 노순은 물에 빠져 죽었다. 후장군 유의가 강주도독 겸 자사에 임명되었는데, (강주의 군부軍府를) 예장으로 옮겨 진수하도록 하였다. 유의는 심복인 조회로 하여금 천 명의 병사를 거느리고 심양을 지키도록 하였다.(≪자치통감≫ 116권)
사령운이 "유의를 따라 강주에 이르렀다. 여산에 들어가 혜원을 알현하였다."(고소백 ≪사령운집교주≫ 참고)

도연명은 남리南里의 집에서 은거하였다.
8월 사촌동생 도경원陶敬遠이 죽어 〈제종제경원문祭從弟敬遠文〉을 지었다. 제문에서 "신해년 8월 19일, 택일하여 사촌동생 경원을 안장하니 영원히 땅속에서 안식하게 되었다. ……나이 갓 서른을 넘어 갑자기 세상을 하직하고 길이 지하로 떠나가니 아득히 돌아올 기약이 없구나"라고 하였으니, 경원이 죽은 나이는 갓 30세를 넘었음을 알 수 있다.

〈고증〉
오인걸의 ≪도정절선생연보陶靖節先生年譜≫에는 다음과 같이 말했다. "〈여진안별與晉安別〉 시가 있다. 그 서문에서 '은殷은 먼저 진안晉安의 남부에서 장사연이 되어 심양에 거처하였다. 이후 태위참군이 되어 집을 동쪽 아래東下로 이사하게 되어, 이 시를 써주었다'고 하였다. 〈송무제기宋武帝紀〉에 따르면 이 해에 태위太尉에 개수改授되었다. 〈은경인전殷景仁傳〉에 따르면 송 무제의 태위행참군太尉行參軍이 되었다. 그렇다면 이른바 은진안殷晉安이 바로 경인景仁이다. 도연명이 세상을 피하여 은거하자 은경인이

16 중국농업출판사, 1995.

전임되었기 때문에 시에서 '벼슬과 은거 절로 처지가 다르니, 또한 헤어질 날 올 줄을 알았다오.語默自殊勢, 亦知當乖分'라고 하였고, '이 봄에 떠나게 될 줄이야!興言與玆春'라고 하였으니, 이 시는 봄에 지은 것이다."

이공환은 ≪이공환집전주李公煥輯箋注≫에서 시제 하단 주석에서 "경인景仁의 이름은 철鐵이다"라고 하였는데, 아마도 오인걸의 ≪도정절선생연보≫에 근거한 듯하다. 송대에 간행된 ≪동파선생화도연명시東坡先生和陶淵明詩≫, 급고각장송간 10권본汲古閣藏宋刊十券本, 소흥본紹興本, 증집본曾集本, 탕한주본湯漢注本 등에 모두 이런 주석이 없다. 이 주석은 이공환이 첨가한 것으로 도연명의 자주自注가 아니다.

정목형은 ≪도시정전陶詩程傳≫에서 "은진안의 이름은 철이고 자는 경인인데 자로 널리 알려졌다. 진안晉安은 동한시기 회계군에 속하여 군위軍尉를 두었다. 여기서는 (복주福州의) 남군南郡을 말한다. 삼국시기 오나라는 건안군建安郡에 속하였는데, 진 태강太康 3년에 진안군을 나누어 설치하였다. 유송劉宋 때에 진평군晉平郡으로 바꾸었으며, 지금의 (복건성) 복주福州를 말한다. 도연명이 기유년己酉年에 南村으로 이사하였는데, 지금은 '거세去歲'라고 하였으니 은진안과 작별한 것은 대체로 경술년庚戌年(410) 봄이다"라고 하였다.

또한 정목형은 〈도시정전〉에서 "〈한관의漢官儀〉에 '매 군郡마다 태수太守 한 사람을 두었다. 군에서는 변방을 담당하는 자로 승丞 대신 장사長史가 맡았다'고 하였다. ≪고금주古今注≫에서 '건무 14년 변방에 위치한 군에는 태수의 승을 폐지하고 장사가 승의 직분을 이끌었다'고 하였다. 여기서 '남부장사南府長史'라고 한 것은 대체로 당시에는 진안군을 한나라의 옛 제도에 따라 남군南郡에 분치分置했기 때문이다. '심양潯陽'은 '심양尋陽'이라고도 하는데, 당시 강주자사가 다스리던 곳이다"라고 하였다. 경술년은 의희 6년(410)으로, 이 해 6월 유유는 스스로 태위 중서감이 되고 황월黃鉞을 추가하였다. 다시 관직을 사임하였으나 황월을 수락했다. 〈여은진안별與殷晉安別〉에서 태위(참군)이라고 하였으니, 서문은 시보다 후에 지은 것이다.

'선先'이라고 한 것은 선생이 남리南里에 아직 거처하지 않아 이웃이 되기 전이다. '동하東下'는 건안建安으로 향한다는 뜻이다'라고 하였다.

도주는 주석에서 "탕본에는 '경인景仁의 이름은 철鐵이다'라는 글자가 없다.

도주 의견: 《남사·유담전劉湛傳》에 '유경문의 아버지가 은경인을 방문하여 태수 직을 구하였다. 유경문이 유담에게 사죄하여 "우리 아버지가 노망이 들어 은철殷鐵에게 구직하게 되었다"고 하였으니, 경은의 이름이 철鐵이라는 증거이다'라고 하였다. 도주는 《도정절선생연보고이陶靖節先生年譜考異》 의희 7년 하단에 "유유가 은경인을 행참군으로 삼은 일은 3월이라고 하였고, 시제 하단 원래의 주석에서 '은경인의 이름은 철이다'라고 하였다. 또한 〈유담전〉을 고찰해 보면, '유담의 당인黨人인 유경문의 아버지 유성劉成이 은경인을 방문하여 태수 직을 구하였다. 유경문이 유담에게 사죄하여 "우리 아버지가 노망이 들어 은철殷鐵에게 구직하게 되었다"고 하였다. 또한《남사南史·범태전范泰傳》에 '범태가 죽자, 조정에서 개부開府(막부幕府의 뜻)를 추증하려고 의론하였다. 은경인이 "범태는 평소의 명망이 높지 않으니 불가합니다"라고 하자, 왕홍이 관을 어루만지고 곡하며 "그대는 평생토록 은철을 중용하였으나, 지금은 이런 식으로 보답을 받는구려!"라고 하였다.

유지기劉知幾의 《사통史通·모의편模擬篇》에서 '일반적으로 성명을 열거할 때 그 자字를 동시에 열거하는 경우는 드물다. 만약 전후 교차로 열거하면 독자들은 저절로 명백하게 알게 된다'고 하였다. 배자야裴子野는 《송략末略》에서 '위에서 환현桓玄이라고 썼다면, 아래에서는 경도敬道라고 해야 하고, 뒤에서 은철殷鐵이라고 서술하였다면 앞에서는 경인景仁이라고 적어야 한다'고 하였다. 은殷의 본명은 철鐵로, 후에 자字로 널리 알려졌을 뿐이다'라고 하였다.

고직은 《도정절시전정본》에서 이렇게 말했다. "《문선文選》의 주석을 보면 왕은王隱의 《진서》에 '진안군晉安郡은 태강 3년에 설치하였으니, 오늘날의 천주泉州'라고 했다고 되어 있다."

고직 의견: "당대唐代의 천주泉州는 오늘날의 복주부福州府이다. 홍량길洪

亮吉은 ≪건륭부청주현도지乾隆府廳州縣圖志≫에서 "복주부는 삼국시기 오나라 건안군에 속하였는데, 진국晉國 태강 3년 처음 진안군晉安郡으로 나누어 설치하여 양주揚州에 속하였다가, 후에는 강주江州에 속하게 되었다'고 하였다. ≪통전通典≫ 33권에서 '진秦나라는 군승郡丞을 설치하여, 군군郡에서는 변방을 승丞 대신 장사長史가 맡았으며 병마兵馬를 관리하였다. 한漢나라는 진秦의 군현제를 바꾸지 않았으며, 그 후 장사長史는 군부관軍府官이 되었다'"고 하였다.

정안은 ≪도정절연보≫에서 은진안에 대해 상세히 고증하였는데, 그 요점을 간추리면 아래와 같다. "진안晉安"은 진안태수晉安太守의 생략된 문구이고, 〈서序〉의 "남부南府"는 남중랑장군부南中郎將軍府의 생략된 문구이다. 강주江州의 심양潯陽은 수도인 건강建康의 남쪽 대문으로 항상 남중랑장南中郎將 혹은 진남장군鎮南將軍이 여기에 거주하고, 그 군부라면 남중랑장부 혹은 진남장군부라고 칭하여, 이를 간단히 "남부"라고 한다.

양대梁代의 건안왕建安王 소위蕭偉는 진남장군으로 심양에 거처하였으며, 시인 하손何遜이 군부참군이 되었기 때문에, 그의 시 〈입서새시남부동료入西塞示南府同僚〉에서 소위의 군부를 칭하여 남부南府라고 하였다. 의희 년간, 맹회옥孟懷玉이 일찍이 남중랑군 강주자사로 심양에 진수한 일로 보건데, 도연명의 〈여은진안별〉 서문 중의 "남부南府"는 바로 남중랑장부南中郎將府의 생략된 문구이다. "

장사長史"와 "연掾"은 모두 공부公府 또는 군부軍府의 속관으로, 각각 그 직분을 담당하며 예속되지는 않았다. "장사"는 관리의 우두머리에 위치하며, 여러 조연曹掾의 위에 있다. 그러나 장사 자신은 속관을 두지 않을 뿐만 아니라 조연을 속관으로 삼지 않는다. 이로 보건데, 〈여진안별〉 서문 중의 장사長史는 남중랑장부의 장사이고, "연掾"은 남중랑장부의 조연曹掾이지 장사長史 자신의 수하에 둔 연掾을 가리켜 말한 것이 아님을 알 수 있다.

〈여은진안별〉 서문의 "은선작진안남부장사연殷先作晉安南府長史掾"의 은殷 모씨의 신분은 한 몸에 세 가지 임직을 겸하고 있어, 남중랑장부의 장사의 직무로 진안 태수 겸 조연을 영도한 것이다. 그가 진안 태수 직을 관할하였기 때문에 그를 은진안殷晉安이라고 칭한 것이고, 그가 남중랑장부의 장사의 직무로 진안 태수 겸 조연이기 때문에 심양에 거처하게 된 것이다.

등안생의 《도연명연보》에서 서문을 분석하고 해석한 후, 은진안이 바로 은은殷隱이라고 고증하였으니, "《연사고현전蓮社高賢傳·혜원전慧遠傳》에서 말하길 '혜원이 지은 〈불영명佛影銘〉 5수를 복제하여 바위에 옮기면서, 강주태수江州太守 맹회왕孟懷王, 별가別駕 왕교지王喬之, 상시常侍 장야張野, 진안태수晉安太守 은은殷隱, 황문黃門 모목지毛穆之, 주부主簿 은위殷蔚, 참군參軍 왕목야王穆夜, 효렴孝廉 범열지范悅之, 은사隱士 종병宗炳 등이 모두 명문銘文을 짓고 찬송하였다'고 하였다."

"위에서 서술한 내용을 종합하면, 〈여은진안별〉 중의 은진안은 은경인을 가리켜 말한 것이 아니고, 진안태수 은은을 말한다. 의희 8년, 은진안은 맹회옥의 남중랑중장부의 장사가 되어 진안군수 직을 이끌었으며, 군부의 조연을 겸직하며 심양에 거처하였다. 의희 11년, 맹회왕이 죽자, 유류劉柳가 강주태사 직을 계승하였고, 안연지는 유류를 후군공조後軍功曹로 삼고 심양에 와서 거처하였다. 이 해에 도연명은 시상柴桑의 '마음이 소박한 사람으로聞多素心人', 상경上京의 옛 집으로부터 시상의 남촌으로 이사하여, 안연지, 은진안 등과 이웃이 되었다. 그러나 다음 해 봄, 은진안은 유유의 태위참군으로 전임되어 심양에서 동하東下로 이사하였기에 도연명이 시를 지어 증별한 것이다. 이것이 바로 도연명이 남촌으로 이거移居하게 된 전말이며, 〈여은진안별與殷晉安別〉 시를 짓게 된 전 과정이다."

축총빈은 《도연명 전원시 탄생의 역사문화배경陶淵明田園詩産生的歷史, 文化背景》에서 이 시에 대해 다른 해석을 하였다. "홍량길의 《동진강역지東晉疆域志》 2권에 따르면, 동진 강주江洲의 치소는 잠깐 예장군豫章郡에 있던 것을 제외하고 오랫동안 심양군尋陽郡에 있었다. 심양군에서 관청이 있던 곳은 시상柴桑이었다. 시상에는 군치郡治도 있었고 주치州治와 군부軍府가 있었기 때문에, 많은 관료들과 군관들이 거주하였다. 도연명 시 중의

'여은진안별與殷晉安別' 서문에 은경인殷景仁이 '먼저 진안晉安의 남부에서 장사연이 되어 심양에 거처하였다.' 후에 관직을 건강建康(지금의 南京)으로 옮겼기 때문에 '동쪽 아래로 이사하였다'고 한 것이 바로 그 강력한 증거이다."

축총빈은 자주自注에서 "이 시가 증여된 사람은 바로 은경인으로, 송대宋代 오인걸의《도정절선생연보》의 주장에 근거하였다. 그러나 시제에 "여은진안별병서與殷晉安別並序"라고 하였으니 오류가 있는 듯하다.

1. 강주 진안군은 오늘날 복건성 천주泉州 일대로, (강서성) 파양호 근처에 있는 것이 아니다. 그렇다면 진안晉安에서 벼슬살이 하는 사람이 어찌하여 시상柴桑에 거주할 수 있겠는가?

2. 이미 '은진안殷晉安'이라고 칭하였으니, 당시의 관례에 따르면 진안군 태수를 지내고 있다고 스스로 가리킨 것이다(가령 ≪문선文選≫ 20권 사선원謝宣遠 시 중의 '유서양庾西陽'은 즉 서양태수 유등지庾登之를 가리키고, 사현휘謝玄暉 시 중의 '범령릉范零陵'은 영릉내사 범운范云를 가리킨다). 그러나 군 태수는 5품이고 태위참군은 7품이다(≪통전通典≫ 37권 "진관품晉官品", ≪송서宋書·백관지하百官志下≫를 참고). 전자에서 후자로 전임되어 폄적된 것인데, 어찌하여 서문과 시에 조금도 반영되지 않았는가?

3. 장사연長史掾은 군부軍府의 관리이지 주州, 군郡의 관리가 아니다. 가령 '남주南府'의 '부府'는 강주江洲의 여러 군대를 도독都督하는 군부軍府를 가리킨다. 그렇다면 결코 진안군晉安郡 아래에 배속될 이유가 없으며, 멀리 천리 밖에 있는 군郡 태수太守가 군부郡府에 와서 보잘 것 없는 장사연을 겸임한다는 것은 더욱 불가능하다. 위에서 거론한 세 가지 용례에 의거하면, 서문 '선작진안남부장사연先作晉安南府長史掾'의 '진晉'은 응당히 진조晉朝를 가리킨다. 어쩌면 이 서문은 송宋나라가 된 후 지난 일을 회상하여 진술하여 기록했기 때문에 '진晉'자를 적고 전별한 것인지도 모른다. '안남부安南府'는 즉 안남장군부安南將軍府를 말한다. 강주江洲는 건강建康의 서남쪽에 있는데, 줄곧 자사刺史가 이남 지역을 겸임했기 때문에 장군將軍을 도

독제군都督諸軍이라고 불렀다. 가령 온교溫嶠는 평남장군平南將軍이라고 하였고, 왕윤지王允之는 남중랑장군南中郞將軍이라고 하였다. 오직 은경인만이 의희 7년 유유의 태위행참군을 맡았다(《자치통감》 권116 의희 7년에 보인다).

그렇다면 군부 장사연은 반드시 이 이전이다. 당시의 장군은 하무기何無忌로(의희 2년부터 6년으로 《진서晉書》 본전本傳에 보인다), 진남장군鎭南將軍이지 '안남장군安南將軍'이 아니다. 둘 중의 하나는 반드시 잘못이 있다. 시제에 '은진안殷晉安'라고 한 것은 도연명 작품집 목록이 일찍이 소실되었기 때문이고, 후세의 도연명 작품집 또한 당시의 옛 작품집이 아니기 때문이다(《도연명연보》, 중화서국, 1986년, 342쪽. 도주陶澍의 문장 인용을 참고). 간혹 후세의 사람들이 짧은 서문을 오해하여 멋대로 정하였으니 아마도 증거로 삼을 수 없을 듯하다"고 하였다.

원행패 의견: 《송서·무제전》에 근거하고 《자치통감》을 참조하면, 유유는 진 의희 7년 3월 처음으로 태위太尉 중서감中書監의 직무를 받았다. 《통감》 의희 7년 하단에서 "3월 처음으로 유유가 태위太尉 중서감中書監의 직무를 받았고, 유목지를 태위사마太尉司馬로 임명하고, 진군陳郡 사람 은경인殷景仁을 행참군行參軍으로 임명하였다"고 명확히 말하고 하였다. 가령 도연명 시 중의 "은진안殷晉安"을 은경인殷景仁으로 본다면, 도연명의 이 시는 단지 의희 7년에 지은 것이 된다. 그러나 《송서》 63권 〈은경인전〉에 "은경인은 어려서 대성할 만한 도량이 있었는데, 사도司徒 왕시王謐가 그를 알아보고 딸로서 처를 삼게 하였다. 처음에는 유의 후군참군後軍參軍과 고조高祖의 태위행참군太尉行參軍을 맡았다"라고만 하였지, 진안군 태수 및 남주南府 장사연을 맡았다고는 하지 않았다.

《자치통감》을 고찰해 보면, 유의는 후군장군을 의희 6년 5월에 맡았다. 그렇다면 은경인은 의희 6년 5월 이후 처음으로 유유의 참군으로 벼슬살이 시작하고, 7년 3월 유유의 태위행참군으로 바꾸어 전임되었음으로, 절대로 10개월 내에 진안태수 및 남부 장사연을 맡을 리 없다.

게다가 ≪자치통감≫에서 의희 6년 "5월 무오(7일), 유의와 노순盧循이 상락주에서 전쟁을 하였는데, 유의의 군대가 크게 패하였다. ……병인(15일), 유의가 건강으로 급히 돌아와 처벌을 기다렸다. 유유가 유의를 위로하고 격려하며, 지중외유사知中外留事를 맡도록 하였다. 유의가 스스로 폄적을 청하자, 안제安帝가 조서를 내려 후장군後將軍으로 강등시켰다. ……10월 유유가 연주자사兗州刺史 유번劉藩, 영삭장군寧朔將軍 천소檀韶, 관군장군冠軍將軍 유경선劉敬宣 등을 거느리고 남으로 진군하여 노순을 공격하고, 유의를 감태위유부監太尉留府에 임명하여 후방의 잡다한 일을 전부 그에게 넘겼다. 12월 유유가 건강으로 돌아왔다. 유의가 유목지를 싫어하여 매 번 유유에게 유목지의 권력이 크다고 간언하였으나, 유유는 도리어 유목지를 더욱 친애하고 신임하였다"고 하였다. 의제 7년 4월 "유유가 강주를 겸하여 관할하고자 청하니, 안제가 조서를 내려 윤허하였다. ……유유가 신임하는 장령將領 조회趙恢를 파견하여 천 명의 병사를 이끌고 가서 심양을 지키도록 하였다"고 하였다.

이상의 내용에 근거하면, 유유가 후장군을 역임한 기간 동안 줄곧 건강에 있었으며 심양에 이른 적이 없었다. 그렇다면 은경인이 그의 참군이 되었을 당시 심양에 거주한다는 것은 불가능하다. 하물며 ≪자치통감≫에서 노순이 의희 6년 유유가 북벌하던 틈을 타 영남嶺南으로부터 장사長沙, 남강南康, 노릉盧陵, 예장豫章으로 진군하자, 2월 "하무기何無忌가 심양으로부터 병사를 이끌고 노순을 막았다"고 하였으며, 노순은 3월 패하여 죽었다. 이후 8월까지 심양은 노순의 수중에 있었는데, 강주자사 유열庾悅이 비로소 노순의 군대를 대파하고 진군하여 예장을 점거하였다. 의희 7년 4월 유의가 비로소 유열로부터 강주를 접수하여 관할하였으나, 이 해 3월 은진안은 이미 태위 유유의 참군을 맡고 있었으므로, 은경인은 근본적으로 심양에 거주했을 가능성이 없다. 도연명 시의 "은진안殷晉安"은 은경인殷景仁이 아닐 것이다.

그러나 등안생은 ≪도연명연보≫에서 은진안殷晉安이 바로 은은殷隱이라고 하였으니 변별하여 분석하지 않을 수 없다. 등안생의 ≪도연명연보≫의 유일한 근거는 ≪연사고현전·혜원전≫중의 "진안태수 은은殷隱"이다. 위에서 은은이 진안태수가 되었다고 하였으니, 도연명이 칭한 은진안일 가능성이 있다.

그러나 탕용동湯用彤의 ≪한위양진남북조불교사漢魏兩晉南北朝佛教史≫와 방립천方立天의 ≪혜원 및 그 불학慧遠及其佛學≫의 고증에 따르면, 18명의 고현高賢들이 연사蓮社를 맺은 일과 ≪연사고현전≫을 모두 믿을 수 없는데, 그 요점은 아래와 같다.

첫 번째, ≪십팔고현전十八高賢傳≫은 송대宋代 진순유의 ≪노산기盧山記≫에 보이는데, 진씨는 "동림사에 옛부터 ≪십팔현전≫이 있었는데 누가 지었는지 알 수 없다. 문자가 천박하고 왕왕 터무니없는 근거가 있어 독자들이 경시했다"고 하였다. 비록 진순유와 혜원의 후학인 회오懷悟, 지반志磐의 교정을 거쳤지만(지반志磐 ≪불조통기佛祖統紀≫ 26권 〈십팔현전〉 부주附注에 보인다.), 믿을만한 사료라고 보기 어렵다. 방립천方立天은 "이른바 〈십팔현전〉은 후대의 사람들이 옛 판본에서 잡다하게 취하고 확실하지 않은 전설을 가려 뽑아 만든 것이다"라고 하였다.

두 번째, 중당 이전에는 연사蓮社와 18고현高賢의 기록이 없었고, 중당 이후에 관련 기록에서 간간이 보이고 있는데 매우 혼란스럽다. 연사라는 명칭의 함의에 대한 해석이 다를 뿐만 아니라, 연사의 성원에 대한 주장 또한 일치하지 않고 있다. 법림法琳의 ≪변정론辯正論≫ 권3에서는 단지 유유민劉遺民, 뇌차종雷次宗, 주속지周續之, 필영지畢穎之, 종병宗炳 등 5인만 열거하고 오현五賢이라고 칭하고 있다. ≪십팔고현전≫에서 담선曇詵이 일찍이 ≪유마경維摩經≫에 주석을 달고, ≪궁통론窮通論≫, ≪연사록蓮社錄≫을 저술하였다고 하였으나, ≪고승전高僧傳≫에는 그가 ≪연사록≫을 찬술했다고는 기록하지 않았다. 뿐만 아니라 ≪연사록≫ 또한 인용한 근거가 보이지 않는다.

세 번째, 전하는 바에 의하면 원흥元興 원년(402) 연사를 결성하였으나,

그 중의 혜지慧持는 4년 전 이미 혜원을 떠나 사천四川으로 갔으며, 불타발타라佛陀跋陀羅는 의희 6년(410) 비로소 여산廬山에 이르렀으니, 이들이 연사에 참가한다는 것은 근본적으로 불가능하다. 이 외에도 불타야사佛陀耶舍 등 9명이 연사에 참가하였다는 점 또한 매우 의문스럽다.

위에서 지적한 세 가지 내용을 총괄하면, 18명의 고현이 연사를 맺었다는 것과 ≪십팔고현전≫모두 믿을 수 없다. 그렇다면 등안생의 ≪도연명연보≫가 근거한 ≪연사고현전 · 혜원전≫ 또한 의심스럽다. 정리하자면, 등안생의 ≪도연명연보≫에서 인용한 ≪연사고현전 · 혜원전≫ 가운데 이른바 "혜원이 지은 〈불영명佛影銘〉 5수를 복제하여 바위에 옮겨 새겼다"라고 운운한 것은 방증이 부족할 뿐만 아니라, 양대梁代 승려 혜교慧皎의 ≪고승전高僧傳≫에도 보이지 않아 그 진실성 또한 문제가 있다. 게다가 등안생의 주장이 축총빈이 제시한 각종 의문을 해결할 수 있는지 여부는 후에 진일보 연구하겠다. 단 등안생의 주장은 이전 학자들이 제시하지 않았던 것으로 자료가 매우 부족한 상황에서 등안생의 주장은 그 자체로 가치가 있다.

축총빈은 이른바 "진晉"은 "진조晉朝"의 "진晉"을 가리킨다고 하였으나 이 또한 의문스럽다. 이와 같이 "안남安南"을 "진남鎭南"을 고치고서 제목까지 바꾸었으니 견강부회하다고 생각된다. 하물며 "후작태위참군後作太尉參軍"이라고 한 것 역시 진晉나라의 관직인데, 구태여 "안남부安南府 장사연長史掾" 앞에 특별히 "진晉"자로 감투를 씌워 진晉의 관직이라고 표명할 필요가 있겠는가?

단 축총빈은 진안자사晉安刺史는 마땅히 심양에 거주하지 않았다고 하였으니 매우 식견이 있다. 비단 이 뿐만이 아니라 진안태수晉安太守와 군부軍府의 장사연長史掾을 겸임하였다고 하였으나, 이 둘의 관직의 등급은 엄연히 다르다. 장사연은 군부軍府의 관직을 말한 것이지 주군州郡의 관직이 아니다. "부府"는 군부軍府를 가리킨다. 진안군은 강주江州에 속할 뿐만 아니라 복건福建으로부터 멀리 있어, 강주에서 다스리는 심양尋陽에 부府를 설치할리 만무하다. 이상의 몇 가지는 의심할 바 없이 확정적이다.

제목 〈여은진안별與殷晉安別〉과 결합하여 이 시의 서문을 상세히 고찰해 보면, "은殷은 진안의 남부에서 장사연이 되어 심양에 거처하였다. 이후 태위참군이 되어 온 집이 동쪽 아래東下로 이사하게 되어, 이 시를 써주었다"라고 했다. 또 하나의 가능성은(다만 가설이다) 제목과 서문 중의 "진안晉安"이 관직 명칭이 아니고 은殷의 명名 혹은 자字라는 것이다. 서문에서 "선작先作" 두 글자는 마땅히 "진안晉安"의 뒤로 옮겨야 한다. 서문을 '은진안선작남부장사연殷晉安先作南府長史掾, 인거심양因居尋陽. 후작태위참군後作太尉參軍, 이가동하移家東下, 작차이증作此以贈'과 같이 몇 글자를 바꾸면 그 의미가 확연히 연결된다.

시제에서 인명을 칭할 때는 참작할 만한 전례가 있어야 만 한다. 예를 들면 〈시주속지조기사경이삼랑示周續之祖企謝景夷三郎〉이라고 한 것이 좋은 용례이다. 후대 사람들은 도연명의 시제 때문에 친구의 관직명으로 칭하였으며, 마침내는 "진안晉安"을 관직명으로 오인하게 되었고, 이로써 서문의 두 글자가 전도된 결과가 되었다. 이와 같은 주장은 등안생이 주장했던 해결하기 어려운 곤란함을 해석할 수 있을 뿐만 아니라, 축총빈의 주장처럼 제목을 바꾸고 서문을 재차 고칠 필요가 없어 가장 원만할 것 같다. 단 여전히 판본의 근거가 없으므로 다만 하나의 주장일 뿐이며, 확정지을 수는 없다.

축총빈이 이곳의 군부軍府를 진남장군 하무기의 군부라고 하였는데 믿을 만하고, 진남장군부를 간략히 칭하여 "남부南府"라고 하였다. 은殷은 진남장군 하무기 군주의 장사연長史掾이다. 《진서·안제기》, 《진서·하무기전》에 따르면 하무기는 의희 2년 강주자사로 승진하였다가, 5년 5월에 또다시 진남장군鎭南將軍를 더하여 제수받았으나, 6년 3월에 노순과 예장에서 싸우다 패하여 전사하였다. 은殷이 남부南府 장사연長史掾을 맡은 것은 반드시 의희 5년 정월 이후부터 6년 3월 이전이다. 유유가 의희 7년 3월 태위 직을 담임하기 시작하였을 때, 은殷은 동하東下로 이사하였으니, 은殷이 장사연을 맡은 시기는 반드시 이 이후에 있다.

시에서 "지난 해 남리로 이사오니 잠시나마 이웃이 되었네.去歲家南里, 薄
作少時鄰."라고 하였으니, 서문과 결합해 보면 주어는 마땅히 은殷이다. 그렇
다면 은殷은 의희 6년 남부南府 장사연長史掾이 되어 심양 남리에 살았으며,
얼마 후 하무기가 전사하였고, 7년 태위 유유의 참군이 되어 동하東下로
이사하게 된 것이다. 대체로 도연명과 이웃한지 1년 무렵이 되기 때문에
시에서 "박작소시련薄作少時鄰"이라고 한 것이다.

≪진서晉書≫ 99권 〈은중문전殷仲文傳〉을 고찰해 보면, "동양東陽은 하무
기何無忌가 관할하는 곳으로, (동양태수東陽太守) 은중문은 (강주자사江州刺
史) 하무기에게 부임하는 길에 방문하겠노라고 응답하였다. 이에 하무기가
더욱 그를 경앙敬仰하여 부府 중의 문인文人 은천殷闡, 공녕자孔寧子로 하여
금 문장을 짓게 하고, 그의 방문을 기다렸다"고 하였다.

하무기의 속관屬官으로 은천殷闡이라는 사람이 있지만, 성姓이 "은殷"이
라는 것만으로는 견강부회할 수 없어, 잠시 기록하여 참고하고자 남겨둔다.

• 진 안제 의희 8년 임자(412) 도연명 61세

4월 (동진의 형주자사) 유도규가 병을 핑계로 서울로 돌아가고자 하니 조정
에서 허락하였다.(동진 조정에서) 후장군 예주자사인 유의를 위장군으로 임
명하고, 형주, 영주, 진주, 옹주 등 4주 제군사 및 형주자사를 도독하게 하였
다. 유의는 당시 자신이 (신하들이 군사를 일으켜 지위가 위태로운 임금을
구원하자고) 건의했던 공로는 유유와 서로 견줄 만 하다고 여겼다. 비록 유
유를 추대하였으나 마음속으로는 불복하였다. 유의가 장강 상류 일대의 대
권을 장악한 후 암암리에 유유를 도모하려는 뜻이 있어, 교주, 광주 2주의
군사업무를 겸하여 관할할 것을 청하니, 유유가 허락하였다. 9월 유유가 유
의를 공격하였다. 유의가 패하여 목을 매 죽었다. 이 해에 심양현을 폐지하
고 시상현에 편입시키니 시상은 마침내 군에서 다스리게 되었다.(≪자치통
감≫116권)

사령운은 9월 유의를 수행하여 강릉에 이르러 위군종사중랑이 되었다.(유의
가 반란을 일으켰다가 패하여 자살하였다.) 11월 유유가 다시 복종하게 하고
자 (사령운을) 태위참군으로 삼았다.(≪송서≫ 76권 〈사령운전〉)

5월 혜원이 노산에 불영대를 건립하였다. 혜원은 〈만불영명〉후반부에서 "진 의희 8년 임자년 5월1일 함께 이 대를 세워 이 산에 불영을 그려 정성을 드렸다"고 했고 다음 해 9월 (3일) "상세히 검열하여 (강주태수 맹회옥 등 9명의) 명문을 바위에 새기었다"고 기록하였다.(《광홍명집》 제15권 혜원 〈만불영명〉)

맹회옥이 강주자사로 승진하였다.(《송서》 47권 〈맹회옥전〉)

도연명이 집에서 은거하였다.

• 진 안제 의희 9년 계축(413) 도연명 62세

구마라습이 장안에서 죽었다.(승조〈구마라습법사뢰〉)

9월 혜원이 〈만불영명병서〉를 지었다. 사령운이 혜원의 요청에 응하여, 작년 말 혹은 이 해 〈만불영명〉을 지었을 것이다.(탕용동 《한위양진남북조불교 사》 제11장 참고)

도연명이 집에서 은거하였다.

〈형영신形影神〉 시는 아마도 이 해 이후에 지은 것일 것이다.

〈고증〉

녹흠립은 《도연명사적시문계년》에서 말했다. "〈형영신〉 시는 응당 올 5월 이후에 지은 것이다. 시의 서문에서 '귀하거나 천하거나 현명하거나 어리석거나 억척스럽게 생명에 집착하지 않는 자가 없으니 이것이 심하면 미혹되게 된다. 이러한 까닭으로 몸과 그림자의 고뇌를 극진히 진술하고, 정신을 말하여 자연의 이치로 풀어 본다'고 하였다. 이 시는 도연명이 혜원 의 〈형진신불멸론形盡神不滅論〉, 〈만불영명萬佛影銘〉을 겨냥하여 당시 종교 적 미신을 반대한 것이다. 승려 혜원은 원흥元興 3년에 〈형진신불멸론〉을 지었고, 이 해 불영대를 건립하고 〈만불영명〉을 지어 '광활한 대천세계大千 世界에 불변의 이성理性이 무명無名에서 배태되듯 불타佛陀의 정신과 신체 는 대화大化에 녹아들어 영影과 형形이 법신法身에서 응화應化한다'고 하였 으니 형形, 영影, 신神이 모두 구비되었다. 또한 혜원 등은 원흥 원년(402)

결사結社하여 맹서하며 함께 서방정토西方淨土를 기약하였다. 또한 〈삼보론三報論〉, 〈명보응론明報應論〉, 〈형진신불멸론形盡神不滅論〉등을 지었으니, 모두 생사生死와 보응報應이 두려워 반영한 것이다. 이 때문에 도연명이 '영영석생營營惜生'이라고 비난한 것이다."

녹흠립은 ≪도연명사적시문계년≫에서 원흥 2년에 "이 해 겨울 유유민劉遺民은 관직을 버리고 여산廬山의 서림西林에 은거하였다"고 하였는데, 당唐 승려 법림法琳의 〈변정론辨正論〉 7에서 인용한 〈선험기宣驗記〉, 석원강釋元康의 〈조론소肇論疏〉를 증거로 삼았다.

원행패 의견: 녹흠립이 논한 것은 가능성이 없는 것이 아니라서 이를 따랐다.

왕요는 〈오월단화대주부五月旦和戴主簿〉에 주석하여 "대주부의 사적은 상세하지 않다. 그러나 도연명이 귀전歸田한 이후 군현郡縣의 옛 동료들과 시문으로 화답하였는데, 모두 의희 년간으로 〈화곽주부和郭主簿〉 시의 주석에 보인다. 위 시에서 '한 해가 홀연히 절반을 향해 가네. 星紀奄將中'라고 하였는데, 성기星紀는 (12개) 성차星次의 이름이다. ≪진서晉書·천문지天文志≫에 '남두南斗 12도로부터 수녀須女 7도까지를 성기星紀라고 하니 신辰이 축丑에 있다'라고 하였다. 남두南斗는 두숙斗宿을 말하고 수녀須女는 여숙女宿을 말한다. ≪좌전≫ 양공 28년에 '세성歲星이 성기星紀의 자리에 있다'라고 하였는데, 두예杜預는 주석에서 '세歲는 세성歲星이다. 성기星紀가 축丑의 방향에 있다'고 하였다. '성기재축星紀在丑'의 주장에 따르면, 위 시는 마땅히 진 의희 9년 계축년(413)에 지은 것으로, 도연명 49세 때이다"라고 하였다. 녹흠립의 주注와 등안생의 ≪도연명연보≫ 또한 이를 따랐다.

원행패 의견: 왕요의 주장은 확실한 근거가 있으나 여전히 의문점이 있다.

첫 번째, 도연명이 군현의 옛 동료들과 시문으로 화답한 것과 "모두都" 의희 연간에 있다는 주장은 근거가 부족하다. 대체로 〈화곽주부〉 시의 주석은 이에 대한 고증이 없다.

두 번째, 옛 사람은 황도黃道 부근의 하늘을 일주一周하는데 12등분하여,

성기星紀, 현효玄枵 등 12차十二次로 이름한다. 세성歲星(즉 목성木星)은 12년에 하늘을 일주하는데, 매 년 한 성차星次씩 이동한다. "성기星紀"는 12성차의 하나일 뿐으로 천문의 위치를 표시하기 위해 사용한다. ≪좌전≫의 이른바 "세성이 성기의 자리에 있어야 하는데 이미 이곳을 지나 현효에 있다.歲在星紀, 而淫於玄枵."라고 하였으니, 세성이 운행하여 도달한 위치를 가리킨다. "성기星紀"는 비록 12신辰과 서로 상응하여 축丑이라고 하나, 시문 중에서는 단독으로 쓰이는 "성기星紀"는 흔히 기년紀年이 아니다.(축년丑年을 표시한다)

가령 〈오도부吳都賦〉는 ≪문선文選≫에 보이는데, "이러한 까닭으로 吳나라가 국가를 다스리면 위로는 성기星紀에 상당하고, 변경을 개척하면 쉽게 (월越 지역을) 겸병할 수 있다"고 하여, 지역에 상당하는 성야星野를 가리킨다. ≪남제서南齊書·우종전虞悰傳≫에 "(신은) 외람되게도 좋은 시운時運을 만나 깊은 총애를 받았으나, 부질없이 세월만 허비하고 보답할 길 없어 부끄럽습니다"고 하였는데, 여기서는 세월이 부질없이 가다는 뜻으로 쓰였다.

장화張華는 〈감혼부感婚賦〉에서 "이 해는 기사년으로 중춘仲春(2월), 중하仲夏(5월), 중추仲秋(8월), 중동仲冬(11월)이 순서대로 이르러, 혼인하는 자는 좋은 시기를 택일한다네. 찬란하고 화려한 경관이 길가에 이어졌네. ……이에 〈감혼부〉를 지어 '혼인에 관한 풍속에 금기하는 일로, 자년子年, 오년午年, 묘년卯年, 유년酉年이 혼인하는 해에 들면 꺼려한다네. 내년(경오년庚午年)에 이르게 되더라도 이 해(星紀)를 바꾸지 않는다네."라고 하였다. 위에서 이미 "세재기사歲在己巳"라고 하였음으로, 여기서 말한 "성기星紀"는 넓게 세시歲時를 가리켜 말한 것이지, 결코 축년丑年을 가리켜 말한 것이 아니다.

도연명이 말한 "발세시부앙發歲始俯仰, 성기엄장중星紀奄將中"의 용법은 장화의 〈감혼부〉와 같으며, 넓게는 세시歲時를 가리키고 있다. 그 뜻은 새해가 눈 깜짝할 사이 금방 지나더니, 홀연히 절반을 지나갔다는 뜻이다. 시는 5월에 지었음으로 이와 같은 감개가 있는 것이다. "한 해가 홀연히 절반을 향해 가네.星紀奄將中"와 "세월이 장차 저물려고 한다.歲月將欲暮"
(〈유회이작有會而作〉)의 구법은 서로 같다. 이 시의 계년繫年은 잠시 의문
으로 남겨둔다.

• 진 안제 의희 10년 갑인(414) 도연명 63세

사마휴지가 강릉에서 직무를 맡았는데 많은 민심을 얻었다. 3월 사마휴지의
아들인 (사마)문사가 국가의 관리를 추살하여, 유유가 그의 무리를 주살하고
문사를 체포하여 휴지에게 보냈다. 그 뜻은 휴지가 아들을 죽이라는 것이다.
휴지는 다만 상주하여 문사의 작위만을 파면할 것을 청하였다. 유유가 이로
말미암아 기뻐하지 않아, 강주자사 맹회옥을 예장 6군을 겸임하여 도독하게
하였으니, 사마문사를 경계하여 대비하고자 함이다.(≪자치통감≫ 116권)
승려 승조가 장안에서 죽었다.(≪고승전≫ 6권 〈석승조전〉)
포조가 대략 이 해에 태어났다.(우염 ≪포조집서≫ 및 전종련 ≪포조연보≫참조)

도연명이 집에서 은거하였다.

• 진 안제 의희 11년 을묘(415) 도연명 64세

정월 유유가 군사를 이끌고 형주자사 사마휴지, 옹주자사 노종지를 토벌하였
는데 (안제가) 형주자사를 겸임하도록 하였다. 3월 유유의 군사가 강릉에 이
르자 사마휴지 등이 양양으로 도주하였다. 4월 청주, 익주 2주의 자사인 유경
선이 그의 참군인 사마도자의 소장인 맹자에게 척살되었다.(≪자치통감≫ 117권)
왕홍이 태위 (유유의) 장사가 되었다가 좌장사로 전임되었다.(≪송서≫ 42권
〈왕홍전〉)
강주자사 맹회옥이 임지에서 죽었다. 후장군 유류가 오국내사에서 강주자사
로 전임되었는데, 안연지가 유류의 후군공조가 되어 심양을 진수하면서부터
도연명과 친교를 맺었다.
≪진서≫ 61권 〈유류전〉에 "출사하여 서주, 연주, 강주 등 3주의 자사가 되었
다"고 하였다. ≪송서≫ 73권 〈안연지전〉에 "후장군, 오국내사 유류는 (안연
지를) 행참군으로 삼았다가 주부로 전임시켰다"고 하였고, 〈도잠전〉 93권에
서 "안연지가 유류의 후군공조가 되어 심양에 있었는데, 도잠과 감정이 좋았
다"고 하였다. 도주의 ≪정절선생연보고이≫에서는 "유류가 강주자사가 되었

는데, ≪진서≫ 유류 본전에는 년월을 기록하지 않았다. ≪송서·맹회옥전≫
을 고찰해 보면, (맹)회옥은 의희 11년 강주의 임지에서 죽었다고 하였고,
≪진서·안제기≫에서는 의희 12년 6월 새로이 배수된 상서 유류가 죽었다
고 하였으며, ≪남사·유담전≫에 아버지 (유)류가 강주에서 죽었다고 하였
다. 이는 유류가 강주자사가 되었다는 것으로, 실제로는 맹회옥의 강주자사
직을 이어받은 것으로, 의희 11년 취임하여 강주에 도착하기 전에 죽은 것이
다. 안연지가 심양에 와서 도연명과 감정이 좋았으니, 틀림없이 이 2년 사이
의 일이다"라고 하였다.

강주자사 유류가 주속지를 유유에게 추천하였다. 얼마 후 태위연에 임명하였
으나, 관직에 나가지 않았다. 이 해가 아니면 다음 해일 것이다. (≪송서≫
93권 〈주속지전〉)

종병이 유유가 주부에 임명한 것을 사절하고 관직에 나가지 않았다.≪송서≫
93권 〈종병전〉에 유유가 유의를 주살하고, 형주(자사)를 겸임하도록 하고 종
병을 주부에 임명하였으나 행하지 않았다고 기록되어 있다. "그 까닭을 물으
니, '구릉에 거처하며 생활한 지 30여년이다. ……여산의 혜원에게 가서 (불
경)의 의미를 탐구하려고 한다'고 대답하였으니, 이 해의 일이다.

유유민이 이 해 죽었다. 녹흠립은 ≪도연명사적시문계년≫의 원흥 2년(403)
하단에서 "이 해 겨울 유유민이 관직을 버리고 여산의 서림에 은거하였다.
당나라 승려 법림은 〈변정론〉 7에서 〈선험기〉를 인용하여, '유유민은 팽성
사람이다. 집안이 가난하여 서림 중에서 거처를 선택하였다. 병이 많아 처와
자식을 마음에 두지 않았다'고 하였다. 또한 승려 원강은 〈조론소〉에서 '여산
의 혜원법사가 〈유공전〉을 지어, '유정기의 자는 중사인데, 팽성 사람으로
한나라 초원왕의 후예이다. 진군 은중문, 초군 환현 등 여러 뜻있는 선비들이
존경하지 않은 사람이 없었다. 심양 시상에서 봉록을 받았기에 입산의 자격
이 있다고 생각하였다. 얼마 되지 않아 환현이 동쪽으로 내려가 (건강을 공격
하여 정권을 장악한 후) 연호를 영시라고 하였다. 역모가 일어나자, 유유민은
곧 아들에게 명하여 여산에 집을 짓도록 하였다. 의희 연간 공후公侯들이
모두 그를 초빙하였으나, 거절하고 응하지 않았다. 9년 태위 유유는 그가
뜻을 굽히지 않고 뜻이 심원하고 원대함을 알아보고 고상한 사람이라고 여겨
서로 예로써 대하니, 유유민은 초심을 이룰 수 있었다. 여산에 거처한지 12년
후에 죽었다. 전하는 바에 의하면, (유정지는) 입산한 이후에 스스로 국가로
부터 버려진 백성이라고 하여, 개명하여 유민遺民이라고 하였다. 원흥 2년
(403)으로부터 12년 후, 즉 의희 11년(415)에 유유민이 죽었다.

도연명이 집에서 은거하였다. 조서를 내려 저작랑著作郎에 징빙하였으나 병을 핑계로 가지 않았다. 주속지, 유유민과 함께 "심양삼은尋陽三隱"이라고 불렸다.

〈오류선생전五柳先生傳〉은 대략 이 해 전후에 지었다.

〈고증〉

안연지는 〈도징사뢰陶徵士誄〉에서 "조서를 내려 저작랑에 징빙하였으나 병을 핑계로 가지 않았다"고 하였고, 심약의 〈도잠전〉에 "의희 말년 저작랑에 징빙하였으나 나아가지 않았다"고 하였다. 소통은 〈도연명전〉에서는 "당시 주속지가 여산에 입산하여 혜원을 섬겼는데, 팽성 사람 유유민 역시 광산匡山에 은거하였고, 도연명도 징빙에 응하지 않아, 이들을 '심양삼은'이라 불렸다"라고 하였다.

저작랑에 징빙한 것과 "심양삼은"이라고 칭한 일에 관하여 왕질의 ≪율리보栗里譜≫, 오인걸의 ≪도정절선생연보陶靖節先生年譜≫, 고이의 ≪유촌도柳村陶譜≫, 정안의 ≪도정절연보陶靖節年譜≫, 양희민의 ≪도정절연보陶靖節年譜≫, 양계초의 ≪도연명연보陶淵明年譜≫, 녹흠립의 ≪도연명사적시문계문陶淵明事跡詩文繫年≫ 등은 모두 의희 14년이라고 하였다.

정안은 ≪도정절연보陶靖節年譜≫에서 "이 해에 유유가 안제安帝를 시해하고 공제恭帝를 세웠기 때문에 도연명이 징빙에 응하지 않았다"고 하였다. 도주는 ≪정절선생연보고이靖節先生年譜考異≫에서 "≪송서≫에 '의희 말년 저작랑에 징빙하였다'라고 했는데 아마도 14년이라고는 확정할 수 없을 것이다"고 하였다. 고직은 ≪도정절연보≫에서 의희 10년이라고 했다. 등안생은 ≪도연명연보연보≫에서 의희 11년으로 보고 "도연명이 저작랑에 징빙된 시기는 반드시 의희 9년 유의가 고숙(성)을 진수한 이후부터 의희 11년 유유민이 죽기 이전이다"라고 하였다.

원행패 의견: ≪송서≫에는 "저작좌랑著作佐郎"라고 한 반면, 안연지의 〈도징사뢰陶徵士誄〉에서는 "저작랑著作郎"이라고 하여 다르다. 그러나 지금

은 안연지의 〈도징사뢰〉에 따른다.

《송서》 93권 〈주속지전〉에 "주속지는 12세에 범녕에게서 가르침을 받았다. 수년간 독학하고 ……그 후 한거하며 《노자》, 《주역》을 읽었고, 여산에 들어가 승려 혜원을 섬겼다. 당시 팽성 사람 유유민이 여산에 은거하였고, 도연명 또한 조정의 초빙에 응하지 않았으니, 이들을 일러 '심양삼은尋陽三隱'이라고 하였다. ……유의가 고숙성을 진수하였을 때 주속지를 무군참군에 임명하고 태학박사에 초빙하였으나 모두 나가지 않았다. ……강주자사 유류가 주속지를 고조에게 추천하였는데, ……얼마 후 태위연에 임명하였으나 나가지 않았다. ……고조가 왕위를 계승하여 다시 주속지를 부르자, 이에 온 집안이 모두 응했다. ……경평景平 원년에 죽었으니, 당시 그의 나이 47이다"라고 하고 있다.

《자치통감》에 따르면, 유의는 의희 5년 정월 위장군이 되어, 의희 6년 4월 2만의 수군을 거느리고 고숙에서 출발하였는데, 때 마침 예주자사로 하여금 고숙을 진수하게 하였다. 의희 8년 유류가 군사를 일으켜 유의를 토벌하니, 유의는 패하여 피살되었다. 유의가 주속지를 징빙하여 무위참군으로 삼은 것은 의희 5년 또는 6년간의 일이다. 또한 의희는 모두 14년이므로, 의희 5년 또는 6년으로 "의희 말"이라고는 할 수 없다. 등안생은 《도연명연보》에서 "심양삼은"의 일을 의희 11년에 연결시켰으니 옳다. 그러나 등안생은 《도연명연보》에서 유의는 (의희) 9년 고숙을 진수하였다고 했으니 잘못이다. 의희 8년 유의는 이미 사망하였다.

의희 11년, 유류는 주속지를 유유에게 추천하고 유유가 태위연에 임명했는데 응하지 않아 후에 "심양삼은"이라는 칭호가 생겼다. 이는 유유민이 죽기 전, 즉 의희 11년 전의 일로, 의희 11년은 의희 말이라고 할 수 있다. 이 해 도연명은 64세이고 주속지는 46세이다.

〈오류선생전〉에 대하여, 왕요는 소통의 〈도연명전〉의 서술 순서에 근거하여 주석을 달고, 잠정적으로 진晉 태원太元 17년(392)에 두었으니 도연명 28세 때이다. 녹흠립은 《도연명사적시문계년陶淵明事跡詩文繫年》에서 송 영초 원년(420)에 두었으니, 도연명 56세 때이다. 등안생은 ≪도연명연보≫에 진 의희 12년(416)에 두었으니, 도연명 48세 때이다.

원행패 의견: 문장의 의취意趣를 자세히 살펴보면 매우 세련되어 있다. 도연명의 생활 경험과 결합해 보건데, 응당 말년의 작품이다. 문장에서 "본성은 술을 좋아하나 집이 가난하여 항상 얻지는 못하였다. 친구는 그가 이와 같은 처지를 알고 간혹 술상을 차려 그를 부르곤 하였다. 술을 마시면 늘 다 마셔 버려 반드시 취하였으며, 취한 후에는 물러나 가고 머무름에 마음을 두지 않았다"고 하였다. 도연명은 을묘(415)년 전후 벗과 교류를 많이 하였는데, 그의 견개狷介한 성격이 더욱 독특하게 드러나고 있다. 잠정적으로 을묘년에 두었다.

• 진 안제 의희 12년 병진(416) 도연명 65세

정월, 태위 유유를 연주자사에 봉하고 남진주를 도독하게 하였으니, 모두 22주를 도독하였다. 2월, 유유에게 또 다시 중외대도독 직에 봉하였다. 8월, 유유는 군사를 거느리고 건강에서 출발하여 후진後秦의 요홍을 북벌하였다. 유목지를 좌복야에 임명하고 감군중군이부사를 겸임하게 하여, 안으로 조정의 정무를 총괄케 하고 밖으로는 군대의 보급을 공급케 하였다. 왕홍이 유유를 따라 북벌에 참가하였다. 9월, (태위) 유유가 팽성에 이르자 (조정에서는) 그에게 관직을 더하여 서주자사 직을 겸임하도록 하였다. 왕진악, 단도제 등이 후진後秦의 경내에 들어가 향하는 곳마다 모두 승리하였다. 10월, 진晉 나라의 군사가 낙양을 점령하였다. 11월, 유유가 좌장사 왕홍을 건강으로 돌려보내 (안제에게) 구석九錫의 예를 더해 줄 것을 청하였다. 12月, (안제는) 조서를 내려 유유를 상국, 총백규, 양주목으로 삼아 (식읍食邑) 십군十郡의 송공宋公에 봉하고, 구석九錫의 예禮를 마련하여 지위를 제후, 왕보다 위에 두었다. 아울러 원래의 정서장군, 사주, 예주, 북서, 옹주 등 4주의 자사 직을 겸임토록 하였다. 유유는 사절하여 임명을 받아들이지 않았다.(≪자치통감≫ 117권)

강주자사 유류가 6월에 죽었는데, ≪진서ㆍ안제기≫ 의희 12년 6월의 기록에 "상서령, 도향정후에 새로이 배수한 유류가 죽었다"고 하였다. 또한 ≪남사ㆍ유담전≫에 따르면, 유담의 아버지 유류가 강주에서 죽었다. 담소가 강주자사 직을 이어받았다고 하였는데, ≪송서ㆍ단소전≫에서는 "12년 (담소가) 전임되어 강주, 예주의 서양, 신채 2주의 여러 군사업무와 강주자사 직을 맡고, (좌군左軍) 장군 직은 여전히 유지하였다"고 하였다.

안연지는 후장군, 오국내사인 유유의 행참군을 맡았다가 후에 주부로 전임되었다. 이해 6월 유류가 죽자, 바로 강주를 떠나 건강으로 돌아와 예장공 세자 (유유의 장자인 유의부劉義符)의 중군행참군을 맡았다. 연말 사명을 받들고 낙양에 이르러 유유가 송공宋公에 제수된 것을 경축하였다. 안연지가 도연명과 심양에서 가까이 지낸지 1년 즈음 되었다.(《송서》 73권 〈안연지전〉)

혜원이 죽었다.

당대의 도선은 《광홍명집》 23권 사령운의 〈여산혜원법사뢰병서〉에서 "춘추 84세로 의희 13년 가을 8월 6일 죽었다"고 하였다. 혜원의 졸년에 대해 다른 주장이 있다. 양대 승려 혜교에 대해, 《고승전》 6권 〈석혜원전〉에서 "혜원이 여산의 기슭에 거처한지 30여년 이래로, 그림자조차 여산을 벗어난 적이 없으며 발자취 또한 세속에 발을 들이지 않았다. 매번 손님을 전송할 때면 항상 호계虎溪를 경계로 하였다.

진 의희 12년 8월 초 마음이 흔들리기 시작하여 6일에는 병환이 위태로웠다. 고승 대덕들 모두 극진히 머리를 조아리며 시주豉酒를 청하였으나 마시지 않았고, 재차 쌀죽을 청하였으나 들지 않았다. 또한 꿀과 물로 음료를 만들어 청하였으나, 율사에게 마셔도 되는지 여부를 경전에서 찾아보도록 하였다. 반도 찾아보지 못하였는데 생을 마치니 춘추가 83세이다.……심양 태수 완간이 산의 서쪽 고개에 (묘혈을 파고 무덤으로 가는) 통로를 뚫었다. 사령운이 비문을 지어 혜원이 남긴 덕과 은택을 기록하였다. 남양의 종병이 또 절 문 앞에 비를 세웠다"고 하였다.

유의경은 《세설신어 · 문학》 주석에서 장야의 《(혜)원법사명》을 인용하여, "나이 83로 생을 마쳤다"고 하였고, 왕위는 〈경행여산기〉에서 의희 12년에 죽었으니 나이 82세라고 했다. 《출삼장기기집》 15권에서는 의희 12년에 죽었으니 나이 83세이다. 진원의 《석씨의년록》에서는 '의희 12년 졸, 향년 83세'설을 취하고 있는데, 여기서는 《고승전》을 표준으로 삼았다.

도연명은 집에서 은거하였다.

〈시주속지조기사경이삼랑시삼랑개강례교서示周續之祖企謝景夷三郎時三郎皆講禮校書〉를 이 해에 지었다. 급고각장십권본汲古閣藏十卷本, 소흥본紹興本에서는 시의 제목을 〈시주연조사示周掾祖謝〉라고 하였다.

소통은 〈도연명전〉에서 말했다. "당시 주속지가 여산에 들어가 승려 혜원을 섬겼고, 팽성 사람 유유민 역시 광산에 은둔해 있었으며, 도연명 또한 조정의 초빙에 응하지 않았으므로, 이들을 '심양삼은潯陽三隱'이라고 부르게 되었다. 후에 자사 단소檀韶가 주속지에게 주州로 나올 것을 간절히 청하였으나 학사學士인 조기, 사경이 등 3인과 함께 성 북쪽에서 ≪예기≫를 강론하고 '수교讎校'라는 관함官銜을 주었다. 이들이 거처하는 공관은 마치 마구간과 같아서, 도연명은 이들에게 시를 지어 주면서 '주생은 공자의 도를 강론하고 조생과 사생이 부응해 모였네. 마구간 있어 강경하기 어려우나 교서에도 그저 열심이라네.'"

원행패 의견: 급고각장 10권본, 소흥본의 시제詩題에 따르면, 이 시는 틀림없이 유유가 주속지를 태위연太尉掾에 임명한 이후에 지은 것이다.

강주자사 유류가 주속지를 유유에게 추천하여, 유유가 태위연에 임명하였으나 나가지 않았으니, 이 일은 전 해의 일이었다. 6월 유류가 죽자, 단소를 강주자사를 이어받도록 하였다. 주속지가 단소의 간절한 출주出州 요청에 응하여 ≪예기≫를 강론하였으니, 틀림없이 그 해 6월 이후이다.

〈병진세팔월중어하손전사확丙辰歲八月中於下潠田舍穫〉을 이 해 지었다. 시에서 "내가 농사를 시작한 이래 성화星火는 이미 12번을 기울었다. 젊은 시절 지나가고 이미 늙었으나 농사일이야 어김이 없었다.自余爲此居, 三四星火頹. 姿年逝已老, 其事未云乖."고 하였다.

고직은 ≪도정절시전정본≫에서 말했다. "≪서경·요전≫에서 '해가 길어지고 대화성大火星이 나오면 이로써 중하(음력 5월)를 정하라'라고 하였다. ≪시경詩經·국풍國風·빈풍豳風≫에 '칠월류화七月流火'라고 하였는데, 공영달孔穎達은 소疏에서 정지鄭志를 인용하여 '일영성화日永星火는 대화大火를 말한다. 성화星火는 대화大火의 부류이다'라고 하였다. 장무선張茂先은 〈여지시勵志詩〉에서 '星火가 이미 서쪽으로 기울어 홀연히 가을이 되었네.星火旣夕, 忽然素秋.'라고 했다. 정복보丁福保는 '삼사三四는 12년이다. 도연명이 기사년 귀전歸田하여 병진년에 이르렀으니 마침 12년이다'라고 하였다."

• 진 안제 의희 13년 정사(417) 도연명 66세

4월 유유가 낙양에 이르렀고, 7월에는 동관에 이르렀다. 8월 진나라 장사 왕진악이 장안에 입성하였다. 요흥이 항복하여 후진은 멸망하였다. 9월 유유가 장안에 이르러 요흥을 건강으로 압송하여 기시棄市하였다. 11월 유유가 차자인 유의진을 옹주, 양주, 진주의 3주제군사의 도독 및 안서장군으로 삼고 옹주, 동진 2주 자사를 겸임토록 하였다. 12월 유유가 동쪽(건강)으로 돌아왔다.(≪자치통감≫ 118권)

〈음주飮酒〉 20수를 이 해에 지었다. 제19수에서 "마침내 지조 있게 분수를 다하려 끝내 고향으로 돌아 죽기로 하였다. 점차 시간은 흘러가 아득히 다시 20년이 되었다.遂盡介然分, 終死歸田里. 冉冉星氣流, 亭亭復一紀."고 하였으니, 귀전은 진 안제 의희 을사년(405) 도연명 54세 때이다. 이후 일기一紀는 진 안제 의희 13년(417)으로 도연명 66세 때이다.

"일기一紀"는 12년을 말한다. ≪서경·필명畢命≫에서 "이미 삼기三紀를 지나 세상이 변하고 풍속이 바뀌었다"라고 하였는데, 공안국孔安國은 ≪전傳≫에서 "12년을 기紀라고 한다"고 하였다. ≪국어國語·진어晉語≫ 4에서 "(만약) 일기一紀동안 힘을 기르면 충분히 멀리갈 수 있다"라고 하였는데, 위소韋昭는 주석에서 "세성歲星이 12년 동안 일주一周하는 것을 1기라고 한다"고 하였다. 녹흠립은 ≪도연명사적시문계년≫에서 "1기는 10년을 가리킨다"고 하였다. ≪국어國語·주어周語≫ 상上에 "이와 같이 한다면 국가가 망하는 데는 10년을 넘지 못하니 숫자상의 최대한도입니다"라고 한 것이 증거라고 하였다.

그렇다면 "기紀"자는 "종終" 또는 "지止"자로 해석해야 한다. 위소韋昭는 주석에서 "숫자는 1에서 시작하여 10에서 마치며, 10에서 다시 시작하므로 기紀라고 한다"고 하였다. 그러나 "1기"는 10년이 아니다. 가령 ≪사기·진시황본기≫에서 "숫자는 6을 기紀로 하고 병부兵符와 (어사御史의) 혜문관惠

文冠은 모두 육촌六寸으로 하며, (궁정에서 사용하는) 수레의 가마는 육척六尺으로 한다. 또한 육척六尺을 보步로 하고, 수레는 말 6마리로 한다"고 하였으니, "기紀"는 "종終", "지止"의 뜻이고, "이육위기以六爲紀"는 6으로 숫자의 종지終止로 삼은 것인데 6을 넘을 수 없다. 그렇다면 숫자를 계산할 때 이른바 "기"는 10으로 볼 수 있고 6으로도 볼 수 있다. 단 하나의 어휘로 쓰일 때 "1기"는 다만 12년일 뿐이다.

등안생은 ≪도연명연보≫에서 녹흠립의 주장을 취하여 "1기는 10년이다"라고 하고, "서진과 동진 및 남조의 문인들은 일반적으로 모두 10년을 1기라고 하였다"고 하였으나, 이와 같은 주장은 믿을 만하지 못하다. 사령운은 〈권벌하북서勸伐河北書〉에서 "오늘에 이르러 12년이 되었으니 1기를 말한 것이다"라고 하였으니, 이는 당시 12년을 1기로 본 명확한 증거이다.

〈음주 20〉의 서문에서 "내가 한가로이 살아 즐거움이 적었는데, 근래 밤마저 길어져 있던 차에 우연히 좋은 술을 얻어, 하루 저녁도 마시지 않은 적이 없다. 그림자 돌아보며 홀로 잔을 비우고, 홀연히 다시 취하곤 하였다. 취한 후에는 문득 시 몇 편을 지어 스스로 즐겼는데, 붓으로 종이에 옮겨 적을 만한 것이 많게 되었다. 말에 조리와 순서가 없지만 친구에게 쓰게 하여 즐거운 웃음거리로 삼고자 한다"라고 하였다. 서문의 의미를 자세히 관찰해 보면, 20수가 쓰여진 시간상의 거리가 멀지 않은데 이는 마땅히 같은 해 가을에 지은 것이다. 지금은 이미 〈음주〉시 19수를 의희 13년 도연명 66세에 지은 것으로 확정하였다. 본 ≪도연명연보휘고≫ 영화永和 8년(352) 하단에, 〈음주 20〉 모두를 이 해 가을에 지은 것으로 적었으니 참고하기 바란다.

〈음주〉 기타 19수 중 제시한 바의 창작시기를 재고해 보면 위에서 거론한 계년繫年과 저촉되지 않는다.

제1수: "쇠락과 번영은 정해진 것이 없고, 서로 함께 이어진다네. 밭에서 오이를 심던 소평邵平의 신세, 어찌 동릉후東陵侯 시절에 비하랴. 추위와 더위는 서로 교차하니, 인생의 길도 매양 이와 같다네.衰榮無定在, 彼此更共之.

邵生瓜田中, 寧似東陵時. 寒暑有代謝, 人道每如茲."라고 하였다. 이 중 몇 구는 자못 정치적인 기탁이 있어 평소의 언어가 아니다. 이 시를 지은 시기는 유유가 진晉을 찬탈한 정황이 이미 명백하다. 다음해 유유가 진 안제를 살해하고, 안제의 동생인 낭야왕 사마덕문司馬德文에게 제위를 잇게 하였다. 이로부터 1년쯤 지나(420), 유유가 곧바로 진을 찬탈하였다. 이른바 '쇠락과 번영은 정해진 것이 없고 추위와 더위는 서로 교차하니衰榮無定, 寒暑代謝'는 이에 마음이 움직여 지은 것이다.

제6수: "삼대의 말세에도 이런 일 많았다三季多此事"고 하였는데, 하상주夏商周 삼대의 말세를 비유한 것이다. "황과 기를 따라야겠네且當從黃綺"라고 하였는데, 하황공夏黃公, 기리계綺里季, 동원공東園公, 녹리선생녹甪里先生 등을 칭하여 상산사호商山四皓라고 한다. ≪한서≫ 72권 〈왕공양공포전서王貢兩龔鮑傳序〉에서 "진秦나라 때 난리를 피하여 상현과 상락현의 깊은 산속에 들어가 은거하면서 천하가 평정되기를 기다렸다. 한 고조가 소문을 듣고 초빙하였으나 응하지 않았다"고 하였다. 〈음주〉는 의희 13년 진송晉宋 교체시기에 해당하므로 이와 같은 시어가 있는 것이다.

제16수: "어려서부터 인사를 멀리하고 육경을 즐겨 좋아하였네. 점점 나이 들어 불혹이 되어 가는데 제자리 머물러 이룬 것은 없다네. 끝까지 궁절을 고수하느라 주림과 추위를 물리도록 겪었었네. ……유맹공도 이 세상에 없으니 끝내 나의 심정 어두워진다네.少年罕人事, 遊好在六經. 行行向不惑, 淹留遂無成. 竟抱固窮節, 饑寒飽所更. ……孟公不在茲, 終以翳吾情."라고 하였다.

오인걸의 ≪도정절선생연보≫, 도주의 ≪정절선생연보고이≫, 녹흠립의 ≪도연명사적시문계년≫은 모두 "나이 들어 불혹이 되어 가네向不惑"에 근거하여, 〈음주〉시를 39세에 두었다. 그러나 이는 지난 일을 회상하여 진술한 것으로, 소년 시기는 어떻고 중년에 어떠하였으며 지금은 또 어떠하다고 하고 있어 구분이 분명하다. 어려서 육경六經을 좋아하였으니 중년에는 응당히 성취한 바가 있을 것인데, 어찌 제자리에 머물러 이룬 것이 없다고 할 수 있겠는가?

위 제16수는 〈영목榮木〉시에 "마흔에도 알려지지 못한다면 이는 두려워할 바 못 된다 하였네. 내 명예의 수레에 기름칠하고 내 명예의 준마에 채찍을 가하리. 천리길 비록 멀다 하여도 누가 이르지 않으려 하리!四十無聞, 斯不足畏! 脂我名車, 策我名驥, 千里雖遙, 孰敢不至!"라고 한 것과 용어는 서로 비슷하지만 심정은 다르다. 〈영목〉시는 40세에 지은 것으로, 여전히 분발하고 적극적이지만 늙고 가난함을 한탄하고 있으며, 〈영빈사詠貧士 6〉 중의 "아련히 교유를 끊었다.翳然絶交遊"고 한 동한東漢 장중위張仲蔚로 자신을 비유한 것으로, "나이 들어 불혹이 되어 가네.向不惑"라고 하였으니, 시를 쓴 실제 나이가 아님을 알 수 있다.

위 〈음주〉제16수에서 언급한 "경포고궁절竟抱固窮節"의 "경竟"은 끝까지라는 뜻이다. 또한 "기한포소경饑寒飽所更"이라면 다만 1년에 한정되는 것이 아니다. 또한 제16수 "낡은 초가에는 쓸쓸한 바람 불어오고 메마른 풀 앞마당을 뒤덮었네. 베옷 걸친 채 긴 밤을 지키나 새벽닭은 홰를 치려하지 않네.弊廬交悲風, 荒草沒前庭. 披褐守長夜, 晨雞不肯鳴."라고 하였으니, 도연명은 39세에 이르기도 전에 이와 같이 곤궁하였다.

위에서 서술한 내용을 종합하면, 〈음주〉20수는 이 해 지었다는 사실에 의문이 없다. 탕한湯漢은 《도정절선생시주靖節先生詩注》 중 제19수에 주석을 달아 의희 12년, 13년 즈음에 지었다고 하였다. 청대의 도필전陶必銓은 《유강시화黃江詩話》에서 "〈음주〉20수는 응당히 진송晉宋 교체시기에 음주의 형식을 빌려 말을 기탁한 것이다.此二十首, 當是晉, 宋易代之際, 借飮酒以寓言."라고 하였다. 왕요王瑤는 주석에서 이 해에 지어졌다고 했으니 옳다. 이화李華는 《도연명연보》에서 의희 12년에 두었다.

〈고증〉

등안생鄧安生의 《도연명연보陶淵明年譜》는 다음과 같이 말했다. 〈음주〉시에서 말한 "고인故人"은 안연지를 가리킨다. 안연지가 유유후군공조에 임직하여 심양潯陽에 거주한 시기를 근거로 하자면 〈음주〉는 의희 11년에 지은 것이다.

원행패 의견: 안연지가 유유후군공조에 임직한 것이 의희 11년, 12년 두 해라는 것은 의심할 바 없다. 그러나 "고인"이 안연지를 가리키는 것인지는 의문이다. 등안생의 학설은 극히 한정적인 자료를 바탕으로 추측한 것이라 본래 확실하지 않은데 이런 추측을 기초로 창작연대를 정한다면 이는 더욱 의문스럽다.

〈음주 20〉에서 "고인"을 언급한 곳은 두 군데이다. 서문에서 "취한 후에 는 문득 시 몇 구절을 적으며 혼자 즐겼는데 그러다보니 시를 적은 종이가 점점 쌓였다. 글에 따로 설명이나 순서도 없이 그저 친구에게 부탁하여 옮겨 적게 하여 즐거운 웃음거리로 삼았을 뿐이다.旣醉之後, 輒題數句自娛, 紙墨遂多. 辭無詮次, 聊命故人書之, 以爲歡笑爾."라고 한 곳과 "내 취향을 잘 아는 오랜 친구들, 술병을 들고 서로 찾아다니네. 소나무 아래에 자리를 깔고 앉아, 몇 잔 마시다보면 벌써 취해 있네. 이 늙은이 두서없이 말하며, 따르는 술에 도 격식을 잊어버렸네.故人賞我趣, 挈壺相與至. 班荊坐松下, 數斟已復醉. 父老雜亂言, 觴酌失行次."이다.

전자는 말의 뉘앙스로 보아 안연지 정도의 신분에게 말한 것으로 보기엔 어렵다. 후자의 "고인"은 한 사람이 아닌데 "늙은이"라고 칭한 것을 보면 안연지가 확실히 아니다. 또 안연지 정도의 신분이 이 무리에 들어가지도 않을 것이다.

또 〈음주 9〉에 다음과 같은 구절이 있다. "맑은 새벽 문 두드리는 소리 듣고, 옷도 거꾸로 입고 문 열었네. 그대 누구신가 물었더니, 정 많은 이웃 농부. 술병 들고 먼 길 와 안부 물으며, 나 이웃과 등지고 산다며 이상해 하네. ……남루한 오막살이 살림, 고상하게 살기에는 부족하다 하네. 온 세상은 서로 어울려 살아가듯, 그대는 진흙이라도 함께 휘젓게나. 노인장 얘기에 깊이 생각해보니, 내 천성은 어울림이 부족했네.淸晨聞叩門, 倒裳往自開. 問子爲誰歟, 田父有好懷. 壺漿遠見候, 疑我與時乖. ……襤縷茅簷下, 未足爲高棲. 一世皆尙同, 願君汨其泥. 深感父老言, 稟氣寡所諧."

여기서 말하는 "노인장父老"는 바로 "농부田父"이며 또 위에서 말한 "고인"이다. 이는 "고인"이 안연지가 아니라는 것을 증명한다. 게다가 안연지는 의희 11년에 심양에 거주하면서 도연명과 처음 알게 되었다. 만약 그해 가을 〈음주〉를 지으면서 갑자기 "고인"이라 부르며 자신의 시를 받아쓰게 했다면 너무 함부로 대한 것이다. "고인"이 안연지를 가리키는 것이 아니므로 〈음주〉 또한 의희 11년에 지은 것이 아니다.

〈증양장사贈羊長史〉는 이 해에 지었다. 시의 서에서 다음과 같이 말했다. "좌군 양장사가 명을 받들어 진천으로 사신을 가기에 이 시를 지어 그에게 전한다.左軍羊長史, 銜使秦川, 作此與之." 급고각장십권본, 동파화도시본, 증집간본에는 모두 주를 달아 "양의 이름은 송령松齡"이라고 했다. 시에서는 "옛 현인과 성군의 발자취, 일마다 모두 중원에 남아있구나. 몸과 마음으로 둘러보려 늘 생각했지만, 동쪽의 황하와 관소는 넘을 수 없었다네. 온 천하가 이미 하나가 되었으니, 장차 배와 수레 장만하여 찾아가려네. 그대 먼저 떠난다는 말을 들었으나, 병을 얻어 함께 가지 못한다네.賢聖留餘跡, 事事在中都. 豈忘遊心目, 關河不可踰. 九域甫已一, 逝將理舟輿. 聞君當先邁, 負痾不獲俱."라고 했다.

이를 보면 이 시는 그 해 9월 유유가 장안에 들어간 후 12월 동쪽으로 돌아왔던 그 때에 지어졌다. 양장사가 명을 받들어 진천으로 사신을 간 것은 유유에게 경하하려고 한 것이다. "좌군장사左軍長史"가 누구를 칭하는 것인지는 녹흠립逯欽立의 ≪도연명사적시문계년陶淵明事蹟詩文繫年≫에서 말하는 다음의 내용을 따르는 것이 옳을 것이다. "단소檀韶가 지난 해 8월부터 좌장군으로 강주자사가 되어 심양에 근거지를 두었는데 이제 양장사를 진주로 파견하여 유유에게 경하하도록 했다. 그래서 좌군양장사라고 말한 것이다.

원대 유이劉履의 ≪선시보주選詩補注≫는 '의희 13년 태위 유유가 진을 공격하여 장안을 격파하고 후진의 군주 요홍姚泓을 건강으로 압송하여 죽였다. 이 때 좌장군 주령석朱齡石이 장사 양송령羊松齡을 관중으로 보내 경하드렸는데 도연명이 이 시를 지어 보냈다'라고 했다. 유이의 학설은 옳지 않다.

《송서·주령석전》에 따르면 '12년에 북벌을 했다'고 하고 주령석은 '좌장군으로 옮겨 병력을 데리고 전성殿省을 지켰다. 14년에 주령석은 지절독관중제군사, 좌장군, 옹주자사가 되었다.' 이를 보면 주령석은 좌장군이 되어 건강에서 전성을 지켰는데, 만약 관중으로 사신을 가 경하했다면 심양에서 출발할 필요도 없고 도연명도 시를 지어 보냈을 이유도 없다. 유이는 양장사가 주령석의 장사가 되었다고 하지만 억측이다.

또 전대흔錢大昕의 《십가재양신록十駕齋養新錄》은 이 시가 의희 14년에 지어졌을 것이라고 한다. 14년에 주령석은 우장군으로서 옹주자사를 이끌었는데 우장군은 좌장군의 오기라는 것이다. 전대흔은 유이의 오류를 따르면서 또 곡해를 했으니 이 역시 옳지 않다."

원행패 의견: 《송서》 45권 〈단소전〉을 보면, 의희 9년 "좌장군으로 영전"했고 12년 "독강주예주지서양신채이주제군사督江州豫州之西陽新蔡二州諸軍事, 강주자사江州刺史로 옮겼는데 장군은 그대로였다"라고 했다. 녹흠립의 학설이 옳다.

• 진 안제 의희 14년 무오戊午(418) 도연명 67세

정월, 유유가 팽성으로 돌아와 남군공 유의경을 예주자사로 삼았다. 6월, 태위 유유가 처음으로 상국, 송공, 구석의 명을 받았고 행참군 은경인이 비서랑이 되었다. 경인은 은융의 증손으로 학문에 문채는 없었으나 사려가 깊었고 입으로 의를 말하지는 않았으나 깊은 이해와 체득이 있었다. 국장國典, 조의朝儀, 구장舊章, 기주記注까지 짓지 않은 것이 없어 그를 아는 이들은 모두 세상을 짊어질 뜻이 있다고 했다. 10월, 유유가 아들 유의진을 동쪽으로 부르고 상국우사마 주령석을 도독관중제군사, 우장군, 옹주자사로 삼아 장안을 지키게 했다.

11월, 주령석이 장안에 이르렀는데 유의진이 돌아오는 도중 청니靑泥에서 대패했다. 장안의 백성들이 주령석을 몰아내자 주령석은 궁전을 불태우고 동관潼關으로 도망치다 잡혀 장안으로 압송되어 하왕夏王 유발발劉勃勃에게 살해당했다. 하왕 유발발은 황위에 올라 원호를 창무昌武로 바꾸었다. 12월, 혜성이 은하수에 나타나 태미太微로 들어갔다가 북두北斗를 거쳐 자미紫微를 돌다가 80여 일만에 사라졌다. 송공 유유가 점을 치고 "창명昌明 후에 두 황제가 있을 것이다"(효무제의 자가 창명昌明이다)라고 했다. 이에 중서시랑 왕소지를 시켜 황제의 측근과 몰래 내통하여 황제를 음독하게 했다. 무인戊寅년에 왕소지가 평복으로 황제를 동당에서 목졸라 죽였다. 유유는 이에 황제의 유조를 사칭하여 사마덕문을 황위에 오르게 했다.(≪자치통감≫ 118권)

유유는 팽성에서 사자를 보내 주속지를 맞이하며 예의를 후하게 갖추었다. 주속지는 오래지 않아 다시 남쪽으로 돌아왔다.(≪송서≫ 93권 〈주속지전〉)

유유는 종병宗炳을 태위연太尉掾으로 명했으나 따르지 않았다. ≪송서≫ 93권 〈종병전〉은 다음과 같다. "고조가 고관으로 초빙하며 서신을 내려 '내가 제위에 올라 현명한 인재를 모시려하네. 가지런한 토끼그물을 깊은 곳에 두려하나 오두막이 아직 완성되지 않았구나. 언덕에 서서 안절부절 못하나니 우두커니 바라볼 뿐이네. 남양의 종병, 안문의 주속지는 지조를 지키며 조용히 은거하며 처사로 근심이 없다고 하니 벼슬을 내려 예로 모시라'고 했다. 태위연의 벼슬을 내렸으나 모두 따르지 않았다."

왕홍은 그해 유월 유유가 상국, 송공, 구석의 명을 받은 후 상서복야尚書仆射가 되었다.(≪송서·무제기≫) 그리고 같은 해에 감강주예주지서양신채이군제군사監江州豫州之西陽新蔡二郡諸軍事, 무군장군撫軍將軍, 강주자사江州刺史로 옮겼다. 영초永初 원년에 산기상시散騎常侍가 더해졌다. 영초 3년에는 조정에 들어가 위장군衛將軍, 개부의동삼사開府儀同三司가 되었다. 왕홍이 강주에 있었던 것은 그 해 하반기부터였다. 왕홍은 증조부가 왕도王導이며 진 승상을 지냈고, 조부는 왕흡王洽으로 중령군中領軍을 지냈으며 부친은 왕순王珣으로 사도司徒를 지냈는데 청담으로 널리 알려졌다.(≪송서≫ 42권 〈왕홍전〉)

왕홍이 도연명을 만난 것은 이 해이거나 혹은 1, 2년 후이다. ≪송서·도잠전≫에 따르면 다음과 같다. "강주자사 왕홍이 그와 사귀고 싶어 했는데 만나지 못했다. 도연명이 일찍이 여산에 갔는데 왕홍이 도연명의 친구 방통지에게 술상을 차려놓고 길 중간인 율리에서 그를 부르게 했다. 도연명이 다리에 병이 있어 제자 한 명과 두 아들에게 가마를 들게 하여 타고 와서 기뻐하며 함께 술을 마셨다. 잠시 후 왕홍이 왔는데 꺼려하지 않았다. …… 중양절에 술이 떨어진 적이 있었다. 집 주변으로 나가 국화꽃더미에 한참 앉아있었는데 왕홍이 보내온 술이 이르자 곧바로 마시고 취하여 돌아갔다."

소통의 〈도연명전〉과 《남사》도 대략 비슷하다. 오직 《진서 · 도잠전》
만 다르다. "자사 왕홍이 원희 때에 주에 왔는데 도연명을 심히 존경하여
후에 직접 그를 찾아갔다. 도연명은 병을 핑계로 만나지 않고 다른 사람에
게 말했다. '나는 성격이 세상과 친해지지 못하고 병 때문에 한거한 것이지,
뜻이 고결하거나 좋은 명망을 바란 것이 아니다. 어찌 감히 왕공께서 찾아
왔다가 수레를 되돌리는 것을 내 영예로 삼겠는가. 어질지 못하여 잘못을
범하나니 이것이 유공이 군자들에게 비난을 초래하는 이유이다. 그 죄가
작지 않다.' 왕홍은 매번 사람을 시켜 기다리다가 도연명이 여산으로 간다
는 것을 은밀히 알아냈다. 그래서 그의 친구 방통지 등을 보내 술상을 차리
고 길 중간에서 그를 불렀다. 도연명은 이미 술을 봤기에 들판의 정자에서
술을 마시다가 흥이 올라 돌아가는 것을 잊었다. 왕홍은 그제서야 나와
서로 인사하고 종일 연회를 즐겼다. 왕홍은 후에도 그를 만나고 싶으면
수풀에서 기다렸다."

《송서 · 왕홍전》에서는 그가 강주자사로 임직한 것이 의희 14년에서
영초 3년이라고 하고 《진서 · 도잠전》에서는 원희元熙 때라고 하는데 정
확하지 않다.

《송서 · 도잠전》에서 말하는 방통지龐通之는 바로 《진서 · 도잠전》에
서 말하는 방준龐遵이다. "주군에서 온 관리들의 방문도 모두 거절했지만
그의 고향 사람 장야와 친구 양송령, 방준 등이 술상을 차리고 그를 부르거
나, 혹 그를 불러 함께 술자리에 가면 비록 주인을 모르더라도 좋아서 화내
지도 않고 크게 취한 후에야 집으로 돌아왔다", "왕홍은 매번 사람을 시켜
기다리다가 도연명이 여산으로 간다는 것을 은밀히 알아냈다. 그래서 그의
친구 방통지 등을 보내 술을 차리고 길 중간에서 그를 불렀다."

또 고직의 《도정절시전정본陶靖節詩箋定本》에서는 이렇게 말했다.
"《송서 · 배송지전裴松之傳》에는 '원가 3년, 칙사를 나누어 천하를 순행하
게 했다. 주부 방준이 남쪽으로 연주兗州로 갔다'고 했다. 방주부가 바로

방준이다." 고직의 학설이 맞다. 도연명의 시 중에 〈원시초조시방주부등치중怨詩楚調示龐主簿鄧治中〉이라는 제목의 시가 있다.

장야는 이 해에 죽었다. ≪연사고현전蓮社高賢傳·장야전張野傳≫에서는 이런 내용이 있다. "장야는 자가 내민萊民이며 심양 시상에 살았고 도연명과 혼인으로 맺어진 관계이다. 장야는 유교와 불교에 모두 학식이 있으며 특히 글이 뛰어났다. 성품이 효성스럽고 우애가 있어 전답과 저택은 모두 동생들에게 주었고 맛있는 음식은 친척들과 나누었다. 주에서 수재로 천거되었고 남중랑부공조, 주치중, 산기상시를 제수받았으나 모두 가지 않았다. 여산에 들어가 승려 혜원을 모시고 유유민, 뇌차종과 함께 불교를 받들었다. 혜원이 세상을 떠나자 사령운이 명을 쓰고 장야는 서문을 써 처음으로 문하생이라 칭하니 세상 사람들이 그 뜻에 탄복했다. 의희 14년 가족들과 이별하고 방에 들어가 단정히 앉아 세상을 떠났다. 나이 예순 아홉이었다." ≪송서·도잠전≫에 따르면 장야는 도연명의 고향 친구이며 함께 즐겁게 술을 마시는 사이였다.

〈세모화장상시歲暮和張常侍〉가 이 해에 지어졌다. 원대 유이의 ≪선시보주選詩補注≫ 5권에는 이런 내용이 있다. "≪진사≫에 따르면 의희 14년 12월에 송공 유유가 안제를 동당에 유폐시키고 공제를 세웠다. 도연명의 〈화세모시和歲暮詩〉는 아마도 이 때에 지어져 이 내용을 반영했을 것이다. 시작 부분에서 저자거리의 사람들, 고인이 된 사람들을 말하며 서로 처량하지 않은 이가 없다고 했다. 말을 타고 달리니 해가 떨어지는, 세월의 빠름을 느낀다고 했다. 내일 아침이면 이미 오늘이 아니다. 나 무엇을 말하겠는가라고 하니 그 뜻이 심원하다. 중반부에서는 긴 바람이 저녁에 일고 찬 구름이 서산으로 사라진다고 했다. 사나운 기세의 짐승들과 나는 새들이 돌아가는 것은 송공의 제위 찬탈이 포악하여 백성들이 흩어진 것을 은유했다. 마지막에 궁통窮通과 사생死生이 모두 염려할 바가 아니라고 했다. 다만 나의 깊은 감회만 어루만지며 계절의 마지막 운행을 만난다고 하니 개탄하며 분격하지 않을 수 있겠는가." 청대 오숭吳崧의 ≪논도論陶≫는 "'세모歲暮' 두 글자에는 의미가 있다. 시절을 따라 기흥을 했으니 왕조가 바뀌는 슬픔을 말하지 않고 비유한 것이다"라고 말했다(청대 오첨태吳瞻泰의 ≪도시휘주陶詩彙注≫에서 인용). 도주陶澍는 이렇게 말했다. "장상시는 〈도잠전〉에서 말하는 장야이다. ……그러나 장야는 의희 14년에 죽었으니 시제를 화답했다고 해서는 안 된다. 시의 의미를 상세히 음미해보면 죽음을 슬퍼한 말이 있는 것 같으니 어쩌면 '화和'는 '비悲'일 수도 있다. 또 장야의 후손 장전張詮도 상시를 지냈으니 혹 장전도 장야를 애도한 작품이 있어서 도연명이 그 작품에 화답한 것이 아닐까?" 고직의 ≪도정절시전정본≫은 "'시조처구인市朝淒舊人'은 선위로 제위를 바꾼 것을 가리킨다. '취취감비천驟驟感悲泉'은 세모로 기흥한 것이다. 시에 애도의 뜻이 없으니 도주陶澍의 ≪정절선생연보고이靖節先生年譜考異≫는 틀린 것 같다"라고 했다. 왕숙민王叔岷의 ≪도연명시전증고陶淵明詩箋證稿≫는 이렇게 말했다. "장상시는 아마도 장야일 것이다. 의희 14년 12월에 유유가 안제를 동당에서 유폐하고 공제를 세웠다. 장야는 이해에 죽었다. 시의 제목에 〈세모화장상시歲暮和張常侍〉라 했으니 이는 12월에 장야가 아직 살아있었다는 것이다. 아마도 도연명이 그의 시에 화답한 후에 죽었을 것이다."

원행패 의견: 안제가 죽은 것은 의희 14년 12월 무인戊寅일이다. ≪자치통감≫을 찾아보면 다음 해 정월 초하루는 임진壬辰이다. 이를 근거로 추산해보면 안제가 죽은 것은 12월 17일이다. 이 소식이 심양에 전해져 도연명이 이를 알게 된 것은 빨라도 12월 20일이다. 장야가 이 해 어느 달에 죽었는지는 몰라도 상식적으로 추론해볼 때 12월 하순 도연명이 그의 시에 화답한 후일 가능성은 아주 적다. 그래서 만약 시의 내용에 근거하여 의희 14년 유유가 안제를 시해한 후에 지었다고 한다면 장상시가 장야일 가능성도 매우 적다. 도주의 ≪정절선생연보고이≫가 장전의 작품에 화답한 것이라고 추측한 것도 무리는 아니다. 그래서 14년에 지어졌으며 화답한 이는 장전이라고 하겠다. 제목의 "세모" 두 글자는 장전의 원시 제목으로 생각된다. 세모는 본래 한 해가 저물어간다는 뜻이고 노년을 비유한다. 도연명의 이 시는 두 가지 뜻을 함께 갖고 있으며 동시에 시대적 사건을 은유하고

있다. 시풍이 중후하고 격앙되니 도연명 시 중에서도 빼어난 작품이다.

•진 공제 사마덕문 원희 원년 기미己未(419) 도연명 68세

정월, 송공 유유를 입조하게 하여 왕으로 작위를 올렸으나 유유가 사양했다.
7월에 작위를 올리는 명을 비로소 받아들였다. 8월에 수양으로 옮겨 다스렸
고 도지상서 유회신을 도회북제군사서주자사로 삼아 팽성을 지키게 했다.
12월에 송왕을 특별히 대우하여 왕의 태비를 태후로, 세자를 태자로 올렸다.
 (≪자치통감≫ 118권)

〈구일한거九日閑居〉에는 "어찌하랴 오두막의 처사는, 기우는 세월만 우
두커니 바라보네.如何蓬廬士, 空視時運傾."라는 구절이 있다. 탕한湯漢은 "왕조
의 교체를 말한 것이다"라고 했다. 다소 억지스런 느낌이 있다. 전체 시의
감정과 뉘앙스는 왕조의 교체에 대한 감정으로 보이지 않고 술이 없으니
중양절을 헛되이 보낸다는 말이다. 오인걸의 주가 말한 바와 같다. "'기우는
세월만 우두커니 바라보네空視時運傾'와 '국화만 저 홀로 헛되이 피었구나寒
花徒自榮'는 모두 술이 없음을 한탄한 것이다. 서문에서 말한 '술을 마시고
싶어도 얻을 곳이 없어持醪靡由'의 상황이다. 원주에서는 왕조 교체의 일을
가리키는데 그 주지를 놓친 것이다." 왕요의 주는 이렇게 말한다. "시의
서문에는 국화는 있는데 술이 없어서 지었다고 적었다.

≪송서·도잠전≫에는 '일찍이 중양절에 술이 없었다. 집 주변으로 나가
국화꽃더미 곁에 한참 앉아있었는데 왕홍이 보내온 술이 이르자 곧바로
마시고 취하여 돌아갔'라고 했다. 왕홍이 처음 강주자사가 된 것은 의희
14년 무오戊午인데 모두 8년이다. 지금 일단 이 시의 창작연대를 왕홍이
임직한 이듬해라고 하면 진 공제 원희 원년 기미己未(419)인데 이 해에 도
연명은 55세였다."

차주환車柱環의 ≪보전補箋≫에서도 다음과 같이 말했다. "도연명이 중양
절을 읊은 시는 이 고사와 관계가 있다."(왕숙민의 〈도연명시전증고〉에서
인용.) 녹흠립의 ≪도연명사적시문계년≫은 의희 14년 아래에 "〈구일한거〉

는 어쩌면 이 해의 가을에 지었을 것이다"라고 하며 왕홍이 술을 보내온 일을 인용했다.

등안생鄧安生의 ≪도연명연보陶淵明年譜≫는 원희 원년 아래에 다음과 같이 말했다. "〈구일한거〉는 이 해 또는 한 해 전에 지어졌다", "'어찌하랴 오두막의 처사는, 기우는 세월만 우두커니 바라보네.如何蓬廬士, 空視時運傾'의 구절은 진 왕조가 곧 망할 것을 한탄하여 왕조 교체의 직전에 지어졌음이 의심할 나위 없다."

원행패 의견: 탕한의 학설은 의문스럽다. 왕홍이 술을 보낸 일과 연계해 보아도 확실한 근거는 없다. 단지 하나의 학설일 뿐이고 실제 그 창작연대를 가리킨다고 보기는 어려울 것 같다.

• 송무제 영초 원년 경신庚申(420) 도연명 69세

정월, 송왕 유유가 선양을 받고자 하여 군신들에게 암시했는데 중서령 부량傳亮이 알아들었다. 사월, 왕을 불러 보좌하게 하였다. 6월, 유유가 건강에 이르렀다. 부량은 송왕에게 제위를 선양할 것을 진 공제에게 암시하며 조서의 초고를 공제에게 쓰게 했다. 공제는 흔쾌히 붓을 집어 들고 좌우에게 말했다. "환현이 집권한 당시 진 황실은 거의 천하를 잃었는데 유공 덕분에 다시 이어져 곧 이십 년이 된다. 오늘의 일은 기꺼이 쓰겠다." 이에 붉은 종이에 조서를 적었다. 유유가 황제위에 올랐다. 진 공제를 영릉왕으로 봉하고 이전의 말릉현秣陵縣에 궁을 두었다. 진의 황족들에게 작위를 내리도록 명했으며 시흥始興, 여릉廬陵, 시안始安, 장사長沙, 강락康樂 오공을 현공, 현후로 강등시켜 왕도王導, 사안謝安, 온교溫嶠, 도간陶侃, 사현謝玄의 제사를 모시게 했다. (≪자치통감≫ 119권)

도연명은 집에서 은거했다.
〈어왕무군좌송객於王撫軍座送客〉은 이 해 가을에 창작되었다.

〈고증〉
이공환李公煥의 ≪전주도연명집箋注陶淵明集≫은 다음과 같이 말했다.

"연보에 따르면 이 시는 송 무제 영화 2년 신유 가을에 지은 것이다. ≪송서≫에 '왕홍王弘은 무군장군撫軍將軍, 강주자사江州刺史가 되었고, 유등지庾登之는 서양태수西陽太守가 되어 돌아왔다. 사첨謝瞻은 예장태수豫章太守가 되어 곧 군郡으로 가려했다. 왕홍은 분구湓口(지금 심양의 분포湓浦)까지 전송했다. 세 사람은 여기서 시를 지어 이별의 마음을 읊었는데 왕홍이 도연명을 불러 송별연을 했다. 그래서 ≪문선文選≫에서는 송별연에서 지은 사첨의 시를 기재하면서 첫 장에 네 사람이 앉았다고 적었'고 했다."

고이顧易의 ≪류촌도보柳村陶譜≫에서는 이렇게 말했다. "떠나보내는 객이 누구인지는 알 수 없다. 각본刻本에서는 ≪문선≫에 수록된 사첨의 〈왕무군유서양집별王撫軍庾西陽集別〉 시를 인용하며 도연명이 이 모임에 틀림없이 참석했기 때문에 사첨 시의 첫 장에 네 사람이 앉았다는 말을 적었다고 했다. 그러나 ≪문선≫에 따르면 그렇지 않다는 것을 알 수 있다." 도주陶澍의 주는 이렇게 말했다. "≪문선≫에는 사선원謝宣遠(사첨)의 시 〈왕무군유서양집별시위예장태수유피정환동王撫軍庾西陽集別時爲豫章太守庾被征還東〉이 실려있다.

이선李善의 주에는 이렇게 적혀있다. '심약의 ≪송서≫에 (왕홍이 예장지서양신채제군사, 무군장군, 강주자사가 되었다. 유등지는 서양태수가 되어 입조하여 태자서자가 되었다)고 했다. 서문에는 사첨은 예장으로 돌아가고 유등지는 경사로 불려와 왕무군이 분구 남루까지 전송하여 지었다고 했다' 첫 장에 네 사람이 앉았다는 말은 없다. 이공환의 주가 어떤 판본을 본 것인지 모르겠다. 인용한 연보도 누가 지은 것인지 알 수 없다."

도팽陶澎의 ≪도정절연보고이陶靖節年譜考異≫는 다음과 같이 말했다. "지금 ≪문선≫의 서에는 3인이라고 기록되어 있고 선생의 이름은 없다. 어찌 송본에만 있고 지금의 판본에는 빠졌는가? ≪자치통감≫에는 영초 2년에 사첨이 예장태수가 되었다고 했다. 이 시는 틀림없이 이 해에 지어졌다. 다음 해에는 사첨이 죽었다." 이진동李辰冬의 ≪도연명평론陶淵明評論≫은 이 시를 원가 원년(424)으로 분류하면서 이공환의 주에 '첫 장에 네 명이 앉았다'고 적었다고 했으나 정확하지 않다. 도연명과 사첨의 두 시가 적은 장소와 환경이 다르기 때문에 도연명이 전송한 사람을 사첨과 유등지가 아니라 방참군으로 단정했다. "왕홍은 방참군을 전송하는 송별연에서 도연명을 알게 되었다고 추측할 수 있다." 또 고직의 《도정절시전정본》은 이렇게 말했다. "《문선》에 있는 사선원의 시 〈왕무군유서양집별시위예장태수유피정환동〉에는 '두 배에 나란히 탄 오랜 벗들 새롭고, 술자리를 함께 하고 지방관은 멀리 떠나가리方舟新舊知, 對筵曠明牧'라는 구절이 있는데 이선의 주에는 '오랜 벗舊知은 유등지이고, 현명한 지방관明牧은 왕무군이다'라고 하여 두 사람만 적었다." 고직의 《도정절연보》에서는 이렇게 말했다. "이 시에 적은 것은 왕휴원, 유등지, 사첨 자신이다. 이공환의 주가 말하는 '네 사람'은 잘못되었다."

왕숙민王叔岷의 《도연명시전증고陶淵明詩箋證稿》는 이렇게 말했다. "사첨의 시 '두 배에 나란히 탄 오랜 벗들이 새롭고方舟新舊知' 구절에 이선의 주는 '오랜 벗은 유등지이다'라고 했는데 새로운 벗은 도연명일 것이다. 즉 사첨의 시에 쓴 사람은 왕홍, 유등지, 도연명 그리고 사첨 자신으로 네 명이다. 이공환의 주는 틀리지 않았다.

원행패 의견: 왕숙민의 말이 옳다. 《송서》 56권 〈사첨전〉에는 사첨의 동생 사회謝晦가 "당시 송대우위宋臺右衛를 지냈는데 권세가 막중했다. 팽성에서 경성으로 돌아와 집에 오니 빈객들이 수레바퀴살처럼 빽빽하게 모여들었고 골목이 막힐 지경이었다. ……이때 사첨은 집에 있었다. ……이에 마당에 울타리를 두고 말하길 '나는 차마 보지 못하겠다'고 했다. 팽성으로 돌아갔다. ……고조가 사첨을 오흥군 태수로 삼았는데 스스로 사퇴하길 청하여 마침내 예장태수가 되었다. ……영초 2년 예장군에서 병을 얻었는데 고치려 하지 않고 이대로 죽으려고 했다. ……마침내 죽었는데 당시 나이가 35세였다."

유유가 팽성으로 돌아온 것은 의희 14년 정월이었다. 송대는 이 해 6월에 건립되었다. 송대가 막 건립되었을 때 사회는 우장군이 되었다. 이 일은

≪송서≫ 44권 〈사회전〉에 보인다. 당시 사첨은 아직 집에 있었다. 그래서 사첨이 예장태수로 임직한 것은 틀림없이 의희 14년 유월 이후이다. 왕홍이 강주에서 사첨, 유등지와 송별연을 했으니 사첨의 부임 역시 왕홍이 강주로 간 다음이고 왕홍이 도연명을 알게 된 다음이다.

사첨의 시 〈왕무군유서양집별시위예장태수유피정환동王撫軍庾西陽集別時爲豫章太守庾被征還東〉에는 "명을 받들어 북쪽 경사로 돌아가고, 임지를 향해 남쪽으로 돌아가네.祗召旋北京, 守官反南服."라는 구절이 있다. "돌아온다反"고 했으니 처음 간 것은 아니다. 이선의 주에는 그가 장차 예장군으로 부임하려 한다고 했으나 옳지 않다. 어쩌면 부임하여 경사로 들어간 후에 다시 남쪽으로 돌아가며 강주를 지나다 유등지가 서양에서 태자서자가 되어 강주를 지나는 것을 만났을 수도 있다. 왕홍은 사첨, 유등지, 도연명을 불러 송별연을 벌였다.

≪송서≫ 53권 〈유등지전〉을 보면, 그가 태자서자가 된 시간도 정확하지 않다. 하지만 ≪송서·무제기≫에 근거하면 원희 원년 12월, 유유의 세자 의부義符가 송태자가 되었다. 원희 2년 6월에 유유가 즉위하여 연호를 영초로 바꾸었고 8월에 의부는 황태자가 되었으며 유등지는 입조하여 태자서자가 되었으니 이는 틀림없이 의희 원년 12월 이후일 것이다. 여기서 이 시를 영초 원년으로 확정하는 것이 가장 온당하다. 이공환의 ≪전주도연명집≫과 도주의 ≪정절선생집≫에서 이 시를 영초 2년으로 본 것은 타당하지 않다. 이진동의 학설은 새롭기는 하나 근거가 없어 정론이 되기 어렵다.

〈원시초조시방주부등치중怨詩楚調示龐主簿鄧治中〉을 이 해에 지었다.

시에 "성년이 되어 선한 일을 생각하며 애쓴지 54년이었네.結髮念善事, 僶俛六九年."라는 구절이 있다. 이 두 구는 이어지는데 뜻은 "성년이 되어 선한 일을 생각"한 이래 54년 동안 노력했다는 말이다. "결발結髮"은 15세 이상인데 여기서는 15세로 하겠다. "육구년六九年"은 54년이다. 15세에 다시 54년이 지났으니 69세이다. 왕질王質의 ≪율리보栗里譜≫ 이후로 이 시를 54세의 작품으로 보는 학설이 계속 이어지고 있으나 이는 타당하지 않다. 출생

직후부터 선善을 노력할 수는 없다. 성인이 된 이후부터야 선을 위해 노력할 수 있기 때문이다.

〈동파선생화도시東坡先生和陶詩〉는 "육구六九" 아래에 "일작一作"이 없고 다른 송본에는 모두 "일작오십一作五十"이 있다. 여기서는 〈화도시〉 판본을 따른다. "일작오십一作五十"은 아마도 향년 63세 학설에 맞추어 고친 것으로 보인다. 오직 〈화도시〉만 원래의 면모를 유지하고 있다.

"방주부龐主簿"에 대해서는 고직의 ≪도정절시전정본≫에서 이렇게 말했다. "≪송서·배송지전裵松之傳≫에는 '원가 3년, 칙사를 나누어 천하를 순행하도록 파견했는데 주부 방준이 남쪽으로 연주兗州로 갔다'고 했다. 방주부가 바로 방준이다."

원행패 의견: 고직의 ≪도정절시전정본≫은 일부분을 잘라 인용했다. 원문은 다음과 같다. "태조 원가 3년, 사도 서선지 등을 주살하고 칙사를 나누어 천하를 순행하게 했다. ……사도 주부 방준이 남쪽으로 연주兗州로 갔다. 방주부가 아마도 방준일 것이다." 그러므로 방준이 사도 서선지의 주부가 된 것은 원가 3년 이전이다. ≪송서·서선지전≫에 다음과 같이 기재되어 있다. "유목지劉穆之가 죽었다.(≪송서·유목지전≫에 따르면 유목지는 의희 13년 11월에 죽었다) 고조는 서선지를 이부상서, 건위장군, 단양윤으로 명했다." 영초 원년에 "고조가 제위에 올라 진군장군을 높여 산기상시를 더했다. ……남창현공으로 봉했다"고 했다. 방준이 의희 13년에 이미 서선지의 주부가 되었기 때문에 도연명이 그를 방주부라고 부를 수 있었던 것이 아닐까?

〈독사술讀史述 9〉은 이 해에 지어졌을 것이다. 소식의 〈동파제발東坡題跋〉 1권 〈서연명술사장후書淵明述史章後〉에서는 이렇게 말했다. "도연명이 〈독사술 9〉을 지을 때, 〈이제夷齊〉, 〈기자箕子〉는 아마도 감회가 있어 읊었을 것이다"라고 했다. 갈립방葛立方의 ≪운어양추韻語陽秋≫ 5권은 이렇게 말했다. "도연명의 〈독사술 9〉을 보면 행간에 깊은 뜻이 담겨 있다. 특히 뛰어난 장은 〈이제夷齊〉, 〈기자箕子〉, 〈노이유魯二儒〉 세 편이다." 방조신方

祖燊의 ≪도잠연보≫도 이 해로 보았다.

• 송무제 영초 2년 신유辛酉(421) 도연명 70세

9월에 황제가 영릉왕 비의 오빠 저담지褚淡之, 저숙도褚叔度에게 명하여 비를 만나보게 했다. 비가 별실로 나와서 서로 만났다. 병사들이 담을 넘어 들어가 왕에게 약을 들여보냈다. 왕이 마시지 않으려 하자 병사들이 이불로 덮어 죽였다. 이전에 황제가 독주 한 동이를 전 낭야랑중령 장의張褘에게 주어 영릉왕을 독살하게 했는데 장의는 신하의 도리로 자신이 마시고 죽었다. 신해辛亥일에 영릉왕을 충평릉沖平陵에 매장했다. 황제가 백관을 거느리고 가서 후하게 전송했다.(≪자치통감≫ 119권)

도연명은 집에서 은거했다.

〈술주逑酒〉 시가 이 해에 창작되었다.

〈고증〉

〈동파선생화도시〉에는 이 작품이 없다. 급고각장본, 증집본 모두 이 제목 아래에 다음과 같은 주가 있다. "송본宋本(원행패 의견: 틀림없이 송상본宋庠本을 가리킨다)에 이렇게 적혀 있다. 이 작품은 제목과 의미가 다르다. 여러 판본 모두 이와 같으니 잘못되었다. 황정견이 말했다. '〈술주〉 이 작품은 아마도 빼버려야 할 것 같다. 이 작품은 다른 책을 읽고 쓴 것 같은데 이해할 수 없는 내용이 대부분이다.'"

원대 이공환의 ≪전주도연명집≫은 한자창韓子蒼의 말을 인용했다. "내가 반복해서 읽다가 '산양山陽은 하국國으로 돌아갔다山陽歸下國'는 구절을 보았다. 아마도 산양공의 일을 쓴 것으로 의희 이후에 느낀 바가 있어 지은 것 같다. '눈물 흘리며 가슴 속으로 탄식하고流淚抱中歎', '평왕이 옛 도읍을 떠나니平王去舊京'와 같은 구절이 있으니 도연명의 충의가 이와 같았다."

또 조천산趙泉山을 인용하여 이렇게 말했다. "이는 진 공제 원희 2년의 일이다. 6월 11일에 송왕 유유가 겁박하여 제위를 선양받은 후 공제를 영릉왕으로 폐위시켰다가 다음 해 9월 은밀히 시해했다. 그래서 도연명의 시에서 한헌제의 일을 인용했다." 송대 탕한은 이렇게 말했다. "원희 2년 6월, 유유는 공제를 영릉왕으로 폐위시켰다. 다음 해 독주 한 동이를 장의에게 주어 왕을 독살하게 했는데 장의는 자신이 마시고 죽었다. 또 병사들로 하여금 담을 넘어 약을 들여보냈으나 왕이 마시려 하지 않자 이불로 덮어 죽였다.

이것이 시를 쓴 동기이기 때문에 〈술주〉라는 제목으로 작품의 의미를 밝혔다. 시어에 은어가 많기 때문에 보는 이들은 이해할 수 없으나 오직 한자창이 '산양하국山陽下國' 구절에서 의희 후에 느낀 바가 있어 쓴 것이라 했다. 내가 반복하여 상세히 고찰하니 이는 틀림없이 영릉왕의 일을 슬퍼하여 쓴 시라는 것을 알게 되었다. 소疏를 보고 깨닫는 것은 이 늙은이의 충정과 분노이다.

예전 소자첨蘇子瞻의 〈술사〉 9장은 '오백 년이 지났으나 나는 그 사람이 보이네去之五百歲, 吾猶見其人'라 했는데 어찌 그것이 허언이랴." 이후의 여러 학자들은 대부분 한자창과 탕한의 학설을 취했는데 약간의 가감이 있을 뿐이다. 녹흠립의 주는 다음과 같이 말했다. "원주에는 '의적이 만들고 두강이 윤색을 했다.儀狄造, 杜康潤色之.'고 되어 있다. 의적과 두강은 고대의 술을 잘 빚는 사람이다. 술은 의적이 처음 만들고 두강이 윤색을 했다.

환현이 처음 제위를 찬탈하고 유유가 후에 윤색하여 진나라가 결국 멸망한 것을 비유했다. 제위를 찬탈하기 위해 환현은 사마도자를 짐주로 독살했고 유유는 진 안제를 짐주로 독살했다. 모두 독주로 역모를 완성한 것이다. 그래서 도연명은 술주라는 제목을 짓고 '의적이 만들고 두강이 윤색을 했다'라고 제목에 주를 단 것이다."

원행패 의견: 한자창과 탕한의 학설은 대체로 믿을 만하다. 오직 '충정과 분노'는 다소 지나치다. 전체적인 분위기는 그다지 격렬하지 않으며 개탄의 정은 있지만 충정과 분노의 지경까지 이르렀다고 할 수는 없다. 시의 마지막 부분에 세상에 초연하고 냉정히 안전을 돌본다는 의미가 들어있다. 도

연명집의 각 작품 제목 아래의 주석은 모두 교감자들의 말이지 도연명의 자주自注는 아니다.

〈술주〉의 제목 아래에 '의적이 만들고 두강이 윤색을 했다.儀狄造, 杜康潤色之'는 구절이 있다. 교감자의 말은 아니고 녹흠립의 주가 말하는 것처럼 도연명의 원주일 수도 있지만 단정하기는 어렵다. "윤색"은 광채를 나게 한다는 말이다.

좌사左思의 〈오도부吳都賦〉에 이런 구절이 있다. '그 음악이 연주되니 나무와 돌이 빛을 더하고, 슬픔을 토해내니 처량한 바람이 크게 일어난다.其奏樂也, 則木石潤色. 其吐哀也, 則凄風暴興.' 이른 바 '두강이 윤색을 했다杜康潤色之'는 것은 두강이 양조의 기술을 개선했다는 의미이다. 《세본世本》에 "옛날 소강이 처음 술을 만들어 오미五味가 바뀌었다. 소강은 출주秫酒를 만들었다"라고 했고 《설문해자·건부巾部》에서는 "옛날 소강이 처음으로 키와 비(箕帚), 출주秫酒를 만들었다. 소강은 두강이다"라고 했다. '두강이 윤색을 했다杜康潤色之'는 말이 억지로 통하기는 하지만 윤색이라는 용어를 여기서 사용한다는 것이 다소 생경하게 느껴진다. 정말 도연명이 쓴 것인지는 다소 의문스럽다.

녹흠립의 주에서 황현이 짐주로 사마도자를 독살한 일, 유유가 짐주로 진 안제를 독살한 일을 함께 거론한 것은 옳지도 그르지도 않다. 사마도자가 대권을 쥐고 있기는 했지만 황제는 아니었다. 또 유유가 왕소지에게 안제를 살해하라고 시키기는 했지만 덕문이 항상 황제의 주위에 있어서 틈이 없었기 때문에 평상복으로 안제를 목졸라 죽였는데 녹흠립은 짐주로 독살했다고 했으니 이는 정확하지 않은 것이다. 그래서 "환현이 처음 제위를 찬탈하고 유유가 후에 윤색하여 진나라가 결국 멸망한 것을 비유했다"는 말은 성립되기 어렵다.

• 송 무제 영초 3년 임술壬戌(422) 도연명 71세

정월, 강주자사 왕홍이 위장군, 개부의동삼사가 되었다. 5월 황제의 병이 심

해졌다. 사공 서선지, 중서령 부량, 영군장군 사회, 진북장군 단도제가 함께 임종을 하여 유언을 들었다. 계해癸亥일에 황제가 붕어했다. 태자 의부가 제위에 올랐으니 소제少帝이다. 7월 무제를 초영릉에 안장하고 묘호를 고조高祖로 했다. 9월 위魏가 병사를 발동하여 송을 침입했다. 11월 송의 활대滑臺를 빼앗았다. 황하 연안의 여러 군이 위로 편입되었다.(≪자치통감≫ 119권)

도연명은 집에서 은거했다.
〈도화원시병기桃花源詩幷記〉가 대략 이 해에 창작되었다.

〈고증〉

송대 홍매洪邁의 ≪용재수필容齋隨筆≫ 3필 10권에는 다음과 같은 내용이 있다. "내가 혼자 도화원의 일을 생각해보니 진秦을 피한 이야기를 하면서 '위진은 말할 것도 없었다無論魏晉'고 했는데 유유의 일에 뜻을 두면서 진나라에 기탁했으니 은유를 한 것이다. 근자에 호굉인중胡宏仁仲의 시가 재미있고 기묘한데 이렇게 말한다. '도연명은 절세의 인물인데, 어찌 거짓을 적고 참인지 살피지 않았으리. 선생의 고결한 삶 말세를 군색케 만들고, 고상한 지조 간직하여 진민秦民이 되려 하지 않았네. 고로 이 글에 숨겨진 뜻을 풀었으니 온 세상 가득하던 먼지를 쓸어낸 듯.' 그의 말이 도연명의 참 의미를 얻었다."

뇌의휘賴義輝의 ≪도연명생평사적급기세수신고陶淵明生平事跡及其歲數新考≫는 다음과 같이 말했다. "고직의 ≪도정절연보≫는 이 작품을 태원 18년보다 늦게 나왔다고 했다. 이유는 작품의 첫 부분에 '진나라 태원 때晉太元中' 네 글자가 써있기 때문이다. 양계초의 ≪도연명연보≫ 또한 작품의 첫 부분에 있는 '진태원중晉太元中'에 의거하여 '아마도 융안隆安 전후의 작품인 듯하다'고 했다. 양계초의 ≪도연명연보≫는 고증이 다소 공허하고 고직의 ≪도정절연보≫는 오류가 있다.

〈여자엄등소與子儼等疏〉에는 '제북의 범치춘은 진대의 지조있는 사람이었다.濟北氾稚春, 晉時操行人也.'라는 구절이 있다. 이 글이 송대에 들어선 이후

의 작품이기 때문에 '진나라 때晉時'라고 한 것이다. 그렇지 않다면 진나라
체제를 쓸 때 '진시晉時'라고 하지 않고 응당 '국조國朝', '아조我朝', '아진我晉'
이라고 했을 것이다. 선생의 〈명자命子〉시는 진나라 때의 작품인데 '재아중
진在我中晉'이라는 구절을 쓴 것이 그 예이다. 〈도화원기〉의 시작 부분에
'진나라 태원 중에晉太元中'라고 표기한 것은 전자와 같고 후자와 다르다.
진나라가 망한 이후의 작품이라는 것을 알 수 있다.

반대되는 상황의 학설을 보자면 〈제정씨매문祭程氏妹文〉에 '유진의희삼
년維晉義熙三年'이라는 구절이 있다. 이 작품은 분명히 진나라 때의 작품이
다. 그런데 진나라의 연호를 썼으니 어찌 앞에서 말한 내용과 모순이 아니
겠는가? 하지만 이 두 가지 사례는 다르다. '진태원중晉太元中', '진시晉時'는
거슬러 올라가는 말이고 '유진의희삼년維晉義熙三年'은 직접 서술하는 말이
다. 제문에서 국호를 표기하는 것은 당대를 가리켜야 하니 그 방식이 위와
같다.

이제 예를 들어 설명하겠다. 주지周祗의 〈제양홍문祭梁鴻文〉의 첫머리에
'진융안사월십일월晉隆安四年十一月'이라고 적혀 있는데 주지는 진나라 사람
이다. 안연지顔延之의 〈제굴원문祭屈原文〉의 첫머리에 '유유송오년惟有宋五
年'이라고 적혀 있는데 안연지는 송나라 사람이다. 왕승달王僧達의 〈제안광
록문祭安光祿文〉의 첫머리에 '유송효건삼년維宋孝建三年'이라고 적혀 있는데
왕승달은 송나라 사람이다. 이 세 문장은 모두 당시의 작품인데 당시의
왕조 명칭을 적었다. 이를 보면 제문에서는 당대의 조대 이름을 적으니
〈도화원기〉는 조대가 바뀐 이후의 작품이라는 것을 알 수 있다."

원행패 의견: 홍매와 뇌의휘가 논한 바가 옳다. 진인각陳寅恪의 〈도화원기
방증桃花源記傍證〉은 다음과 같이 말했다. "도연명 〈의고〉시 제2수는 〈도화
원기〉와 서로 인증이 된다." 왕요王瑤의 주는 〈의고〉시가 송 영초 2년 신유辛
酉(421)에 지어졌다는 것을 근거로 '〈도화원시병기〉도 틀림없이 같은 시기
에 지어졌다'라고 했다. 녹흠립의 《도연명사적시문계년》은 이 작품을 의희
14년으로 보았다. 등안생의 《도연명연보》는 송의 영초 원년으로 보았다.

모두 대강 추정한 창작연대로 차이가 크지는 않지만 상세한 고증은 어렵다.

• 송 소제 경평 원년 계해癸亥(423) 도연명 72세

정월 기해己亥일 초하루, 대사면을 내리고 연호를 바꾸었다. 위가 송금의 용성埔城을 빼앗았다. 윤달 4월, 위가 송 호뢰虎牢를 빼앗고 사司, 예豫, 연兗 군현을 점령했다. 11월, 위가 허창許昌, 여양汝陽을 공격했다. 송의 병력은 궤멸했다.(≪자치통감≫ 119권)

도연명은 집에서 은거했다.

〈답방참군答龐參軍〉 오언과 사언이 이 해에 창작되었다.

〈고증〉

도주의 ≪정절선생연보고이≫는 진 공제 원희 원년 아래에 다음과 같이 말했다. "선생은 〈답방참군〉 사언시와 오언시가 있다. 또 〈원시초조시방주부등치중〉이 있다. 오정전吳正傳(원대 오사도吳師道)의 ≪오례부시화吳禮部詩話≫는 다음과 같이 말했다. '본전에 강주자사 왕홍이 그와 사귀고 싶어 했는데 만나지 못했다. 도연명이 일찍이 여산에 갔는데 왕홍이 도연명의 친구 방통지에게 술상을 차려놓고 길 중간인 율리 사이에서 그를 부르게 했다는 기록이 있다. 이 〈답방참군〉 사언과 뒤의 오언은 모두 이웃과 가까이 지내는 모습을 적었으니 분명히 이 사람이다.

또 〈원시시방주부〉도 있는데 어찌 참군이 아니랴? (길 중간인 율리半道栗里)라는 구절도 집을 옮긴 일의 근거가 된다.' 오정전의 학설에 따르면 방준은 방통지이니 그의 학설은 맞다. ≪진서≫에는 '주선지, 방통 등은 간혹 술을 차려 그를 불렀다'고 했다. 또 '왕홍은 그의 친구 방통지 등을 보내 술을 차리고 그를 불렀다'라고도 했다. 분명히 한 사람이다. 옛 사람들의 글은 위 아래에서 이름과 자를 서로 부르는 경우가 매우 많다.

예를 들면 배자야裴子野의 ≪송략宋略≫을 보면 위에서는 환현桓玄이라고 쓰고 아래에서는 경도敬道라고 쓴다. 유지기劉知幾의 ≪사통史通≫에서 '성명과 자는 앞뒤에서 서로 거론하면 보는 이가 스스로 안다'라고 한 말이 이것이다. ≪송서・배송지전裴松之傳≫에는 '원가 3년, 사신을 나누어 천하를 순행하게 했다. 주부 방준이 남쪽으로 연주兗州로 갔다'고 했다. 이 방주부가 바로 방준이다. 강릉으로 사신 간 방참군이 주부 방준이라는 점은 맞는 것 같지 않다. 참군과 주부는 모두 관부에 소속된 관리인데 겸직하지 않는다.

선생의 〈답참군〉시를 보면 평소 알던 사이가 아니다. 이웃이 되어 가까워지기 시작했고 겨울과 봄이 지나갔으니 시간이 그리 오래된 것은 아니다. 그래서 '서로 아는 사이라고 어찌 꼭 오래되어야 하랴, 초면에도 수레 양산을 기울이며 대화한다니 이 말을 증명하리라.相知何必舊, 傾蓋定前言.' 그리고 주부 방준에게는 〈원시초조시방주부등치중〉를 지어 보여주며 평생의 이력을 말하고 고생했던 일들을 토로하고 지음이 되어 서로 그리워했다. 참군과 정을 나누었던 것을 보면 정의 깊음과 얕음에 차이가 있다.

이는 두 시를 대조해보며 느껴진 것이다. 당시 위군장군 왕홍은 심양을 다스리고 있었고 송 문제는 막 의도왕宜都王이 되었다가 형주자사로서 강릉을 다스렸다. 참군은 왕홍의 명을 받들어 강릉으로 사신을 갔다가 또 의도왕의 명을 받들어 경사로 사신을 갔다. 고로 '대번大藩의 명이 있어, 사신으로 경성에 가라 하셨으니大藩有命, 作使上京'라고 했다. 의도왕이 아니라면 대번이라고 하지 않았을 것이다.

사언, 오언 모두 영양왕營陽王 경평景平 원년에 지은 것으로 보인다. 오언시는 참군이 사신으로 갈 때 먼저 시를 지어 주고 선생이 이 시를 지어 답을 했다. 사언시는 참군이 강릉에서 건강으로 돌아올 때 선생이 또 시를 지어 보냈다. 왕홍의 형제 왕담수王曇首, 왕화王華가 모두 의도참좌가 되었다가 후에 정책定策으로 공을 세워 높은 자리에 올랐다. 영양왕이 폐위되자, 왕홍은 건강으로 와서 모의에 참여했다. 당시 사람들은 예주를 세우고자 했으나 서선지는 의도에게 부서符瑞가 있다고 하여 의도에게 대통大統을 이어주려 했다. 이는 틀림없이 왕홍 형제가 우선 참군을 경사로 사신을 보내 서선지, 부량 등에게 깊은 성의를 표하게 하여 강릉의 부서가 조정에 알려지게 된 것이다. 특별한 기밀이었기에 외부인은 알 수 없었고 사서에 기록되지 않았을 뿐이다. 이후에 문제가 서선지, 부량, 사회 3인의 죄를 처벌했는데 오직 왕홍만 총애를 입었던 것도 이유가 있었다.

사언시의 마지막 장은 다음과 같다. '멀리 가는 이여, 열심히 노력하게, 시작할 때 마지막을 생각해야지. 좋은 시절에도 신중하고, 그대 신체를 잘 보전하게.勖哉征人, 在始思終. 敬玆良辰, 以保爾躬.' 이런 내용은 선생이 참군의 사신길을 가만히 살펴보니 또다른 의도가 있기에 신중하고 신체를 잘 보전하라고 격려한 것이다. 또 서문에서는 방씨를 위군참군이라 칭했고 강릉에서 사신으로 경사에 간다고 했다. 이것이 '대번의 명이 있어, 사신으로 경성에 가라 하셨으니.大藩有命, 作使上京.' 구절의 내용을 말한 것이다. 도연명이 교유한 사적, 정국에 대한 상황 등을 보면 시로 역사를 기록했다고 할 수 있다. 이 시는 영양왕 경평 원년에 지어졌다. 옛 일을 좋아하는 군자가 더 고찰해줄 것을 기다린다."

녹흠립의 ≪도연명사적시문계년≫은 〈답방참군〉이 송 문제 원가元嘉 원년(424)에 지어졌다고 한다. "봄에 오언시 〈답방참군〉을 짓고 겨울에 사언시 〈답방참군〉을 지었다. 오언시의 서문에 '나는 여러 해 째 병이 있어 더 이상 글을 쓰지 못하네. 본래 건강하지 못한데다 늙으니 병이 그치지 않는다.吾抱疾多年, 不復爲文, 本既不豊, 復老病繼之.', '그대와 이웃이 되고 나서 계절은 겨울에서 봄으로 바뀌었는데.自爾鄰曲, 冬春再交.', '인간사가 잘 어긋나니 헤어짐을 말하게 되었네.人事好乖, 便當語離.'라고 했다.

이를 보면 오언시는 봄에 지었음을 알 수 있다. 사언시에서는 '예전 우리 이별할 때, 꾀꼬리 막 울 무렵이었지. 이제 자네를 만나니, 싸락눈 휘날리고 있네.昔我云別, 倉庚載鳴. 今也遇之, 霰雪飄零.'라고 했다. 사언시는 겨울에 지었음을 알 수 있다. 사언시의 서문에는 '방씨는 위군참군을 지냈는데 강릉에서 경성으로 사신을 가다가 심양을 지나며 만나 시를 주었다.龐爲衛軍參軍, 從江

陵使上都, 過潯陽見贈.'고 했다. 시에서는 '대번의 명이 있어, 사신으로 경성에 가라 하셨으니大藩有命, 作使上京'라고 했다. 방참군이 섬기는 위군장군이 형주자사임을 알 수 있다.

≪송서≫의 〈소제기少帝紀〉, 〈문제기文帝紀〉, 〈사회전謝晦傳〉에 따르면 경평 2년(424) 7월에 형주자사 유의융劉義隆이 진서장군, 의도왕의 신분으로 황통을 찬탈하여 제위를 계승했다. 8월, 무군장군 사회는 형주자사에서 위장군으로 승진하고 건평왕建平王(원행패 의견: 건평군공建平郡公이다)으로 봉해졌다. 방참군이 이 해 봄에 강릉으로 가서 유의경의 진서참군이 되었는데 도연명이 오언시를 지어 증정했고 겨울에 방참군이 사회의 참군으로 경사에 사신을 갈 때 도연명이 사언시를 지어 증정했음을 알 수 있다. 사회는 위장군, 건평왕이었으므로 사언시에서 말한 '위군', '대번'이라는 말과 서로 부합한다. 또 시의 서문에 '그대와 이웃이 되고 나서, 계절은 겨울에서 봄으로 바뀌었는데自爾鄰曲, 冬春再交'를 보면 이웃이 된 게 지난 해 겨울, 즉 영초 3년 겨울이고 지금까지 겨울과 봄이 지나났음을 알 수 있다.

도주의 ≪정절선생연보고이≫는 두 시가 경평 원년(423)에 창작되었다고 말했다. '당시 위군장군 왕홍은 심양을 다스렸고 송문제는 막 의도왕이 되었다가 형주자사로 강릉을 다스리고 있었다. 참군은 명을 받들어 강릉으로 사신을 가고 또 의도왕의 명을 받들어 경사로 사신을 갔다. 고로 '대번의 명이 있어, 사신으로 경성에 가라 하셨으니大藩有命, 作使上京'라 한 것이다. 의도왕이 아니라면 대번이라고 하지 않았을 것이다.' 위 학설에 따르자면 도주의 의견은 옳지 않다."

원행패 의견: 방주부(방준龐遵, 통지通之)와 방참군은 확연히 두 사람이다. 하나는 오랜 친구이고 하나는 새로 사귄 친구이다. 그런데 〈답방참군〉 오언시와 사언시 두 수에 나오는 방참군은 당연히 한 사람이다. 오언시 〈답방참군〉 서문에서는 "그대와 이웃이 되고 나서 계절은 겨울에서 봄으로 바뀌었는데 진실하게 대하다 보니 어느덧 친구가 되었구려. ……인간사가 잘 어긋나니 헤어짐을 말하게 되었네.自爾鄰曲, 冬春再交. 款然良對, 忽成舊遊.

……人事好乖, 便當語離."라고 했다. 사언시 〈답방참군〉 서문에서는 '방씨는 위군참군을 지냈는데 강릉에서 경성으로 사신을 가다 심양을 지나며 만나 시를 주었다.龐爲衛軍參軍, 從江陵使上都, 過潯陽見贈.'라고 했다.

두 시를 비교해보면 오언시는 방씨가 시상柴桑을 막 떠날 때 지은 것으로 두 사람이 서로 안 지 그리 오래되지 않았다. 사언시는 방씨가 시상을 지날 때 지은 것으로 오언시보다는 나중에 지은 것이다. 오언시는 봄에 지었고 사언시는 겨울에 지었다.

왕홍은 의희 14년에 강주자사가 되고 영초 3년에 입조入朝하여 위장군으로 승격했다. 경평 원년 봄 위군참군 방씨는 명을 받아 의도왕 유의융을 만나러 강릉에 갔는데 방씨는 시를 지어 도연명에게 주었고 도연명은 오언시를 지어 화답했다.

이 해 겨울, 방씨는 또 유의융의 명을 받아 위군참군으로 강릉에서 경사로 사신을 갔다. 심양을 지나며 도연명에게 시를 지어 증정했고 도연명은 사언시를 지어 화답했다.

당시 유의융은 여전히 의도왕이었다. 그래서 시에서는 '대번의 명이 있어, 사신으로 경성에 가라 하셨으니大藩有命, 作使上京'라 한 것이다. 경평 2년 5월 서선지 등은 폐위를 모의하고 왕홍을 불러 입조하게 했다. 7월 소제를 폐위하고 유의융을 문제로 즉위시켰다. 방참군은 강릉과 경사 사이를 사신이 되어 왕래했으니 중요한 자리였다. 도주의 《정절선생연보고이》가 말하는 바가 근거가 없는 것은 아니지만 이에 얽매일 필요는 없다. 녹흠립의 《도연명사적시문계년》은 경평 2년 봄을 말한다. 방씨가 유의융의 참군이 되어 심양에서 강릉으로 갔다가 이 해 겨울 사회의 참군이 되어 강릉에서 경사까지 사신으로 갔다. 방씨는 유의융의 참군이었지만 유의융이 입조할 때 그를 따라가지 않았고 도리어 사회의 참군이 되었다. 이 점은 원만하게 통하지 않으므로 녹흠립의 학설을 따르지 않는다.

• 송 문제 원가 원년 갑자甲子(424) 도연명 73세

남예주자사南豫州刺史 여릉왕 유의진劉義眞은 태자좌위솔太子左衛率 사령운謝
靈運, 원외상시員外常侍 안연지顏延之 등과 우의가 두터웠다. 일찍이 "뜻을 얻
는 날에 사령운, 안연지를 재상으로 삼겠다"고 말했다. 사령운 역시 스스로
자신의 재능이 요직을 맡을 수 있을 것이라 생각했기 때문에 항상 마음에
분노와 원망이 가득했다. 녹상서사彔常書事 서선지 등은 사령운, 안연지가 다
른 마음을 먹고 도발할 것이라 여겨 그들을 폄훼하여 사령운을 영가태수로,
안연지를 시안태수로 내보냈다. 서선지 등은 소제를 폐위한 후 유의진을 옹
립하며 황제의 죄상을 열거하고 서인庶人으로 폐위하기로 이미 밀모했다.
이에 4월, 서선지 등은 남예주자사 단도제檀道濟, 강주자사 왕홍王弘을 입조
하도록 소환했다. 5월, 이들이 모두 건강에 이르자 소제의 폐위와 새로운
황제의 옹립 문제를 이야기했다. 서선지 등은 황태후의 명령이라 칭하여 소
제를 폐위하여 영양왕營陽王으로 삼고 의도왕 유의륭에게 불법으로 대통을
잇게 했다. 서선지는 형주가 요충지이기 때문에 의도왕이 와서 다른 사람을
등용할까봐 서둘러 대각상서의 명으로 영군장군領軍將軍 사회에게 행도독형
상등칠주제군사行都督荊湘等七州諸軍事, 형주자사荊州刺史를 제수하여 외곽의
지원세력으로 삼으려 했다.
8월, 의도왕이 건강에 당도하여 제위에 올랐다. 서선지는 사도로, 왕홍은 사
공으로 승격했으며 부량은 개부의동삼사에 임명되었고 사회는 위장군으로,
단도제는 정북장군으로 승격했다. 왕홍은 고사했다. 황제는 왕담수, 왕화를
시중으로 삼았다. 도언지到彦之를 불러 중령군中領軍으로 삼고 융戎을 다스리
도록 병무를 위임했다.(≪자치통감≫ 140권)

안연지는 시안태수가 되어 심양을 떠나면서 도연명에게 돈을 주었다.
≪송서·은일전≫의 도연명전은 다음과 같이 기록했다. "예전에 안연지는
유류의 후군공조를 지냈는데 심양에서 도연명과의 우정이 각별했다. 나중
에 시안군수가 되어 그곳을 지나갈 때 날마다 도연명을 방문했다. 매번
찾아가면 반드시 취할 때까지 마셨다. 떠나가면서 2만 전을 도연명에게
주었는데 도연명은 모두 술집에 맡기고 무시로 찾아가 술을 마셨다." 소통
의 〈도연명전〉은 "매번 찾아가면 반드시 취할 때까지 마셨다" 아래에 두
구가 더 있다. "왕홍이 안연지에게 자리에 앉을 것을 (다른 판본에는 '와서

자리에 앉을 것을'이라고 되어있다) 요청했지만 허사였다."

≪문선≫에 있는 안연지의 〈도징사뢰陶徵士誄〉 이선 주는 하법성何法盛의 〈진중흥서晉中興書〉를 인용하여 이렇게 적었다. "안연지는 시안군수일 때 심양을 지나면 항상 도연명의 집에서 술을 마셨다. 새벽부터 어두워질 때까지였다."

원행패 의견: "왕홍이 안연지에게 자리에 앉을 것을 요청했지만"의 구절은 왕홍이 안연지의 술자리로 도연명을 부르려 했다는 말이지, 안연지를 초청한 것이 아니다. 다른 판본 운운한 것은 틀렸다. 시안군의 군소는 지금의 계림桂林시에 있다. 안연지는 건강에서 시안으로 가면서 먼저 심양을 지나고 다시 멱담汨潭을 지났다. ≪송서≫ 73권 〈안연지전〉에는 다음과 같이 말했다. "안연지가 군으로 가면서 멱담을 지나며 상주자사 장소張邵에게 굴원의 제사를 지낼 뜻을 올렸다."

≪문선≫ 60권에 있는 안연지의 〈제굴원문祭屈原文〉 서두에는 "유유송오년惟有宋五年"이라고 적혀있는데 바로 이 해이다. 또 2만 전은 얼마 정도의 가치일까? ≪남제서南齊書≫ 26권의 〈왕경칙전王敬則傳〉에는 경릉왕 소자량蕭子良의 계啓를 다음과 같이 인용했다. "영초에 관포官布 한 필은 1천 전의 가치가 있었다. 민간에서 유통될 때는 9백 전이라고 들었다. 원가 때에 와서는 점차 물가가 싸져서 민간 물건은 6천 전이 되어 관에서 받을 때 한 필에 5백 전으로 계산했다. 그래서 항상 백성들이 넉넉하게 만들어도 반드시 가격이 하락했다." 그래서 2만 전이면 20여 필의 베를 살 수 있었다. ≪송서≫ 63권 〈심연지전沈演之傳〉은 다음과 같이 말한다. "원가 12년 동제군에서 큰 물난리가 나서 백성들이 기근에 시달렸다. 오의 의흥義興과 오군의 전당錢塘에 쌀 한 되에 삼백 전이었다." 이로부터 추산해보면 평소에 쌀 한 되에 백 전이 안되었으므로 2만 전이면 쌀 20여 말을 살 수 있었다.

• 송 문제 원가 2년 을축乙丑(425) 도연명 74세

정월 서선지, 부량이 표를 올려 귀정歸政을 종용했다. 문제는 만기를 친히 돌보기 시작했다. 왕홍이 사공司空을 고사했고 윤허를 받았다. 사지절, 시중을 더했으며 감監을 도독都督으로 바꾸었다. 거기대장군으로 격상되었고 개부開府, 자사刺史는 그대로였다.(≪자치통감≫ 120권)

도연명은 집에서 은거했다.

〈영빈사詠貧士〉7수가 대략 이 해에 창작되었다. 도연명은 귀은 초기에 빈곤이 그리 심하지 않았다가 칠십일 정도 지나면서 곤궁이 날로 심해졌다. 제1수는 "힘껏 옛 길을 지키나니, 어찌 추위와 주림이 없으랴.量力守故轍, 豈不寒與飢."라고 했고 제2수는 "술병을 기울여도 남은 한 방울도 없고, 부엌을 봐도 연기가 나지 않는다.傾壺絶餘瀝, 闚竈不見煙."고 했다. 제3수부터 제7수까지는 다섯 명의 빈사貧士를 읊었는데 모두 자신을 비유한 것이다.

• 송 문제 원가 3년 병인丙寅(426) 도연명 75세

정월 문제가 조서를 내려 서선지, 부량, 사회에게 영양왕, 경릉왕을 살해한 죄를 물어 유사에게 그들을 죽이도록 명했다. 서선지는 자살했고 부량은 잡혀 죽임을 당했다. 사회는 당시 형주자사였는데 문제는 병력을 발동하여 사회를 토벌했다. 문제는 왕홍, 단도제가 처음부터 황제 폐위와 시해의 역모에 가담하지 않았다고 여겼다. 왕홍의 아우 왕담수는 문제에게 친히 위임을 받았고 왕홍은 시중, 사도, 녹상서사, 양주자사가 되었다. 팽성왕 의강을 도독형상등팔주제군사, 형주자사로 삼았다. 2월, 문제가 건강을 떠났다. 왕홍과 팽성왕彭城王 유의강劉義康에게 명하여 건강을 지키도록 했으며 중서하성中書下省에 진주하도록 했다. 시중侍中 은경인殷景仁도 경사를 지키는 데에 참여했다. 단도제와 도언지의 군사가 합류하여 사회의 군사를 격파했다. 사회는 강릉으로 돌아와 북쪽으로 다시 달아났다가 붙잡혀 죽임을 당했다. 3월 문제가 건강으로 돌아왔다. 사령운을 비서감으로 삼았고 안연지는 중서시랑이 되었다. 5월 단도제를 정남대장군, 개부의동삼사, 강주자사로 삼았다.(≪송서≫ 5권 〈문제기文帝紀〉, ≪송서≫ 43권 〈단도제전〉, ≪자치통감≫ 120권)

도연명은 집에서 은거했다.

〈유회이작有會而作〉, 〈걸식乞食〉이 이 해에 창작되었다.

〈유회이작〉 서문에서는 "묵은 곡식은 다 먹었고 햇곡식은 아직 나지 않았다. 농부로는 꽤 익숙해졌지만 흉년을 만나 앞날은 까마득한데 근심이 끊이지 않는다.舊穀旣沒, 新穀未登, 頗爲老農, 而値年災, 日月尙悠, 爲患未已."라고 했다. 이 해에 흉년이 들었음을 알 수 있다. 왕요의 ≪도연명집≫, 녹흠립의 ≪도연명집≫, 등안생의 ≪도연명연보≫는 이 해의 작품으로 보았다.

등안생의 ≪도연명연보≫는 다음과 같이 말했다. "원가 원년 안연지가 시안군수가 되어 심양을 지날 때 와서 이만 전을 도연명에게 주었다. 도연명은 모두 술집에 주고 자주 와서 술을 마셨다(본전에 보인다). 이에 따르면 당시에 마실 술도 있고 먹을 곡식도 있어 쓰러지거나 걸식을 할 정도까지는 이르지 않았다. 원가 3년이라면 천하에 큰 가뭄이 들고 메뚜기떼가 창궐했다(≪남사南史 · 송본기宋本紀≫에 보인다). 〈유회이작〉에서 말하길, ……이 시는 틀림없이 이 해에 지어졌다. 또 '죽을 베푼 본심은 선량하건만, 소매로 얼굴 가리고 거절하니 심히 안타깝네. 고함쳐 먹으란 것이 무슨 화낼 일이라고, 헛되이 스스로 굶어죽는가.常善粥者心, 深恨蒙袂非. 嗟來何足吝, 徒沒空自遺.' 운운한 것은 단도제가 도움준 것을 거절하며 말한 것이다. 그래서 제목을 〈유회이작〉이라 했다."

원행패 의견: 등안생의 학설이 옳다. "상선常善" 운운한 것은 단도제 때문에 쓴 것만이 아니다. 시의 의미는 무례하게 베풀었더라도 어째서 먹지 않느냐는 것이다. 단도제의 도움을 거절한 것과는 상반된다. 어쩌면 이 두 시는 모두 단도제가 오기 전에 지은 것인가? 〈유회이작〉은 또 말한다. "한 해는 저물어가고 마음속 감회를 읊어본다.歲云夕矣, 慨然永懷.", "세월 흘러 한 해는 다 저무는데, 쓰라린 고통과 슬픔은 어떠하리.歲月將欲暮, 如何辛苦悲." 세모에 지었음을 알 수 있다. 〈걸식〉은 이 시보다 조금 빠를 것이다.

• 송 문제 원가 4년 정묘丁卯(427) 도연명 76세

도연명은 집에서 은거했다.

단도제가 찾아와 기다리다 곡식과 고기를 주었으나 뿌리치고 거절했다. 소통의 〈도연명전〉은 다음과 같이 말했다. "강주자사 단도제가 찾아가 안부를 물었더니 도연명은 허기지고 지쳐 누워 있은 지 며칠째였다. 단도제가 말했다. '현자가 세상에 처함에 천하에 도가 없으면 숨고 도가 있으면 이른다고 했소. 지금 그대는 문명의 세상에 살면서 어찌 이렇게 힘들게 사는가?' 도연명은 대답했다. '제가 어찌 감히 현자라 할 수 있겠습니까. 뜻이 거기에 있지 않습니다.' 단도제가 양식과 고기를 주었으나 손을 내저어 물리쳤다."

원행패 의견: 단도제가 강주자사로 부임하여 도연명을 만나러 간 것은 무슨 이유일까?

첫째, 도연명은 현지의 명사였고 단도제의 전임자 왕홍도 길 중간에서 그를 만난 적이 있다.

둘째, 단도제는 원래 유유의 진군참군을 지낸 적이 있다. 도연명의 동료였고 예전부터 알던 사이였다(왕홍도 원래 유유의 진군참군으로 도연명과 예전부터 알았다). 다만 두 사람의 인생이 달랐다. 한 명은 높은 벼슬을 하고 한 명은 은거하고 있다. 도연명이 단도제를 대한 태도를 다시 보면 매우 거만하다. 왕홍을 대하며 주저하던 태도와는 다르게 보인다. 아마도 왕홍은 도연명을 단지 술친구로만 대했고 단도제는 그가 송 왕조를 섬기지 않으려다 곤궁하게 된 것을 풍자하며 도와주려다 반감을 얻었기 때문일 것이다. 단도제가 도연명을 찾아온 시간에 대해 왕질王質의 《도연명연보》, 오인걸吳仁傑의 《도정절선생연보》, 녹흠립의 《도연명사적시문계년》, 등안생의 《도연명연보》 등은 모두 원가 3년으로 보았다. 전옥봉錢玉峰의 《도시계년陶詩繫年》은 원가 4년으로 보았다. 그는 다음과 같이 말했다. "그가 지은 작품에 〈걸식〉이 있다. 걸식을 하러 나갔을 뿐 아니라 걸식한 날 종일 즐겁게 술을 마셨다. 당연히 누워서 일어나지 못하지는 일도 없었다. 그렇다

면 단도제가 그를 만나러 간 것은 원가 4년이다." 또 〈걸식〉을 창작한 시간에 대해서는 다음과 같이 말했다. "〈걸식〉은 시간을 말하는 구절이 없지만 〈유회이작〉의 서문에서 '열흘 전부터 처음으로 헐벗고 궁핍하다고 느꼈다. 旬日已來, 始念飢乏.'라는 말을 했다. 걸식은 헐벗고 궁핍하다고 느낀 이후의 일이기 때문에 이 시의 창작은 아마도 〈유회이작〉을 지은 후 오래 지나지 않았을 때, 한 해가 곧 저물 때일 것이다." 여기서는 전옥봉의 학설을 취한다.

안연지의 〈도징사뢰陶徵士誄〉에서는 이렇게 말했다. "원가 4년 모월 모일, 심양현의 모처에서 죽었다. 고로 여러 친구들에게 물어보니 그의 익호는 정절징사가 마땅하다." 심약의 ≪송서·도연명전≫에는 "도연명은 원가 4년 죽었다"고 하며 소통의 〈도연명전〉에는 "원가 4년 다시 부르는 명을 받았으나 곧 죽었다"라고 했다. 안연지의 〈도징사뢰〉는 "심양현의 모처에서 죽었다"고만 말하고 어느 곳인지는 말하지 않았다. 문장이 엄숙하여 "몇 년이 지나"라는 말만 하고 연세는 말하지 않은 것과 마찬가지이다. "다시 부르는 명을 받았다"는 것은 조정이나 주부에서 도연명을 다시 관직으로 불렀다는 말이다. 도연명이 곧 세상을 떠나 실현되지 않았다. 주희朱熹의 ≪통감강목通鑑綱目≫은 "11월에 진의 징사徵士 도연명이 죽었다"고 하는데 어떤 근거인지는 알 수 없다.

도연명이 어느 곳에서 죽었는지에 대해 안연지의 〈도징사뢰〉는 "심양현의 모처"라고 말했다. 심양현의 어느 곳인 것은 맞지만 구체적으로 어디인지는 알 수 없다. 안연지도 그 곳은 자세히 알지 못했다. 도연명의 장지에 대해 〈잡시雜詩 7〉은 "집은 나그네를 맞는 여관, 나는 떠나는 길손과 같네. 가고 가다가 어디로 가는가, 남산에 오래된 집 나의 무덤이 있네.家爲逆旅舍, 我如當去客. 去去欲何之, 南山有舊宅."라고 했다. 남산에 도연명 가문의 선산이 있고 도연명이 사후에 그 곳에 묻혔다는 것은 의심할 바 없다. 지금 강서성 구강현九江縣과 성자현星子縣의 경계에 남향의 산이 있는데 산은 높지 않고 아래에 도연명의 무덤이 있다. 무덤 아래는 밭이다. 묘비는 큰 묘비 하나와 작은 묘비 두 개, 모두 세 개의 묘비로 되어 있는데 가운데에 해서로 "진징사도공정절선생지묘晉徵士陶公靖節先生之墓"라고 새겨져 있다. 왼쪽에 묘지墓誌가 새겨져 있고 오른쪽에 〈귀거래혜사歸去來兮辭〉가 새겨져 있다. 청대 건륭 원년에 도씨 자손이 세운 것이다. 나도 일찍이 가서 고찰한 적이 있다.

〈자제문自祭文〉이 이 해 9월에 창작되었다.

〈자제문〉에서는 이렇게 말했다. "유세차 정묘년 구월이로다. 하늘은 차고 밤은 길고 바람은 소슬하다. 기러기는 먼 길을 떠나고 초목은 시들어 떨어지는구나. 나는 곧 여관과 같은 이 세상을 떠나 본가인 땅속으로 영원히 돌아가리라.歲惟丁卯, 律中無射. 天寒夜長, 風氣蕭索, 鴻雁於征, 草木黃落. 陶子將辭逆旅之館, 永歸於本宅." 정묘년이 이 해이다. "율중무사律中無射"에 대해서는 ≪예기禮記·월령月令≫에 이렇게 말했다. "계추의 달이다. 음은 상성이며 율律 중에 무역이다.季秋之月, 其音商, 律中無射." 계추는 바로 9월이다. 만약 주희의 말대로 9월에 〈자제문〉을 짓고 11월에 죽었다면 이치상 어긋나지 않는다.

• 1990년에서 1994년 12월 초고
• 1995년 8월 제2고
• 1996년 6월 제3고
• 1996년 8월 제4고

〈榮木〉 진 태원太元 16년(391), 40세

〈答龐參軍四言〉 송 경평景平 원년(423), 72세

〈勸農〉 진 태원太元 5년 경진庚辰(380), 29세

〈命子〉 진 태원 14년(389), 38세

〈歸鳥〉 진 의희義熙 2년(406), 55세

〈形影神〉 진 의희 9년(413), 62세

〈歸園田居〉 진 의희 2년(406), 55세

〈遊斜川〉 진 융안 5년(401), 50세

〈示周續之祖企謝景夷三郎〉 진 태원 12년(416), 65세

〈乞食〉 송 원가元嘉 3년(426), 75세

〈怨詩楚調示龐主簿鄧治中〉 송 영초永初 원년(420), 69세

〈答龐參軍五言〉 송 경평景平 원년(423), 72세

〈連雨獨飮〉 진 의희 3년(407), 56세

〈和劉柴桑〉 진 의희 5년(409), 58세

〈酬劉柴桑〉 진 의희 2년(406), 55세

〈和郭主簿〉 진 태원 21년(396), 45세

〈於王撫軍座送客〉 송 영초 원년(420), 69세

〈贈羊長史〉 진 의희 13년(417), 66세

〈歲暮和張常侍〉 진 의희 14년(418), 67세

〈始作鎭軍參軍經曲阿作〉 진 영흥元興 3년(404), 53세

〈庚子歲五月中從都還阻風於規林〉 진 융안 4년(400), 49세

〈辛醜歲七月赴假還江陵夜行塗口〉 진 융안 5년(401), 50세

〈癸卯歲始春懷古田舍〉 진 원흥元興 2년(403), 52세

〈癸卯歲十二月中作與從弟敬遠〉 진 원흥 2년(403), 52세

〈乙巳歲三月爲建威參軍使都經錢溪〉 진 의희 원년(405), 54세

〈戊申歲六月中遇火〉 진 의희 4년(408), 57세

〈己酉歲九月九日〉 진 의희 5년(409), 58세

〈庚戌歲九月中於西田獲早稻〉 진 의희 6년(410), 59세

〈丙辰歲八月中於下潠田舍獲〉 진 의희 12년(416), 65세

〈飮酒〉 진 의희 13년(417), 66세

〈述酒〉 송 영초 2년(421), 70세

〈責子〉 진 융안 5년(401), 50세

〈有會而作〉 송 원가元嘉 3년(426), 75세

〈雜詩〉 진 의희 원년(405), 54세
〈詠貧士〉 송 원가 2년(425), 74세
〈讀山海經〉 진 의희 2년(406), 55세
〈擬挽歌辭〉 진 융안 원년(公元397), 46세
〈感士不遇賦〉 진 의희 3년(407), 56세
〈閑情賦〉 진 태화太和 5년(370), 19세
〈歸去來兮辭〉 진 의희 원년(405), 54세
〈桃花源記〉 송 영초 3년(422), 71세
〈晉故征西大將軍長史孟府君傳〉 최소한 진 원흥元興 원년(402), 51세
〈五柳先生傳〉 진 의희 11년(415), 64세
〈讀史述〉 송 영초 원년(420), 69세
〈與子儼等疏〉 진 의희 3년(407), 56세
〈祭程氏妹文〉 진 의희 3년(407), 56세
〈祭從弟敬遠文〉 진 의희 7년(411), 60세
〈自祭文〉 송 원가 4년(427), 76세

1. 서목 1

≪陶淵明集≫ 十卷, 宋刻遞修本, 金俊明, 孫延題簽, 汪駿昌跋.

≪陶靖節先生集≫ 十卷(存一至四卷) 年譜一卷, (宋)吳仁傑撰年譜, 宋刻遞修本.

≪陶淵明詩≫ 一卷 〈雜文〉一卷, (宋)紹熙三年, 曾集刻本.

≪陶靖節先生詩注≫ 四卷 〈補注〉 一卷, (宋)湯漢注, (宋)淳佑元年湯漢序刻本, 周春, 顧自修, 黃丕烈跋, 孫延題簽.

≪箋注陶淵明集≫ 十卷, (宋)李公煥輯箋注, 元刻本.

≪東坡先生和陶淵明詩≫ 四卷, (宋)黃州刻本.

≪陶淵明集≫ 十卷, (宋)紹興刻本, 蘇體大字, (清)光緒間胡伯薊臨汲古閣摹本, 胡桐生, 俞秀山刊行, 陳澧題記.

≪陶靖節集≫ 十卷, (明)何孟春注 (明)縣玅閣刻本.

≪陶靖節集≫ 十卷, (明)嘉靖二十五年蔣孝刻本.

≪陶靖節集≫ 十卷, (明)萬曆四年周敬松刻本.

≪陶靖節集≫ 八卷, (明)淩濛初刻套印本.

≪陶靖節集≫ 八卷〈蘇東坡和陶詩〉 二卷附錄一卷, (明)萬曆四十七年楊時偉刊本.

≪陶詩析義≫ 四卷, (明)黃文煥撰 (明)崇禎刊本.

≪箋注陶淵明集≫ 六卷, (明)張自烈撰 (明)萬曆刻本.

≪陶詩彙注≫ 四卷, (清)吳瞻泰撰 (清)康熙拜經堂刊本.

≪陶詩彙評≫ 四卷, (清)溫汝能撰 (清)嘉慶十二年聽松閣刊本.

≪靖節先生集≫ 十卷, (清)陶澍注 (清)道光二十年惜陰書舍刊本.

≪陶淵明集≫ 十卷, (清)咸豐間莫友芝跋翻縮刻宋本.

≪陶淵明詩箋注≫ 四卷, 福保撰, 上海醫學書局, 1929年 排印本.

≪陶靖節詩箋定本≫ 四卷, 古直撰, ≪層冰堂五種≫ 本, 民國中華書局, 1935年 排印本.

≪陶淵明詩文彙評≫, 北京大學中文系文學史教研室教師, 五六級四班同學編, 中華書局, 1961年版.

≪陶淵明集≫, 王瑤注, 作家出版社, 1957年版.

≪陶淵明集≫ 七卷, 逯欽立校注, 中華書局, 1979年版.

≪陶淵明集淺注≫, 唐滿先注, 江西人民出版社, 1985年版.

≪陶淵明詩文校箋≫, 王孟白校箋, 黑龍江人民出版社, 1985年版.

≪陶淵明集校注≫, 孫均錫校注, 中州古籍出版社, 1986年版.

≪陶淵明詩文賞析集≫, 李華撰, 巴蜀書社, 1988年版.

≪陶淵明集全譯≫, 郭維森, 包景誠撰, 貴州人民出版社, 1992年版.

≪陶淵明詩箋證稿≫ 四卷, 王叔岷撰, 台北藝文印書館, 1975年版.

≪陶淵明集校箋≫ 十卷, 楊勇撰, 香港吳興記書局, 1971年版.

≪陶淵明詩箋證校注論評≫, 方祖燊著, 台灣台蘭出版社, 1971年版, 台灣書店, 1988年
修訂本.

≪栗里譜≫, (宋)王質撰, ≪十萬卷樓叢書≫ 本.

≪陶靖節先生年譜≫, (宋)吳仁傑撰, 明萬曆四十七年楊時偉刊 ≪陶靖節集≫ 附.

≪吳譜辯證≫, (宋)張縯撰, 李公煥 ≪箋注陶淵明集≫ 引.

≪柳村陶譜≫, (淸)顧易撰, (淸)雍正七年顧易序刻本.

≪晉陶靖節年譜≫, (淸)丁晏撰, (淸)道光二十三年 ≪頥志齋四譜≫ 本.

≪靖節先生年譜考異≫, (淸)陶澍撰, 陶注 ≪靖節先生集≫ 附錄.

≪晉陶徵士年譜≫, (淸)楊希閔撰, 光緖四年 ≪豫章先賢九家年譜≫ 本.

≪陶淵明年譜≫, 梁啓超撰, 梁著≪陶淵明≫附錄, 商務印書館, 1923年版.

≪陶靖節年譜≫, 古直撰, 中華書局, 1926年 ≪隅樓叢書≫ 本, 1927年 訂正再版.

≪陶淵明年譜≫, 傅東華撰, 傅著 ≪陶淵明詩≫ 附錄, 商務印書館, 1927年版.

≪陶淵明年譜稿≫, 逯欽立撰, ≪歷史語言硏究所集刊≫ 第二十本, 1948年版.

≪陶淵明年譜≫, 鄧安生撰, 天津古籍出版社, 1991年版.

≪陶淵明年譜≫, (宋)王質等撰, 許逸民校輯, 中華書局, 1986年版.

≪陶詩繫年≫, 錢玉峰撰, 台灣中華書局, 199年版.

≪陶靖節事跡及其作品繫年≫, 劉本棟撰, 文史哲出版社, 1995年版.

≪陶淵明年譜中之問題≫, 朱自淸撰, 載 ≪朱自淸文集≫ 第三冊 ≪文史論著≫ 開明
書店, 1953年 出版.

≪陶淵明年譜中的幾個問題≫, 宋雲彬撰, ≪新中華≫ 復刊第六卷第三期.

≪陶淵明行年雜考≫, 勞幹撰, ≪自由學人≫ 第二卷第三期, 1956年版.

≪陶淵明年歲析疑≫, 潘重規撰, ≪新亞生活雙周刊≫ 第五卷第十期, 1962年版.

≪陶淵明年歲應爲六十三歲考≫, 楊勇撰, ≪新亞書院學術月刊≫ 第五期, 1963年版.

≪論古直陶淵明享年五十二歲說≫, 齊益壽撰, ≪幼獅≫ 月列第三十四卷第二期,
1971年版.

≪陶淵明享年六十三歲舊說新證≫, 呂興昌撰, ≪漢學硏究≫ 第五卷 第二期.

≪陶淵明作品繫年各家對照表≫, 孫守依撰, 孫著 ≪陶潛論≫ 附錄.

≪陶集考辨≫, 郭紹虞撰, ≪燕京學報≫ 第二十期.

≪陶淵明≫, 梁啓超著, 商務印書館, 1923年 出版.

≪陶淵明詩≫, 傅東華著, 商務印書館, 1927年 出版.

≪陶淵明的生活≫, 胡懷琛撰, 世界書局, 1930年 出版.

≪陶淵明之思想與淸談之關系≫, 陳寅恪撰, 燕京大學哈佛燕京學社, 1945年刊.

≪陶淵明批評≫, 蕭望卿撰, 開明書店, 1947年 出版.

≪陶淵明傳論≫, 張芝撰, 棠棣出版社, 1953年 出版.

≪陶淵明討論集≫, ≪文學遺產≫ 編輯部編, 中華書局, 1961年 出版.

≪陶淵明研究資料彙編≫, 北京大學中文系教師同學, 北京師範大學中文系教師同學
    編, 中華書局, 1962年 出版.

≪陶淵明≫, 廖仲安撰, 中華書局, 1963年 出版.

≪陶淵明論稿≫, 吳雲著, 陝西人民出版社, 1981年 出版.

≪陶淵明論集≫, 鍾優民著, 湖南民出版社, 1981年 出版.

≪陶淵明新論≫, 李華著, 北京師範學院出版社, 1992年 出版.

≪讀陶叢劄≫, 吳鷺山撰, 浙江文藝出版社, 1985年 出版.

≪陶淵明研究≫, 陶淵明學術討論會籌備組編, 1985年 出版.

≪偉大詩人陶淵明≫, 江西省星子縣政協文史資料研究委員會, 1985年編.

≪陶淵明研究≫, 江西省星子縣政協文史資料研究委員會, 1986年編.

≪陶淵明始家宜豐研究≫, 江西省宜豐縣陶淵明研究小組, 宜豐縣博物館, 1986年編印.

≪陶淵明論略≫, 李文初撰, 廣東人民出版社, 1986年 出版.

≪陶淵明探稿≫, 魏正申撰, 文津出版社, 1990年 出版.

≪陶淵明評論≫, 李辰冬著, 台灣東大圖書公司, 1975年 出版.

≪陶淵明評傳≫, 黃仲崙著, 台灣帕米爾書店, 1965年 出版.

≪陶謝詩之比較≫, 沈振奇著, 台灣學生書局, 1986年 出版.

≪陶淵明及其作品研究≫, 施淑枝撰, 台灣國彰出版社, 1986年 出版.

≪陶淵明作品新探≫, 呂興昌撰, 台灣華正書局, 1988年 出版.

≪陶學史話≫, 鍾優民撰, 台灣允晨文化實業股份有限公司, 1991年 出版.

≪龍淵述學≫, 鄭騫撰, 台灣大安出版社, 1992年 出版.

≪陶淵明之人品與詩品≫, 陳怡良著, 文津出版社, 1993年 出版.

≪陶集版本源流考≫, (日)橋川時雄著, 日本文字同盟社, 1931年 出版.

≪陶淵明≫, (日)村上嘉實著, 富山房昭和十八年 出版.

≪陶淵明≫, (日)一海知義著, ≪中國詩人選集≫ 四, 岩波書店昭和三十三年 出版.

≪陶淵明研究≫, (日)大矢根文次郎著, 早稻田大學出版部昭和四十一年 出版.

≪陶淵明≫, (日)都留春雄著, ≪中國詩文選≫ 八, 築摩書坊, 昭和四十九年 出版.

≪陶淵明世俗和超俗≫, (日)岡村繁著, 日本放松出版協會, 昭和四十九年 出版.

≪陶淵明≫, (日)都留春雄, 釜谷武志著, ≪中國古典鑒賞≫ 十三, 角川書店昭和六十
    三年 出版.

≪陶淵明≫, (日)松枝茂夫, 和田武司著, ≪中國之詩人≫ 二, 集英社昭和五十八 年
    出版.

≪詩傳 陶淵明≫, (日)南史一著, 創元社昭和五十九年 出版.
≪陶淵明的精神生活≫, (日)長穀川滋成著, 汲古書院平成七年 出版.
≪The Poety of T'ao Ch'ien≫, James Robert Hightower Clarendon Press. Oxford 1970.
≪T'ao Yuan-ming-His works and Their Meaning≫, A·R·Davis Hong Kong University Press, 1983.
≪陶淵明詩文綜合索引≫, (日)堀江忠道編, 日本京都彙文堂書店, 1976年 出版.

2. 서목 2

≪周易≫, 中華書局影印院刻 ≪十三經注疏≫ 本.
≪尚書≫, 中華書局影印院刻 ≪十三經注疏≫ 本.
≪詩經≫, 中華書局影印院刻 ≪十三經注疏≫ 本.
≪周禮≫, 中華書局影印院刻 ≪十三經注疏≫ 本.
≪禮記≫, 中華書局影印院刻 ≪十三經注疏≫ 本.
≪春秋左傳≫, 中華書局影印院刻 ≪十三經注疏≫ 本.
≪論語≫, 中華書局影印院刻 ≪十三經注疏≫ 本.
≪孟子≫, 中華書局影印院刻 ≪十三經注疏≫ 本.
≪爾雅≫, 中華書局影印院刻 ≪十三經注疏≫ 本.
≪說文解字注≫, (清)段玉裁撰, 上海古籍出版社, 1981年 影印本.
≪一切經音義≫, (唐)釋慧琳撰 上海古籍出版社, 影印本.
≪史記≫, (漢)司馬遷撰, 中華書局, 1964年 點校本.
≪漢書≫, (漢)班固撰, 中華書局, 1962年 點校本.
≪後漢書≫, (南朝宋)範曄撰, 中華書局, 1965年 點校本.
≪三國志≫, (晉)陳壽撰, 中華書局, 1982年 點校本.
≪三國志集解≫, 盧弼撰, 中華書局, 1981年 影印古 籍出版社本.
≪晉書≫, (唐)房玄齡等撰, 中華書局, 1974年 點校本.
≪宋書≫, (梁)沈約撰, 中華書局, 1974年 點校本.
≪南齊書≫, (梁)蕭子顯撰, 中華書局, 1972年 點校本.
≪梁書≫, (唐)姚思廉撰, 中華書局, 1973年 點校本.
≪陳書≫, (唐)姚思廉撰, 中華書局, 1972年 點校本.
≪魏書≫, (北齊)魏妝撰, 中華書局, 1974年 點校本.
≪北齊書≫, (唐)李百藥撰, 中華書局, 1972年 點校本.
≪周書≫, (唐)令狐德棻等撰, 中華書局, 1971年 點校本.

≪南史≫, (唐)李延壽撰, 中華書局, 1975年 點校本.

≪北史≫, (唐)李延壽撰, 中華書局, 1974年 點校本.

≪隋書≫, (唐)魏徵等撰, 中華書局, 1973年 點校本.

≪隋書經籍志考證≫, (清)姚振宗撰, ≪二十五史補編≫ 本.

≪資治通鑑≫, (宋)司馬光撰, 中華書局, 1956年 點校本.

≪世說新語箋疏≫, 余嘉錫撰, 中華書局, 1983年版.

≪高僧傳≫, (梁)釋慧皎撰, 湯用彤校注, 中華書局, 1992年版.

≪弘明集≫, (梁)僧祐撰, 上海古籍出版社, 1991年 影印本.

≪廣弘明集≫, (唐)道宣撰, 上海古籍出版社, 1991年 影印本.

≪法苑珠林≫, (唐)釋道世撰, ≪大藏經≫ 第五十三冊.

≪西京雜記≫, (晉)葛洪撰, ≪四部叢刊≫ 本.

≪十七史商榷≫, (清)王鳴盛撰, 中國書店, 1987年 影印本.

≪廿二史劄記≫, (清)趙翼撰, ≪四部備要≫ 本.

≪廿二史考異≫, (清)錢大昕撰, ≪潛研堂全書≫ 本.

≪南朝宋會要≫, (清)朱銘盤撰, 上海古籍出版社, 1984年版.

≪南朝梁會要≫, (清)朱銘盤撰, 上海古籍出版社, 1984年版.

≪南朝陳會要≫, (清)朱銘盤撰, 上海古籍出版社, 1986年版.

≪文史通義校注≫, (清)章學誠著, 葉瑛校注, 中華書局, 1985年版.

≪宋會要輯稿≫, (清)徐松輯, 中華書局, 1987年版,

≪通志略≫, (宋)鄭樵撰, 上海古籍出版社, 1990年版.

≪文獻通考≫, (元)馬端臨撰, ≪十通≫本.

≪二十二子≫, 上海古籍出版社, 1987年版.

≪老子注≫, (晉)王弼注, ≪諸子集成≫ 本.

≪莊子集解≫, (清)郭慶藩撰, 中華書局, 1961年版.

≪荀子集解≫, (清)王先謙撰, 清光緒十七年長沙王先謙思賢講舍刊本

≪管子校正≫, (清)戴望校正, ≪諸子集成≫ 本.

≪呂氏集釋≫, 許維遹撰, 文學古籍刊行社, 1955年版.

≪淮南鴻烈集解≫, 劉文典撰, 中華書局, 1986年版.

≪論衡校釋≫, 黃暉撰, 中華書局, 1990年版.

≪揚子法言≫, (漢)揚雄撰, ≪諸子集成≫ 本.

≪新論≫, (漢)桓譚撰, (清)錢熙祚輯, ≪指海≫ 本.

≪申鑒≫, (漢)荀悅撰, 上海古籍出版社, 1990年 影印本.

≪抱樸子≫, (晉)葛洪撰, ≪四部叢刊≫ 本.

≪人物志≫, (魏)劉邵撰, (涼)劉昞注, 文學古籍刊行社, 1955年版.

≪列子集釋≫, 楊伯峻撰, 中華書局.

≪王弼集校釋≫, (晉)王弼撰, 樓宇烈校釋, 中華書局, 1980年版.

≪傅子≫, (晉)傅玄撰, 上海古籍出版社, 1990年 影印本.

≪顏氏家訓集解≫, (北齊)顏之推撰, 王利器集解, 上海古籍出版社, 1980年版.

≪朱子語類≫, (宋)朱熹撰, 黎靖德編, 中華書局, 1986年版.

≪眞文忠公文集≫, (宋)眞德秀撰, ≪四部叢刊≫ 本.

≪鶴林玉露≫, (宋)羅大經撰, 中華書局, 1983年版.

≪北窗炙輠錄≫, (宋)施德操撰, (清)姚覲元手抄本.

≪義門讀書記≫, (清)何焯撰, 中華書局, 1987年 排印本.

≪敬齋古今注≫, (元)李冶撰, 中華書局, 1995年 排印本.

≪老學庵筆記≫, ≪續筆記≫, (宋)陸遊撰, ≪四庫全書≫ 本.

≪懶眞子≫, (宋)馬永卿撰, ≪四庫全書≫ 本.

≪玉峰志≫, (宋)項公澤修, 淩萬頃, 邊實纂, 清宣統元年彙刻太倉舊志五種本.

≪七修類稿≫, (明)郎瑛撰, 中華書局, 1959年 排印本.

≪閑漁閑閑錄≫, (清)蔡顯撰, 嘉業堂刻本.

≪藝文類聚≫, (唐)歐陽詢等撰, 中華書局上海編輯所, 1965年版.

≪初學記≫, (唐)徐堅等撰, 中華書局, 1985年版.

≪北堂書鈔≫, (唐)虞世南編, 中國書店, 1989年 影印本.

≪太平禦覽≫, (宋)李昉等編, 中華書局, 1985年 影印本.

≪冊府元龜≫, (宋)王欽若, 楊億等編, 中華書局, 1960年 影印本.

≪山堂群書考索≫, (宋)章如愚撰, ≪四庫全書≫ 本.

≪說郛三種≫, (宋)陶宗儀等編, 上海古籍出版社, 1988年版.

≪郡齋讀書志≫ 四卷, (宋)晁公武撰, ≪四庫全書≫ 本.

≪直齋書錄解題≫ 十五卷, (宋)陳振孫撰, ≪四庫全書≫ 本.

≪古今姓氏書辯證≫, (宋)鄧名世撰, ≪叢書集成初編≫ 本.

≪四庫全書總目≫ 二百卷, (清)永瑢等撰, 中華書局, 1965年版.

≪天祿琳琅書目後編≫ 二十卷, (清)彭元瑞撰 光緒十年王先謙刊本.

≪絳雲樓題跋≫, (清)錢謙益撰, 潘景鄭輯, 中華書局, 1958年版.

≪錢遵王讀書敏求記校證≫ 四卷, (清)錢曾撰, (清)章鈺校證, ≪清人書目題跋叢刊≫
　　四, 中華書局, 1990年版.

≪黃丕烈書目題跋≫, (清)黃丕烈撰, ≪清人書目題跋叢刊≫ 六, 中華書局, 1993年版.

≪鐵琴銅劍樓書目≫ 二十四卷, (清)瞿鏞撰, 光緒丁酉年誦芬室校刊.

≪楹書隅錄≫五卷, (清)楊紹和撰, 興緒十九年楊氏家刻本.

≪藏園群書經眼錄≫ 十九卷, 傅增湘撰, 中華書局, 1983年版.

≪藏園訂補郘亭知見傳本書目≫ 十六卷, (淸)莫友芝撰, 傅增湘訂補, 中華書局, 1993年版.

≪自莊嚴堪善本書目≫, 周叔弢撰, 天津古籍出版社, 1985年版.

≪中國版刻圖錄≫, 北京圖書館編, 文物出版社, 1961年版.

≪北京圖書館古籍善本書目≫, 書目文獻出版社, 1987年版.

≪中國叢書綜錄≫, 上海古籍出版社, 1986年版.

≪文選索引≫, (日)斯波六郎撰, 日本京都大學人文科學硏究所, 1957~1959年出版.

≪全晉詩索引≫, (日)松浦崇編, 權歌書房, 1987年版.

≪全宋詩索引≫, (日)松浦崇編, 權歌書房, 1991年版.

≪全上古三代秦漢三國六朝文≫, (淸)嚴可均校輯, 中華書局, 1958年版.

≪先秦漢魏晉南北朝詩≫, 逯欽立輯校, 中華書局, 1983年版.

≪楚辭≫, ≪四部叢刊≫ 影宋本.

≪文選≫, (梁)蕭統編, (唐)李善注, 中華書局, 1974年影印, (南宋)淳熙八年尤袤刻本.

≪文選≫, (梁)蕭統編, (唐)五臣注, (南宋)紹興三十一年建陽崇化書坊陳八郎刻本.

≪文選≫, (梁)蕭統編, (唐)五臣, 李善注, (南宋)紹興二十八年明州刻本, 日本足利學校遺跡圖書館後援會, 1975年 影印本.

≪文選≫, (梁)蕭統編, (唐)五臣, 李善注, 韓國奎章閣藏李朝刻本.

≪文選≫, (梁)蕭統編, (唐)五臣注, 朝鮮正德四年刻本.

≪文選≫, (梁)蕭統編, 日本正應二年抄無注本.

≪玉台新詠箋注≫, (陳)徐陵編, (淸)吳兆宜注, 程琰刪補, 中華書局, 1985年版.

≪全唐文≫, (淸)董浩等編, 中華書局, 1983年 影印本.

≪文苑英華≫, (宋)李昉等編, 中華書局, 1966年 影印本.

≪全唐詩≫, (淸)彭定求等編, 中華書局, 1960年版.

≪古詩鈔≫, 吳汝綸撰, 武彊賀氏, 1928年 刊集印本.

≪魏武帝集≫, (魏)曹操撰, 丁福保輯, ≪漢魏六朝百十名家集≫ 本.

≪魏武帝魏文帝詩注≫, (魏)曹操, 曹丕撰, 黃節注, 人民文學出版社, 1984年版.

≪曹植集校注≫, 趙幼文校注, 人民文學出版社, 1984年版.

≪阮步兵詠懷詩注≫, 黃節注, 人民文學出版社, 1957年版.

≪阮籍集校注≫, 陳伯君注, 中華書局, 1987年版.

≪阮籍集≫, 上海古籍出版社, 1978年版.

≪嵇康集≫, 魯迅輯校, 古典文學刊行社, 1956年 影印魯迅手抄本.

≪嵇康集校注≫, 戴明揚校注, 人民文學出版社, 1962年版.

≪陸機集≫, 金濤聲點校, 中華書局, 1982年版.

≪陸士衡詩注≫, 郝立權注, 人民文學出版社, 1958年版.

≪陸雲集≫, 黃葵點校, 中華書局, 1988年版.

≪謝康樂詩注≫, 黃節注, 人民文學出版社, 1958年版.

≪謝靈運集校注≫, 顧紹伯校注, 中州古籍出版社, 1987年版.

≪鮑參軍集注≫, 錢仲聯補, 上海古籍出版社, 1980年版.

≪謝宣城詩集≫, (清)吳騫 ≪拜經樓叢書≫ 本.

≪謝宣城集校注≫, 曹融南校注, 上海古籍出版社, 1991年版.

≪庾子山集注≫, (清)倪璠注, 中華書局, 1980年 校點本.

≪王右丞集箋注≫, (清)趙殿成注, 上海古籍出版社, 1984年版.

≪李太白全集≫, (清)王琦注, 中華書局, 1977年版.

≪九家集注杜詩≫, (宋)郭知達等注, 燕京哈佛學社 ≪杜詩引得≫ 本.

≪蘇軾文集≫, 中華書局, 1986年版.

≪辛稼軒詞編年箋注≫, 鄧廣銘箋注, 上海古籍出版社, 1978年版.

≪陸遊集≫, 中華書局, 1976年 排印本.

≪劍南詩稿校注≫, (宋)陸遊撰, 錢仲聯注, 上海古籍出版社, 1985年版.

≪文心雕龍輯注≫, (梁)劉勰撰, (清)黃叔琳注, 紀昀評, 中華書局, 1957年版.

≪文心雕龍注≫, 範文瀾注, 人民文學出版社, 1958年版.

≪鍾嶸詩品校釋≫, 呂德申撰, 北京大學出版社, 1986年版.

≪鍾嶸詩品講疏≫, 許文雨撰, 成都古籍出版社, 1983年版.

≪文鏡秘府論校注≫, (日)弘法大師撰, 王利器校注, 中國社會科學出版社, 1983年版.

≪石林詩話≫, (宋)葉夢得撰, ≪歷代詩話≫ 本.

≪四溟詩話≫, (明)謝秦撰, 宛平校點, 人民文學出版社, 1961年版.

≪藝苑卮言≫, (明)王世貞撰, ≪歷代詩話續編≫ 本.

≪詩藪≫, (明)胡應麟撰, 上海古籍出版社, 1979年版.

≪詩源辨體≫, (明)許學夷撰, 民國壬戌上海重印本.

≪漁洋詩話≫, (清)王世貞撰, ≪清詩話≫ 本.

≪雨村詩話≫, (清)李調元撰, ≪清詩話續編≫ 本.

≪薑齋詩話≫, (清)王夫之撰, ≪船山遺書≫ 本.

≪昭昧詹言≫, (清)方東樹撰, 人民文學出版社, 1961年版.

≪䂬溪詩話≫, (宋)黃徹撰, ≪歷代詩話續編≫ 本.

≪苕溪漁隱叢話≫ 前後集, (宋)胡仔撰, 人民文學出版社, 1962年版.

≪詩鏡總論≫, (明)陸時雍撰, ≪歷代詩話續編本≫.

≪魯迅全集≫, 人民文學出版社, 1981年版.

≪魏晉的自然主義≫, 容肇祖撰, 商務印書館, 1935年版.

≪魏晉玄學論稿≫, 湯用彤撰, 中華書局, 1962年版.

≪漢魏兩晉南北朝佛教史≫, 湯用彤撰, 中華書局, 1983年版.

≪湯用彤學術論文集≫, 湯用彤撰, 中華書局, 1983年版.

≪中國哲學大綱≫, 張岱年撰, 中國社會科學出版社, 1982年版.

≪中國哲學史新編≫, 馮友蘭撰, 人民出版社, 1986年版.

≪三松堂學術文集≫, 馮友蘭撰, 北京大學出版社, 1984年版.

≪朱光潛文集≫, 朱光潛撰, 安徽敎育出版社, 1982~1987年版.

≪慧遠及其佛學≫, 方立天撰, 中國人民大學出版社, 1987年版.

≪羅音室學術論著≫, 吳世昌撰, 中國文藝聯合出版公司, 1984年版.

≪金明館叢稿初編≫, 陳寅恪撰, 上海古籍出版社, 1980年版.

≪金明館叢稿二編≫, 陳寅恪撰, 上海古籍出版社, 1980年版.

≪管錐編≫, 錢鍾書撰, 中華書局, 1979年版.

≪中古文學史論≫, 王瑤撰, 北京大學出版社, 1986年版.

≪朱自清古典文學論文集≫, 上海古籍出版社, 1981年版.

≪漢魏六朝文學論集≫, 逯欽立撰, 陝西人民出版社, 1981年版.

≪三餘劄記≫, 劉文典撰, 黃山書社, 1990年 排印本.

≪魏晉南北朝史論叢≫, 唐長孺撰, 三聯書店, 1955年版.

≪魏晉南北朝史論叢續編≫, 唐長孺撰, 三聯書店, 1959年版.

≪東晉門閥政治≫, 田餘慶著, 北京大學出版社, 1989年版.

≪中古文學史論文集≫, 曹道衡著, 中華書局, 1986年版.

≪東晉文藝繫年≫, 張可禮撰, 山東敎育出版社, 1992年版.

어떤 작가는 주로 그의 작품으로 독자를 끌어당긴다. 그 때문에 작가의 사람됨과 발자취는 일반 독자에게 중시되지 않는다. 그러나 어떤 작가는 작품 외적인 그의 사람됨과 발자취가 독자들에게 흥미진진하게 이야기된다. 도연명은 바로 뒤 부류에 속한다. 그의 작품이 지금까지 전해오는 것은 백여 편에 불과하다. 만일 그에 대해서 전혀 모른 채, 이 같은 작품들만을 본다면 우리들의 흥취는 지금과는 훨씬 차이 나게 비교될 것이다.

우리가 그의 많은 이야기들, 예를 들면 머리에 두른 갈건을 가지고 술을 걸러 마신 이야기, 줄이 없는 거문고를 어루만지며 자신의 뜻을 기탁했다는 이야기, 팽택현령彭澤縣令에 임명되었을 때 온 공전公田에 수수를 심었다는 이야기, 쌀 다섯 말 때문에 시골의 관리에게 허리를 굽히기 싫었다는 이야기, 왕홍王弘이 그를 위해 신발을 만들었다는 이야기, 안연지顏延之가 남긴 돈 2만 냥을 모두 술집으로 보냈다는 이야기, 단도제檀道濟가 식량과 고기를 선물하자 손사래를 치며 그것을 물리친 이야기, 그리고 그가 힘써 농사지은 생활 상황, 그리고 또 그가 취해서 했던 말인 "나는 취해서 잠들고자 하니, 그대는 가려무나."

이러한 이야기들과 그의 작품은 함께 결합되어 있어서, 문득 어떤 사람이 지금 눈앞에 살아있는 듯하고, 그 사람이 바로 그의 작품과 연관되어 우리를 깊게 감화시킨다.

나의 도연명에 대한 흥미는 바로 그 사람으로부터 시작되었다. 어릴 적에 그의 이야기를 먼저 듣고 나서야 비로소 그의 시를 찾아 읽기 시작하였다. 나중에 내가 도연명을 연구 대상으로 정했을 때 매우 자연스럽게 사람과 작품의 양 방면을 돌아보게 되었다. 그의 작품을 중시했을 뿐 아니라 그의 인품을 중시했고, 그의 작품에 대한 평론을 중시했을 뿐 아니라 그의 생애에 대한 고증을 중시했다. 그를 한 사람의 시인으로 간주하여 연구했을 뿐 아니라 그를 한 사람의 철인으로 간주하여 연구하였다. 그 사람 본인을 연구했을 뿐 아니라 또한 그가 처한 정치적 배경과 사상적 조류, 그리고 문예적 조류를 연구하였다. 바야흐로 도연명을 중심점에 두려고 하면서도 한 폭의 진실한 도연명의 초상화를 종횡으로 교차시켜 그려내려고 하였다. 나는 이러한 종합적 연구방법이 도연명이란 사람에게 있어서 특별히 적합하다는 것을 느낀다.

도연명의 생애에 관한 고증은 특별한 설명을 필요로 한다. 나는 줄곧 《송서宋書》에 기재된 향년 63세라는 견해를 믿어왔다. 과거 내가 쓴 글과 책에서 털끝만큼의 망설임도 없이 이러한 견해를 채용했다. 그러나 내가 도연명의 작품을 깊이 탐독하고 특히 주석을 보강하려고 시도할 때, 이러한 견해를 보완할 방법이 없다는 결점을 점점 더 강하게 느끼게 되었다. 어떤 구절은 명백히 합당한 해석이 있음에도 불구하고 63세설에 이끌려서 억지로 다시 해석하지 않을 수 없었다. 어떤 글은 각종 선본에 명백하게 모모라고 되어 있음에도 63세설에 얽매여 더 이상 고치지 못하고 말았다.

《송서》의 도연명에 대한 기록은 의심할 수 없는 것일까? 이 때문에 나는 《송서》를 고찰하였고, 거기서 인물의 향년에 관한 기록에 많은 착오가 있다는 것을 발견하였다. 어떤 것은 전인들이 이미 발견한 것에 추가해서 바로잡기도 하였다. 이미 이렇게 된 이상 우리는 왜 도연명의 향년에 관한 학설을 고수해서 곡해하거나 도연명집을 고쳐가면서까지 끌려가는 것인가? 그래서 나는 도연명의 향년과 생애에 대해서 거듭 새로운 고증을 하였다. 이러한 작업 이전에 나는 먼저 다섯 가지 원칙을 확정하여 과학적인 방법과 엄격한 태도로써 어떠한 선입견도 포기하고 참으로 원만한 결론을 도출하자고 스스로에게 요구했다.

각종 대조를 거친 결과, 나의 짐작과는 다르게 줄곧 사람들에게 가장 중시되지 않았던 76세설이 결국 가장 훌륭한 선택이 된 것이다. 비록 나 자신도 도연명이 76세까지 살았다는 것을 감히 믿을 수 없었지만, 나는 이렇게 구체적으로 설득력 있는 결론 앞에서 고개를 숙이지 않을 수 없었다. 이 책에 수록된 〈도연명연보휘고陶淵明年譜彙考〉와 〈도연명향년고변陶淵明享年考辨〉은 내가 5, 6년간에 걸쳐 모색한 결과이기도 하다.

만약 도연명 향년에 대한 연구에서 얻어진 결론과 ≪송서≫의 견해 사이에서 단지 몇 살밖에 차이가 나지 않는다면 도연명 연구의 큰 국면에서는 무관할지 모른다. 그러나 지금 차이가 나는 13년은 뒤엉킨 문제가 너무도 많다. 도연명 일생의 사적에 관해서는 63세설과 다른 허다한 새로운 서술이 있다. 이것과 관련해서 도연명의 작품에 대해서도 약간의 새로운 인식이 있다. 도연명은 스승의 스승과도 같은 연구과제로서 나의 연구가 만약에 새로운 의미가 없다면 꼭 글을 다시 써야 할 필요가 없음은 아주 당연하다.

만약 새로운 의미가 있다고 해도 지속할 수 있을 것인가? 장기간의 점검을 수용할 수 있을 것인가? 실제로 자신감이 결핍되었다. 많은 학술적 문제에 대해서 만족스러운 결론을 일시적으로 도출할 수 있는 것이 아니다. 나는 타인의 견해를 감히 조롱하거나 경시할 수 없다. 또한 스스로의 견해가 바로 타인에게 수용되기를 바라지도 않는다. 나는 단지 내가 제시한 원칙과 운용의 방법으로 주의를 환기시키기를 바랄뿐이다.

만약에 취할 만해서 함께 절차탁마하고 토론한다면 편리한 점이 많을 것이다. 그들이 보편적 의의를 지녔다고 여겨진다면 기타의 고증에서 얼마든지 채용하고 병용할 수 있을 것이며, 그렇게 된다면 더욱 더 좋을 것이다. 고증작업에서 자의성이야말로 고증의 항목에서 아주 중요한 기초적인 연구를 의미 없는 고집으로 왕왕 빠져들게 한다. 고증의 허다한 불일치는 모두 운용 방법에 있어서 충분치 못한 자각이나 결핍된 규범과 관련이 있다. 이제 고증작업의 규범을 확립해야 할 때가 온 것 같다. 이러한 각도에서 보자면, 도연명이 76세, 63세, 혹은 56세, 52세 등을 살았다는 사실이야말로 오히려 그토록 중요하지는 않다는 것이 분명하다.

도연명이 말했다. "책 읽기를 좋아하지만 깊이 파고들지는 않는다." 나는 항상 스스로를 비웃으면서도 도연명집을 읽을 때 아주 깊이 파고들려고 했다. 도공께서는 구천에서 아마도 나의 이러한 짓을 달가워하시지 않을 것이다. 그러나 근엄한 학술 연구와 '대충 열람'하고 '건성으로 보는 것'은 다르다. 기본적인 사실은 역시 대충해서는 체득하지 못할 것이며, 오직 이로 인해서 도연명 시에 대한 흠상을 방해해서는 안 될 것이다.

이번에 모아서 출판하면서 약간의 수정을 했다. 그 가운데는 틀림없이 많은 문제가 있어서 진일보한 고증연구가 필요할 것이다. 그러나 단계적으로 이룬 성과는 이미 독자들에게 드릴 수 있었다. 돌이켜 생각하건대 내가 도연명에 대해 관심을 가진지 이미 40년이 지났고, 본서에서 가장 이른 논문은 발표가 된지 지금까지 벌써 20년이 되었다.

북경대학, 일본 동경대학, 싱가폴 국립대학에서 나는 일찍이 대학원생들에게 여러 차례 도연명 연구에 대한 세미나 강의를 하였다. 이렇게 긴 시간을 거쳐 비로소 이와 같은 약간의 성과를 가져왔으나 실로 부끄러움이 있을 뿐이다.

도연명은 내가 좋아하는 시인으로서 그의 시를 좋아하고 또 그러한 사람을 좋아한다. 그와 몇 십 년을 정신적으로 교류하면서 그를 자세히 살펴보면 볼수록 그에게 흥미가 있음을 깨닫고 그와 친근함을 깨달을 수 있었다. 물론 그에게도 한계와 결점이 있음은 그도 하나의 사람이기 때문일 것이다. 나는 그를 연구하는 과정이 바로 그와 벗으로서 교유하는 과정이었기에 항상 담담한 마음을 듣는 것처럼 느껴진다. 그를 연구하는 과정 또한 이전 현인의 지혜로써 스스로의 마음을 윤택하게 하는 과정이기도 하였다.

소동파蘇東坡는 동림사東林寺의 대자본大字本 도연명집陶淵明集을 얻고난 뒤, 몸과 마음 상태가 좋지 않을 때마다 바로 가져다 읽곤 했는데, 그 때마다 한 편을 넘지 않은 것은 다 읽어버리고 난 뒤에는 스스로 달랠 수 없을까봐 그랬을 뿐이다. 나는 도연명을 연구하며 잠재의식 속에서 위와 같은 생각을 아주 많이 지니곤 하였다. 이 책은 바로 이러한 심정으로 완성한 것이다.

국가 고적 정리 출판 계획 위원회와 전국 고등교육 고적 정리 공작 위원회에 감사드린다. 이 두 위원회와 조직은 여러 해 동안 나의 ≪도연명집편년전주陶淵明集編年箋注≫에 종사하는 작업을 지지해 주었다. 나는 주석과 연구를 함께 작업하면서 깊은 연구에 몰입하지 못하였고, 편년은 의지할만한 기초가 없었으며, 주석 역시 형편상 일반화에 흐를 수밖에 없었다. 이 책은 그러한 항목의 전기 작업의 성과인 셈인데, 단지 시간만 너무 크게 허비하고, 늘 교체할 방법이 없음을 깨달으면서, 아울러 마음속의 가책을 깊이 느낀다.

또, 북경대학 출판사에서 이 책을 받아준 것을 감사히 여긴다. 나의 오랜 친구 교묵喬默 선생도 일찍이 여러 차례 나의 책을 위해 책임 편집을 해 주었다. 이 책의 출판 또한 그의 재촉에 의하여 이루어 졌으며, 게다가 내가 교료지에서 한두 번씩 지우고 고쳐 쓰도록 용인해 주었다. 부강傅剛 박사는 이 책을 통독하고 진실로 나를 위해 이 책 속의 오자를 교정하여 주었으며, 인용문을 대조해 주었고, 색인을 편집해 주었다. 또한 그 가운데 인용된 서적의 목록을 끄집어내어 주었고, 참고 서적의 기초를 편집해 주었다. 모두에게 더할 나위 없는 감사를 드린다.

이 책 속에 수록된 두 편의 논문은 일찍이 ≪중국시가예술연구中國詩歌藝術研究≫에 수록되어 있다. 본서의 내용을 더욱 완정하게 하고자 여러 번 숙고한 끝에 이 책에 수록을 했다. 그래서 독자들에게 이렇게 한마디 설명할 필요가 있다고 여긴다.

이에 이 책의 각 편에 있는 논문 발표의 간행물과 연도를 아래에 열거한다.

- 〈도연명의 철학 사고〉(≪국학연구國學硏究≫ 제1권, 1993년 북경대학 출판사출판)
- 〈도연명과 위진시대의 풍류〉(≪위진남북조문학여사상학술연토회논문집魏晉南北朝文學與思想學術硏討會論文集≫, 1991년 대북문사철출판사출판臺北文史哲出版祉出版, ≪중국전적여문화中國典籍與文化≫ 제1집, 1993년 중화서국출판)
- 〈도연명의 자연 숭상 사상과 도연명 시의 자연미〉(≪고전문학논총≫ 제2집, 1982년 섬서인민출판사 출판)
- 〈도연명과 진송晉宋 시기의 정치적 풍운〉(≪중국사회과학≫, 1990년 제2기, 중국사회과학출판사출판)

- 〈도연명 시 주체의 창의성〉(≪중국문화연구≫, 1997년 춘지권春之卷, 북경어언문화대학출판사출판)
- 〈도연명 〈한정부〉와 사부의 '애정', '한정' 주제〉(≪북경대학학보≫, 1992년 제5기, 북경대학출판사출판)
- 〈종영 ≪시품≫의 도연명 시 응거 연원설에 대한 분석〉(≪국학연구≫ 제2권, 1994년 북경대학출판사출판)
- 〈도연명과 사령운의 시가 예술 비교〉(≪구강사전학보九江師專學報≫, 1985년 제1, 2기 합간)
- 〈도연명, 사령운, 혜원〉(≪중국전적여문화中國典籍與文化≫, 1992년 제1기, 중화서국출판)
- 〈도연명과 신기질〉(≪문학유산≫, 1992년 제1기 강소고적출판사출판, 원제위原題爲〈신사여도시辛詞與陶詩〉)
- 〈송원 이후 도연명집 교주본 고찰〉(향向 "해섬양안고적정리연토회海陝兩岸古籍整理硏討會" 제교적논문提交的論文, 1996년 4월)
- 〈도연명 향년 고찰〉(≪문학유산≫, 1996년 제1기, 강소고적출판사출판)
- 〈도연명 연보 휘고〉(≪중국고적여문화논총中國古籍與文化論叢≫ 제4집, 1997년 중화서국출판)

　도연명이 쓴 두 구의 시가 있다. "금년 수확을 아직 가늠하지 못했어도, 손 댄 일 기쁨이 많구나.雖未量歲功, 卽事多所欣." 연구의 성과가 어떠했는지를 상관하지 않고 도연명을 연구하는 과정이 이미 나에게는 커다란 기쁨이 되었다. 나는 내 스스로 오래도록 이러한 정신을 보전하고, 연구 작업에 흥취를 누릴 수 있기를 바랄 뿐이다.

1996년 10월
창춘원暢春園에서

인명

도연명 작품 ••

역자 후기

이 책은 원행패 중국 북경대 중문과 교수 겸 국학연구원 원장의 저서 〈〈陶淵明硏究〉〉(북경대학 출판사, 1977)를 완역한 것이다. 원서는 도연명에 관한 10편의 연구 주제를 비롯해서 교주본, 향년, 연보 등에 관한 연구 및 고증이 함께 수록되었다.

중국 시가 이론을 중심으로 연구해온 저자의 여러 저작들 가운데서도, 특히 도연명의 시가를 연구한 이 책은 저자가 오랜 기간 동안 진행했던 연구와 강의를 결산하면서 심혈을 기울인 역작이다.

저자는 학문적 열정과 함께 고상한 인품으로 학계에서 존경을 받고 있다. 언제나 온화하고 조용하면서도 주위를 자상하게 배려하는 모습이 여전히 눈에 선하다. 서예에도 뛰어난 경지를 지니고 있어서 북경대의 현판에서도 그의 휘호를 여럿 볼 수 있다.

팔십의 고령임에도 아직도 북경대 중국 고전 연구의 산실인 국학연구원 장으로서 중국 고전의 문학, 역사, 철학, 고고학 연구 진흥과 중국고전의 국제화에 노익장을 과시하는 저자의 역작을 번역하게 되어 역자로서는 영광이 아닐 수 없다.

이 책의 번역 동기는 역자들 가운데 한 사람이 몇 해 전 북경대학 국제한학가연수기지 강좌교수로 있을 때 저자와 〈〈陶淵明硏究〉〉의 번역에 관한 의견을 나누었고, 이를 국민대에 재직하는 동학들과 의논하여 번역에 착수하게 된 것이다. 이제 출간을 앞두고 보니 그 약속을 뒤늦게나마 실행하게 되어 다행스럽다.

마침 본 역서의 출간에 북경대학에서 신청한 번역 지원을 받게 되었다. 저자와 북경대 출판사 등의 도움으로 성사된 것으로서 고마운 일이다.

저자의 한국어판 서문에서 밝혔듯이 저자와 한국 중문학계는 오랜 인연이 있었다. 그의 저서 가운데 이미 네 권이나 한국에서 번역 출간 되었다는 사실이 이를 입증한다.

본 역서의 번역은 중국고전문학을 전공하고 국민대에 재직하고 있는 동학들이 분담하여 진행했다.

번역자 인원이 다수여서 동일 시구에 대한 각 번역 해당자의 상이함과 각 문체의 통일성을 위해 상호 교환하고 교정을 거치면서 그 같은 불일치를 어느 정도 완화시키려고 노력했으나 여전히 미흡한 점이 있을 것이다. 원고가 거의 완성된 이후 출간을 앞두고 저자의 서문을 받기도 했으나, 원고를 다시 다듬다보니 또 한학기가 지나고 말았다.

오랜 기간 도연명 연구에 심혈을 기울인 원행패 교수의 역작이 번역되어, 이 방면의 연구자와 귀거래를 실천에 옮긴 도연명의 삶에 관심이 있는 독자들에게 일조가 된다면 더할 나위가 없겠다. 지체할 수 없었던 시간의 제약과 역자 능력의 한계 등으로 여전히 번역상의 미진한 점이 많을 것이다. 독자들의 질정을 바란다.

출판계의 어려운 운영을 감내하면서도 사명감으로 중국인문학 출간의 버팀목이 되어 온 하운근 사장, 긴 시간 동안 편집을 맡아준 조연순 팀장의 노고에 고마움을 드린다.

2017. 3.
역자 씀.

● 저자소개

원행패袁行霈(위앤싱페이)
    북경대학교 중문과 자심 교수(北京大学中文系资深教授)
    북경대학교 국학연구원 원장(北京大学国学研究院院长)
    북경대학교 국제한학가연수기지 주임(北京大学国际汉学家研究基地主任)
    중앙문사연구관 관장(中央文史研究馆馆长)
    중화시사연구원 원장(中华诗词研究院院长)
    중국대만, 일본, 싱가폴, 미국 등에서 객좌교수 역임
      (中国台湾、日本、新加坡、美国等国家和地区的客座教授)

● 역자소개

    박종혁, 국민대학교 중어중문학과 교수
    김종선, 국민대학교 중어중문학과 강사
    정환종, 국민대학교 중어중문학과 교수
    장창호, 국민대학교 중어중문학과 교수
    박영순, 국민대학교 중국인문사회연구소 교수
    박봉순, 국민대학교 교양대학 교수
    조휘만, 국민대학교 중어중문학과 교수
    이규일, 국민대학교 중어중문학과 교수
    진준화, 동아방송예술대학교 창의융합교양학부 교수

도연명 연구陶淵明研究

초판 인쇄   2017년 3월   1일
초판 발행   2017년 3월 10일

지 은 이 | 원행패袁行霈
옮 긴 이 | 박종혁·김종선·정환종·장창호·박영순
          박봉순·조휘만·이규일·진준화
펴 낸 이 | 하운근
펴 낸 곳 | 學古房

주   소 | 경기도 고양시 덕양구 통일로 140 삼송테크노밸리 A동 B224
전   화 | (02)353-9908 편집부 (02)356-9903
팩   스 | (02)6959-8234
홈페이지 | http://hakgobang.co.kr
전자우편 | hakgobang@naver.com, hakgobang@chol.com
등록번호 | 제311-1994-000001호

ISBN 978-89-6071-652-0   93820

값 : 45,000원

이 도서의 국립중앙도서관 출판예정도서목록(CIP)은 서지정보유통지원시스템 홈페이지
(http://seoji.nl.go.kr)와 국가자료공동목록시스템(http://www.nl.go.kr/kolisnet)에서 이용하
실 수 있습니다. (CIP제어번호 : CIP2017006004)